G. Marckmann (Hrsg.)

# Praxisbuch Ethik in der Medizin

2., aktualisierte und erweiterte Auflage



Medizinisch Wissenschaftliche Verlagsgesellschaft

Georg Marckmann (Hrsg.)

# Praxisbuch Ethik in der Medizin

2., aktualisierte und erweiterte Auflage

**mit Beiträgen von**
C. Bausewein | A. Buyx | G. Fabry | J. Gather | W. Henn | I. Hirschberg | I. Ilkilic
R.J. Jox | T. Krones | K. Kühlmeyer | G. Maio | A. Manzeschke | G. Marckmann
S. McLennan | G. Neitzke | C. Oswald | O. Rauprich | K. Rechkemmer | A. Riedel
S. Rixen | S. Salloch | F. Salomon | E.K. Schildmann | J. Schildmann | K.W. Schmidt
J. in der Schmitten | A.-H. Seidlein | A. Simon | D. Strech | J. Vollmann | J. Wallner
K. Wehkamp | C. Wiesemann | U. Wiesing | E. Winkler

Medizinisch Wissenschaftliche Verlagsgesellschaft

## Der Herausgeber

**Prof. Dr. med. Georg Marckmann, MPH**
Vorstand des Instituts für Ethik, Geschichte und Theorie der Medizin
Ludwig-Maximilians-Universität München
Lessingstraße 2
80366 München

MWV Medizinisch Wissenschaftliche Verlagsgesellschaft mbH & Co. KG
Unterbaumstraße 4
10117 Berlin
www.mwv-berlin.de

ISBN 978-3-95466-580-8

**Bibliografische Information der Deutschen Nationalbibliothek**
Die Deutsche Nationalbibliothek verzeichnet diese Publikation in der Deutschen Nationalbibliografie; detaillierte bibliografische Informationen sind im Internet über http://dnb.d-nb.de abrufbar.

**Dieser Sammelband wurde mit freundlicher Unterstützung der Ludwig Sievers Stiftung gefördert.**



Produkt-/Projektmanagement: Charlyn Maaß, Lisa Maria Pilhofer, Berlin
Lektorat: Monika Laut-Zimmermann, Berlin
Layout & Satz: zweiband.media, Agentur für Mediengestaltung und -produktion GmbH, Berlin
Druck: druckhaus köthen GmbH & Co. KG, Köthen
© Foto Prof. Dr. med. Georg Marckmann: Ives Krier

Zuschriften und Kritik an:
MWV Medizinisch Wissenschaftliche Verlagsgesellschaft mbH & Co. KG, Unterbaumstr. 4, 10117 Berlin, lektorat@mwv-berlin.de

# Vorwort zur 2. Auflage

Die medizinische Versorgung und ihre Rahmenbedingungen befinden sich in einem stetigen Wandel. Gleichzeitig entwickelt sich die Diskussion zu den ethischen Herausforderungen der Patientenversorgung in der Praxis und in der Wissenschaft weiter. Die Beiträge des *Praxisbuchs Ethik in der Medizin* wurden deshalb für die vorliegende 2. Auflage hinsichtlich der aktuellen Entwicklungen in der Patientenversorgung und im Gesundheitswesen sowie des wissenschaftlichen Stands der ethischen Diskussion und der relevanten rechtlichen Rahmenbedingungen gründlich überarbeitet.

Zudem wurden sieben Beiträge zu aktuellen Themen ergänzt, die insbesondere für die unmittelbar in der Patientenversorgung tätigen Health Professionals zunehmende Bedeutung gewinnen. Professionelles Handeln sowie die Aus- und Fortbildung professioneller Kompetenzen stellen wesentliche Voraussetzungen dafür dar, dass das Gesundheitspersonal seiner Verantwortung für eine im umfassenden Sinne gute Patientenversorgung gerecht werden kann. Gleichermaßen wichtig für gute ethische Entscheidungen ist die interprofessionelle Kooperation und Kommunikation im Team. Ein Beitrag zu moralischem Stress bietet Hinweise, wie angemessen mit belastenden Entscheidungssituationen umgegangen werden kann, in denen eine moralisch gebotene Handlung nicht erfolgt ist oder nicht erfolgen kann. Die zunehmende Digitalisierung der Patientenversorgung bietet ebenso ethische Herausforderungen in der Praxis wie der angemessene Umgang mit den gesundheitspolitischen und ökonomischen Rahmenbedingungen. Zudem sind ethische Herausforderungen einer akuten Ressourcenknappheit durch die COVID-19-Pandemie zu bewältigen, wie die Priorisierung von knappen Intensivkapazitäten oder Impfstoffen.

Bei allen Veränderungen wurde die Grundkonzeption des Buches beibehalten oder noch konsequenter umgesetzt: Die Beiträge bieten eine praxis- und lösungsorientierte Einführung in wichtige ethische Fragestellungen der Patientenversorgung. Ein weiterer grundlegender Beitrag soll es insbesondere Ärztinnen und Ärzten erleichtern, in einer reflektierten und gut begründeten Art und Weise mit den unvermeidbaren Werturteilen im Zusammenhang von Indikationsstellung und gemeinsamer Entscheidungsfindung umzugehen.

Allen Autorinnen und Autoren bin ich zu großem Dank verpflichtet, die ihre Beiträge für die 2. Auflage des Praxisbuchs aktualisiert oder neue Beiträge zu aktuellen ethischen Fragen der Patientenversorgung verfasst haben. Sie haben wesentlich dazu beigetragen, dass das *Praxisbuch Ethik in der Medizin* weiter allen in der Patientenversorgung Tätigen eine Orientierung bietet, die den aktuellen Entwicklungen im Gesundheitswesen und in der medizinethischen Literatur gleichermaßen Rechnung trägt. Nicht zuletzt danke ich Dr. Thomas Hopfe und seinem Team für die erneut hervorragende Betreuung bei der Erstellung der 2. Auflage unter den erschwerten Bedingungen der COVID-19-Pandemie.

Wesentliche Anregungen und Inspiration verdankt die 2. Auflage den vielen Rückmeldungen von kritischen Leserinnen und Lesern des Praxisbuchs. Ihnen sei an dieser Stelle auch herzlich gedankt. Zugleich möchte ich alle Leserinnen und Leser der 2. Auflage einladen, die Inhalte der aktualisierten und neuen Beiträge wieder kritisch zu prüfen und uns Hinweise zur Überarbeitung und Weiterentwicklung des Bandes zukommen zu lassen. Rückmeldungen aus Praxis und Wissenschaft sind eine wesentliche Voraussetzung, dass das *Praxisbuch Ethik in der Medizin* seinem Anspruch weiterhin gerecht werden kann: Den in der und für die Patientenversorgung tätigen Personen eine praxisnahe Orientierung für die ethischen Herausforderungen in ihrem Berufsalltag zu bieten.

*Georg Marckmann*
München, im November 2021

## Vorwort zur 1. Auflage

Das vorliegende Praxisbuch bietet eine praxis- und lösungsorientierte Einführung in die ethischen Herausforderungen der Patientenversorgung. Es richtet sich dabei nicht nur an Ärzte und Pflegende in der stationären und ambulanten Versorgung, sondern auch an alle andere Berufsgruppen im Gesundheitswesen, die Patienten versorgen, Bewohner in Senioren- oder Pflegeeinrichtungen betreuen oder Verantwortung für die Organisation der Patientenversorgung tragen. Insbesondere Mitglieder ethischer Beratungsdienste wie z.B. Ethikkomitees sollen mit diesem Buch – zusätzlich zu ihrer methodischen Ausbildung in der Ethikberatung – Hinweise zum Umgang mit schwierigen ethischen Entscheidungssituationen in verschiedenen Bereichen der Medizin erhalten. Darüber hinaus bietet das Buch eine praxisnahe Lektüre für den Ethik-Unterricht in der Aus-, Fort- und Weiterbildung des Gesundheitspersonals.

Im Vordergrund des Buches steht nicht die systematische Einführung in die theoretischen Grundlagen der Medizinethik. Vielmehr möchte das vorliegende Praxisbuch den handelnden Akteuren – ausgehend von konkreten Entscheidungssituationen – eine praxisnahe, einfach zugängliche ethische Orientierung in ihrem Berufsalltag bieten. Praxistipps, Merksätze, tabellarische Übersichten und kommentierte Fallbeispiele sollen sie dabei unterstützen, eigenständige Lösungen für die ethischen Fragen und Dilemmata in der Patientenversorgung zu erarbeiten. Die konzeptionelle Fundierung geht dabei nicht verloren, muss aber nicht mehr von den Praktikern selbst geleistet werden: Die Beitragsautoren haben ihre sehr praxisorientierten Hinweise zur Entscheidungsfindung vor dem Hintergrund meist langjähriger, auch theoretischer Beschäftigung mit ethischen Fragen erstellt und leisten auf diese Weise den Transfer zwischen Theorie und Praxis. Den Lesern wird damit die ethische Reflexion aber nicht abgenommen: Sie erhalten lediglich eine konkrete, theoretisch begründete ethische Orientierung, die sie dann selbständig auf die jeweils vorliegende Fallkonstellation anwenden müssen. Angesichts nicht zu eliminierender Interpretationsspielräume bei den normativen Vorgaben und unvermeidbaren Abwägungen in Konfliktfällen verbleiben Herausforderungen für die ethische Urteils- und Reflexionsfähigkeit, die vom Gesundheitspersonal selbst zu bewältigen sind.

Ein besonderes Anliegen des Buches liegt dabei darin, nicht nur die ethischen Herausforderungen in der unmittelbaren Interaktion zwischen dem Patienten (einschließlich seiner Angehörigen) und dem Gesundheitspersonal zu thematisieren, sondern auch diejenigen ethischen Fragestellungen in den Blick zu nehmen, die sich auf den übergeordneten Entscheidungsebenen im Gesundheitswesen ergeben. Drei Beiträge eröffnen deshalb Perspektiven, wie ethische Überlegungen in Organisationen des Gesundheitswesens und dort insbesondere in Führungs- und Management-Aufgaben berücksichtigt werden können. Unter den aktuellen Rahmenbedingungen werden diese Entscheidungsebenen eine noch zunehmende Bedeutung für eine ethisch vertretbare Patientenversorgung erlangen.

Das Praxisbuch gliedert sich in drei Teile.

- Der **erste Teil** bietet eine praxisorientierte Einführung in die ethischen (und auch rechtlichen) Grundlagen der Entscheidungsfindung. Diese soll es dem Gesundheitspersonal erleichtern, in einer transparenten und strukturierten Art und Weise die ethischen Fragestellungen in ihrem Alltag zu identifizieren und zu bearbeiten.

- Der **zweite Teil** des Buches greift dann typische ethische Entscheidungssituationen auf, mit denen die Leser in verschiedenen Fachbereichen der Versorgung kranker und/oder pflegebedürftiger Menschen konfrontiert werden.
- Im **dritten Teil** werden dann ethische Herausforderungen in speziellen medizinischen Praxisfeldern aufgegriffen, von der genetischen Diagnostik über die Kinder- und Jugendmedizin und Organtransplantation bis hin zur Krebsfrüherkennung und der sogenannten wunscherfüllenden Medizin.

Ich würde mich sehr freuen, wenn das vorliegende Praxisbuch mit den ethischen Herausforderungen der Patientenversorgung und den sich damit ändernden Anforderungen an die Entscheidungsunterstützung in der Praxis weiter „wachsen" würde. Die Leser sind deshalb herzlich eingeladen, ihre Anregungen zur Weiterentwicklung des Buches mir oder dem Verlag zuzuleiten: Wo kann die ethische Entscheidungsunterstützung für die handelnden Akteure auf den verschiedenen Ebenen des Gesundheitswesens noch verbessert werden? Welche praxisrelevanten Fragestellungen sind bislang unzureichend oder noch gar nicht im vorliegenden Sammelband berücksichtigt?

Die Realisierung dieses Praxisbuchs setzte das Engagement vieler verschiedener Personen voraus. Zunächst und vor allem danke ich den Autoren, die meiner Bitte nachgekommen sind und trotz vielfältiger anderer Verpflichtungen die Mühe auf sich genommen haben, einen oder mehrere Beiträge zu ethischen Fragen aus dem jeweiligen Bereich ihrer Expertise zu verfassen. Ich bin dankbar, dass sie sich auf das praxisorientierte Konzept des Buches eingelassen und dabei meine Änderungswünsche stets konstruktiv aufgegriffen haben. Den Mitarbeitern der Medizinisch Wissenschaftlichen Verlagsgesellschaft danke ich für die hervorragende Unterstützung bei der Erstellung des Buches, allen voran Frau Anna-Lena Spies, die mit ihrer außergewöhnlich sorgfältigen, fachlich kompetenten und stets zügigen redaktionellen Bearbeitung der Beiträge ganz wesentlich zur Qualität des Werkes beigetragen hat. Ganz besonders herzlich und nachdrücklich möchte ich Herrn Dr. Thomas Hopfe danken, ohne dessen anhaltendes persönliches Engagement als Verleger das *Praxisbuch Ethik in der Medizin* in der vorliegenden Form wahrscheinlich nie entstanden wäre. Ihm verdanke ich nicht nur den ersten Impuls, sondern darüber hinaus viele wertvolle Anregungen über den gesamten Entstehungsprozess des Buches hinweg. Seine Begeisterung für das vorliegende Projekt war mir eine stete Ermutigung, die vielfältigen Aufgaben als Herausgeber erfolgreich zu meistern.

*Georg Marckmann*
München, im September 2015

# Die Autorinnen und Autoren

**Prof. Dr. med. Claudia Bausewein, PhD M.Sc.**
Klinik und Poliklinik für Palliativmedizin
LMU Klinikum
Marchioninistraße 15
81377 München

**Prof. Dr. med. Alena Buyx**
Lehrstuhl für Ethik der Medizin und Gesundheitstechnologien
Institut für Geschichte und Ethik der Medizin
Technische Universität München
Ismaninger Straße 22
81675 München

**Dr. med. Götz Fabry, MHPE**
Institut für Medizinische Psychologie und Medizinische Soziologie
Albert-Ludwigs-Universität
Rheinstraße 12
79104 Freiburg

**Dr. med. Jakov Gather, M.A.**
Klinik für Psychiatrie, Psychotherapie und Präventivmedizin
LWL-Universitätsklinikum, Ruhr-Universität Bochum
Alexandrinenstraße 1–3
44791 Bochum

**Prof. Dr. med. Wolfram Henn**
Institut für Humangenetik
Universität des Saarlandes
Universitätsklinikum, Bau 68
66421 Homburg/Saar

**Dr. med. Irene Hirschberg, MPH**
Institut für Ethik, Geschichte und Philosophie der Medizin
Medizinische Hochschule Hannover
Carl-Neuberg-Straße 1
30625 Hannover

**Prof. Dr. (TR) Dr. phil. et med. habil. Ilhan Ilkilic**
Türkisch-Deutsche Universität
Fakultät für Kultur- und Sozialwissenschaften
Şahinkaya Cad. No. 86
34820 Beykoz – İstanbul
Türkei

**Prof. Dr. med. Dr. phil. Ralf J. Jox**
Institut des humanités en médecine
Universitätsspital (CHUV) und Universität Lausanne
Avenue de Provence 82
CH-1007 Lausanne
Schweiz

**PD Dr. med. Tanja Krones, Dipl.-Soz.**
Institut für Biomedizinische Ethik und Medizingeschichte
Klinische Ethik UniversitätsSpital Zürich und Universität Zürich
Gloriastrasse 31
WERK G8
8091 Zürich
Schweiz

**Dr. Katja Kühlmeyer, Dipl.-Psych.**
Institut für Ethik, Geschichte und Theorie der Medizin
Ludwig-Maximilians-Universität München
Lessingstraße 2
80336 München

**Prof. Dr. med. Giovanni Maio, M.A. phil.**
Institut für Ethik und Geschichte der Medizin
Lehrstuhl für Medizinethik
Albert-Ludwigs-Universität Freiburg
Stefan-Meier-Straße 26
79104 Freiburg

**Prof. Dr. theol. habil. Arne Manzeschke**
Institut für Pflegeforschung, Gerontologie und Ethik
Professur für Anthropologie und Ethik
Evangelische Hochschule Nürnberg
Bärenschanzstraße 4
90429 Nürnberg

**Prof. Dr. med. Georg Marckmann, MPH**
Institut für Ethik, Geschichte und Theorie der Medizin
Ludwig-Maximilians-Universität München
Lessingstraße 2
80366 München

**PD Dr. sc. med. Stuart McLennan**
Institut für Geschichte und Ethik der Medizin
Technische Universität München
Ismaninger Straße 22
81675 München

**Dr. med. Gerald Neitzke**
Institut für Ethik, Geschichte und Philosophie der Medizin
Medizinische Hochschule Hannover
Carl-Neuberg-Straße 1
30625 Hannover

**Christof Oswald**
Klinikum Nürnberg
Prof.-Ernst-Nathan-Straße 1
90419 Nürnberg

**PD Dr. Dr. Oliver Rauprich, Dipl.-Biol.**
Institut für Ethik, Geschichte und Theorie der Medizin
Ludwig-Maximilians-Universität München
Lessingstraße 2
80336 München

**Prof. Dr. Kuno Rechkemmer**
CGIFOS Institute
Curiestraße 2
70563 Stuttgart

**Prof. Dr. Annette Riedel, M.Sc.**
Fakultät Soziale Arbeit, Bildung und Pflege
Hochschule Esslingen
Flandernstraße 101
73732 Esslingen

**Prof. Dr. iur. Stephan Rixen**
Lehrstuhl Öffentliches Recht I
Öffentliches Recht, Sozialwirtschafts- und Gesundheitsrecht
Universität Bayreuth
95440 Bayreuth

**Prof. Dr. med. Dr. phil. Sabine Salloch**
Institut für Ethik, Geschichte und Philosophie der Medizin
Medizinische Hochschule Hannover
Carl-Neuberg-Straße 1
30625 Hannover

**Prof. Dr. med. Fred Salomon**
Tulpenweg 21
32657 Lemgo

**Dr. med. Eva Katharina Schildmann, M.Sc.**
Klinik und Poliklinik für Palliativmedizin
LMU Klinikum
Marchioninistraße 15
81377 München

**Prof. Dr. med. Jan Schildmann, M.A.**
Institut für Geschichte und Ethik der Medizin
Martin-Luther-Universität
Magdeburger Straße 8
06112 Halle (Saale)

**Prof. Dr. theol. Kurt W. Schmidt**
Zentrum für Ethik in der Medizin
am Agaplesion Markus Krankenhaus
Wilhelm-Epstein-Straße 4
60431 Frankfurt am Main

**Prof. Dr. med. Jürgen in der Schmitten, MPH**
Institut für Allgemeinmedizin (ifam)
Universitätsklinikum Essen
Hufelandstraße 55
45122 Essen

**Dr. rer. med. Anna-Henrikje Seidlein, M.Sc.**
Institut für Ethik und Geschichte der Medizin
Universitätsmedizin Greifswald
Ellernholzstraße 1–2
17487 Greifswald

**Prof. Dr. phil. Alfred Simon**
Akademie für Ethik in der Medizin
Humboldtallee 36
37073 Göttingen

**Prof. Dr. med. Dr. phil. Daniel Strech**
QUEST Center for Responsible Research
Berlin Institute of Health (BIH)
Charité – Universitätsmedizin Berlin
Anna-Louisa-Karsch-Straße 2
10178 Berlin

**Prof. Dr. med. Dr. phil. Jochen Vollmann**
Institut für Medizinische Ethik und Geschichte der Medizin
Ruhr-Universität Bochum
Malakowturm
Markstraße 258a
44799 Bochum

**PD Dr. Jürgen Wallner, MBA, HEC-C**
Barmherzige Brüder Österreich
Taborstraße 16
1020 Wien
Österreich

**Prof. Dr. med. Kai Wehkamp, MPH**
Department Medizinmanagement
MSH Medical School Hamburg
Am Kaiserkai 1
20457 Hamburg

**Prof. Dr. med. Claudia Wiesemann**
Institut für Ethik und Geschichte der Medizin
Universitätsmedizin Göttingen
Humboldtallee 36
37073 Göttingen

**Prof. Dr. med. Dr. phil. Urban Wiesing**
Universität Tübingen
Institut für Ethik und Geschichte der Medizin
Gartenstraße 47
72074 Tübingen

**Prof. Dr. med. Dr. phil. Eva Winkler**
Medizinische Onkologie
Nationales Centrum für Tumorerkrankungen
(Schwerpunkt: Ethik und Patientenorientierung in der Onkologie)
Universitätsklinik Heidelberg
Im Neuenheimer Feld 460
69120 Heidelberg

# Inhalt

# I

# Ethische Grundlagen

# 1 Grundlagen ethischer Entscheidungsfindung in der Medizin

Georg Marckmann

Das vorliegenden *Praxisbuch Ethik in der Medizin* soll dem Gesundheitspersonal eine praxisnahe Orientierung für konkrete ethische Entscheidungssituationen ihrem beruflichen Alltag bieten. Dabei erscheint es sinnvoll, auf ein allgemeines Grundverständnis von Ethik und Medizinethik zurückgreifen zu können: Was kennzeichnet die Ethik als Disziplin? Welche Fragen möchte die Ethik beantworten und wie geht sie dabei methodisch vor? Wie können ethische Entscheidungen begründet werden? Und: Welche Rolle spielt die Ethik im medizinischen Bereich? Den nachfolgenden problemorientierten Kapiteln ist deshalb eine allgemeine Einführung in die Ethik und Medizinethik vorangestellt. Sie soll die ethischen Hintergründe verdeutlichen, die den anschließenden anwendungsnahen Ausführungen zugrunde liegen. Die Einführung soll es den Akteuren im Gesundheitswesen zudem erleichtern, selbstständig ethische Fragen zu reflektieren, die im vorliegenden Praxisbuch nicht explizit angesprochen sind. Im Folgenden werden zunächst wichtige Grundfragen und Begriffe der Ethik sowie Grundtypen ethischen Argumentierens erläutert. Anschließend werden Aufgaben, Gegenstand und Methodik der Ethik in der Medizin vorgestellt.

## 1.1 Grundfragen der Ethik

Die Ethik beschäftigt sich allgemein mit der Frage: Wie soll ich (bzw. wie sollen wir) handeln? Sie fragt nicht nach dem was *ist*, sondern nach dem, was sein *soll*. Sie versucht zu klären, was moralisch richtig oder falsch, gut oder schlecht, geboten oder verboten, bzw. gerecht oder ungerecht ist. Im medizinischen Bereich widmet sich die Ethik z.B. der Frage, welche der verfügbaren Behandlungsoptionen bei einem Patienten moralisch zu bevorzugen ist. Dabei gehört es zu den Kernaufgaben der Ethik, diese Urteile zu begründen: Warum ist eine bestimmte Handlung moralisch geboten? Warum soll ich in dieser oder jener Weise handeln? Ethische Theorien wie die Kantische Ethik oder der Utilitarismus liefern allgemeine Kriterien für *moralisch richtig, gut oder gerecht* und sollen insbesondere dort Orientierung bieten, wo unsere moralischen Alltagsüberzeugungen unsicher oder widersprüchlich sind. Beispiele sind der kategorische Imperativ in der Kantischen Ethik und das Prinzip der Nutzenmaximierung im Utilitarismus (s.u.).

### 1.1.1 Ethik und Moral

Während die Begriffe Ethik und Moral in der Alltagssprache häufig synonym verwendet werden, konnte sich in der Philosophie eine klare Unterscheidung zwischen Ethik und Moral etablieren. Unter *Moral* versteht man die in einer bestimmten Gemeinschaft verbreiteten sittlichen Phänomene, wie moralische Überzeugungen, Regeln, Normen, Wertmaßstäbe und Haltungen. Die 10 Gebote sind z.B. ein wesentlicher Bestandteil der christlichen Moral. Die Autonomie des Patienten zu respektieren, ist ein moralisches Gebot für den medizinischen Bereich. *Ethik* bezeichnet demgegenüber die (philosophische) Reflexion über Moral. Während die Moral angibt, was moralisch richtig oder falsch ist, versucht die Ethik zu begründen, *warum* etwas als moralisch richtig oder falsch gelten soll. Sie hinterfragt und klärt die Anwendung allgemeiner moralischer Gebote. So würde die Ethik z.B. fragen, *warum* die Autonomie des Patienten zu respektieren ist oder *wie* die Autonomie eines nicht mehr einwilligungsfähigen Patienten gewahrt werden kann. Obgleich die Ethik eine Teildisziplin der Philosophie ist („Moralphilosophie"), ist das Reflektieren über moralische Fragen kein Privileg der Philosophen. Alle im Gesundheitswesen Tätigen können über moralische Fragen in ihrem Berufsalltag nachdenken, Handlungsoptionen analysieren und am Ende zu einer ethisch gut begründeten Entscheidung kommen.

### 1.1.2 Bedingungen gegenwärtiger Ethik

Die philosophische Ethik kann auf eine lange Tradition zurückblicken. Aristoteles etablierte sie im 4. vorchristlichen Jahrhundert als ein eigenes Teilgebiet der Philosophie; die Ethik sollte angesichts der neu entstandenen griechischen Stadtgesellschaft die herkömmliche Moral, wie sie sich in Sitten und Gebräuchen ausdrückte, auf ihren vernünftigen Sinn hin überprüfen. Vor allem entwickelte Aristoteles Vorstellungen über ein gutes und gelingendes Leben und die Möglichkeiten, unter denen es zu führen sei.

Im Vergleich zur Antike hat die *Pluralität* der Vorstellungen vom guten Leben in der Neuzeit zugenommen; zugleich verblasst die Autorität traditioneller, insbesondere religiös begründeter Normensysteme in der Gesellschaft. Durch das Fehlen einer umfassenden, allgemein verbindlichen Moralinstanz bekommt die Ausdifferenzierung zwischen *evaluativen* Fragen des guten Lebens und *normativen* Fragen des moralisch Richtigen in der Ethik eine zunehmende Bedeutung. Evaluative Aussagen beziehen sich zumeist auf bestimmte Vorstellungen des guten und gelingenden Lebens und haben als solche den Status von Empfehlungen oder Ratschlägen. Normative Aussagen über das moralisch Richtige oder Falsche beanspruchen hingegen allgemeine Geltung, unabhängig von individuellen Konzeptionen des Guten. Diese Differenzierung ist auch im Bereich der Medizinethik relevant. Beim Respekt der Selbstbestimmung des Patienten handelt es sich zum Beispiel um ein normatives Prinzip mit allgemeinem Geltungsanspruch, während die Frage, ob schwerkranke Patienten eine lebensverlängernde Maßnahme noch als einen Nutzen empfinden, nur mit Bezug auf ihre Vorstellungen eines guten Lebens zu beantworten ist. Sie stellt eine evaluative Frage dar, die nach Möglichkeit jeder Einzelne für sich selbst beantworten sollte.

Gekennzeichnet ist die gegenwärtige Ethik überdies durch eine zunehmende Anwendungsorientierung. Angesichts der vielfältig ausdifferenzierten und oft komplexen Praxisfelder der modernen technisierten Welt ist die bloße Anwendung allgemeiner ethischer Grundsätze auf bestimmte Bereiche kaum mehr ausreichend. Die Ethik differenzierte sich deshalb in verschiedene *Bereichsethiken* aus, die sich den spezifischen ethischen Problemstellungen der jeweiligen Praxisfelder widmen (zur Übersicht vgl. den Sammelband von Nida-Rümelin 2005): Neben der Medizin- und Bioethik seien beispielhaft die Technikethik, die ökologische Ethik, die Wirtschaftsethik und die Tierethik erwähnt.

### 1.1.3 Bereiche ethischer Reflexion

In Abhängigkeit von ihren Aufgaben kann man drei Formen der ethischen Reflexion unterscheiden. Die *deskriptive* Ethik sucht die empirisch vorhandenen moralischen Haltungen und Überzeugungen zu beschreiben und in ihren historischen, soziologischen und psychologischen Zusammenhängen zu klären. So kann man zum Beispiel die Einstellung von Ärzten zur Tötung auf Verlangen oder zur Rationierung im Gesundheitswesen untersuchen. Zunehmend nutzt die angewandte Ethik hierbei Methoden der empirischen Sozialforschung (Interview- und Fragebogenstudien). Die *normative* Ethik hingegen will moralische Urteile und Einstellungen philosophisch begründen und dafür Kriterien der moralischen Beurteilung entwickeln. Dabei strebt sie auch eine systematische Kritik und Begründung moralischer Positionen an. Die normative Ethik würde zum Beispiel fragen, ob die Tötung auf Verlangen moralisch vertretbar ist oder welche Form der Rationierung im Gesundheitswesen moralisch zu bevorzugen ist. Die meisten ethischen Fragen im medizinischen Bereich sind der normativen Ethik zuzurechnen. Die *Metaethik* schließlich klärt – als eine Art Metatheorie der Ethik – allgemeine Begriffe und Strukturen moralischer Argumentationen. In den Bereich der Metaethik würde zum Beispiel die Frage fallen, ob es überhaupt eine rational begründbare Ethik in der Medizin geben kann bzw. welches Modell der ethischen Begründung für den medizinischen Bereich angemessen ist.

## 1.2 Grundtypen ethischen Argumentierens

Drei Hauptmodelle ethischen Argumentierens kann man idealtypisch unterscheiden, die sich jeweils auf unterschiedliche Aspekte einer Handlung beziehen. *Deontologische* Ethikansätze (griech. to deon: die Pflicht) fragen, ob eine Handlung den moralischen Pflichten entspricht. *Konsequenzialistische* Ethiken beurteilen eine Handlung hingegen allein nach der moralischen Qualität ihrer Folgen (Konsequenzen). Die *Tugendethik* stellt schließlich den Charakter der Handelnden in den Mittelpunkt und fragt, ob ihre Haltungen, Einstellungen und Dispositionen moralisch angemessen sind. Die Unterscheidung zwischen deontologischer, konsequenzialistischer und Tugendethik spielt nicht nur in der Moralphilosophie eine Rolle, sondern charakterisiert gleichermaßen drei verschiedene Arten moralischer Argumentation im Alltag (zur Übersicht s. Tab. 1).

*Bezeichnen wir eine Handlung als moralisch richtig, weil sie pflichtgemäß ist, weil sie das beste Ergebnis hervorbringt oder weil sie in angemessener Haltung der Handelnden vorgenommen wurde?*

Auch in vielen medizinethischen Kontroversen finden sich die unterschiedlichen Argumentationsformen wieder. So treffen z.B. bei der Frage der Verteilung knapper Spenderorgane deontologische Argumente (gleiche Chance, ein Organ zu erhalten) und konsequenzialistische Argumente (den Gesamtnutzen durch die Organe maximieren) aufeinander. Bei Fragen der Therapiebegrenzung am Lebensende treffen deontologische Argumente wie das Gebot, menschliches Leben zu erhalten oder die Selbstbestimmung des Patienten zu respektieren, auf konsequenzialistische Argumente, die sich auf die Folgen des Einsatzes lebensverlängernder Maßnahmen beziehen (z.B. Leiden des Patienten verlängern). Zudem kann man eine Entscheidung danach beurteilen, inwieweit die Haltungen (Tugenden) der beteiligten Personen angemessen waren. Haben sie ihre Entscheidung z.B. mit größter Sorgfalt und Umsicht getroffen oder nicht? Die drei Argumentationsformen werden im Folgenden näher erläutert.

Tab. 1 Ethische Theorie-Familien in der Übersicht (modifiziert nach Pellegrino 1995): Unterschiedliche ethische Theorien nehmen jeweils einen anderen Aspekt der moralischen Entscheidungssituation in den Blick.

| | Handlungssubjekt | Handlung | Folgen |
|---|---|---|---|
| Theorie | Tugendethik | Deontologische Ethik | Konsequenzialistische Ethik |
| Fokus | Charakter-Eigenschaften | Pflichten (Regeln, Gebote) | Ergebnisse, Nutzen/Schaden |
| Beispiele | Wahrhaftigkeit, Einfühlungsvermögen, Vertrauenswürdigkeit | Selbstbestimmung des Patienten respektieren; Leben erhalten | Chemotherapie: mehr Nutzen als Schaden für den Patienten? |

## 1.2.1 Deontologische Ethik

Das bedeutendste Beispiel einer deontologischen Ethik stammt von Immanuel Kant. Er setzte voraus, dass der Mensch als Vernunftwesen zur freien Willensentscheidung fähig ist. Hier liegt nach Kant der Ursprung aller Moral, in der Autonomie des Willens, in der Fähigkeit, nach selbst auferlegten Gesetzen unabhängig von sinnlichen Antrieben zu handeln, kurzum: in der Freiheit des Menschen. Für Kants Überlegungen war begründungstheoretisch auch David Humes Einsicht entscheidend, dass das moralische *Sollen* nicht aus dem empirisch zu erfassenden *Sein* der Wirklichkeit zu folgern ist (Sein-Sollen-Dichotomie). Kant suchte ein von den konkreten Handlungsbedingungen und -folgen unabhängiges oberstes Moralprinzip – den kategorischen Imperativ –, von dem her alles Handeln seine Orientierung erhalten soll. Er forderte, dass die gewählten Handlungsgrundsätze verallgemeinerbar sein sollten:

> *„Handle nur nach derjenigen Maxime, durch die du zugleich wollen kannst, dass sie ein allgemeines Gesetz werde.“* (Kant 1956, 421)

Anstatt inhaltlich schon bestimmte Maximen vorzugeben, dient der kategorische Imperativ vielmehr als formales Prüfverfahren für die moralische Zulässigkeit von Maximen, d.h. subjektiven Handlungsgrundsätzen.

In einer anderen Variante des kategorischen Imperativs, der sogenannten „Selbstzweckformel“, wendet sich Kant gegen die ausschließliche Instrumentalisierung von Personen. Als vernünftige Wesen können wir gar nicht anders, als auch anderen Vernunftwesen Würde zuzuerkennen, also in einem Verhältnis wechselseitiger Anerkennung mit ihnen zu leben.

> *„Handle so, dass du die Menschheit sowohl in deiner Person, als in der Person eines jeden andern jederzeit zugleich als Zweck, niemals nur als Mittel brauchst.“* (Kant 1956, 429)

Mit „Menschheit“ meint Kant dabei die Fähigkeit, Zwecke zu setzen, also besser verstanden als „Menschhaftigkeit“.

Auch wenn Kants philosophische Begründung seit ihrem Erscheinen kontrovers diskutiert wird, so sind doch zentrale Elemente seiner Ethik nicht nur historisch interessant. Die sogenannte „Selbstzweckformel“ des kategorischen Imperativs nimmt in der philosophischen Diskussion um die Menschenwürde und die Menschenrechte eine zentrale Rolle ein und ist damit auch in der Medizin, insbesondere in der Forschung am Menschen, von maßgeblicher Bedeutung. Desgleichen besitzen die von Kant geforderte Distanzierung von subjektiven Wünschen und Präferenzen sowie die Verallgemeinerungsfähigkeit von gewählten Handlungsgrundsätzen (Maximen) in der zeitgenössischen Ethik nach wie vor einen hohen Stellenwert.

### 1.2.2 Konsequenzialistische Ethik

Der Konsequenzialismus bezeichnet eine Familie ethischer Theorien, bei denen die *Handlungsfolgen* maßgeblich für die moralische Bewertung einer Handlung sind. Eine der bekanntesten Formen der konsequenzialistischen Ethik ist der Utilitarismus, der ursprünglich auf die britischen Philosophen Jeremy Bentham, John Stuart Mill und Henry Sidgewick zurückgeht. Dem Utilitarismus zufolge ist diejenige Handlung moralisch richtig, die das Wohlergehen aller von einer Handlung Betroffenen *insgesamt* maximiert. Diese ethische Grundregel kann nicht nur auf einzelne Handlungen angewendet werden, sondern auch auf gesellschaftliche Institutionen und Verfahren. Der Utilitarismus ist durch vier Teilelemente gekennzeichnet:

1. Die moralische Bewertung einer Handlung ergibt sich aus ihren Folgen (*Folgenprinzip*).
2. Diese Folgen werden nach ihrem Nutzen bewertet (*Nutzen- oder Utilitätsprinzip*).
3. Entscheidend ist dabei der Nutzen für das, was an sich, d.h. unabhängig von bestimmten Zielen und Zwecken gut ist. Der klassische Utilitarismus geht hier von einem hedonistischen Menschenbild aus, das durch die Vermehrung von Lust und die Vermeidung von Unlust charakterisiert ist: Als intrinsisch gut gilt folglich ausschließlich das individuelle Wohlergehen (*hedonistisches Prinzip*).
4. Maßgeblich ist aber nicht allein das Wohlergehen des Handelnden, sondern die Summe der individuellen Wohlergehen aller Betroffenen (*Aggregationsprinzip*).

Obwohl das Kriterium der Nutzenmaximierung gerade unter Knappheitsbedingungen intuitiv einleuchtend erscheint, ergeben sich bei der praktischen Anwendung verschiedene, zum Teil bis heute nicht zufriedenstellend gelöste Schwierigkeiten. Ein Hauptproblem liegt in der inhaltlichen Bestimmung des Nutzens. Grundsätzlich kommen hier drei verschiedene Kriterien in Betracht:

1. das subjektive Wohlbefinden (wie im klassischen Utilitarismus),
2. die Erfüllung von Wünschen und Präferenzen (sog. Präferenzutilitarismus) oder
3. objektive Kriterien des Wohlergehens.

Unklar bleibt darüber hinaus, wie man das Wohlergehen verschiedener Individuen aggregieren kann und welche Folgen und Nebenfolgen beim Nutzenkalkül jeweils zu berücksichtigen sind. Der stärkste Einwand dürfte jedoch ein ethischer sein: Der Utilitarismus berücksichtigt ausschließlich die Nutzen*summe*, aber nicht die Nutzen*verteilung* und vernachlässigt damit einen wesentlichen Aspekt der Moral, die Verteilungsgerechtigkeit. Im Gesundheitswesen ist das utilitaristische Prinzip der Nutzenmaximierung vor allem bei der Verteilung begrenzter Ressourcen relevant. So wird z.B. kontrovers diskutiert, welche Rolle das Kosten-Nutzen-Verhältnis bei der Bestimmung des Leistungsumfangs der öffentlich finanzierten Gesundheitsversorgung spielen soll. Auch bei der Allokation von Spendeorganen spielt die Erfolgsaussicht und damit der erzielbare Gesamtnutzen – neben der Dringlichkeit der Behandlung – eine wesentliche Rolle (vgl. Kap. III.9.4).

### 1.2.3 Tugendethik

Tugendethische Ansätze, die in ihren Ursprüngen auf Platon und vor allem dessen Schüler Aristoteles zurückgehen, haben nicht nur im Bereich der Medizinethik eine gewisse Renaissance erfahren. Im Kern beinhaltet die antike Tugendlehre die Idee, dass die bewusste Formung charakterlicher Anlagen in Hinblick auf bestimmte Herausforderungen für die Handlungsorientierung entscheidend sei. So gelten die vier Kardinaltugenden Klugheit, Gerechtigkeit, Tapferkeit und Besonnenheit als erstrebenswerte Auszeichnungen einer Person, die in alltäglichen wie außergewöhnlichen Situationen gleichermaßen handlungsleitend sein sollen. Es geht im aristotelischen Ansatz um die Fähigkeit, klug die Realität auf das mögliche Gute hin einschätzen zu können, sodass man gerecht gegenüber sich und anderen handelt. Die tugendhafte Haltung macht es demnach ohne weiteres Regel- oder Pflichtwerk möglich, die Mitte zwischen dem Übermäßigen wie dem Mangelhaften im Handeln jeweils neu zu finden.

Der Tugendkanon erfuhr später vielfache Erweiterungen, so durch die christlichen Tugenden Glaube, Liebe und Hoffnung; in der Aufklärungszeit zählte man vor allem noch die Toleranz zum Kanon der geforderten Haltungen hinzu, die nicht aus Pflicht, sondern aus Einsicht in ihren genuinen Sinn einzuüben waren.

Die neueren Konzepte der Tugendethik im Bereich der Medizin distanzieren sich vor allem von der alleinigen Orientierung an strikten Regel- und Pflichtenkatalogen, die der Komplexität und Variabilität der Handlungssituationen kaum mehr gerecht werden können und mit der Persönlichkeit des Handelnden ein wesentliches Element der Moralität unberücksichtigt lassen. Eine sittliche Grundhaltung, die zum guten

Handeln disponiert, sei vielmehr geeignet, den situativ wechselnden Anforderungen im medizinischen Bereich zu entsprechen. Die amerikanischen Medizinethiker Edmund D. Pellegrino und David C. Thomasma (1993) entwickelten z.B. eine ärztliche Tugendlehre, nach der ein tugendhafter Arzt die Veranlagung besitzt, gewohnheitsmäßig zum Wohl der Patienten zu handeln. Allerdings fehlen einer Tugendethik verallgemeinerbare Kriterien, um in Konfliktfällen beurteilen zu können, welche Handlung moralisch konkret geboten ist. So räumen auch Pellegrino und Thomasma ein, dass ihr tugendethischer Ansatz der Ergänzung bedarf. Angesichts der eingeschränkten Regelbarkeit ethischer Herausforderungen in der modernen Medizin kommt aber der moralischen Einstellung und Grundhaltung der Akteure dennoch eine wesentliche Bedeutung zu.

## 1.3 Aufgabe, Gegenstand und Methodik der Ethik in der Medizin

### 1.3.1 Ethik in der Medizin als angewandte Ethik

Die ältesten überlieferten Ansätze im europäischen Kulturraum, ärztliches Handeln in moralischer Hinsicht zu normieren, finden sich mit dem Hippokratischen Eid bereits in der Antike. Diese traditionelle Medizinethik beschränkte sich jedoch weitgehend auf professionsinterne Regelungen, die festlegten, wie sich Ärzte zueinander und gegenüber anderen – im Sinne eines Standesethos – verhalten sollten. Als eigenständige akademische Disziplin, die mit wissenschaftlicher Methodik die moralischen Fragen und Konflikte im gesamten medizinischen Bereich reflektiert, entstand die Medizinethik erst in der zweiten Hälfte des 20. Jahrhunderts.

Die Gründe für diese Entwicklung sind weithin bekannt: Der medizinisch-technische Fortschritt eröffnet neue Handlungs- und Eingriffsmöglichkeiten, die nicht nur unsere moralische Urteilsfähigkeit, sondern auch das menschliche Selbstverständnis in besonderer Weise herausfordern. Beispielhaft erwähnt seien die intensivmedizinischen Möglichkeiten der Lebensverlängerung (z.B. die künstliche Beatmung), die Organtransplantation, die künstliche Befruchtung oder die Diagnostik des menschlichen Genoms. Dass die verfügbaren medizinischen Maßnahmen auch tatsächlich eingesetzt werden sollen, versteht sich nicht mehr von selbst, sondern erfordert häufig eine sorgfältige Abwägung von Nutzen und Risiken. Gleichzeitig sind moderne Gesellschaften durch eine Pluralität von Wertüberzeugungen und Lebensformen gekennzeichnet. Auf einen gesellschaftlichen Konsens kann in vielen moralischen Streitfragen im biomedizinischen Bereich nicht mehr zurückgegriffen werden. Die anhaltenden Debatten um den moralischen Status des Embryos oder die Zulässigkeit der Tötung auf Verlangen mögen dies exemplarisch verdeutlichen. Auch das Arzt-Patient-Verhältnis hat sich gewandelt: Die ärztliche Entscheidungsautorität bleibt nicht mehr unhinterfragt, die Selbstbestimmung der Patienten gewinnt an Gewicht, die Patienten werden zunehmend gleichberechtigte Partner in einem gemeinsamen Entscheidungsprozess.

Während die klassische Medizinethik vor allem ethische Fragen im Bereich von Diagnostik und Therapie behandelte, ist der Anwendungsbereich der heutigen Ethik in der Medizin breiter gefasst, weshalb man häufig auch von einer „Ethik im Gesundheitswesen" spricht. Als Bereichsethik befasst sie sich mit allen moralischen Fragen und Problemen, die in den verschiedenen Bereichen des Gesundheitswesens auftreten, und thematisiert vor allem auch ethische Fragen der Organisation von Gesundheitsversorgung und Pflege. Dabei handelt es sich nicht um eine Sonderethik mit eigenen moralischen Normen, sondern um eine Ethik für ein Handeln in einem besonderen Bereich: Allgemein gültige moralische Prinzipien kommen unter Berücksichtigung der spezifischen Sachgegebenheiten zur Anwendung. Diese ethische Reflexion bleibt dabei nicht auf die „professionelle" Ethik an den akademischen Institutionen beschränkt, sondern ist auch – und vielleicht sogar vor allem – von den verantwortlich Handelnden gefordert. Auch die zunehmend an den Krankenhäusern etablierte klinische Ethikberatung (s. Kap. I.6) kann die moralische Kompetenz und Urteilsfähigkeit des Gesundheitspersonals nicht ersetzen, sondern lediglich unterstützen. Aufgrund ihrer erheblichen gesellschaftlichen Bedeutung erfordern die ethischen Fragestellungen im Gesundheitswesen zudem nicht nur eine Reflexion innerhalb der verschiedenen Berufsgruppen, sondern einen breiten gesellschaftlichen Diskurs. Es ist deshalb kein Zufall, dass z.B. der Deutsche Ethikrat vor allem ethische Fragen aus dem Gesundheitsbereich diskutiert. Aufgrund der Pluralität ethischer Theorien und moralischer Überzeugungen lässt sich vor allem bei Konflikten im klinischen Bereich oft nicht eine einzige, „objektiv" richtige Handlungsoption bestimmen. Überdies beruhen viele Entscheidungen auf evaluativen Fragen des guten Lebens, die in modernen Gesellschaften unterschiedlich beantwortet werden. In diesen Fällen besteht die Herausforderung darin, eine ethisch möglichst gut begründete, die individuellen Wertüberzeugungen der Betroffenen respektierende Entscheidung zu fällen.

### 1.3.2 Prinzipienorientierte Medizinethik

Bislang konnte sich in der Medizinethik keine ethische Theorie durchsetzen, die sich ausschließlich auf eine der klassischen moralphilosophischen Theorien bezieht. Weltweite Verbreitung und Akzeptanz hat aber ein alternativer Ansatz gefunden, der sich explizit dem Theorienpluralismus in der Philosophie und dem Wertepluralismus in der Gesellschaft stellt: die prinzipienorientierte Medizinethik (*principlism*), begründet von den US-amerikanischen Bioethikern Tom L. Beauchamp und James F. Childress (Beauchamp u. Childress $^{1}$1979, $^{8}$2019). Angesichts ungelöster moralphilosophischer Grundlagenkontroversen gibt der Ansatz den Anspruch einer umfassenden ethischen Theorie mit einem obersten Moralprinzip auf und orientierte sich stattdessen an weithin konsensfähigen „mittleren" Prinzipien, die mit verschiedenen Moraltheorien vereinbar sind. Diese Prinzipien knüpfen an unsere moralischen Alltagsüberzeugungen an, die in ihrem moralischen Gehalt rekonstruiert und in einen kohärenten Zusammenhang gebracht werden (Badura 2011). Man spricht deshalb auch von einem *rekonstruktiven* oder *kohärentistischen* Begründungsansatz.

John Rawls hat mit seinem Konzept des „Überlegungsgleichgewichts" die Debatte um den ethischen Kohärentismus wesentlich geprägt. Nach diesem Modell der ethischen Rechtfertigung sind unsere wohl abgewogenen moralischen Urteile mit den relevanten Hintergrundüberzeugungen und ethischen Grundsätzen in ein – dynamisches – Gleichgewicht der Überlegung zu bringen (Rawls 1975). Obgleich die wohl überlegten moralischen Urteile in unsere moralische Alltagserfahrung eingebettet sind, handelt es sich dabei keineswegs bloß um moralische Intuitionen. Aus den in einer Gemeinschaft weithin akzeptierten moralischen Normen, Regeln und Überzeugungen werden die „mittleren" Prinzipien rekonstruiert, die den normativen

Grundbestand des kohärentistischen Ethikansatzes ausmachen. Die ethische Reflexion beginnt zwar mit den alltäglichen moralischen Überzeugungen, endet aber nicht mit ihnen. Sie hat vielmehr die Aufgabe,

- den Gehalt dieser moralischen Überzeugungen zu klären und zu interpretieren,
- verschiedene Überzeugungen in einen kohärenten Zusammenhang zu bringen sowie
- die gewonnenen Prinzipien (auch in Form von handlungsleitenden Regeln) zu konkretisieren und gegeneinander abzuwägen.

Damit wird der Status quo der faktisch verbreiteten moralischen Überzeugungen nicht festgeschrieben, sondern weiter entwickelt. Das Überlegungsgleichgewicht bleibt ein Ideal, das zwar angestrebt, aber niemals wirklich erreicht wird, mithin eine dauerhafte Aufgabe ethischer Theoriebildung und somit ein wesentlicher Grund für die anhaltende Überprüfung der unter Praxisbedingungen getroffenen normativen Entscheidungen. Unsere Alltagsüberzeugungen sind dabei nicht nur Ausgangspunkt, sondern auch Prüfstein und notwendiges Korrektiv. Es besteht somit eine Wechselbeziehung zwischen ethischer Theorie und moralischer Praxis: Die ethische Theorie bietet Orientierung in der Praxis, gleichzeitig muss sich die ethische Theorie in der Praxis bewähren.

Für den biomedizinischen Bereich lassen sich vier moralische Prinzipien rekonstruieren, welche auch in Deutschland die weithin zustimmungsfähigen ethischen Grundlagen für Handeln im Gesundheitswesen widerspiegeln:

1. Das **Prinzip des Wohltuns (oder Nutzens)** verpflichtet dazu, den Patienten bestmöglich zu nützen und ihr Wohlergehen zu befördern. Dies umfasst die Verpflichtung, Krankheiten zu behandeln oder präventiv zu vermeiden und die Beschwerden der Patienten zu lindern. Auch die traditionelle ärztliche Ethik forderte in ähnlicher Form die Sorge um das Wohl der Patienten: Salus aegroti suprema lex. Diese Maxime ist heute aber nicht mehr oberstes Gebot ärztlichen Handelns, sondern geht als eines von vier ethischen Prinzipien in die Entscheidungsfindung ein.
2. Das **Prinzip des Nichtschadens** greift den traditionellen ärztlichen Grundsatz des „primum nil nocere“ auf: Den Patienten ist kein Schaden zuzufügen. Während das Prinzip des Wohltuns die Verhinderung oder Beseitigung von gesundheitlichen Schäden sowie die aktive Förderung des Patientenwohls fordert, bezieht sich das Prinzip des Nichtschadens auf die Unterlassung möglicherweise schädigender Handlungen, d.h. auf das Schadenspotenzial medizinischer und pflegerischer Maßnahmen. Oft können Ärzte den Patienten jedoch nur nützen, d.h. eine effektive Versorgung anbieten, wenn sie gleichzeitig ein Schadensrisiko in Form unerwünschter Wirkungen in Kauf nehmen. In diesem Falle ist eine sorgfältige Abwägung von Nutzen und Schaden für die Patienten erforderlich.
3. Das **Prinzip Respekt der Autonomie** richtet sich gegen die wohlwollende Bevormundung der Patienten und fordert die Berücksichtigung der Wünsche, Ziele und Wertvorstellungen der Patienten. Dabei verlangt das Autonomie-Prinzip nicht nur negativ die Freiheit von äußerem Zwang und manipulativer Einflussnahme, sondern auch positiv die Förderung der Entscheidungsfähigkeit und die Unterstützung bei der Entscheidungsfindung (Zentrale Ethikkommission 2016).

Folglich haben Ärzte nicht nur die Verpflichtung, die Entscheidungen der Patienten zu respektieren, sondern auch die Verpflichtung, den Entscheidungsprozess selbst durch eine sorgfältige, auf die Bedürfnisse der Patienten abgestimmte Aufklärung zu unterstützen. Praktische Umsetzung findet das Selbstbestimmungsrecht der Patienten im Prinzip des informierten Einverständnisses („informed consent"), das als zentrale Elemente die Aufklärung und Einwilligung umfasst: Ein informiertes Einverständnis liegt vor, wenn Patienten ausreichend aufgeklärt worden sind, die Aufklärung verstanden haben, freiwillig entscheiden, dabei entscheidungskompetent sind und schließlich ihre Zustimmung geben (Marckmann u. Bormuth 2020).

4. Das **Prinzip der Gerechtigkeit** weist über einzelne Patienten hinaus und erfordert bei der Anwendung eine weitere Interpretation und Konkretisierung. Denn trotz weitgehenden Konsenses darüber, dass Gerechtigkeitserwägungen eine bedeutende Rolle spielen, hängt die Beantwortung der Frage, wie eine gerechte Gesundheitsversorgung konkret zu gestalten ist, wesentlich von ethischen Grundüberzeugungen ab. Vergleichsweise unkontrovers dürfte noch die Berücksichtigung des folgenden formalen Gerechtigkeitsprinzips sein: „Gleiche Fälle sollten gleich behandelt werden, und ungleiche Fälle sollten nur insofern ungleich behandelt werden, als sie moralisch relevante Unterschiede aufweisen." Interpretationsschwierigkeiten bereitet hier die Frage, was im Einzelfall moralisch relevante Unterschiede sind. Angesichts der zunehmenden Diskrepanz zwischen medizinisch Möglichem und öffentlich Finanzierbarem werden sich in Zukunft vor allem Fragen der Verteilungsgerechtigkeit weiter verschärfen (s. Kap. II.13).

Die vier Prinzipien sind *prima facie* gültig, d.h. verbindlich, sofern sie nicht mit gleichwertigen oder stärkeren Verpflichtungen kollidieren. So ist z.B. die für das Wohlergehen des Patienten beste Therapie geboten, solange der Patient der Behandlung nicht widerspricht und damit das Prinzip des Wohltuns mit dem Prinzip Respekt der Autonomie in Konflikt gerät. Die vier medizinethischen Prinzipien bilden allgemeine ethische Orientierungen, die im Einzelfall noch einen erheblichen Beurteilungsspielraum zulassen. Für die Anwendung müssen die Prinzipien deshalb fallbezogen interpretiert und gegeneinander abgewogen werden (zum praktischen Vorgehen vgl. Kap. I.3). Trotz oftmals ungelöster Grundlagenfragen ermöglichen sie eine Konsensfindung auf mittlerer Ebene, da sie auf unseren moralischen Alltagsüberzeugungen aufbauen und mit verschiedenen ethischen Begründungen kompatibel sind. Die Transparenz moralischer Kontroversen wird erhöht, da sie sich als Konflikte zwischen unterschiedlich gewichteten Prinzipien darstellen lassen. Eine klare Benennung des ethischen Konflikts kann oft der erste Schritt auf dem Weg zu einer Problemlösung sein.

Gleichzeitig wird die Interpretation für den Einzelfall durch die prinzipienorientierte Medizinethik nicht vorweggenommen. Dies ist Stärke und Schwäche des Ansatzes zugleich. Auf der einen Seite bleibt er offen für verschiedene moralische Grundüberzeugungen und die Besonderheiten des Einzelfalls. Vor allem in Konfliktfällen bieten die Prinzipien Interpretationsspielräume für situationsspezifische Vermittlungen und Kompromisse. Auf der anderen Seite wird diese Flexibilität mit einem eingeschränkten Problemlösungspotenzial erkauft. Da die relative Gewichtung der Prinzipien nicht vorgegeben ist, lassen sich häufig keine definitiven Konfliktlösungen ableiten. Diese müssen vielmehr auf der Grundlage der spezifischen Eigenschaften des Falles und der moralischen Überzeugungen der beteiligten Personen jeweils neu herausgearbeitet werden. Damit werden intuitive Urteile und subjektive Abwägungen genau dort unvermeidbar, wo wir eigentlich auf die Hilfe ethischer Theorien besonders angewiesen wären: in schwierigen moralischen Konfliktsituationen. Diese Offenheit des Ansatzes erscheint jedoch angesichts der Vielschichtigkeit und Komplexität unserer moralischen Überzeugungssysteme angemessen, da sie es erlaubt, genau auf die individuelle Konstellation des Einzelfalls abgestimmte Lösungen herauszuarbeiten – was insbesondere in der Medizin einen wesentlichen Vorteil darstellt.

***Praxistipps***

- *Die ethische Reflexion im klinischen Alltag strebt eine gut begründete Antwort an auf die Frage: „Was sollen wir tun?"*
- *Die Begründung orientiert sich an den vier klassischen medizinethischen Prinzipien: Wohltun, Nichtschaden, Respekt der Autonomie und Gerechtigkeit.*
- *Eigene moralische Intuitionen und Überzeugungen sind immer wieder an den vier medizinethischen Prinzipien zu überprüfen, da diese die moralischen Verpflichtungen gegenüber dem Patienten und gegenüber Dritten definieren.*

## Literatur

Badura J (2011) Kohärentismus. In: Düwell M, Hübenthal C, Werner MH (Hrsg.) Handbuch Ethik. 194–205. J.B. Metzler Stuttgart

Beauchamp TL, Childress JF ([8]2019) Principles of Biomedical Ethics. 7th Ed. (1st Ed. 1979) Oxford University Press New York, Oxford

Kant I (1956) Kritik der praktischen Vernunft. Grundlegung zur Metaphysik der Sitten. Suhrkamp Frankfurt am Main

Marckmann G, Bormuth M (2020) Arzt-Patient-Verhältnis und Informiertes Einverständnis: Einführung. In: Wiesing U (Hrsg.) Ethik in der Medizin. Ein Studienbuch. 95–105. Philipp Reclam jun. Stuttgart

Nida-Rümelin J (Hrsg.) (2005) Angewandte Ethik. Die Bereichsethiken und ihre theoretische Fundierung. Ein Handbuch. Alfred Kröner Verlag Stuttgart

Pellegrino ED (1995) Toward a virtue-based normative ethics for the health professions. Kennedy Institute of Ethics Journal 5, 253–277

Pellegrino ED, Thomasma DC (1993) The virtues in medical practice. Oxford University Press New York, Oxford

Rawls J (1975) Eine Theorie der Gerechtigkeit. Suhrkamp Frankfurt am Main

Zentrale Kommission zur Wahrung ethischer Grundsätze in der Medizin (Zentrale Ethikkommission) (2016) Entscheidungsfähigkeit und Entscheidungsassistenz in der Medizin. Deutsches Ärzteblatt 113(15), DOI: 10.3238/arztbl.2016.zeko_baek_StellEntscheidung2016_01

# 2 Indikationsstellung und ethische Bewertung von Behandlungsstrategien: Ärztliche Werturteile im Kontext der gemeinsamen Entscheidungsfindung

Georg Marckmann, Jan Schildmann und Eva Winkler

Die Indikation ist ein zentrales Element der Rechtfertigung diagnostischer und therapeutischer Maßnahmen (für eine umfassende Darstellung vgl. Wiesing 2017). Sie bestimmt, welche Maßnahmen dem Patienten überhaupt angeboten werden sollen und begrenzt damit die legitimen Ansprüche eines Patienten:

> *„Die medizinische Indikation, verstanden als das fachliche Urteil über den Wert oder Unwert einer medizinischen Behandlungsmaßnahme in ihrer Anwendung auf den konkreten Fall [...], begrenzt insoweit den Inhalt des ärztlichen Heilauftrags [...].“ (Bundesgerichtshof, Urteil vom 17.03.2003, XII ZB 2/03, S. 23)*

Die Indikationsstellung erfordert zum einen die Beurteilung, welche der allgemeinen Ziele der Medizin (wie heilen, Leben erhalten, Leiden lindern, Krankheiten vorbeugen und rehabilitieren) in der vorliegenden Situation des Patienten sinnvollerweise angestrebt werden können. Zum anderen bedarf sie einer Einschätzung, welche Maßnahmen geeignet sind, die jeweils sinnvollen Behandlungsziele zu erreichen. Sie umfasst damit sowohl *normative* (z.B. „Was ist ein *sinnvolles* Behandlungsziel?“) als auch *empirisch-deskriptive* Aspekte (z.B. „Mit welcher medizinischen Maßnahme kann das Behandlungsziel erreicht werden?“). Hinzu kommen Werturteile über das Nutzen-Schaden-Verhältnis der verfügbaren Maßnahmen. In der Praxis werden die notwendigen Werturteile aber häufig nicht expliziert, sondern verschmelzen in der Indikationsstellung mit medizinisch-fachlichen Urteilen über die Situation des Patienten und die Wirksamkeit medizinischer Maßnahmen. Es ist jedoch wichtig, die normativ-ethischen und medizinisch-fachlichen Urteile klar zu trennen, da der Patient nur so die Chance erhält, die erforderlichen Werturteile selbst auf der Grundlage seiner eigenen Präferenzen zu treffen. Ärzte sollten deshalb stets bewusst reflektie-

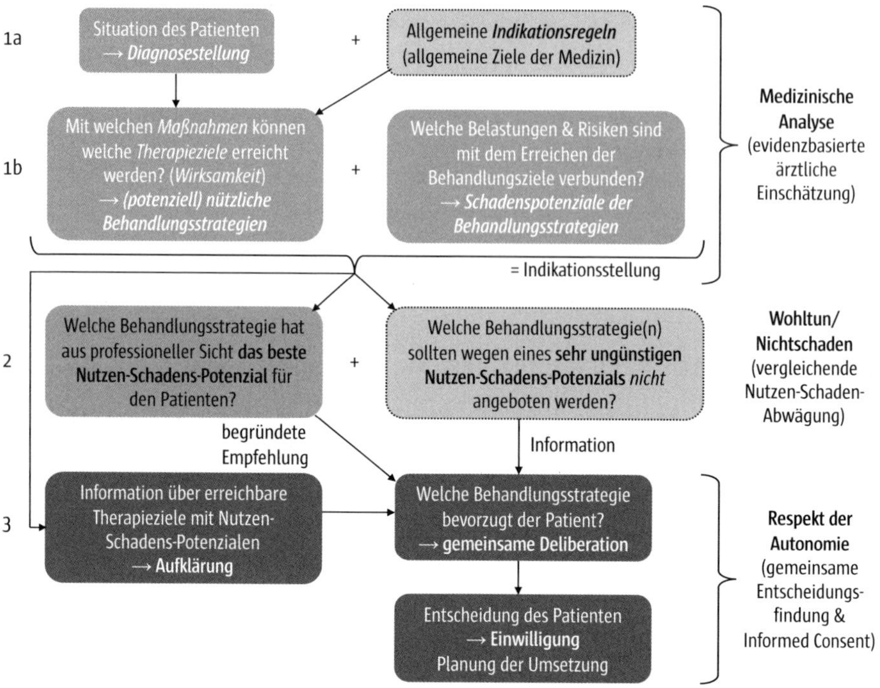


Abb. 1 Ärztliche Überlegungen zur Indikationsstellung und ethischen Bewertung von Behandlungsstrategien im Rahmen der gemeinsamen Entscheidungsfindung (eigene Darstellung, basierend auf Vorarbeiten der Autoren im Kontext einer Arbeitsgruppe der Zentralen Ethikkommission bei der Bundesärztekammer)

ren und gegenüber dem Patienten kommunizieren, wie sie die Behandlungsziele des Patienten sowie Nutzen- und Schadenspotenziale der medizinischen Maßnahmen bewerten.

Der vorliegende Beitrag erläutert, welche Überlegungen von ärztlicher Seite in den Prozess der gemeinsamen Entscheidungsfindung (s. Kap. I.9) mit dem Patienten einfließen. Dabei liegt der Fokus auf Werturteilen bei der Bestimmung der Wirksamkeit und der Nutzen-Schaden-Abwägung. Die Indikationsstellung und Bewertung von Handlungsoptionen umfassen eine sorgfältige Analyse der Situation des Patienten mit Diagnose- und Indikationsstellung und berücksichtigen die ethischen Verpflichtungen gegenüber dem Patienten, wie sie durch die Prinzipien des Wohltuns, Nichtschadens und Respekt der Autonomie definiert sind (s. Kap. I.1). Der Beitrag verdeutlicht, wie die Begriffe Diagnose, Indikation, Prognose, Wirksamkeit, Nutzen und Schaden in der Entscheidungsfindung ineinandergreifen. Dabei werden die ärztlichen Bewertungen in den Mittelpunkt gestellt. Der Prozess gliedert sich – idealtypisch – in drei systematisch zu unterscheidende Schritte, die in der Praxis aber nicht immer streng sequenziell, sondern häufig wiederholt mit mehrfachen Rückkoppelungen ablaufen (s. Abb. 1).

## 2.1 Medizinische Analyse, Diagnose und Indikationsstellung (Schritt 1)

Die ärztlichen Überlegungen beginnen mit einer **medizinischen Analyse** der Situation des Patienten (s. Schritt 1, Abb. 1). Auf Grundlage von Anamnese, körperlicher Untersuchung und diagnostischen Tests erfolgt eine ärztliche Beurteilung des gesundheitlichen Zustands des Patienten. Dabei wird in der Regel die Stellung einer *Diagnose* angestrebt, bei der der Arzt aus den berichteten und beobachteten Symptomen des Patienten und den diagnostischen Befunden auf das Vorliegen einer Krankheit beim Patienten schließt. Eine Krankheit ist ein allgemeiner Begriff für eine bestimmte, regelhaft auftretende Befundkonstellation mit bekannter oder auch unbekannter Ätiopathogenese. Während der Krankheitsbegriff ein *allgemeiner Ordnungsbegriff* ist, handelt es sich bei der Diagnose um eine *zeitgebundene Singuläraussage*, die sich immer auf einen Einzelfall, nämlich auf einen individuellen Patienten bezieht (Wieland 1975). Die Bestimmung der Diagnose stellt einen bis zum Ende der Arzt-Patient-Interaktion nicht abgeschlossenen Prozess dar, da sich der Kenntnisstand des Arztes über den Patienten fortlaufend verändern kann. Insbesondere der Therapieverlauf liefert dem Arzt häufig weitere diagnostisch relevante Informationen, weshalb man auch von einer diagnostisch-therapeutischen Schleife sprechen kann (Marckmann 2003).

Die Diagnose steht dabei im Dienst des therapeutischen Handelns, da die ärztliche Entscheidungsfindung auf die Auswahl einer geeigneten Behandlungsstrategie für den Patienten abzielt. Hierfür muss der Arzt zunächst auf *allgemeine Indikationsregeln* zurückgreifen (s. Schritt 1a, Abb. 1), die vorgeben, bei welchem Krankheitszustand welche Behandlungsmaßnahmen im Hinblick auf ein bestimmtes Behandlungsziel angezeigt sind (Wiesing 2017). Die Indikationsregeln basieren zum einen auf medizinischem Wissen über die Wirksamkeit von Behandlungsmaßnahmen bei bestimmten Erkrankungen in ihrem jeweiligen Ausprägungsgrad und zum anderen auf den allgemeinen Zielen der Medizin, wie Heilen, Leben erhalten, Leiden lindern, Krankheiten vorbeugen und rehabilitieren. Auf Grundlage seiner Einschätzung der medizinischen Situationen des Patienten einschließlich Diagnosestellung und den allgemeinen Indikationsregeln ermittelt der Arzt nun, welche Behandlungsziele mit welchen Maßnahmen bei dem Patienten erreichbar sind (s. Schritt 1b, Abb. 1). Dies erfordert eine – nach Möglichkeit – evidenzbasierte Beurteilung der *Wirksamkeit* der verfügbaren Behandlungsstrategien hinsichtlich eines bestimmten Behandlungsziels. Dabei ist auch jeweils zu bestimmen, mit welcher Wahrscheinlichkeit und in welchem Ausmaß das jeweilige Behandlungsziel zu erreichen ist, da hiervon abhängt, wie groß der Nutzen der Maßnahme jeweils für den Patienten ist.

Die anzustrebenden Behandlungsziele ergeben sich aus den bereits erwähnten allgemeinen Zielsetzungen der Medizin. Ggf. sind hierbei auch darüber hinausgehende individuelle Ziele des Patienten zu berücksichtigen, die dieser im ersten Gespräch dem Arzt mitgeteilt hat. Dabei muss der Arzt auch eruieren, mit welchen Belastungen und Risiken die ermittelten wirksamen Behandlungsoptionen verbunden sind. Hierzu muss der Arzt den voraussichtlichen weiteren Verlauf der Erkrankung, d.h. die *Prognose*, auf der Grundlage wissenschaftlicher Erkenntnisse und seiner individuell-ärztlichen Erfahrung einschätzen. Das Ergebnis dieses ersten Schrittes besteht in einer Liste wirksamer und damit (potenziell) nützlicher Behandlungsstrategien mit ihren jeweiligen Schadenspotenzialen. Dieser Schritt kann übergreifend auch als *Indikationsstellung* bezeichnet werden und ist Grundlage für die vergleichende Nutzen-Schaden-Abwägung (s. Schritt 2, Abb. 1) und die Aufklärung des Patienten (s. Schritt 3, Abb 1).

Im Rahmen der Indikationsstellung muss der Arzt Behandlungsmaßnahmen bzw. -strategien ausschließen, mit denen ein bestimmtes Behandlungsziel nicht (mehr) zu erreichen ist, d.h. die hinsichtlich des angestrebten Behandlungsziels *unwirksam* und damit für den Patienten nutzlos sind. Dabei gibt es vergleichsweise klare Fälle, wenn z.B. eine Behandlung physiologisch unwirksam ist, die Behandlungsmaßnahme versagt hat oder eine sehr klare Evidenzlage für die Unwirksamkeit vorliegt (s. hierzu ausführlicher Kapitel II.1). Schwieriger – und vielleicht sogar häufiger – sind diejenigen Entscheidungssituationen, in denen die Evidenzlage unsicher oder widersprüchlich ist. In diesen Fällen sind von ärztlicher Seite *Werturteile* erforderlich, welche Mindestanforderungen an die Wirksamkeit einer Maßnahme zu stellen sind, damit er sie dem Patienten anbieten kann. Entscheidet sich der Arzt in dieser Situation dazu, eine Behandlungsstrategie wegen unsicherer oder widersprüchlicher Evidenz dem Patienten nicht anzubieten, ist dieser darüber entsprechend zu informieren, einschließlich der zugrundeliegenden Bewertung der Evidenzgrundlage.

**Die ärztliche Indikationsstellung erfordert neben einer medizinisch-fachlichen Situationseinschätzung, welche Behandlungsziele in der konkreten Situation des Patienten erreichbar sind, auch Werturteile, welche Behandlungsziele anzustreben und welche (Mindest-)Anforderungen an die Evidenz zur Wirksamkeit der verfügbaren Behandlungsstrategien zu stellen sind. Diese Werturteile sind von ärztlicher Seite insbesondere in unklaren oder schwierigen Entscheidungssituationen wohl abgewogen zu treffen und dem Patienten zu erläutern.**

## 2.2 Nutzen-Schaden-Abwägung (Schritt 2)

Nach der Ermittlung der potenziell nützlichen Behandlungsstrategien mit ihren jeweiligen Schadenspotenzialen kommen die ethischen Prinzipien des **Wohltuns** (Nutzens) und **Nichtschadens** im Rahmen einer *Nutzen-Schaden-Abwägung* zur Anwendung (Schritt 2). Dabei prüft der Arzt – idealerweise unter Beteiligung des multiprofessionellen Teams –, welche der verfügbaren Behandlungsstrategien aus der Fürsorgeperspektive für den Patienten am besten ist, d.h. welche Strategie das beste Verhältnis von Nutzen und Schaden erwarten lässt. Sofern sich eine solche Behandlungsstrategie ausweisen lässt, kann das Ergebnis als *begründete Empfehlung* in die gemeinsame Deliberation mit dem Patienten über die dann durchzuführende Behandlungsstrategie einfließen (Schritt 3).

Im Rahmen dieser ärztlichen Abwägung können sich auch *Kontraindikationen* ergeben, wenn das *Schadenspotenzial* einer bestimmten Behandlungsstrategie so gravierend ist, dass ihre Durchführung – unabhängig von einem möglicherweise gegebenen Nutzenpotenzial – nicht vertretbar ist. Exemplarisch hierfür steht die Handlungsoption einer wirksamen Penicillintherapie, die dem Patienten ärztlicherseits nicht angeboten würde, wenn bekannt ist, dass das Medikament bei dem Patienten lebensgefährliche allergische Reaktionen auslösen kann.

Zudem können in diesem Schritt auch solche Behandlungsstrategien von ärztlicher Seite ausgeschlossen werden, die aufgrund eines sehr ungünstigen *Nutzen-Schaden-Verhältnisses* gegenüber dem Patienten nicht mehr professionell verantwortet werden können. Exemplarisch hierfür stehen ärztliche Entscheidungen zur Begrenzung intensivmedizinischer Maßnahmen, wenn nach ärztlicher Einschätzung keine Möglichkeit eines Lebens außerhalb der Intensivstation besteht und die notwendigen Therapieverfahren zum Lebenserhalt eine erhebliche Belastung für den Patienten darstellen.

Da solchen Entscheidungen Werturteile über akzeptable Nutzen-Schaden-Verhältnisse zugrunde liegen, sollte der Patient aber über den Ausschluss der Behandlungsstrategie mit der entsprechenden Begründung informiert werden, damit er die Chance hat, die professionelle Wertentscheidung noch einmal vor dem Hintergrund seiner eigenen Präferenzen zu reflektieren und ggf. auch einen anderen Arzt bzw. eine andere Klinik aufzusuchen mit der Frage, ob das Nutzen-Schaden-Verhältnis der Behandlungsstrategie von diesen bzw. dort vielleicht anders eingeschätzt wird (Zweitmeinung).

Behandlungsstrategien mit einem ungünstigen, aber ärztlicherseits noch vertretbarem Nutzen-Schadens-Potenzial (z.B. eine nebenwirkungsreiche hochdosierte Mehrfachchemotherapie mit geringer Erfolgsaussicht bei einer fortgeschrittenen Krebserkrankung) können dem Patienten angeboten werden. Der Arzt sollte den Patienten aber über das ungünstige Verhältnis von positiven zu negativen erwarteten Effekten aufklären und kann ihm in der gemeinsamen Deliberation (Schritt 3) von der Durchführung abraten.

**Im Rahmen der Nutzen-Schaden-Abwägung werden solche Behandlungsverfahren ausgeschlossen, deren Durchführung mit einem gravierenden Schadenspotenzial, d.h. einer erheblichen Gefährdung von Gesundheit und Leben des Patienten verbunden wäre (sog. Kontraindikationen). Weiterhin können Maßnahmen ausgeschlossen werden, die professionell-ärztlich aufgrund eines sehr ungünstigen Nutzen-Schaden-Verhältnis nicht zu verantworten sind. Die mit diesen Entscheidungen verbundenen Werturteile sollten dem Patienten bzw. dessen Vertreter kommuniziert werden. Alle wirksamen und hinsichtlich des Nutzen-Schaden-Verhältnisses ärztlich vertretbaren Handlungsoptionen sollten im Rahmen der gemeinsamen Entscheidungsfindung mit dem Patienten erwogen werden (Schritt 3).**

## 2.3 Gemeinsame Deliberation und Entscheidungsfindung (Schritt 3)

Der dritte Schritt im Entscheidungsprozess realisiert das ethische Prinzip des **Respekts der Patientenautonomie**. Grundlage ist die *Aufklärung* des Patienten über seine medizinische Situation und die verfügbaren Behandlungsstrategien mit dem jeweils angestrebten Behandlungsziel und den erwarteten Nutzen- und Schadenspotenzialen (Ergebnis von Schritt 1b). Werturteile, die im Kontext des Ausschlusses von Maßnahmen aufgrund von Unwirksamkeit, eines gravierenden Schadenspotentials (Kontraindikation) oder eines ärztlichen nicht zu vertretenen Nutzen-Schaden-Verhältnis getroffen wurden, sollten dem Patienten mitgeteilt und erläutert werden. Anschließend folgt eine *gemeinsame Deliberation* von Arzt und Patient (ggf. unter Beteiligung des multiprofessionellen Teams und nahestehenden Personen des Patienten), welche Behandlungsstrategie der Patient vor dem Hintergrund seiner individuellen Präferenzen bevorzugt, d.h. welche der medizinisch indizierten Behandlungsstrategien aus seiner Sicht das beste Nutzen-Schaden-Verhältnis besitzt. In diese Deliberation fließen die Ergebnisse von Schritt 2 ein, d.h. die begründete professionelle Empfehlung einer Behandlungsstrategie und ggf. auch der Ausschluss einer Behandlungsstrategie mit sehr ungünstigem Nutzen-Schaden-Verhältnis. Die gemeinsame Deliberation mündet schließlich in eine Entscheidung des Patienten für die von ihm präferierte Behandlungsstrategie (*Einwilligung*). Überlegungen zur konkreten Umsetzung der Behandlungsstrategie können sich anschließen.

***Praxistipps***

- *Die Indikationsstellung umfasst unterschiedliche Werturteile:*
  1. *Die Bewertung der verfügbaren Evidenz,*
  2. *die Bewertung von Nutzen und Schaden.*

  *Die entsprechenden Bewertungen von Behandlungszielen sowie den Nutzen- und Schadens-Potenzialen medizinischer Maßnahmen sind im Behandlungsteam und gegenüber dem Patienten transparent zu machen.*
- *Nicht wirksame medizinische Maßnahmen oder solche, die nach ärztlicher Einschätzung ein nicht zu verantwortendes Nutzen-Schaden-Verhältnis aufweisen, sind nicht indiziert. Der Arzt sollte den Patienten darüber informieren, welche Maßnahmen er aus welchen Gründen wegen mangelnder Wirksamkeit oder eines nicht vertretbaren Nutzen-Schaden-Verhältnis dem Patienten nicht anbietet.*
- *Die aus ärztlicher Sicht für den Patienten beste Behandlungsstrategie gemäß den ethischen Verpflichtungen des Wohltuns und Nichtschadens kann als begründete Empfehlung in die gemeinsame Deliberation einfließen, welche Behandlungsstrategie der Patient vor dem Hintergrund seiner eigenen Wertvorstellungen bevorzugt.*
- *Die Entscheidungs**findung** erfolgt gemeinsam mit dem Patienten, ggf. unter Einbeziehung des multiprofessionellen Teams und nahestehenden Personen des Patienten. Die **Entscheidung**, welche der ärztlicherseits angebotenen Behandlungsstrategien dann durchgeführt wird, trifft der Patient selbst.*
- *Bei Unsicherheiten oder Konflikten bieten ethische Fallberatungen eine Möglichkeit der strukturierten Analyse der normativ-ethischen Werturteile.*

## Literatur

Marckmann G (2003) Diagnose per Computer? Eine ethische Bewertung medizinischer Expertensysteme. Deutscher Ärzteverlag Köln

Raspe H (2011) Der „allgemein anerkannte Stand der medizinischen Erkenntnisse" – das Konzept der Evidence-Based Medicine. GesundheitsRecht 10, 449–454

Wieland W (1975) Diagnose. Überlegungen zur Medizintheorie. Walter de Gruyter Berlin New York

Wiesing U (2017) Indikation. Theoretische Grundlagen und Konsequenzen für die Praxis. Verlag W. Kohlhammer Stuttgart

# 3 Im Einzelfall ethisch gut begründet entscheiden: Das Modell der prinzipienorientierten Falldiskussion

Georg Marckmann

Das *Praxisbuch Ethik in der Medizin* soll dem Gesundheitspersonal eine Hilfestellung beim Umgang mit schwierigen ethischen Entscheidungssituationen in ihrem beruflichen Alltag bieten. Während die folgenden Beiträge in diesem Werk jeweils einzelne ethische Problembereiche erörtern, vermittelt der vorliegende Beitrag mit dem Modell der prinzipienorientierten Falldiskussion eine allgemeine Struktur, wie schwierige ethische Entscheidungen im medizinischen Bereich gut begründet getroffen werden können. Das Modell kann in verschiedenen Situationen Orientierung bieten: Dem Einzelnen bei der selbstständigen Reflexion eines schwierigen Falles, bei der informellen Falldiskussion im Team oder bei der Moderation einer ethischen Fallbesprechung im Rahmen der klinischen Ethikberatung (vgl. hierzu auch Kap. I.6). Nicht zuletzt kann das Modell auch in Aus-, Fort- und Weiterbildung dazu dienen, den Lernenden eine allgemeine, bereichsunabhängige Struktur für den Umgang mit schwierigen ethischen Entscheidungssituationen zu vermitteln (McCullough u. Ashton 1994). Bei den ethischen Fragen in der Medizin handelt es sich in der Regel um Fragen der normativen Ethik, die versucht eine gut begründete Antwort auf die Frage zu geben „Was sollen wir tun?" Hierzu sind zwei Hauptelemente erforderlich (Marckmann 2013): (1) Eine klar definierte und begründete normative Grundlage (= Quelle der guten Gründe) und (2) ein strukturiertes methodisches Vorgehen, das den vor Ort Handelnden eine Orientierung bietet, wie die normativen Bewertungsmaßstäbe im Einzelfall anzuwenden sind. Beide Elemente werden im Folgenden erläutert.

## 3.1 Normative Grundlagen: Die prinzipienorientierte Medizinethik

Ein wesentliches Ziel ethischer Reflexion in der Medizin besteht darin, in schwierigen Entscheidungssituationen ethisch *gut begründete* Lösungen herauszuarbeiten.

Damit stellt sich aber die Frage, an welchen Gründen sich die Medizinethik orientieren soll: Welche normativen Orientierungspunkte sollten für ethische Entscheidungen in der Medizin maßgeblich sein? Während sich in der Moralphilosophie bislang keine ethische Theorie als die allein richtige durchsetzen konnte, wurde mit der „prinzipienorientierten Medizinethik" für den medizinischen Bereich ein praxisnaher Ethik-Ansatz entwickelt, der – zumindest in der westlichen Welt – weithin zustimmungsfähig ist und in allen Bereichen der Medizin Anwendung findet (Beauchamp u. Childress 2019) (vgl. Kap. I.1) vorgestellten medizinethischen Prinzipien *Wohltun, Nichtschaden, Respekt der Autonomie* und *Gerechtigkeit* definieren die grundlegenden moralischen Verpflichtungen, denen nicht nur Ärzte, sondern alle im Gesundheitswesen Tätigen unterliegen: Sie sollen das Wohlergehen der Patienten bestmöglich fördern, dabei keinen oder zumindest möglichst wenig Schaden zufügen, die Selbstbestimmung des Patienten fördern und respektieren sowie verschiedene Patienten gerecht behandeln. Mit Ausnahme des Prinzips der Gerechtigkeit sind diese Verpflichtungen auch durch das Rechtssystem vorgeben, wobei sich die Wohlergehens-Perspektive (Prinzipien Wohltun und Nichtschaden) in der medizinischen Indikationsstellung, d.h. dem ärztlichen Urteil über die Sinnhaftigkeit der medizinischen Maßnahmen, wiederfindet. Die vier Prinzipien liefern die ethischen Bewertungsmaßstäbe – und damit die ethischen *Gründe* –, um im Einzelfall eine Auswahl unter den verfügbaren (Be-)Handlungsoptionen zu treffen.

## 3.2 Das Modell der prinzipienorientierten Falldiskussion im Überblick

Ausgangspunkt ethischer Fragen in der Medizin ist meist eine Entscheidungssituation, in der es mehrere (Be-)Handlungsoptionen gibt und eine Unsicherheit oder Uneinigkeit darüber besteht, welche der verfügbaren Optionen in der vorliegenden Situation aus ethischer Sicht zu bevorzugen ist. So kann sich z.B. die Frage stellen, ob ein schwer kranker Patient mit einer lebensbegrenzenden Erkrankung noch intensivmedizinische Maßnahmen erhalten oder nur palliativ behandelt werden sollte.

***Um im Einzelfall zu einer gut begründeten Entscheidung zu kommen, sind zwei Grundfragen zu klären:***

1. *Welche Handlungsstrategien stehen zur Verfügung? Und: Was sind die zu erwartenden Ergebnisse (d.h. der weitere Verlauf) bei jeder dieser Handlungsstrategien?* → **Analyse der Handlungsstrategien**
2. *Mit welcher Handlungsstrategie erfüllen wir unsere ethischen Verpflichtungen am besten?* → **Bewertung der Handlungsstrategien**

Sie geben die Grundstruktur einer Fallbearbeitung vor. Bei der Bewertung der Handlungsstrategien ergeben sich aus den vier medizinethischen Prinzipien drei voneinander unabhängige Perspektiven:

1. Wohlergehen des Patienten (→ Nutzen-Schadens-Abwägung)
2. Wille des Patienten
3. Verpflichtungen gegenüber Dritten

Da schrittweise die ethischen Verpflichtungen zu prüfen sind, die sich aus den vier medizinethischen Prinzipien ergeben, spreche ich von einer „prinzipienorientierten Falldiskussion“. Im Rahmen der Synthese ist zu prüfen, ob die resultierenden Verpflichtungen konvergieren oder divergieren. Eine kritische Reflexion schließt die Fallbearbeitung ab, sodass das Modell insgesamt fünf Bearbeitungsschritte umfasst (zur Übersicht s.u.). Ethische Probleme können sich ergeben zum einen bei der Konkretisierung der ethischen Verpflichtungen (Schritte 2 und 3, z.B.: Was entspricht dem Wohlergehen eines Patienten im persistierenden vegetativen Zustand?) oder bei der Synthese (Schritt 4), wenn zwei konfligierende Verpflichtungen gegeneinander abgewogen werden müssen (z.B. dringender Wunsch eines Patienten mit einer weit fortgeschrittenen, unheilbaren Tumorerkrankung nach einer nebenwirkungsreichen Chemotherapie mit geringer Erfolgsaussicht). Das klar strukturierte, schrittweise Vorgehen soll es erleichtern, sich in der Komplexität des Einzelfalls zurechtzufinden und alle relevanten ethischen Aspekte zu berücksichtigen. Das Modell hat sich insbesondere als Leitstruktur für moderierte ethische Fallbesprechungen bewährt, an der alle an der Versorgung des Patienten beteiligten Akteure, medizinischen Disziplinen und Berufsgruppen beteiligt sind. Das strukturierte Vorgehen kann aber auch in anderen Kontexten hilfreich sein, sei es bei der Entscheidungsfindung des einzelnen Arztes, in einem kollegialen Gespräch oder bei einer klinischen Visite.

Die prinzipienorientierte Falldiskussion ist dabei kein Ersatz für die gemeinsame Entscheidungsfindung zwischen Arzt und Patient, sondern setzt diese voraus: Nur so können die Behandlungswünsche des Patienten in der Fallbesprechung angemessen berücksichtigt werden. Bei nicht einwilligungsfähigen Patienten sind vorab entsprechende Gespräche zur Ermittlung des Patientenwillens mit dem gesetzlichen Vertreter und ggf. anderen nahestehenden Personen zu führen. Eine ethische Fallbesprechung kann dann hilfreich sein, wenn in diesem Entscheidungsprozess die ethischen Verpflichtungen unklar bleiben (z.B. keine oder widersprüchliche Informationen über den Patientenwillen, fragliche Einwilligungsfähigkeit, schwierige Prognoseabschätzung) oder konfligieren (z.B. dringender Patientenwunsch nach einer Behandlung mit sehr ungünstigem Nutzen-Schadens-Verhältnis). Im Folgenden werden die einzelnen Schritte der prinzipienorientierten Falldiskussion näher erläutert.

*Die prinzipienorientierte Falldiskussion in der Übersicht (Marckmann u. Mayer 2009)*

1. **Analyse**: Medizinische Aufarbeitung des Falles
   c) Information über den Patienten (Anamnese, Befunde, Diagnosen, etc.)
   d) (Be-)Handlungsstrategien mit dem erwarteten weiteren Verlauf (Prognose)
2. **Bewertung I**: Ethische Verpflichtungen gegenüber dem Patienten
   a) Wohl des Patienten fördern, nicht schaden
   b) Autonomie respektieren
3. **Bewertung II**: Ethische Verpflichtungen gegenüber Dritten: Familienangehörige, andere Patienten, Versichertengemeinschaft (*Gerechtigkeit*)
4. **Synthese**: Konvergieren oder divergieren die Verpflichtungen?
   - im Konfliktfall → begründete Abwägung
   - Planung der Umsetzung der Entscheidung
5. **Kritische Reflexion**:
   a) Was ist der stärkste Einwand gegen die ausgewählte Option?
   b) Wie hätte der Konflikt möglicherweise vermieden werden können?

### Schritt 1: Medizinische Aufarbeitung des Falles

Wie bereits erwähnt ist der Anlass einer ethischen Falldiskussion in der Regel eine Unsicherheit oder Uneinigkeit darüber, welche der verfügbaren Behandlungsmöglichkeiten in der vorliegenden Situation am besten ist. Bevor wir entscheiden können, was wir tun *sollen*, müssen wir zunächst herausarbeiten, was wir überhaupt tun *können*, d.h. welche Handlungsoptionen überhaupt zur Verfügung stehen. Jede Fallbesprechung muss deshalb mit einer sorgfältigen medizinischen Aufarbeitung der Situation des Patienten beginnen. Diese wiederum umfasst zwei Teile: Zunächst gilt es möglichst genau die aktuelle *medizinische Situation* zu beschreiben, in der sich der Patient befindet. Hierzu gehören u.a. die Anamnese, die körperlichen Untersuchungsbefunde, die Befunde der labormedizinischen und apparativen Diagnostik sowie die Diagnose(n). Zudem sind auch die psychosozialen, existenziellen und kulturellen Gegebenheiten herauszuarbeiten, die für den Patienten und die aktuelle Situation Bedeutung haben. Auf diesen Schritt sollte auch dann nicht verzichtet werden, wenn der Fall im Team diskutiert wird und die Beteiligten meinen, die medizinische Situation des Patienten sei allen hinreichend bekannt. Die Erfahrung zeigt, dass die verschiedenen Mitglieder des Teams aufgrund ihrer spezifischen beruflichen Herangehensweisen oft sehr unterschiedliche „Bilder“ des Patienten in sich tragen. Ohne eine gemeinsam geteilte, umfassende Sicht der medizinischen Situation des Patienten wird im weiteren Verlauf keine Einigkeit bei der ethischen Bewertung der verfügbaren Handlungsoptionen zu erzielen sein.

Anschließend ist zu klären, welche *(Be-)Handlungsstrategien* zur Verfügung stehen, d.h. welche Möglichkeiten es gibt, auf die medizinischen Probleme des Patienten zu reagieren. Es geht dabei nicht um die Auflistung einzelner medizinischer Maßnahmen, sondern um die Erarbeitung verschiedener Behandlungsstrategien (d.h. Maßnahmenpakete), die durch unterschiedliche Behandlungsziele oder – bei gleichem Ziel – durch unterschiedlich hohe Belastungen und Risiken für den Patienten gekennzeichnet sind, oft verbunden mit einem ebenfalls unterschiedlichen Nutzenpotenzial. Dabei ist es wichtig, das gesamte Spektrum aller sinnvollen Behandlungsmöglichkeiten zu erfassen, von einer uneingeschränkten lebenserhaltenden Therapie bis hin zu einem vollständigen Verzicht auf lebenserhaltende Behandlungsmaßnahmen. Eine intermediäre Strategie kann z.B. darin bestehen, eine etwas weniger belastende oder risikoreiche lebenserhaltende Therapie durchzuführen oder auf die Behandlung von schwerwiegenden Komplikationen zu verzichten, die mit einer längerfristig schlechteren Prognose einhergehen. Zu berücksichtigen ist dabei auch (und entsprechend vorab zu ermitteln), welches Behandlungsziel der Patient in der vorliegenden Situation anstrebt bzw. anstreben würde.

Für jede einzelne Behandlungsstrategie ist dann der zu erwartende weitere *Verlauf* herauszuarbeiten: Wie groß sind die Überlebenschancen des Patienten? Mit welcher Lebensqualität wird der Patient ggf. weiterleben? Bei einer unsicheren Prognose sind jeweils das beste und schlechteste zu erwartende Behandlungsergebnis zu beschreiben und nach Möglichkeit die jeweilige Eintrittswahrscheinlichkeit zu konkretisieren: Wie wahrscheinlich sind jeweils das bestmögliche und das denkbar schlechteste Outcome für den Patienten? Insbesondere bei einer schweren Schädigung des Gehirns ist es wichtig, den mittel- und längerfristigen weiteren Verlauf mit den zu erwartenden Einschränkungen für den Patienten möglichst genau zu beschreiben (Mobilität, Wahrnehmungsfähigkeit, Lebensfreude, Schmerzen, etc.), da dies die

Grundlage für die Bewertung der Handlungsoptionen in den folgenden Bearbeitungsschritten ist. Bei ethischen Fallbesprechungen im Team kann dieser erste Bearbeitungsschritt der medizinischen Aufarbeitung des Falles deutlich mehr als die Hälfte der gesamten Dauer der Fallbesprechung einnehmen. Dies erscheint aber insofern gerechtfertigt, als jede ethische Entscheidung in der Medizin immer nur so gut ist wie die zugrundeliegende medizinische Analyse.

*Leitfragen bei der medizinischen Aufarbeitung des Falles:*

- *In welcher medizinischen und psychosozialen Situation befindet sich der Patient?*
- *Welche (Be-)Handlungsstrategien stehen in der aktuellen Situation zur Verfügung? Und: Wie ist der weitere Verlauf für den Patienten bei jeder einzelnen (Be-)Handlungsstrategie?*

### Schritt 2: Bewertung hinsichtlich der ethischen Verpflichtungen gegenüber dem Patienten

Am Ende des ersten Bearbeitungsschrittes ist herausgearbeitet, welche Handlungsstrategien zur Verfügung stehen und welche Chancen und Risiken bzw. Belastungen damit jeweils verbunden sind. Im zweiten Bearbeitungsschritt ist nun zu überlegen, welche der verfügbaren Optionen für den Patienten am besten sind. Damit beginnt die ethische Bewertung der Entscheidungssituation. Aus zwei Gründen sollte man dabei mit der Perspektive des Patientenwohls beginnen, bevor man den Blick auf die Autonomie des Patienten richtet. Zum einen verhindert dies, dass man sich zu früh auf die Sichtweise des Patienten festlegt und dadurch die eigene, von den Patientenwünschen unabhängige Bewertung vernachlässigt. Zum anderen können bereits in diesem ersten Bewertungsschritt diejenigen Behandlungsoptionen ausgeschlossen werden, die dem Patienten keinen Nutzen (mehr) bieten und deshalb dem Patienten auch nicht mehr angeboten werden dürfen. Die beiden Prinzipien des Wohltuns und Nichtschadens sind dabei gemeinsam in einer Nutzen-Schadens-Abwägung anzuwenden, da zu bewerten ist, bei welcher Behandlungsstrategie das Verhältnis von Nutzen und Schaden am günstigsten ist.

#### *Wohltun und Nichtschaden*

Bei diesem Bewertungsschritt ist zu prüfen, welche der verfügbaren (Be-)Handlungsstrategien aus der Fürsorgeperspektive, d.h. aus der Sicht des Teams, für den Patienten am besten ist. Maßgeblich ist hierfür weniger das aktuelle Wohlbefinden, sondern vielmehr das *längerfristige Wohlergehen* des Patienten. Welche Behandlung der Patient selbst präferiert, ist an dieser Stelle ganz bewusst auszublenden. Insbesondere bei einer schwer zu beurteilenden Prognose (z.B. nach einer schweren Schädigung des Gehirns) ist es sinnvoll, mehrere Personen in die Bewertung mit einzubeziehen, um verschiedene Perspektiven auf das Patientenwohl zu berücksichtigen und die Gefahr einseitiger Bewertungen zu reduzieren.

So weit als Möglich wird man sich hierbei an allgemein geteilten Wertvorstellungen orientieren ("best interest standard"). Diese ergeben sich vor allem aus der Einschätzung bzw. Erfahrung, wie Patienten in vergleichbaren Situationen die Therapieziele und das Nutzen-Schadens-Verhältnis verschiedener Handlungsoptionen bewerten würden oder üblicherweise bewerten. Anders ausgedrückt: Welche Behandlungsstrategie würde man einem ratsuchenden Patienten empfehlen?

Bei Entscheidungen über lebenserhaltende Maßnahmen gilt es dabei zu beurteilen, ob die zu erwartenden Einschränkungen des Patienten so schwerwiegend sind, dass es für den Patienten besser wäre, wenn er sterben dürfte. In diesem Fall wäre es durch die Prinzipien des Wohltuns und Nichtschadens geboten, das Behandlungsziel von der Lebenserhaltung hin zu einer ausschließlichen Leidenslinderung zu verändern (zur Frage der Therapiezieländerung vgl. Kap. II.5). Sofern eine eindeutige Bewertung im Hinblick auf das Patientenwohl nicht möglich ist, sollte man prüfen, ob zumindest *tendenziell* eine Behandlungsoption zu bevorzugen ist. Mit dieser Tendenz kann dann in der Synthese gut weitergearbeitet werden. Wenn sich im Rahmen einer ethischen Fallbesprechung ein Team nicht einigen kann, welche Handlungsoption für den Patienten aus der Fürsorgeperspektive am besten ist, ist dies als Zwischenergebnis festzuhalten.

***Leitfrage bei der Wohlergehens-Perspektive:***
*Welche der verfügbaren (Be-)Handlungsstrategien ist aus der Fürsorgeperspektive für den Patienten am besten?*

*Respekt der Autonomie*

Um einschätzen zu können, welche Handlungsstrategie der Patient selbst bevorzugt, muss dieser zunächst einfühlsam über die verfügbaren Behandlungsoptionen einschließlich ihrer Chancen und Risiken aufgeklärt worden sein. Wenn der Patienten nicht mehr einwilligungsfähig ist, ist auf eine Patientenverfügung, früher vom Patienten mündlich geäußerte Behandlungswünsche oder den mutmaßlichen Patientenwillen zurückzugreifen (Marckmann et al. 2010). Eine Patientenverfügung muss im Dialog mit dem rechtlichen Vertreter bzw. den Angehörigen sorgfältig und im Sinne des Patienten interpretiert werden. In diese Interpretation sind auch aktuelle verbale oder nonverbale Äußerungen des Patienten einzubeziehen. Bei der Ermittlung des mutmaßlichen Willens kommt es darauf an, genügend Informationen über frühere Äußerungen und Werthaltungen des Patienten von verschiedenen Personen aus seinem Umfeld zusammenzutragen (vgl. hierzu Kap. II.4).

***Leitfrage bei der Autonomie-Perspektive:***
*Welche der verfügbaren (Be-)Handlungsstrategien bevorzugt der Patient selbst nach entsprechender Aufklärung?*

### Schritt 3: Bewertung hinsichtlich der Verpflichtungen gegenüber Dritten

Im dritten Bearbeitungsschritt ist – geboten durch das Prinzip der Gerechtigkeit – zu prüfen, welche Bedürfnisse anderer beteiligter Personen für die Entscheidungsfindung relevant sind. Neben den Angehörigen und nahestehenden Personen sind hierbei auch die Bedürfnisse anderer Patienten zu berücksichtigen, wenn z.B. nicht eine ausreichende Anzahl von Intensivbetten zur Verfügung steht. Auch Fragen des Ressourcenverbrauchs wären hier zu diskutieren, sofern sie für die vorliegende Entscheidung relevant sind. Die Verpflichtungen gegenüber Dritten sind dabei den Verpflichtungen gegenüber dem Patienten (vgl. Bearbeitungsschritt 2) nachgeordnet. Es ist ethisch kaum vertretbar, von einer im Interesse des Patienten klar gebotenen Behandlungsstrategie abzuweichen, um den Bedürfnissen Dritter besser gerecht werden zu können. Nur wenn zwei im Hinblick auf den Patienten gleichwertige Behandlungsoptionen zur Verfügung stehen, können die Bedürfnisse gegenüber Dritten den Ausschlag bei der endgültigen Entscheidung geben (z.B. wenn es zwei die Angehörigen unterschiedlich stark belastende Wege gibt, einen irreversibel komatösen Patienten sterben zu lassen). In anderen Fällen kann man versuchen, bei der Umsetzung der klar im Interesse des Patienten gebotenen Handlungsoption die Bedürfnisse Dritter zu berücksichtigen (z.B. durch eine psychologische Unterstützung oder Gestaltung des Abschieds vom Patienten).

***Leitfrage bei den Verpflichtungen gegenüber Dritten:***
*Welche der verfügbaren Behandlungsoptionen ist für andere beteiligte Personen am besten? Oder: Wie können die Interessen anderer beteiligter Personen angemessen berücksichtigt werden?*

## Schritt 4: Synthese

Im vierten Bearbeitungsschritt sind die vorangehenden Einzelbewertungen zu einer übergreifenden Situationsbeurteilung zusammenzuführen. Dabei ist zu prüfen, ob die ethischen Verpflichtungen, die sich aus den einzelnen Prinzipien ergeben, konvergieren, d.h. auf die gleiche Handlungsoption hinauslaufen, oder ob sie divergieren, d.h. unterschiedliche Handlungsoptionen fordern. Im ersten Fall gibt es gute ethische Gründe, die entsprechende Behandlungsoption zu ergreifen. Im zweiten Fall liegt ein ethischer Konflikt vor, bei dem eine *begründete Abwägung* der konfligierenden Verpflichtungen erforderlich ist, da keines der Prinzipien kategorisch Vorrang gegenüber den anderen genießt. Eine Ausnahme bildet die Ablehnung einer medizinischen Maßnahme durch einen aufgeklärten, einwilligungsfähigen Patienten: In diesem Fall hat die Selbstbestimmung des Patienten ethisch wie rechtlich Vorrang vor seinem Wohlergehen: der Patient besitzt die Freiheit, auch gegen sein eigenes Wohlergehen zu entscheiden (vgl. die Verweigerung von Bluttransfusionen durch einen volljährigen Zeugen Jehovas). Dies gilt auch bei einem im Voraus verfügten oder mutmaßlichen Patientenwillen.

Bei der begründeten Abwägung gilt es fallbezogene Gründe herauszuarbeiten, welche der konfligierenden Verpflichtungen Vorrang genießen soll. Die am Wohlergehen orientierten Argumente für eine lebenserhaltende Therapie sind z.B. umso gewichtiger, je mehr die Überlebenschancen gesteigert und die Lebensqualität verbessert werden kann, im Vergleich zu alternativen Behandlungsstrategien. Oder: Ein Patientenwunsch nach einer nebenwirkungsreichen Therapie mit geringer Erfolgsaussicht hat dann z.B. ein größeres Gewicht, wenn der Patientenwunsch auf einer umfassenden Aufklärung und einer realistischen Einschätzung der Situation beruht und im Einklang mit den längerfristigen Wertüberzeugungen des Patienten steht (vgl. hierzu Kap. II.2). Lässt sich bei einer ethischen Fallbesprechung im Team in der Synthese keine Einigkeit erzielen, sind die unterschiedlichen Positionen jeweils mit ihrer ethischen Begründung zu dokumentieren. Im Anschluss sollte überlegt werden, welche weiteren Schritte erforderlich sind, um das Ergebnis der ethischen Falldiskussion umzusetzen, und ob gegebenenfalls ein erneutes Gespräch zu einem späteren Zeitpunkt vorgesehen werden sollte.

*Leitfragen bei der Synthese:*
- *Konvergieren oder divergieren die ethischen Verpflichtungen, die sich aus den einzelnen Prinzipien ergeben?*
  - **Konvergenz der Verpflichtungen**: *Diejenige Handlungsoption wählen, die gemäß der verschiedenen ethischen Verpflichtungen geboten ist.*
  - **Konflikt zwischen den Verpflichtungen**: *Fallbezogene Gründe herausarbeiten, warum der einen oder der anderen Verpflichtung Vorrang einzuräumen ist.*
- *Welche weiteren Schritte sind zur Umsetzung des Ergebnisses erforderlich?*

### Schritt 5: Kritische Reflexion

Als letzter Bearbeitungsschritt kann eine kritische Reflexion der Fallbesprechung sinnvoll sein: Worin besteht der stärkste Einwand gegen die favorisierte Handlungsoption? Diese Frage soll die kritische Selbstreflexion fördern (ggf. mit einer Modifikation des Ergebnisses) und damit die Qualität der ethischen Aufarbeitung fördern. Zudem sollte nach Möglichkeit die Frage erörtert werden, ob und ggf. wie der ethische Konflikt bzw. die schwierige ethische Entscheidungssituation hätte möglicherweise verhindert werden können. Ziel letzterer Fragestellung ist es, aus dem vorliegenden Fall zu lernen und – im Sinne einer präventiven Ethik – vergleichbaren Konflikten in Zukunft vorzubeugen (McCullough u. Ashton 1994). Unbedingt zu vermeiden sind hierbei aber Schuldzuweisungen, da dies den positiven Charakter der ethischen Fallbesprechung gefährden kann.

*Leitfragen bei der kritischen Reflexion*
- *Welches ist der stärkste Einwand gegen die favorisierte (Be-)Handlungsstrategie?*
- *Wie hätte der ethische Entscheidungskonflikt ggf. vermieden werden können?*

*Praxistipps*
- *Die Anwendung der Struktur erfordert eine gewisse Übung. Insbesondere wenn sie zur Strukturierung ethischer Fallbesprechungen im Team angewendet wird, sollte die Moderation vorab an retrospektiven Fällen eingeübt werden.*
- *Bei der Moderation einer ethischen Fallbesprechung erleichtern die Leitfragen den Einstieg in den jeweils nächsten Bearbeitungsschritt.*
- *Bei der Fallbearbeitung darauf achten, dass jeder einzelne Bearbeitungsschritt mit einem klaren (Zwischen-)Ergebnis abgeschlossen wird.*

- *Bei einer ethischen Fallbesprechung im Team sollten alle medizinischen Disziplinen und Berufsgruppen beteiligt werden, die an der Versorgung des Patienten beteiligt sind.*
- *Eine ethische Fallbesprechung kann auch dann erfolgreich sein, wenn am Ende keine Einigkeit über die ethisch am besten begründbare Entscheidung erzielt werden kann, da der Dissens klar herausgearbeitet und damit das Verständnis für die jeweils andere Position gefördert wurde.*
- *Sofern in einer prognostisch unklaren Situation die lebenserhaltenden Maßnahmen fortgesetzt werden, sollte klar festgelegt werden, wann der Behandlungserfolg erneut überprüft werden soll. Ggf. kann bereits eine weitere ethische Fallbesprechung im Team vereinbart werden.*

## Literatur

Beauchamp TL, Childress JF (2019) Principles of Biomedical Ethics. Oxford University Press New York, Oxford

Marckmann G (2013) Wann ist eine ethische Analyse eine *gute* ethische Analyse? Ein Plädoyer für die Methodenreflexion in der Medizinethik. Ethik in der Medizin 25, 87–88

Marckmann G, Mayer F (2009) Ethische Fallbesprechungen in der Onkologie: Grundlagen einer prinzipienorientierten Falldiskussion. Der Onkologe 15, 980–988

Marckmann G, Sandberger G, Wiesing U (2010) Begrenzung lebenserhaltender Behandlungsmaßnahmen: Eine Handreichung für die Praxis auf der Grundlage der aktuellen Gesetzgebung. Deutsche Medizinische Wochenschrift 135, 570–4

McCullough LB, Ashton CM (1994) A methodology for teaching ethics in the clinical setting: a clinical handbook for medical ethics. Theoretical Medicine 15, 39–52

# 4 Professionelles Handeln in der Medizin

Götz Fabry und Jan Schildmann

## 4.1 Einführung

Wenn umgangssprachlich davon die Rede ist, jemand habe sich „professionell" verhalten, dann wird damit durchaus anerkennend zum Ausdruck gebracht, dass diese Person eine Erwartung vollumfänglich erfüllt hat, die man typischerweise mit der von ihr verkörperten (beruflichen) Rolle verbindet. Anlässe für solche Aussagen über professionelles Verhalten sind häufig Situationen, in denen für die handelnde Person nicht-triviale Herausforderungen zu bewältigen sind, z.B. dringliche, unmittelbares Handeln erfordernde Umstände, Umgang mit intensiven Emotionen des Gegenübers, z.B. Angst, Traurigkeit oder Aggressivität sowie generell Konfliktsituationen, in denen es keine präformierte, eindeutige Lösung für das jeweilige Problem gibt, weil alle Handlungsoptionen auch mit mehr oder minder schwerwiegenden Nachteilen verbunden sind.

Schon diese allgemeine Beschreibung macht deutlich, dass Professionalität für den Arztberuf besondere Bedeutung hat, weil die Situationen, in denen eine hohe Erwartung an professionelles Handeln besteht, dort nicht nur häufig, sondern auch von besonderer Tragweite sind. Insofern ist es wenig erstaunlich, dass sowohl von Seiten der Gesellschaft, als auch von Seiten der Ärzteschaft immer wieder das Bedürfnis besteht, Normen bzw. Standards für professionelles ärztliches Handeln und Verhalten zu formulieren. Davon legen zahlreiche Dokumente Zeugnis ab, etwa der bis heute als paradigmatisch empfundene Hippokratische Eid oder modernere Kodizes wie etwa das Genfer Gelöbnis oder die Physician Charter (Köbberling 2002; Medical Professionalism Project 2002).

## 4.2 Professionelle Kodizes und ethische Prinzipien

Ein Vergleich dieser und weiterer Kodizes macht deutlich, dass sich Vorstellungen vom professionellen ärztlichen Verhalten unterscheiden. So bezieht sich der Hippokratische Eid zwar einerseits auf die auch heute geltenden zentralen ethischen Prinzipien des Wohltuns und des Nichtschadens. Andererseits spielt das heute auch aus rechtlicher Perspektive handlungsleitende normative Prinzip der Patientenselbstbestimmung keine nennenswerte Rolle in diesem Kodex, auf den entgegen der Annahme vieler Bürgerinnen und Bürger Ärzte nicht verpflichtet sind. Eine zeitgemäße Kodifizierung ethischer und professioneller Werte stellt die 2002 veröffentlichte Physician Charter on Medical Professionalism dar (Köbberling 2002; Medical Professionalism Project 2002). Im Zentrum steht die Integrität des einzelnen Arztes beziehungsweise der Ärzteschaft und der Anspruch, die (sich wandelnden) Anforderungen und Einflüsse, beispielsweise in Bezug auf die Finanzierung im Gesundheitswesen oder technologische Veränderungen angemessen zu handhaben:

- **Das Primat des Patientenwohls:** Dieses Prinzip basiert auf der Verpflichtung, im Interesse des Patienten zu handeln. Altruismus trägt zum Vertrauen bei, das im Zentrum der Arzt-Patient-Beziehung steht. Marktmechanismen, gesellschaftlicher Druck und administrative Anforderungen dürfen dieses Prinzip nicht beeinträchtigen.
- **Patientenselbstbestimmung:** Ärzte müssen das Recht auf Selbstbestimmung des Patienten respektieren. Ärzte müssen ehrlich zu ihren Patienten sein und sie befähigen, informierte Entscheidungen über ihre Behandlung zu treffen. Die Entscheidungen der Patienten bezüglich ihrer Behandlung müssen oberste Priorität haben, sofern diese im Einklang mit einer ethisch angemessenen Praxis stehen und keine Forderungen nach unangemessenen Maßnahmen beinhalten.
- **Soziale Gerechtigkeit:** Die Ärzteschaft soll die Gerechtigkeit im Gesundheitssystem einschließlich einer fairen Ressourcenverteilung fördern. Ärzte sollten sich aktiv für die Beseitigung von Diskriminierung im Gesundheitswesen einsetzen – unabhängig davon, ob sich diese auf Rasse, Geschlecht, sozioökonomischen Status, Ethnie, Religion oder irgendeine andere soziale Kategorie bezieht. (Köbberling 2002)

Der vorstehende Auszug aus der Charta veranschaulicht, dass zentrale ethische Prinzipien, wie sie etwa in der sogenannten „Prinzipienethik" nach Beauchamp und Childress verankert sind, in aktuellen Kodizes zum professionellen Handeln enthalten sind (Beauchamp u. Childress 2019). Allerdings muss bedacht werden, dass die Beurteilung von ärztlichen Handlungen aus der ethischen Perspektive von jener aus der professionellen Perspektive unterschieden werden muss. Während die letztere Perspektive geprägt ist von historischen, kulturellen und weiteren Kontextfaktoren, nimmt die ethische Perspektive für sich in Anspruch, universalistisch und über die genannten Faktoren hinausgehend normativ-evaluative Bewertungen vorzunehmen. Veranschaulicht werden kann dieser Unterschied an ethisch kontroversen Themen, wie beispielsweise der ärztlich assistierten Selbsttötung. Während Organe einer als Profession organisierten Ärzteschaft, wie beispielsweise ein Teil der Landesärztekammern oder auch Fachgesellschaften, wie die Deutsche Gesellschaft für Palliativmedizin, sich hier mit klaren normativen Positionen (ablehnend) zur ärztliche Beteiligung geäußert haben, ist die Benennung und Abwägung relevanter normativer Prinzipien und die (unterschiedliche) Bewertung Kennzeichen der ethischen Diskussion (Salloch 2016).

- ***Professionelle Perspektive (z.B. Ärztekammer, Fachgesellschaften):*** *Ausdruck einer konkreten kulturellen, sozialen, historischen Situation, die prozedural ausgehandelt wird (z.B. im Rahmen des Ärztetages).*
- ***Ethische Perspektive:*** *Orientiert an universellen, allgemeingültigen Normen beziehungsweise Werten (z.B. Gerechtigkeit, Fairness), anhand derer konkrete Situationen bewertet werden können.*

## 4.3 Die Ärzteschaft als Profession

Das Wort „professionell" verweist aber noch auf einen anderen wichtigen Aspekt. Die Ärzteschaft gilt wie andere freie Berufe auch (z.B. Juristen und Apotheker) als eine Profession (Bollinger 2018). Professionen erfüllen typischerweise für das Funktionieren der Gesellschaft fundamentale Aufgaben, wozu sie eine besondere Expertise benötigen, die eine langjährige Ausbildung, in der Regel ein Hochschulstudium, das durch Praxisphasen ergänzt wird, voraussetzt. Ihre Aufgaben erbringen Professionen aus einer gesellschaftlich privilegierten Stellung heraus, insofern sie über weitgehende Autonomie und Selbstkontrolle verfügen, z.B. im Hinblick auf wesentliche Aspekte der rechtlichen und finanziellen Regulierung ihres Tätigkeitsbereichs. Im Gegenzug wird erwartet, dass die einer Profession Zugehörigen das in sie gesetzte Vertrauen rechtfertigen und bei ihrer Arbeit hohe Ansprüche an Qualität und Moral einlösen. Gerade der Aspekt des Vertrauens ist angesichts der medizinischen Entscheidungen immer innewohnenden verschiedenen Formen von Unsicherheit besonders wichtig und wird in neueren Konzepten von Professionen sogar als ein sie definierendes Merkmal angesehen (Vogd 2018).

An die individuelle wie kollektive Integrität der Ärzteschaft werden also hohe Anforderungen gestellt, die allerdings aufgrund des wissenschaftlichen und technologischen Fortschritts, wie auch des gesellschaftlichen und kulturellen Wandels, fortlaufenden Veränderungen unterliegen. Zudem gelingt es weder auf individueller, noch auf kollektiver Ebene immer, den an das professionelle Handeln und Verhalten gerichteten Erwartungen vollumfänglich gerecht zu werden. Auch aus diesem Grund wird die Diskussion um den Geltungsbereich, die Verbindlichkeit und die Effektivität definierter Standards professionellen Verhaltens immer wieder neu geführt.

Diese Diskussion betrifft die ärztliche Ausbildung in besonderer Weise. Wie kaum ein anderer universitärer Studiengang soll das Medizinstudium auf eine konkrete berufliche Tätigkeit vorbereiten und zwar dergestalt, dass die Absolventinnen und Absolventen „zur eigenverantwortlichen und selbständigen ärztlichen Berufsausübung" befähigt sind (§ 1,1 ÄApprO). Die angehenden Ärztinnen und Ärzte erhalten mit dem erfolgreichen Abschluss ihres Examens die ärztliche Approbation und treten damit gleichzeitig in den ärztlichen Stand, die ärztliche Profession mit allen dazugehörigen Rechten und Pflichten ein. Sie finden sich damit in einem komplexen Handlungsfeld wieder, in dem nicht nur ein hohes Maß an fachlicher Expertise und moralischer Integrität von ihnen verlangt wird, sondern das auch von vielfältigen individuellen und kollektiven Interessenlagen sowie ethischen und rechtlichen Normen gekennzeichnet ist. Die aus dieser Gemengelage erwachsenden beruflichen Anforderungen erfordern spezifische Kompetenzen, die während des Medizinstudiums grundgelegt werden müssen, um dann während der beruflichen Fort- und Weiterbildung weiter entwickelt werden zu können.

*Die ärztliche Tätigkeit erfordert häufig komplexe Abwägungsprozesse, bei denen verschiedene Normen, Werte und Sachverhalte berücksichtigt werden müssen und die teilweise mit einem erheblichen Ausmaß an Unsicherheit einhergehen. Dazu sind spezifische Kompetenzen erforderlich.*

## 4.4 Professionelle Kompetenzen

In den letzten zwei Jahrzehnten hat sich international – analog zu Entwicklungen in anderen Bereichen des Bildungssystems – auch im Medizinstudium und in der Ausbildung der Gesundheitsberufe die Orientierung an Kompetenzen als leitende Prinzipien für die inhaltliche Entwicklung von Curricula sowie die Didaktik und Methodik der Lehre durchgesetzt (Frank et al. 2010). Kompetenzen werden dabei in der Regel verstanden als die

> *„bei Individuen verfügbaren oder von ihnen erlernbaren kognitiven Fähigkeiten und Fertigkeiten, bestimmte Probleme zu lösen sowie die damit verbundenen motivationalen, volitionalen und sozialen Bereitschaften und Fähigkeiten, die Problemlösungen in variablen Situationen erfolgreich und verantwortungsvoll nutzen zu können."* (Weinert 2002)

Ein wichtiger Grund für diese kompetenzorientierte Wende weg von vorwiegend wissensbasierten Curricula ist die anhaltende Kritik an Defiziten der ärztlichen Praxis, z.B. im kommunikativen Bereich, in der Zusammenarbeit mit anderen Gesundheitsberufen, aber auch in der als unzureichend empfundenen wissenschaftlichen Orientierung ärztlichen Handelns. Diese Defizite werden auch auf Mängel der Ausbildung zurückgeführt, die die Absolventen zu wenig auf die berufsspezifischen Anforderungen vorbereite.

Diese Kritik betrifft auch die Domäne des professionellen Handelns, d.h. die Frage, inwieweit die Ärzteschaft den an sie gerichteten Erwartungen bzw. den selbst formulierten Ansprüchen an Integrität und Moral gerecht wird. Insbesondere im angloamerikanischen Sprachraum wird diesbezüglich unter dem Schlagwort des Professionalismus (engl.: professionalism) eine intensive Diskussion um die ethischen, rechtlichen, gesellschaftlichen und politischen Aspekte ärztlichen Handelns geführt, auch im Hinblick auf die Konsequenzen für das Medizinstudium und die ärztliche Fort- und Weiterbildung. Im deutschsprachigen Raum wird diese Thematik zwar weniger intensiv und fokussiert diskutiert, dennoch lassen sich die ihr zugrundeliegenden Herausforderungen für das ärztliche Handeln auch hier identifizieren. Zu nennen sind dabei vor allem übergreifende Entwicklungen in Medizin und Gesundheitswesen, v.a. die wachsende Ökonomisierung, Kommerzialisierung und Bürokratisierung, eine zunehmende Arbeitsteilung in der medizinischen Versorgung, an der auch neue, sich akademisierende Gesundheitsberufe teilhaben sowie die Stärkung der Patientenautonomie, z.B. durch das Patientenrechtegesetz. Alle diese Aspekte betreffen das professionelle Handeln, wenn etwa primär ökonomische Motive dazu führen, dass Operationen auch dann durchgeführt werden, wenn sie nach medizinischen Kriterien gar nicht erforderlich wären, um nur ein prominentes Beispiel zu nennen. Aber auch die Verletzung professionseigener Standards durch die Ärzteschaft, etwa der Umgang mit Behandlungsfehlern, hat die Frage nach der Professionalität ärztlichen Handelns und wie diese ausgebildet, erhalten und gestärkt werden kann, erneut in den Fokus des Interesses gerückt.

Wichtig für die Frage, wie die Wahrscheinlichkeit für professionelles Handeln erhöht werden kann, sind auch empirische Erkenntnisse, die zeigen, dass Einstellungen und Haltungen, wie sie typischerweise in den bereits genannten Kodizes niedergelegt sind, kaum sicherstellen können, dass eine Person in einer bestimmten Situation auch ihnen gemäß handelt. Diese Intentions-Verhaltens-Lücke ist insbesondere für Ausbildungskontexte relevant, wenn z.B. das bei einer vorgesetzten Person beobachtete Verhalten und/oder die institutionellen Rahmenbedingungen im Widerspruch zu den im Studium erworbenen Kenntnissen und Werten stehen. Hier besteht die Gefahr, dass nicht die bereits verinnerlichten Normen, sondern die situationsbedingten Faktoren handlungsleitend werden und wider besseres Wissen zu einem letztlich unprofessionellen Verhalten beitragen können.

**Individuelle Kenntnisse, Fertigkeiten und Haltungen sind eine notwendige, aber noch keine hinreichende Bedingung für professionelles Handeln und Verhalten, weil situative Faktoren dabei eine wichtige, manchmal auch entscheidende Rolle spielen können.**

Insofern ist der Begriff der professionellen Kompetenz nicht nur einer terminologischen Mode geschuldet, sondern tatsächlich deutlich umfassender und angemessener gegenüber Konstrukten wie Haltungen oder Einstellungen, die zwar – wie aus der oben bereits angeführten Definition hervorgeht – ein notwendiger Baustein von Kompetenzen, aber eben noch keine hinreichende Bedingung sind, um „Problemlösungen in variablen Situationen erfolgreich und verantwortungsvoll nutzen zu können" (Weinert 2002). Von Kompetenz lässt sich sinnvollerweise also nur dann sprechen, wenn verschiedene individuelle Ressourcen zur Lösung bestimmter, nichttrivialer Aufgaben mobilisiert, organisiert und integriert werden müssen. Das Ziel der medizinischen wie der universitären Lehre insgesamt ist somit zum einen, diese verschiedenen Ressourcen zu entwickeln und zu erweitern sowie zum anderen, die Zugriffsmöglichkeiten, also die Fähigkeit zur Organisation und Integration dieser Ressourcen in der Auseinandersetzung mit typischen Anforderungen zu fördern. Um dem Anspruch einer wissenschaftlichen bzw. universitären Bildung gerecht zu werden, kommt es dabei insbesondere auf folgende Aspekte an:

- Die so erworbenen Ressourcen bzw. Kompetenzen müssen reflexiv sein, d.h. der Reflexion und wissenschaftlichen Begründung zugänglich,
- sie müssen explikationsfähig sein, d.h. dass auch die durch erfahrungsbasiertes, implizites Lernen erworbenen Fähigkeiten der expliziten Elaboration zugänglich sind
- und schließlich müssen sie erkenntnisorientiert sein, d.h. dass Auffassung, Analyse und Bewältigung von Situationen und Problemen mit einer metho-

denkritischen, theorie- und erkenntnisgeleiteten Haltung und im Bewusstsein der grundsätzlichen Vorläufigkeit von Erkenntnis überhaupt erfolgen.

Für die nähere inhaltliche Bestimmung von Kompetenzen ergibt sich damit die Herausforderung, sie einerseits hinreichend konkret zu definieren, damit daran curriculare Planungen sowie Lehr-, Lern- und Prüfungsprozesse orientiert werden können, sie andererseits aber so offen und anschlussfähig zu halten, dass sie auch für zukünftige, noch nicht vollständig absehbare Entwicklungen, neuartige Problemstellungen und Situationen handlungsleitend sein können.

## 4.5 Inhaltliche Aspekte: Kompetenzen in der ärztlichen Ausbildung

Vor dem Hintergrund der gerade skizzierten Entwicklung hin zu einer kompetenzorientieren ärztlichen Ausbildung und internationalen Vorbildern folgend, wird aktuell in Deutschland der Nationale Kompetenzbasierte Lernzielkatalog Medizin (NKLM 2021) entwickelt und erprobt, der die Inhalte für das Medizinstudium verbindlich definieren soll. Eine erste, noch nicht verbindliche Version des NKLMs wurde 2015 verabschiedet, eine überarbeitete Version NKLM 2.0 wurde im April 2021 vorgelegt (www.nklm.de), verbindlich wird der Katalog nach einer Erprobung der Inhalte dann mit der neuen Approbationsordnung, die 2025 in Kraft treten soll (Stand der Planung von Juli 2021).

Weil Kompetenzen in hohem Maße inhaltsspezifisch sind, können sie nur dann näher bestimmt werden, wenn die Anforderungen oder Aufgaben genauer definiert werden, zu deren Lösung sie befähigen sollen. Das bekannteste Kompetenzmodell für die ärztliche Aus-, Fort- und Weiterbildung ist das CanMEDS-Modell, das vom Royal College of Physicians and Surgeons in Kanada entwickelt und weltweit aufgegriffen wurde. Im deutschsprachigen Raum wurde es in der Schweiz für den Lernzielkatalog (SCLO) bzw. das aktuelle PROFILES-Modell adaptiert und auch für den NKLM wurde es herangezogen.

Wichtig ist dabei, dass zum einen trotz eindeutiger inhaltlicher Schwerpunkte die verschiedenen Kompetenzdomänen nicht wirklich trennscharf sind und dass zum anderen bei der Bewältigung ärztlicher Aufgaben typischerweise mehrere Kompetenzen ineinandergreifen. So kann z.B. ein Gespräch, bei dem eine Patientin über ihre Krebserkrankung und mögliche Therapieoptionen informiert werden soll, nur dann gut geführt werden, wenn die Ärztin beziehungsweise der Arzt nicht nur über umfassende inhaltliche Expertise und entsprechende kommunikative Kompetenzen verfügt, sondern auch bereit ist, sich auf die Perspektive der Patientin einzulassen, empathisch zu reagieren und ihre Autonomie bei der anstehenden Entscheidungsfindung angemessen zu berücksichtigen. Dennoch ist es – nicht zuletzt aus didaktischer Sicht – sinnvoll, verschiedene Kompetenzdomänen voneinander abzugrenzen und für sich zu definieren, weil damit die Ziele der ärztlichen Aus-, Fort- und Weiterbildung wesentlich konkreter operationalisiert werden können.

Das professionelle Handeln bzw. die professionellen Kompetenzen werden im NKLM in einem eigenen Kapitel („Professionelles Handeln und Ethik, Geschichte und Recht der Medizin") als eine der übergeordneten Kompetenzen verstanden, womit deutlich wird, dass sie für alle Bereiche der ärztlichen Tätigkeit von zentraler Bedeutung sind. Beschrieben werden vier Bereiche, die jeweils mehrere Teilkompetenzen umfassen und durch spezifische Lernziele näher charakterisiert sind. Diese Kompetenzbereiche sind durch jeweils unterschiedliche Perspektiven bzw. Akteure charakterisiert: die ärztliche Profession, die Gesellschaft, die eigene Person und die Patienten.

**Kompetenzbereiche und Akteure (s. Nationaler Kompetenzbasierter Lernzielkatalog [NKLM 2021], Kap. VIII.6 Professionelles Handeln, Ethik, Geschichte und Recht der Medizin. Gliederung und exemplarische Lernziele)**

**Grundlegende Werte und Normen der ärztlichen Profession, z.B.:**
- wichtige ethische Grundbegriffe erläutern können (z.B. Autonomie, Menschenwürde)
- Bedeutung medizinethischer Kodizes kritisch beurteilen können
- praktische Bedeutung ethischer und rechtlicher Vorgaben für die Ausübung der Heilkunde erläutern können
- verschiedene Interessenlagen und daraus möglicherweise entstehende Konflikte identifizieren und berücksichtigen können

**Gesellschaftliche relevante Rahmenbedingungen, z.B.:**
- Charakteristika eines freien Berufs, Strukturen und Funktion der ärztlichen Standesorganisation erläutern können
- politische Rolle der Ärzteschaft, Bedeutung von Standespolitik fundiert diskutieren können
- unterschiedliche Konzepte von Gerechtigkeit und ihre Konsequenzen für die Medizin erläutern können
- Grundlagen von Allokationsentscheidungen einschätzen können

**Person des Arztes, z.B.:**
- sich selbst und ihr Handeln beobachten und kritisch reflektieren
- eigene Kompetenzen realistisch einschätzen können
- die eigene moralische Position reflektieren, weiterentwickeln und argumentativ vertreten können
- Grenzen der eigenen Belastbarkeit erkennen und berücksichtigen können

**Ethische und rechtliche Fragen der Patientenversorgung, z.B.:**
- individuelle Vorstellungen von Gesundheit und Krankheit berücksichtigen können
- ethische und rechtliche Grundlagen des Prinzips der Patientenautonomie erläutern können
- historische Entwicklung der Sterbehilfediskussion und deren Bedeutung für aktuelle Debatten einschätzen können
- wesentliche ethische, rechtliche, soziale, historische und kulturelle Aspekte im Bereich psychischer Erkrankungen reflektieren

## 4.6 Didaktische Aspekte: Formelles und informelles Lernen

Eine wichtige Annahme im Kontext kompetenzorientierter Bildungsmodelle ist die grundsätzliche Erlernbarkeit von Kompetenzen. Das ist gerade für den Bereich der professionellen Kompetenzen wichtig, weil hier möglicherweise die Annahme naheliegen könnte, dass durch entsprechende Zulassungskriterien, etwa eine altruistische

Einstellung, solche Studierenden für das Studium ausgewählt werden, die bereits über die für den Arztberuf erwünschten Persönlichkeitseigenschaften verfügen (Schwibbe et al. 2018). Abgesehen von der Frage, inwieweit zu Studienanfang erhobene Merkmale tatsächlich Voraussagen über die Qualität beruflicher Leistungen nach sechs – mit Facharztausbildung sogar nach über zehn – Jahren zulassen, zeigen die oben dargestellten Charakteristika akademisch geprägter Kompetenzen, dass Einstellungen und Haltungen zwar wichtige Komponenten sind, dass es darüber hinaus aber auch auf Wissen, Reflexions- und Explikationsvermögen sowie analytisches und kritisches Denken ankommt. Genau diese Aspekte sind es also, deren Entwicklung im Medizinstudium und der ärztlichen Fort- und Weiterbildung gefördert werden muss.

Das informelle Lernen spielt dabei eine besonders wichtige Rolle. Denn bereits während des Medizinstudiums und natürlich erst recht während der Fort- und Weiterbildung lernen angehende Ärztinnen und Ärzte vieles durch Partizipation in der klinischen Praxis. Die Bezeichnung „informell" darf dabei allerdings nicht zu der Annahme verleiten, dieses Lernen ereigne sich „nebenbei" oder „by doing". Vielmehr sind auch hier didaktische Überlegungen und zwar insbesondere Erkenntnisse zum sozialen und situierten Lernen besonders wichtig. Die Lernenden werden für einen definierten Zeitraum, z.B. eine Famulatur, ein Blockpraktikum oder einen Abschnitt ihrer Weiterbildung zum Mitglied einer Handlungsgemeinschaft, deren gemeinsame Aufgabe etwa darin besteht, eine Station in einer Klinik zu versorgen, einen Operationssaal zu managen oder eine Arztpraxis zu betreiben. Dazu verfügen die Handlungsgemeinschaften über ein Repertoire von gemeinsamen Kenntnissen, Normen, Werten, die typischerweise nirgendwo formal niedergelegt sind, sondern sich vielmehr in der täglichen Praxis reproduzieren und aktualisieren. Das primäre Ziel solcher Handlungsgemeinschaften ist also nicht (unbedingt) die Ausbildung von Studierenden oder Ärzten, sondern in erster Linie die effiziente, erfolgreiche und sichere Behandlung von Patienten. Ob, was und wieviel Lernende in diesen sozialen Zusammenhängen lernen können, hängt nicht nur von ihrem eigenen Verhalten ab, sondern auch davon, inwieweit die Handlungsgemeinschaft ihnen dabei entgegenkommt. Wird in einer Handlungsgemeinschaft, z.B. sehr viel Wert auf Effizienz gelegt, dann ist es für Lernende möglicherweise schwerer, hier etwas zu lernen, weil Lernen in der Regel zusätzliche Zeit braucht und somit Routineabläufe verlangsamt. Das trifft insbesondere auf Reflexions- und Explikationsprozesse zu, die für den Aufbau professioneller Kompetenzen zentrale Bedeutung haben (Wald 2015).

*Informelles Lernen in Klinik und Praxis hat beim Erwerb professioneller Kompetenzen einen besonders großen Stellenwert. Besonders wichtig ist die bewusste Reflexion der dem Handeln und Verhalten zugrundeliegenden Maximen, Normen und Werte.*

In diesem Zusammenhang spielt auch das Lernen am Modell eine große Rolle. Lehrende und Vorgesetzte werden immer auch als Rollenvorbilder wahrgenommen, sowohl in positiver, als auch in negativer Hinsicht. Die entscheidende Frage ist dabei, wie und wann Lernende an anderen beobachtetes Verhalten in ihr eigenes Handlungsrepertoire übernehmen oder auch nicht. Vor dem Hintergrund des oben skizzierten Konzepts akademisch geprägter Kompetenzen muss man auch hier verlangen, dass keine unbewusste Imitation erfolgt, sondern eine bewusste Übernahme (oder gegebenenfalls auch Ablehnung) auf der Grundlage explizit gemachter und rationaler bzw. wissenschaftlicher Reflexion zugänglicher Beweggründe. Das erfordert allerdings von denjenigen, die als Rollenvorbild wahrgenommen werden zunächst ein Bewusstsein für diese Funktion, gerade außerhalb formaler Lehr-Lernsituationen und dann die Bereitschaft und Fähigkeit, ihr eigenes Verhalten bzw. die ihm zugrundeliegenden Motive und Gründe transparent und damit der Reflexion, gegebenenfalls auch der Kritik, zugänglich zu machen.

## Fazit

Professionelles Handeln in der Medizin erfordert systematisch ausgebildete Kompetenzen, die Kenntnisse über ethische, rechtliche, historische, gesellschaftliche und politische Aspekte ärztlichen Handelns ebenso umfassen wie die Fähigkeit und Bereitschaft zur Reflexion und Explikation insbesondere nichttrivialer, z.B. ethisch herausfordernder Situationen sowie der darin möglichen Handlungsoptionen. Als ein zentraler Bestandteil ärztlicher Identität bilden sich diese Kompetenzen vor allem auch in der sozialen Interaktion während formeller und informeller Lernprozesse in der Aus-, Fort- und Weiterbildung. Sie unterliegen dem wissenschaftlichen wie auch gesellschaftlichen Wandel und müssen daher als prinzipiell offene Konstrukte verstanden werden, die Gegenstand des lebenslangen Lernens sind. Kodifizierungen wie sie durch die Ärzteschaft, z.B. in Gelöbnissen oder auch in Lernzielkatalogen vorgenommen werden, müssen daher eher als Momentaufnahmen verstanden werden, die durch Konsensprozesse zustande gekommen sind und weniger als zeitlich überdauernde verbindliche Handlungsvorgaben.

***Praxistipps***

- *An die individuelle und kollektive Integrität von Ärztinnen und Ärzten sowie ihre Kompetenz, auch in kritischen Situationen professionell zu handeln, werden hohe Erwartungen gerichtet.*
- *Professionelles Handeln geht über Kenntnisse und Fertigkeiten weit hinaus und erfordert insbesondere die Fähigkeit zur systematischen Reflexion verschiedener Perspektiven, Normen, Werte und Handlungsoptionen.*
- *Die für professionelles Handeln relevanten ethischen, kommunikativen und weitere Kompetenzen sollen in der medizinischen Aus-, Fort- und Weiterbildung erworben werden. Besonders großen Einfluss haben dabei Rollenmodelle und die real existierende Praxis im Gesundheitswesen.*
- *Die Rahmenbedingungen für professionelles Handeln können sich verändern. Neben berufsrechtlichen Grundlagen bieten Kodizes und standesethische Stellungnahmen eine Orientierung, deren Angemessenheit im konkreten Fall allerdings jeweils kritisch überprüft werden muss.*

## Literatur

Beauchamp TL, Childress JF (2019) Principles of Biomedical Ethics. Eighth Edition. Oxford University Press New York

Bollinger H (2018) Die Definition von Profession und Beruf. In: Klinke S, Kadmon M (Hrsg.) Ärztliche Tätigkeit im 21. Jahrhundert – Profession oder Dienstleistung. 21–37. Springer Verlag Berlin

Frank JR, Snell LS, Cate OT, Holmboe ES, Carraccio C, Swing SR, Harris P, Glasgow NJ, Campbell C, Dath D, Harden RM, Iobst W, Long DM, Mungroo R, Richardson DL, Sherbino J, Silver I, Taber S, Talbot M, Harris KA (2010) Competency-based medical education: theory to practice. Med Teach. 32, 638–645

Köbberling J (2002) Charta zur ärztlichen Berufsethik. MedKlin 97, 697–9

Medical Professionalism Project ABIM Foundation (2002) Medical professionalism in the new millennium: a physicians' charter. Lancet 359, 520–2

Nationaler Kompetenzbasierter Lernzielkatalog Medizin 2.0 (NKLM) (2021) Verfügbar unter: www.nklm.de (letzter Zugriff 05.07.2021)

Salloch S (2016) Same but different: why we should care about the distinction between professionalism and ethics. BMC Med Ethics 17(1):44. DOI: 10.1186/s12910-016-0128-y

Schwibbe A, Lackamp J, Knorr M, Hissbach J, Kadmon M, Hampe W (2018) Medizinstudierendenauswahl in Deutschland. Bundesgesundheitsbl 61, 178–186

Vogd W (2018) Unsicherheit als zentrales Bezugsproblem der ärztlichen Profession. In: Klinke S, Kadmon M (Hrsg.) Ärztliche Tätigkeit im 21. Jahrhundert – Profession oder Dienstleistung. 55–68. Springer Verlag Berlin

Wald HS (2015). Professional identity (trans) formation in medical education: reflection, relationship, resilience. Acad Med. 90, 701–706

Weinert FE (2002) Vergleichende Leistungsmessung in Schulen – eine umstrittene Selbstverständlichkeit. In: Weinert FE (Hrsg.) Leistungsmessung in Schulen. 17–31. Beltz Verlag Weinheim

# 5 Interprofessionelle Zusammenarbeit als Grundlage einer ethisch guten Entscheidungsfindung

Sabine Salloch und Anna-Henrikje Seidlein

Die Frage nach dem – im ethischen Sinne – „Guten" ist ihrem Wesen nach eine normative Frage, die z.B. unter Rückgriff auf deontologische und konsequentialistische Theorien anhand der je unterschiedlichen Kriterien für das „Gute" (z.B. Pflichterfüllung, Folgen von Handlungen oder Normsetzungen) beantwortet werden kann. Zur Beantwortung der Frage, was eine gute interprofessionelle Zusammenarbeit ausmacht und anhand welcher Indikatoren diese feststellbar ist, werden jedoch auch empirische Herangehensweisen (z.B. Umfragen oder qualitative Studien) benötigt. Ebenso wie bei den ethischen Theorien variieren die Antworten dabei zum Teil stark, je nach Hintergrund und Einstellung der Befragten. Der vorliegende Beitrag bezieht sich deshalb sowohl auf normative als auch auf empirische Perspektiven guter interprofessioneller Zusammenarbeit. Er möchte die Bedeutung interprofessioneller Zusammenarbeit zwischen Pflegefachpersonen und Ärzt:innen für Entscheidungsfindungsprozesse im Hinblick auf ethische Fragen und Probleme beleuchten und Ansätze präsentieren, die einen angemessenen Umgang mit ethischen Herausforderungen für Teams ermöglichen.

## 5.1 Hintergrund

Die Notwendigkeit guter interprofessioneller Zusammenarbeit zur Gewährleistung einer ethisch hochwertigen Gesundheitspraxis beruht auf mindestens drei Eckpfeilern: Patient:innenrechte, Ethische Kodizes der Gesundheitsberufe, Alltagserfahrung.

### 5.1.1 Patient:innenrechte

Patient:innenorientierte Versorgung ist ein grundlegender Anspruch an das Gesundheitssystem in Deutschland. Expert:innengremien (u.a. Wissenschaftsrat, Bundesärztekammer) empfehlen und fordern dazu interprofessionelles Lernen und die kollaborative Zusammenarbeit zwischen den Gesundheitsberufen, da gute Teamarbeit (s.u.) als Voraussetzung für die Gewährleistung einer hohen Qualität der Gesundheitsversorgung angesehen wird. Umgekehrt gefährden eine mangelhafte oder unangemessene interprofessionelle Kommunikation und Zusammenarbeit die angestrebte Qualität der Versorgung (z.B. Patient:innenzufriedenheit) und die Patient:innensicherheit.

**Interprofessionelle Teamarbeit umfasst:**

- gemeinsame Team-Identität
- klare Rollen und Ziele
- gegenseitige Abhängigkeit
- Integration
- geteilte Verantwortung
- Team-Aufgaben

(Reeves et al. 2018, eigene Übersetzung)

### 5.1.2 Ethische Kodizes der Gesundheitsberufe

Ethikkodizes formulieren den normativen Anspruch an das Verhalten ihrer jeweiligen Zielgruppe. Sie gelten als grundlegende Bezugspunkte für angemessenes Handeln im Rahmen der Berufsausübung auf Basis der Zugehörigkeit zu einer Gesundheitsprofession. Für die Pflegefachpersonen ist dieser „Kern der ethischen Identität der Pflege" (Riedel et al. 2017, S. 163) im Ethikkodex des International Council of Nurses (ICN) fixiert. Im Hinblick auf interprofessionelle Zusammenarbeit statuiert er: „Die Pflegende sorgt für eine gute und respektvolle Zusammenarbeit [...] mit den Mitarbeitenden anderer Bereiche" (ICN 2012). Die Deklaration von Genf des Weltärztebundes verpflichtet Ärzt:innen, ihren „Kolleginnen und Kollegen [...] die ihnen gebührende Achtung und Dankbarkeit [zu] erweisen" (Weltärztebund 2017). Im Unterschied dazu adressiert der Code of Medical Ethics der American Medical Association (AMA) explizit die moralische Pflicht, im interprofessionellen Team zu arbeiten. Ärzt:innen wird hierbei eine Führungsrolle im Sinne einer „ethical leadership" zugesprochen, die sich an Werten wie Ehrlichkeit, Disziplin, Kreativität, Bescheidenheit, Neugier und Bereitschaft zur kontinuierlichen Verbesserung orientieren soll (AMA o.J.). Demnach erfordert die Zugehörigkeit zu den Gesundheitsprofessionen nicht nur Beziehungsgestaltung mit Patient:innen, sondern enthält auch die Pflege der Beziehungen untereinander als wesentliches ethisches Element.

### 5.1.3 Alltagserfahrung

Aus Sicht von Pflegefachpersonen und Ärzt:innen ist eine gute interprofessionelle Kooperation zudem wünschenswert, da sie erfahrungsgemäß einen reibungslosen Ablauf des Alltags ermöglicht. Pflegefachpersonen verbringen viel Zeit in direktem Patient:innenkontakt und sind zudem in besonderem Maße mit der Leiblichkeit von Patient:innen konfrontiert. Sie haben daher einen „exklusiven" Zugang zu ihnen und sind häufig direkte Ansprechpartner:innen für Rückfragen zu Therapie und Prognose, Sorgen und Ängste. Dies macht Pflegefachpersonen zu Schlüsselfiguren für die Sammlung von Informationen und deren Verbreitung im gesamten Behandlungsteam. Demgegenüber obliegt Ärzt:innen in der Regel die Gesamtplanung und Koordination des Behandlungsprozesses und die Kommunikation mit den Patient:innen hinsichtlich diagnostischer Befunde und therapeutischer Entscheidungen. Aufgrund der komplexen Aufgabenverteilung ist eine an den Bedürfnissen der Patient:innen ausgerichtete Betreuung essenziell auf die reibungslose Zusammenarbeit zwischen Ärzt:innen und Pflegefachpersonen sowie den weiteren Mitgliedern des Behandlungsteams (z.B. Physiotherapeut:innen, Ergotherapeut:innen, Logopäd:innen) angewiesen.

## 5.2 Professionen im Gesundheitswesen

Professionen sind nach soziologischer Auffassung durch eine Reihe von Merkmalen gekennzeichnet, die sie in besonderer Weise hervorheben und von „bloßen Berufen" unterscheiden. Zu diesen Merkmalen gehören traditionell etwa eine spezialisierte, wissenschaftlich fundierte Ausbildung, ein hohes Sozialprestige und das Monopol auf bestimmte Dienstleistungen. Der Professionsbegriff weist zudem mehrere Dimensionen auf, die in enger Verbindung mit ethischen Fragen in der Gesundheitsversorgung stehen. In kollektiver Hinsicht verfügen Professionen über das Recht der professionellen Selbstregulierung und der kollegial-korporativen Selbstkontrolle. Bestimmte Angelegenheiten der Berufsausübung werden also (bei Ärzt:innen im Rahmen der Heilberufsgesetze) in die Selbstregulierung der Profession übergeben, womit ein gewisses Maß an Autonomie und Unabhängigkeit von externen (u.a. staatlichen) Einflüssen besteht. In enger Verbindung damit zeichnen sich Professionen aber auch dadurch aus, dass es sich nicht um Berufe handelt, die allein dem Lebensunterhalt der Professionsangehörigen dienen, sondern die letztlich auf das Wohl von Klient:innen (in Medizin und Pflege: Patient:innen und Menschen mit Pflegebedarf) und das gesellschaftliche Wohl insgesamt ausgerichtet sind.

Während es bei manchen der im Behandlungsteam vertretenen Berufsgruppen weitgehend unstrittig ist, dass sie einer Profession angehören (Ärzt:innen), wird der Status als Profession für andere (z.B. Pflegefachpersonen) weiterhin diskutiert. Faktisch gibt es international bezüglich der Stellung der Gesundheitsberufe große Unterschiede. Im Vergleich zu anderen europäischen Ländern ist die Pflegeausbildung in Deutschland (auch nach dem Pflegeberufereformgesetz von 2017) überwiegend eine grundständige Ausbildung, die nicht regulär an Hochschulen angebunden ist. Auch die berufliche Selbstverwaltung von Pflegefachpersonen in Kammern ist noch nicht bundesweit implementiert und wird nach wie vor heftig diskutiert. Damit wird die Pflege in Deutschland zumeist noch als „Semi-Profession" bewertet, die Professionalisierung noch als im Prozess befindlich angesehen. Hierarchieunterschiede in interprofessionellen Teams und die damit möglicherweise verbundenen Spannungen können auch als Folgen unterschiedlicher Rollen der Professionen, Semi-Professionen und Nicht-Professionen interpretiert werden, die im Rahmen von Aushandlungsprozessen flexibilisiert werden.

## 5.3 Interprofessionalität und Ethik in der Praxis

Mit der Prämisse, dass interprofessionelle Zusammenarbeit zu einer guten Patient:innenversorgung führt, liegt der Forderung nach interprofessioneller Zusammenarbeit ein zutiefst ethisches Motiv (Förderung des Wohlergehens von Patient:innen) zugrunde. Jenseits dieser normativen Feststellung zeigen aber auch empirische Studien die Relevanz der Betrachtung ethischer Problemsituationen aus einer interprofessionellen Perspektive: Ethische Probleme können durch die unterschiedliche Wahrnehmung einer Situation durch Pflegefachpersonen und Ärzt:innen entstehen (z.B. pessimistische vs. optimistische Einschätzung der Prognose). Zudem können unterschiedliche Sichtweisen auf das gleiche Problem (z.B. Care vs. Cure-Perspektive) bzw. verschiedene Foci (z.B. Überleben vs. Lebensqualität) und eine unterschiedliche Gewichtung der ethischen Prinzipien im Behandlungsteam zu Konflikten führen – was für manche Wohltun („beneficence") bedeutet, verstößt für andere gegen die Patientenautonomie oder weicht die Grenzen zwischen Fürsorge und Zwang auf.

Darüber hinaus erleben die Berufsgruppen ethische Probleme im Alltag durch ihre jeweils spezifischen Tätigkeiten unterschiedlich. Dazu gehört nicht nur das qualitative Empfinden, sondern auch die Tatsache, dass moralische Problemsituationen unterschiedlich häufig wahrgenommen und als unterschiedlich belastend empfunden werden.

Eine fehlende Berücksichtigung der Tatsache, dass divergierende Auffassungen über die Ziele, die es zu verwirklichen gilt, oder die Werte, die im Handeln realisiert werden sollen, zwischen den Berufsgruppen auftreten können, kann zu Unzufriedenheit und Frustration führen, da eigene Normen wiederholt zurückgestellt werden. Ein unangemessener Umgang mit ethischen Problemen im interprofessionellen Setting bewirkt eine Diskrepanz zwischen dem eigenen professionsethischen Anspruch und der Handlungsrealität, welche zu moralischem Disstress mit den daraus resultierenden, negativen Konsequenzen (u.a. moralische Desensibilisierung, Arbeits- bzw. Berufsaustritt) führen kann. Zugleich aber bieten die verschiedenen professionellen Perspektiven auf moralische Probleme ein Potential für die umfassende Analyse ethischer Frage- und Problemstellungen. So kann die Einbeziehung multiprofessioneller Sichtweisen zu einer umfassenderen Situationsbeurteilung beitragen und damit der Gefahr einseitiger Bewertungen entgegenwirken.

## 5.4 Lösungsansätze

Soziale Beziehungen und Rollen innerhalb des Teams prägen die Zusammenarbeit, weshalb Teambildungsmaßnahmen integraler Bestandteil einer umfassenden organisationsethischen Herangehensweise sein sollten. Der Blick auf das interprofessionelle Team und seine innere Dynamik ist außerdem zum Verständnis ethischer Probleme von großer Bedeutung, da Teams eine Binnenmoral entwickeln können, die Entscheidungsfindungsprozesse implizit beeinflusst, und im Sinne einer ethischen Prävention (z.B. zur Vermeidung von Ungerechtigkeit) explizit gemacht werden sollte. Auch die Einsicht, dass eine Pflege von Beziehungen nicht nur Teil der professionellen Selbstverpflichtung gegenüber Patient:innen, sondern auch gegenüber den Mitgliedern des Behandlungsteams ist, fordert alle dazu auf, die Aufmerksamkeit auf das Team zu lenken.

Ein Fokus interprofessioneller Elemente in stations- bzw. institutionsinternen Weiterbildungen sollte deshalb auf den Werten und Haltungen der Teammitglieder und der Teammoral liegen. Die dazu notwendige Entwicklung und Reflexion gemeinsamer Grundwerte ist ein elementarer Bestandteil effektiver Teamentwicklung. Dabei sind u.a. gemeinsame Antworten auf die Fragen zu entwickeln, wie Zusammenarbeit auf Augenhöhe zwischen den Berufsgruppen aussehen kann und welche Vorstellung von guter Patient:innenversorgung die Teammitglieder haben. Die Partikularität der Sichtweisen kann so ausgeglichen werden und das Wissen und die Kompetenzen der beteiligten Berufsgruppen können ineinandergreifen. Darüber hinaus hat das Einüben des Perspektivenwechsels als wesentlicher Bestandteil ethischer Kompetenz eine besondere Bedeutung (Riedel et al. 2017). Methodisch lässt sich dies mit Hilfe von Fallvignetten als Grundlage von Simulationen und Rollenspielen umsetzen. Ethische Herausforderungen können besser bewältigt werden, wenn klar ist, welchen Beitrag der oder die Einzelne im Hinblick auf das gemeinsam angestrebte Ziel leisten kann. In konkreten Entscheidungssituationen kann das „VALUE TEAM"-Mnemonic (s.u.) dabei helfen, die Kommunikationskultur zu verbessern und so einen Beitrag zu einem konstruktiven Umgang mit ethischen Konflikten in der Praxis zu leisten.

**„VALUE TEAM"-Mnemonic**

- value the input from all of the members of the interprofessional team, including, among others, physicians, nurses, physiotherapists, clergy, psychologists, and ethicists
- acknowledge emotions
- listen to each other
- understand the team-members as integral persons, including their commitments to patients and high-quality patient care
- elicit the expert suggestions of team-members and make use of their specific expertise
- tie the decision to the best evidence available
- elaborate on the patient's values, goals, and preferences
- address diverse opinions and seek consensus among team members
- make the best decision weighing reasonable medical options with the patient's goals and the quality of life he/she would want to achieve after their stay in the ICU

(Michalsen et al. 2019, S. 1263)

***Praxistipps***

- *Bei der Durchführung interprofessioneller Aus-, Fort- und Weiterbildungsprojekte zu Themen der Ethik in der Gesundheitsversorgung haben wir von den Teilnehmenden gelernt, dass ein wesentlicher Teil des Lernens miteinander, voneinander und übereinander außerhalb der eigentlichen Lernsituation stattfindet – In den Wartezeiten vor Beginn der Veranstaltung, in den Pausengesprächen und in sozialen Medien.*
- *Deshalb: Schaffen Sie „informelle" Räume für interprofessionellen Austausch, nicht nur in der Lehre! Dazu können gehören:*
  - *Arbeitsatmosphäre (ansprechende Räumlichkeiten, Sitzordnung, die zur Interaktion einlädt, Pausen mit einem kleinen Angebot an Snacks und Erfrischungen)*

- *Einrichtung eines virtuellen Forums, das die Möglichkeit zum Austausch bietet*
- *Organisation gemeinschaftlichen Beisammenseins (z.B. Kneipenbesuch, Radtour)*

## Literatur

AMA Code of Medical Ethics Opinion 10.8. (O.J.) URL: https://www.ama-assn.org/delivering-care/ethics/collaborative-care (abgerufen am 25.05.2021)

International Council of Nurses (2012) ICN-Ethikkodex für Pflegende. URL: https://www.dbfk.de/media/docs/download/Allgemein/ICN-Ethikkodex-2012-deutsch.pdf (abgerufen am 25.05.2021)

Michalsen A, Long AC, DeKeyser Ganz F, White DB, Jensen HI, Metaxa V, Hartog CS, Latour JM, Truog RD, Kesecioglu J, Mahn AR, Curtis JR (2019) Interprofessional Shared Decision-Making in the ICU: A Systematic Review and Recommendations From an Expert Panel. Critical Care Medicine 47 (9):1258–1266.

Reeves S, Xyrichis A, Zwarenstein M (2018) Teamwork, collaboration, coordination, and networking: Why we need to distinguish between different types of interprofessional practice. Journal of Interprofessional Care 32 (1):1–3.

Riedel A, Behrens J, Giese C, Geiselhart M, Fuchs G, Kohlen H, Pasch W, Rabe M, Schütze L (2017) Zentrale Aspekte der Ethikkompetenz in der Pflege. Empfehlungen der Sektion Lehrende im Bereich der Pflegeausbildung und der Pflegestudiengänge in der Akademie für Ethik in der Medizin e.V. Ethik in der Medizin 29 (2):161–165

Weltärztebund (2017) Deklaration von Genf. URL: https://www.bundesaerztekammer.de/fileadmin/user_upload/downloads/pdf-Ordner/International/bundersaaerztekammer_deklaration_von_genf_04.pdf (abgerufen am 25.05.2021)

# 6 Ethikberatung und Ethikkomitees als Instrumente der Entscheidungsunterstützung

Gerald Neitzke

In vielen Einrichtungen des Gesundheitswesens wird Ethikberatung angeboten. Der internationalen Entwicklung solcher Beratungsangebote folgend (Fox et al. 2007), werden seit etwa 20 Jahren auch im deutschsprachigen Raum Beratungsgremien aufgebaut (ZEKO 2006; Dörries et al. 2010a; SAMW 2012; Frewer et al. 2012; Schochow 2014). Dies gilt sowohl für das Krankenhaus als auch in der stationären Alten- und Behindertenbetreuung (Riedel et al. 2011) und zunehmend auch für die ambulante Versorgung (ZEKO 2019). Die häufigste Implementierungsform stellt das Klinische Ethikkomitee (KEK) dar, es wird aber auch Ethikberatung im Rahmen von z.B. Ethikforen, Ethikkonsilen und Ethikzirkeln oder von qualifizierten Einzelpersonen durchgeführt. Damit Ethikberatung zu einer professionellen und fairen Entscheidungsfindung beitragen kann, müssen bestimmte strukturelle und prozedurale Voraussetzungen erfüllt sein (AEM 2010). Diese Voraussetzungen sollen zunächst für die Implementierung und Arbeit von Ethikkomitees beschrieben und danach für das Vorgehen im Rahmen einer Ethik-Fallberatung erläutert werden.

## 6.1 Klinisches Ethikkomitee (KEK)

### 6.1.1 Implementierung

Damit ein KEK effektiv und verantwortungsvoll die Entscheidungsfindung unterstützen kann, sollte bereits bei der Implementierung eine Reihe von Verfahren und Prozessen eingehalten werden (Neitzke 2009a). Das Ziel der Implementierung besteht nämlich nicht nur darin, ein KEK zu gründen und vorweisen zu können, sondern dieses bestmöglich in der Institution und Mitarbeiterschaft zu verankern. Auf diese Weise kann eine vertrauensvolle Zusammenarbeit sowohl mit der Geschäftsführung als auch allen Mitarbeitenden vorbereitet und die Inanspruchnahme etwa im Rahmen von Beratungsanfragen gesichert werden.

Es empfiehlt sich, im Rahmen der Implementierung schrittweise vorzugehen: Zunächst bedarf es einer *Initiative* für ein Ethikkomitee. Dies kann ein von vielen Mitarbeitenden als problematisch und belastend erlebter Behandlungsfall sein oder ein Impuls der Geschäftsführung im Zuge der Zertifizierung der Einrichtung. Die Initiative kann also sowohl bottom-up, das heißt aus der Mitarbeiterschaft heraus, als auch top-down, etwa auf Anregung durch die Leitung der Einrichtung, gestartet werden. Für die Verwurzelung und Anerkennung des KEK ist es jedoch wichtig, dass beide Bewegungen zusammenkommen und die Implementierung letztlich auf allen Hierarchieebenen diskutiert und mitgestaltet wird (AEM 2010). Aus der Initiative wird sich zur Vorbereitung des KEK eine erste Arbeitsgruppe bilden, die bereits aus möglichst vielen Menschen mit unterschiedlichen Perspektiven aus der Einrichtung bestehen sollte.

In einem nächsten Schritt sollten die *Ziele*, die mit der Ethikarbeit des KEK verbunden sind, definiert werden. Grundsätzlich soll der Umgang mit ethisch schwierigen Entscheidungssituationen in der Einrichtung verbessert werden. Welche Ziele sind für die Institution vorrangig, um dies effektiv erreichen zu können? Sollen bestimmte ethische Werte wie Autonomie, Verantwortung und Menschenwürde gestärkt werden? Soll die Zufriedenheit der Mitarbeiter:innen mit ihrer Tätigkeit in Bezug auf ethische Herausforderungen gesteigert werden? Stehen die ethischen Belange der Patient:innen und Angehörigen im Vordergrund? Soll die Entscheidungsfindung in bestimmten Bereichen, etwa der Intensivmedizin, gefördert werden? Geht es vorrangig um die Zertifizierung der Einrichtung? Je nach Zielsetzung werden andere Aufgaben und Schwerpunkte für die Arbeit des KEK sinnvoll sein. Wenn etwa die Interessen von Patient:innen im Fokus stehen, muss dies durch den Zugang und die Arbeitsweise sichergestellt werden (Neitzke 2009b).

Die *Aufgaben* des KEK müssen also an die Ziele, auf die sich die Initiativgruppe in Zusammenarbeit mit der Geschäftsführung einigt, angepasst sein. Es haben sich national wie international vier große Aufgabenbereiche für die Arbeit eines KEK herausgebildet: die Sensibilisierung für Ethik in der Einrichtung, die Fort- und Weiterbildung der Mitarbeitenden in Fragen der klinischen Ethik, die Ethik-Fallberatung im Einzelfall und die Erarbeitung von Ethik-Leitlinien für die Einrichtung. In den letzten Jahren gewinnt darüber hinaus die Organisationsethik an Bedeutung, bei der ethische Aspekte geregelt werden, die die Institution insgesamt betreffen (vgl. Burmeister et al. 2021 und das zugehörige Themenheft der Zeitschrift „Ethik in der Medizin"). Auch wenn alle Aufgabenbereiche im Rahmen der Ethikarbeit grundsätzlich hilfreich sind, wird es – schon aus Gründen der Arbeitsökonomie – zu Schwerpunktsetzungen kommen. Der effektive Aufbau einer qualifizierten Ethik-Fallberatung erfordert andere Arbeitsformen als die zügige Implementierung von Ethik-Leitlinien. Je nach Ausrichtung der Aufgaben des KEK wird also die Struktur und Arbeitsweise unterschiedlich gewählt werden müssen: Zur Erarbeitung von Ethik-Leitlinien sind Mitglieder sinnvoll, die große Arbeitsbereiche repräsentieren, während für die Fallberatungen eher Mitglieder benötigt werden, die zeitlich ausreichend verfügbar sind, ein feines Gespür für die ethischen Bedürfnisse und Aspekte in der Patientenversorgung aufweisen und gerade in Konfliktfällen kompetent über Wertfragen kommunizieren können.

### 6.1.2 Zusammensetzung

Für eine effektive Arbeit und Unterstützung in ethisch problematischen Entscheidungssituationen ist die Zusammensetzung des KEK besonders bedeutsam. Bei der Auswahl sollten Mitarbeiter:innen möglichst vieler Arbeitsbereiche berücksichtigt werden, die in der Institution bekannt sind und bereits ein gewisses Vertrauen und Ansehen genießen. Es ist selbstverständlich, dass die *ärztliche und pflegerische Perspektive*, möglichst mit Vertreter:innen aus unterschiedlichen Bereichen wie z.B. Intensivstation, Chirurgie, Kinderklinik und Psychiatrie, berücksichtigt werden. Darüber hinaus haben sich Mitglieder aus anderen therapeutischen Berufen (Psychologie, Physiotherapie, Logopädie), dem Sozialdienst, der Seelsorge und dem Klinikmanagement (z.B. Qualitätsmanagement) bewährt. Um die juristische Perspektive angemessen vertreten zu können, kann es erforderlich sein, ein externes Mitglied – etwa einen Rechtsanwalt oder eine Richterin – einzubeziehen.

Wenn zu den Aufgaben des KEK auch die Beratung von Patient:innen und Angehörigen zählt, werden weitere Mitglieder mit einer *externen Perspektive* unverzichtbar. Dies können Philosoph:innen oder Theolog:innen sein, geeignet sind aber auch Patientenfürsprecher oder Mitglieder von Selbsthilfegruppen, da sie in authentischer Weise die Patientenperspektive vertreten können (Neitzke 2009b).

Bei der Auswahl der KEK-Mitglieder sollten folgende Kriterien berücksichtigt werden: Die Mitglieder müssen ausreichend zeitlich verfügbar sein, um die übertragenen Aufgaben angemessen ausüben zu können. Es ist erforderlich, dass sie im Rahmen der Ethikarbeit unabhängig und weisungsungebunden agieren können. Es sollte eine hohe kommunikative Kompetenz und ethische Sensibilität bestehen. Darüber hinaus ist es wünschenswert, wenn die Mitglieder bereit sind, sich in den Bereichen klinische Ethik und Ethikberatung weiterzubilden, sodass sie die Tätigkeit im KEK qualifiziert und professionell ausüben können.

In Deutschland gibt es zahlreiche Weiterbildungsangebote für Ethikberatung. Einige werden in Kooperation mit der Akademie für Ethik in der Medizin (AEM) als zuständiger Fachgesellschaft angeboten (Dörries et al. 2010b). Von der AEM wurde ein Curriculum Ethikberatung erarbeitet (AEM 2019) und entsprechend fortgebildete Ethikberater:innen können sich seit 2014 von der Fachgesellschaft zertifizieren lassen (AEM o.J.). Die Teilnahme an Fortbildungen zur klinischen Ethikberatung hat nachweislich positive Effekte auf die Implementierung von Ethikkomitees (Dörries et al. 2014).

### 6.1.3 Satzung und Gründung des KEK

In einer Satzung oder Geschäftsordnung des KEK werden organisatorische Aspekte geregelt (Dörries et al. 2010a): Wie und durch wen werden die Mitglieder vorgeschlagen und berufen? Wie viele Mitglieder hat das KEK und wie lange dauert eine Amtszeit? Die Wahl einer/eines Vorsitzenden des KEK sollte geregelt werden. Ziele und Aufgaben des KEK müssen klar definiert sein. Die inhaltliche Unabhängigkeit der KEK-Mitglieder wird festgestellt. Fragen der Vertraulichkeit und Schweigepflicht müssen klar geregelt werden. Auf der Grundlage der Satzung beschließt das KEK, wie oft regelmäßige Treffen stattfinden sollen und wie die definierten Aufgaben konkret ausgestaltet werden.

Die Satzung sollte den Zugang zur Ethikberatung klären. Wer ist antragsberechtigt? Dies werden in der Regel alle in der Patientenversorgung tätigen Mitarbeiter:innen sein, darüber hinaus aber meist auch Patient:innen, Angehörige und andere von der Patientenversorgung betroffene Personen. Auch die Geschäftsführung der Klinik sollte Zugang zu einer Ethikberatung erhalten und eigene Themen einbringen können. Damit ist die wichtige Frage verbunden, ob das KEK auch ein Mandat erhält, organisationsethische Aufgaben zu übernehmen (Baumann-Hölzle u. Arn 2009, Burmeister et al. 2021). Dabei handelt es sich um vom konkreten Fall losgelöste ethische Fragestellungen, die etwa den Umgang und die Haltung (in) der Institution insgesamt berühren. Konkret können organisationsethische Fragen über Ethik-Leitlinien oder über erweiterte Arbeitskreise diskutiert und einer Lösung zugeführt werden.

Das KEK wird nur auf eine Anfrage hin tätig. Es sollte bereits in der Satzung klargestellt werden, dass das KEK und die KEK-Mitglieder keine eigenen Entscheidungen treffen oder den klinisch Tätigen Vorschriften machen dürfen, sondern dass die Ethikarbeit dazu dient, die Entscheidungsfindung der Beteiligten zu *unterstützen*. Dazu wird eine Verständigung über unklare oder umstrittene ethische Aspekte herbeigeführt. Die KEK-Mitglieder agieren also eher als Expert:innen für die Techniken der Verständigung und eine verantwortungsvolle Entscheidungs*findung*, nicht so sehr als Inhaber einer moralischen „Wahrheit" oder der korrekten Entscheidung selbst. Ethikberatung stellt einen strukturierten, systematischen Dialog her über die Fragen nach einer im moralischen Sinne guten Patientenversorgung. Dadurch soll die moralische Urteilsbildung vor Ort, auf den Stationen, auf dasselbe professionelle und qualifizierte Niveau gehoben werden, das aufgrund von Leitlinien und Standards in allen anderen Entscheidungsbereichen (etwa zur Diagnostik und Therapie) längst aus guten Gründen gilt.

Nach Gründung des KEK sollten alle Mitarbeiter:innen und Patient:innen über dieses Gremium, seine Aufgaben und Arbeitsweisen informiert werden. Das Intranet, KEK-Flyer, die Klinikzeitung oder der Einführungstag für neue Mitarbeiter:innen sind geeignete Foren dafür. Mit Aufnahme der Tätigkeit sollte das KEK auch Maßnahmen zur Qualitätssicherung und Evaluation planen und durchführen. Die AEM hat hierzu detaillierte Vorschläge erarbeitet (Neitzke et al. 2013).

## 6.2 Ethik-Fallberatung

Ethik-Fallberatungen finden nur auf Antrag von Beteiligten oder Betroffenen statt. Dadurch wird sichergestellt, dass eine Beratung nur dort durchgeführt wird, wo tatsächlicher Beratungsbedarf besteht. Andernfalls könnte leicht das Missverständnis entstehen, dass Ethikberatung ein Instrument der Kontrolle darstelle und auf Denunziation hin tätig würde, um eine Art Tribunal zu veranstalten. Die durch diese (unberechtigte) Sorge begründete Skepsis verhindert in manchen Fällen die berechtigte Inanspruchnahme von Ethikberatung. Qualifizierte Ethikberatung versteht sich als eine Sortierhilfe für die vielfältigen und oft divergierenden Einschätzungen, Bewertungen, Haltungen und Präferenzen der an der Behandlung Beteiligten. Diese Einschätzungen sind intuitiv bereits vorhanden und werden im Rahmen der Ethik-Fallberatung allen sichtbar gemacht. Dies ist die Voraussetzung dafür, zu einer einvernehmlichen Lösung zu kommen. In einigen Fällen wird es darüber hinaus erforderlich sein, dass Ethikberater:innen eigene Aspekte und Ideen einbringen, um etwa die Einhaltung juristischer Vorgaben sicherzustellen.

### 6.2.1 Ablauf

Zum Ablauf einer Ethikberatung haben sich einige pragmatische Regeln aus der Beratungspraxis heraus entwickelt (AEM 2010): Zunächst muss geklärt sein, auf welche Weise eine Fallanfrage an das Ethikkomitee bzw. ein Antrag für eine Ethik-Fallberatung gestellt werden kann. Dies kann mündlich, fernmündlich, per E-Mail oder schriftlich erfolgen. Das Verfahren sollte zum einen allen Antragsberechtigten bekannt und zugänglich sein, zum anderen sollte es keine formalen Hürden enthalten, um nicht mögliche Anfragen abzuschrecken. In der Praxis bewährt hat sich die telefonische Anfrage bei einem Mitglied des Ethikkomitees (z.B. über eine zentrale Rufnummer), denn auf diese Weise ist für Ratsuchende ein unmittelbarer, direkter Kontakt möglich, der bei Gewissensnöten bereits für eine gewissen Abhilfe sorgen kann: Die anfragende Person fühlt sich gehört, kann Sorgen mitteilen und den Beratungsprozess direkt einleiten. In der Praxis kommen aber auch kurze, meist formlose Antragsformulare zur Anwendung, die allerdings nicht ganz so niederschwellig sind, da sie eine schriftliche Beschreibung des Problems erforderlich machen.

Zur Planung der Ethik-Fallberatung sind drei Fragen zu klären: Wer? Wann? Wo? Um ein tragfähiges Beratungsergebnis erzielen zu können, sollten möglichst alle an dem Fall Beteiligten und von den Entscheidungen Betroffenen an der Beratung teilnehmen. Dazu gehören im Idealfall neben der/dem Patient:in und ihren/seinen Angehörigen/Bezugspersonen (insbesondere, wenn vorhanden, Bevollmächtigte:r oder Betreuer:in) die behandelnden Ärzt:innen aller beteiligten Fachrichtungen, die Pflegenden, Angehörige weiterer beteiligter therapeutischer Berufe und in einzelnen Fällen auch die/der Hautärzt:in, Mitarbeitende der Pflegeeinrichtung etc. In einem Dialog zwischen Antragsteller:in und Berater:in sollten alle relevante Personen identifiziert werden. Die Einladung zum Treffen kann sowohl von den Ethikberater:innen als auch von der anfragenden Station ausgesprochen werden.

Die Absprachen bezüglich Ort und Zeit der Ethik-Fallberatung sollten sich an den Bedürfnissen und Möglichkeiten der Beteiligten orientieren: Wie zeitnah ist die Beratung erforderlich? Wann passt die Beratung am besten in den Stationsablauf? Zu welchen Zeiten stehen die Angehörigen zur Verfügung? Sind Vorgespräche ohne die Angehörigen sinnvoll? Gibt es auf der anfragenden Station einen ausreichend großen und ruhigen Besprechungsraum? Ist es mit Rücksicht auf einzelne Beteiligte sinnvoll, einen „neutralen“ Ort für die Ethikberatung zu wählen?

Auch von Beraterseite ist zu klären, wer an dieser Ethik-Fallberatung teilnimmt. Welche Mitglieder des Beratungsteams stehen aktuell zur Verfügung? Gibt es Vorgaben – etwa durch die Satzung – zur Anzahl und Perspektive der Beratenden? Wenn es sich nicht um ein Ethikkonsil durch eine Einzelperson handelt, sind etwa drei Ethikberater:innen empfehlenswert: Ein:e Berater:in übernimmt die Gesprächsleitung, eine:r beteiligt sich zusätzlich an der Diskussion und der/die dritte schreibt das Protokoll. Die Dokumentation (Protokoll) der Ethik-Fallberatung ist für die Entscheidungsunterstützung von herausgehobener Bedeutung (Fahr et al. 2011). Um nach außen hin überparteilich und neutral auftreten zu können, empfiehlt sich weiterhin, dass auch das Beratungsteam unterschiedliche Perspektiven verkörpert, z.B. ärztliche und pflegerische Perspektive, eine patienten- und angehörigenorientierte externe Perspektive, sowie unterschiedliche Geschlechter.

Inhalte und Methoden in der Ethik-Fallberatung werden weiter unten dargestellt. Der Ablauf der Beratung sollte mit einer kurzen Klarstellung der Funktion und Bedeutung von Ethikberatung beginnen (das Ethikkomitee entscheidet nicht, sondern berät; alle Anwesenden werden gebeten, ihre persönliche Sichtweise auf den Fall darzulegen; das Ziel der Beratung ist eine Verständigung über die ethischen Aspekte des Falles und wenn möglich die Erarbeitung einer prospektiven Behandlungsentscheidung im Konsens). Es werden Absprachen über die Dauer der Beratung getroffen und es wird betont, dass alle Beteiligten gleichermaßen berechtigt sind, sich zu äußern und ihre Einschätzungen und Bewertungen vorzutragen. Die eigentliche Beratung beginnt, indem der/die Gesprächsleiter:in kurz das Anliegen der Anfrage skizziert und um Informationen und Einschätzungen zu dem Fall bittet.

### 6.2.2 Methode

Die Glaubwürdigkeit einer Ethik-Fallberatung hängt davon ab, dass tatsächlich ethische Aspekte im Vordergrund der Analyse und Entscheidungsfindung stehen. *Ethik* kann dabei definiert werden als die Verständigung über die moralischen Aspekte des Behandlungsfalles. Moralische Aspekte beziehen sich auf das jeweilige Menschenbild, das professionelle Grundverständnis, die Bedeutung von Gesundheit, Krankheit, Sterben und Tod. Durch die Moderation sollte methodisch streng unterschieden werden zwischen Tatsachenbehauptungen und (moralischen) Bewertungen. Fakten lassen eine Prüfung zu, ob sie zutreffend oder unzutreffend sind. Moralische Bewertungen hingegen treffen aus Sicht der Person, die sie äußert, subjektiv zu. Es bedarf eines Prozesses der Verständigung, die Bewertungsebenen der Beteiligten zu einem Ausgleich zu bringen. Dies ist die Aufgabe von Ethikberatung. Dabei stellt die *Begründung* der moralischen Überzeugungen und Bewertungen eine Kernmethode der Ethik dar. Im Rahmen einer Ethik-Fallberatung sollte also darauf geachtet werden, dass alle moralischen Bewertungen und Einschätzungen gekennzeichnet und wenn möglich für alle transparent und nachvollziehbar begründet werden.

Ethik als Verständigung über moralische Bewertungen kann nur mit den Mitteln der *Kommunikation* vollzogen werden. Daher findet eine Reihe von kommunikativen Grundregeln in der Ethikberatung Anwendung. Um das gegenseitige Verstehen und eine Konsensfindung zu erleichtern, sollte insbesondere bei umstrittenen Aussagen und Vorschlägen Folgendes geklärt werden:

- Was ist gesagt worden?
- Wie ist es verstanden worden?
- Liegt über das Verständnis hinaus auch ein Einverständnis mit dem Gesagten vor?
- Wie kann das, worüber Einverständnis herrscht, praktisch umgesetzt werden?
- Sind die Beteiligten nicht nur in der Lage, sondern auch motiviert, dieses Vorgehen in die Praxis umzusetzen?

Ethikberater:innen sollten gerade bei einem vorliegenden Dissens die Klärung herbeiführen, auf welcher Ebene einer individuellen Bewertung oder einem Handlungsvorschlag Widerstand entgegengesetzt wird. Liegt es am mangelnden Verständnis, am fehlenden Einverständnis oder an ungenügender Motivation?

Unterschiedliche Bewertungen – etwa über die Lebensqualität, die Therapieziele oder die Prognose – sind häufig das Resultat unterschiedlicher Perspektiven. Angehörige werden den Erfolg oder die Erfolgswahrscheinlichkeit anders und anhand anderer Kriterien bewerten als Pflegende oder Ärzt:innen. Auch zwischen medizinischen Fachdisziplinen bestehen solche Bewertungsdifferenzen. Methodisch ist es sinnvoll, im Rahmen der Ethik-Fallberatung einen Perspektivwechsel einzufordern:

- Können die Intensivmediziner:innen die Position des Operateurs nachvollziehen, wenn sie sich in seine Lage versetzen?
- Wird ein vehement vorgebrachter Wunsch von Angehörigen verstehbar, wenn die Mitglieder des Stationsteams deren Geschichte nachvollziehen?

Methodisch ist weiterhin wichtig, dass die Beratungsgespräche konsensorientiert verlaufen. Ein *Konsens* kann verstanden werden als diejenige Handlungsempfehlung, der alle Beteiligten aus ihrer jeweiligen moralischen Perspektive heraus zustimmen und die sie gemeinsam tragen und verantworten können. Damit dieser Prozess gelingt, sollten die Moderator:innen schon während des Beratungsprozesses auf sich abzeichnende Teilkonsense hinweisen und diese ggf. durch Rückfragen als „einvernehmlich geklärt" kennzeichnen. Auf diese Weise wird sichtbar, dass scheinbar unüberbrückbare Gegensätze sich durch die Beratung stückweise abbauen lassen. Wenn etwa Art und Ausmaß der weiteren Behandlung eines/einer schwer erkrankten Patient:in umstritten sind, könnte ein Teilkonsens darin bestehen, dass alle sich einig sind, angesichts eines medizinisch unstrittig indizierten Behandlungsangebots das weitere Vorgehen aufgrund des Patientenwillens festzulegen. Damit ist der Patientenwille für diese Situation zwar noch nicht eruiert (das ist wiederum häufig ein längerer Prozess), aber es gibt bereits ein Einvernehmen über die Klärung des weiteren Vorgehens.

Eine weitere methodische Vorüberlegung betrifft die Rolle der/des Ethikberater:in. Grundsätzlich lassen sich zwei unterschiedliche Rollen voneinander abgrenzen (die sich aber in der Praxis oft vermischen bzw. auf unterschiedliche Mitglieder des Ethikkomitees verteilen lassen): Eine ausschließlich auf Moderation beschränkte Beratung muss streng neutral bleiben und darf sich inhaltlich zu keiner der genannten Handlungsalternativen oder Bewertungen äußern. Die Aufgaben liegen in der Strukturierung des Gesprächs, der Motivation der Beteiligten, der verständnisfördernden Nachfrage und dem Spiegeln der unterschiedlichen Einschätzungen. Eine eher auf Beratung ausgerichtet Methode lässt darüber hinaus zu, dass sich der/die Ethikberater:in selbst positioniert und die eigene Meinung oder konkrete Ratschläge – quasi als gleichberechtigte:r Diskutant:in – in den Entscheidungsfindungsprozess einbringt. Diese Funktion kann aus Sicht von Ratsuchenden wichtig sein, da sie Orientierung bietet, andererseits können Ethikberater:innen diese Funktion aus guten Gründen zurückweisen, um sich nicht in die Stationsbelange einmischen zu müssen.

### 6.2.3 Inhalte

Es ist eine Reihe von Leitfäden für die Inhalte einer Ethik-Fallberatung entwickelt worden (vgl. hierzu das Modell der prinzipienorientierten Falldiskussion in Kap. I.3). Im Grundsatz ähneln sich diese Leitfäden stark. Im Rahmen einer *Faktensammlung* sollen die medizinischen, pflegerischen, psycho-sozialen/familiären und organisatorischen Aspekte zusammengetragen und erläutert werden. Die organisatorischen Rahmenbedingungen und Vorgaben werden von den jeweiligen Vertreter:innen der Institution mit eingebracht. Zu den Fakten zählen neben Diagnosen und bisherigem Krankheitsverlauf auch die Einschätzung der Prognose und mögliche Therapieziele. Es ist wichtig, dass eine gemeinsame und umfassende Informationsgrundlage über die/den Patient:in und mögliche Handlungsoptionen entsteht, die dann einer ethischen Bewertung unterzogen werden kann. Ist eine technisch mögliche Behandlungsoption auch (aus Sicht der Ärzt:innen, Pflegenden und vor allem der/des Patient:in) sinnvoll? Oft sind etwa zwischen Ärzt:innen und Pflegenden oder zwischen Angehörigen und Ärzt:innen nicht alle relevanten Informationen in verständlicher Weise ausgetauscht worden, sodass Ethikberatung schon auf dieser Ebene oftmals eine Klärung herbeiführen kann.

Bei der Diskussion der zugrundeliegenden Werte müssen zunächst unterschiedliche Normierungsebenen betrachtet werden: *Juristische Normen* und berufsrechtliche Vorgaben sind in der Regel streng einzuhalten, organisationsethische Aspekte sind zumindest im Rahmen der eigenen Institution zu beachten, während andere persönliche, individuelle moralische Normen diskutiert werden können und im Rahmen einer Güterabwägung zum Ausgleich mit den Normen anderer Teilnehmender gebracht werden können. Dieser Ausgleich ist erreicht, wenn kein:e Beteiligte:r eine unzumutbare Gewissensbelastung durch die beabsichtigte Vorgehensweise erfährt.

Die zugrunde liegenden *moralischen Normen* lassen sich im Rahmen einer Ethik-Fallberatung explizit ansprechen, sodass die Diskussion eine erkennbare Struktur erhält (Marckmann u. Mayer 2009). Bewährt hat sich eine Analyse hinsichtlich der Werte Autonomie und Verantwortung. Dabei stehen diese beiden großen Konzepte für eine Reihe von zugeordneten Werten, die je nach ethischer Grundausrichtung unterschiedlich zur Sprache gebracht werden können. Im Rahmen von Autonomie ist etwa das Selbstbestimmungsrecht relevant und als fundamentaler Wert die Menschenwürde. Das Konzept der Verantwortung beinhaltet sowohl professionelle als auch persönliche Pflichten. In diesem Kontext ist nach Aspekten der Fürsorge, also dem Bedürfnis Gutes tun zu wollen (Benefizienz), zu fragen, das Patientenwohl einzuschätzen und eine differenzierte Abwägung von Nutzen und Schaden vorzunehmen. Entscheidungsfördernd ist die Beratung, wenn es gelingt, die ethischen Werte zu thematisieren, sie am vorliegenden Fall zu konkretisieren und einen Diskurs über die Gewichtung der Werte im Rahmen einer gemeinsamen Urteilsbildung zu führen.

Eine andere Systematik, die während der Ethik-Fallberatung eingesetzt werden kann, orientiert sich am klinischen Prozess der Entscheidungsfindung (Neitzke 2018, Albisser Schleger et al. 2012). Die Legitimität ärztlicher und pflegerischer Maßnahmen ruht auf den beiden Säulen der Indikation und des Patientenwillens (Janssens et al. 2013). Es muss eine *Indikation* gestellt, also die fachlich-wissenschaftliche Sinnhaftigkeit des weiteren Vorgehens dargelegt werden, bevor die indizierten Maßnahmen dem/der Patient:in oder der/dem juristischen Stellvertreter:in angeboten werden, um die Übereinstimmung mit dem Patientenwillen zu prüfen. Die Indikation selbst beinhaltet eine Reihe von moralischen Werturteilen (Neitzke 2014). Sie bezieht sich zwingend auf die Diagnosen des/der Patient:in und auf die individuelle Prognose. Die Prognose als bloße Eintrittswahrscheinlichkeit bestimmter gesundheitlicher Entwicklungen muss wiederum bewertet werden, um einschätzen zu können, ob sich die Risiken und Belastungen angesichts des Therapieerfolgs aus Sicht der/des Ratsuchenden tatsächlich „lohnen".

Außerdem ist die Indikation stets auf ein bestimmtes *Therapieziel* bezogen. Indiziert ist eine Maßnahme dann, wenn es fachlich plausibel ist, dass ein konkretes Therapieziel mit einer bestimmten Wahrscheinlichkeit erreicht werden kann. Die Sinnhaftigkeit des Therapieziels aus Sicht des Patienten kann aber mit der Indikation nicht gleichgesetzt oder behauptet werden (Neitzke et al. 2016). Im Rahmen einer Ethik-Fallberatung kann es hilfreich sein, für unterschiedliche Therapieziele die zu deren Erreichen erforderlichen indizierten Maßnahmenpakete zu benennen. Eine solche Differenzialindikation kann sichtbar machen, welche Behandlungsentscheidungen noch gemeinsam verantwortbar erscheinen angesichts einer eingeschränkten Gesamtprognose und möglicher damit verbundener Schäden für die/den Patient:in.

Aber auch die zweite Säule der Entscheidungsfindung, der *Patientenwille*, kann besser geprüft werden, wenn mehrere mögliche Szenarien für das weitere Vorgehen benannt wurden. So wird deutlich, dass der/die Patient:in (oder der/die juristische Stellvertreter:in) eine Bewertungsperspektive einzunehmen und eine Wahl gemäß den individuellen Patientenpräferenzen zu treffen hat. Das abgestufte Vorgehen bei der Ermittlung des Patientenwillens ist juristisch normiert: Der/die einwilligungsfähige Patient:in entscheidet aktuell selbst. Für nicht einwilligungsfähige Menschen ist der/die Bevollmächtigte oder Betreuer:in verpflichtet, den Patientenwillen zur Geltung zu bringen. Dieser orientiert sich entweder an einer Patientenverfügung, an zuvor geäußerten konkreten Behandlungswünschen oder am mutmaßlichen Willen. Sowohl bei der Prüfung und Anwendung einer Patientenverfügung als auch im Rahmen der Klärung des mutmaßlichen Willens ist die Unterstützung durch Ethikberatung hilfreich. Ist das in der Patientenverfügung benannte Erkrankungsstadium tatsächlich eingetreten (Situationsadäquatheit)? Woran bemaß der/die Patient:in die eigene Lebensqualität? Für welchen Preis wäre er/sie mutmaßlich bereit, weiter für seine/ihre Gesundheit zu kämpfen? Ethikberatung kann dazu beitragen, dass Angehörige, vor allem in ihrer Funktion als juristische Stellvertreter:innen, in dieser schweren Entscheidungssituation nicht alleingelassen werden. Letztlich tragen Behandlungsteam, Angehörige (Stellvertreter:in) und Ethikberater:innen gemeinsam die Verantwortung, dass der Patientenwille *so gut wie möglich* ermittelt und in die Entscheidung einbezogen wurde.

### 6.2.4 Resultate und Konsequenzen

Eine qualifiziert durchgeführte Ethik-Fallberatung trägt dazu bei, das Gewissen der Beteiligten zu entlasten. Gerade bei länger dauernden Konflikten, etwa über den Sinn der weiteren Behandlung, kommt es zu Reibungsverlusten im Alltag („moral distress"). Die Kommunikation mit den Angehörigen wird uneinheitlich, im Stationsteam arbeiten einzelne Mitarbeiter:innen mehr oder weniger offensichtlich gegeneinander, die Gereiztheit nimmt zu, Arbeitsausfälle können entstehen. Eine gleichermaßen patienten- wie teamorientierte Beratung kann diese Konflikte entschärfen und zu einer höheren Arbeitszufriedenheit beitragen. Die entstehende Entscheidungssicherheit trägt auch zur juristischen Absicherung der Entscheidungsträger:innen bei: Das Protokoll der Fallberatung belegt, dass alle an der Behandlung beteiligten Personen und Berufsgruppen den eingeschlagenen Weg angesichts einer umfassenden Darlegung und kritischen Reflexion der Behandlungsoptionen und Patientenpräferenzen für den bestmöglichen halten.

Die rechtzeitige Investition von Beratungszeit kann deshalb im Sinne einer präventiven Ethik dazu beitragen, dass langfristig Zeitverluste vermieden werden. Die Effektivität der klinischen Entscheidungsfindung steigt, da – wie z.B. auch in einer Tumorkonferenz – alle relevanten Fakten zusammengetragen, gesichtet und aus den unterschiedlichen Perspektiven bewertet werden, bevor sie in einen einvernehmlichen Entscheidungsprozess eingebracht werden. Dieser gemeinsame Entscheidungsprozess nimmt den verantwortlichen Ärzt:innen die Entscheidungsbefugnisse nicht ab, stellt aber nachweislich sicher, dass ihre Entscheidung, für die sie letztlich die (juristische) Verantwortung tragen, umfassend informiert und reflektiert erfolgt.

Ein funktionierendes Konzept der Ethik-Fallberatung trägt aber über den Einzelfall hinaus zum Ruf und Ansehen der Institution in der öffentlichen Wahrnehmung bei. Dies kann angesichts des politisch gewollten ökonomischen Wettbewerbs der Kliniken untereinander durchaus einen relevanten Standortfaktor für ein Krankenhaus darstellen. Auch eine ethische Profilierung kann von der Institution gewünscht sein und als Wettbewerbsvorteil genutzt werden. Qualifizierte Ethikberatung wird dabei nicht nur dazu beitragen, dass die Akzeptanz und das Ansehen der Einrichtung bei den Bürger:innen als potenziellen Patient:innen wachsen, sondern sie wird auch die Attraktivität für qualifiziertes Personal steigern. Es ist bereits heute absehbar, dass motiviertes Personal, das sich über das notwendige vertragliche Minimum hinaus auch menschlich in der Patient:innenversorgung einbringt und moralisch engagiert, eine ähnlich begrenzte Ressource wie die Finanzmittel darstellt und daher für das Fortbestehen der Einrichtung überlebensnotwendig werden kann.

***Praxistipps***

- *Klinische Ethikberatung ist Bestandteil einer qualifizierten und verantwortungsvollen Patient:innenversorgung.*
- *Ethikberatung ist zuständig, wenn wertbehaftete Entscheidungen oder die moralische Bewertung von Behandlungsoptionen unklar oder umstritten sind.*
- *Im Rahmen einer Ethik-Fallberatung wird eine Verständigung über die Sinnhaftigkeit unterschiedlicher Therapieziele und Behandlungsmaßnahmen angestrebt.*
- *Der Implementierungsprozess kann bereits maßgeblich zum Erfolg der Arbeit eines Ethikkomitees beitragen.*

## Literatur

Akademie für Ethik in der Medizin (AEM) (o.J.) Zertifizierung von Ethikberatung. URL: https://aem-online.de/index.php?id=64 (abgerufen am 08.07.21)

Akademie für Ethik in der Medizin (AEM) (2010) Standards für Ethikberatung in Einrichtungen des Gesundheitswesens. Ethik Med 22: 149–153

Akademie für Ethik in der Medizin (AEM) (2019) Curriculum Ethikberatung im Gesundheitswesen. URL: https://www.aem-online.de/fileadmin/user_upload/Ethikberatung/Curriculum_Ethikberatung_im__Gesundheitswesen_2019-06-24__geaendert_am_11.06.21_.pdf (abgerufen am 08.07.21)

Albisser Schleger H, Mertz M, Meyer-Zehnder B, Reiter-Theil S (2012) Klinische Ethik – METAP. Leitlinie für Entscheidungen am Krankenbett. Springer Heidelberg Berlin New York

Baumann-Hölzle R, Arn C (2009) Ethiktransfer in Organisationen. Handbuch Ethik im Gesundheitswesen. Bd. 3. EMH Schwabe Basel

Burmeister C, Ranisch R, Brand C, Müller U (2021) Organisationsethik in Einrichtungen des Gesundheitswesens. Ethik Med 33: 153–158

Dörries A, Neitzke G, Simon A, Vollmann J (2010a) Klinische Ethikberatung. Ein Praxisbuch für Krankenhäuser und Einrichtungen der Altenpflege. 2. Aufl. Kohlhammer Stuttgart

Dörries A, Simon A, Neitzke G, Vollmann J (2010b) Implementing clinical ethics in German hospitals: content, didactics and evaluation of a nationwide postgraduate training programme. J Med Ethics 36: 721–726

Dörries A, Simon A, Vollmann J, Neitzke G (2014) The impact of an ethics training programme on the success of clinical ethics services. Clin Ethics 9: 36–44

Fahr U, Herrmann B, May AT, Reinhardt-Gilmour A, Winkler E (2011) Empfehlungen für die Dokumentation von Ethik-Fallberatungen. Ethik Med 23: 155–159

Fox E, Myers S, Pearlman RA (2007) Ethics consultation in United States hospitals: a national survey. Am J Bioethics 7: 13–25

Frewer A, Bruns F, May AT (2012) Ethikberatung in der Medizin. Springer Berlin

Janssens U, Burchardi H, Duttge G, Erchinger R, Gretenkort P, Mohr M, Nauck F, Rothärmel S, Salomon F, Schmucker P, Simon A, Stopfkuchen H, Valentin A, Weiler N, Neitzke G (2013) Therapiezieländerung und Therapiebegrenzung in der Intensivmedizin. Anaesthesist 62: 47–52

Marckmann G, Mayer F (2009) Ethische Fallbesprechungen in der Onkologie. Grundlagen einer prinzipienorientierten Falldiskussion. Onkologe 15: 980–988

Neitzke G (2009a) Klinische Ethik-Komitees. Ein Sechs-Stufen-Modell zur Institutionalisierung von Ethikberatung. In: Baumann-Hölzle R, Arn C (Hrsg.) Ethiktransfer in Organisationen. Handbuch Ethik im Gesundheitswesen. Bd. 3. 133–155. EMH Schwabe Basel

Neitzke G (2009b) Patient involvement in clinical ethics services: from access to participation and membership. Clin. Ethics 4: 146–151

Neitzke G (2014) Indikation: fachliche und ethische Basis ärztlichen Handelns. Med Klin Intensivmed Notfmed 109: 8–12

Neitzke G (2018) Ethikberatung auf der Intensivstation: die „Klinisch Orientierte Beratungsmethode". Dtsch Med Wochenschr 143: 27–34

Neitzke G, Riedel A, Dinges S, Fahr U, May AT (2013) Empfehlungen zur Evaluation von Ethikberatung in Einrichtungen des Gesundheitswesens. Ethik Med 25: 149–156

Neitzke G, Burchardi H, Duttge G, Hartog C, Erchinger R,·Gretenkort P, Michalsen·A, Mohr M, Nauck F, Salomon F, Stopfkuchen H, Weiler N, Janssens U (2016) Grenzen der Sinnhaftigkeit von Intensivmedizin. Positionspapier der Sektion Ethik der DIVI. Med Klin Intensivmed Notfmed 111: 486–492

Riedel A, Lehmeyer S, Elsbernd A (2013) Einführung von ethischen Fallbesprechungen – Ein Konzept für die Pflegepraxis. Ethisch begründetes Handeln praktizieren. 3. Aufl. Jacobs Verlag Lage

SAMW (2012) Ethische Unterstützung in der Medizin. Download über URL: https://www.samw.ch/de/Publikationen/Richtlinien.html (abgerufen am 08.07.21)

Schochow M, May AT, Schnell D, Steger F (2014) Wird Klinische Ethikberatung in Krankenhäusern in Deutschland implementiert? Dtsch Med Wochenschr 139: 2178–2183

Zentrale Ethikkommission (ZEKO) bei der Bundesärztekammer (2006) Stellungnahme der ZEKO zur Ethikberatung in der klinischen Medizin. Dtsch Ärztebl 102: A1703–A1707

Zentrale Ethikkommission (ZEKO) bei der Bundesärztekammer (2019) Stellungnahme der ZEKO "Außerklinische Ethikberatung". Dtsch Ärztebl DOI: 10.3238/baek_sn_aeb_201

# 7 Organisationsethik: Methodische Grundlagen für Einrichtungen im Gesundheitswesen

Jürgen Wallner

## 7.1 Organisationsethische Entscheidungssituationen

Medizinethisch relevante Entscheidungen im Gesundheitswesen erfolgen augenscheinlich auf einer personalen Ebene von Patient und Arzt bzw. unter Einbeziehung von Vertrauenspersonen des Patienten und Mitgliedern anderer Gesundheitsberufe, wie das folgende Beispiel zeigt.

**Krankenhaus-Entlassung mit PEG-Sonde**

Eine 84-jährige Patientin wurde in schlechtem Allgemeinzustand per Rettung von zu Hause im Krankenhaus aufgenommen. Dort stellte man eine Pneumonie fest, die mittels Antibiose eingedämmt werden konnte. Zusätzlich hatte die Patientin eine Schluckstörung, die ursächlich mit ihrer fortschreitenden Demenz und einem zu Hause womöglich zunächst unbemerkten Insult zusammenhing. Während des Krankenausaufenthalts begann eine Logo- und Ergotherapie, um das Schluckverhalten und damit die Nahrungsaufnahme zu verbessern. Nachdem die Pneumonie innerhalb einer Woche abgeklungen war, wollte der zuständige Arzt die Patientin aus dem Krankenhaus entlassen. Eine Pflegefachkraft und die hinzugezogene Sozialarbeiterin gaben zu bedenken, dass die Patientin bei einer Entlassung nach Hause bald wieder im Krankenhaus sein werde. Daraufhin wurde die Option eines Transfers in ein stationäres Pflegeheim erwogen. Um dort schnellstmöglichen einen Platz zu erhalten, wäre die Versorgung der Patientin mit einer PEG-Sonde vorteilhaft, meinte der Arzt. Indiziert sei sie aufgrund der Schluckstörung ohnehin; man solle sich um die Einwilligung der Patientin kümmern, da die gerichtliche Bestellung eines Betreuers den Krankenhausaufenthalt weiter unnötig verlängere.

Diese kurze Fallvignette böte genügend Anknüpfungspunkte für eine Beurteilung aus Perspektive der klinischen Ethik – also auf der personalen Ebene der involvierten Personen im konkreten Fall. Die Entscheidung über die Versorgung der Patientin mittels PEG-Sonde wird jedoch in einem organisationalen Kontext getroffen. Der skizzierte Fall offenbart eine Reihe von kontextuellen Zusammenhängen, die der individuellen Entscheidung zugrunde liegen bzw. diese beeinflussen, nämlich:

- *klinische* Entscheidungszusammenhänge, z.B. fehlende oder nicht praktizierte Mechanismen der strukturierten Einbindung von Angehörigen in die Entscheidungsfindung (etwa über eine ethische Fallbesprechung)
- *professionale* Entscheidungszusammenhänge, z.B. eine stark Arzt-geprägte Entscheidungskultur
- *betriebswirtschaftliche* Entscheidungszusammenhänge, z.B. der durch ein Pauschalen-basiertes Krankenhaus-Entgeltsystem induzierte Druck zur Liegedauerverkürzung
- *soziale* Entscheidungszusammenhänge, z.B. nicht adäquat ausgebaute integrierte Versorgungskonzepte zwischen Akut- und Langzeitversorgung

Hierbei handelt es sich um **organisationale bzw. systemische Entscheidungszusammenhänge**, die im Einzelfall klinischer Ethikberatung üblicherweise als gegebene Randbedingung der Entscheidungsfindung akzeptiert werden (müssen), dabei jedoch zu einer Wiederkehr derselben Probleme führen.

**Der organisationale Kontext von individuellen Entscheidungen im Gesundheitswesen ist ethisch nicht neutral. Somit kann es keine nachhaltig erfolgreiche klinische Ethik ohne Organisationsethik geben.**

So unumgänglich die Beschäftigung mit Organisationsethik für die Ethik im Gesundheitswesen ist (Glaser u. Miller 1993; Silva et al. 2008), so eindringlich muss jedoch vor einem organisationsethischen Dilettantismus gewarnt werden (Evans 2014). Praktische Berufserfahrung in Einrichtungen des Gesundheitswesens ist eine notwendige, aber keine hinreichende Bedingung dafür, dort Organisationsethik zu betreiben. Organisationsethik ist untrennbar verbunden mit Methoden der Organisationsberatung und -entwicklung, für die es professionelle Standards gibt. Diese unterscheiden sich wesentlich von den klassischen Methoden und Standards der klinischen Ethik.

*Die organisationsethische Arbeit sollte nur unter methodisch versierter Begleitung erfolgen. Insoweit (klinische) Ethikberater über die entsprechenden organisationsentwicklerischen Kompetenzen verfügen, empfiehlt sich im Sinne eines integrierten Ethikprogramms ihre Einbeziehung in alle Organisationsentwicklungsprojekte (Untermarzoner 2013).*

In diesem Sinn kann der vorliegende Beitrag lediglich ein Basisverständnis von Organisationsethik vermitteln, welches jeder Entscheidungsträger und Ethikberater in Einrichtungen des Gesundheitswesens haben sollte.

## 7.2 Beurteilungsmaßstäbe in der Organisationsethik

### 7.2.1 Organisation und Organisationsethik

Für eine methodisch fundierte organisationsethische Arbeit müssen zunächst Arbeitsdefinitionen von „Organisation" und „Organisationsethik" zur Verfügung stehen.

**Systemische Definition von Organisation**

Organisation ist ein soziales System, das dauerhaft ein Ziel verfolgt, eine Struktur aufweist und durch Entscheidungen lebt (Hug 2009; Boos u. Mitterer 2019).

Speziell Krankenhäuser zählen zu den äußerst komplexen Organisationen. Entscheidungen in **komplexen Systemen** sind dadurch gekennzeichnet, dass sie sehr unterschiedlicher Natur und ihre Resultate nur schwer vorhersehbar sind (Boos u. Mitterer 2019).

**Vielfalt organisationsethischer Arbeit**

Organisationsethische Arbeit im Krankenhaus hat es z.B. mit so unterschiedlichen Fragestellungen wie der Entwicklung von Standards für ein einheitliches präoperatives Aufklärungsgespräch von Anästhesie und Chirurgie oder der Vermittlung von Leitbildern in Führungskräfteprogrammen zu tun.

Die Komplexität von organisationalen Entscheidungen drückt sich auch dadurch aus, dass Organisationen nie losgelöst von ihren **Umwelten** begriffen werden können. Die Umwelten sind, wie die eigene Organisation, in permanenter Veränderung und beeinflussen damit die eigenen Entscheidungen. Ein wichtiger Schritt organisationsethischer Arbeit besteht deshalb darin, die für eine Fragestellung systemrelevanten Umwelten zu identifizieren und ihre Entscheidungsprogramme (Motive, Zielsetzungen, Maßstäbe etc.) zu analysieren.

**Systemrelevante Umwelten (Stakeholder) einer Organisation**

Die für die Entscheidungsfindung im Eingangsfall systemrelevanten Umwelten könnten z.B. sein: Patientin, ärztlicher Dienst im Krankenhaus, Pflegedienst, Logopädie, Ergotherapie, Sozialarbeit, häusliches Umfeld, Pflegeheim, mobile Hauskrankenpflege, Hausarzt, Rettungsdienst, Krankenversicherung, Krankenhausmanagement, Politik, Medien.

Aufgrund der komplexen Aufgaben muss sich Organisationsethik von der Vorstellung linearer, kausaler, gezielter Steuerung des Systems verabschieden. Eine davon differenzierte, **systemische Sichtweise von Organisation** arbeitet mit folgenden Grundannahmen (Königswieser u. Hillebrand 2019):

- Organisationen führen ein Eigenleben, das sich nicht auf die handelnden Personen reduzieren lässt. Daher sind sie nicht direkt beeinflussbar und nicht gänzlich durchschaubar.
- Organisationen befinden sich in permanenter Veränderung. Diese wird über Kommunikation vermittelt, welche nicht nur formale Struktur- und Prozessanweisungen, sondern z.B. auch erinnerte Geschichten über die Zielsetzung der Organisation transportiert.
- Das Selbstverständnis der Organisation verdichtet sich in Leitbildern, Aufbau- und Ablauforganisationen und Personalentscheidungen, die innerhalb der Organisation Sicherheit und Stabilität vermitteln sollen, gleichzeitig aber die Anpassung an veränderte Umweltbedingungen erschweren.

Auf Basis dieses Organisationsverständnisses kann im Sinn eines integrativen Ethikkonzepts (Wallner 2013, 2018) folgende kurze Arbeitsdefinition von „Organisationsethik" gegeben werden:

**Organisationsethik**

[...] behandelt Fragestellungen des *Rechten* (Wie handelt eine Organisation?), des *Guten* (Wonach strebt eine Organisation?) und des *Charakters* (Wie versteht sich eine Organisation selbst?) (Wallner 2018).

### 7.2.2 Entscheidungsprämissen als organisationsethische Ansatzpunkte

Trotz der Komplexität muss eine Organisation entscheidungsfähig bleiben, um zu überleben.

> *„Was nicht zu einer Entscheidung wird, ist im Kontext der Organisation uninteressant (‚Umweltrauschen')" (Boos u. Mitterer 2019).*

Eine Organisation und die darin Handelnden wären allerdings völlig überfordert, wenn sie für jede Entscheidungssituation neue Bewertungsmaßstäbe und Abläufe entwickeln müssten. Daher etablieren sich sogenannte Entscheidungsprämissen.

**Entscheidungsprämissen**

[...] sind Meta-Entscheidungen, die zahlreichen anderen Entscheidungen zugrunde liegen und diese beeinflussen (Boos u. Mitterer 2019).

Da klinische, professionale, betriebswirtschaftliche und soziale Entscheidungen zu einzelnen Fragestellungen über Entscheidungsprämissen organisational gelenkt werden, müssen diese Prämissen der Ansatzpunkt der Organisationsethik sein. Dabei sind es v.a. vier Typen solcher Entscheidungsprämissen, die für die organisationsethische Arbeit relevant sind:

1. Programme
2. Strukturen/Prozesse
3. Personen
4. Kultur

**Ad 1. Programme** geben Grund (Mission), Ziel (Vision) und Richtung (Strategie) einer Organisation an (Bleicher 2017). Programmentscheidungen sind Wertentscheidungen und betreffen damit v.a. die ethische Dimension des Guten. Die Stakeholder einer Organisation beurteilen die Integrität der Organisation u.a. durch einen Vergleich der deklarierten Programme mit den tatsächlichen Entscheidungen, die der Organisation zugerechnet werden. Würde sich z.B. das Krankenhaus im Eingangsbeispiel als „geriatrisches Spital" bezeichnen, so könnte die geschilderte Vorgehensweise bei der konkreten Patientin als Wertewiderspruch beurteilt werden.

**Ad 2. Strukturen und Prozesse** formen Aufbau und Ablauf von Entscheidungen in der Organisation. Sie entscheiden über Macht, Verantwortung und Freiheit innerhalb von Entscheidungsprozessen und betreffen damit v.a. die ethische Dimension des Rechten (French 1979). Ethisch relevante Prinzipien bei der Gestaltung von Strukturen und Prozessen sind z.B. Klarheit, Subsidiarität, Kompetenz, Partizipation oder Transparenz – oftmals unter dem Begriff „Fairness" zusammengefasst. Bestünde etwa im Eingangsbeispiel eine institutionalisierte (d.h. in regelhaften Strukturen und Prozesse gestaltete) ethische Fallberatung, so könnte die Entscheidungsfindung mit ihrer Hilfe erfolgen. Die Effektivität der Ethikberatung hängt aber wiederum nicht bloß vom Vorhandensein entsprechender Strukturen ab, sondern wird maßgeblich von den drei anderen Entscheidungsprämissen beeinflusst (z.B. davon, ob Ethikberatung auch zum Programm des Krankenhauses gehört und professionell operationalisiert wird).

**Ad 3. Personen** müssen aus organisationsethischer Perspektive insofern in den Blick genommen werden, als sie innerhalb der institutionellen Rahmenbedingungen Entscheidungen treffen und die Möglichkeit haben, an den Entscheidungsprämissen zu arbeiten. Dabei kommt v.a. die ethische Dimension des Charakters zum Tragen. Zu einer Ethik der Personalführung zählen an erster Stelle die Wertearbeit mit dem Management und eine entsprechende Führungskräfteentwicklung (Rüegg-Stürm 2009). Der organisationsethische Aspekt ist darin zu sehen, dass es nicht ausreicht, individuelle Coachings durchzuführen oder *über* Ethik und Werte zu reden. Vielmehr bedarf es systemischer, organisationsentwicklerischer Interventionen, die nicht nur an Individuen, sondern auch an Programmen und Strukturen/Prozessen ansetzen. Eine solche Intervention zum Eingangsbeispiel könnte z.B. ein Workshop zum Problemfeld „komplexe Krankenhausentlassungen" sein, an dem Vertreter des Managements und der klinisch Tätigen teilnehmen, um die Entscheidungsprämissen gemeinsam kritisch zu analysieren und gegebenenfalls eine Policy-Entwicklung zu starten.

**Ad 4. Kultur** ist ein besonderer Typ von Entscheidungsprämissen. Sie wirkt auf die anderen drei Typen ein und wird umgekehrt von diesen geformt. Die Organisationskultur (sozusagen der „Charakter" einer Organisation) kann nicht direkt gestaltet, sondern nur über Interventionen in Programmen, Strukturen/Prozessen oder Personen beeinflusst werden. Die Organisationskultur lässt sich zunächst an den „Artefakten" (Schein 2018) erahnen: Architektur, Sprache, Design etc. einer Einrichtung. Ihr Bedeutungsgehalt ist ambivalent und muss mit Hilfe deklarierter Werte interpretiert werden. Solche Werte finden sich in Leitbildern, Strategien, Ethik-Kodizes, Geschäftsordnungen, Patientenbroschüren etc. Das Verständnis dieser Werte hängt wiederum von Basisannahmen zum Welt- und Menschenbild ab, die sich von Person zu Person oder Organisation zu Organisation unterscheiden können. Organisationsethisch relevante Probleme entstehen dort, wo Artefakte (Was ist zu sehen? Was wird getan?), deklarierte Werte (Wie sollte es sein?) und Basisannahmen (Vor welchem Hintergrund beurteilen wir das?) nicht zusammenpassen bzw. in Spannung oder Widerspruch zueinander stehen. Je nach konkretem Spannungsfeld kann man dann z.B. von einem Problem der Konfliktkultur, Fehlerkultur oder Ethikkultur (McDaniel 1997) sprechen.

## 7.3 Vorgehen bei der organisationsethischen Entscheidungsfindung

Die organisationsethische Arbeit und Entscheidungsfindung kann auf zwei Ebenen erfolgen: Zum einen kann und muss es das Ziel sein, an den Entscheidungsprämissen zu arbeiten, um eine systemische Wirkung über den Einzelfall hinaus zu entfalten. Zum anderen kann eine organisationsethisch relevante Entscheidungsfindung innerhalb feststehender Entscheidungsprämissen erfolgen. Beide Ebenen werden im Folgenden beschrieben.

### 7.3.1 Methodik organisationsethischer Arbeit an den Entscheidungsprämissen

Organisationsethik zielt auf die verantwortungsbewusste Gestaltung der organisationalen Entscheidungsprämissen (Programme, Strukturen/Prozesse, Personen, Kultur) ab. Der Kern organisationsethischer Arbeit an den Entscheidungsprämissen besteht in Organisationsentwicklung.

**Organisationsentwicklung**

[...] ist ein Prozess des geplanten Wandels von Organisationen hinsichtlich ihrer Entscheidungsprämissen. Ihr Ziel ist es, die Problemlösungs-, Entscheidungs-, Strukturierungs- und Erneuerungskompetenzen einer Organisation zu verbessern oder zu stärken (Hug 2009).

Die organisationsethische Arbeit an den Entscheidungsprämissen folgt dem Modell einer **systemischen Schleife** (Königswieser u. Hillebrand 2019; Boos u. Mitterer 2019): Sie besteht aus folgenden Schritten, die in einem Prozess immer wieder durchgegangen werden, um so zu einem besseren Verstehen und zu wirksamen Interventionsansätzen zu kommen.

1. Klärung der Fragestellung
2. Informationen zur Fragestellung bzw. Intervention sammeln
3. Hypothesen zu den Wirkmechanismen der Fragestellung bzw. Intervention bilden
4. Stoßrichtung für organisationsethische Intervention entscheiden
5. Organisationsethische Intervention setzen
6. Reaktionen auf die Intervention analysieren und in der Schleife mit Schritt 2 fortsetzen

Eine Besonderheit der systemischen Herangehensweise an die organisationsethische Fragestellung ist das bewusste Arbeiten mit **Hypothesen** zu den Wirkmechanismen, die hinter der Fragestellung (beim ersten Durchgang der Schleife) bzw. hinter der gesetzten Intervention (ab dem zweiten Durchgang der Schleife) stecken. Die Rede von Hypothesen macht deutlich, dass der geschilderte Sachverhalt vom Zuhörer (z.B. Ethikberater) konstruiert wird, und zwar auf Basis seiner Vorerfahrungen und Denkmuster. Die Arbeit mit Hypothesen soll dabei helfen, unterschiedliche Perspektiven auf die Fragestellung einzunehmen, eigene Muster aufzubrechen und damit die Selbstreflexion zu fördern.

Auf Basis der gebildeten Hypothesen wird sodann die **Stoßrichtung** einer organisationsethischen Intervention entschieden (Boos u. Mitterer 2019).

**Entscheidung über die Stoßrichtung einer organisationsethischen Intervention**

Wenn die Hypothese im Eingangsbeispiel z.B. lautet, dass die Entscheidungsfindung durch unausgesprochene Ressentiments zwischen leitendem Arzt und betreuender Pflegefachkraft erschwert wird, so könnte die Stoßrichtung eine *Beziehungsintervention* auf Ebene der beteiligten Personen sein. Wurde hingegen die Hypothese formuliert, dass die von den Beteiligten als suboptimal empfundene Entscheidungsfindung auf nicht klargestellten Kompetenzbereichen von ärztlichem Dienst, Pflegedienst, Logopädie etc. beruht, so böte sich als Stoßrichtung eine *Rollenintervention* auf der Strukturebene (Stellenbeschreibungen) an. Ginge man wiederum davon aus, dass das fragwürdige Resultat nur Folge eines nicht stringent geregelten klinischen Entscheidungsprozesses ist, so müsste man als Stoßrichtung eine *Prozessintervention* auf der Ablaufebene überlegen. Besteht hingegen die Hypothese, dass die Entscheidungsfindung als so mühsam wahrgenommen wird, weil die Frage der Zusammenarbeit zwischen Langzeitpflege- bzw. Heimpflegebereich und Krankenhaus (und dort wiederum zwischen klinischem Bereich und Management) Spannungen und Widersprüche erzeugt, so wäre als Stoßrichtung eine *Reflexionsintervention* anzudenken, welche die Beziehung der verschiedenen Systeme (und weiterer Stakeholder) zum Gegenstand hat.

Bei hypothesengeleiteten Interventionen zur Veränderung der Entscheidungsprämissen handelt es sich in der Regel um ein formales Projekt, welches eine klare Architektur verlangt, um in der Organisation wirksam zu sein. Für eine genauere Auseinandersetzung mit der Planung solcher Interventionen muss auf die entsprechende Fachliteratur verwiesen werden (Königswieser u. Exner 2019).

### 7.3.2 Methodik organisationsethischer Entscheidungsfindung innerhalb von Entscheidungsprämissen

Innerhalb von feststehenden Entscheidungsprämissen können organisationsethische Fragestellungen in Analogie zu einer Fallberatung der klinischen Ethik bearbeitet werden. Hierzu bietet sich die „ISSUES"-Methodik an, welche im Rahmen des integrierten Ethikprogramms der U.S. Veterans Health Administration (Cook et al. 2015) entwickelt und von kanadischen Ethikprogrammen (WPSHC 2018) adaptiert wurde. „ISSUES" steht hierbei für:

1. Identify
2. Study
3. Select
4. Understand/Undertake
5. Evaluate & Adjust/Justify
6. Sustain & Spread/Review

**Ad 1. Identifikation.** Ein organisationsethisches Problem äußert sich häufig in einem zunächst diffusen Unbehagen, dass „die Dinge" nicht so laufen, wie sie sollten. Um das Problem als organisations*ethisches* zu identifizieren, muss festgestellt werden, ob es einen Konflikt, eine Unklarheit oder eine Diskrepanz hinsichtlich von

- Normen, Verfahrensanweisungen, Standards (ethischer Aspekt des Rechten)
- Leitbildern, Zielsetzungen, Strategien (ethischer Aspekt des Guten)
- Kommunikations-, Konflikt-, Fehler-, Ethik- und anderen Aspekten der Organisationskultur (ethischer Aspekt des Charakters) gibt.

**Beispiel „Komplexe Krankenhausentlassungen"**

Wenn ein Krankenhaus z.B. keine adäquate Verfahrensanweisung für die Vorgehensweise bei komplexen Krankenhausentlassungen (Schlairet 2014) hat, kann dies für Mitarbeiter eine organisationsethisch relevante Unklarheit oder einen Konflikt erzeugen.

**Ad 2. Analyse.** Bei der Analyse des Problems können folgende Fragen hilfreich sein:

- Wo beginnt und wo endet das Problem aus prozessualer Sicht?
- Wie sehen die derzeitigen Verfahrensschritte um Umgang mit dem Problem aus?
- Wer ist auf welche Weise direkt in diesen Ablauf involviert?
- Wer sonst ist von diesem Problem direkt oder indirekt betroffen (Stakeholder), und in welcher Weise?
- Geht jeder in der gleichen Weise mit dem Problem um, oder gibt es unterschiedliche Strategien innerhalb der Organisation?
- Gibt es (innerhalb oder außerhalb der Organisation) Standards für den Umgang mit dem Problem?
- Wie wirksam sind diese Standards?
- Gibt es informelle Standards (ungeschriebene Regeln) zum Umgang mit dem Problem? Stehen diese etwaigen formalen Standards entgegen?
- Welche Auswirkungen hat die derzeitige Problembewältigung im Alltag?

**Ad 3. Optionen benennen.** Der dritte Schritt besteht darin, Optionen zu benennen, die das Problem bewältigen helfen. Dazu müssen zunächst die Ursachen des organisationsethischen Problems genauer analysiert werden. Optionen lassen sich in schwächere Interventionen (z.B. Schulung), mittelstarke Interventionen (z.B. Policy-Entwicklung) und starken Interventionen (z.B. Change Management Projekte) einteilen.

**Policy-Entwicklung als organisationsethische Intervention**

Eine auch für klinische Ethikkomitees vertraute Art der Intervention ist die Policy-Entwicklung zu Fragestellungen der klinischen Ethik (z.B. Verzicht auf Reanimation). Bislang wurde die Entwicklung, Implementierung und Evaluierung solcher Policies noch zu wenig systemisch gesehen – mit der Konsequenz mangelnder Qualität und Effektivität. Daher mehren sich die Stimmen, die sich für eine professionelle Policy-Arbeit aussprechen (Frolic et al. 2012).

**Ad 4. Beurteilung.** Die erarbeiteten Optionen sind vor dem Hintergrund der Mission, Strategie und Werte der konkreten Organisation zu beurteilen (Kotalik et al. 2014). Neben spezifischen Organisationswerten, die sich z.B. in Leitbildern, Ethik-Kodizes oder Compliance-Regelwerken finden, sind folgende allgemeine Fragen für die Beurteilung der Optionen hilfreich (vgl. Deutscher Caritasverband 2016):

- Welche Risiken, Belastungen, Schäden sind mit der jeweiligen Option für verschiedene Stakeholder verbunden?
- Worin besteht der spezifische Nutzen der jeweiligen Option für die verschiedenen Stakeholder?
- Welche Auswirkungen würde die jeweilige Option auf die Zielsetzung der Organisation und ihre Umwelten (v.a. Patienten/Bewohner, Mitarbeiter) haben?
- Durch welche organisationalen, professionalen, allgemeinen Pflichten und Werte wird die jeweilige Option unterstützt?
- Welche Auswirkungen hätte es, wenn man eine bestimmte Option (für die Branche, andere Teilorganisationen, die Berufsgruppe etc.) verallgemeinern würde? Lassen sich sachliche Gründe anführen, keine Verallgemeinerung durchzuführen?
- Wurde etwas Ähnliches schon einmal versucht? Mit welchem Resultat?
- Inwieweit sind die Stakeholder, die für die Umsetzung der Option notwendig sind, in der Lage und bereit, sie zu implementieren?
- Kann die Option mit einem verhältnismäßigen Ressourcenaufwand (Personal-, Sachmittel-, Geldeinsatz) umgesetzt werden?

> *Im Sinn des Verhältnismäßigkeitsprinzips ist jene Option zu wählen, die für ein gerechtfertigtes Ziel den besten Outcome verspricht, dabei einen schonenden Ausgleich mit konkurrierenden Pflichten und Werten der Organisation erfüllt und die geringstmögliche Interventionsstärke aufweist.*

Das *gerechtfertigte Ziel* ergibt sich aus Mission, Vision und Strategie der Organisation. In einer gemeinnützigen Einrichtung des Gesundheitswesens hat dieses Ziel in der Regel stets (auch) die gemeinwohlbasierte Patienten- bzw. Bewohnerperspektive zum Inhalt. Der *schonende Ausgleich* mit konkurrierenden Pflichten und Werten könnte z.B. betriebswirtschaftliche Pflichten zum Erhalt des wirtschaftlichen Unternehmenswerts betreffen, aber auch soziale Pflichten im Rahmen eines allgemeinen Versorgungsauftrags, welche mit Pflichten gegenüber einer konkreten Patientin in Spannung stehen. Schonend ist der Ausgleich dann, wenn Maximalziele von Seiten aller Stakeholder solange modifiziert werden, bis alle Interessen nebeneinander existieren können, ohne ihre (persönliche, professionale, moralische, wirtschaftliche) Integrität verloren zu haben. Die Forderung nach der *geringstmöglichen Interventionsstärke* lässt sich mit ethischen (z.B. Schutz vor übermäßigen Eingriffen) und pragmatischen (z.B. Ressourcenaufwand) Argumenten begründen.

**Ad 5. Evaluieren.** Dem Gedanken eines kontinuierlichen Lern- und Verbesserungsprozesses folgend, gilt es, die getroffene Entscheidung zu evaluieren:

- Wurde die Option wie geplant umgesetzt? Wenn nein, inwiefern und warum nicht?
- Wie effektiv und effizient war der Entscheidungsprozess?
- Inwieweit hat die gewählte Option zur gewünschten Verbesserung geführt?

- Hat die Umsetzung zu erwünschten oder unerwünschten Nebenwirkungen geführt?
- Gibt es neuere Informationen, die zu einer Adaptierung des Umsetzungsplans führen müssten?
- Was wurde von den Stakeholdern aus dem Problem und seiner Bearbeitung gelernt?

**Ad 6. Stabilisieren.** Nachdem feststeht, dass eine gewählte Option initial erfolgreich war, müssen weitere Anstrengungen unternommen werden, um diese Verbesserung zu stabilisieren. Dazu bedarf es klarer Verantwortlichkeiten in den Rollen involvierter Stakeholder und einer Institutionalisierung der Bewältigungsstrategie in den Strukturen und Abläufen der Organisation.

**Verankerung von Verantwortung in Rollen**

Es muss z.B. durch eine Verankerung von Verantwortung in Rollen (Stellenbeschreibungen) gewährleistet sein, dass erarbeitete Standards zu komplexen Krankenhausentlassungen auch dann vermittelt und eingehalten werden, wenn die Person, die ursprünglich als pflegerische Stationsleitung in die Erarbeitung der Standards involviert war, die Station wechselt.

Eine bewährte Methode, um organisationale Veränderungen zu stabilisieren, ist ihre Erprobung in einer Pilotorganisationseinheit; haben sie sich dort als wirksam erwiesen, so werden sie in den anderen Organisationseinheiten verbreitet. Dies hat den Vorteil, dass man aus den Erfahrungen der Piloteinheit lernen kann.

***Praxistipps***

- *Klinische Ethik ohne Organisationsethik bleibt für Einrichtungen des Gesundheitswesens längerfristig „Umweltrauschen", d.h. ohne Relevanz.*
- *Ethikarbeit in Einrichtungen des Gesundheitswesens benötigt daher organisationale Kompetenz.*
- *Um diese Kompetenz aufzubauen, sollte klinische Ethikarbeit in enger Verknüpfung mit Organisationsentwicklung, Personalmanagement und anderen Managementprozessen der Gesundheitseinrichtung erfolgen.*

## Literatur

Bleicher K (2017) Das Konzept Integriertes Management: Visionen, Missionen, Programme. 9. Aufl. Campus Verlag Frankfurt am M., New York

Boos F, Mitterer G (2019) Einführung in das systemische Management. 2. Aufl. Carl-Auer Verlag Heidelberg

Cook RS, Foglia MB, Landon MK, Bottrell M (2015) Preventive ethics: addressing ethics quality gaps on a systems level. 2nd ed. National Center for Ethics in Health Care, Veterans Health Administration Washington, D.C.

Deutscher Caritasverband (2016) Ethisch entscheiden – Leitfaden zur Einzelreflexion und für Konferenzen. In: Fritz A, Fischer M, Heinemann W, Beule G (Hrsg.) Entscheidungen im Management christlicher Organisationen. 101–113. Lambertus Freiburg

Evans JH (2014) Defending the jurisdiction of the clinical ethicist. J Clin Ethics 25, 20–31

French PA (1979) The corporation as a moral person. Am Philos Q 16: 207–215

Frolic A, Drolet K, Bryanton K, Caron C, Cupido C, Flaherty B, Fung S, McCall L (2012) Opening the black box of ethics policy work: evaluating a covert practice. Am J Bioeth 12 (11), 3–15

Glaser JW, Miller RB (1993) A paradigm shift for ethics committees and case consultation: a modest proposal. HEC Forum 5, 83–88

Hug S (2009) Handeln in Organisationen – Zwischen Struktur und Kultur. In: Baumann-Hölzle R, Arn C (Hrsg.) Ethiktransfer in Organisationen. 17–30. Schwabe Basel

Königswieser R, Exner A (2019) Systemische Intervention: Architektur und Designs für Berater und Veränderungsmanager. 9. Aufl. (Sonderausgabe) Schäffer-Poeschel Stuttgart

Königswieser R, Hillebrand M (2019) Einführung in die systemische Organisationsberatung. 10. Aufl. Carl-Auer Verlag Heidelberg

Kotalik J, Covino C, Doucette N, Henderson S, Langlois M, McDaid K, Pedri LM (2014) Framework for ethical decision-making based on mission, vision and values of the institution. HEC Forum 26, 125–133

McDaniel C (1997) Development and psychometric properties of the ethics environment questionnaire. Med Care 35, 901–914

Rüegg-Stürm J (2009) Führungsverantwortung – Integrative Management-Ethik in Krankenhäusern. In: Baumann-Hölzle R, Arn C (Hrsg.) Ethiktransfer in Organisationen. 75–100. Schwabe Basel

Schein EH (2018) Organisationskultur und Leadership. 5. Aufl. Vahlen München

Schlairet MC (2014) Complex hospital discharges: justice considered. HEC Forum 26, 69–78

Silva DS, Gibson JL, Sibbald R, Connolly E, Singer PA (2008) Clinical ethicists' perspectives on organisational ethics in healthcare organisations. J Med Ethics 34, 320–323

Untermarzoner D (2013) Rollen und Aufgaben interner Organisationsentwicklung im Krankenhaus. In: Lobnig H, Grossmann R (Hrsg.) Organisationsentwicklung im Krankenhaus. 219–246. Medizinisch Wissenschaftliche Verlagsgesellschaft Berlin

Wallner J (2013) Rechtsethischer Anspruch und faktische Grenzen von Patientenaufklärung und Informed Consent. Z Gespol 1, 73–96

Wallner J (2018) Rechtsethik in der Medizin: Wie komme ich zu einem gut begründeten Urteil? Manz Wien

WPSHC (2018) Ethics Framework. https://www.wpshc.com/index.php?option=com_attachments&task=download&id=7456 (abgerufen am 18. November 2021)

# 8 Patientenautonomie und informed consent

Alfred Simon

**Fallbeispiel:**

Eine 32-jährige Frau kommt zur Geburt ihres Kindes in die Klinik. Nach der Geburt kommt es durch Probleme bei der Plazentalösung zum Auftreten einer akuten Blutung. Die Frau, eine überzeugte Zeugin Jehovas, teilt der behandelnden Ärztin trotz erkennbarer Todesangst mit, dass sie auf keinen Fall Blutkonserven möchte. Die Ärztin kann die Einstellung der jungen Mutter nicht nachvollziehen und fragt sich, ob sie im Ernstfall tatsächlich an den – aus ihrer Sicht „unvernünftigen" – Wunsch der Patientin gebunden ist.

Ärztliches und pflegerisches Handeln orientiert sich seit jeher an den Prinzipien des Wohltuns und des Nichtschadens. Respekt vor der Autonomie des Patienten spielte demgegenüber lange Zeit eine eher untergeordnete Rolle. Noch vor etwa 20 Jahren plädierte die Mehrzahl der Ärzte und Pflegenden bei Fortbildungen, bei denen der Autor das eingangs erwähnte Fallbeispiel immer wieder einsetzt, dafür, die Patientin bei Eintritt der Bewusstlosigkeit gegen ihren Willen zu transfundieren. Begründet wurde diese Empfehlung meistens damit, dass die Ärztin dem Leben der Patientin verpflichtet sei bzw. dass sie eine Verpflichtung gegenüber dem neugeborenen Kind hätte, das auf seine Mutter angewiesen sei. Ferner meinten damals viele, dass es für alle Beteiligten das Beste wäre, die Patientin gar nicht über die Transfusion aufzuklären. Andere sprachen sich für eine Aufklärung aus, gingen aber davon aus, dass die Patientin der Ärztin später für die Nichtbeachtung ihres Willens und die Rettung ihres Lebens dankbar sein würde.

Diese paternalistische Grundhaltung in der Medizin hat sich in den letzten Jahren gewandelt. Eng verbunden mit einem gesellschaftlichen Wertewandel hin zu mehr Individualität und Eigenverantwortung hat die Autonomie des Patienten in der Medizin mehr und mehr an Bedeutung gewonnen. Aktuelle Gerichtsentscheidungen und neuere Stellungnahmen der Ärztekammern und der medizinischen Fachgesellschaften betonen den Vorrang des Patientenwillens gegenüber dem, was Ärzte und Pflegende als das Wohl des Patienten betrachten. Und auch bei den Fortbildungen gibt es heute nur noch wenige Teilnehmer, die sich für eine Nichtbeachtung des Patientenwillens in dem oben genannten Fallbeispiel aussprechen – auch wenn fast alle betonen, dass es ihnen schwer fallen würde, die Patientin in einer solchen Situation versterben zu lassen.

Die stärkere Betonung der Patientenautonomie wirft aber auch Fragen auf: Wann handelt ein Patient autonom? Was können Ärzte und Pflegende tun, um die Autonomie des Patienten zu fördern? Gibt es Grenzen der Patientenautonomie? Wie geht man mit Patienten um, die ihre Autonomiefähigkeit vorübergehend oder ganz verloren haben? Auf diese und andere Fragen soll in diesem Beitrag eingegangen werden.

## 8.1 Autonomie als Fähigkeit zur bzw. Recht auf Selbstbestimmung

Autonomie als zentraler Begriff der neueren Medizinethik kann unterschiedliche Bedeutungen haben: Als deskriptiver Begriff bezeichnet er die *Fähigkeit zur Selbstbestimmung*, d.h. das Vermögen, auf der Grundlage eigener Werte und Präferenzen Entscheidungen zu treffen und danach zu handeln. Dieses Vermögen verdient Respekt, auch wenn die aktuelle Fähigkeit zur Selbstbestimmung in bestimmten Situationen z.B. durch Alter, Krankheit oder Zwang eingeschränkt oder gar aufgehoben sein kann. Damit ist eine zweite, normative Bedeutung von Autonomie angesprochen, nämlich der *Anspruch* eines jeden Menschen, *als ein zur Selbstbestimmung fähiges Wesen anerkannt zu werden*. Dieser Respekt, den wir uns als handelnde Personen gegenseitig schulden, beinhaltet zum einen das Verbot, selbstbestimmte Entscheidungen und Handlungen anderer zu behindern oder zu übergehen, zum anderen das Gebot, solche Entscheidungen z.B. durch angemessene Aufklärung zu fördern.

In der medizinethischen Literatur werden verschiedene Bedingungen genannt, die erfüllt sein müssen, damit eine Entscheidung bzw. Handlung als autonom angesehen werden kann und als solche respektiert werden muss (vgl. Faden u. Beauchamp 1986; Vollmann 2008; Wiesemann 2013). Diese lassen sich wie folgt zusammenfassen:

### *Voraussetzungen für autonomes Handeln*

- Intentionalität
- Information und Verständnis
- Einsichts- und Urteilsfähigkeit
- Abwesenheit von steuernden Einflüssen
- Authentizität

Autonom sind demgemäß geplante bzw. beabsichtige Handlungen, bei denen sich der Handelnde der Bedeutung und der möglichen Folgen seines Tuns bewusst ist. Dies setzt eine angemessene Informiertheit sowie eine ausreichende Einsichts- und Urteilsfähigkeit seitens des Handelnden voraus. Die Handlung muss frei von steuernden Einflüssen wie z.B. psychische Krankheit, Manipulation oder Zwang erfolgen. Die Handlung sollte den bisherigen Werten, Zielen und Haltungen der handelnden Person entsprechen, wobei zu bedenken ist, dass diese sich auch ändern können.

Wendet man die genannten Voraussetzungen auf das einleitende Beispiel der Zeugin Jehovas an, so wären Zweifel an der Autonomie der Patientenentscheidung dann berechtigt, wenn aus den Äußerungen der Patientin deutlich würde, dass sie sich der

Tatsache, dass sie ohne Bluttransfusion versterben könnte, gar nicht bewusst ist – z.B. weil sie über die Chancen und Risiken von Bluttransfusionen falsch informiert ist –, oder wenn die Patientin in ihrer Entscheidung durch andere – z.B. durch andere Mitglieder ihrer Glaubensgemeinschaft – so beeinflusst ist, dass diese nicht ihrem eigenen Willen entspricht. Der bloße Umstand, dass die Ärztin die Gründe für die Entscheidung der jungen Frau nicht nachvollziehen kann, wäre hingegen kein Grund, die Autonomiefähigkeit der Patientin in Zweifel zu ziehen.

## 8.2 Autonomie in der klinischen Praxis: die informierte Einwilligung

Ihren konkreten Ausdruck findet die Patientenautonomie in der klinischen Praxis im *Konzept der informierten Einwilligung (informed consent)*. Diese wurde als rechtliche Forderung zunächst im Bereich der Forschung am Menschen – u.a. im Nürnberger Kodex von 1947 – erhoben, und hat sich dann in der zweiten Hälfte des 20. Jahrhundert in der gesamten Medizin als Standard etabliert (Faden u. Beauchamp 1986). Von der neueren Medizinethik wurde die Forderung nach informierter Einwilligung als Ergänzung und Korrektiv zum traditionellen, vorrangig am Wohl des Patienten orientierten ärztlichen und pflegerischen Ethos aufgegriffen und beworben (Vollmann 2008).

**Informierte Einwilligung bedeutet, dass medizinische Eingriffe außerhalb von Notfallsituationen nur mit Einwilligung des aufgeklärten Patienten zulässig sind.**

Zentrale Voraussetzungen für eine informierte Einwilligung sind eine angemessene *Aufklärung* sowie die *Einwilligungsfähigkeit* des Patienten.

### 8.2.1 Aufklärung

Ziel der *Aufklärung* ist es, den Patienten in die Lage zu versetzen, eine selbstbestimmte Entscheidung für oder gegen die vom Arzt vorgeschlagene Maßnahme zu treffen. Aufklärung ist mehr als bloße Informationsweitergabe, sie soll die Entscheidungskompetenz des Patienten verbessern. Der Arzt muss sich deshalb im Rahmen des Aufklärungsgesprächs – z.B. durch entsprechende Rückfragen – vergewissern, dass der Patienten die gegebenen Informationen verstanden hat. Auch sollte der Patient die Möglichkeit haben, eigene Fragen zu stellen bzw. vom Arzt dazu ermutigt werden.

Gegenstand, Umfang und Form dieser sog. *Selbstbestimmungsaufklärung* sind in Deutschland durch die Rechtsprechung und seit 2013 auch durch das Patientenrechtegesetz (§ 630e BGB) vorgegeben (vgl. Katzenmeier 2013). Demnach ist der Patient über alles aufzuklären, was für seine Entscheidung für oder gegen die Behandlung von Bedeutung sein könnte. Dies beinhaltet vor allem die Diagnose, den Verlauf und die Risiken der Behandlung, mögliche Behandlungsalternativen sowie die Folgen einer Nichtbehandlung. Die Aufklärung hat in einem persönlichem, dem Auffassungsvermögen des jeweiligen Patienten angepassten Aufklärungsgespräch zu erfolgen. Schriftliche Informationsmaterialien können dieses Gespräch unterstützen, aber nicht ersetzen. Verantwortlich für die Aufklärung ist der Arzt, der den Eingriff vornimmt, auch wenn dieser die Aufklärung an einen anderen Arzt delegiert. Dem Patienten ist – insbesondere bei größeren Eingriffen – eine angemessene Bedenkzeit einzuräumen. Duldet die Maßnahme keinen Aufschub und drohen andernfalls erhebliche Gefahren für die Gesundheit des Patienten, kann die Aufklärungspflicht im Einzelfall gemindert sein oder ganz wegfallen. Auch kann der Patient auf die Aufklärung ausdrücklich verzichten, z.B. weil er selbst über die erforderlichen Sachkenntnisse verfügt.

Im neuen Patientenrechtegesetz ist darüber hinaus geregelt, dass der Arzt den Patienten vor Beginn der Behandlung schriftlich über die voraussichtlichen Behandlungskosten informieren muss, sofern er Kenntnis darüber hat, dass die vollständige Übernahme der Kosten durch Dritte nicht gesichert ist (sog. *wirtschaftliche Aufklärung*, § 630c Abs. 3 BGB). Diese Informationspflicht bezieht sich insbesondere auf die in vielen Arztpraxen angebotenen individuellen Gesundheitsleistungen (IGeL), die nicht Teil des Leistungskatalogs der gesetzlichen Krankenkassen sind und daher vom Patienten selbst bezahlt werden müssen.

### 8.2.2 Einwilligungsfähigkeit

Einwilligungsfähigkeit ist rechtlich definiert als die *Fähigkeit des Patienten, Wesen, Bedeutung und Tragweite der Behandlung in Grundzügen zu verstehen*. Einwilligungsfähigkeit ist also mit *Einsichts- und Urteilsfähigkeit* gleichzusetzen (vgl. Duttge 2013; Bundesärztekammer 2019).

Bei der Feststellung der Einwilligungsfähigkeit stellt sich in der Praxis mitunter das Problem, dass die Beurteilung der Einwilligungsfähigkeit eine Ja/Nein-Entscheidung erfordert, wobei die Voraussetzungen für diese Fähigkeit beim Patienten graduell vorliegen. Es geht also um eine Schwellenentscheidung, die von unterschiedlichen Ärzten unterschiedlich beurteilt werden kann. Auch kann es sein, dass ein Patient, der in seiner Einsichts- und Urteilsfähigkeit eingeschränkt ist, einfachere medizinische Maßnahmen überblicken und daher in diese einwilligen kann, während er komplexere Maßnahmen nicht mehr versteht und daher für diese nicht mehr einwilligungsfähig ist. Einwilligungsfähigkeit muss daher für die konkrete Maßnahme bestehen bzw. im Hinblick auf diese geprüft werden. Einwilligungsfähigkeit ist nicht an ein bestimmtes Alter gebunden. Auch Minderjährige können einwilligungsfähig sein, wenn sie die notwendige Einsichts- und Urteilsfähigkeit besitzen (vgl. Kap. III.6).

Für die Feststellung der Einwilligungsfähigkeit wurden verschiedene Tests, wie z.B. der MacArthur Treatment Competence Test (MACT), entwickelt. Diese können als Hilfsinstrumente bei schwierig zu beurteilender Einwilligungsfähigkeit – z.B. in der Psychiatrie – eingesetzt werden. Für den normalen klinischen Alltag sind sie jedoch wenig praktikabel. Hier empfiehlt es sich, die Einwilligungsfähigkeit anhand folgender Fragen zu bewerten (vgl. Helmchen et al. 1989; Simon u. Nauck 2013):

*Fragen zur Bewertung der Einwilligungsfähigkeit*

- Hat der Patient die im Aufklärungsgespräch vermittelten Informationen verstanden? Kann er die wichtigsten Informationen mit eigenen Worten wiedergeben?
- Kann der Patient die verstandenen Informationen für eine realitätsbezogene, vernünftige und angemessene Entscheidung nutzen?

- Versteht der Patient, dass er krank und behandlungsbedürftig ist? Ist er sich der Schwere seiner Erkrankung und des Ausmaßes seiner Behandlungsbedürftigkeit bewusst?
- Handelt der Patient authentisch, d.h. in Übereinstimmung mit seinen bisherigen Werten, Zielen und Haltungen? Wenn nicht: Ist er sich der mangelnden Übereinstimmung bewusst? Kann er seinen Einstellungswandel nachvollziehbar begründen?

Muss der Arzt eine dieser Fragen mit Nein beantwortet, so scheinen Zweifel an der Einwilligungsfähigkeit des Patienten begründet, und es sollte eine weitere Abklärung z.B. im Rahmen eines psychiatrischen Konsils erfolgen.

## 8.3 Das Selbstbestimmungsrecht als Abwehrrecht

**Aus dem bisher Gesagten folgt:** Verweigert oder widerruft ein einwilligungsfähiger Patient seine Einwilligung, so ist die Behandlung unzulässig. Führt der Arzt die Behandlung trotzdem durch, so begeht er nach deutschem Recht eine vorsätzliche Körperverletzung (§ 223 StGB). Dies gilt auch für lebenserhaltende Maßnahmen: Die ärztliche Verpflichtung zur Lebenserhaltung endet also dort, wo der Patient diese ablehnt. Das Recht auf Ablehnung einer vom Arzt vorgeschlagenen Behandlung besteht aber nicht nur vor, sondern auch nach Beginn der Behandlung. Das heißt, der Patient kann die Fortsetzung einer bereits begonnenen Behandlung ablehnen.

Das auch grundgesetzlich verbürgte *Recht auf Selbstbestimmung* ist also seinem Wesen nach ein Abwehrrecht. Es beschreibt den Anspruch des Patienten, nicht gegen seinen Willen behandelt zu werden. Hingegen folgt aus dem Selbstbestimmungsrecht nicht, dass der Patient Anspruch auf eine bestimmte Behandlung hat. So ist es z.B. keine Frage der Patientenautonomie, sondern der allgemeinen Rahmenbedingungen der Behandlung, ob eine bestimmte Behandlungsmethode verfügbar ist oder von der Krankenkasse finanziert wird. Auch kann der Arzt eine an sich mögliche Behandlung verweigern, für die nach seiner Einschätzung keine Indikation besteht. Dies gilt auch für Maßnahmen, die dem Gewissen des Arztes widersprechen, wie z.B. Durchführung eines Schwangerschaftsabbruchs. Ist die vom Patienten gewünschte Maßnahme kontraindiziert oder rechtlich verboten – z.B. Tötung auf Verlangen –, muss der Arzt diese ablehnen.

## 8.4 Der nicht-einwilligungsfähige Patient

Das Recht auf Selbstbestimmung ist nicht an die aktuelle Fähigkeit zur Selbstbestimmung gebunden. Die Entscheidung eines einwilligungsfähigen Patienten ist daher auch dann bindend, wenn der Patient aktuell nicht entscheidungsfähig ist. Dies gilt für die Einwilligung in einen operativen Eingriff unter Narkose ebenso, wie für die Ablehnung einer Dialyse durch einen nierenkranken Patienten, der infolge seiner Entscheidung nach und nach sein Bewusstsein verliert und in ein finales Koma gerät (zu Entscheidungen bei nicht-einwilligungsfähigen Patienten vgl. ausführlicher Kap. II.4).

### 8.4.1 Patientenverfügung und Stellvertreterentscheidung

Die *Patientenverfügung* bietet darüber hinaus die Möglichkeit, eigene Behandlungswünsche für künftige Behandlungssituationen schriftlich zu dokumentieren (Verrel u. Simon 2010; Bundesärztekammer u. Zentrale Ethikkommission 2018). Sie ist rechtlich verbindlich, sofern sie sich auf die konkrete Behandlungssituation bezieht und keine Umstände erkennbar sind, dass der Patient sie nicht mehr gelten lassen würde. Ein Wiederruf der Patientenverfügung ist jederzeit formlos möglich (§ 1901a Abs. 1 BGB) (zur Erstellung von Patientenverfügungen vgl. Kap. I.10 Vorausplanung von Behandlungsentscheidungen (Advance Care Planning)).

Liegt keine aktuelle oder antizipierte Willensäußerung des Patienten vor, so muss ein Stellvertreter des Patienten auf der Grundlage des mutmaßlichen Willens entscheiden. Der *mutmaßliche Wille* ist aufgrund konkreter Anhaltspunkte zu ermitteln. Zu berücksichtigen sind dabei insbesondere frühere mündliche oder schriftliche Äußerungen, ethische oder religiöse Überzeugungen und sonstige persönliche Wertvorstellungen des Patienten (§ 1901a Abs. 2 BGB). Stellvertreter des Patienten kann entweder der vom Patienten selbst benannte *Bevollmächtigte* oder der vom Gericht bestellte *Betreuer* sein. Eine automatische Stellvertretung durch nahe Angehörige gibt es nur bei minderjährigen Patienten, die durch ihre sorgeberechtigten Eltern vertreten werden.

### 8.4.2 Notfallsituationen und Advance Care Planning

In Notfallsituationen, in denen der Wille des Patienten nicht bekannt ist und eine Entscheidung durch den Stellvertreter des Patienten nicht abgewartet werden kann, ist eine explizite Einwilligung entbehrlich. Der Arzt entscheidet dann auf der Grundlage der medizinischen Indikation.

Von der Notfallsituation im engeren Sinne zu unterscheiden sind vorhersehbare lebensbedrohliche Komplikationen im Rahmen einer bestehenden Erkrankung. Sind solche absehbar, so sollte mit dem Patienten oder – falls dieser nicht mehr entscheidungsfähig ist – mit dessen Stellvertreter besprochen werden, welche ärztlichen Maßnahmen im Notfall durchgeführt bzw. unterlassen werden sollen. Die entsprechenden Absprachen sollten zum Zwecke der späteren Nachweisbarkeit in der Patientenakte dokumentiert und regelmäßig überprüft werden. Hierfür wurden für den klinischen Bereich spezielle Dokumentationsbögen wie die *Anordnung eines Verzichts auf Wiederbelebung* (Oswald 2008) oder die *Dokumentation Therapiebegrenzung* (Neitzke et al. 2017) entwickelt (vgl. auch Kap. II.8).

Bei Patienten mit fortgeschrittener Erkrankung oder bei hochaltrigen Patienten, die zuhause oder in einem Pflegeheim versorgt werden, empfiehlt es sich, Behandlungsabsprachen in Form eines Notfallbogens zu dokumentieren. Dieser stellt die Anpassung einer Patientenverfügung für den Fall schwerer Krankheit dar. Gemeinsam mit dem behandelnden Arzt legt der Patient die persönlichen Behandlungswünsche für Notfallsituationen fest. Der Notfallbogen sollte kurz und übersichtlich gestaltet sein und nach Möglichkeit von Patient und Arzt gemeinsam unterschrieben werden. Durch ihn wird gewährleistet, dass die getroffenen Absprachen auch dann berücksichtigt werden, wenn die Notfallversorgung durch andere Ärzte, z.B. einem Notarzt, erfolgt (in der Schmitten et al. 2011).

Ausgehend von den USA hat sich in den letzten Jahren auch in Deutschland das Konzept des *Advance Care Planning* (ACP) etabliert (vgl. Kapitel I.10). Entsprechende Beratungsangebote unterstützen Menschen dabei, eigene Wünsche und Vorstellungen für zukünftige medizinische Situationen zu bilden, auf dieser Basis wohlüberlegte Entscheidungen zu treffen und diese so zu dokumentieren, dass sie in der späteren Behandlungssituation berücksichtigt werden können. Außerdem sieht das Konzept vor, einheitliche Formulare für Patientenverfügungen, Vorsorgevollmachten und Notfallpläne in einer Region zu etablieren (Coors 2015; Zentrale Ethikkommission 2019). Mit dem § 132g SGB V hat der Gesetzgeber 2015 eine Grundlage geschaffen, solche Gespräche zur gesundheitlichen Versorgungsplanung für die letzte Lebensphase in Pflege- und Behinderteneinrichtungen zu finanzieren.

***Praxistipps***

- *Aus der Patientenautonomie und dem damit verbundenen Recht auf Selbstbestimmung folgt, dass medizinische Eingriffe außerhalb von Notfallsituationen nur mit Einwilligung des Patienten zulässig sind.*
- *Die Einwilligung setzt eine angemessene ärztliche Aufklärung sowie die Einwilligungsfähigkeit des Patienten voraus (***informed consent***).*
- *Bei nicht-einwilligungsfähigen Patienten kommt es auf den früher erklärten oder mutmaßlichen Willen des Patienten an.*
- *Rechtsinstrumente wie die Patientenverfügung und die Vorsorgevollmacht ermöglichen es dem Patienten, sein Recht auf Selbstbestimmung antizipierend für Situationen wahrzunehmen, in denen er selbst zur aktiven Ausübung dieses Rechts nicht in der Lage ist.*

## Literatur

Bundesärztekammer (2019) Hinweise und Empfehlungen der Bundesärztekammer zum Umgang mit Zweifeln an der Einwilligungsfähigkeit bei erwachsenen Patienten. Dt Arztbl 116, A1133–1134

Bundesärztekammer, Zentrale Ethikkommission bei der Bundesärztekammer (2018) Hinweise und Empfehlungen zum Umgang mit Vorsorgevollmacht und Patientenverfügung im ärztlichen Alltag. Dt Arztbl 115, A2435–2441

Coors M, Jox R, in der Schmitten J (Hrsg.) (2015) Advance Care Planning. Von der Patientenverfügung zur gesundheitlichen Vorausplanung. Kohlhammer Stuttgart

Duttge G (2013) Patientenautonomie und Einwilligungsfähigkeit. In: Wiesemann C, Simon A (Hrsg.) 77–90. Mentis Münster

Faden RR, Beauchamp TL (1986) A history and theory of informed consent. Oxford University Press New York Oxford

Helmchen H, Kanowski S, Koch HG (1989) Forschung mit dementen Kranken: Forschungsbedarf und Einwilligungsproblematik. Ethik Med 1, 83–98

in der Schmitten J, Rothärmel S, Rixen S, Mortsiefer A, Marckmann G (2011) Patientenverfügungen im Rettungsdienst (Teil 2). Neue Perspektiven durch Advance Care Planning und die „Hausärztliche Anordnung für den Notfall". Notfall Rettungsmed 14, 465–474

Katzenmeier C (2013) Ärztliche Aufklärung. In: Wiesemann C, Simon A (Hrsg.) 91–105. Mentis Münster

Neitzke G, et al. (2017) Dokumentation der Therapiebegrenzung: Empfehlung der Sektion Ethik der Deutschen Interdisziplinären Vereinigung für Intensiv- und Notfallmedizin (DIVI) unter Mitarbeit der Sektion Ethik der Deutschen Gesellschaft für Internistische Intensivmedizin und Notfallmedizin (DGIIN). Med Klin Intensivmed 112, 527–530

Oswald C (2008) Die „Anordnung zum Verzicht auf Wiederbelebung" im Krankenhaus. Auswirkungen einer hausinternen Leitlinie auf die Kommunikation und Transparenz im Behandlungsteam. Ethik Med 20, 110–121

Schöne-Seifert B (1996) Medizinethik. In: Nida-Rümelin J (Hrsg.) Angewandte Ethik. Die Bereichsethiken und ihre theoretische Fundierung. 552–648. Kröner Stuttgart

Simon A, Nauck F (2013) Patientenautonomie in der klinischen Praxis. In: Wiesemann C, Simon A (Hrsg.) 167–179. Mentis Münster

Verrel T, Simon A (2010) Patientenverfügungen: Rechtliche und ethische Aspekte. Karl Alber Freiburg/Br.

Vollmann J (2008) Patientenselbstbestimmung und Selbstbestimmungsfähigkeit. Beiträge zur Klinischen Ethik. Kohlhammer Stuttgart

Wiesemann C (2013) Die Autonomie des Patienten in der modernen Medizin. In: Wiesemann C, Simon A (Hrsg.) 13–26. Mentis Münster

Zentrale Ethikkommission bei der Bundesärztekammer (2019) Advance Care Planning (Stellungnahme). Dt Arztbl URL: dx.doi.org/10.3238/arztebl.2019.zeko_sn_acp_01 (abgerufen am 23. März 2020)

# 9 Beziehungen zwischen Patienten und Behandlungs-/Betreuungsteams und gemeinsame Entscheidungsfindung

Tanja Krones

## 9.1 „Mikroethik“

In der medizinethischen Diskussion und Praxis geht es häufig um Konflikte und Dilemmasituationen. Die täglichen, oft gar nicht als konflikthaft oder moralisch relevant empfundenen Behandlungsentscheidungen bilden jedoch die wesentliche Basis für ethisch gut begründete akute und langfristige Therapien und Betreuungen. Diese „Mikroethik“ der Beziehungsgestaltung reicht von der Aufklärung in der Hausarztpraxis zur Einnahme eines Medikaments, über adäquates Handeln in Notfallsituationen bis zur dauerhaften Pflegeplanung von Bewohnern in Senioreneinrichtungen. Alle diese Einzelentscheidungen und Konzepte auf der „Mikroebene“ summieren sich, prägen, stabilisieren oder destabilisieren die Strukturen auf der Makroebene des Gesundheitswesens.

**Fallbeispiel 1: Aufklären und gemeinsam entscheiden – Blutverdünnung bei Vorhofflimmern**

Ein 76-jähriger Patient lebt seit dem Tod seiner Frau allein in seinem kleinen Haus in einem Dorf auf dem Land. Er kommt bisher mit dem Haushalt allein noch sehr gut zurecht, fährt allerdings kein Auto mehr; sein Hausarzt ist 8 km entfernt im nächsten größeren Ort. Die Kinder und Enkel wohnen im Umkreis von 50 km. Er arbeitet viel im Garten, hat sich vor 2 Jahren bei einem Sturz eine Oberschenkelhalsfraktur zugezogen. Der Patient wurde nun in einer neurologischen Klinik aufgrund der Abklärung eines kurzen Bewusstseinsverlusts, welcher als eine gutartige Synkope gedeutet wurde (beim Wasserlassen aufgetreten), aufgenommen. In der Anamnese gibt der Patient an, seit einem halben Jahr ab und an ein Vorhofflimmern zu haben (vom Hausarzt festgestellt); zudem besteht ein geringfügiger Bluthochdruck, behandelt vom Hausarzt mit Beta-Blockern seit circa 5 Jahren. Das Vorhofflimmern geht mit einem erhöhten Schlaganfallrisiko einher, welches mit einer dauerhaften Blutverdünnung reduziert werden kann. Diese birgt jedoch auch die Gefahr einer schweren Blutung. Den Leitlinien zufolge besteht bei dieser Konstellation prinzipiell die Indikation zu einer Blutverdünnung.

Soll der Patient eine Blutverdünnung erhalten?

**Fallbeispiel 2: Betreuen und Begleiten – Mangelnde Therapieadhärenz**

Ein 16-jähriger Patient lebt aufgrund schwieriger sozialer Verhältnisse in einem Wohnheim für Jugendliche, das er jedoch immer wieder verlässt und dann tagelang nicht auffindbar ist. Vor 1 ½ Jahren wurde ein gut differenziertes Schilddrüsenkarzinom festgestellt. Der Patient wurde erfolgreich operiert, es wurden jedoch auch kleine Metastasen in der Lunge festgestellt. Diese können mit täglich und dauerhaft eingenommenen Hormonblockern so gut therapiert werden, dass darunter eine fast normale Lebenserwartung besteht. In den Kontrollen zeigt sich, dass der Patient die Medikamente nicht regelmäßig einnimmt, und die Metastasen etwas größer werden. Nach einem Besuch bei seiner Familie zuhause kommt es zu einer Krisensituation; der Patient schließt sich in sein Zimmer ein. Der zuständige Kinder- und Jugendpsychiater hält telefonisch Kontakt zum Patienten. Seiner Einschätzung nach weiß der Patienten durchaus, dass er die Medikamente nehmen soll. Er sei nicht suizidgefährdet, habe jedoch aufgrund seiner Geschichte wenig Selbstwertgefühl, sodass es sich in seiner Lebensperspektive für ihn nicht wirklich lohne, sich um sich selbst zu kümmern.

Soll der Patient gegebenenfalls mit Polizeigewalt aus der Wohnung geholt werden? Wie sollte die weitere Betreuung gestaltet werden?

## 9.2 Ethischer Beurteilungsrahmen

Bei ethischen Fragen der alltäglichen Betreuung und Behandlung von Patienten ist es hilfreich, grundsätzliche Modelle der Arzt-/Pflege-Patientenbeziehung zu kennen und deren „Passung“ für verschiedene klinische Konstellationen zu reflektieren. Diesen Modellen liegen zum einen bestimmte Haltungen zugrunde – das Berufsethos, dem einige grundlegende Pflichten und Tugenden entsprechen. Auch beziehungsethische Aspekte, die insbesondere in der Care-Ethik diskutiert werden und eng mit tugendethischen Überlegungen verwandt sind, fließen in diese Modelle mit ein. Zum anderen zeichnet sich die gute Gestaltung der Beziehung durch die routinemäßige und kontextsensible Berücksichtigung, Spezifizierung und Abwägung relevanter medizinethischer Prinzipien aus.

*Das grundlegende Berufsethos, beziehungs- und prinzipienethische Aspekte prägen eine ethisch gut gerechtfertigte Berufspraxis.*

In der Literatur werden verschiedene Modelle der Beziehung zwischen Professionellen im Gesundheitswesen und Menschen, die Behandlung und Betreuung benötigen, beschrieben (Emanuel u. Emanuel 1992; Charles et al. 1997; Edwards u. Elwyn 2001; Krones u. Richter 2006). Diese haben sowohl einen normativen wie einen historischen Bezug. Die Differenzierungen in einen Arzt- und einen Pflegeberuf sind erst in der

Neuzeit entstanden (Monteverde 2020). Historische Leitbilder von Ärzten und Pflegenden als mythologischen Magiern („Droge Arzt, Placebo Effekt“), antiken Pädagogen („Aufklärer/Lehrer/Begleiter im Wissensdschungel“) oder mittelalterlichen guten Samaritern („Palliativmedizin“) überdauern in unterschiedlichen Bereichen der Medizin bis heute. Die Modelle der Entscheidungsfindung (s. Tab. 1) beziehen sich nicht nur auf die Arzt-Patient-Beziehung sondern auch auf weitere therapeutische Beziehungen von Fachpersonen im Gesundheitswesen zu ihren Patienten/Klienten.

Tab. 1 Systematik zentraler Entscheidungsmodelle im Gesundheitswesen (nach Krones u. Richter 2006, S. 95)

| | Paternalismus | Deliberatives Modell: Partizipative Entscheidungsfindung: „Shared decision making“ | Vertragsmodell: Informed Choice/Kundenmodell | |
|---|---|---|---|---|
| Rolle der Fachpersonen | Hüter | Partner | technische Experten | Dienstleister |
| Informationsaustausch | Fachperson an Patient | zwei-/mehrseitig Fachperson, Patient und weiterer Kontext | Fachperson an Patient | Patient an Fachperson, Fachperson an Patient wenn eingefordert |
| Informationsinhalte | medizinisch, rechtlicher Minimal-Standard | medizinisch, möglichst optimal evidenzbasiert und persönlich | medizinisch, möglichst optimal evidenzbasiert | je nach Wunsch des Patienten: Persönlich und/oder medizinisch/evidenz-basiert |
| Entscheidungsfindung/Verantwortung | Fachperson | Fachperson und Patient | Patient | Patient |

Inwieweit die „Anwendung“ dieser Modelle angemessen ist, hängt zum einen von grundlegenden normativen Überlegungen und zum anderen vom Kontext ab. In der medizinethischen, -soziologischen und -psychologischen Literatur wird derzeit oft das deliberative Modell des „shared decision making“ („SDM“, deutsch: partizipative Entscheidungsfindung“) favorisiert. Es gibt hierzu verschiedene Definitionen und Konzepte; einige zentrale Aspekte sind hierzu gesondert aufgeführt (s. Auflistung). Aus medizinethischer Perspektive spricht viel für dieses Modell als „Goldstandard“ für die meisten Arzt/-Behandlungsteam-Patienten-Kontakte. Wichtig ist die Abgrenzung einer Behandlungsentscheidung nach „SDM-Standard“ vom „informed consent-Standard“ (Krones u. Richter 2008, S. 819; Spatz et al. 2016). Der wesentliche Unterschied liegt darin, dass Patienten nicht erst dann in die Entscheidung einbezogen werden, wenn bereits Nutzen-Schadenserwägungen von Arzt oder Behandlungsteam *allein* getroffen worden sind („Zustimmen oder Ablehnen eines ärztlich erwogenen Therapieplans“), sondern dass dieser Abwägungsprozess so weit als möglich *von Beginn an gemeinsam* durchgeführt wird (Charles et al. 1997; Scheibler u. Pfaff 2003; Kasper et al. 2012; Rosca et al. 2020)

Folgendes sind die zentralen Elemente des Shared Decision Making (SDM):

- **Haltung**: Patient und Fachpersonen als Partner („it takes two to tango“); Anerkennen der Verbindung von Fürsorge und Autonomie in Beziehungen; zentraler Fokus auf Befähigung zur möglichst autonomen Entscheidung unter Berücksichtigung des Entscheidungskontextes

- **Prinzipien:** Autonomie als „relationale“, „optionale“ Autonomie (soweit der Patient einbezogen werden und selbst entscheiden kann und möchte); Nutzen-Schaden-Abwägungen („Indikationsstellung“) soweit wie möglich *gemeinsam* mit dem Patienten
- **Praxis:**
  - Schritt 1: Gemeinsame Definition des Problems, explizite Anerkennung der Gleichberechtigung der Partner durch explizite Formulierung der "SDM-Schlüsselbotschaft"
  - Schritt 2: Vor- und Nachteile aller Optionen (inkl. Prognose ohne Intervention) bestmöglich darstellen (wenn möglich mit Hilfe von evidenzbasierten Entscheidungshilfen, vgl. Stacey et al. 2014)
  - Schritt 3: Beiderseitige Gedanken und Präferenzen ermitteln und austauschen
  - Schritt 4: Aushandeln und vereinbaren einer gemeinsamen Entscheidung; ggf. erneute Überprüfung vereinbaren

Auf der Basis dieser Überlegungen lässt sich ableiten, dass implizit ethisch relevante klinische Entscheidungsprozesse (z.B. Tumorboards) und explizite ethische Entscheidungsmodelle diesem Verständnis von SDM unterschiedlich Rechnung tragen können.

Ist eine Patientin nicht direkt an der ersten Phase des medizinischen Entscheidungsprozesses, der „Indikationsstellung“ beteiligt, indem sie zu einem fachlich erarbeiteten Ergebnis („Tumorboardentscheidung“) nur ja oder nein sagen kann, ohne selbst die Gelegenheit zu haben, die Abwägung von Nutzen und Schaden verschiedener Vorschläge auch inhaltlich nachzuvollziehen, entspricht dies auch dann nicht vollständig dem obigen SDM-Standard, wenn diese Abwägung durch Fachpersonen stellvertretend in den Entscheidungsprozess eingebracht wird. Als zentral entscheidend für die Realisierung von SDM hat sich die explizite Formulierung der „SDM- Schlüsselbotschaft“ *vor* der Erörterung der Vor- und Nachteile verschiedener Optionen und die Ermittlung der Präferenzen des Patienten *nach* Erörterung der Optionen erwiesen. Die SDM Schlüsselbotschaft, dass die Medizin alleine nicht vorgibt was genau in der Situation falsch oder richtig ist, eröffnet für die Patientin erst den Raum über die Optionen ernsthaft nachzudenken. Zudem kann eine Patientin erst nach der Darstellung der eigentlichen Entscheidungsmöglichkeiten ernsthaft erwägen, wie sehr sie in diese Abwägung einbezogen werden will (Geiger et al. 2017).

**! Auch ein ethisches Entscheidungsmodell kann Gefahr laufen, ungerechtfertigt (zu) paternalistisch zu agieren, wenn Patienten nicht direkt am gesamten Prozess beteiligt sind.**

Wie ein solcher SDM-Standard angewandt werden kann, wird für das Fallbeispiel 1 („Blutverdünnung bei Vorhofflimmern“) im nächsten Abschnitt exemplarisch dargestellt. Ebenfalls relevant ist das SDM-Modell in Betreuungsbeziehungen, wie in Fallbeispiel 2 („Mangelnde Therapieadhärenz“). Dort geht es weniger um einzelne, klar abzugrenzende Entscheidungen, sondern um ein längerfristiges tägliches Begleiten. Im Verlauf kann sich die Reichweite der Einbeziehung und autonomen Entscheidung wandeln und muss deshalb immer wieder neu adaptiert werden (z.B. bei psychisch kranken oder dementen Patienten) wobei grundsätzlich eine weitest mögliche Einbeziehung und Entscheidung durch den Patienten/Bewohner anzustreben ist.

Die bisherigen Überlegungen bedeuten jedoch nicht, dass die anderen Modelle normativ nicht auch gerechtfertigt sein können. Eine Kritik des SDM-Modells bezieht sich darauf, dass der Patient (bzw. bei nicht-einwilligungsfähigen Patienten sein Vertreter) sowohl juristisch wie ethisch der alleinige Entscheidungsträger sein sollte, da es um sein eigenes Leben geht, und daher grundsätzlich Vertragsmodelle angemessen seien (McNutt 2004). Vor allem in den Bereichen der sogenannten „wunscherfüllenden Medizin" oder bei Entscheidungen zu präventiven Maßnahmen wird oft das Vertragsmodell favorisiert. Das paternalistische Modell, in welchem die Fachperson als „Hüter" des Patienten die Verantwortung trägt, ist aufgrund der zunehmenden Gewichtung des grundlegenden Rechts von Patienten auf Zustimmung und Ablehnung indizierter Behandlungen wesentlich stärker begründungspflichtig geworden. Es ist auch in der Praxis mittlerweile selten anzutreffen. Als vertretbar gilt allenfalls ein „schwacher Paternalismus" (Beauchamp u. Childress 2013), bei dem die nicht oder eingeschränkt autonomen Wünsche eines Patienten übergangen werden (z.B. Zwangsbehandlung in der Psychiatrie). Ein starker Paternalismus (fürsorgliche Entscheidung gegen den Willen einer einwilligungsfähigen Person) ist hingegen weder ethisch zu rechtfertigen noch rechtlich zulässig.

Abbildung 1 verdeutlicht die Interaktion der klinischen Situation mit Abwägungen zur grundsätzlichen Angemessenheit der verschiedenen Modelle (Müller Engelmann et al. 2013; Whitney 2003).

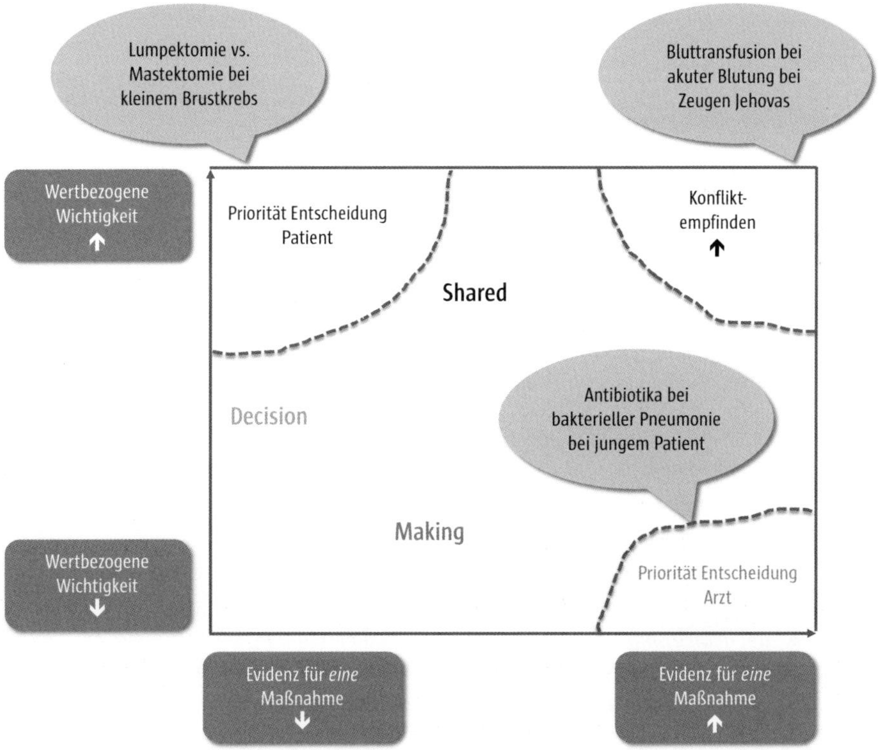


Abb. 1 Entscheidungsebenen für medizinische Entscheidungen

Ist die persönliche wertbezogene Wichtigkeit einer Maßnahme gering, die Evidenz für den Nutzen *einer bestimmten* Maßnahme aber sehr hoch und alternativlos und der Patient zudem akut stark symptombelastet, wie bei einer schweren bakteriellen Lungenentzündung bei einem jungen Patienten, braucht es in aller Regel keinen intensiven Einbezug und Abwägung des Patienten in die Entscheidung über die Antibiotikatherapie. Es ist davon auszugehen, dass der Patient dieser auch zustimmt (s. Abb. 1, Bereich rechts unten). Daher genügt das oben als Minimum beschriebene Modell des „informed consent". Ist hingegen, wie in den meisten klinischen Situationen, der Nutzen und Schaden von Alternativen gleichwertig („klinische Equipoise"), Wirkung und Nebenwirkung aber qualitativ verschieden, ist eine hohe wertbezogene Wichtigkeit gegeben und der Patient sollte ermutigt werden, weitestgehend selbst zu entscheiden. Dies liegt zum Beispiel dann vor, wenn eine Maßnahme effektiver, aber nebenwirkungsreicher ist als eine andere. Ein klassisches Beispiel ist die Entscheidungsfindung bei Brustkrebs in einem frühen, lokal begrenzten Stadium. Wenn nur der Tumor und die Lymphknoten entfernt werden, besteht ein leichtgradig höheres lokales Rezidivrisiko als bei einer kompletten („radikalen") Entfernung der Brust. Diese führt jedoch häufiger zu einem schmerzhaften Lymphödem. Bei den meisten Entscheidungen erscheint eine gemeinsame Entscheidungsfindung adäquat. Die vom Gesundheitspersonal empfundene Konflikthaftigkeit und damit die Wahrscheinlichkeit des Einbezugs strukturierter ethischer Entscheidungsfindung steigt dann an, wenn die Evidenz für den Nutzen *einer* Maßnahme sehr hoch ist und diese zudem persönlich eine hohe wertbezogene Wichtigkeit für den Patienten hat, wie zum Beispiel die Blutgabe bei Zeugen Jehovas (s. Abb. 1, Bereich rechts oben).

## 9.3 Implikationen für die Praxis

### Grundlegende Erwägungen

Was bedeuten die obigen Erwägungen nun konkret für die Praxis? Es ist unschwer zu erkennen, dass es in der alltäglichen „Mikroethik" wesentlich um eine *kontextsensible, routinemäßige Berücksichtigung von medizinethischen Prinzipien* geht, die in den oben beschriebenen Modellen quasi „geronnen" sind: Dort ist bereits eine Ausrichtung bezüglich Spezifizierung und Abwägung der Prinzipien enthalten, die sich auch in tugendethisch beschreibbaren professionellen Haltungen und Beziehungsgestaltung widerspiegeln (Beauchamp u. Childress 2013). Unabhängig von der Prägung und klinischen Situation lässt sich zunächst ein hoher Konsens in der Abwägungsrichtung beschreiben.

***Grundlegende Anforderungen an Behandlung und Betreuung***

*Jede Behandlung und Betreuung sollte*

- *von einer professionellen Haltung, von Zuwendung und Wertschätzung getragen sein,*
- *auf gemeinsam besprochenen Therapie- und Betreuungszielen basieren, die weitest möglich dem Werthorizont des Patienten/Bewohners gerecht werden und alle professionellen Fachpersonen mit einbeziehen,*
- *Maßnahmen beinhalten, denen eine sorgfältige Evaluation allgemeiner Evidenz (***grundsätzliche Effektivität***) vorausgeht,*

- *in deren Durchführung und Umsetzung im jeweiligen konkreten Kontext sowohl die professionelle Erfahrung (vermutete* **Effektivität im konkreten Fall***) als auch die eigenen Überlegungen des Patienten/Bewohners (***persönliche Sinnhaftigkeit***), ggf. übermittelt durch Stellvertreter, einfließen,*
- *auch die Möglichkeit beinhalten, Fairnessüberlegungen zu berücksichtigen und Maßnahmen zum Schutz Dritter zu erwägen, wenn die Situation dies erfordert und*
- *für eine Re-Evaluation und Adaptation offen sein.*

Um diesen allgemein geltenden Anforderungen gerecht zu werden, sind alle in der klinisch-ethischen Praxis Lehrende, Tätige und Verantwortliche aufgefordert, in Aus- und Weiterbildung und der institutionellen Gestaltung zu fragen und zu hinterfragen, ob sie mit den derzeitigen Strukturen und Praxen erreicht werden.

- Wie sieht beispielsweise die Routineaufklärung in der jeweiligen Institution konkret aus?
- Welche Fertigkeiten werden gelehrt, welche Informationsmaterialen stehen zur Verfügung, wie viel Zeit und Raum ist gegeben, um in klinisch uneindeutigen, wertbehafteten Situationen (s. Abb. 1, links oben) eine echte Einbeziehung von Patienten in die Abwägungen zu erzielen?
- Auf welchem der oben beschriebenen Modelle beruhen die Kontakte zu Patienten (z.B. Visitenmodelle) und „Entscheidungsknoten" in Klinik und Praxis (wie zum Beispiel Tumorboards, Pflegefachgespräche oder ethische Unterstützungsmodelle)?
- Wie wird hierbei Nutzen und Schaden abgewogen, wie die Autonomie des Patienten routinemäßig spezifiziert? Wird eine Entscheidung mitgeteilt, kann der Patient selbst teilnehmen?
- Werden diese der Prozess- und Beziehungshaftigkeit existenzieller klinischer Situationen gerecht?
- Wie wird die Chance gegeben, ethisch gut begründete Haltungen zu stärken und auch nachweislich problematische Handlungen und Haltungen zu benennen und zu ändern (z.B. durch Stärkung eines transparenten konstruktiven Fehlermanagements)?

Um eine gute „Mikroethik", d.h. die Beziehung zwischen Professionellen und Patienten/Klienten zu fördern, bedarf es daher im Wesentlichen organisationsethische und sogar das gesamte Gesundheitswesen umfassende Strukturen und Ansätze. Solange die ärztliche und rechtliche Praxis sich in der Mehrzahl der meist präferenzsensitiven Entscheidungen auf Leitlinien berufen, die "die beste" Option vorgeben ohne die Abwägungen transparent zu machen, kann sich Shared Decision Making nicht ernsthaft implementieren (Kasper et al. 2017; Légaré u. Thompson-Leduc 2014). Dies betrifft auch die Ethikstrukturen. Ethische Fallbesprechungen in Konfliktsituationen zu fördern ist wichtig, dies reicht aber nicht aus, um regelhaft eine gute Entscheidungsfindung zu ermöglichen.

### Reflexion zu den Fallbeispielen

Die gewählten Fallbeispiele stehen für zwei Situationen, die in der alltäglichen Praxis sehr häufig vorkommen:

1. Patienten und Ärzte stehen vor der Entscheidung, ob eine langfristige Therapie zur Risikoreduzierung, verbunden mit Aufwand und Nebenwirkungen, begonnen werden sollte.
2. Sozial benachteiligte, fraglich nicht immer voll urteilsfähige Bewohner in Institutionen sind „schwer zu führen“.

Abschließend werden die obigen Überlegungen zu Beziehungsmodellen, Haltungen und Abwägungen relevanter Prinzipien auf die Fälle bezogen.

### *Fall 1 („Blutverdünnung bei Vorhofflimmern“)*

Im ersten Fall zeigt die erste Analyse der Situation und der gegebenen Fallsituation, dass es sich um eine recht wertbezogene Entscheidung handelt. Es geht darum abzuwägen, gegebenenfalls lebenslang ein Medikament zu nehmen, welches als eine wesentliche Nebenwirkung eine erhöhte Blutungsneigung bedingt. Zudem müssen regelmäßige Kontrollen der Gerinnung erfolgen, bestimmte Nahrungsmittel haben einen Einfluss, wenn die „alten“ Blutverdünner, die sogenannten Vitamin K-Antagonisten gegeben werden. Bei den neuen Präparaten (z.B. Rivaroxaban) ist dies nicht nötig. Bei akuten Ereignissen (z.B. Sturz) ist die Gerinnung jedoch nicht gut kontrollierbar, das Medikament ist deutlich teurer und derzeit häufen sich Verdachtsfälle auf andere Nebenwirkungen. Die Evidenz ist gut dokumentiert, es existieren Leitlinien und Prognoserechner (z.B. der CHADS2 Score). In diesem Fall wird ein Wert von 2 Punkten erzielt, was einem 4% Risiko für einen Schlaganfall pro Jahr entspricht, d.h. 4 Patienten von 100 erleiden pro Jahr bei der gegebenen Konstellation des Patienten einen Schlaganfall, 96 nicht. Ab diesem Wert wird in den aktuellen Guidelines eine Blutverdünnung grundsätzlich empfohlen. Faktisch senkt die Blutverdünnung das relative Risiko um 50%, d.h. von absolut 4 Patienten erleiden, wenn alle das Medikament nehmen, nur noch 2 einen Schlaganfall. Zudem kommt es in ungefähr einem von 100 Fällen pro Jahr zu einer schweren Blutung. Im paternalistischen Modell würde es ausreichen, dem Patienten zu erläutern, dass das Medikament in der Situation empfohlen wird, obgleich es einige Nebenwirkungen hat. Falls der Patient nicht zustimmt, wäre ihm gegebenenfalls nahezulegen, sich doch dazu zu entscheiden und ggf. unterschreiben zu lassen, dass er gegen ärztlichen Rat auf das Medikament verzichtet. Im SDM-Modell würde die Werthaftigkeit der Entscheidung anerkannt und auf der Basis von evidenzbasierten patientenorientierten Entscheidungshilfen gemeinsam erwogen, ob in der gegebenen Konstellation und persönlichen Situation eine solche Blutverdünnung für den Patienten selbst auch sinnhaft erscheint. Es gibt hierbei, wie oben beschrieben, gute Gründe anzunehmen, dass in diesem Fall die Spezifizierung der Prinzipien der Autonomie, des Nutzen und Nichtschadens die routinemäßige Implementierung eines solchen Prozesses ethisch gerechtfertigt erscheinen lässt.

### *Fall 2 („Mangelnde Therapieadhärenz“)*

In dem Fall geht es exemplarisch um eine Krisensituation in einer Institution, in welcher ein Bewohner langfristig zu Hause ist. Zudem ist dieser, obgleich als einwilligungsfähig eingeschätzt, noch minderjährig und hoch vulnerabel. Für die Abwägung relevant ist ferner, dass es um die Frage einer langfristigen Behandlung und

Therapietreue geht. Bei der konkreten Frage, wie mit der Krisensituation umzugehen ist, sind unter anderem die kurz und langfristigen Folgen für den Patienten, auf die Beziehung zwischen dem Jugendlichen und der Institution, und auch auf die anderen Bewohner, insgesamt auf die „Kultur“ der Institution einzubeziehen. In dieser Dilemmasituation, in welcher jede Entscheidung einen gravierenden Nachteil haben kann (akut Aufbrechen der Tür, mittelfristig Medikamenteneinnahme unter Aufsicht oder akut weiteres Verhandeln und ggf. mittelfristig Weiterwachsen des Tumors mit verkürzter Lebenserwartung) ist nicht allein die Abwägung von Prinzipien, sondern das Aufrechterhalten von Beziehung und Lebensumständen in einer prinzipiell wertschätzenden Grundhaltung wichtig für eine hilfreiche Problemlösung.

***Praxistipps***

- *Shared decision making (Gemeinsame Entscheidungsfindung, SDM) gilt heute als Goldstandard einer patientenorientierten evidenzbasierten Medizin mit spezifischen Anforderungen an bestmögliche Informationsvermittlung durch evidenzbasierte Entscheidungshilfen und Beziehungsgestaltung durch Stärkung von professionellen Rollenmodellen und kommunikativen Fertigkeiten.*
- *Ein "Screening" der Entscheidungsknoten in medizinischen Einrichtungen im Hinblick auf die reale Umsetzung von SDM stärkt die gelebte ethische Kultur. Die nachhaltige Implementierung eines solchen ethisch relevanten Konzeptes bedarf jedoch auch einer Integration des Konzeptes auf organisationsethischer Ebene und auf der Ebene der Gesundheitspolitik.*

## Literatur


Beauchamp T, Childress J (2013) Principles of Biomedical Ethics. Oxford University Press Oxford

Charles C, Gafni A, Whelan T (1997) Shared decision making in the medical encounter: what does it mean (or it takes at least two to tango). Soc Sci Med 44, 681–692

Edwards A, Elwyn G (Hrsg.) (2001) Evidence based patient choice. Oxford University Press Oxford

Emanuel EJ, Emanuel LL (1992) Four models of the physician-patient relationship. JAMA 267, 2221–2226

Geiger F, Liethmann K, Reitz D, Galalae R, Kasper J (2017) Efficacy of the doctormitSDM training module in supporting shared decision making-Results from a multicenter double-blind randomized controlled trial. Patient Educ Counsel, 100(12):2331-2338.

Kasper J, Lager AR, Rumpsfeld M, Kienlin S, Smestad KH, Bråthen T, Ankell H, Knutsen T, Kløvtveit R, Gulbrandsen P, Vandvik PO, Heen AF, Flottorp S, Tollåli G, Eiring Ø (2017) Status report from Norway: Implementation of patient involvement in Norwegian health care. Z Evid Fortbild Qual Gesundhwes 123-124:75-80.

Kasper J, Legare F, Scheibler F, Geiger F (2012) Turning signals into meaning-„Shared Decision-Making“ meets communication Theory. Health Expect, 15(1) 3-11.

Krones T, Richter G (2006) Die Arzt-Patient-Beziehung. In: Schulz S, Steigleder K, Fangerau H, Paul NW (Hrsg.) Geschichte, Theorie und Ethik der Medizin. 94–117. Suhrkamp-Verlag Frankfurt a.M.

Krones T, Richter G (2008) Ärztliche Verantwortung: das Arzt-Patient-Verhältnis. Bundesgesundheitsbl Gesundheitsforsch Gesundheitsschutz 51, 818–826

Légaré F, Thompson-Leduc P (2014) Twelve myths about shared decision making. Patient Educ Couns. 2014 Sep;96(3):281-6

McNutt RA (2004) Shared decision making. Problems, Process, Progress. JAMA 292, 2516–2518

Monteverde S (Hrsg.) (2020) Handbuch Pflegeethik. Ethisch denken und handeln in den Praxisfeldern der Pflege. 2., erweiterte und überarbeitete Auflage. Kohlhammer Stuttgart

Müller-Engelmann M, Donner-Banzhoff N, Keller H, Rosinger L, Sauer C, Rehfeldt K, Krones T (2013) When decisions should be shared: a study of social norms in medical decision making using a factorial survey approach. Med Decis Making 33, 37–47

Rosca A, Krones T, Biller-Andorno N (2020) Shared Decision Making: patients have a right to be informed about possible trtement options and their risks and benefits. Swiss medical weekly 150:w20268

Scheibler F, Pfaff H (Hrsg.) (2003) Shared Decision Making. Der Patient als Partner im medizinischen Entscheidungsprozess. Juventa-Verlag Weinheim München

Spatz ES, Krumholz HM, Moulton BM (2016) The New Era of Informed Consent. Getting to a Reasonable Patient-Standard Through Shared Decision Making. JAMA 315 (19), 2063-2064.

Stacey D, Légaré F, Lewis K, Barry MJ, Bennett CL, Eden KB, Holmes-Rovner M, Llewellyn-Thomas H, Lyddiatt A, Thomson R, Trevena L (2017) Decision aids for people facing health treatment or screening decisions. Cochrane Database Syst Rev. 2017 Apr 12;4(4):CD001431. doi: 10.1002/14651858.CD001431.pub5

Whitney SN (2003) A new model of medical decisions: exploring the limits of shared decision making. Med Decis Making 23, 275–280

# 10 Vorausplanung von Behandlungsentscheidungen (Advance Care Planning)

Jürgen in der Schmitten und Georg Marckmann

In den letzten Jahren hat sich auch in Deutschland ein systematisches Konzept zur Vorausplanung von Behandlungsentscheidungen, das Advance Care Planning (ACP, zu deutsch Behandlung im Voraus Planen, BVP), zunehmend etabliert (in der Schmitten et al. 2016; ZEKO 2019). ACP möchte mit verschiedenen Elementen wesentliche Schwachstellen der konventionellen Patientenverfügung kompensieren: Patientenverfügungen werden häufig von vielen Betroffenen nicht (rechtzeitig) erstellt, sind bei Bedarf oft nicht zur Hand, für relevante Entscheidungssituationen nicht aussagekräftig formuliert, von fraglicher Validität (im Sinne der Übereinstimmung der schriftlichen Dokumentation mit der „wahren" Intention) und werden vom Personal häufig nicht (angemessen) berücksichtigt. Empirische Studien belegen, dass mit ACP nicht nur die Selbstbestimmung einwilligungsunfähiger Patienten effektiver geachtet werden kann, sondern zudem die Qualität der Versorgung verbessert und die Belastung für alle Beteiligten reduziert (zur Übersicht vgl. Brinkman-Stoppelenburg et al. 2014; Houben et al. 2014). Der vorliegende Beitrag erläutert zunächst das Grundkonzept des ACP und gibt dann Hinweise für die Gesprächsführung, für die Vorausplanung von Behandlung in Notfallsituationen und für die Vorausplanung für nicht-einwilligungsfähige Personen.

## 10.1 Das Grundkonzept des Advance Care Planning

Advance Care Planning (ACP) ruht auf zwei Säulen: Zum einen erhalten Menschen im Rahmen eines professionell begleiteten Gesprächsprozesses Gelegenheit, eigene Präferenzen für medizinische Behandlungen bei Verlust der Einwilligungsfähigkeit zu entwickeln und auf aussagekräftigen, regional einheitlichen Patientenverfügungen zu dokumentieren. Zum anderen werden die in den relevanten regionalen Versorgungsstrukturen tätigen Personen so geschult bzw. informiert, dass die aus den vorgenannten Gesprächsprozessen resultierenden Patientenverfügungen im Fall zu treffender Behandlungsentscheidungen regelmäßig verfügbar sind und zuverlässig respektiert werden.

*Kernelemente eines ACP-Programms (in der Schmitten et al. 2014)*
1. *Aufsuchendes Gesprächsangebot*
2. *Qualifizierte Gesprächsbegleitung*
3. *Professionelle Dokumentation*
4. *Archivierung, Zugriff und Transfer*
5. *Aktualisierung und Konkretisierung im Verlauf*
6. *Beachtung und Befolgung durch Dritte*
7. *Kontinuierliche Qualitätssicherung*

Im Einzelnen umfassen ACP-Programme sieben Elemente (für eine ausführlichere Darstellung anhand des Pilotprojekts *beizeiten begleiten* vgl. in der Schmitten u. Marckmann 2015).

**Aufsuchendes Gesprächsangebot:** Bislang bleibt die Initiative zur Erstellung einer Patientenverfügung dem Betroffen überlassen, wodurch nur ein begrenzter Anteil der Bevölkerung eine Vorausverfügung erstellt hat. In einem ACP-Programm übernehmen die regionalen Akteure im Gesundheitswesen die Verantwortung, auf die Zielgruppe (z.B. die Bewohner von Senioreneinrichtungen oder alle Bürger ab dem 60. Lebensjahr) zuzugehen, ihnen die Möglichkeit und Vorteile einer gesundheitlichen Vorausplanung zu erläutern und ihnen unverbindlich die Unterstützung durch eine professionelle Gesprächsbegleitung anzubieten. Dabei sollte betont werden, dass dieses Angebot jeder Person der Zielgruppe gemacht wird – als regelhaftes Element einer patienten-zentrierten Versorgung – und nicht durch eine drohende Verschlechterung des Gesundheitszustands des Betroffenen veranlasst ist. Mit diesem aufsuchenden Gesprächsangebot kann die Prävalenz von Vorausplanungen in der Zielgruppe deutlich gesteigert werden (Hammes et al. 2010).

**Qualifizierte Gesprächsbegleitung:** Das zentrale Element eines ACP-Programms ist ein qualifizierter Gesprächsprozess zur Unterstützung der Betroffenen bei der Entwicklung und Dokumentation ihrer Präferenzen für künftige Behandlungen. Spezifisch hierfür geschultes nicht-ärztliches und ärztliches Personal begleitet den meist mehrzeitigen Gesprächsprozess, der in der Regel in eine individuelle schriftliche Vorausverfügung mündet. Um den nicht-direktiven Charakter der Unterstützung zu verdeutlichen, wird die neue, in der Regel von nicht-ärztlichem Personal übernommene professionelle Rolle im Englischen als *facilitator* bezeichnet, wir sprechen von *Gesprächsbegleiter*. Sofern möglich und gewünscht sollten die designierten rechtlichen Vertreter (Bevollmächtigten) und/oder Angehörigen an den Gesprächen beteiligt werden. Der ebenfalls spezifisch fortgebildete (Haus-)Arzt wird bei offenen medizinischen Fragen hinzugezogen sowie in jedem Fall abschließend im Sinne eines Vier-Augen-Prinzips an dem Gesprächsprozess beteiligt. Er verantwortet durch seine Unterschrift die Einwilligungsfähigkeit und das Verständnis der Implikationen der getroffenen Entscheidungen. Die qualifizierte Gesprächsbegleitung soll im Rahmen eines gemeinsamen Entscheidungsprozesses (shared decision making) letztlich einen informed consent-Standard für die vorausverfügten Entscheidungen annähern und damit aussagekräftige und valide (verlässliche) Vorausplanungen für zukünftige medizinische Entscheidungen ermöglichen.

**Professionelle Dokumentation:** Regional einheitliche, aussagekräftige Formulare sollen sicherstellen, dass die im Gesprächsprozess ermittelten Präferenzen so dokumentiert werden, dass sie von allen Akteuren im Gesundheitswesen effektiv umgesetzt werden können. Sie sollten dabei die inhaltliche Struktur des begleiteten Gesprächsprozesses abbilden; zu den drei Kernelementen vgl. Kapitel I.10.2. Insbesondere bei älteren oder chronisch kranken Personen sollten in einem separaten *Notfallbogen* Behandlungswünsche für den Fall einer plötzlichen gesundheitlichen Krise mit Verlust der Entscheidungsfähigkeit festgehalten werden (vgl. Kap. I.10.3). Auch bei (dauerhaft) nicht mehr einwilligungsfähigen Personen sollte eine Vorausplanung vorgenommen und in einer *Vertreterdokumentation* festgehalten werden (vgl. Kap. I.10.4) Neben dem Betroffenen (bzw. dem rechtlichen Vertreter) unterzeichnen der Gesprächsbegleiter und der (Haus-)Arzt das Formular, um damit den qualifizierten Gesprächsprozess zu dokumentieren und die Validität der Vorausplanung für Dritte nachvollziehbar zu machen.

**Archivierung, Zugriff und Transfer:** Im regionalen Versorgungssystem stellen entsprechende Standards und Routinen sicher, dass die entstandenen Vorausverfügungen im Bedarfsfall auch tatsächlich verfügbar sind. Dies umfasst u.a.: Die Verfügung ist in den Patienten- bzw. Bewohnerakten an prominenter, leicht auffindbarer Stelle abzulegen. Bei Verlegung eines Altenheim-Bewohners ins Krankenhaus ist eine Kopie der Verfügung stets Teil der Überleitung.

**Aktualisierung und Konkretisierung im Verlauf:** Die schriftliche Vorausverfügung wird von allen Beteiligten nur als Zwischenergebnis eines kontinuierlichen, lebenslangen Gesprächsprozesses angesehen. Eine Wiederaufnahme der Gesprächsbegleitung ist insbesondere bei neu auftretenden oder sich verschlechternden chronischen Erkrankungen, nach überstandenen stationären Aufenthalten oder bei Verlust nahestehender Menschen sinnvoll. Falls es nicht zu solchen Ereignissen kommt, sollte die Vorausverfügung in regelmäßigen Abständen z.B. im Rahmen von hausärztlichen Vorsorgeuntersuchung aktualisiert werden.

**Beachtung und Befolgung durch Dritte:** Alle an der Betreuung beteiligten Akteure in der Region werden darin geschult, die so entstandenen Vorausverfügungen zu beachten und im Bedarfsfall angemessen umzusetzen. Bei der Neuimplementierung eines ACP-Programms sind hierfür entsprechende Informationsveranstaltungen für alle beteiligten Berufsgruppen und Institutionen sowie die detaillierte Verankerung von ACP in den institutionellen Routinen (z.B. des Qualitätsmanagements) erforderlich. Insbesondere die Befolgung von Notfallbögen durch den Rettungsdienst erfordert eine gründliche Vorbereitung aller Beteiligten. Empirische Studien belegen, dass ACP-Programme eine konsequente Beachtung des Patientenwillens erreichen können (vgl. z.B. Hammes et al. 2010).

**Kontinuierliche Qualitätssicherung:** Jedes ACP-Programm sollte regelmäßig mit geeigneten Maßnahmen die Prozess- und Ergebnisqualität überprüfen und ggf. verbessern, um eine verlässliche Vorausplanung zu gewährleisten. Von herausragender Bedeutung – und gleichzeitig die größte Herausforderung – ist dabei die Evaluierung und nachhaltige Gewährleistung (z.B. durch regelmäßige Re-Zertifizierung) einer hohen Qualität der Gesprächsbegleitung.

## 10.2 Inhalte der Vorausplanung

Die Vorausplanung sollte mindestens drei Teile umfassen (in der Schmitten u. Marckmann 2015):

1. Zunächst sollten allgemeine Einstellungen zum Leben und zum Einsatz medizinischer Maßnahmen bei schwerer Erkrankung ermittelt werden, die im Sinne einer Klärung von bedingten Therapiezielen als Grundlage für die weitere Planung und als Entscheidungshilfe bei medizinischen Situationen dienen kann, die nicht explizit von der Vorausverfügung abgedeckt sind.
2. Sodann sollten Behandlungspräferenzen für typische klinische Entscheidungssituationen geklärt und dokumentiert werden.
3. Schließlich sollte eine Vertrauensperson ermittelt und benannt werden, die als Stellvertreter bevollmächtigt wird.

### 10.2.1 Allgemeine Einstellungen

Erfragt und erörtert werden zunächst die Einstellung und der Wille zum (Weiter-) Leben sowie die Einstellung zum Sterben, insbesondere die Bereitschaft, das Sterben – wenn es denn naht – zuzulassen (oder gar willkommen zu heißen) oder aber ihm nach Möglichkeit etwas entgegenzusetzen.

***Als hilfreiche Fragen haben sich hierfür u.a. bewährt:***

- *Wie gerne leben Sie? Was bedeutet es für Sie, (noch lange) zu leben?*
- *Was hält Sie am Leben, was macht Ihnen Freude?*
- *Unter welchen Umständen würden Sie gerne noch lange leben?*
- *Unter welchen Umständen wäre es für Sie kein Ziel mehr weiterzuleben?*
- *Wenn Sie an das Sterben denken: was kommt Ihnen dann in den Sinn?*
- *Wenn Sie jetzt erfahren würden, dass Sie heute Nacht friedlich einschlafen und morgen nicht mehr aufwachen würden – was würde das für Sie bedeuten?*

Weitere Fragen betreffen die Bereitschaft, im Krankheitsfall medizinische Hilfe zur Lebenserhaltung anzunehmen, speziell die Risiken (für unerwünschte Verläufe, etwa schwerwiegende Einschränkungen der sozialen Teilhabefähigkeit) und die Belastungen, die der Betreffende dafür bereit ist in Kauf zu nehmen.

***Hilfreiche Fragen (grundsätzlichen Lebenswillen vorausgesetzt):***

- *Was soll, was darf Medizin dazu beitragen, Ihr Leben zu verlängern?*
- *Was müsste gewährleistet sein, damit Sie mit einer lebenserhaltenden Behandlung durch die Medizin einverstanden wären?*
- *Welche Sorgen oder Ängste bewegen Sie, wenn Sie an künftige medizinische Behandlung denken? Was soll auf keinen Fall geschehen?*
- *Gibt es Belastungen oder Risiken, angesichts derer Sie eine lebenserhaltende Behandlung ablehnen würden? Warum wären das für Sie inakzeptable Belastungen/Risiken?*

Darüber hinaus kann man die Betroffenen einladen, von persönlichen Erfahrungen (bei sich selbst oder bei anderen Menschen) zu berichten, die die Einstellung zur Frage einer Lebenserhaltung durch medizinische Behandlung bei Verlust der Entscheidungsfähigkeit geprägt haben.

### 10.2.2 Medizinische Entscheidungssituationen

Mit den Betroffenen werden drei unterschiedliche klinische Szenarien (mit jeweils typischen Beispielen) durchgesprochen, die sich insbesondere durch die Verfügbarkeit prognostischer Informationen über den weiteren Verlauf unterscheiden:

- **Behandlungswünsche für den Fall einer akuten gesundheitlichen Krise mit *plötzlichem* Verlust der Entscheidungsfähigkeit,** also das Vorgehen im typischen Notfall, z.B. bei Bewusstlosigkeit, Atemnot oder Herzstillstand. Diese Situationen sind von großer prognostischer Unsicherheit gekennzeichnet, da in der Regel keine Daten vorliegen, die eine belastbare Prognose (oder auch nur Diagnose des ursächlichen Geschehens) erlauben. Zudem handelt es sich häufig um Situationen, in denen innerhalb von Sekunden, Minuten oder Stunden gehandelt werden muss, sodass Festlegungen eindeutig sein und den Charakter klarer Anordnungen haben müssen (zur Dokumentation auf dem dafür entwickelten Notfallbogen s.u. Kap. I.10.3).
- **Behandlungswünsche für den Fall einer akuten schweren Erkrankung mit Entscheidungsunfähigkeit *unklarer* Dauer,** z.B. bei einer schwer verlaufenden Pneumonie, die eine intensivmedizinische Behandlung mit längerer Beatmung erforderlich macht, oder auch bei einem schwerem Schlaganfall mit Bewusstseins- und Schluckstörung sowie Sprachverlust und Halbseitenlähmung. Bei solchen akuten schweren Erkrankungen mit ungewissem Ausgang sind günstigere und ungünstigere Verläufe vorstellbar, und es besteht im konkreten Erkrankungsfall die Möglichkeit, ärztlicherseits anhand der gesammelten klinischen Daten eine Prognose abzugeben, und zwar nicht nur bezüglich des Überlebens (quoad vitam), sondern auch hinsichtlich des funktionellen Ergebnisses und daraus folgend der künftig wieder möglichen sozialen *Teilhabe*. Im Begleitungsgespräch können Anhaltspunkte dafür erarbeitet werden, welche Belastungen und Risiken geistiger und körperlicher Einschränkungen für den Betreffenden akzeptabel wären und welche nicht, sodass eine Art prognostischer Behandlungskorridor entsteht, der durch für den Betroffenen nicht akzeptable prognostische Konstellationen (oder aber rein durch das medizinisch Vertretbare) begrenzt wird.
- **Behandlungswünsche für den Fall einer dauerhaften Entscheidungsunfähigkeit,** etwa infolge einer fortschreitenden Demenzerkrankung oder einer schweren Gehirnblutung. Bei diesem Szenario ist die Prognose der Grunderkrankung zwar quoad vitam offen, hinsichtlich eines Wiedergewinns der verlorenen sozialen Teilhabemöglichkeiten aber infaust, wobei im Gespräch eine breite Spanne möglicher verbleibender Teilhabemöglichkeiten sowie die Möglichkeit einer sukzessiven Verringerung der Teilhabeoptionen im weiteren Krankheitsverlauf zu berücksichtigen ist. Um Behandlungspräferenzen bei einer Demenz zu ermitteln, sollten unterschiedliche Fallkonstellationen durchgespielt werden, zum Beispiel (a) eine mittelschwere Demenz mit Restmobilität und mäßig eingeschränktem Sprachvermögen, entsprechend einer noch in gewissem Grad erhaltenen und auch erkennbar genutzten aktiven sozialen Teilhabe, sowie (b) eine weit fort-

geschrittene Demenz mit Immobilität, Sprachverlust, umfassender Pflegebedürftigkeit und daraus resultierend sehr geringer aktiver sozialer Teilhabe.

### 10.2.3 Bevollmächtigung eines Vertreters

Bei der Auswahl eines Bevollmächtigten können die nachstehenden Fragen hilfreich sein; in manchen Fällen ist es wesentlich, drohende Konflikte (etwa unter mehreren Angehörigen) zu antizipieren und gemeinsam mit allen Beteiligten friedlich zu lösen:

1. Zu wem haben Sie eine tiefe und verlässliche Vertrauensbeziehung?
2. Wen erachten Sie für bereit und fähig, gemäß Ihren Wünschen zu entscheiden – ungeachtet eigener Gefühle und Anschauungen?
3. Wem trauen Sie am ehesten zu, Ihren Willen z.B. gegenüber Ärzten durchzusetzen, auch gegen Widerstand?
4. Wer wohnt in der Nähe, würde sich Zeit nehmen und ist bereit, diese Aufgabe zu übernehmen?

## 10.3 Vorausplanung für akute medizinische Krisen mit plötzlichem Verlust der Entscheidungsfähigkeit

Insbesondere bei älteren oder chronisch kranken Menschen, die das im Notfall medizinisch Mach- und Vertretbare erfahrungsgemäß häufig und zum Teil erheblich begrenzen wollen, hat die Vorausplanung für Notfallsituationen hohe praktische Relevanz. Ausführliche Patientenverfügungen sind in diesen Akutsituationen aus verschiedenen Gründen kaum anwendbar. ACP-Programme schließen diese Lücke mit einer Vorausplanung für akute medizinische Krisen mit Verlust der Entscheidungsfähigkeit mittels eines Notfallbogens.

### 10.3.1 Rechtsverbindlichkeit von Vorausverfügungen in Notfallsituationen

Grundsätzlich sind vorausverfügte Behandlungswünsche für ärztliches und nichtärztliches Personal auch in einer akuten Notfallsituation rechtlich bindend, auch dann, wenn kein gesetzlich vorgesehener Vertreter – Bevollmächtigter oder Betreuer – verfügbar ist, um gemäß dem Wortlaut von § 1901a BGB ihre Anwendbarkeit zu prüfen. Allerdings ist es bei Notfällen für die vor Ort Handelnden oft schwer oder unmöglich zu prüfen, ob eine ausführliche Patientenverfügung auf die vorliegende medizinische Situation zutrifft, da die Prüfung eines detaillierten Textes innerhalb der verfügbaren Sekunden oder Minuten nicht möglich ist und/oder da die darin enthaltenen Festlegungen in der Regel zu allgemein gehalten sowie an prognostische Einschätzungen gebunden sind, welche in der Notfallsituation aber nicht hinreichend verlässlich getroffen werden können. Um auch im Notfall wirksam werden zu können, müssen Vorausverfügungen im Ernstfall schnell verfügbar sein und auf Anhieb klar ersichtliche Handlungsanweisungen beinhalten. Gut sichtbar aufbewahrunten) können beide Bedingungen erfüllen.

Eine weitere Schwierigkeit entsteht dadurch, dass in Notfallsituationen oft nicht-ärztliches Personal – Pflegende in Krankenhäusern und Altenheimen oder Notfallsanitäter – die Erstversorgung übernehmen und damit auch über die Einleitung lebensrettender Sofortmaßnahmen entscheiden müssen. Zwar richtet sich das sog. Patientenverfügungsgesetz an den „Arzt“, das verfassungsrechtlich geschützte Recht auf Selbstbestimmung bindet jedoch auch anderes Gesundheitspersonal außerhalb des Geltungsbereichs des § 1901a BGB: Eine eindeutig auf die vorliegende Situation zutreffende Vorausverfügung ist folglich auch für nicht-ärztliches Personal verbindlich, ohne dass dies im Patientenverfügungsgesetz oder im Notfallsanitätergesetz geregelt wäre oder auch nur geregelt sein müsste (ausführlich hierzu in der Schmitten et al. 2015b).

**Notfallsanitäter und Pflegende handeln rechtmäßig, wenn sie einer korrekt ausgefüllten (haus-)ärztlichen Anordnung für den Notfall folgend von einer Reanimation bei Herzstillstand absehen.**

### 10.3.2 Ärztlich mitverantwortete Notfallbögen

Die Idee eines Formulars, das eine ärztliche Anordnung mit der Unterschrift des Patienten (bzw. Vertreters) im Sinne einer Vorausverfügung verbindet, wurde in den 90er-Jahren in den USA entwickelt; dort sind die Physician Orders for Life-Sustaining Treatment (POLST) vielerorts bundesstaatliche amtliche Formulare (vgl. www.polst.org). Auch in Deutschland wird seit einigen Jahren vermehrt an der Etablierung von Notfallbögen gearbeitet. Der Notfallbogen dokumentiert in weitest möglicher Vereinfachung die gewünschten Behandlungsgrenzen für den Fall einer Krise, in welcher der Betreffende akut nicht-einwilligungsfähig ist. Der Notfallbogen gilt also nur für *ein* Szenario, nämlich das künftige Auftreten einer Krise im zum Zeitpunkt der Unterschrift gegebenen Ausgangszustand. Daraus folgt, dass nachhaltige Veränderungen des Allgemeinzustands oder der Behandlungswünsche eine Überprüfung und ggf. Anpassung des Notfallbogens nach sich ziehen müssen.

Der Notfallbogen gibt zunächst dem Arzt die Möglichkeit, in Absprache mit dem Betroffenen oder seinem Vertreter Behandlungsoptionen auszuschließen, die *medizinisch nicht mehr indiziert* (weil für das gegebene Behandlungsziel nicht mehr erfolgversprechend) sind. Darüber hinaus definiert der Notfallbogen die vom Patienten (bzw. vom Vertreter im Namen des Patienten) festgelegten, individuell gewünschten Behandlungsgrenzen, die im Notfall gelten sollen. Die Erfahrung zeigt, dass die allermeisten Menschen im berufstätigen Alter im Notfall keine Einschränkung einer medizinisch indizierten, lebensrettenden Notfalltherapie wünschen; bei diesen mobilen Menschen hätte der Notfallbogen meist auch praktisch geringe Bedeutung, da er im Bedarfsfall nicht ohne weiteres zur Hand wäre. Im höheren Alter zeigt die Erfahrung dagegen, dass der Wunsch, einen „guten Tod“ sterben und chronischen Einschränkungen der sozialen Teilhabemöglichkeit entgehen zu können, gegenüber dem Wunsch, noch lange zu leben, zunehmend an Gewicht gewinnt. Häufig korrelieren schon vorliegende Einschränkungen der Teilhabemöglichkeit mit zunehmend enger gezogenen Grenzen lebenserhaltender Therapie, jedoch keineswegs ausnahmslos: Nicht wenige rüstige, mobile ältere Menschen schließen einen Reanimationsversuch bei Herzstillstand (sowie manchmal sogar prognostisch günstigere Interventionen) aus, und umgekehrt gibt es hochbetagte, funktionell erheblich eingeschränkte Menschen, welche wünschen, dass ungeachtet schwindender Erfolgsaussichten alle Möglichkeiten der modernen Akutmedizin ausgeschöpft werden.

Der Notfallbogen wird durch die Unterschrift des Betroffenen (bzw. Vertreters) zu einer Patientenverfügung (bzw. Festlegung des Vertreters) im Sinne des Patientenverfügungsgesetzes. Die zusätzliche Unterschrift des behandelnden Arztes attestiert für die in der Krisensituation handelnde Fachperson Einwilligungsfähigkeit und Verständnis der Implikationen seitens des Betroffenen, somit die Validität der Verfügung.

**! Ein ärztlich mitverantworteter Notfallbogen kann eine verlässliche Orientierung über die Behandlungswünsche hinsichtlich lebensrettender Sofortmaßnahmen bieten, sofern er in einem qualifizierten und entsprechend dokumentierten Gesprächsprozess entstanden ist. Um Missverständnisse und Fehlinterpretationen zu vermeiden, insbesondere an der Schnittstelle zum Rettungsdienst, empfehlen sich regional einheitliche Formulare.**

### 10.3.3 Die Ärztliche Anordnung für den Notfall (ÄNo)

Ein für die regionale Verwendung konzipierter Notfallbogen ist die Ärztliche Anordnung für den Notfall (ÄNo), die sich aus dem Modellprojekt *beizeiten begleiten* heraus entwickelt hat (in der Schmitten et al. 2011) (Ausschnitt s. Abb. 1). Die ÄNo ist integraler Bestandteil der Patientenverfügung und regelt explizit nur das notfallmäßige Vorgehen im Fall einer lebensbedrohlichen Krise. Aus diesem Grund wird in der ÄNo – anders als in den POLST-Formularen mehrerer US-Staaten – u.a. weder die Frage einer PEG-Sonde noch die Gabe von Antibiotika behandelt.

Der Optionsteil zeichnet sich in formaler Hinsicht dadurch aus, dass nur genau ein Kreuz gesetzt werden kann; dadurch werden mögliche, aber klinisch unsinnige Kombinationen (z.B. Reanimation ja, aber Krankenhauseinweisung nein) ausgeschlossen. Inhaltlich gibt es drei Kategorien (A, B und C), die sich am Therapieziel und, im Fall von (B), zudem an den Belastungen und Risiken von klinisch relevanten Behandlungsoptionen orientieren:

- **Option A** entspricht dem uneingeschränkten Einsatz aller medizinisch vertretbaren Mittel zur Erreichung des Therapieziels der Lebenserhaltung und damit dem gängigen akutmedizinischen Standard, der grundsätzlich auch dann zur Anwendung kommt, wenn keine Vorausverfügung vorliegt.
- **Option B** bejaht ebenfalls die Orientierung am Therapieziel der Lebenserhaltung, jedoch „nicht um jeden Preis". Vielmehr besteht die Möglichkeit, vier klinisch besonders relevante Behandlungen *kumulativ* auszuschließen, die durch spezielle, im Voraus gut zu würdigende Risiken bzw. qualitative Prognosesprünge gekennzeichnet sind:
  - die kardiopulmonale Reanimation (B0),
  - *zusätzlich* die Tubusbeatmung (mit einer im Unterschied zur nicht-invasiven Beatmung deutlich schlechteren Prognose – B1),
  - *zusätzlich* die Behandlung auf Intensivstation (B2) sowie
  - *zusätzlich* jegliche stationäre Einweisung mit dem Ziel des Lebenserhalts (B3).
- **Option C** unterscheidet sich grundsätzlich von den beiden vorgenannten Optionen, indem das Therapieziel der Linderung von Beschwerden (Palliation) explizit an die Stelle des Therapieziels der Lebenserhaltung tritt. Die Auswahl dieser Option kann dadurch begründet sein, dass der Versuch einer Lebenserhaltung

medizinisch unsinnig wäre (wie z.B. bei einem medizinisch nicht mehr aufhaltbaren Sterbeprozess) oder dadurch, dass medizinisch erfolgversprechende Maßnahmen der Lebenserhaltung vom Patienten nicht mehr gewünscht werden.

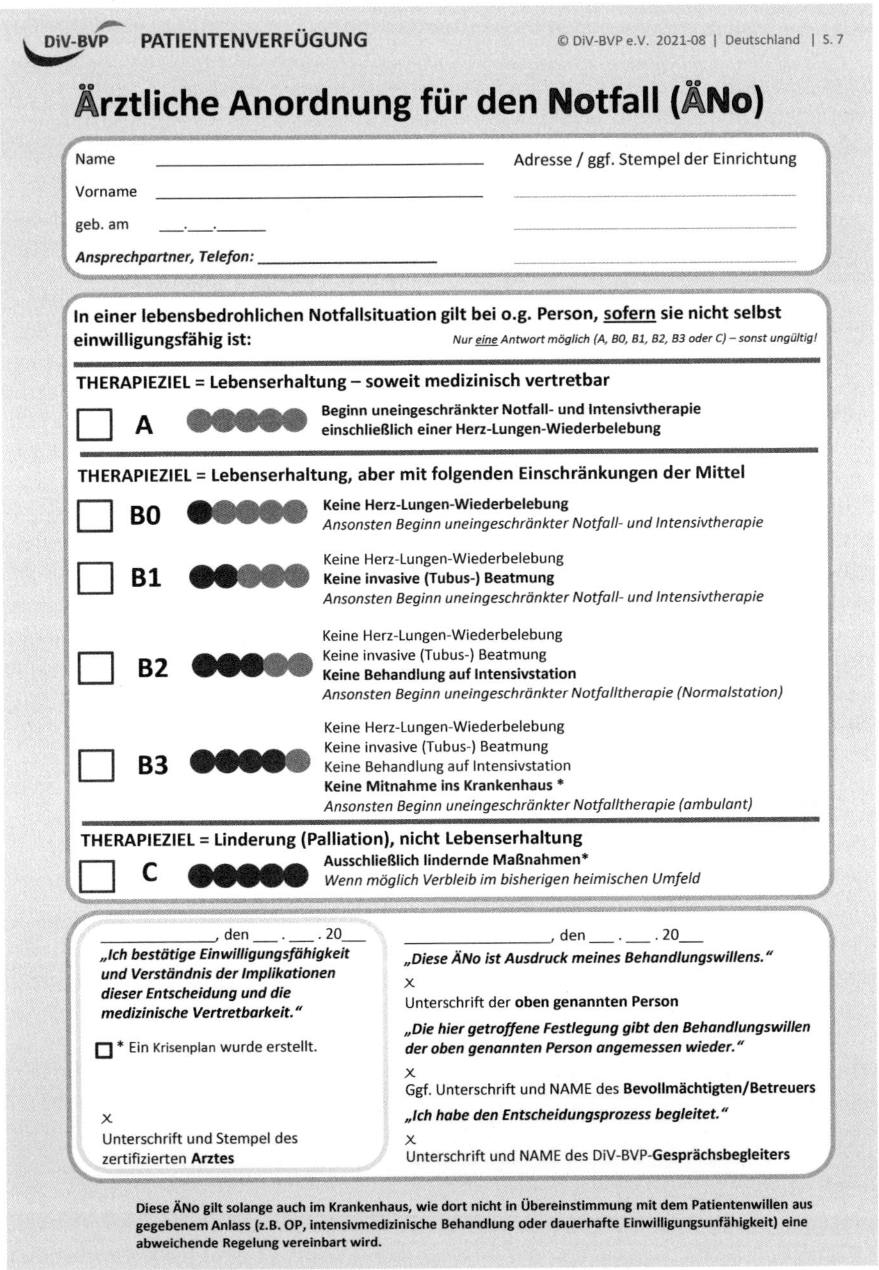

DiV-BVP **PATIENTENVERFÜGUNG** © DiV-BVP e.V. 2021-08 | Deutschland | S. 7

# Ärztliche Anordnung für den Notfall (ÄNo)

Name ____________________ Adresse / ggf. Stempel der Einrichtung

Vorname ____________________

geb. am ___.___.______

*Ansprechpartner, Telefon:* ____________________

**In einer lebensbedrohlichen Notfallsituation gilt bei o.g. Person, sofern sie nicht selbst einwilligungsfähig ist:** *Nur eine Antwort möglich (A, B0, B1, B2, B3 oder C) – sonst ungültig!*

**THERAPIEZIEL = Lebenserhaltung – soweit medizinisch vertretbar**

☐ **A** – **Beginn uneingeschränkter Notfall- und Intensivtherapie einschließlich einer Herz-Lungen-Wiederbelebung**

**THERAPIEZIEL = Lebenserhaltung, aber mit folgenden Einschränkungen der Mittel**

☐ **B0** – **Keine Herz-Lungen-Wiederbelebung**
*Ansonsten Beginn uneingeschränkter Notfall- und Intensivtherapie*

☐ **B1** – Keine Herz-Lungen-Wiederbelebung
**Keine invasive (Tubus-) Beatmung**
*Ansonsten Beginn uneingeschränkter Notfall- und Intensivtherapie*

☐ **B2** – Keine Herz-Lungen-Wiederbelebung
Keine invasive (Tubus-) Beatmung
**Keine Behandlung auf Intensivstation**
*Ansonsten Beginn uneingeschränkter Notfalltherapie (Normalstation)*

☐ **B3** – Keine Herz-Lungen-Wiederbelebung
Keine invasive (Tubus-) Beatmung
Keine Behandlung auf Intensivstation
**Keine Mitnahme ins Krankenhaus ***
*Ansonsten Beginn uneingeschränkter Notfalltherapie (ambulant)*

**THERAPIEZIEL = Linderung (Palliation), nicht Lebenserhaltung**

☐ **C** – **Ausschließlich lindernde Maßnahmen***
*Wenn möglich Verbleib im bisherigen heimischen Umfeld*

__________, den ___.___. 20___

***„Ich bestätige Einwilligungsfähigkeit und Verständnis der Implikationen dieser Entscheidung und die medizinische Vertretbarkeit."***

☐ * Ein Krisenplan wurde erstellt.

x
Unterschrift und Stempel des zertifizierten **Arztes**

__________, den ___.___. 20___

***„Diese ÄNo ist Ausdruck meines Behandlungswillens."***

x
Unterschrift der **oben genannten Person**

***„Die hier getroffene Festlegung gibt den Behandlungswillen der oben genannten Person angemessen wieder."***

x
Ggf. Unterschrift und NAME des **Bevollmächtigten/Betreuers**

***„Ich habe den Entscheidungsprozess begleitet."***

x
Unterschrift und NAME des DiV-BVP-**Gesprächsbegleiters**

**Diese ÄNo gilt solange auch im Krankenhaus, wie dort nicht in Übereinstimmung mit dem Patientenwillen aus gegebenem Anlass (z.B. OP, intensivmedizinische Behandlung oder dauerhafte Einwilligungsunfähigkeit) eine abweichende Regelung vereinbart wird.**

Abb. 1 Ärztliche Anordnung für den Notfall (ÄNo) der Deutschen interprofessionellen Vereinigung Behandlung im Voraus Planen (DiV-BVP)

Abschließend ist darauf hinzuweisen, dass auch die ÄNo nicht jeden (konstruierten) Anwendungsfall vollständig abdeckt – das ist auch nicht der Anspruch. In den seltenen Zweifelsfällen (etwa auch bei konkreten, aber nicht klar dokumentierten Hinweisen auf einen zwischenzeitlich geänderten Patientenwillen) gilt auch hier: in dubio pro vita. Zudem haben wir die Erfahrung gemacht, dass selbst dieser vermeintlich eindeutig gestaltete Bogen nicht „selbsterklärend" ist, sondern regional eingeführt und allen Beteiligten vorab bekannt gemacht werden muss, wenn ein reibungsloser Ablauf gewährleistet werden soll. Ein Notfallbogen kann folglich nur so gut bzw. erfolgreich sein wie die regionale Implementierung des ACP-Programms, dessen Teil er ist, und das bedeutet: wie die Schulung und Mitwirkung aller beteiligten Akteure, insbesondere der Gesprächsbegleiter und des Rettungsdienst-Personals.

## 10.4 Vorausplanung für nicht-einwilligungsfähige Personen

Advance Care Planning ist primär dafür konzipiert, mit einwilligungsfähigen Menschen zukünftige medizinische Entscheidungen bei Verlust der Einwilligungsfähigkeit vorauszuplanen. Aktuell gibt es aber gerade in den Alten- und Pflegeheimen eine große Anzahl von Menschen, die keine (oder eine veraltete bzw. unbrauchbare) Patientenverfügung verfasst, inzwischen aber ihre Einwilligungsfähigkeit verloren haben. Hinzu kommen Kinder sowie Menschen mit angeborener schwerer Behinderung, also Personen, die noch nie einwilligungsfähig waren; diese Gruppe verdient eine eigene Betrachtung und wird im Folgenden nicht berücksichtigt. Behandlungsentscheidungen für diese Menschen werden grundsätzlich von ihren Vertretern getroffen. Insbesondere in Notfallsituationen sind diese meist nicht verfügbar bzw. von der Situation überfordert, sodass ohne eine Vorausplanung erfahrungsgemäß die akutmedizinischen Standards der uneingeschränkten lebenserhaltenden Therapie greifen – unabhängig davon, ob dies noch dem (mutmaßlichen) Patientenwillen entspricht. Bislang gibt es in Deutschland für diese Situationen kein offiziell etabliertes Instrument der Vorausplanung. Dennoch werden in der Praxis de facto Entscheidungen für nicht-einwilligungsfähige Personen vorausgeplant. In einer eigenen Vollerhebung von Vorausverfügungen in einer deutschen Großstand waren immerhin 11% der Verfügungen nicht vom Betroffenen selbst, sondern von einem Vertreter unterschrieben (Sommer et al. 2012).

Um diese in Pflegeeinrichtungen offenbar verbreitete, aber bisher intransparente Form der Vorausplanung sichtbar und dadurch Qualitätsstandards zugänglich zu machen, wurden in ACP-Projekten Vorausplanungsgespräche mit dem Vertreter und die Ergebnisse in einer *Vertreterdokumentation* festgehalten (vgl. dazu ausführlicher in der Schmitten et al. 2015a, in der Schmitten et al. 2021). Unter einer Vertreterdokumentation verstehen wir ein schriftliches Dokument, das nicht von der betroffenen Person, sondern, da diese nicht mehr selbst einwilligungsfähig ist, von ihrem Vertreter unterzeichnet worden ist und in dem medizinische Behandlungsentscheidungen für den hypothetischen Fall künftiger gesundheitlicher Krisensituationen im Voraus festgelegt werden. Ein dazu legitimierter Vertreter ist der Legaldefinition nach entweder ein von der betreffenden Person in früherer Zeit autorisierter Bevollmächtigter (vgl. § 1896 Abs. 2 Satz 2, § 1901a Abs. 5 BGB) oder aber ein vom Gericht nach § 1896 Abs. 1 BGB bestellter Betreuer für den Bereich der Gesundheitsfürsorge. Eine Vorausplanung mit dem Vertreter muss als notwendige Voraussetzung einer patientenzentrierten

Medizin bei nicht-einwilligungsfähigen Personen angesehen werden, weil nur durch sie gewährleistet werden kann, dass dauerhaft nicht-einwilligungsfähige Menschen, für die keine diesbezüglich aussagekräftige Patientenverfügung vorliegt, in künftigen Notfällen erstens medizinisch sinnvoll und zweitens ihren individuellen Behandlungswünschen entsprechend behandelt werden. Aber auch für weniger zeitkritische künftige Entscheidungssituationen erscheint eine Vorausplanung mit dem Vertreter sinnvoll, da dieser frühzeitig und ohne den akuten Entscheidungsdruck überlegen kann, welche Behandlungen den früher mündlich geäußerten Wünschen oder dem mutmaßlichen Willen des Patienten entsprechen. Auf diese Vorausplanungen kann auch dann zurückgegriffen werden, wenn der Vertreter selbst erkrankt oder vor dem Betroffenen verstorben ist. Nicht zuletzt kann die Vertreterverfügung dazu dienen, eine früher selbst abgefasste Patientenverfügung im Verlauf der Erkrankung zu konkretisieren, gewissermaßen als „Umsetzung“ einer Patientenverfügung, wenn ein darin beschriebener Zustand (z.B. eine schwere Demenz) eingetreten ist und etwa das Vorgehen für bestimmte jetzt relevante Krisensituationen konkret festzulegen ist.

Eine Vertreterdokumentation bietet dem Vertreter zu Beginn die Möglichkeit, die Quelle der Festlegungen – eine vorliegende schriftliche Patientenverfügung, früher mündlich geäußerte Behandlungswünsche, ein mutmaßlicher Patientenwille oder Überlegungen zum Wohlergehen des Patienten – zu benennen und mit möglichst konkreten Aussagen bzw. Hinweisen zu belegen. Analog zur Patientenverfügung sollte eine Vertreterdokumentation dann Informationen und Festlegungen zu folgenden Themen und Szenarien enthalten:

- Die allgemeine Einstellung des Betroffenen zum (Weiter-)Leben und Sterben unter den aktuellen Lebensbedingungen sowie ggf. Hinweise auf Bedingungen oder Szenarien, unter denen der Betroffene mutmaßlich eine Änderung des Therapieziels zur reinen Leidenslinderung (Palliation) gewünscht hätte.
- Die mündlich geäußerten oder mutmaßlichen Wünsche des Betroffenen zu lebensrettenden bzw. -erhaltenden Behandlungsmaßnahmen, und zwar sowohl zu notfallmedizinischen Interventionen (zu dokumentieren auf einem separaten Notfallbogen) als auch zu nicht-akuten Entscheidungen über lebenserhaltende Maßnahmen im weiteren Verlauf der Erkrankung.

Das Patientenverfügungsgesetz sieht eine schriftliche Vorausplanung durch den Vertreter nicht ausdrücklich vor. Wie bereits oben ausgeführt, ist das Gesetz jedoch nicht als eine abschließende Regelung zu verstehen. Es gehört aber zur Fürsorgepflicht des Vertreters gegenüber dem Patienten, dass er für mögliche zukünftige Entscheidungssituationen Vorsorge trifft, damit der Patient auch dann nach seinen individuellen Wünschen behandelt wird, wenn der Vertreter nicht oder nicht rechtzeitig in die Entscheidungsfindung einbezogen werden kann (Lipp 2020). Dies erfordert insbesondere eine frühzeitige Ermittlung und Dokumentation von Informationen zum Patientenwillen, wie z.B. frühere mündliche und schriftliche Äußerungen, ethische oder religiöse Überzeugungen und sonstige Wertvorstellungen (vgl. § 1901a Abs. 2 Satz 3 BGB).

**Der Vertreter bindet mit seiner Verfügung stets nur andere, nie sich selbst, ähnlich wie eine Patientenverfügung vom Betroffenen jederzeit widerrufen werden kann (vgl. § 1901a Abs. 1 Satz 3 BGB): Auf diese Besonderheit muss in**

**einer ACP-Gesprächsbegleitung unbedingt hingewiesen werden, um Missverständnisse zu vermeiden; sie sollte auch auf den entsprechenden Formularen vermerkt und nicht zuletzt den Behandelnden im Rahmen der regionalen Implementierung eines ACP-Programms bekanntgemacht worden sein.**

## 10.5 Aktuelle Entwicklungen

Mit dem Hospiz- und Palliativgesetz wurde Ende 2015 eine Finanzierungsmöglichkeit für Advance Care Planning (ACP) in das Sozialgesetzbuch V aufgenommen. Gemäß § 132g können stationäre Pflegeeinrichtungen und Einrichtungen der Eingliederungshilfe für Menschen mit Behinderung ihren Bewohnern eine „gesundheitliche Versorgungsplanung für die letzte Lebensphase“ auf Kosten der jeweiligen Krankenkassen anbieten. Das Angebot orientiert sich an dem international etablierten ACP-Konzept und sieht insbesondere die Finanzierung von entsprechend qualifiziertem Personal vor, das den Bewohnern eine Gesprächsbegleitung zur Erstellung von Vorausverfügungen anbietet. Die Details der Umsetzung regelt eine Vereinbarung zwischen dem GKV-Spitzenverband und den Trägerverbänden der Einrichtungen vom 13.12.2017. Mit der – bislang auf die genannten Einrichtungen beschränkten – Finanzierungsmöglichkeit haben die Aktivitäten zur Implementierung von ACP in Deutschland erheblich zugenommen. Insbesondere gibt es immer mehr Möglichkeiten zur Qualifizierung als ACP-Gesprächsbegleiter. Im Jahr 2017 wurde die Deutsche Interprofessionelle Vereinigung Behandlung im Voraus Planen (www.div-bvp.de) gegründet, die als wissenschaftliche Fachgesellschaft das übergreifende Ziel verfolgt, die Aktivitäten zur Implementierung und konzeptionellen Weiterentwicklung von ACP in Deutschland zu koordinieren und zu fördern, insbesondere auch mit der Entwicklung von Qualitätsstandards für die Qualifizierung der beteiligten Akteure verschiedener Berufsgruppen.

***Praxistipps zur Implementierung eines ACP-Programms***

- *Advance Care Planning ist ein systematisches Konzept für die regionale Umstrukturierung eines Gesundheitswesens mit dem Ziel, einer patienten-zentrierten Versorgung stärkeres Gewicht zu verleihen, insbesondere für Behandlungen bei akuter oder dauerhafter Nicht-Einwilligungsfähigkeit.*
- *Dieser Systemwandel ist von einzelnen Akteuren kaum zu leisten. Es bedarf vielmehr der konzertierten Anstrengung eines (sub-)regionalen Teams, dem Leitungen bzw. Führungskräfte verschiedener Bereiche angehören sollten, insbesondere der Hausärzte, der Senioreneinrichtungen, der Notärzte, des Rettungsdienstes, des Krankenhauses, der Hospizbewegung sowie der allgemeinen und speziellen ambulanten Palliativ-Versorgung. Ein solches Team bedarf zudem für die ersten ein bis zwei Jahre der Implementierung eines verantwortlichen Projektleiters (je nach Größe der Region ¼-½ Stelle).*
- *Bei Beginn der regionalen Implementierung eines ACP-Programms sollte nur mit Institutionen und Personen gearbeitet werden, die von der Notwendigkeit und Sinnhaftigkeit des Systemwandels überzeugt sind und das gerade in der Anfangsphase erforderliche Engagement mitbringen. Auch ein multiprofessionelles Team, das z.B. aus drei Altenheimen, den darin am stärksten prä-*

*senten fünf Hausärzten, dem zugehörigen Rettungsdienst und dem internistischen Chefarzt des wichtigsten Einzugskrankenhauses bestehen könnte, kann erfolgreich eine regionale Implementierung starten. Sie wird von den Mitarbeitern wie auch den Patienten meist dankbar angenommen und entfaltet häufig eine Sogwirkung auf die umliegenden Institutionen und Strukturen.*

- *Bei der Einführung regional einheitlicher Formulare und der entsprechenden Qualifikation der Gesprächsbegleiter ist darauf zu achten, dass Standards definiert und eingehalten werden. Jeder einzelne Gesprächsbegleiter muss vom Projektleiter (Trainer) im Rahmen supervidierter Gesprächsbegleitungen zertifiziert werden. Es dürfen nur solche Fachkräfte zertifiziert werden, die zu einer patienten-zentrierten Gesprächsbegleitung ohne suggestive oder gar manipulative Elemente bzw. ohne „eigene Agenda" fähig sind.*

## Literatur

Brinkman-Stoppelenburg A, Rietjens JA, van der Heide A. (2014) The effects of advance care planning on end-of-life care: A systematic review. Palliat Med 28:1000–1025.

Coors M, Jox RJ, in der Schmitten J (Hrsg.) (2015) Advance Care Planning. Von der Patientenverfügung zur gesundheitlichen Vorausplanung Verlag W. Kohlhammer, Stuttgart

Hammes BJ, Rooney BL, Gundrum JD (2010) A comparative, retrospective, observational study of the prevalence, availability, and specificity of advance care plans in a county that implemented an advance care planning microsystem. J Am Geriatr Soc 58, 1249–55

Houben CH, Spruit MA, Groenen MT, Wouters EF, Janssen DJ (2014) Efficacy of advance care planning: a systematic review and meta-analysis. J Am Med Dir Assoc 15:477–89

in der Schmitten J, Jox RJ, Pentzek M, Marckmann G (2021) Advance care planning by proxy in German nursing homes: Descriptive analysis and policy implications. J Am Geriatr Soc, doi: 10.1111/jgs.17147

in der Schmitten J, Jox RJ, Rixen S, Marckmann G (2015a) Vorausplanung für nicht-einwilligungsfähige Personen – „Vertreterverfügungen". In: Coors M, Jox RJ, in der Schmitten J (Hrsg.) Advance Care Planning. Von der Patientenverfügung zur gesundheitlichen Vorausplanung. 119–140. Verlag W. Kohlhammer Stuttgart

in der Schmitten J, Lex K, Mellert C, Rothärmel S, Wegscheider K, Marckmann G (2014) Patientenverfügungsprogramm – Implementierung in Senioreneinrichtungen: Eine inter-regional kontrollierte Interventionsstudie. Deutsches Ärzteblatt 111, 50–57

in der Schmitten J, Marckmann G (2015) Das Pilotmodell *beizeiten begleiten*. In: Coors M, Jox RJ, in der Schmitten J (Hrsg.) Advance Care Planning. Von der Patientenverfügung zur gesundheitlichen Vorausplanung. 234–257. Verlag W. Kohlhammer Stuttgart

in der Schmitten J, Nauck F, Marckmann G (2016) Behandlung im Voraus planen (Advance Care Planning): ein neues Konzept zur Realisierung wirksamer Patientenverfügungen. Z Palliativmed 17:177–195.

in der Schmitten J, Rixen S, Marckmann G (2015b) Vorausplanung in der Nofall- und Intensivmedizin. In: Coors M, Jox RJ, Marckmann G (Hrsg.) Advance Care Planning. Von der Patientenverfügung zur gesundheitlichen Vorausplanung, 288–301. Verlag W. Kohlhammer Stuttgart

in der Schmitten J, Rothärmel S, Rixen S, Mortsiefer A, Marckmann G (2011) Patientenverfügungen im Rettungsdienst (Teil 2). Neue Perspektiven durch Advance Care Planning und die „Hausärztliche Anordnung für den Notfall". Notfall Rettungsmed 14, 465–474

Lipp V (2020) Vorausplanung und Patientenvertreter. MedR 38:259–263.

Sommer S, Marckmann G, Pentzek M, Wegscheider K, Abholz H-H, in der Schmitten J (2012) Patientenverfügungen in stationären Einrichtungen der Seniorenpflege. Vorkommen, Validität, Aussagekraft und Beachtung durch das Pflegepersonal Deutsches Ärzteblatt 109, 577–83

Zentrale Kommission zur Wahrung ethischer Grundsätze in der Medizin und ihren Grenzgebieten (Zentrale Ethikkommission) bei der Bundesärztekammer (2019) Stellungnahme „Advance Care Planning (ACP)". Dtsch Arztebl 116:A-2372.

# 11 Rechtliche Anforderungen an die Arzt-Patient-Interaktion

Stephan Rixen

## 11.1 Arzt-Patient-Interaktion als Arzt-Patient-Kommunikationsbeziehung

Worauf bezieht sich das Recht, wenn es versucht, die Arzt-Patient-Interaktion zu regeln? Die Ausübung der ärztlichen Heilkunde vollzieht sich in aller Regel im direkten Kontakt zu Patienten. Behandlung im umfassenden Sinne von *care* und *cure* besteht je nach Anlass in der Diagnose und Therapie, der Palliation, Begleitung und Beratung kranker Menschen. In diesem weit verstandenen Sinne zielt Behandlung auf Gesundung ab, die in Grenzsituationen, etwa bei Sterbenden, in Palliation besteht. Auch dann geschieht „Gesundung", denn die Etymologie von „Gesundheit" und „Krankheit" verweist auf das semantische Bedeutungsfeld von „Stärke" und „Schwäche". Gesunden, auch in der Grenzsituation des Sterbens, zielt darauf ab, den Kranken in seiner geschwächten Lage zu stärken. Medizin ist eine Form von „Empowerment".

Im Kern geht es immer um medizinische Behandlung, also die anhand wissenschaftlicher Maßstäbe professionalisierte Heilkunde. Als „Kunde" des Heilens weiß sie idealerweise um die Grenzen aller medizinischen Anstrengungen. Wie wirksam ärztliche Maßnahmen sind, hängt meistens auch von der *compliance* bzw. *adherence* des Patienten ab, also von seiner Bereitschaft, die medizinischen Maßnahmen mitzutragen und an ihnen, sofern nötig, mitzuwirken. In einer von der Betriebswirtschaftslehre geprägten Sprache, die versucht zu beschreiben, was in personalen Gesundheitsdienstleistungen geschieht, ist die Rede vom Patienten als „Ko-Produzenten" der Gesundung. Das klingt zwar prägnant, die Metapher erzeugt aber zugleich Missverständnisse. Gesundheit kann nicht „Produkt" mechanistisch-maschinenhafter Prozesse sein. Nur in einem übertragenen Sinne wirkt der Kranke an seiner Gesundung mit, weil und soweit er in einer Kommunikationsbeziehung zum behandelnden Arzt steht. Die Art und Weise der Kommunikation – hier klingt das Wort *communio* („Gemeinschaft") an – ermöglicht Gesundungsprozesse, weil jenseits aller fachlich-expertenhaften Handgriffe, die Ärzte beherrschen, erst die Kommunikation sicherstellt, dass der Patient nicht Objekt ärztlicher Heilkunde ist, sondern Subjekt seiner Gesundung bleibt, bei der ihn der Arzt oder die Ärztin unterstützt.

**Zum Heilkunde-Begriff vgl. § 1 Abs. 2 Heilpraktikergesetz:**

„Ausübung der Heilkunde [...] ist jede berufs- oder gewerbsmäßig vorgenommene Tätigkeit zur Feststellung, Heilung oder Linderung von Krankheiten, Leiden oder Körperschäden bei Menschen, auch wenn sie im Dienste von anderen ausgeübt wird." § 2 Abs. 5 Bundesärzteordnung: „Ausübung des ärztlichen Berufs ist die Ausübung der Heilkunde unter der Berufsbezeichnung ‚Arzt' oder ‚Ärztin'."

Dahinter steht ein bestimmtes (medizin-)ethisches Verständnis davon, wie Anerkennung in der Situation der Bedürftigkeit bzw. der Schwäche, die strukturell jede Krankheit bedeutet, gelingen kann: Indem das Gegenüber vom Arzt ernst genommen wird, was sich in benennbaren Akten der Achtung manifestiert. Das kranke Gegenüber ernstnehmen, heißt seine Bedürfnisse als geschwächter Mensch ernstnehmen: das Bedürfnis, über die mit der Krankheiten verbundenen Behandlungsoptionen informiert zu werden, das Bedürfnis, über die mit der Krankheit einhergehenden Nöte zu sprechen, das Bedürfnis sicherzustellen, dass alles Intime und Peinliche, das mit einer Krankheit verbunden sein kann, nicht bekannt werde und vor allem das Bedürfnis, einem Arzt zu begegnen, der – ungeachtet der immer nötigen professionellen Distanz – als mitfühlender Begleiter auf einem Stück des biographischen Weges erlebt wird, also nicht den Eindruck hinterlässt, er gehe nur ein Stück des Weges mit, weil beruflich-pekuniärer Zwang das nun mal verlangt. Die Arzt-Patient-Interaktion ist, wie das für andere personale Dienstleistungen etwa im sozialen Bereich viel klarer gesehen wird, professionell moderierte „Beziehungsarbeit", in der Vertrauen zentral ist. Ärzte, die dieses auf *Vertrauen* basierende Beziehungsmoment ausblenden und als nebensächliche Humanitätsduselei abtun, die (angeblich) vom Eigentlichen, der Medizin als Technik, ablenke, verfehlen das Proprium des Arztberufs. Diesem Proprium – die Arzt-Patient-Interaktion als Arzt-Patient-Kommunikationsbeziehung, in die das notwendige medizinische Wissen integriert ist – fühlt sich das geltende Recht verpflichtet.

Zwischen Recht und Medizin gibt es vielfältige Missverständnisse. Die Bilder des Rechts, die unter Ärzten verbreitet sind, werden sehr stark von den juristischen Kalkülen bestimmt, die nicht nur die Krankenhauspraxis bestimmen. Recht erweist sich als Einwilligungs- und Dokumentationsbürokratie. Es geht um permanente juristische Absicherungen. In den Krankenhäusern dringen darauf die kaufmännischen Leitungen, weil die Haftpflichtversicherungen dies verlangen, wenig anders ist es im ambulanten Bereich. Im Alltag der meisten Ärzte herrscht dieses bürokratisch-instrumentelle Bild vom Recht vor. Es ist in der Tat ein Teil der Wahrheit; Recht ist hier nur Platzhalter für all das, was Ärzte als Überregulierung, Reglementierung, Bürokratisierung erleben, die ihrem Versuch, in Kommunikation zum Patienten zu treten, im Wege steht.

Daneben gibt es aber auch ein Recht, das sehr wohl *versucht*, der Arzt-Patient-Interaktion gerecht zu werden. Damit Kommunikation in der mehr oder weniger belastenden Situation der Krankheit gelingt, müssen Kommunikationsräume und Kommunikationskanäle geschützt werden, in denen Vertrauen zwischen Arzt und Patient entstehen und gepflegt werden kann.

## 11.2 Die Arzt-Patient-Beziehung als geschützter Kommunikationsraum: Aufklärung und Einwilligung

Für eine Kommunikationsbeziehung zwischen Arzt und Patient, die von Vertrauen geprägt ist, ist es wichtig, dass der Arzt vor Durchführung einer medizinischen Maßnahme, insbesondere eines Eingriffs in den Körper oder die Gesundheit, die Einwilligung des Patienten einholt (vgl. § 630a Absatz 1 Satz 1 Bürgerliches Gesetzbuch [BGB]). Wirksam ist die Einwilligung nur, wenn der Patient aufgeklärt worden ist (§ 630d Absatz 2 BGB). Erst die Aufklärung, die die nötigen Informationen gibt, macht die Einwilligung zum „informed consent".

Das „Gesetz zur Verbesserung der Rechte von Patientinnen und Patienten" vom 20. Februar 2013 (Bundesgesetzblatt 2013, Teil I, Nr. 9 S. 277–282) – bekannter als sog. Patientenrechtegesetz – hat eine Vorschrift geschaffen, die zusammenfasst, was die Aufklärung leisten muss. Gemäß § 630e Absatz 1 BGB hat der Behandelnde, also typischerweise der Arzt,

> *„den Patienten über sämtliche für die Einwilligung wesentlichen Umstände aufzuklären. Dazu gehören insbesondere Art, Umfang, Durchführung, zu erwartende Folgen und Risiken der Maßnahme sowie ihre Notwendigkeit, Dringlichkeit, Eignung und Erfolgsaussichten im Hinblick auf die Diagnose oder die Therapie. Bei der Aufklärung ist auch auf Alternativen zur Maßnahme hinzuweisen, wenn mehrere medizinisch gleichermaßen indizierte und übliche Methoden zu wesentlich unterschiedlichen Belastungen, Risiken oder Heilungschancen führen können."*

Dass es hierbei – trotz aller Formulare, die insbesondere bei invasiven Maßnahmen ausgefüllt werden müssen – um direkte Kommunikation geht, verdeutlicht § 630e Absatz 2 BGB:

> *„Die Aufklärung muss*
>
> *1. mündlich durch den Behandelnden oder durch eine Person erfolgen, die über die zur Durchführung der Maßnahme notwendige Ausbildung verfügt; ergänzend kann auch auf Unterlagen Bezug genommen werden, die der Patient in Textform erhält,*
>
> *2. so rechtzeitig erfolgen, dass der Patient seine Entscheidung über die Einwilligung wohlüberlegt treffen kann,*
>
> *3. für den Patienten verständlich sein."*

***Mündlichkeit, Verständlichkeit und Rechtzeitigkeit sind bei der Aufklärung entscheidend.***

**Mündlichkeit** meint: Kein Arzt darf sich der Mühe des Kommunizierens von Angesicht zu Angesicht entziehen; schriftliche Unterlagen können die Kommunikation nicht ersetzen, nur ergänzen. Deshalb darf in aller Regel auf die (mündliche) Aufklärung nicht verzichtet werden, wie § 630e Absatz 3 BGB betont:

> *„Der Aufklärung des Patienten bedarf es nicht, soweit diese ausnahmsweise aufgrund besonderer Umstände entbehrlich ist, insbesondere wenn die Maßnahme unaufschiebbar ist oder der Patient auf die Aufklärung ausdrücklich verzichtet hat."*

Das spielt hauptsächlich bei notfallmedizinischen Maßnahmen eine Rolle. Im Übrigen geht es um seltene, wenig praxisrelevante Konstellationen, in denen eine Aufklärung evident unnötig sein kann (Beispiel: eine bestimmte kardiologische Therapie wird beim „Erfinder" dieser Therapie vorgenommen). Allerdings ist hier Vorsicht geboten: Auch im Beispielsfall können die Risiken, über die aufzuklären ist, sehr stark vom individuellen Zustand des Patienten abhängen, was gerade für eine Aufklärung über diese Risiken spricht. Letztlich spielen die Ausnahmen von der Aufklärungspflicht – von notfallmedizinischen Maßnahmen abgesehen – keine große Rolle.

**Verständlichkeit** bedeutet, es geht um den Verständnishorizont des Patienten, auf den die Art und Weise der Kommunikation abgestimmt sein muss. Bildung, Sprach- und Sprechkompetenz, kulturelle oder religiöse Prägungen beeinflussen den Verständnishorizont. Sie verlangen dem Arzt ab, seine Worte zu wägen, also zu prüfen, wem er was wie wann sagt.

**Rechtzeitigkeit** heißt, der Patient darf mit der Information nicht überrumpelt werden; Er muss die Chance haben, über das, was der Arzt sagt, nachzudenken. Nur so kann er eine aus seiner Sicht gute Entscheidung treffen, also „wohlüberlegt" handeln. Die Zeitdimension spielt auch in die Forderungen nach Mündlichkeit und Verständlichkeit hinein, denn das sprachlich-kulturelle Verständnis des Patienten zu ermitteln bzw. dazu adäquat zu kommunizieren, benötigt Zeit.

Was das im Einzelnen bedeutet, hängt weniger von der kaum noch überschaubaren Kasuistik der Gerichte ab, die Gegenstand und Reichweite der Aufklärungspflicht sehr kleinteilig definieren. Entscheidend ist vielmehr die Umsetzung durch kompetente Gesprächsführung. Auf ihre Notwendigkeit weist das Recht in den genannten Vorschriften des BGB indirekt hin bzw. setzt sie voraus. Dabei geht es weniger um theoretisch bekannte Gesprächsführungskompetenzen, sondern um praktische Urteilskraft, also das stete – theoretisch reflektierte – Einüben von Kommunikationskompetenzen in Aufklärungsgesprächen. Zugespitzt formuliert: Je weniger solche Kompetenzen praktisch beherrscht werden, desto wahrscheinlicher werden juristische Konflikte. Deshalb sind Zeit und Geld, die in das Erlernen und Einüben von Kommunikationskompetenzen verwandt werden, die beste Strategie zur Prävention von Rechtsstreitigkeiten. Natürlich gibt es auch Grenzen gelingender Kommunikation, insbesondere kann es „verfahrene" Kommunikationssituationen geben, die nach menschlichem Ermessen nur konfliktiv verlaufen bzw. enden können. Diese Grenzen wird aber nur erkennen, wer die Gesprächsführungskompetenz als genuines Erkennungsmerkmal des ärztlichen Berufs anerkennt und sie nichts als etwas von außen Kommendes, gar juristisch Gebotenes missversteht. Daran erinnern die gesetzlichen Vorschriften über die Aufklärungspflicht.

## 11.3 Der rechtliche Schutz des Vertrauens zwischen Arzt und Patient

Im ärztlichen Berufsrecht, das gewissermaßen die eiserne Ration des professionsethischen Selbstverständnisses in Rechtsform bringt (und in dem deshalb auch auf Aufklärung und Einwilligung hingewiesen wird), heißt es:

> *„Ärztinnen und Ärzte haben über das, was ihnen in ihrer Eigenschaft als Ärztin oder Arzt anvertraut oder bekannt geworden ist – auch über den Tod der Patientin oder des Patienten hinaus – zu schweigen“ (§ 9 Abs. 1 Musterberufsordnung für die in Deutschland tätigen Ärztinnen und Ärzte [MBO-Ä]).*

Rechtsverbindlich sind nur die Berufsordnungen der Ärztekammern. Die von der Bundesärztekammer erarbeitete Musterberufsordnung (MBO) hat aber eine wichtige Orientierungsfunktion. Ihr Inhalt stimmt weithin mit den Berufsordnungen der Ärztekammern überein.

Hier kommt klar zum Ausdruck, dass die Arzt-Patient-Beziehung als eine dauerhafte, sogar über den Tod hinausreichende Vertrauensbeziehung konzipiert ist. Wenn der Patient nicht sicher sein kann, dass der Arzt alle großen und kleinen Geheimnisse für sich behält – und zwar auch nach seinem Tode – wird der Patient nicht frei sprechen, und seine Mitwirkung am Gesundungsprozess ist gefährdet. Nur das freie Gespräch ermöglicht eine effektive Behandlung, wo es nicht möglich ist, wird sie gefährdet. Abgesichert wird die Schweigepflicht durch eine Strafrechtsnorm (§ 203 Abs. 1 Nr. 1 StGB), die lautet:

> *„Wer unbefugt ein fremdes Geheimnis, namentlich ein zum persönlichen Lebensbereich gehörendes Geheimnis [...] offenbart, das ihm als [...] Arzt, Zahnarzt, [...] Apotheker oder Angehörigen eines anderen Heilberufs, der für die Berufsausübung oder die Führung der Berufsbezeichnung eine staatlich geregelte Ausbildung erfordert, anvertraut worden oder sonst bekanntgeworden ist, wird mit Freiheitsstrafe bis zu einem Jahr oder mit Geldstrafe bestraft.“*

§ 203 Abs. 3 S. 2 StGB erstreckt diese Strafandrohung auf die „berufsmäßig tätigen Gehilfen und die Personen [...], die bei ihnen“ – etwa bei Ärzten – „zur Vorbereitung auf den Beruf tätig sind.“ Alle Mitarbeiter, die an irgendeiner Stelle in die Vorbereitung, Durchführung oder organisatorische Nachbereitung der Behandlung eingebunden sind, werden davon erfasst, z.B. medizinische Fachangestellte („Arzthelferinnen“), die mit den Patienten Organisatorisches klären, Sekretariatskräfte, die Termine mit den Patienten abstimmen, Mitarbeiter, die sich mit der Abrechnung der ärztlichen Leistung befassen. Arzt ist der jeweils behandlungsverantwortliche Arzt, im ambulanten Bereich typischerweise der Hausarzt, im Krankenhaus der jeweils nach Dienstplan präsente Arzt. „Andere Gesundheitsberufe“ im Sinne des § 203 StGB ist z.B. ein Krankenpfleger, aber angesichts der zunehmend medizinischen Ausbildungsanteile auch ein Altenpfleger (nicht aber Altenpflegehelfer). Wer in der Ausbildung zur Krankenpflegekraft ist oder als ggfs. nur angelernte Kraft Krankenpfleger unterstützt, für den gilt die Schweigepflicht ebenfalls (vgl. § 203 Abs. 3 S. 2 StGB: „Vorbereitung auf den Beruf“, „Gehilfen“).

Das Strafrecht sichert ab, was seine Grundlage im ärztlichen Berufsrecht hat. Das ärztliche Berufsrecht schreibt z.B. auch vor, dass Ärzte die Mitarbeiter über die gesetzliche Schweigepflicht informieren und dies schriftlich festhalten müssen (§ 9 Abs. 3 MBO-Ä). Verstöße haben in aller Regel arbeitsrechtliche Konsequenzen. Der Schutz reicht weit: Nicht nur das gezielt Anvertraute, sondern alles, was im Zusammenhang mit dem Kontakt zum Arzt in seiner Berufsrolle bekanntgeworden ist, wird geschützt. Es gibt also keinen Bagatellvorbehalt, weil Patienten vor haarspalterischen Diskussionen darüber geschützt werden sollen, was eine Bagatelle und doch (angeblich) nicht so schlimm sei.

Das bedeutet für Ärzte und die mit ihnen zusammenarbeitenden Gesundheitsberufe eine erhebliche Disziplin im Gesprächsverhalten. Das Bedürfnis, über dies oder jenes aus dem beruflichen Alltag zu reden, ist zwar verständlich, aber was andernorts als leidige Indiskretion durchgeht, erweist sich im Arzt-Patienten-Kontakt u.U. schnell als rechtswidriges und strafbares Verhalten. Das heißt selbstverständlich nicht, dass alle Rechtsverstöße ans Tageslicht kommen oder das jeder bekannt gewordene Rechtsverstoß hart bestraft wird, aber das Recht hat eine symbolisch-bewusstseinsbildende Aufgabe, indem es – auch durch die Strafandrohung – verdeutlicht, dass laxer Umgang mit der Vertraulichkeit die Vertrauensbeziehung zum Patienten fundamental verletzt und dadurch eine erfolgreiche Behandlung unwahrscheinlich bzw. praktisch unmöglich macht.

Das hat auch Bedeutung für den (ohne Einverständnis mit dem Patienten erfolgenden) fachlichen Austausch mit Kollegen, die z.B. mit der Behandlung eines Patienten nichts zu tun haben, oder auch für das Verhalten z.B. in Qualitätszirkeln oder im Rahmen einer Gruppensupervision. Hier ist strikt darauf zu achten, dass der Patient nicht identifiziert werden kann. Die Namensnennung scheidet also aus (sie ist im Übrigen auch für Supervisionen, Qualitätszirkel oder vergleichbare Settings völlig unnötig). Auch Umschreibungen, die auf den Namen verzichten, aber nach Lage der Dinge nur eine bestimmte Person meinen können, sind unzulässig. Allerdings muss es sich um ein „Geheimnis“ (vgl. § 203 Abs. 1, Nr. 1 StGB) handeln. Was allgemein bekannt ist, ist kein Geheimnis. Wenn z.B. ein Prominenter nach einem schweren Skiunfall in einem Krankenhaus behandelt wird und die Familie des Prominenten dies in den Medien bestätigt, dann liegt hinsichtlich des Faktums, dass er sich in dem Krankenhaus aufhält, kein „Geheimnis“ vor. Was aber der Öffentlichkeit nicht bekannt ist, bleibt ein „Geheimnis“ und unterliegt der Schweigepflicht.

## 11.4 Zulässiger Bruch der Schweigepflicht

### Einwilligung

Konsiliarischer Austausch mit anderen Ärzten oder Gesundheitsberufen ist immer wieder nötig. Das geltende Recht trifft insoweit Vorsorge, als die Schweigepflicht „befugt“ gebrochen werden kann (vgl. § 203 Abs. 1 Nr. 1 StGB, § 9 Abs. 2 MBO-Ä). An erster Stelle steht die Entbindung von der Schweigepflicht durch den Patienten selbst; rechtstechnisch handelt es sich um eine Einwilligung, die der Patient gegenständlich, aber auch zeitlich begrenzen kann; so kann er etwa dem Arzt gestatten, erst nach seinem Tod den Angehörigen bestimmte Informationen zukommen zu lassen. Hierbei ist darauf zu achten, dass jeder Volljährige in aller Regel einwilligungsfähig sein wird. Aber der gesetzlich nicht definierte Begriff der Einwilligungsfähigkeit setzt die Volljährigkeit nicht voraus, sodass z.B. auch schon 16- oder 17-Jährige, die mit Blick auf die konkrete Gesundheitssituation als hinreichend einsichts- und urteilsfähig gelten können, einwilligungsfähig sind. Die Einwilligungsfähigkeit besteht auch bei alten bzw. hochaltrigen Menschen, sofern nicht hinsichtlich aller

Gesundheitsfragen eine Betreuung angeordnet ist. Alter nimmt nicht per se die Einwilligungsfähigkeit, aber sie *kann* fehlen, was der Arzt im Einzelfall feststellen muss.

Die Situation kann bei Minderjährigen kompliziert werden, weil hier in aller Regel auch die Eltern präsent sein werden. Rechtlich umstritten ist die Frage, ob – sofern Minderjährige selbst einwilligungsfähig sind (z.B. ein 17-Jähriger, der kurz vor dem 18. Geburtstag steht) – gleichwohl noch die Einwilligung der Eltern erforderlich ist. Richtigerweise genügt die Einwilligung des einwilligungsfähigen Minderjährigen, weil mit einem Zustimmungs- bzw. Veto-Recht der Eltern die Einwilligungsfähigkeit des Minderjährigen letztlich unterlaufen würde. Aber das sind letztlich juristische Distinktionen, die bei der Arzt-Patient-Interaktion wenig weiterhelfen. Zuallererst wird der behandelnde Arzt sich bemühen, das Kind für ein Gespräch unter Einbeziehung der Eltern zu gewinnen und sodann, sollte das Kind dem zustimmen, mit Eltern und Kind die Lage erörtern und möglichst eine einmütige Lösung befördern. Die – nach richtiger, aber bei den Gerichten nicht durchweg anerkannter Ansicht – allein zulässige Einwilligung des einwilligungsfähigen Minderjährigen kann nur der letzte Ausweg nach einer gewiss anstrengenden und zeitraubenden Kommunikation sein, die den Dissens nicht beseitigt.

### 11.4.1 Mutmaßliche Einwilligung

Die Lage muss aber nicht immer derart existenziell sein. Auch die Weitergabe der Abrechnungsdaten z.B. eines Hausarztes an ein Inkassounternehmen bedarf der Einwilligung des Patienten. Sie darf nicht einfach unterstellt werden, sondern ist schon aus Beweisgründen schriftlich einzuholen. Die Befugnis, ein Geheimnis zu „offenbaren" (vgl. den Wortlaut des § 203 Abs. 1 Nr. 1 StGB und des § 9 Abs. 2 MBO-Ä) – man spricht auch von der Offenbarungsbefugnis – kann sich auch aus einer sog. mutmaßlichen Einwilligung ergeben. Allerdings ist hier höchste Zurückhaltung geboten. Sie kommt eigentlich nur dann in Betracht, wenn der Patient eine eigene Einwilligung nicht mehr geben kann und verlässliche Indizien darauf hindeuten, dass er mit der Entbindung von der Schweigepflicht einverstanden wäre, könnte er sich erklären. Die Gefahr, dass im Gewand der mutmaßlichen Einwilligung letztlich ein fremder Wille untergeschoben wird, ist sehr groß. Die mutmaßliche Einwilligung ist das Standardargument des ärztlichen Paternalismus gewesen, der entscheidet, ohne sich der Mühen des Kommunizierens auszusetzen. Die Delegitimierung des ärztlichen Paternalismus spiegelt sich in der Marginalisierung der mutmaßlichen Einwilligung, die nur noch in seltenen, häufig spezialgesetzlich geregelten Situationen relevant werden kann. Ärzte, die sich auf mutmaßliche Einwilligung berufen, bewegen sich rechtlich auf dünnem Eis.

**Zur postmortalen Organentnahme vgl. § 4 Abs. 1 S. 4 Transplantationsgesetz:**

„Der nächste Angehörige hat bei seiner Entscheidung einen mutmaßlichen Willen des möglichen Organ- oder Gewebespenders zu beachten."

## 11.4.2 Rechtfertigender Notstand – Irrtümer – Offenbarungspflichten

Die Verschwiegenheit des Arztes ist wichtig, aber der höchsten Güter nicht. Im Fall des sog. rechtfertigenden Notstands (§ 34 StGB) darf der Arzt zur Abwendung einer gegenwärtigen Gefahr die Verschwiegenheit verletzen. Was theoretisch klar ist, ist praktisch höchst unklar. Operable Kriterien, anhand derer genau zu bestimmen wäre, wann die Schwelle der „gegenwärtig" drohenden Gefahr erreicht ist, gibt es nicht. Problematisch sind vor allem Gefahren für Leib und Leben, etwa wenn es um ansteckende Krankheiten. Sofern nicht ohnehin eine Meldepflicht nach dem Infektionsschutzgesetz (IfSchG) besteht (insoweit kann eine gesetzliche Offenbarungspflicht gegenüber den zuständigen Behörden bestehen, näher §§ 6ff. IfSchG), kann ein Konflikt z.B. bestehen, wenn sich ein Patient, der, wie der Arzt weiß, in einer Ehe lebt und nicht will, dass Partner etwas von einer HIV-Erkrankung erfahren. Sofern hier der Arzt den Eindruck hat, dass der Patient in seiner Partnerschaft ungeschützt sexuell verkehrt, wird er den Patienten nachdrücklich zu überzeugen suchen, dass er den Partner informiert. Sofern der Arzt den verlässlichen Eindruck hat (was er aussagekräftig dokumentieren sollte), dass sich der Patient standhaft weigert, den Partner zu informieren, dann darf der Arzt den Partner informieren.

> **Zum rechtfertigenden Notstand vgl. § 34 StGB:**
>
> „Wer in einer gegenwärtigen, nicht anders abwendbaren Gefahr für Leben, Leib, Freiheit, Ehre, Eigentum oder ein anderes Rechtsgut eine Tat begeht, um die Gefahr von sich oder einem anderen abzuwenden, handelt nicht rechtswidrig, wenn bei Abwägung der widerstreitenden Interessen, namentlich der betroffenen Rechtsgüter und des Grades der ihnen drohenden Gefahren, das geschützte Interesse das beeinträchtigte wesentlich überwiegt. Dies gilt jedoch nur, soweit die Tat ein angemessenes Mittel ist, die Gefahr abzuwenden."

Es liegt auf der Hand, dass diese Einschätzungen mit einigen Unschärfen verbunden sind. Daher ist die Dokumentation so wichtig, weil sie – im *worst case* eines Strafverfahrens – plausibilisiert, von welcher Tatsachenlage der Arzt ausgegangen ist. Denn hat er sich geirrt, dann muss zumindest plausibel werden, dass der Irrtum auf einer in sich schlüssigen Realitätskonstruktion beruhte. In diesem Fall fehlt es am Vorsatz (vgl. § 16 Abs. 1 S. 1 StGB) und eine Strafbarkeit nach § 203 StGB scheidet aus. Die Offenbarungsbefugnis kann sich zu einer Offenbarungspflicht verdichten (vgl. § 323c StGB – unterlassene Hilfeleistung), wenn der Arzt nachvollziehbar der Auffassung war, dass (im oben genannten Beispielsfall der HIV-Erkrankung) anders als durch die Information des Ehepartners eine Verletzung etwa der körperlichen Integrität nicht abgewendet werden kann. Was nachvollziehbar und plausibel ist, richtet sich letztlich danach, ob die Einschätzung aus ärztlicher Sicht vertretbar gewesen ist: Hätte ein verständiger Arzt in der konkreten Situation zur selben Einschätzung der Lage gelangen können?

Offenbarungspflichten gibt es auch im Strafvollzug, wo sich Anstaltsärzte dem Anstaltsleiter offenbaren müssen, „soweit dies für die Aufgabenerfüllung der Vollzugsbehörde oder zur Abwehr von erheblichen Gefahren für Leib oder Leben des Gefangenen oder Dritter erforderlich ist" (so § 182 Abs. 2 S. 2 Bundes-StVollzG; die Vorschriften in den Landes-Strafvollzuggesetzen, die das Bundes-StVollzG zunehmend ablösen, sind inhaltsgleich verfasst, vgl. etwa Art. 200 Abs. 2 S. 2 Bayerisches Strafvollzugsgesetz oder § 123 Abs. 2 S. 2 Hamburgisches Strafvollzugsgesetz).

### 11.4.3 Insbesondere: Kindeswohlgefährdungen

Die soeben für den rechtfertigenden Notstand beschriebene Vorgehensweise gilt auch für Kindeswohlgefährdungen. Diese Konfliktlage musste früher nach Maßgabe des § 34 StGB gelöst werden. Inzwischen haben zahlreiche Bundesländer, aber auch der Bund Vorschriften erlassen, die sich mit der Frage der Offenbarungsbefugnis oder u.U. auch einer Offenbarungspflicht befassen. § 4 des (Bundes-)Gesetzes zur Kooperation und Information im Kindesschutz (KKG) – fordert u.a. auch Ärzte auf, „gewichtigen Anhaltspunkten" für eine Kindeswohlgefährdung nachzugehen und hierbei zunächst die Eltern einzubinden; nur als letzte Möglichkeit darf das Jugendamt informiert werden.

**§ 4 KKG („Beratung und Übermittlung von Informationen durch Geheimnisträger bei Kindeswohlgefährdung"):**

(1) Werden

1. Ärztinnen oder Ärzten, Hebammen oder Entbindungspflegern oder Angehörigen eines anderen Heilberufes, der für die Berufsausübung oder die Führung der Berufsbezeichnung eine staatlich geregelte Ausbildung erfordert, [...] in Ausübung ihrer beruflichen Tätigkeit gewichtige Anhaltspunkte für die Gefährdung des Wohls eines Kindes oder eines Jugendlichen bekannt, so sollen sie mit dem Kind oder Jugendlichen und den Personensorgeberechtigten die Situation erörtern und, soweit erforderlich, bei den Personensorgeberechtigten auf die Inanspruchnahme von Hilfen hinwirken, soweit hierdurch der wirksame Schutz des Kindes oder des Jugendlichen nicht in Frage gestellt wird.

(2) Die Personen nach Absatz 1 haben zur Einschätzung der Kindeswohlgefährdung gegenüber dem Träger der öffentlichen Jugendhilfe Anspruch auf Beratung durch eine insoweit erfahrene Fachkraft. Sie sind zu diesem Zweck befugt, dieser Person die dafür erforderlichen Daten zu übermitteln; vor einer Übermittlung der Daten sind diese zu pseudonymisieren.

(3) Scheidet eine Abwendung der Gefährdung nach Absatz 1 aus oder ist ein Vorgehen nach Absatz 1 erfolglos und halten die in Absatz 1 genannten Personen ein Tätigwerden des Jugendamtes für erforderlich, um eine Gefährdung des Wohls eines Kindes oder eines Jugendlichen abzuwenden, so sind sie befugt, das Jugendamt zu informieren; hierauf sind die Betroffenen vorab hinzuweisen, es sei denn, dass damit der wirksame Schutz des Kindes oder des Jugendlichen in Frage gestellt wird. Zu diesem Zweck sind die Personen nach Satz 1 befugt, dem Jugendamt die erforderlichen Daten mitzuteilen.

Während § 4 KKG auf Bundesebene eine komplizierte Offenbarungsbefugnis regelt, kennt das Landesrecht z.T. Offenbarungspflichten. So heißt es in Bayern:

> *„Ärztinnen und Ärzte, Hebammen und Entbindungspfleger sind verpflichtet, gewichtige Anhaltspunkte für eine Misshandlung, Vernachlässigung oder einen sexuellen Missbrauch eines Kindes oder Jugendlichen, die ihnen im Rahmen ihrer Berufsausübung bekannt werden, unter Übermittlung der erforderlichen personenbezogenen Daten unverzüglich dem Jugendamt mitzuteilen." Art. 14 Abs. 6 Gesetz über den öffentlichen Gesundheits- und Veterinärdienst, die Ernährung und den Verbraucherschutz sowie die Lebensmittelüberwachung (Gesundheitsdienst- und Verbraucherschutzgesetz – GDVG)*

Es ist offensichtlich, dass das zu Widersprüchen zwischen Bundes- und Landesrecht führt. Die Situation wird noch dadurch unübersichtlicher, dass zweifelhaft ist, ob der Bund überhaupt Pflichten regeln kann, die die ärztliche Berufsausübung betreffen, denn der Bund ist nur für die Berufszulassung zuständig (Art. 74 Abs. 1 Nr. 19 GG), während die Länder die Berufsausübung regeln (vgl. Art. 70 GG). Aus Sicht der Ärzte ist das eine unerträgliche Situation, zumal das gesetzgeberische Ziel, mit § 4 KKG die Arbeit der Ärzte zu erleichtern, verfehlt wurde. Letztlich gilt auch hier das zu § 34 StGB Ausgeführte: Je verlässlicher die Anzeichen nach ärztlicher Erfahrung sind und je konkreter und aussagekräftiger dies dokumentiert ist, desto eher wird ein Bruch der Verschwiegenheit im Ergebnis – mangels vorsätzlichen, weil irrtümlichen Handelns – straflos bleiben. Auch eine Strafbarkeit wegen falscher Verdächtigung (§ 164 StGB) scheidet dann mangels Vorsatzes aus.

Um mit dieser Situation angemessen umgehen zu können, sind Kenntnisse zum Thema „Kindeswohlgefährdung“ sowie Kommunikationsfähigkeiten erforderlich, die im Rahmen der Aus-, Fort- und Weiterbildung erworben werden müssen. Die Offenbarungsbefugnisse und -pflichten sind nur so viel wert, wie bei Aus-, Fort- und Weiterbildung auf die Vermittlung der nötigen fachlichen Kompetenzen geachtet wird.

## 11.5 Bewertung

Der Schutz der Schweigepflicht und der Datenschutz ergänzen sich. Während auf der einen Seite die Berufsträger direkt in die Pflicht genommen werden, betrachtet das Datenschutzrecht in der Praxis eher die institutionellen Rahmenbedingungen, unter denen die Gesundheitsberufe arbeiten. Diese wechselseitige Verknüpfung von persönlicher und infrastruktureller Verantwortung soll sicherstellen, dass die Arzt-Patient-Kommunikation in einem Raum des Vertrauens erfolgen kann. So gesehen, haben die Rechtsnormen, die sich mit Schweigepflicht und Datenschutz befassen, eine „Ermöglichungsfunktion“: Sie sollen eine angstfreie, vertrauensvolle Kommunikation zwischen Arzt und Patient möglich machen, in der sich der Patient als anerkannt erfährt, als Subjekt seiner Krankheits- und Gesundheitsgeschichte. Wie es gelingt, diesen Raum kommunikativ kompetent und (lebens-)klug auszufüllen, ist keine Frage an das Recht. Das Recht kann ärztliche Klugheit – in einem sehr bescheidenen Maße – ermöglichen.

*Praxistipps*

- *Die Arzt-Patient-Interaktion als geschützter Kommunikationsraum ist professionell moderierte „Beziehungsarbeit“, in der Vertrauen zentral ist.*
- *Für die Kommunikationsbeziehung zwischen Arzt und Patient ist es wichtig, dass der Arzt vor Durchführung einer medizinischen Maßnahme den Patienten verständlich aufklärt und dessen Einwilligung einholt.*
- *Nur ausnahmsweise darf die Schweigepflicht durchbrochen, d.h. die Vertraulichkeit aufgehoben werden; eine solche Offenbarungsbefugnis kann sich auf die Einwilligung des Patienten oder eine ausdrückliche gesetzliche Gestattung stützen.*
- *Maßnahmen des Datenschutzes sichern die Vertraulichkeit der Arzt-Patient-Beziehung zusätzlich ab.*

## Literatur

Laufs A, Katzenmeier C, Lipp V (2021) Arztrecht. 8. Aufl. Verlag C.H. Beck München

Laufs A, Kern B, Rehborn M (2019) Handbuch des Arztrechts. 5. Aufl. Verlag C.H. Beck München

Rixen S (2012) Zwischen den Stühlen: Die Inpflichtnahme von „Berufsgeheimnisträgern" durch das Bundeskinderschutzgesetz (BKiSchG). Sozialrecht aktuell (SRa) 16: 221–231

Rixen S (2020) Gesundheitsrecht. In: Richter I, Krappmann L, Wapler F (Hrsg) Kinderrechte. Handbuch des deutschen und internationalen Kinder- und Jugendhilferechts. 331–343. Nomos Baden-Baden

Ulsenheimer K, Gaede K (2020) Arztstrafrecht in der Praxis. 6. Aufl. C.F. Müller Verlag Heidelberg

# 12 Evidenzbasierte Medizin in der Praxis: Bedarf und Herausforderungen aus ethischer Perspektive

Daniel Strech

## 12.1 Der ethische Bedarf an einer evidenzbasierten Medizin

Um die medizinethischen Leitprinzipien Wohltun, Nichtschaden, Respekt der Patientenautonomie und Gerechtigkeit (s. Kap. I.1) in der ärztlichen Praxis umsetzen zu können, sind die Kenntnis der individuellen Patientenpräferenzen und gut ausgebildete ärztliche Fertigkeiten essenziell. Liegt in einer bestimmten Situation das eine vor, aber das andere nicht, läuft eine bestimmte medizinische Intervention Gefahr, kontraproduktiv zu wirken. Im gleichen Sinne essenziell ist eine dritte Dimension, nämlich die Berücksichtigung möglichst glaubwürdiger und praxisrelevanter Informationen zu den Nutzen- und Schadenspotenzialen der jeweiligen medizinischen Intervention. Fehlgeleitete Informationen zum Nutzen und Schaden medizinischer Maßnahmen konterkarieren eine fürsorgliche und nicht schadende klinische Versorgung. Auch die adäquate Patientenaufklärung und das informierte Einverständnis (informed consent) beruhen maßgeblich auf validen und verständlich kommunizierten Informationen zu Nutzen und Schaden. Und schlussendlich bedarf es qualitativ wertvoller Informationen zu Nutzen, Schaden und Kosten von medizinischen Maßnahmen, um eine gerechte Gesundheitsversorgung unter knappen Ressourcen zu ermöglichen.

Vor diesem Hintergrund ist es aus ethischer Perspektive zentral, dass sich die Medizin neben einer Förderung der ärztlichen Fertigkeiten und neben einer Klärung der Patientenpräferenzen in gleicher Weise um möglichst unverzerrte Informationen und um eine möglichst unverzerrte Informationskommunikation zum Nutzen und Schaden medizinischer Interventionen bemüht. Gerade aus ethischer Perspektive gehören zu diesen Bemühungen auch gut begründete Antworten auf die zunächst sehr technisch wirkende Frage, wie eine valide Evaluation der Nutzen- und Schadenspotenziale bestimmter Maßnahmen durchzuführen ist. Anders formuliert: Wann sind medizinische Informationen ausreichend glaubwürdig, um ärztliches Handeln anleiten und Patienten ihren Präferenzen entsprechend informieren zu können? Die Beantwortung dieser Fragen ist unvermeidbar mit Werturteilen verknüpft. Sich dieser Werturteile bewusst zu sein, diese zu entwickeln und zu begründen, stellt eine zentrale Schnittstelle von evidenzbasierter Medizin (EbM) auf der einen und Medizinethik auf der anderen Seite dar. Auf diese Schnittstelle fokussiert dieser Beitrag.

Das zentrale Ziel der EbM ist es, Urteile zum Nutzen und Schaden medizinischer Interventionen glaubwürdiger zu machen. Damit diese Urteile glaubwürdig werden, müssen sie sich in systematischer und transparenter Form auf glaubwürdige Informationen zum Nutzen und Schaden beziehen. Dies versucht die EbM durch systematische Übersichtsarbeiten (Systematic Reviews), Metaanalysen, HTA-Berichte (Health Technology Assessment), Leitlinienentwicklung und andere „Instrumente" für den Wissenstransfer zu erreichen. Die qualitativ hochwertige Entwicklung dieser Instrumente für bestimmte klinische Fragen soll den Einfluss von Zufall und systematischen Fehlern in der Produktion, Recherche, Bewertung und Kommunikation von Evidenz bestmöglich verringern. Bekannte Charakteristika und gegenwärtige Vorgaben einer EbM an verschiedene Instrumente sind etwa die Bevorzugung (wenn praktizierbar) von randomisiert-kontrollierten Studien (RCTs), systematische Verfahren der Literaturrecherche (siehe Cochrane Reviews) (Higgins et al. 2020) und die Berücksichtigung von absoluten Effektmaßen wie Number-Needed-To-Treat/To-Harm (NNT/NNH) (zu weiteren Instrumenten und Methoden einer EbM siehe u.a. auch Sackett et al. 2000 sowie Antes et al. 2013).

## 12.2 Ethische Herausforderungen einer evidenzbasierten Medizin

Im vorangegangenen Abschnitt wurde anhand der vier grundlegenden medizinethischen Prinzipien skizziert, wie die Leitideen einer EbM ethisch begründet sind. Die Ansatzpunkte für ethische *Herausforderungen* der EbM lassen sich ebenfalls von diesen vier Prinzipien ableiten. Ethische Herausforderungen der EBM können als unangemessene Anwendung der im Grunde ethisch gut gerechtfertigten EbM-Instrumente verstanden werden. So wird die Gefahr einer eingeschränkten Patientenautonomie durch ein zu rigides und alternativloses Befolgen der EbM-Vorgaben diskutiert (Noichl 2001). Probleme der Verteilungsgerechtigkeit sind denkbar, wenn evidenzbasierte Nutzennachweise nur anhand bestimmter Studiendesigns anerkannt werden, diese aber aufgrund von ethischen, methodischen oder finanziellen Hindernissen für bestimmte Patienten- bzw. Diagnosegruppen nicht möglich bzw. nicht verfügbar sind. Im Fokus dieser gerechtigkeitsethischen Probleme stehen etwa Fragen zur Machbarkeit der evidenzbasierten Nutzenevaluation in der geriatrischen Medizin (Fabris et al. 2005), der Psychotherapie (Reis et al. 2005) oder bei seltenen Erkrankungen. Wobei angemerkt werden muss, dass in den letztgenannten Bereichen sehr wohl randomisiert-kontrollierte Studien mit entsprechend hoher Glaubwürdigkeit durchgeführt werden können und sollten. Es müssen jedoch ethische, methodische oder finanziellen Herausforderungen realisiert und angemessen adressiert werden.

## 12.3 Ideal und Praxis der evidenzbasierten Medizin

Es scheint unstrittig, dass eine qualitativ hochwertige Evaluation von Nutzen und Schaden eine notwendige Bedingung für eine verantwortungsvolle und rationale Medizin darstellt und entsprechend gefördert werden sollte. Aus dieser Überlegung heraus wurde der EbM-Begriff auch in das Sozialgesetzbuch aufgenommen (siehe SGB V §§ 35, 73, 137, 139).

Nun ist die oft zitierte Definition der EbM von David Sackett sehr idealtypisch formuliert:

> *"Evidence based medicine is the conscientious, explicit, and judicious use of current best evidence in making decisions about the care of individual patients. The practice of evidence based medicine means integrating individual clinical expertise with the best available external clinical evidence from systematic research." (Sackett et al. 1996)*

In dieser idealtypischen Definition übernimmt der EbM-Begriff fast eine Art Garantenfunktion für das öffentliche Vertrauen in medizinische Entscheidungen. Dem EbM-Begriff kommt somit bei klinischen (Mikroebene) wie auch bei gesundheitspolitischen (Makroebene) Entscheidungen eine erhebliche normative bzw. handlungslegitimierende Kraft zu. Dies geschieht durch dessen Verwendung im SGB V aber auch auf anderen Wegen.

Es ist wichtig, zwischen dem idealtypisch definierten Begriff der EbM und dem, was die EbM in der Praxis mit ihren vielen Widrigkeiten und Hindernissen darstellt, zu unterscheiden. In der Praxis sollte man stets kritisch fragen: „Ist dort, wo EbM draufsteht, auch EbM in der gewünschten bzw. angemessenen Form drin?" Der schillernde Begriff der EbM ist bislang nicht im Sinne eines Copyrights geschützt. Welche Aussagen, Urteile oder Empfehlungen verdienen dann das vertrauensspendende Label „evidenzbasiert" und welche nicht? Wie kann man vor einem inflationären oder auch missbräuchlichen Gebrauch von EbM schützen?

Die Personen, die sich professionell mit der kontinuierlichen Weiterentwicklung von EbM-Methoden beschäftigen, sind sich bewusst, welche Praxisherausforderungen darin bestehen, die zum Teil komplexen, zum Teil aber auch nur stark begrenzt verfügbaren Evidenzen so aufzubereiten, dass sie für ein shared decision making in der Arzt-Patienten-Beziehung bestmöglich verwendet werden können. Die „Gute Praxis Gesundheitsinformation" ist z.B. ein Versuch, Standards für verständliche, evidenzbasierte Gesundheitsinformation zu erarbeiten (Deutsches Netzwerk Evidenzbasierte Medizin 2016). Eine weitere methodische Herausforderung, welche gegenwärtig in der EbM-Forschung bearbeitet wird, ist die Evidenzbewertung im Kontext von multimorbiden und oft geriatrischen Patienten (Boyd et al. 2005; Deutsche Akademie der Naturforscher Leopoldina e.V. 2015).

## 12.4 Vier Werturteilsebenen in der Nutzenevaluation

Neben diesen Herausforderungen für eine gelingende Implementierung einer EbM in die ärztliche Praxis existiert auch eine noch grundlegendere Ebene von unvermeidbaren Werturteilen in der EbM. Diese macht sich z.B. dort bemerkbar, wo zwei Fachexperten oder Fachgremien bei der gleichen medizinischen Ausgangsfrage im Rahmen einer Nutzenevaluation auch nach EbM-Standards zu konträren Schlussfolgerungen gelangen (wie z.B. im Falle des Mammographie-Screenings zur Brustkrebsfrüherkennung). In diesen Fällen sehen beide Seiten ihre konfligierenden Schlussfolgerungen als „evidenzbasiert“ an. Was aber heißt das für das Konzept der EbM? Wird der EbM-Begriff instrumentalisiert und ermöglicht im Endeffekt doch eine Manipulation der Ergebnisse nach je eigenem Interesse?

Um diese Fragen zu beantworten, müssen die Gründe für die konträr ausfallende Nutzenbewertung bestmöglich geklärt werden. Dabei spielt das Bewusstsein für unvermeidbare Werturteile in der Nutzenbewertung eine zentrale Rolle. Im Folgenden werden vier Ebenen von Werturteilen in der EbM differenziert und mit einem Praxisbeispiel illustriert. Diese Werturteile sind in nicht unerheblichem Maße mitverantwortlich für die häufig sehr unterschiedlichen Ergebnisse und Schlussfolgerungen von evidenzbasierten Nutzenevaluationen. Durch die Identifizierung dieser einflussreichen Werturteile ist das zugrunde liegende Problem divergierender Ergebnisse von Nutzenevaluationen natürlich noch nicht gelöst. Für den medizinisch Praktizierenden jedoch ist dieses Problembewusstsein wichtig, um Aussagen der EbM, insbesondere bei konfligierenden EbM-Statements, kritisch bewerten zu können.

Im Folgenden werden vier aufeinander aufbauende Ebenen von unvermeidbaren Werturteilen in der medizinischen Nutzenbewertung erläutert.

### Ebene A: Werturteile bei der Auswahl von Bewertungskriterien

Im Rahmen jeder Nutzenbewertung bedarf es zunächst der Auswahl der patientenrelevanten Endpunkte sowie der Methoden zur Endpunkt-Erfassung und -Auswertung. Werturteile ergeben sich dabei im Rahmen folgender Frage:

> *Was sind die für die kontextspezifische Nutzenbewertung wünschenswerten Endpunkte und Methoden der Endpunkt-Erfassung und -Auswertung?*

Hinsichtlich der Methoden zur Endpunkterfassung sind RCTs als Goldstandard weitgehend anerkannt. Aber auch hier wird häufig die relative Gewichtung von Glaubwürdigkeit der Studienergebnisse für die Gruppe der Studienteilnehmer (auch: Interne Validität) und die Generalisierbarkeit der Ergebnisse für eine ganze Patientenpopulation (auch: Externe Validität) kontrovers diskutiert. Eine hohe interne Validität, wie sie in der Regel durch RCTs am ehesten gewährleistet ist, kann aufgrund sehr eng gefasster Studienbedingungen und sehr spezifischer Studienpopulationen die Generalisierbarkeit (externe Validität) der Ergebnisse einschränken. RCTs müssen also so gestaltet werden, dass sie eine angemessene Berücksichtigung der internen und externen Validität ermöglichen (Gaglio et al. 2014).

### Ebene B: Werturteile bei der inhaltlichen Spezifizierung von Bewertungskriterien

Im nächsten Schritt bedarf es der kontextspezifischen Anpassung des Wünschenswerten an das Machbare. Die zentrale Fragestellung ist hier zweigeteilt. Sie lautet zunächst:

*Was ist unter Berücksichtigung des theoretisch Wünschenswerten (Ebene A) in der Praxis machbar?*

Da sich oftmals verschiedene Interpretationen der Machbarkeit und verschiedene Vorschläge für eine Praxisadaption gegenüberstehen, lautet die Frage zur Erfassung der Werturteile für die Ebene B wie folgt:

*Welche Anpassung und welcher Grad an Abweichung von wünschenswerten Endpunkten und Methoden der Endpunkt-Erfassung und -Auswertung sind (noch) akzeptabel?*

Die Anpassung des Wünschenswerten an die Praxisbedingungen wird meist sehr kontextspezifisch diskutiert. Im Folgenden seien einige Praxisbeispiele für Werturteile auf der Ebene B) vorgestellt. Die hier verwendeten Beispiele können nicht in ihrer ganzen Komplexität und Systematik aufgearbeitet werden, sondern dienen allein der Veranschaulichung und der Förderung des Problembewusstseins für unvermeidbare Werturteile in der Nutzenbewertung.

**Beispiel Mammographie-Screening**: Nachdem der Nutzen des Mammographie-Screenings über Jahre diskutiert, eine Fülle groß angelegter Studien an über 500.000 Frauen abgeschlossen und der Nutzen von der U.S. Preventive Services Task Force (USPSTF) als belegt angesehen wurde (Humphrey et al. 2002), stellte eine Metaanalyse vom Nordic Cochrane Center den Nutzen wieder deutlich infrage (Gøtzsche u. Olsen 2000). Diese Kontroverse ist auch 15 Jahre später nicht zufriedenstellend gelöst (vgl. zu den ethischen Herausforderungen der Krebsfrüherkennung allgemein Kap. III.11). Die Autoren Gøtzsche und Olsen beriefen sich in ihrer Kritik der bisherigen Nutzenbewertung auf klassische Verfahrensprobleme im Rahmen der bewerteten Studien, welche zu Verzerrungen (bias) bzw. zu Fehlurteilen bezüglich der internen Validität führen können. Sie beziehen sich dabei

1. auf Zahlen zum Ausschluss von Probanden nach der Randomisierung (postrandomization exclusions),
2. auf Heterogenitäten in den zu vergleichenden Studiensamples (baseline imbalances) und
3. insbesondere auf die unverblindete Bestimmung der Todesursachen durch die Studiendurchführenden (unblinded cause-of-death attributions) (Gøtzsche u. Olsen 2000).

Um die systematische Darstellung der vier Werturteilsebenen beizubehalten, werden die Schlussfolgerungen von Gøtzsche und Olsen erst im folgenden Abschnitt (Ebene C) diskutiert. Hier sei zunächst nur aufgezeigt, dass Gøtzsche und Olsen ihre Kritik an den bestehenden Nutzenbewertungen durch das implizite Werturteil begründen, dass eine Bewertung der internen Validität ohne Berücksichtigung der beschriebenen „wünschenswerten" Punkte (1.–3.) nicht „akzeptabel" sei.

Weitere typische Kontroversen um Werturteile auf der Ebene B finden sich etwa zu wünschenswerten Messzeiträumen/Studiendauern, relevanten Endpunkten und Größen von Patientensamples.

### Ebene C: Werturteile zur Aussagekraft der Ergebnisse für einzelne Bewertungskriterien

Im dritten Schritt von der idealtypischen Vorgabe zur praxisadaptierten EbM bedarf es der Anpassung des bestmöglich Machbaren oder zu Erwartenden an das faktisch Gemachte. Die zentrale Fragestellung lautet hier:

> *Wie ist mit nicht akzeptablen Abweichungen von den wünschenswerten (A) und machbaren (B) Endpunkten und Methoden der Endpunkt-Erfassung und -Auswertung umzugehen?*

**Beispiel Mammographie-Screening (Fortsetzung):** Gøtzsche und Olsen bewerteten das Problem der nicht verblindeten Zuschreibung der Todesursachen als nicht akzeptabel für eine angemessene Nutzenevaluation. Sie entschieden sich deshalb für eine Analyse der Gesamtmortalität. In ihrer Übersicht zur Nutzenevaluation wurden schlussendlich nur noch zwei der initial sieben relevanten Studien als „akzeptabel" für eine verantwortliche Nutzenbewertung angesehen. Der geschätzte Effekt durch Mammographie bezüglich der Gesamtmortalität für diese zwei Studien war null. Dadurch, dass die Autoren die Gesamt- und nicht die Brustkrebs-spezifische Mortalität bestimmten, akzeptierten sie zudem implizit die Tatsache, dass ein Effekt durch das Mammographie-Screening erheblich schwerer nachzuweisen ist. Die USPSTF kam zu konträren Urteilen bezüglich der Akzeptabilität der sieben Studien für eine Nutzenbewertung. Sie beurteilte die Qualität der existierenden Studien zur Mammographie als „only fair", sah aber ihren Ausschluss aus der Gesamtbewertung bzw. der Metaanalyse als nicht gerechtfertigt an.

### Ebene D: Werturteile zur Abwägung der Ergebnisse für einzelne Bewertungskriterien

Im vierten und letzten Schritt bedarf es der abschließenden Abwägung der in (B) und (C) gemachten Wertungen untereinander. Häufig werden sich insbesondere auf dieser Ebene kontroverse Urteile ergeben, denn die in der Gesamtabwägung zu berücksichtigenden Wertungen bezüglich der internen und externen Validität, der Relevanz der Ergebnisse etc. sind zahlreich und komplex. Die entscheidende Frage lautet hier:

> *Wie sind die Wertungen zu den einzelnen Bewertungskriterien gegeneinander abzuwägen?*

**Beispiel Mammographie-Screening (Fortsetzung):** Bei Gøtzsche und Olsen war die Schlussfolgerung kaum durch weitere Werturteile geprägt. Sie leiteten ihre negative Nutzenbewertung des Mammographie-Screenings direkt aus den gewonnenen Zahlen ab, welche eine erhöhte Rate an unerwünschten Ereignissen in der Mammographie-Gruppe (insbesondere einen Anstieg von chirurgischen Interventionen) und dabei keinen Nutzengewinn sondern einen „Netto-Schaden" zeigen. Die USPSTF orientierte sich in ihrer Abwägung an den Schätzwerten, welche die Metaanalyse unter Berücksichtigung der als „only fair" eingestuften Studien ermittelte. Als unerwünschte Ereignisse nannte die USPSTF die Angst vor falsch-positiven Ergebnissen. Die erhöhte

Anzahl von chirurgischen Interventionen wurde nicht explizit genannt. Das abschließende Werturteil zur Abwägung dieser einzelnen Aspekte im Rahmen der Nutzenevaluation zum Mammographie-Screenings fiel bei der USPSTF, wie bereits geschrieben, positiv aus.

## 12.5 Kritischer Umgang mit und erweiterte Transparenz in der evidenzbasierten Medizin

Einleitend wurden verschiedene Herausforderungen in der praktischen Umsetzung der idealtypischen EbM Definition skizziert. Eine verantwortlich umgesetzte EbM wird die Herausforderungen einer bestmöglich an den Patientenpräferenzen orientierten Medizin berücksichtigen und die EbM-Instrumente und -Methoden kontinuierlich optimieren müssen. Auf einen Punkt gebracht fordert die Ethik somit einen *kritischen Umgang* mit der zunächst immer nur idealtypisch formulierten EbM-Philosophie. Die Herausforderungen einer verantwortungsvollen Umsetzung von EbM sollten aber nicht zu einer Ablehnung von EbM und damit zu einem Rückschritt zu einer allein experten- bzw. erfahrungsgeleiteten Medizin führen. Zumindest wäre zu begründen, warum die Experten- bzw. Erfahrungs-basierte Medizin die bessere der zwei jeweils limitierten Ansätze darstellt. Die mit der Entwicklung der EbM aufgedeckten „Krankheiten" einer rein experten-/erfahrungsbasierten Medizin sind nicht dadurch weniger geworden, dass deren „Therapie" durch EbM optimierungsbedürftig bleibt. Expertenmeinungen sind in vielen Fällen verzerrungsanfälliger und deutlich weniger transparent hinsichtlich ihrer Einflussfaktoren (Antes et al. 2013). Werturteile sind nur ein kleiner Teil davon. Die EbM hilft der Medizin durch Systematik und Transparenz den Teil der Intransparenz zu minimieren. Wenn durch EbM-Instrumente eine möglichst unverzerrte Informationsbasis geschaffen wurde, welche es uns erlaubt, auf die unvermeidbaren Werturteile in der Nutzenbewertung zu fokussieren, haben wir bereits ein hohes Level des verantwortungsvollen Umgangs mit medizinischen Informationen erreicht.

Neben einem kritischen Umgang mit den EbM-Methoden bedarf es weiterhin eine erweiterte Transparenz zu den unvermeidbaren Werturteilen innerhalb der EbM (siehe die vorgestellten vier Ebenen). Beispielhaft wurde anhand des „Expertenstreits" zum Mammographie-Screening gezeigt, dass es zu bestimmten Fragestellungen in der Nutzenbewertung alternative Werturteile geben kann. Die Existenz von Alternativbeurteilungen mit z.T. erheblichem Ausmaß auf die Gesamtbewertung bedarf aus ethischer Perspektive ebenfalls der transparenten Darstellung, um den Bedarf an angemessenen Informationen zu realisieren. Eine Transparenz bezüglich der verwendeten Bewertungskriterien (siehe Ebene A) ist zwar ein erster Schritt, reicht aber allein nicht aus, um auch die Werturteilsebenen B, C und D transparent zu machen (Strech u. Tilburt 2008). Hier besteht noch Forschungsbedarf an der Schnittstelle von EbM und Ethik (Treadwell et al. 2012).

Welche Implikationen haben die dargestellten Werturteile in der EbM für konkrete Einzelfallentscheidungen in der medizinischen Praxis? Wenn möglich, sollten Ärzte ihre Patienten darüber aufklären, dass es für bestimmte medizinische Interventionen sehr kontroverse Expertenurteile über Nutzen und Schaden gibt und dass dies in manchen Fällen mit Werturteilen bzw. Präferenzen hinsichtlich der Glaubwürdigkeit von klinischen Studien zusammenhängt. Das Mammografie Screening ist ein solches Beispiel. Aber für viele weitere Interventionen lassen sich diese Expertenstreits aufzeigen, wie z.B. für Cholinesterasehemmer bei der Alzheimer Demenz (Kaduszkiewicz et al. 2005), Interventionen bei singulären Lungenherden oder die LABA-Therapie (langwirksame Beta-Mimetika) bei Asthma (Kramer 2009).

Dieser Beitrag verfolgte primär das Ziel, ein Problembewusstsein für die implizite Normativität in medizinischen Nutzenbewertungen zu fördern. Andererseits sollte der dargestellte Problembereich impliziter Normativität bei aller kritischen Analyse der EbM nicht als Grund gereichen, sich von den Leitideen einer EbM abzuwenden. Es bedarf vielmehr der konstruktiv-kritischen Einstellung gegenüber dem z.T. interpretationsoffenen EbM-Begriff und eines verantwortlichen Umganges mit den aufgezeigten Problemen. Dies ist nur dann lösungsorientiert möglich, wenn ausreichend kontextspezifisch argumentiert wird.

***Praxistipps***

- *Die Grundidee einer EbM ist ethisch sehr gut begründet.*
- *Die Anwendung der EbM unter Praxisbedingungen bedarf einer kritischen Reflexion ihrer Limitationen und steter Optimierung.*
- *Werturteile in der EbM sind unvermeidbar und sollten transparent gemacht werden.*

## Literatur


Antes G, Evans I, Thornton H, Chalmers I, Glasziou P (2013) Wo ist der Beweis?: Plädoyer für eine evidenzbasierte Medizin. Hogrefe AG

Boyd CM, Darer J, Boult C, Fried LP, Boult L, Wu AW (2005) Clinical practice guidelines and quality of care for older patients with multiple comorbid diseases: implications for pay for performance. JAMA 294(6): 716–724

Deutsche Akademie der Naturforscher Leopoldina e.V. (2015) Evidenzbasierung der Medizin bei alten Menschen. URL: https://www.leopoldina.org/politikberatung/arbeitsgruppen/abgeschlossene-arbeitsgruppen/evidenzbasierung-der-medizin-bei-alten-menschen/ (abgerufen am 18. Dezember 2020)

Deutsches Netzwerk Evidenzbasierte Medizin (2016) Gute Praxis Gesundheitsinformation 2.0. URL: https://www.ebm-netzwerk.de/de/veroeffentlichungen/weitere-publikationen (abgerufen am 14. Dezember 2020)

Fabris F, Scarafiotti C, Maero B (2005) Are Particular Patients Disadvantaged by EBM? Focus on Frail Elderly Patients. In: Meulen R, Biller-Adorno N, Lie R (Hrsg.) Evidence-based Practice in Medicine & Health Care A Discussion of the Ethical Issues. Springer Heidelberg Berlin

Gaglio B, Phillips SM, Heurtin-Roberts S, Sanchez MA, Glasgow RE (2014) How pragmatic is it? Lessons learned using PRECIS and RE-AIM for determining pragmatic characteristics of research. Implement Sci 9: 96

Gøtzsche PC, Olsen O (2000) Is screening for breast cancer with mammography justifiable? Lancet 355(9198): 129–134

Higgins, JPT, Thomas J et al. Cochrane Handbook for Systematic Reviews of Interventions version 6.1 (updated September 2020). Cochrane, 2020. URL: https://training.cochrane.org/handbook/current (abgerufen am 14. Dezember 2020)

Humphrey LL, Helfand M, Chan BK, Woolf SH (2002) Breast cancer screening: a summary of the evidence for the U.S. Preventive Services Task Force. Ann Intern Med 137: 347–360

Kaduszkiewicz H, Zimmermann T, Beck-Bornholdt HP, van den Bussche H (2005) Cholinesterase inhibitors for patients with Alzheimer's disease: systematic review of randomised clinical trials. BMJ 331(7512): 321–327

Kramer JM (2009) Balancing the Benefits and Risks of Inhaled Long-Acting Beta-Agonists. The Influence of Values. N Engl J Med 360(16): 1592–1595

Noichl F (2001) Neue Rationalität in der Medizin. Ethische Aspekte der Evidence-based Medicine (EBM). Ethica 9: 353–374

Reis A, Lenk C, Reis-Streussnig C, Biller-Andorno N (2005) Evidence-based Medicine in Mental Health: Towards Better and Fairer Treatment? In: Meuler RB, Lenk C, Lie RK (Hrsg.) Evidence-based Practice in Medicine & Health Care A Discussion of the Ethical Issues. Springer Heidelberg Berlin

Sackett DL, Rosenberg WM, Gray JA, Haynes RB, Richardson WS (1996) Evidence based medicine: what it is and what it isn't. BMJ 312(7023): 71–72

Sackett DL, Straus SE, Richardson S, Rosenberg W, Haynes RB (2000) Evidence-Based Medicine. How to Practice and Teach EBM: Churchill Livingstone

Strech D, Tilburt J (2008) Value judgments in the analysis and synthesis of evidence. J Clin Epidemiol 61(6): 521–524

Treadwell JR, Singh S, Talati R, McPheeters ML, Reston JT (2012) A framework for best evidence approaches can improve the transparency of systematic reviews. Journal of Clinical Epidemiology 65(11): 1159–1162

Wiener RS, Gould MK, Woloshin S, Schwartz LM, Clark JA (2012) The thing is not knowing: patients' perspectives on surveillance of an indeterminate pulmonary nodule. Health expectations

# 13 Ethische Herausforderungen in der Pflege

Annette Riedel

Professionell Pflegende leitet das Bestreben eine qualitätsvolle Pflege zu realisieren, pflegewissenschaftlichen Anforderungen Rechnung zu tragen sowie den individuellen pflegebezogenen Bedürfnissen und Bedarfen der zu Pflegenden gerecht zu werden. Die pflegebezogenen Handlungssituationen sind geprägt von individuellen Gesundheitssituationen, unterschiedlichen Lebenswelten, vielfältigen Lebensentwürfen und Lebenskontexten sowie von subjektiven Betroffenheiten, multiplen Erwartungen, leitenden Wertevorstellungen und Werteorientierungen. Professionelles Pflegehandeln wird nachfolgend verstanden als personenbezogenes und interaktives Handeln, das situationsbezogen – möglichst gemeinsam mit dem Gegenüber – abgestimmt und für den zu Pflegenden stellvertretend oder begleitend erfolgt. Hierbei sind die professionellen Perspektiven und Werteorientierungen, die pflegewissenschaftlichen Forderungen wie auch die individuellen Wünsche und Wertevorstellungen der situativ Beteiligten differenziert zu erfassen und verantwortungsvoll abzuwägen. Grundlegend ist hierfür ein systematischer Aushandlungs-, Interaktions- sowie fachlicher und ethischer Reflexions-, Abwägungs- und Argumentationsprozess.

Der pflegeprofessionelle Auftrag ist klar definiert. Weniger offenkundig und klar operationalisiert sind hingegen die Darlegungen dessen, was professionelles Pflegehandeln und die Pflege hinsichtlich der Forderungen nach ethischer Reflexion und ethisch begründeter Entscheidungsfindung charakterisiert. Dies obgleich ethische Abwägungsprozesse gleichermaßen genuiner Auftrag professioneller Pflege sind (Riedel 2013; Riedel 2019a; Lehmeyer u. Riedel 2019; SAMW 2019, Lehmeyer u. Riedel 2021), deren Erfordernis evident ist, was nachfolgend klargelegt wird.

Im ersten Schritt werden zentrale ethische Dimensionen und Entscheidungsforderungen dargelegt, die sich einerseits aus aktuellen Anforderungen an das professionelle Pflegehandeln ableiten lassen, andererseits durch externe Forderungen und Rahmenbedingungen provoziert werden. In einem zweiten Schritt erfolgt eine exemplarische prinzipienorientierte ethische Entscheidungsfindung zu einem signifikanten pflegeethischen Entscheidungskonflikt. Die ethische Reflexion und Entscheidungsfindung orientiert sich an der Struktur und den Elementen der „prinzipienorientierten Falldiskussion“ (Marckmann 2013a; Marckmann et al. 2014) (vgl. auch Kap. I.3).

Die Ausführungen zum Gegenstand des Pflegehandelns erfolgen aus der Perspektive der *professionellen* Pflege, da deren Auftrag in den jeweiligen Berufsgesetzen und den Sozialgesetzbüchern definiert und konkretisiert ist (Riedel u. Giese 2019). Die ethischen Herausforderungen der Pflege stellen sich indes für *alle* an der Pflege beteiligten und in die Pflegesituation involvierten Personen (Hilfskräfte, Alltagsbegleiter, Betreuungskräfte, gesetzliche Betreuer, Angehörige, Zugehörige etc.), sodass diese zwingend in den Prozess der ethischen Entscheidungsfindung einbezogen und deren Positionen, Informationen und Perspektiven eingefordert werden müssen.

Ziel des Beitrags ist es, konstitutive, komplexe, wiederkehrende ethische Herausforderungen der Pflege darzulegen und komplementierend, praxisbezogen einen exemplarischen Entscheidungsprozess der ethischen Reflexion und Entscheidungsfindung zu vollziehen. Dieser Prozess repräsentiert einen systematischen Analyse-, Abwägungs- und Reflexionsprozess, der den Pflegenden eine Grundlage bietet, zu einer ethisch gut begründeten Entscheidung zu gelangen. Die dargelegte Vorgehensweise bietet Orientierung und Unterstützung bei schwierigen ethischen Entscheidungen, reduziert bei einer regelmäßigen Umsetzung im Kontext moralischer Ungewissheit erlebten moralischen Stress (Monteverde 2019, Riedel 2019a) und trägt zu der eingangs angestrebten Qualität der pflegerischen Versorgung bei.

## 13.1 Bedingungsfaktoren ethischer Herausforderungen in der Pflege

Die ethische Dimension des pflegeberuflichen Auftrags und des Pflegealltags ist unstrittig. Die sukzessive Verdichtung ethischer Fragestellungen im Pflegehandeln charakterisiert die Pflegepraxis. Ethische Reflexion und ethische Entscheidungsfindung – komplementierend zur pflegefachlichen Argumentation und Fundierung – sind grundlegend dafür, dass Pflegehandlungen als professionelle, ethisch reflektierte und legitime Maßnahme akzeptiert und realisiert werden können. Ethischen Herausforderungen in den unterschiedlichen Handlungsfeldern der Pflege (Klinik, stationäre Altenhilfe, ambulante Pflege, Hospiz etc.) werden ferner durch externe Entwicklungen und Forderungen bewirkt. Diesen gerecht zu werden beziehungsweise diese in das pflegerische Handeln zu integrieren, führt im Pflegealltag nicht selten zu ethischen Entscheidungskonflikten (wie zum Beispiel externe Qualitätsanforderungen und Leistungsbegrenzungen versus individuelle Patienten-/Bewohnerwünsche, institutionelle Rahmenbedingungen und Schutzverordnungen versus Privatheit und Wohnlichkeit, vorausverfügter Wille versus aktuell ausgedrückter Wille, Versorgungsqualität versus Lebensqualität etc.).

Hervorzuheben ist an dieser Stelle, dass eine systematisierte ethische Reflexion im Pflegealltag nicht nur dann ihre Berechtigung hat, wenn es um die „großen“ ethischen Themen geht, wie zum Beispiel physische oder medikamentöse Fixierungen oder auch Entscheidungen bezüglich dem Verzicht auf (lebensverlängernde) Maßnahmen in der End-of-Life Care (Dialyse, Beatmung, Ernährung etc.). In der professionellen Pflege stehen demgegenüber vielfältige alltagsbezogene Entscheidungen an, die aufgrund ihrer moralischen Komplexität und moralischen Komplizität (Monteverde 2019) ethische Herausforderungen und Entscheidungskonflikte bergen und in der Folge Handlungsunsicherheit auslösen. So zum Beispiel folgende Fragestellungen:

- Wie ist die respektvolle Begegnung bei einem verbal ausfälligen Patienten zu gestalten?

- Welche Formen, das individuelle Leiden zu lindern, sind bei der Bewohnerin ethisch angemessen?
- Wie gehen wir mit den im Nachttisch gehorteten Medikamenten des Klienten um?
- Wie gehen wir mit der zunehmenden Selbstvernachlässigung der Klientin um?
- Wie mit der motorischen Unruhe, dem herausfordernden Verhalten?
- Wie können wir Privatheit und Schutz der Intimität im Doppelzimmer gewährleisten?

Eine systematisierte ethische Reflexion ist indes immer dann gerechtfertigt, wenn der situative und/oder aufgestaute moralische Stress sich negativ auf die Pflege- und Betreuungsqualität auswirkt und/oder die situationsbezogene Kooperation und/oder Kommunikation im Team dadurch eingeschränkt ist und negative Auswirkungen auf die Pflegequalität und/oder Pflegekontinuität zeigt. Eine systematisierte ethische Reflexion ist indiziert, wenn die Belastung für die in der Pflegesituation Wirkenden als erheblich eingeordnet wird, wenn auch in der Freizeit, nach Schichtende, der Entscheidungskonflikt nachklingt und die Gedanken sich nicht davon lösen.

Nachfolgend werden zentrale Bedingungsfaktoren ausgeführt und deren Effekte expliziert. Diese Betrachtung erfolgt nicht mit dem Anspruch der Vollständigkeit, jedoch mit der Intention, die Kontextfaktoren für ethische Entscheidungskonflikte im pflegeberuflichen Alltag klar- und die Variationsbreite ethischer Entscheidungen darzulegen.

### 13.1.1 Veränderte Zielgruppen professioneller Pflege – spezifische ethische Herausforderungen

Kontinuierliche Veränderungen und spezifische pflegebezogene Anforderungen prägen die Versorgung der Patienten in der *Neonatologie* wie auch in der *Intensivpflege*. Pflegende sind hier mit Pflegesituationen konfrontiert, in denen die Patienten eine hohe Vulnerabilität aufweisen. Medizinische Technologien provozieren neue Pflegebedarfe, Versorgungsbedürfnisse und Erwartungen. Hieraus resultieren komplexe ethische Fragestellungen und Herausforderungen, zum Beispiel die Therapiebegrenzung oder die Symptomkontrolle betreffend. Es stellen sich ethische Fragen der Mikroallokation sowie ethische Herausforderungen im Spannungsfeld zwischen Wohltun und Nichtschaden, hinsichtlich dem Respekt der Autonomie aber auch dem Prinzip der Gerechtigkeit.

Eine weitere vulnerable Zielgruppe professioneller Pflege – in allen Handlungsfeldern – sind *Menschen mit Demenz* (Riedel 2015; Riedel 2019b, Linde u. Riedel 2021). Die (herausfordernden) Verhaltensformen, hohe Ängstlichkeit, Stress und Reizbarkeit, die eingeschränkte Fähigkeit Gegenstände und deren Nutzen zu erkennen, Symptome die allesamt mit den krankheitsbezogenen kognitiven Veränderungen und Einschränkungen einhergehen, stellen Pflegende in allen Settings vor komplexe ethische Herausforderungen:

- Wie kann ich direkt nach einer Operation sicherstellen, dass der Mensch mit Demenz und einem hohem Bewegungsdrang im Bett liegen bleibt?
- Wie gehe ich mit herausforderndem Verhalten – welches zeitintensives Zugehen und Eingehen auf den Menschen mit Demenz einfordert – in einem dicht geplanten Klinikalltag um?

- Kann ich den pflegedürftigen Klienten mit der beginnenden Demenz in seinem häuslichen Umfeld guten Gewissens sich selbst überlassen?
- Wie reagiere ich auf die ständigen Hin- und Weglauftendenzen einer dementen Bewohnerin in einer offenen Pflegeeinrichtung?
- Wie gehe ich mit dem ablehnenden Verhalten gegenüber dem Essen/den Medikamenten um?

Die begrenzten Kommunikations- und Interaktionswege eigene Bedürfnisse zu explizieren und einzufordern, die Erfahrungen der Schwäche und auch des Unverstandenseins, die ausgeprägte Vulnerabilität der Menschen mit Demenz fordern ein hohes Maß an Empathie, ethischer Sensibilität und Reflexionsfähigkeit. Es geht um situatives Abwägen, welchen Grad an Selbstbestimmung und Mitbestimmung dem Menschen mit Demenz zugestanden und eröffnet werden kann beziehungsweise wie stark fürsorglich, schützend und kompensierend interveniert und damit möglicherweise die Autonomie des Menschen mit Demenz begrenzt werden muss. Zu den Herausforderungen einer systematisierten professionellen Einschätzung des Ausdrucksverhaltens der Menschen mit Demenz kommt erschwerend hinzu, dass bezogen auf die Willenserkundung vielfach ein hoher Interpretationsspielraum und eine begegnungsbezogene Varianz bestehen. Ethisch schwierige Entscheidungen können in der Pflege demzufolge dann auftreten, wenn die Ausdrucksformen des „natürlichen Willens" (Jox 2013) unterschiedlich interpretiert und eingeschätzt werden. Hier ist insbesondere ein ethisches Konfliktpotenzial in der Abwägung zwischen Wohltun/Nichtschaden und Autonomie des Menschen mit Demenz evident. Der Aspekte der Gerechtigkeit kommt dadurch zum Tragen, dass die zugewandte achtsame Pflege und Betreuung von Menschen mit Demenz zeitintensiv und der situative Hilfebedarf nicht immer planbar ist. Zukünftig werden technische Entwicklungen – zum Beispiel Ortungssysteme – Pflegende mit neuen ethischen Herausforderungen konfrontieren, die in ihrer Dimension noch nicht vollumfänglich antizipiert werden können (Remmers 2019).

Eine weitere Zielgruppe die im ambulanten Setting als auch in der stationären Altenhilfe zunehmend an Bedeutung und Zulauf verzeichnet sind *Patienten, Klienten und Bewohner mit Migrationshintergrund* (Heinecker et al. 2012). Ethische Herausforderungen ergeben sich aufgrund der kulturellen und religiösen Vielfalt der Menschen, denen professionell Pflegende in ihrem beruflichen Alltag begegnen, die sie professionell beraten, pflegen und betreuen (zu Pflegende, Angehörige und Zugehörige). Demzufolge fordert die spezifische professionelle Pflegebeziehung und -begegnung in der Pflegesituation selbst Grundlegungen des gemeinsamen Entscheidens und Handelns, welche sowohl professionell, evidenzbasiert, ethisch als auch interreligiös abgewogen und konsentiert werden müssen (Riedel u. Lehmeyer 2014). Da religiöse und kulturelle Überzeugungen und Werteorientierungen Einfluss auf das individuelle Gesundheits- und Krankheitsverhalten haben, religiöse und kulturelle Einstellungen das Verständnis von Krankheit, ihrer Entstehung und den Umgang mit der Krankheit beeinflussen, sind ethische Herausforderungen augenscheinlich (Peters et al. 2014). Die unterschiedlichen religiösen Sichtweisen und Wertehaltungen, die damit verbundenen Forderungen, Einstellungen, Deutungsmuster und (ethischen) Fragestellungen im Kontext der Pflegesituation (zum Beispiel in der letzten Lebensphase eines Menschen), dem Pflegehandeln (zum Beispiel die Ernährungs- und Flüssigkeitszufuhr, die Körperpflege betreffend), der medizinischen Versorgung (zum Beispiel bei Bedarf einer Bluttransfusion) und den pflegebezogenen Begegnungssituationen (möglicherweise unter Einbezug der Angehörigen und Zugehörigen) können demnach nicht ignoriert werden. Denn nicht selten stehen religiös und kulturell begründete Erwartungen konträr zu den professionellen Pflegestandards und Pflegekonzepten. Derartige Differenzen führen zu ethischen Spannungsfeldern und vielfach zu Kommunikationsdefiziten, die die Pflegequalität tangieren und die Orientierung an der Individualität und Identität des pflegebedürftigen Menschen beeinträchtigen.

Übergreifend für alle Zielgruppen professioneller Pflege ist zu konstatieren, dass Pflegende stets mit Menschen in Kontakt kommen, die in ihrer jeweils individuellen Ausprägung und Qualität hilfebedürftig sind, deren Würde und Integrität es zu wahren gilt, deren Lebensqualität zu erhalten und/oder zu verbessern ist und deren Vulnerabilität (anwaltschaftlichen) Schutz einfordert und die sich je nach Setting in der ersten oder letzten Lebensphase beziehungsweise in einer von Angewiesenheit geprägten Lebenssituation befinden. Demgemäß erfolgt Pflege vielfach in emotional dichten, verletzbaren und vertraulichen Situationen. Pflegende werden nicht selten zu wichtigen Vertrauenspersonen der zu pflegenden Menschen.

Aufgrund der dargelegten Komplexität der Pflegesituationen und pflegebezogenen Anforderungen werden professionell Pflegende zunehmend mit schwierigen ethischen Herausforderungen und schwerwiegenden ethischen Entscheidungssituationen konfrontiert. Werden diese nicht regelmäßig und systematisiert ethisch reflektiert, erhöht sich der moralische Disstress der Pflegenden, die Qualität der Pflege ist sodann gefährdet, zumindest beeinträchtigt (Poikkeus et al. 2020; Monteverde 2019; Lamiani et al. 2017; Riedel u. Lehmeyer 2021).

### 13.1.2 Externe Anforderungen professionellen Pflegehandelns – situationsbezogene pflegeethische Herausforderungen

Professionelle Pflege ist geprägt und beeinflusst von den jeweiligen (institutionellen) Rahmenbedingungen, den gesetzlichen Vorgaben, den Forderungen der Kostenträger, den gesundheitspolitischen Reglements sowie den Weisungen der Prüfinstanzen (MDK und Heimaufsichtsbehörden). Zugleich sind professionell Pflegende gesetzlich angehalten den Anforderungen an eine evidenzbasierte Pflege und Versorgung gerecht zu werden, wie zum Beispiel die Umsetzung der Expertenstandards (Riedel 2019c). Des Weiteren ist zu konstatieren, dass sich pflegerische Belange mit den wirtschaftlichen Postulaten und den administrativen Forderungen kreuzen. Diese externen Anforderungen und Einflussfaktoren wirken sich auf Pflegesituationen und deren professionelle Ausgestaltung aus. Wie vorausgehend aufgezeigt, beeinflussen zielgruppenbezogen, individuell variierende Pflege-, Gesundheits- und Lebenssituationen, Wohn- und Lebenswelten wie auch Sozial- und Beziehungskontexte die jeweils subjektiven Bedarfe und Bedürfnisse der zu Pflegenden. Nicht selten stehen sodann die extern geforderten Weisungen, die objektiv erfassten und systematisiert gemessenen Bedarfe den subjektiv empfundenen und den situativ bedeutungsvollen Bedürfnissen gegenüber und nicht selten entgegen.

Nachfolgend liegt das Augenmerk der exemplarischen Reflexion auf dem Expertenstandard „Ernährungsmanagement zur Sicherstellung und Förderung der oralen Ernährung in der Pflege" (Stand 2017) (Deutsches Netzwerk für Qualitätsentwicklung in der Pflege 2017). Darauf Bezug nehmend werden die ethischen Herausforderungen aufgezeigt. Vergleichbare Diskrepanzen und ethische Konfliktpotenziale ergeben sich aus externen Forderungen der Heimaufsichtsbehörden und des MDKs (insbesondere aus deren Stellungnahmen). Wenngleich die Intentionen der Expertenstandards nicht mit denen der Aufsichtsbehörden verglichen werden können und dürfen, ist zu konstatieren, dass beide Prüfinstanzen sich auf die Expertenstandards beziehen, sodass die ethischen Herausforderungen sich aus mehreren Perspektiven stellen.

Die inhärente ethische Perspektive im Expertenstandard Ernährungsmanagement lässt sich vor dem Hintergrund des professionsübergreifenden Diskurses zum Thema Ernährungs- und Flüssigkeitsangebote – vornehmlich in der letzten Lebensphase eines Menschen – erklären. Der Titel des Standards: „Expertenstandard Ernährungsmanagement zur Sicherstellung und Förderung der oralen Ernährung in der Pflege" repräsentiert seinerseits einen klaren Handlungsauftrag: das Management der Ernährung und die Sicherstellung und Förderung der Ernährung. Demzufolge wird auch die Anwendung eines Screening- und eines Assessmentinstrumentes zur Erfassung der Risikofaktoren der Mangelernährung gefordert und deren Anwendung mit dem zum Expertenstandard gehörigen Auditinstrument geprüft. Die Anwendung der Instrumente eröffnet den Pflegenden objektive Rückschlüsse auf Risiken und Anzeichen der Mangelernährung und manifestieren den Handlungsbedarf bezogen auf das Ernährungsmanagement. Was jedoch, wenn der zu Pflegende kein Bedürfnis (mehr) hat zu essen und/oder keinen Hunger und keinen Durst (mehr) empfindet? Wenn die persönlichen Risiken der Mangelernährung bewusst in Kauf genommen werden? Die erfassbaren Kriterien der Mangelernährung aus dem bewussten Verzicht auf Nahrung und Flüssigkeit resultieren? Wenn bei einem Menschen mit Demenz jedes Essensangebot beharrlich abgelehnt wird? Sodann stellen die Erkenntnisse der geforderten Screening- und Assessmentergebnisse eine ethische Herausforderung dar. Das geforderte „Ernährungsmanagement" wird zum Gegenstand eines ethischen Konfliktes. Ein rein standardisiertes Vorgehen auf der Basis von geforderten Messergebnissen – zum Beispiel die alleinige Anwendung von objektivierenden Messinstrumenten im Kontext pflegebezogener Entscheidungen – könnte unter dem Vorwand der gut gemeinten Fürsorge aber auch unter dem Druck externer Forderungen bestimmte Messverfahren dem Pflegehandeln grundzulegen – zur Belastung des zu pflegenden und zu begleitenden Menschen werden (Rabe 2009; Riedel 2019c). Eine primäre Ausrichtung an externen Forderungen, eine „Defensivpflege" (Bockenheimer-Lucius et al. 2012) die dazu führt, dass aus Angst vor juristischen Konsequenzen überflüssige oder sogar nutzlose Pflegemaßnahmen begonnen oder weiter geführt werden, ist aus ethischer Perspektive inakzeptabel. In Bezug auf die vehemente Forderung nach messbaren Grundlegungen pflegerischer Maßnahmen ist zu konstatieren, dass sich subjektive Lebensqualität, individuell-situative Bedürfnisse, relevante Beziehungsaspekte und leitende ethische Aspekte mit Messinstrumenten nicht abbilden lassen (Riedel 2016; Riedel 2019b).

Hervorzuheben ist an dieser Stelle, dass der Expertenstandard „Ernährungsmanagement" *per se* ethische Bezüge enthält und demnach ethische Konfliktpotenziale antizipiert (wie auch die aktualisierte Stellungnahme des Medizinischen Dienstes des Spitzenverbandes Bund der Krankenkassen e.V. [MDS] 2014). So wird auf der Ebene der Strukturen im Expertenstandard (Standardkriterium S2a) als Anforderung bezogen auf die Pflegefachkraft formuliert: „verfügt über [...] Kompetenz zur Entscheidungsfindung bei ethisch komplexen Fragestellungen". Auf der Ebene der Ergebnisse (Standardkriterium E2) im Expertenstandard ist zu lesen: „Die [...] Maßnahmen sind [...] gegebenenfalls ethisch begründet" (Deutsches Netzwerk für Qualitätsentwicklung in der Pflege 2017, S. 21). Der Expertenstandard lässt hingegen offen, in welchen Situationen eine ethische Entscheidungsfindung opportun ist, wie eine Entscheidungsfindung systematisiert erfolgen kann und wie sodann die geforderte ethisch begründete Entscheidung erlangt werden kann (Riedel 2019c). Auch die Stellungnahme des MDS (2014) bleibt bezüglich der konkreten Umsetzung der ethischen Entscheidungsfindung im Praxiskontext vage. Ein möglicher Weg soll im Folgenden exemplarisch ausgeführt werden.

## 13.2 Ethische Reflexion in der professionellen Pflegepraxis

Die folgenden Ausführungen legen eine Struktur der pflegeethischen Analyse, Reflexion und Abwägung mit dem Ziel dar, zu einer ethisch gut begründeten Entscheidung zu gelangen. Die systematische ethische Reflexion und Falldiskussion ermöglicht es, die im Nationalen Expertenstandard (2017) und in der Stellungnahme des MDS (2014) geforderte ethische Entscheidungsfindung praxisbezogen zu konkretisieren. Dem geschuldet ist das Fallbeispiels thematisch an der Ernährung ausgerichtet.

Die beispielhafte ethische Reflexion orientiert sich an der Struktur der „prinzipienorientierten Falldiskussion", die sich auf die vier (medizin-)ethischen Prinzipien des Wohltuns, des Nichtschadens, des Respekts vor der Autonomie und der Gerechtigkeit als grundlegende ethische Verpflichtungen stützt (Marckmann 2013a; Marckmann et al. 2014). Diese werden im Prozess der ethischen Reflexion gegeneinander abgewogen. Da diese Prinzipien den Forderungen des ICN-Ethik-Kodex für Pflegende nicht widersprechen, vielmehr diese implizieren, ist das Vorgehen für die ethische Reflexion im professionellen Pflegealltag opportun. So fordert der Ethikkodex, dass professionelles Handeln „zum Wohle des Einzelnen, der Familie und der sozialen Gemeinschaft" ausgeführt wird (Verpflichtung des Wohltuns, des Nichtschadens, der Gerechtigkeit – auch im Sinne der Verteilungsgerechtigkeit), dass Pflegende die Autonomie und Zustimmung durch „ausreichende Informationen" sichern (Verpflichtung der Autonomie) und dass die „berufliche Verantwortung der Pflegenden [...] dem pflegebedürftigen Menschen" gilt (Verpflichtung des Wohltuns, des Nichtschadens, der Autonomie und der Gerechtigkeit – das heißt hier, dass zu Pflegende in vergleichbaren Situationen vergleichbar gepflegt werden) (International Council of Nurses 2021; SBK-ASI 2013; Riedel & Giese 2018). Basierend auf einem Fallbeispiel werden im Folgenden die Schritte der prinzipienorientierten Falldiskussion in einen pflegerischen Handlungskontext gestellt und exemplarisch vollzogen. Dabei wird folgende Situation aus dem ambulanten Setting der nachfolgenden prinzipienorientierten Falldiskussion zugrunde gelegt.

**Beispiel:**

Frau M., 84 Jahre, befindet sich in einem fortgeschrittenen Stadium einer demenziellen Erkrankung. Sie ist auf die Hilfe des ambulanten Pflegedienstes in Bezug auf alle Aktivitäten des täglichen Lebens angewiesen. Die lebenslang sehr willensstarke und entschlossene Frau M. lebt im Haus ihrer Tochter, die sie nach dem Tod ihres Ehemannes seit vier Jahren fürsorglich rund um die Uhr umsorgt. Frau M. hat ihrer Tochter eine Vorsorgevollmacht ausgestellt. Seit rund zwei Wochen zeigt Frau M. beim Transfer in den Rollstuhl ein deutliches nonverbales Abwehrverhalten. Richtig entspannt wirkt sie seit dieser Zeit ausschließlich im Bett liegend. Seit einer Woche lehnt Frau M. zudem – ebenfalls nonverbal – beharrlich das Essen ab und zunehmend auch die Getränke. Eine Logopädin konnte eine Schluckstörung (Dysphagie) ausschließen. Verletzungen im Mund-Rachenraum sind ebenfalls nicht erkenntlich. Die Tochter ist zunehmend verzweifelt. Sie ergänzt den Vertrag mit dem ambulanten Dienst und überträgt das Anreichen der gesamten Mahlzeiten an die Pflegenden in der Hoffnung und der Erwartung, dass ihre Mutter dann die ihrerseits sorgfältig zubereiteten Mahlzeiten isst. Auch bei den Pflegenden lehnt Frau M. jeglichen Bissen ab. Zunehmend kommt es zu Konflikten zwischen den Pflegenden und der Tochter, die zwischenzeitlich den Wechsel des Pflegedienstes in Erwägung zieht.

Anlass der ethischen Reflexion ist die Uneinigkeit darüber, welche Handlungsoption in der vorliegenden Situation am besten ist. Nachfolgend werden die Schritte dargelegt, wie die ethisch am besten begründbare Handlungsoption im Rahmen einer ethischen Fallbesprechung systematisiert herausgearbeitet werden kann.

### 13.2.1 Medizinische Situation, pflegebezogene Analyse und pflegerische Aufarbeitung des Falls

In diesem Schritt stellen sich die folgenden *Leitfragen*:

- Was sollen wir tun?
- Wie stellt sich die medizinische und pflegerische Situation von Frau M. dar?
- Welche Handlungsoptionen stehen aus pflegerischer Perspektive zur Verfügung?

**Aktuelle medizinische Situation**: Demenz im fortgeschrittenen Stadium, keine Schluckstörungen, keine sichtbaren Veränderungen der Mundschleimhaut, keine weiteren schwerwiegenden Erkrankungen, die den Allgemeinzustand und/oder den Gesundheitszustand von Frau M. beeinflussen und/oder Schmerzen auslösen.

**Aktuelle pflegerische Situation**: Frau M. ist auf die Unterstützung bei allen Aktivitäten des täglichen Lebens angewiesen. Hierbei kann sie auch bei differenzierter, pflegerischer Anleitung nicht mehr aktiv mitwirken. Das nonverbale situative Ausdrucksverhalten eröffnet den Pflegenden im Rahmen der Pflegemaßnahmen bislang verlässliche Rückschlüsse auf Unbehagen bzw. auf unangenehme Pflegehandlungen (zum Beispiel wenn die kühle Körperlotion aufgetragen wird, der angebotene Tee noch zu heiß, das angereichte Stück Brot zu groß ist etc.). Auch lässt die entspannte Körperhaltung im Bett darauf schließen, dass das der Ort ist, an dem sie sich wohl fühlt. Die angebotenen Mahlzeiten und Getränke werden seit einer Woche durch das zusammenkneifen der Lippen, das Wegdrehen des Kopfes und das Schließen der Augen abgelehnt.

Frau M. war stets sehr willensstark und entschlossen. Eine Patientenverfügung hat Frau M. nicht erstellt, jedoch eine Vorsorgevollmacht für ihre Tochter notariell verfügt.

- *Welche Handlungsoptionen und Ziele lassen sich in der Situation erfassen?*
- *Welche Konsequenzen (Chancen und Risiken) sind jeweils damit verbunden?*

**Option 1:** Die Fortführung der vehementen Versuche Frau M. (wieder) zum Essen und Trinken zu motivieren. Möglicherweise gibt Frau M. dann in ferner Zukunft zu einem bestimmten Zeitpunkt ihr Abwehrverhalten auf, weil sie womöglich keine Kraft mehr dazu hat. Als Komplikation wäre sodann eine Aspiration zu erwarten. Positive Auswirkungen bzw. die Förderung der Lebensqualität erscheinen fraglich.

**Option 2:** Davon ausgehend, dass aufgrund der fortgeschrittenen demenziellen Erkrankung das Abwehrverhalten gegebenenfalls doch keine situationsbezogene und adäquate Reaktion darstellt, könnte eine Sondenernährung in Betracht gezogen werden. Auch hier ist die Komplikation einer Aspiration nicht auszuschließen und zudem besteht die Gefahr, dass Frau M. sich die Sonde zieht und damit Verletzungen und oder Fixierungen provoziert. Es ist zu mutmaßen, dass diese Option für Frau M. mit Leiden verbunden ist.

**Option 3:** Davon ausgehend, dass das Abwehrverhalten in anderen Situationen (z.B. Körperpflege) nachvollziehbar ist und situativ adäquat erfolgt und somit als Willensbekundung eingestuft werden kann, erscheint die Akzeptanz der Abwehr und somit der Verzicht mehrmals täglich erfolgender Essens- und Trinkangebote als angemessene Handlungsoption. Das Einstellen der Ernährung und Flüssigkeitsgabe hätte vermutlich eine Lebensverkürzung zur Folge. Das Leiden für Frau M. könnte sich dadurch reduzieren, dass sie sich wieder auf das Gegenüber einlassen könnte, das Abwehrverhalten nicht mehr die Begegnungen prägt. Bei gewissenhafter Symptomkontrolle, intensivierter Palliative Care Begleitung wäre es möglich, ein hohes Maß an Lebensqualität aufrecht zu erhalten.

Nach diesem Schritt sind die Handlungsoptionen expliziert, eine Entscheidung indes noch nicht getroffen. Die ethische Bewertung und begründete Abwägung erfolgt in den nächsten Schritten.

### 13.2.2 Bewertung I – Ethische Verpflichtung gegenüber der Patientin/Klientin

> ***Ethische Verpflichtungen gegenüber der Patientin/Klientin: 1. Wohl der Patientin/Klientin fördern, nicht schaden!***
>
> ***Leitfrage 1:*** *Welche der verfügbaren Optionen ist aus der Fürsorgeperspektive für Frau M. (Perspektive Pflege- und Behandlungsteam) – unter Berücksichtigung der jeweiligen Chancen und Risiken für das Wohlergehen – am besten? (Wohltun und Nichtschaden)*

Das situative Wohlbefinden und insbesondere das längerfristige Wohlergehen von Frau M. sind aufgrund der wiederkehrenden Konfrontation mit Essensangeboten und der damit verbundenen Provokation von Abwehrverhalten als reduziert einzuschätzen. Demzufolge ist Option 1 bezüglich diesem ethischen Prinzip abzulehnen (mehr Schaden als Nutzen). Fraglich ist, ob die Strategien der Optionen 1 und 2 wirklich eine lebensverlängernde Wirkung haben und diese damit dem Prinzip des Nichtschadens zuzuordnen sind. Dies vor allem auch Option 2 betreffend, hinsichtlich der erwartbaren Reaktionen von Frau M. auf eine Sonde und die damit verbundenen Gefahren und Einschränkungen (rechtfertigt der Nutzen den Schaden?). Geht es um das längerfristige Wohlergehen von Frau M. so ist demzufolge die Option 2 abzulehnen, zumal diese auch dem Prinzip des Nichtschadens nicht vollumfänglich gerecht wird.

Obgleich Option 3 das Risiko der Lebensverkürzung birgt, somit dem Prinzip des Nichtschadens entgegensteht, wird dieser hier – in Bezug auf das langfristige Wohlergehen von Frau M. – der Vorrang eingeräumt (mehr Nutzen als Schaden).

***Ethische Verpflichtung gegenüber der Patientin/Klientin: 2. Autonomie respektieren!***

***Leitfrage 2:*** *Welche der verfügbaren Behandlungsoptionen bevorzugt Frau M. selbst bzw. würde Frau M. bevorzugen? (Respekt der Autonomie)*

Frau M. ist aufgrund ihrer fortgeschrittenen demenziellen Erkrankung nicht in der Lage sich verbal zu äußern, eine Patientenverfügung liegt nicht vor. Der mutmaßliche Wille von Frau M. sollte in einem sensiblen, zugewandten Gespräch mit der Tochter eruiert werden („Was würde ihre Mutter in der vorliegenden Situation wollen?"). Wie dargelegt verfügt Frau M. über ein nonverbales Ausdrucksverhalten, das in anderen Situationen adäquate Rückschlüsse darauf eröffnet, ob Frau M. eine pflegerische Intervention als angenehm bzw. als unangenehm empfindet. So kann das nonverbale Abwehrverhalten im Rahmen der Essensangebote als aktuelle Willensäußerung, als Willensbekundung und demzufolge als Ausdruck ihres natürlichen Willens (vgl. Jox 2013) gewertet werden, den es zu beachten gilt. Im Hinblick auf die Autonomie-Perspektive wäre demzufolge Option 3 zu verfolgen.

### 13.2.3 Bewertung II – Ethische Verpflichtung gegenüber Dritten

***Leitfrage:*** *Welche der verfügbaren Behandlungsoptionen ist für andere beteiligte (bspw. Familienangehörige, andere Patienten) Personen am besten? (Gerechtigkeit)*

Aufgrund des jeweils individuellen Versorgungsvertrages im ambulanten Setting, sind bei einem zeitlich erhöhten Einsatz bei Frau M. (der vertraglich geschlossen wurde) die anderen Klienten nicht tangiert. Wenn hingegen die personellen Ressourcen des ambulanten Dienstes aufgebraucht sind, kann dieser möglicherweise vorübergehend keine neuen Klienten annehmen (Prinzip der Gerechtigkeit tangiert). Bezogen auf die Situation von Frau M. ist hier das Augenmerk auf die Tochter – als unmittelbare Bezugsperson – zu richten. Für sie ist es eine große Belastung, dass ihre Mutter das Essen und Trinken ablehnt, dies trotz all ihrer fürsorglichen Versuche, es der Mutter so schmackhaft wie möglich zu gestalten. Option 1 erscheint aufgrund der hohen emotionalen Belastung nicht angemessen, zumal sie das Anreichen von Essen und Trinken bereits an den Pflegedienst delegiert hat. Option 2 würde der Tochter – als Bevollmächtigte ihrer Mutter – die Sicherheit geben, alles für ihre Mutter getan zu haben und sie nicht „verhungern und verdursten“ zu lassen. Option 3 wäre für die Tochter sicher schwer zu ertragen. Indes könnte sie mit Unterstützung der Pflegenden – als veränderte Geste der Zuwendung und Fürsorge – die Lebensqualität ihrer Mutter dadurch fördern, dass sie aktiv an der Symptomkontrolle mitwirkt und ihrer Mutter einen würdigen Abschied in der Familie ermöglicht. Zugleich hätte sie selbst noch ausreichend Zeit sich von ihrer Mutter zu verabschieden.

## 13.2.4 Synthese – Begründete Abwägung und ethisch begründete Entscheidung

***Leitfrage:** Konvergieren oder divergieren die Verpflichtungen?*

Da Frau M. keine Patientenverfügung verfasst hat, steht bei der ethischen Reflexion die Wohltuns-Perspektive im Vordergrund (Abwägen von Nutzen und Schaden in Bezug auf die Handlungsoptionen). Gemäß den Wohltunsverpflichtungen und dem Respekt der Autonomie wäre das im vorliegenden Fall – nun bereits seit einer Woche – seitens Frau M. beharrlich praktizierte Abwehrverhalten als solches anzuerkennen. Die Verpflichtung gegenüber Dritten (hier der Tochter) weist hingegen in eine andere Richtung, da ihrerseits keine Akzeptanz gegenüber der ablehnenden Haltung ihrer Mutter – die existenzielle Versorgung mit Nahrung und Flüssigkeit betreffend – besteht. Deutlich ist hier der Konflikt zwischen der Autonomie von Frau M. und ihrem Wohlergehen einerseits und der Verpflichtung gegenüber der Tochter andererseits. Das heißt, es bedarf der situativen und begründeten Abwägung zwischen den konfligierenden Verpflichtungen. Hier ist zu konstatieren, dass „die Verpflichtungen gegenüber Dritten den Verpflichtungen gegenüber dem Patienten selbst nachgeordnet“ sind (Marckmann 2013a). Die Verpflichtung gegenüber Dritten könnte an dieser Stelle nur dann ausschlaggebend für die Entscheidung sein, wenn die Verpflichtung gegenüber Frau M. nicht eindeutig ist.

Die sich auf die Autonomie stützende Argumentation könnte durch die fortgeschrittene demenzielle Erkrankung geschwächt werden, wenn die Willensäußerung als spekulativ bewertet bzw. anderweitig gedeutet wird. Dem steht indes das klare und wiederholte – seitens der Pflegenden seit einer Woche differenziert dokumentierte – Ausdrucksverhalten gegenüber. Es handelt sich bei Frau M. um eine bewusste nonverbale Äußerung (im Gegensatz zu einem bloßen Reflex), die eine klare Willensrichtung weist, die in vergleichbaren Situationen als schlüssige und handlungsleitende Willensbekundung bewertet und eingestuft wird. Zudem wird Frau M. als willensstark und entschlossen beschrieben, was die über eine Woche anhaltende Abwehr in der aktuellen Lebensphase repräsentiert.

Als Ergebnis der Abwägung ist die Option 3 – bezogen auf das längerfristige Wohlergehen von Frau M. – ethisch am besten begründbar und gerechtfertigt, da diese Option die Willensbekundungen als Form der Mitbestimmung seitens Frau M. anerkennt und respektiert.

### 13.2.5 Kritische Reflexion

***Leitfrage 1:** Was ist der stärkste Einwand gegen die ausgewählte/favorisierte Handlungsoption?*

Der stärkste Einwand bezüglich der favorisierten Handlungsoption besteht darin, dass die Entscheidung für die Tochter – die eine wesentliche Rolle in der Pflege und Betreuung von Frau M. spielt und als Bevollmächtigte sich in besonderer Weise verantwortlich fühlt – möglicherweise eine große Belastung darstellt. Fraglich ist, ob sie diese Entscheidung mittragen kann. Bedeutsam wäre hier die Tochter situativ für das ablehnende Verhalten, für das wiederkehrende nonverbale Ausdrucksverhalten ihrer Mutter zu sensibilisieren. Als weitere Schritte sollte die Tochter sensibel und zugewandt über die Konsequenzen einer Einstellung der Ernährung und Flüssigkeit informiert werden, möglicherweise gemeinsam mit oder von dem Hausarzt der Mutter. Auch wäre eine Übergangsphase in der Form möglich, dass einmal am Tag nach wie vor etwas zu essen und zu trinken angeboten wird, eine erwartbare Ablehnung jedoch respektiert wird. Ferner sollten der Tochter Optionen eröffnet werden, ihre Fürsorge umzulenken. Die intensivierte Palliative Care Begleitung sollte dezidiert unter Einbezug der Tochter geplant werden.

***Leitfrage 2:** Wie hätte der Konflikt möglicherweise vermieden werden können?/ Wie kann der Konflikt zukünftig vermieden werden?*

Für die Zukunft des professionellen Pflegehandelns können auf der Basis der ethischen Reflexion verbesserte Kommunikationsstrukturen mit Angehörigen in Bezug auf erwartbare Entscheidungen am Lebensende entwickelt werden.

## Fazit

Professionell Pflegende sind aufgrund der ethischen Komplexität des pflegeberuflichen Handelns wiederholt mit ethischen Herausforderungen konfrontiert. Evident ist, dass die Kontextfaktoren vielschichtig sind und die Perspektiven und Einflussfaktoren vielfältig. Der anhand der „prinzipienorientierten Falldiskussion" dargelegte systematische Analyse-, Abwägungs- und Reflexionsprozess bietet den Pflegenden eine Methode für eine systematisierte ethische Analyse potenzieller Handlungsoptionen, für eine nachvollziehbare ethische Argumentation und für eine begründete ethische Entscheidung in der ethischen Konfliktsituation (Marckmann 2013b) einer komplexen Pflegesituationen. Die dargelegte Vorgehensweise bietet somit Orientierung und Unterstützung bei der Herausarbeitung der ethisch am besten begründbaren Handlungsoption in schwierigen ethischen Entscheidungen im Pflegealltag. Sie trägt zu der eingangs angestrebten Qualität der pflegerischen Versorgung bei und fördert die Entscheidungsfähigkeit, die ethische Sensibilität und die Ethikkompetenzentwicklung (Riedel u. Giese 2018; Riedel u. Giese 2019; Lehmeyer u. Riedel 2021; Riedel 2019a; SAMW 2019). Die Rolle und Perspektive der professionell Pflegenden ist bei ethisch begründeten Entscheidungsfindungen essenziell. Bevor externe Prüfkriterien die ethische Reflexion und Falldiskussion einfordern, sollten die Pflegenden für sich ethisch begründete Entscheidungsfindungsprozesse als genuinen pflegeprofessionellen Gegenstand anerkennen

(Riedel 2019a; Lehmeyer & Riedel 2019; Riedel u. Giese 2019; Riedel u. Giese 2018; Remmers 2018). Pflegende sind aufgefordert *systematisierte* ethische Reflexion, *strukturierte* ethische Abwägung als pflegeprofessionelle Aufgabe konsequent zu realisieren, um so deren konstruktive Effekte sukzessive als moralische Entlastung und praxisbezogene Unterstützung zu erfahren (Riedel 2013; Riedel 2019a).

***Praxistipps***

- *Ethisch begründete Entscheidungen sind essenziell: Ethische Reflexion ist genuiner Gegenstand pflegeprofessioneller Entscheidungen und professionellen Pflegehandelns. Die Komplexität pflegerischer Entscheidungssituationen fordert indes eine systematisierte ethische Analyse und Reflexion, um ethisch begründete Entscheidungen und professionell verantwortetes Pflegehandeln abzusichern. Ethisch begründete Entscheidungen sind demgemäß grundlegend für eine qualitätsvolle Pflege.*
- *Prinzipienorientierte Fallberatungen sind unterstützend und entlastend: Die prinzipienorientierte Fallberatung lanciert und strukturiert den Prozess der ethischen Reflexion. Das klare, transparente und systematisierte Vorgehen sichert die differenzierte Analyse wie auch die ethische Abwägung ab und verbessert die Entscheidungsqualität. Die erlangte ethisch begründete Entscheidung bietet konkrete Orientierung für das pflegeprofessionelle Handeln und sichert die Pflegequalität. Ethische Fallberatungen reduzieren die moralische Unsicherheit und den moralischen Stress, sie ermöglichen moralische Entlastung und fördern die Pflegequalität, sie stabilisieren die Teamarbeit und tragen bestenfalls zum Berufsverbleib bei.*

## Literatur

Bockenheimer-Lucius G, Dansou R, Sauer T (2012) Ethikkomitee im Altenpflegeheim. Theoretische Grundlagen und praktische Konzeption. Campus Verlag Frankfurt New York

Deutsches Netzwerk für Qualitätsentwicklung in der Pflege (2017) Expertenstandard Ernährungsmanagement zur Sicherstellung und Förderung der oralen Ernährung in der Pflege. 1. Aktualisierung. (Inklusive Auditinstrument o.J.) Eigenverlag Osnabrück

Heinecker P, Pohlmann S, Leopold C (2012) Ältere Migranten als Klienten. In: Pohlmann S (Hrsg.) Altern mit Zukunft. 93–132. Springer VS Wiesbaden

International Council of Nurses (2021) The ICN Code of Ethics for Nurses. https://www.icn.ch/system/files/2021-10/ICN_Code-of-Ethics_EN_Web_0.pdf (abgerufen am 10. November 2021)

Jox RJ (2013) Der „natürliche Wille“ bei Kindern und Demenzkranken. In: Wiesemann C, Simon A (Hrsg.) Patientenautonomie. Theoretische Grundlagen – Praktische Anwendungen. 329–339. Mentis Verlag Münster

Lamiani G, Borghi L, Argentero P (2017) When healthcare professionals cannot do the right thing: A systematic review of moral distress and its correlates. Journal of Health Psychology 22:51–67

Lehmeyer S, Riedel A (2019) Ethikkompetenzerwerb im Handlungsfeld – Voraussetzungen und Impulse für die professionelle Praxis. Ethik Med 31:391–406

Lehmeyer S, Riedel A (2021) Reflektiert und respektvoll im Umgang. Ethikkompetenz in der Pflegebildung entwickeln und stärken. Pflegezeitschrift 74:40–43

Linde AC, Riedel A (2021) Verstehen als Element der professionellen Beziehungsgestaltung in der Pflege von Menschen mit Demenz aus ethischer Perspektive – Professionelle Handlungsoptionen zwischen Anerkennung und Fürsorge. In: Riedel A, Lehmeyer S (Hrsg.) Ethik im Gesundheitswesen. Springer Reference Pflege – Therapie – Gesundheit. https://doi.org/101007/978-3-66258685-3_61-1

Marckmann G (2013a) Ethische Grundlagen ärztlichen Handelns. In: Michalsen A, Hartog CS (Hrsg.). End-of-Life Care in der Intensivmedizin. 3–15. Springer-Verlag Berlin Heidelberg

Marckmann G (2013b) Wann ist eine ethische Analyse eine *gute* ethische Analyse? Ein Plädoyer für die Methodenreflexion in der Medizinethik. Ethik Med 25: 87–88

Marckmann G, Brumann M, Mutschler W (2014) Ethische Entscheidungen in der Chirurgie. Grundlagen einer prinzipienorientierten Falldiskussion. Unfallchirurg 117: 392–398

Medizinischer Dienst des Spitzenverbandes Bund der Krankenkassen e.V. (MDS) (2014) Grundsatzstellungnahme Essen und Trinken im Alter. Ernährung und Flüssigkeitsversorgung älterer Menschen. Eigenverlag Essen

Monteverde S (2019) Komplexität, Komplizität und moralischer Stress in der Pflege. Ethik Med 31: 345–360

Peters T, Grützmann T, Bruchhausen W, Coors M, Jacobs F, Kaelin L, Knipper M, Kressing F, Neitzke G (2014) Grundsätze zum Umgang mit Interkulturalität in Einrichtungen des Gesundheitswesens. Positionspapier der Arbeitsgruppe Interkulturalität in der medizinischen Praxis in der Akademie für Ethik in der Medizin. Ethik Med 26: 65–75

Poikkeus T, Suhonen R, Katajisto J, Leino-Kilpi H (2020) Relationship between organizational and individual support, nurses' ethical competence, ethical safety, and work satisfaction. Health Care Manage Rev 45: 83–93

Rabe M (2009) Essen und Trinken im Alter. Ethische Fragen und fachliche Standards in der Versorgung alter Menschen. Ethik Med 21: 3–6

Remmers H (2018) Ethik in der Pflege. In: Riedel A, Linde A-C (Hrsg.) Ethische Reflexion in der Pflege. 3–11. Springer Heidelberg

Remmers H (2019) Pflege und Technik. Stand der Diskussion und zentrale ethische Fragen. Ethik Med 31: 407–430

Riedel A (2013) Ethische Reflexion und Entscheidungsfindung im professionellen Pflegehandeln realisieren. Ethik Med 25: 1–4

Riedel A (2015) Ethikberatung in der Altenpflege – Forderungen und Gegenstand. In: Coors M, Simon A, Stiemerling M (Hrsg.) Ethikberatung in Pflege und ambulanter Versorgung. Modelle und theoretische Grundlagen. 45–67. Jacobs Verlag Lage

Riedel A (2016) Ist Lebensqualität ein angemessener Wert im Rahmen einer ethischen Entscheidungsfindung im Palliative Care Setting? In: Kovác L, Kipke R, Lutz R (Hrsg.) Lebensqualität in der Medizin. 347–362. Springer VS Wiesbaden

Riedel A (2019a) Ethikkompetenzen vertiefen und verdichten – Welche Rolle kann die Ethik-Leitlinienentwicklung als exemplarische Methode der Ethikdidaktik in der hochschulischen Pflegeausbildung spielen? Ethik Med 31: 361–390

Riedel A (2019b) Gesundheitsförderung und Prävention für Menschen mit Demenz - ethische Implikationen und exemplarische Entscheidungskonflikte. In: Gebhard D, Mir E (Hrsg.) Gesundheitsförderung und Prävention für Menschen mit Demenz. 55–73. Springer Heidelberg

Riedel A (2019c) Ernährung am Lebensende - Situationen moralischer Ungewissheit fordern ethisch reflektierte Entscheidungen. In: Coors M, Simon A, Alt-Epping B (Hrsg.) Freiwilliger Verzicht auf Nahrung und Flüssigkeit. 75–93. Kohlhammer Stuttgart

Riedel A, Giese C (2018) Empfehlungen für eine künftige Ethikbildung der Pflegeberufe. Ein Beitrag zur Entwicklung einer professionellen und beruflichen Identität. In: Kemser J, Kerres A (Hrsg.) Lehrkompetenz lehren. 3–21. De Gruyter Oldenburg

Riedel A, Giese C (2019) Ethikkompetenzentwicklung in der (zukünftigen) pflegeberuflichen Qualifizierung – Konkretion und Stufung als Grundlegung für curriculare Entwicklungen. Ethik Med 31: 61–79

Riedel A, Lehmeyer S (2014) Interreligiöse Kompetenz in der Pflegeausbildung. Konkretionen und Implikationen aus pflegeberuflicher und pflegeethischer Sicht. In: Merkt H, Schweitzer F, Biesinger A (Hrsg.) Interreligiöse Kompetenz in der Pflege. Pädagogische Ansätze, theoretische Perspektiven und empirische Befunde. 107–127. Waxmann Verlag Münster New York

Riedel A, Lehmeyer S (2021) Erlebensqualitäten moralischer Belastung professionell Pflegender und die Notwendigkeit des Schutzes der moralischen Integrität – am Beispiel der COVID-19-Pandemie. In: Riedel A, Lehmeyer S (Hrsg.) Ethik im Gesundheitswesen, Springer Reference Pflege – Therapie – Gesundheit, https://doi.org/10.1007/978-3-662-58685-3_94-1

SAMW (Schweizerische Akademie der Medizinischen Wissenschaften) (2019) Ethikausbildung für Gesundheitsfachpersonen. https://www.samw.ch/de/Publikationen/Richtlinien.html (abgerufen am 31. Juli 2020)

SBK-ASI; Schweizer Berufsverband der Pflegefachfrauen und Pflegefachmänner (2013) Ethik und Pflegepraxis. Eigenverlag Bern

# 14 Moralischer Stress in der Patientenversorgung

Katja Kühlmeyer

Moralischer Stress lenkt den Blick auf subjektive Perspektiven von Fachkräften in der Patientenversorgung. Was genau mit dem Begriff bezeichnet werden soll, ist umstritten. Als Dachbegriff umfasst er psychische Reaktionen auf moralisch herausfordernde Situationen. Ein adäquater Umgang mit moralischem Stress sollte vor dem Hintergrund der Komplexität multiprofessioneller medizinischer Versorgung nicht nur als persönliche, sondern vielmehr als kollektive (Team-)Aufgabe begriffen werden. Ein problemorientierter Umgang mit moralischem Stress kann dazu beitragen, Strukturen und Routinen zu etablieren und kontinuierlich anzupassen, die ein gemeinsames Handeln im Einklang mit ethischen Werten und Normen ermöglichen.

## 14.1 Moralischer Stress: Der Blick auf das psychische Erleben von Gesundheitsfachkräften in moralisch herausfordernden beruflichen Situationen

„Moralischer Stress" ist für Gesundheitsfachkräfte in Deutschland eher ein neuer, fremdklingender Ausdruck. Er geht aus einer Übersetzung des englischsprachigen Begriffs „moral distress" hervor. Die Verwendung des englischsprachigen Begriffs in der Forschungs- und Fortbildungsliteratur nahm ihren Ursprung in der US-amerikanischen Pflegewissenschaft und -ethik der 1980er- und 1990er-Jahre. Mittlerweile wurde das Phänomen bei nahezu allen Berufsgruppen nachgewiesen, die einen Beitrag zur Patientenversorgung leisten. Seit der Einführung wird der Begriff für sehr heterogene Dinge verwendet und es besteht zwischen unterschiedlichen Vertretern der Moralstress-Forschung Uneinigkeit darüber, was er genau beschreiben soll und was nicht (Fourie 2015; Monteverde 2019; Pauly et al. 2012).

Folgt man der Konzeptualisierung von Fourie, bezeichnet Moralischer Stress als Dachbegriff heute eine psychische Reaktion auf moralisch herausfordernde Situationen (Fourie 2015; Fourie 2017).

Fourie spricht von einer „psychologischen Reaktion". Da die Psychologie die Wissenschaft vom Erleben und Verhalten ist, aber Menschen selten wissenschaftlich (psychologisch) auf eine Erfahrung reagieren, ist hier von psychischen Reaktionen die Rede.

Der Begriff Distress beinhaltet einen Verweis auf ein gewisses Unbehagen bzw. eine psychische Not, ob die Reaktion jedoch als Belastung erlebt wird, ist abhängig von der Bewertung der Person, die sie bewusst wahrnimmt. Auslöser von moralischem Stress sind Situationen, die moralische Unsicherheit hervorrufen oder moralische Konflikte enthalten, aber auch Situationen, in denen eine moralisch gebotene Handlung aufgrund von *Einschränkungen der Handlungsmöglichkeiten* nicht erfolgt ist oder nicht erfolgen kann. Solche Einschränkungen können *external*, außerhalb der handelnden Person oder *internal* verursacht sein. Beispiele für externale Barrieren sind Vorgaben durch hierarchisch höher gestellte Personen, gesetzliche oder institutionelle Regelungen oder das Fehlen von Ressourcen. Internale Hindernisse sind zum Beispiel Wissenslücken, fehlende Übung und Erfahrung mit der Handlung, oder Befürchtungen unerwünschter Konsequenzen. Eine weit verbreitete Befürchtung ist z.B., dass eine Konfrontation statushöherer Teammitglieder, die berufsethische Werte durch ihr Verhalten verletzen, negative Folgen haben könnte.

Die Bewertung von moralischem Stress in einer gegebenen Situation bestimmt, ob eine Situation als Herausforderung oder *Bedrohung* der *beruflichen Integrität* erlebt wird. Mögliche Folgen von häufig und/oder stark erlebtem moralischem Stress können psychische Störungen wie beispielsweise Depression oder Burnout sein. Ein inadäquater Umgang mit moralischem Stress am Arbeitsplatz wirkt sich darüber hinaus auf die Arbeitszufriedenheit aus. Er kann einen Einfluss darauf haben, ob Pflegende, Ärzte oder andere Angehörige von Gesundheitsberufen am Arbeitsplatz oder im Beruf verbleiben. Außerdem wird angenommen, dass die Qualität der Patientenversorgung leidet, wenn Gesundheitsfachkräfte dauerhaft und wiederholt belastet sind.

**Den moralischen Stress von Personen betrachten, bedeutet, den Fokus auf ihr subjektives Erleben moralisch herausfordernder Situationen zu richten.**

Beschäftigen wir uns mit moralischem Stress, befinden wir uns nicht in einer Vogelperspektive auf die Situation. Wir versetzen uns in die Perspektive der Betroffenen. Dabei erfahren wir etwas über ihre berufliche und medizinethische Kompetenz, ihre verinnerlichten persönlichen und professionellen Wertvorstellungen und Wertehierarchien, ihre Position in der Hierarchie, und versuchen diese in Fall- und Situationsgesprächen intersubjektiv zu rekonstruieren und zu reflektieren. Den adäquaten Umgang mit moralischem Stress befördern, kann heißen, bereits etablierte Ansätze wie Mentoring-Programme, Beratungsangebote zur klinischen Ethik, Fall- und Teamsupervision oder Balint-Gruppen zu nutzen, aber solche „Interventionen" neu auszurichten: Auf die Förderung eines *adäquaten, berufsethisch informierten Umgangs*. Es kann aber auch erforderlich sein, neue Interventionen zu entwickeln, die uns in die Lage versetzen,

Auslöser zu reduzieren, Umgangsmöglichkeiten zu erweitern oder negative Beanspruchungsfolgen zu verhindern. Im Folgenden wird ein Ansatz vorgestellt, der vor allem bei moralischem Stress infolge von Handlungseinschränkungen geeignet erscheint.

## 14.2 Kommunikative Situationsanalysen: Ursachen von moralischem Stress auf unterschiedlichen Ebenen identifizieren

Moralischer Stress wird von vielen Betroffenen als ihre Privatangelegenheit betrachtet. Je nachdem, welche Position eine Person in der Hierarchie eines Versorgungsteams hat, braucht sie Alltagsmut, um das eigene Unbehagen in oder nach einer moralisch herausfordernden, beruflichen Situation zur Sprache zu bringen. Innerhalb eines Versorgungsteams ist dazu eine offene Kommunikationskultur förderlich, um das Erleben von moralischem Stress in formellen oder informellen kollegialen Gesprächen einbringen zu können. Ein erster wichtiger Schritt ist die Wahrnehmung und Anerkennung ihrer Erfahrung und die initiale Entlastung, durch ihre begriffliche Zu- und Einordnung. Diese ist selbst dann gefordert, wenn Angesprochene die zugrundeliegende Problemlage anders beurteilen würden.

Eine Besprechung der Ursachen von moralischem Stress eines Teammitglieds kann wichtig sein, sowohl für eine Entlastung der Person, als auch für die Erfassung aller moralisch relevanter Aspekte eines Falles, aber ob sie realisiert werden kann, hängt von vielen Faktoren ab. Kommunikative Räume dafür könnten z.B. in wöchentlichen Teambesprechungen, Fall- und Teamsupervisionen oder in Angeboten der klinischen Ethikberatung eröffnet werden, aber sind natürlich zeitlich begrenzt. Für Studierende und Schüler sollten Lehrende Räume für die kollektive Reflexion von moralischen Herausforderungen in Praxisphasen eröffnen, um sie bei der Entwicklung von angemessenen Umgangsweisen zu unterstützen und Fehlentwicklungen vorzubeugen. Ist eine weitere kollektive Aufarbeitung möglich/notwendig, ist der nächste Schritt die Analyse der Situation, die dem Erleben von moralischem Stress zugrunde liegt. Im Gegensatz zu vielen Ausgangssituationen einer klinischen Ethik-*Beratung*, bei denen Situationen vorliegen, in denen moralische Unsicherheit oder moralische Konflikte über die richtige Handlungsstrategie vorherrschen, handelt es sich bei moralischem Stress aufgrund von Handlungseinschränkungen in der Regel um keine ergebnisoffenen Situationen. Oft bleibt nur die nachträgliche Reflexion von bereits vollzogenen unmoralischen oder moralisch unzureichenden Handlungen. Eine weitere Besonderheit ist, dass bei der Situationsanalyse im Umgang mit moralischem Stress nicht der Versuch einer objektiven Fallrekonstruktion und einer prototypisch, ethisch am besten begründbaren Handlung im Vordergrund steht. Vielmehr stehen (inter-)subjektive Analysen und der Austausch von Perspektiven der Bewertung der Situation im Zentrum der Betrachtung. Manche klinische Ethikkomitees oder andere Angebote für Klinische Ethikberatung bieten gezielt Unterstützung an, die auf den besonderen Charakter von moralischem Stress aufgrund von Handlungseinschränkungen zugeschnitten sind. Ein Angebot der Cleveland-Clinic in den USA beispielsweise beinhaltet reflektierte Fallbesprechungen. Es wird gemeinsam von einem klinischen Ethiker und einem psychosozialen Mitarbeiter gestaltet (Morley et al. 2020).

Die Reflexion bereits zurückliegender Erfahrungen birgt die Chance einer kommunikativen Entlastung und sozialen Unterstützung von Betroffenen, ermöglicht aber unter Umständen auch eine Neubewertung der zurückliegenden Situation oder eine moralische Reifung der Beteiligten. Darüber hinaus birgt sie die Chance der Identifikation von Kontextbedingungen, die mittel- und langfristig auf einer systemischen Ebene betrachtet und adressiert werden sollten.

Maßnahmen der kollektiven Verständigung über moralischen Stress können nicht zuletzt einer „doppelten Buchhaltung" vorbeugen. Mit doppelter Buchhaltung ist gemeint, dass manche Betroffene ethische Werte/Normen und ihr Erleben in der Praxis als zwei getrennte Sphären wahrnehmen, die nicht miteinander in Einklang gebracht werden können. Um den Anforderungen ethischen Handelns Rechnung zu tragen, wird moralisch unzureichendes oder falsches Verhalten – wenn überhaupt – dann nur hinter verschlossenen Türen kommuniziert, nicht dokumentiert und in der praktischen Arbeit ignoriert. In Gesprächen mit oder Befragungen durch Außenstehende wird hingegen das moralisch erwünschte Handeln referiert, das allerdings nicht als praktisch realisierbar angesehen wird.

Bei der Analyse der Situation können vier zentrale Fragen hilfreich sein:

1. Was sind die Ursachen für moralischen Stress in dieser Situation?
2. Was steht in dieser Situation auf dem Spiel? (Wer könnte unter welchen Umständen welchen Schaden erleiden?)
3. Welche Handlungsmöglichkeiten sind verfügbar?
4. Welche Handlungseinschränkungen können identifiziert werden?

Eine umfassende (kommunikative) Selbstreflexion von solchen und weiteren Fragen ermöglicht ein Ansatz der Ethik-Arbeitsgruppe der US-amerikanischen Fachgesellschaft für Intensivpflege („4 A's to rise above moral distress", American Association of Critical-Care Nurses). Der Ansatz verfolgt eine Selbstermächtigungs-Strategie, die Pflegende dabei unterstützen soll, zu einem aktiv-gestaltenden Umgang mit moralischem Stress zu kommen.

Im Folgenden sollen zwei Fallbeispiele die unterschiedlichen Ebenen verdeutlichen, die durch die Situationsanalyse sichtbar werden können. Die Fallbeispiele basieren auf Schilderungen von Medizinstudierenden, die an einer qualitativen Studie zum moralischen Stress im Medizinstudium teilgenommen haben. Die Studie wurde in der Dissertationsschrift von Janina Klingler 2019 veröffentlicht.

**Fallbeispiel 1: Die digitale rektale Untersuchung**

Ein Medizinstudent schildert eine praktische Lehrsituation aus seinem Studium. In einer Ambulanz soll eine digitale rektale Untersuchung an einem Patienten vor einer Gruppe Medizinstudierender und einiger Krankenschwestern zu Lehrzwecken durchgeführt werden. Der Patient betritt den Raum und ist offenbar überrascht von der Situation, was darauf hindeutet, dass er vorab nicht über das besondere Untersuchungssetting informiert wurde. Er wird vom behandelnden Arzt dazu aufgefordert, sich für die Untersuchung frei zu machen. Als der Patient zögert, sagt ihm der Arzt, dass er sich nicht so anstellen und seine Hose runterziehen solle. Daraufhin errötet der Patient und folgt der Aufforderung. Nach weiterem Zögern beugt der Arzt den Patienten aktiv vor und sagt ihm, er solle sich nicht so anstellen. Der Patient lässt die Untersuchung über sich ergehen, aber verlässt daraufhin so schnell wie möglich den Untersuchungsraum. Der Studierende spricht den Arzt nicht an, aber diskutiert danach dessen Vorgehen mit anderen Studierenden.

**Fallbeispiel 2: Der Patient auf der Intensivstation**

Eine Medizinstudentin schildert einen Fall, bei dem sie die Aufgabe hatte, einen Patienten zu transportieren. Nach einem schweren Sturz wurde er notdürftig versorgt und zum CT gefahren, wo das Ausmaß seiner Hirnschädigung die Ärzte veranlasst, das Therapieziel zu ändern und keine lebenserhaltende Intensivbehandlung fortzuführen. Die Patientenliege ist voll von Blut und Erbrochenem des Patienten. Er wird vom CT auf die Intensivstation gefahren. Während des Transportes kommt es zum ungeplanten Zusammentreffen mit seinen Angehörigen. Die Angehörigen starren mit aufgerissenen Augen auf den Patienten, offenbar geschockt davon, was sie sehen. Auf dem Weg zurück fährt das Team mit der Liege aus der Intensivstation heraus. Ein Kollege habe gerade einen Witz gemacht, um die Grundstimmung etwas zu lockern. Während das Team lachend die Station verlässt, treffen sie erneut auf die Angehörigen. Diese haben in der Zwischenzeit erfahren, dass der Patient zeitnah versterben wird. Die Angehörigen schauen ihnen mit aufgerissenen Augen und offenem Mund nach und die Studentin schämt sich im Nachhinein für ihr Verhalten und hätte sich am liebsten hinter der Trage versteckt.

*Die Fallbeispiele deuten darauf hin, dass moralischer Stress nicht nur negativ bewertet werden sollte, denn er verweist darauf, welche ethische Normen und Werte sich eine Person zu Eigen gemacht hat und ist ein Zeichen für ihre moralische Sensibilität. Es wäre somit nicht zielführend, die Qualität einer Institution anhand der Häufigkeit oder Intensität des moralischen Stresses ihrer Mitarbeiter zu messen.*

Die beiden Fallbeispiele zeigen, wie unterschiedlich die Auslöser und Ursachen für moralischen Stress gelagert sein können, aber auch wie dynamisch solche Ereignisse in der Praxis entstehen. In dem einen Fall wird der Student Zuschauer und Mitwisser einer unmoralischen Handlung, in dem anderen ist die Studentin selbst Handelnde, verletzt unabsichtlich implizite Professionalitätsstandards und setzt dadurch Angehörige einer potenziell traumatischen Erfahrung aus. Externale Ursachen für moralischen Stress können zwischenmenschlich oder in den Rahmenbedingungen der Handlung verortet werden. Die Situationsanalyse wird am ersten Fallbeispiel verdeutlicht:

1. **Was sind die Ursachen für moralischen Stress in dieser Situation?**
   Eine Ursache für moralischen Stress ist zu erleben, wie die Selbstbestimmungsmöglichkeit des Patienten eingeschränkt wird. Der Student erlebt darüber hinaus, dass der Patient durch das autoritäre Handeln des Arztes in eine leidvolle Situation gebracht wird, die hätte vermieden werden können. Weitere Ursachen sind z.B. im Setting identifizierbar. Es wäre eine andere Situation, wenn der Arzt mit dem Studierenden alleine im Raum wäre. Auch eine Verdeckung der Sichtbarkeit der eigentlichen Untersuchung könnte die Situation verändern. Wären die Studierenden aufgefordert worden, die Untersuchung zu Übungszwecken selbst durchzuführen, hätte das wahrscheinlich auch ihren moralischen Stress intensiviert. Darüber hinaus spielen soziale Normen eine Rolle in der Situation z.B. die Kommunikationskultur im Krankenhaus. Dass der Student schweigt, ist auch in seiner hierarchischen Position in der Organisation begründet. Er ist angehalten, den Betrieb durch die eigene Anwesenheit möglichst nicht zu stören.

2. **Was steht in dieser Situation auf dem Spiel?** (**Wer könnte unter welchen Umständen welchen Schaden erleiden?**)
   In der Situation kann der Patient Schaden erleiden. Ein solcher Schaden beschränkt sich nicht auf die als schamhaft und peinlich erlebte Situation, sondern kann – je nach Bewertung des Patienten – auch noch später in der Erinnerung der Situation anhalten. Er kann zu einem individuellen Vertrauensverlust in diesen Arzt oder diese Klinik führen. Darüber hinaus können die Studierenden im Hinblick auf ihre professionelle Integrität Schaden nehmen, wenn sie ihre Rolle als passiv Mitwirkende an der unmoralischen Praxis bewerten. Auch die Organisation könnte an Reputation einbüßen, wenn es zu einer Klage beispielsweise mit Bezug das Aufklärungsrecht kommen würde. Würde die Presse über den Fall berichten, könnte es zu einem Vertrauensverlust in die Arztprofession kommen.
3. **Welche Handlungsmöglichkeiten sind verfügbar?**
   Neben dem schweigenden Aushalten der Situation hätte der Student die Handlung des Arztes stören, hinterfragen oder unterbrechen können oder hätte den Untersuchungsraum verlassen können. Denkbar wäre es auch, sich nachträglich über den Dozenten zu beschweren.
4. **Welche Handlungseinschränkungen können identifiziert werden?**
   Der Student geriet in dieser Situation aufgrund seiner hierarchischen Position in eine „Konspiration des professionellen Fehlverhaltens" mit dem Dozenten. In Situationen, in denen mehrere Mitwisser an der Situation passiv beteiligt sind, kann es darüber hinaus zu einer *Diffusion von Verantwortung* kommen, bei der Einzelne leichter die Verantwortung für ein couragiertes Handeln an die Gruppe delegieren und ihre eigene Passivität rechtfertigen können. Der Student könnte darüber hinaus die Sorge gehabt haben, seine Störung könne eine schlechte Bewertung nach sich ziehen oder sich durch ein unangepasstes Verhalten Feinde zu machen. Solche Befürchtungen können gemildert werden, wenn sie mit anderen Studierenden zu Ende gedacht werden.

*Ähnliche Situationen werden häufig beschrieben, wenn moralischer Stress aus Sicht von Pflegenden geschildert wird. Einige plädieren deshalb dafür, den Begriff moralischen Stress auf Reaktionen auf solche Situationen der Komplizenschaft in unmoralischem Handeln zu beschränken (Monteverde 2019).*

Zum Abschluss der Situationsanalyse gilt es, zu reflektieren, auf welchen Ebenen Aspekte identifiziert werden können, die zum moralischen Stress von Betroffenen beigetragen haben oder wo Barrieren bestehen (vgl. Abb. 1): auf der Ebene des interindividuellen und kollektiven Handelns z.B. im Versorgungsteam, auf der Ebene der Organisation wie beispielsweise des Krankenhauses oder des Altersheims (wozu nicht nur bauliche Gegebenheiten, sondern v.a. vorgebahnte oder festgelegte Handlungsweisen und Routinen erhören) und auf der Ebene des Gesundheitssystems, das z.B. finanzielle Anreize für Handlungen setzt oder Ressourcen zur Verfügung stellt oder begrenzt. Die Bestimmung der beteiligten Ebenen gibt auch Hinweise auf Strategien, wie der moralische Stress adressiert werden kann – je höher die Problemebene, desto eher werden langfristige Änderungsprozesse notwendig sein, um tatsächlich das

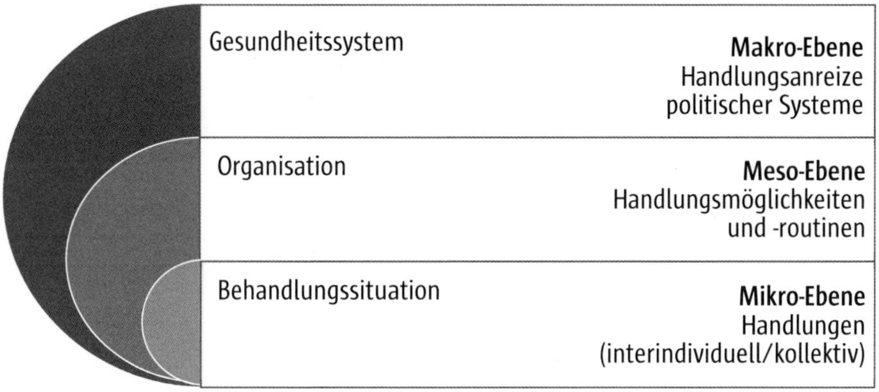


Abb. 1 Protoypische Ebenen zur Reflexion von moralischem Stress

auslösende Problem (im Sinne eines problemorientierten Umgangs) und nicht nur die ausgelöste Emotion (im Sinne eines emotionsorientierten Umgangs) adressieren zu können.

Ziele der kommunikativen Situationsanalyse sind primär die Entlastung der betroffenen Person und ihres kollegialen Umfelds, und sekundär die Förderung der Realisierung ethischer Werte und Normen. Manchmal liegt es allerdings nicht in der Handlungsmacht des Betroffenen, Handlungsmöglichkeiten zu erweitern oder sich für eine andere Handlung zu entscheiden. Gerade ausweglose Situationen, wie die Beendigung der künstlichen Beatmung eines Patienten, bei dem der irreversible Hirnfunktionsausfall festgestellt wurde, können bei Gesundheitsfachkräften moralischen Stress verursachen. Es kann dann darum gehen, Betroffenen die Möglichkeit zu geben, ihre Erfahrung einzuordnen, sich vor ähnlichen Situationen rechtzeitig zu schützen oder sich für sie zu wappnen.

## 14.3 Umgang mit moralischem Stress auf der Ebene der Organisation

Eine Besonderheit bei der Beschäftigung mit moralischem Stress aufgrund von Handlungseinschränkungen ist der Blick auf die unterschiedlichen Ebenen der Bedingungen, die unsere Handlungsmöglichkeiten eröffnen oder behindern können. Dabei sollte gezielt auch auf Kommunikationsstrukturen, Routinen und Handlungsabläufe, die geregelten Handlungsweisen in einer Organisation geachtet werden.

Das organisationale Umfeld spielt eine entscheidende Rolle dabei, ob moralisches Handeln mit ethischen Anforderungen im Einklang stehen kann. Ein „gutes ethisches Klima" eines (Teilbereichs eines) Krankenhauses oder einer Arztpraxis, was beeinflusst ist durch die ethische Orientierung von Führungskräften in ihrem Führungshandeln, kann präventiv zum Schutz vor moralischem Stress bzw. vor seinen negativen Folgeerscheinungen beitragen.

Im ersten Fall kämen auf der Ebene der Organisation zum Beispiel Strategien zur Ermächtigung von Studierenden (Empowerment) in Frage, um sie auf solche Situationen gezielt vorzubereiten und ihre Handlungsbereitschaft zu erhöhen. Studierende könnten z.B. im Unterricht mit protypischen Situationen konfrontiert werden oder eigene Erfahrungen einbringen. Für Situationen, in denen das Schadenspotential durch ein Nichthandeln größer ist als durch ein Handeln, kann anhand von Simulationen trainiert werden, soziale Konventionen absichtlich zu verletzen, um ethischen Normen gerecht werden zu können.

Betrachten wir darüber hinaus den Kontext, in dem Lehrangebote wie eine digitale rektale Untersuchung verortet sind, könnte eine Stelle in der Fakultät eingerichtet werden, wo Erfahrungen wie diese – ähnlich einem Fehlermeldesystem (Critical Incident Report System, CIRS) – anonym gemeldet werden können. Diese Stelle könnte geeignete problemorientierte Maßnahmen entwickeln.

Im zweiten Fall käme neben Gesprächen und Trainings zur Ausbildung von Gesundheitsfachkräften im professionellen Handeln auch das Hinzuziehen eines Kriseninterventionsangebots in Frage, damit Angehörige, die um einen geliebten Menschen bangen, mit ihrer Angst nicht allein gelassen werden. Mitarbeitende solcher Dienste könnten Angehörige gezielt durch Begleitung und Lenkung vor einer unvorbereiteten Konfrontation mit dem Patienten schützen. Darüber hinaus könnten bauliche Veränderungen oder Wegeführungen solche Situationen verhindern.

Ein kollektiver, reflektierter Umgang mit moralischem Stress in einer ethisch informierten Organisationskultur würde einen wichtigen Beitrag dazu leisten, Organisationsstrukturen so zu gestalten, dass Gesundheitsfachkräfte im Einklang mit ihren verinnerlichten berufethischen Normen und Werten handeln können.

***Praxistipps***

- *Eine berufliche Tätigkeit im Gesundheitswesen kann alle Ausübenden von Gesundheitsberufen in Situationen bringen, in denen sie moralischen Stress erleben können.*
- *Nicht nur Patienten oder Angehörige, sondern auch Ihre berufliche Integrität kann Schaden nehmen, wenn Sie Ihr Erleben von moralischem Stress ignorieren.*
- *Ihre Analyse der Situation ist entscheidend – denken Sie nicht nur an Handlungsoptionen, überlegen Sie was das Problem für Sie ausmacht.*
- *Entscheiden Sie, ob Dinge geändert werden müssen, um Schaden abzuwenden.*
- *Denken Sie v.a. auch an strukturelle Dinge, die Abläufe behindern/ befördern und holen Sie sich Unterstützung, vor allem dann, wenn Sie sich in einer machtlosen Position befinden.*

## Literatur

American Association of Critical-Care Nurses (AACN) from AACN Ethics Work Group (2004) The 4 A's to Rise Above Moral Distress. Aliso Viejo, CA: AACN. URL: https://www.emergingrnleader.com/wp-content/uploads/2012/06/4As_to_Rise_Above_Moral_Distress.pdf (abgerufen am 26.05.2021)

Fourie C (2015) Moral Distress and Moral Conflict in Clinical Ethics. Bioethics 29 (2), 91–97

Fourie C (2017) Who is Experiencing What Kind of Moral Distress? Distinctions for Moving from a Narrow to a Broad Definition of Moral Distress. AMA Journal of Ethics 19,578–584

Hamric AB, Borches CT, Epstein EG (2012) Development and Testing of an Instrument to Measure Moral Distress in Healthcare Professionals. AJOB Primary Research 3:2, 1–9

Klingler J (2019) Moralischer Stress im Medizinstudium: Eine qualitative Interviewstudie mit Studierenden im Praktischen Jahr. Med. Diss., LMU München

Monteverde S (2019) Komplexität, Komplizität und moralischer Stress in der Pflege. Ethik in der Medizin 31, 345–360

Morley G, Sese D, Rajendram P, Horsburgh C (2020) Addressing caregiver moral distress during the COVID-19 pandemic. Cleveland Clinic Journal of Medicine June. URL: https://www.ccjm.org/content/early/2020/06/04/ccjm.87a.ccc047 (abgerufen am 26.05.2021)

Pauly BM, Varcoe C, Storch J (2012) Framing the Issues: Moral Distress in Health Care. 24, 1–11

# II

# Ethische Entscheidungssituationen

# 1 Nutzlose medizinische Maßnahmen

Georg Marckmann

Es gehört zu den zentralen ärztlichen Aufgaben zu beurteilen, welche Maßnahmen einen Nutzen bzw. insgesamt mehr Nutzen als Schaden für den Patienten bieten. Dies ergibt sich aus den ethischen Prinzipien des Wohltuns und Nichtschadens, nach denen der Arzt diejenige Maßnahme anbieten soll, die dem Patienten den größtmöglichen Nutzen und möglichst wenig Schaden bietet. Ethische Konflikte können sich dann ergeben, wenn Patienten oder deren Vertreter Maßnahmen wünschen, die aus ärztlicher Sicht keinen bzw. einen fraglichen Nutzen oder ein sehr ungünstiges Nutzen-Schadens-Verhältnis haben. Das professionelle ärztliche Urteil über den Nutzen bzw. die Nutzlosigkeit medizinischer Maßnahmen besitzt dabei eine kaum zu unterschätzende Bedeutung in der Entscheidungsfindung: Nutzlose Maßnahmen kann der Arzt dem Patienten einseitig vorenthalten. Hierbei ist aber insofern besondere Vorsicht geboten, als die Bestimmung des Nutzens einer Maßnahme notwendig Werturteile erfordert, u.a. über die in der vorliegenden Situation erstrebenswerten Behandlungsziele und über das Verhältnis von positiven und negativen Wirkungen einer Behandlung: An welchen Wertmaßstäben sollen sich diese Urteile orientieren? Oft wird hierbei das Konzept der medizinischen Indikation herangezogen, das vor allem auch in rechtlicher Hinsicht eine zentrale Rolle bei medizinischen Entscheidungen spielt (vgl. Kapitel I.2). Allerdings werden bei der medizinischen Indikationsstellung die zugrundeliegenden unvermeidlichen Werturteile häufig nicht transparent gemacht. Das vorliegende Kapitel präsentiert deshalb die Begriffe Wirksamkeit und Nutzen als alternative Konzepte, aus denen sich zwei unterschiedliche Verwendungen des Begriffs der Nutzlosigkeit ergeben. Sie erlauben eine transparente Trennung der medizinisch-fachlichen und normativ-ethischen Aspekte der Entscheidung über Nutzen und Schadenspotenziale medizinischer Behandlungsmaßnahmen.

## 1.1 Wirksamkeit und Nutzen medizinischer Maßnahmen

Die Begriffe Wirksamkeit und Nutzen erlauben es, die in der Indikationsstellung zu einem einzigen Urteil verschmolzenen empirisch-deskriptiven und normativen Anteile klar zu trennen. Eine medizinische Maßnahme ist dann *wirksam*, wenn sie in der Lage ist, ein bestimmtes Behandlungsziel zu erreichen, d.h. den intendierten physiologischen oder psychologischen Effekt zu erzielen. Ob bzw. mit welcher Wahrscheinlichkeit dies möglich ist, erfordert ein medizinisch-fachliches Urteil, das nach Möglichkeit auf der Grundlage der besten verfügbaren wissenschaftlichen Evidenz aus klinischen Studien zu treffen ist (zur Evidenzbasierten Medizin vgl. Kap. I.12). Eine wirksame Behandlungsmaßnahme hat aber nur dann auch einen *Nutzen* für den Patienten, wenn mit ihr ein für den Patienten *erstrebenswertes* Behandlungsziel erreicht werden kann („Nutzen wofür?"). Eine künstliche Nahrungs- und Flüssigkeitszufuhr ist bei einem Patienten im Syndrom der reaktionslosen Wachheit (sog. Wachkoma) z.B. eine im Hinblick auf das Behandlungsziel „Lebensverlängerung" wirksame Behandlungsmaßnahme. Ob diese auch einen Nutzen für den Patienten hat, hängt davon ab, ob das fortgesetzte Leben in dauerhafter Bewusstlosigkeit als ein *erstrebenswertes* Behandlungsziel angesehen wird. Dies ergibt sich nicht aus dem medizinischen Fachwissen allein, sondern erfordert offensichtlich Werturteile, insbesondere die Bewertung von Lebenschancen und -einschränkungen, d.h. der verbleibenden Lebensqualität.

Darüber hinaus ist der angestrebte Nutzen einer Behandlung gegenüber den zu erwartenden Belastungen und gesundheitlichen Risiken abzuwägen. Welche unerwünschten Wirkungen zu erwarten sind, muss auf der Grundlage medizinischen Fachwissens abgeschätzt werden. Ob eine geringe Erfolgsaussicht einer Behandlung es rechtfertigt, erhebliche gesundheitliche Beeinträchtigungen durch die unvermeidlichen Nebenwirkungen auf sich zu nehmen, erfordert aber wiederum Werturteile, die – philosophisch gesprochen – auf evaluative Vorstellungen eines guten bzw. gelingenden Lebens verweisen (Synofzik u. Marckmann 2008). Letztlich geht es hierbei um die Frage, ob die Maßnahme unter Berücksichtigung der positiven und negativen Effekte insgesamt einen *Nettonutzen* für den Patienten hat, d.h. eine positive Nutzen-Schadens-Bilanz für ihn aufweist.

Die Unterscheidung zwischen Wirksamkeit und Nutzen findet sich implizit auch im Modell der prinzipienorientierten Falldiskussion wieder (vgl. Kap. I.3). Im ersten Bearbeitungsschritt, der medizinischen Aufarbeitung des Falles, ist zunächst zu überlegen, welche Behandlungsziele überhaupt mit welchen Maßnahmen zu erreichen sind. Dies erfordert vor allem medizinisch-fachliche Urteile über die Wirksamkeit unterschiedlicher Behandlungsoptionen, wobei das gesamt Spektrum von – intendierten und nicht intendierten – Wirkungen zu erfassen ist. Ob die jeweiligen Behandlungsziele für den Patienten (noch) erstrebenswert sind und ob der mögliche Nutzen das Schadenpotenzial der Maßnahmen überwiegt, wird aber erst im zweiten Bearbeitungsschritt geprüft, und zwar bei der Bewertung im Hinblick auf das Wohlergehen des Patienten (Schritt 2a). Auf diese Weise lassen sich die medizinisch-fachlichen und normativ-ethischen Anteile der Situationsbeurteilung aus Sicht des Arztes bzw. des Teams klar trennen, die sonst bei der ärztlichen Indikationsstellung in der Regel miteinander verschmelzen. Dies hat insbesondere auch bei der Entscheidungsfindung im Team den großen Vorteil, dass auch die nicht-ärztlichen Teammitglieder an der Bewertung der Handlungsoptionen ausdrücklich mit beteiligt werden, da es nicht um das ärztliche Urteil geht (wie bei der Indikationsstellung), sondern um eine ethische Abwägung im Hinblick auf das Wohlergehen des Patienten.

Damit ist aber noch nicht die Frage geklärt, anhand welcher Maßstäbe die Werturteile bei der Beurteilung des Nettonutzens von Behandlungsmaßnahmen aus der Wohlergehensperspektive getroffen werden sollen (vgl. hierzu ausführlicher Synofzik u. Marckmann 2008). Nach Möglichkeit sollte das Gesundheitspersonal auf diejenigen Einstellungen und Werthaltungen zurückgreifen, die es aufgrund seiner professionellen Erfahrung im Umgang mit Patienten in vergleichbaren Situationen für angemessen erachtet. Dabei sollten auch Ergebnisse aus empirischen Studien berücksichtigt werden, die systematisch untersucht haben, welche Erfahrungen Patienten mit den jeweiligen Maßnahmen in unterschiedlichen Situationen gemacht haben und wie sie diese vor und nach der Anwendung bewerten. Sollte sich hier kein einheitliches Bild ergeben, muss offen bleiben, welche der verfügbaren Behandlungsoptionen aus der Fürsorgeperspektive insgesamt den größten Nutzen für den Patienten bietet. Bei anderen Situationen wie z.B. dem Wachkoma wird man konstatieren müssen, dass eine Mehrzahl der Menschen das Leben in einer irreversiblen Bewusstlosigkeit nicht als erstrebenswertes Behandlungsziel ansieht, eine Minderheit dies aber durchaus anders beurteilt, sodass man in diesem Fall allenfalls eine Tendenz formulieren könnte. An dieser Stelle sei ausdrücklich betont, dass es sich hierbei nur um die Bewertung der Handlungsoptionen aus der Fürsorgeperspektive handelt: Im Anschluss ist selbstverständlich zu prüfen, wie der aufgeklärte Patient selbst das Nutzen-Schadens-Verhältnis der verschiedenen Handlungsoptionen beurteilt (Schritt 2b in der prinzipienorientierten Falldiskussion). Im folgenden Abschnitt wird nun erläutert, wie unter Rückgriff auf die Begriffe Wirksamkeit und Nutzen das Konzept der Nutzlosigkeit medizinischer Maßnahmen für die Praxis differenziert werden kann.

**Die Begriffe Wirksamkeit und Nutzen erlauben es, den fachlichen und den ethischen Teil der Situationsbeurteilung aus der Fürsorgeperspektive klar zu trennen.**

## 1.2 Nutzlosigkeit im engeren und weiteren Sinne

Aus der Unterscheidung zwischen Wirksamkeit und Nutzen medizinischer Maßnahmen lassen sich zwei unterschiedlich weite Definitionen von Nutzlosigkeit ableiten (Lo 2013). Im *engeren* Sinne ist eine Maßnahme nutzlos, wenn sie keine Wirksamkeit besitzt. Dies kann u.a. der Fall sein, wenn die Maßnahme physiologisch unwirksam ist (z.B. eine Antibiotika-Therapie bei einem viralen Infekt), wenn der Patient auch mit Maximaltherapie nicht weiter am Leben erhalten werden kann, wenn die Therapiemaßnahme versagt hat (wenn z.B. ein Tumor trotz hochdosierter Mehrfachchemotherapie weiter wächst) oder wenn das angestrebte Therapieziel (z.B. die Heilung) nicht mehr erreicht werden kann. In einem *weiteren* Sinne ist eine Maßnahme hingegen nutzlos, wenn nur geringe Erfolgsaussichten bestehen, wenn keine erstrebenswerten Behandlungsziele mehr erreichbar sind, wenn die Lebensqualität inakzeptabel ist oder wenn die Maßnahme voraussichtlich mehr Schaden als Nutzen für den Patienten bietet. Während sich die Nutzlosigkeit im engeren Sinne allein aus medizinisch-fachlichen Urteilen über die *Wirksamkeit* von Behandlungsmaßnahmen ergibt, fragt die Nutzlosigkeit im weiteren Sinne nach dem *Nutzen* der Behandlung und erfordert damit Bewertungen: Was ist eine *geringe* Erfolgsaussicht? Wann ist die Lebensqualität als *inakzeptabel* zu bewerten? Auch Nutzen und Schaden sind bewertende Begriffe.

Welche Konsequenzen ergeben sich aus der Differenzierung zwischen Nutzlosigkeit im engeren und im weiteren Sinne für die Entscheidungsfindung in der Praxis? Ist eine Maßnahme im engeren Sinne nutzlos, so ist eine *einseitige* ärztliche Entscheidung zum Behandlungsverzicht nicht nur gerechtfertigt, sondern geboten. Allerdings muss der Arzt noch beurteilen, welche Mindestanforderungen er an den empirischen Nachweis der Wirksamkeit stellt. In unklaren Situationen ist der Patient über die Bewertung zu informieren, damit er für sich prüfen kann, ob er die fragliche Evidenz zur Wirksamkeit ähnlich beurteilt. Ob eine Nutzlosigkeit im weiteren Sinne vorliegt, sollte nach Möglichkeit der Patient selbst entscheiden, da seine eigenen Präferenzen für die erforderlichen Bewertungen maßgeblich sein sollten. Selbstverständlich sollte aber der Patient bei dieser Entscheidung entsprechend unterstützt werden – im Sinne einer gemeinsamen Entscheidungsfindung (vgl. Kap. I.9). Dabei dürfen die Bewertungen aus der Fürsorgeperspektive in das Gespräch einfließen.

***Praxistipps***

- *Bei Unklarheit über den Nutzen medizinischer Maßnahmen kann das Einholen einer Zweitmeinung oder die Durchführung einer ethischen Fallbesprechung im Team hilfreich sein.*
- *Sofern ein Patient oder dessen Angehörige dringend nach einer medizinischen Maßnahme verlangen, die aus der Wohlergehens-Perspektive einen zweifelhaften Nutzen haben, im gemeinsamen Gespräch herausarbeiten, ob der Dissens auf der medizinisch-fachlichen oder normativ-ethischen Ebene liegt.*
- *Bei einem wohlinformierten Patient mit einer realistischen Einschätzung der medizinischen Situation sollten die Wünsche des Patienten Vorrang gegenüber der Nutzen-Schadens-Abwägung aus der Fürsorgeperspektive genießen.*
- *Bei wiederholten Kontroversen über die Nutzlosigkeit bestimmter Maßnahmen kann es sinnvoll sein, eine interne Leitlinie als Orientierung zu entwickeln.*

## Literatur

Lo B (2013) Resolving Ethical Dilemmas. A Guide for Clinicians. Williams & Wilkins Baltimore

Synofzik M, Marckmann G (2008) Dein Wille geschehe? Die Pluralität evaluativer Vorstellungen eines gelingenden Lebens und die Fürsorgepflichten des Arztes. In: Michl S, Potthast T, Wiesing U (Hrsg.) Pluralität in der Medizin. Werte – Methoden – Theoriem. 271–290. Verlag Karl Alber Freiburg

# 2 Konflikte zwischen Wohlergehen und Selbstbestimmung bei einwilligungsfähigen Patient:innen

Eva Winkler

Mit den allermeisten Patient:innen und deren Angehörigen werden heute im klinischen Alltag Therapieentscheidungen gemeinsam und häufig einvernehmlich getroffen. Um dies zu garantieren, gehört es zum Goldstandard der gemeinsamen Entscheidungsfindung („shared decision making“, vgl. hierzu Kap. I.9), dass den Patient:innen im Gespräch die medizinischen Informationen verständlich vermittelt werden, damit auf der Basis des Wissens und der Erfahrung der Ärzt:innen und der individuellen Werte und Wünsche der Patient:innen ein gemeinsames Therapiekonzept festgelegt werden kann. Vorher sollte mit den Patient:innen geklärt werden, wie intensiv sie in Entscheidungen einbezogen werden möchten, denn manche Patient:innen delegieren diese weitgehend an die Ärzt:innen (Härter et al. 2005).

Die Situationen, in denen diese gemeinsame Entscheidungsfindung gerade nicht gelingt, es also zu Meinungsverschiedenheiten zwischen Behandlungsteam, den Patient:innen oder den Angehörigen kommt, sind ein häufiger Anlass für eine klinische Ethikberatung oder eine ethische Falldiskussion. Nach einer immer noch aktuellen Umfrage unter Ärztlichen Direktoren und Pflegedirektoren deutscher Universitätskliniken stellen Therapiebegrenzung und -abbruch, Aufklärung und Einwilligung sowie insbesondere Konflikte zwischen Fürsorgepflicht und Patientenselbstbestimmung die wichtigsten ethischen Herausforderungen im klinischen Alltag dar (Vollmann et al. 2004).

***Die häufigsten ethischen Herausforderungen im klinischen Alltag***
- *Entscheidung zum Abbruch oder zur Begrenzung einer Therapie*
- *Aufklärung und Einwilligung*
- *Konflikt zwischen Fürsorgepflicht und Patientenselbstbestimmung*

Mit Blick auch auf die internationale Literatur zur klinischen Ethik und den klinischen Alltag sind es vor allem zwei medizinethische Prinzipien, die in diesen Situationen in Konflikt kommen können:

1. Die ärztliche Verpflichtung, das Wohlergehen der Patient:innen zu fördern (Fürsorgeprinzip) und ihnen dabei nicht oder möglichst wenig zu schaden (Nichtschadensprinzip) und
2. das Prinzip des Respekts vor der Autonomie der Patient:innen (s. a. Kap. I.3).

In diesem Kapitel werden typische Szenarien diskutiert, die aus einem Konflikt zwischen Fürsorgeüberlegungen und Selbstbestimmung von Patient:innen resultieren. Die beiden Prinzipien Fürsorge und Selbstbestimmung konfligieren, wenn ihre Befolgung unterschiedliche Handlungsweisen nahelegen. Hier sind im Wesentlichen zwei unterschiedliche Konstellationen denkbar: Die Patient:innen lehnen eine nützliche, ärztlicherseits empfohlene Therapie ab oder wünschen eine Therapie, von der sich die behandelnden Ärzt:innen keinen Nutzen versprechen oder sogar befürchten, sie könne mehr schaden als nutzen.

In allen Szenarien geht es um eine Differenz auf der Bewertungsebene, d.h. Ärzt:innen und Patient:innen gewichten die medizinischen Informationen zum Beispiel bezüglich des Nutzens oder der Belastung einer Behandlung oder der Bedeutung eines zu erreichenden Therapieziels unterschiedlich. Es ist wichtig, solche Bewertungsdifferenzen von Meinungsverschiedenheiten abzugrenzen, die nicht auf einer unterschiedlichen Bewertung bei gleicher Informationslage beruhen, sondern darauf zurückzuführen sind, dass Patient:innen von einer anderen Situation ausgehen, weil sie wichtige Informationen noch nicht bekommen haben, nicht verstanden haben oder zum jetzigen Zeitpunkt nicht wahrhaben möchten. Bei den Beispielen wird daher Wert gelegt auf die „Ursachenforschung" für die unterschiedlichen Bewertungen.

## 2.1 Verweigerung nützlicher Therapien

#### Fall 1

Einer 45-jährigen Patientin wird nach einer brusterhaltenden Operation wegen eines Karzinoms der linken Brust zusätzlich sowohl eine Bestrahlung der operierten Region als auch eine anschließende Chemotherapie empfohlen. Der behandelnde Arzt erklärt der Patientin, dass er ihr die Chemotherapie empfiehlt, weil sie sowohl das relative Risiko eines Rückfalls als auch das Risiko, an der Erkrankung zu versterben, halbiert. Er erklärt ihr Dauer und Nebenwirkung der Therapie. Die Patientin lässt sich bestrahlen, entscheidet sich jedoch gegen die Chemotherapie.

Die zusätzliche Chemotherapie ist in der speziellen Erkrankungssituation der Patientin ein von allen Fachgesellschaften empfohlener Therapiestandard, weil ihr Zusatznutzen erwiesen ist. Wichtig ist es daher, in einem ersten Schritt herauszufinden, ob die Patientin so aufgeklärt ist, dass sie die Vor- und Nachteile der beiden Möglichkeiten (Chemotherapie ja oder nein) und die Konsequenzen einschätzen kann und welche Gründe hinter der Ablehnung stehen. Risiken verständlich zu machen und so zu kommunizieren, dass sie für Patient:innen als Entscheidungsgrundlage dienen können, ist dabei keine triviale Aufgabe und vor allem keine, in der Ärzt:innen bislang hinreichend ausgebildet sind (Wegwarth u. Gigerenzer 2011). Hilfreich ist es dabei zum Beispiel, mit absoluten Zahlen zu arbeiten und nicht, wie der Arzt in unserem Beispiel, mit der relativen Risikoreduktion, die ja nichts über das Ausgangsrisiko sagt. Der Arzt könnte also unserer Patientin erklären, dass statistisch gesehen von 100 Patientinnen in ihrer Situation in den nächsten 10 Jahren 30 an der Erkrankung versterben und dass von diesen 15 mit einer zusätzlichen Chemotherapie überleben. Dazu kommt die Erklärung der teilweise erheblichen Nebenwirkungen der etwa 3-monatigen Phase der Chemotherapie und der Möglichkeiten, die Nebenwirkungen zu lindern. Der Arzt sollte die Befürchtungen und Erwartungen bezüglich der Chemotherapie aktiv erfragen. Häufig lassen sich so Ängste nehmen oder gemeinsame Wege finden, mit der Angst vor oder Sorge bezüglich Nebenwirkungen umzugehen.

Wenn diese informative Ebene geklärt ist und die Patientin nach eingehender Aufklärung für sich selbst entscheidet, dass sie die Nebenwirkungen schwerer gewichtet als die Risikoreduktion durch die Chemotherapie, dann hat der Arzt – dem Prinzip des Respekts vor der Autonomie der Patientin folgend – gute Gründe, ihre selbstbestimmte Entscheidung zu respektieren („informed consent"). Ein Therapieangebot, das aus ärztlicher Sicht das Wohlergehen der Patient:innen fördert, bedarf immer der Zustimmung der Patient:innen, damit es umgesetzt werden kann.

Der Respekt vor der informierten und selbstbestimmten Entscheidung fällt in unserem Beispiel nicht schwer, weil sich beide Seiten über die Informationsbasis verständigen können. Deutlich schwieriger wird es, wenn die Vorstellungen von Krankheitsentstehung, daraus resultierenden Behandlungskonzepten oder von wissensabsichernder Evidenz zwischen Patient:innen und Ärzt:innen weit auseinander liegen und Patient:innen beispielsweise Therapien mit erwiesenermaßen hoher Aussicht auf Heilung ablehnen zugunsten von Ansätzen ohne nachgewiesenen Nutzen. In diesen Fällen sollte von ärztlicher Seite in einfühlsamer Weise und nicht manipulativ alles versucht werden, die Patient:innen von den Vorteilen der Therapie zu überzeugen. Letztlich führt aber auch hier das Prinzip der Selbstbestimmung; Patient:innen können auch Therapieangebote ablehnen, die ihnen das Leben retten.

## 2.2 Patientenwünsche nach Therapien mit ungesichertem Nutzen

Aber dürfen Patient:innen auch umgekehrt Therapien einfordern, deren Nutzen nicht hinreichend belegt ist? Hier gibt es einen breiten Markt von Nahrungsergänzungsmitteln bis zu alternativen Krebstherapien, der durch Direktwerbung an den Kund:innen über Medien und Internet von Anbietern und Heilern unterschiedlicher Herkunft und Qualifikation beworben und abgeschöpft wird.

**Fall 2**

Ein 55-jähriger Koch kommt zu seiner Hausärztin mit Schnupfen („Nase läuft") und Kopf- und Gliederschmerzen. Er bittet um ein Rezept für ein Antibiotikum, damit es schneller vorbeigeht. Sie diagnostiziert eine Rhinosinusitis, also eine akute Entzündung der Nasenschleimhaut mit Beteiligung der Nasennebenhöhlen. Sie empfiehlt ein abschwellendes Nasenspray und eine Inhalationstherapie und fragt ihn, ob er ein Kopfschmerzmittel brauche. Sie erklärt ihm, dass es sich höchstwahrscheinlich um eine Virusinfektion handele und selbst die bakterielle Superinfektion nicht schneller oder besser behandelt sei, wenn man ein Antibiotikum hinzunimmt. Der Patient ist jetzt ungehalten und fordert ein Rezept, denn deswegen sei er schließlich extra in die Praxis gekommen. Es sei ja bekannt, dass hier ein Antibiotikum schneller wirke und für Nasenspray bräuchte er nicht in die Praxis zu kommen.

Auch in diesem Fall ist die Empfehlung der Ärztin durch eine gute Datenlage abgesichert: Eine Antibiotikatherapie verkürzt den Verlauf der Erkrankung nicht, der unüberlegte Einsatz von Antibiotika kann eher zur Entwicklung von Resistenzen führen. Der Patient hat jedoch selbst eine sehr konkrete Vorstellung von dem, was seine Erkrankung verursacht und was ihm helfen wird.

Gerade wenn die subjektive Krankheitstheorie der Patient:innen von dem Erklärungsmodell der Medizin abweicht, ist es für das Arzt-Patienten-Verhältnis wichtig, das Krankheitsverständnis und die Wünsche und Erwartungen, die sie mit ihrem favorisierten Behandlungsansatz verbinden, zu explorieren.

In unserem Beispiel handelt es sich um einen leichten Virusinfekt („Grippe"), aber gerade bei schweren oder chronischen Erkrankungen spielt die patienteneigene Erfahrung und Interpretation der Patient:innen dessen, was ihnen widerfährt im Kontext ihrer Biographie eine wichtige, teilweise stabilisierende, handlungsleitende und handlungsrechtfertigende Rolle. Arthur Kleinmann, Medizinanthropologe und -ethiker, hat die Unterscheidung zwischen „disease" und „illness" benutzt, um die medizinische Krankheitstheorie von der subjektiven Erfahrung zu unterscheiden und legt allen Klinikern Schlüsselfragen nahe, um nicht nur Heilung, sondern auch Fürsorge anzubieten („care as well as cure") (Kleinmann 2013).

*Schlüsselfragen zur Anamnese der subjektiven Krankheitserklärung und -erfahrung*

- *Wie würden Sie Ihr Problem beschreiben?*
- *Was denken Sie, ist die Ursache?*
- *Welche Auswirkungen hat es auf Ihren Körper?*
- *Was fürchten Sie am meisten daran und an der Behandlung?*

Auch hier beginnt die gemeinsame Entscheidungsfindung auf der kommunikativen und informationellen Ebene. Bleiben die Differenzen jedoch bestehen, hält der Patient also an seinem Wunsch nach einem Antibiotikum fest, so ist die Frage, ob die Ärztin sich auch hier dem Wunsch des Patienten fügen soll. Im Gegensatz zum ersten Fall hat die Ärztin jedoch aufgrund des fehlenden Zusatznutzens und der möglichen Nebenwirkungen kein Therapieangebot mit Antibiotika gemacht, zu dem sich der Patient zustimmend oder ablehnend verhalten kann. Das heißt hier ist die medizinische Indikation nicht gegeben, die ein Therapieangebot nur dann erlaubt, wenn mit der therapeutischen Maßnahme ein bestimmtes Behandlungsziel erreicht werden kann. Aufgrund der Fürsorgeverpflichtung verbietet es sich, wirkungslose, aber potenziell nebenwirkungsträchtige Behandlungen anzubieten. Die Selbstbestimmung des Patienten stößt hier also an die Grenze, die durch den professionellen Auftrag an die Ärzteschaft bestimmt ist, primär das Wohlergehen der Patient:innen zu fördern. Nun könnte man entgegnen, dass das Antibiotikum zumindest einen Placebo-Effekt haben kann – das heißt, wenn der Patient sich so sicher ist, dass ihm nur ein Antibiotikum hilft, dann wird es ihm damit auch subjektiv besser gehen. Und wäre es dann nicht sogar besser, ihm tatsächlich ein Placebo (also eine Tablette ohne

Wirkstoff) zu verabreichen, da diese in jedem Fall keine Nebenwirkungen auslöst? Tatsächlich wäre ein Placebo mit Blick auf das Wohlergehen die beste Lösung, jedoch beruht sie auf einer bewussten Täuschung des Patienten und korrumpiert möglicherweise nachhaltig das Vertrauensverhältnis zwischen Ärztin und Patient. An der Bedeutung, die wir der Vertrauensbeziehung zwischen Ärzt:innen und Patient:innen zuschreiben, wird deutlich, dass neben den beiden Prinzipien *Fürsorge* und *Respekt der Autonomie* auch andere Werte das medizinethische Handeln bestimmen, die nicht einfach unter einem der zwei Prinzipien zu subsumieren sind.

## 2.3 Patientenwünsche nach Therapien mit fraglichem Nutzen oder ungünstigem Nutzen-Risiko-Verhältnis

Häufig ist jedoch die Datenlage bezüglich des Nutzens nicht so eindeutig, dass man sicher sagen kann, dass die Therapie wirkungslos ist. Zu den schwierigsten Entscheidungssituationen in der Onkologie, aber auch in anderen Fachbereichen gehört der Patientenwunsch nach einer Therapie, die Ärzt:innen nicht mehr als sinnvoll erachten.

**Fall 3**

Eine 65-jährige Patientin mit einem fortgeschrittenen Tumorleiden wird stationär wegen einer schweren Lungenentzündung aufgenommen. Sie hat einen steigenden Sauerstoffbedarf und eine Antibiotikatherapie wurde gerade begonnen. Da die Gefahr besteht, dass die Patientin beatmungspflichtig wird, wenn die Antibiotika nicht schnell genug wirken, muss eine Entscheidung für oder gegen eine Intubation und Beatmungstherapie auf Intensivstation jetzt im Vorfeld schon besprochen werden. Aufgrund der begrenzten Lebenserwartung der Patientin von wahrscheinlich 4–6 Wochen und dem Risiko, dass die Patientin von der Beatmungsmaschine nicht mehr entwöhnt werden kann, empfiehlt der Stationsarzt, gegebenenfalls auf eine Intensivtherapie zu verzichten und die Atemnot symptomatisch zu lindern. Die Patientin wünscht jedoch nach Rücksprache mit ihrer Familie, dass alles gemacht werde, weil sie noch nicht sterben möchte.

Patient:innen mit infauster Prognose wünschen in der letzten Lebensphase zu zwei Dritteln eine auf Symptomkontrolle ausgerichtete Therapie. Ein Drittel wünscht jedoch – wie die vorliegende Patientin – mittels Maximaltherapie Lebenszeit zu gewinnen (Winkler et al. 2009). Die erste Frage, die in einer solchen Situation beantwortet werden muss und zunächst vor allem medizinische Expertise erfordert ist die folgende: Ist das gewünschte Therapieziel überhaupt erreichbar (s. Abb. 1)? Der Stationsarzt sieht das Ziel, Lebenszeit zu gewinnen, im Bereich des Möglichen, argumentiert jedoch, dass zum einen die Gefahr besteht, dass die Patientin von der Beatmungsmaschine nicht mehr wegkommt und dann zwar Zeit gewinnt, aber nicht bei Bewusstsein ist und letztlich dann auf der Intensivstation verstirbt. Zum anderen findet er, der Zeitgewinn von wenigen Wochen rechtfertige nicht die Belastung und den Aufwand eines Intensivaufenthaltes. Das Therapieziel ist also fraglich erreichbar und dies nur unter einem ungünstigen Nutzen-Belastungs-Verhältnis.

Wenn – wie in diesem Fall – die Verpflichtung des Arztes, seine Patientin vor Schaden zu bewahren und ihren Willen zu achten in Konflikt stehen, ist es besonders wichtig

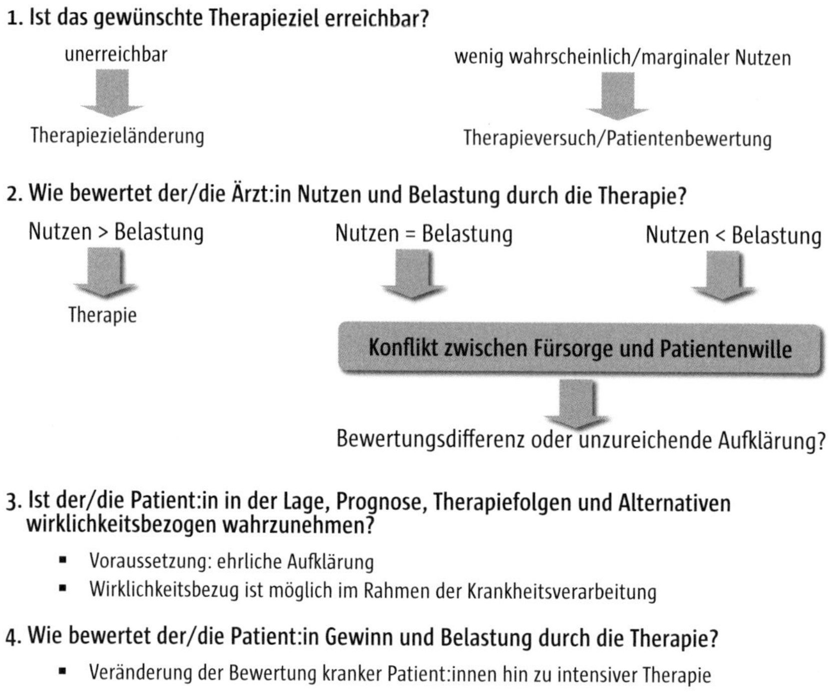


Abb. 1 Leitfragen für die ethische Bewertung des Patientenwunschs nach fraglich indizierter Therapie

herauszufinden, worauf der Wunsch der Patientin nach einer Therapie mit ungünstigem Nutzen-Risiko-Verhältnis beruht. Hier sind im Wesentlichen zwei Konstellationen zu unterscheiden: Wünscht sie die Intensivtherapie, weil sie ihre Situation nicht realistisch einschätzt oder hat sie verstanden, dass es sich um einen geringen Zeitgewinn handelt, wenn es überhaupt gelingt? Laut Studienlage wissen weniger als die Hälfte der Patient:innen im fortgeschrittenen Tumorstadium, dass ihre Behandlung keine kurative Intention mehr hat (Weeks et al. 2012).

Ein Grund hierfür ist sicher, dass es an einer vorausschauenden Behandlungsplanung mit onkologischen Patient:innen mangelt. In einer Studie mit über 500 Krebspatient:innen in einem universitären Setting, wurden Entscheidungen gegen die Fortsetzung tumorspezifischer Therapien aber auch einer Intensivtherapie in der Regel erst in der letzten Lebenswoche getroffen (Mehlis 2017). Daher ist es wichtig, mit den Patient:innen rechtzeitig Prognose, Therapiemöglichkeiten und Entscheidungspräferenzen im besten und schlechtesten Szenario des Krankheitsverlaufes zu besprechen. So haben sie genug Zeit, ihre Erwartungen an die Dynamik der Erkrankung anzupassen und über die Intensität der Behandlung mitzuentscheiden (Winkler 2016).

Neben der mangelnden Aufklärung können dafür auch Verdrängungsmechanismen im Umgang mit der schweren Krankheit verantwortlich sein. Das ist auch durchaus nachvollziehbar und soll nicht eine Zwangsaufklärung der Patient:innen nahelegen.

Jedoch sind die Anforderungen für eine realistische Einschätzung der Situation hoch für den Fall, dass eine Patientin entgegen der ärztlichen Empfehlung eine Therapie mit ungünstigem Nutzen-Belastungs-Verhältnis einfordert, da hier das Prinzip des Respekts vor der autonomen Entscheidung der Patient:innen starkgemacht wird. Diese beinhaltet aber notwendigerweise eine informierte Entscheidung. Hingegen können Patient:innen, die qua Verdrängung von ihrem Recht auf Nichtwissen Gebrauch machen, nicht in eine solche Therapieentscheidung einbezogen werden, weil diese notwendigerweise einen Wirklichkeitsbezug voraussetzt.

Die Überlegung, ob eine geringe Chance der Beatmungstherapie als Nutzen einen Therapieversuch rechtfertigt oder ob die dann gewonnene Lebenszeit bei eventuell deutlich verschlechtertem Allgemeinbefinden als erstrebenswert angesehen wird, beinhaltet eine Wertentscheidung. Die Studienlage zeigt, dass sich die Bewertung eines erträglichen Nutzen-Belastungs-Verhältnisses im Krankheitsverlauf eines Menschen häufig ändert:

**Schwerkranke Patient:innen sind im Vergleich zu gesunden Menschen viel eher bereit, intensive Therapien auch mit geringer Aussicht auf einen Nutzen (und mit eventuell erheblichen Belastungen) auf sich zu nehmen (Sahm et al. 2005).**

Es ist wichtig, diese Perspektivenverschiebung zu berücksichtigen, wenn Ärzt:innen anstelle ihrer Patient:innen entscheiden. Wenn die Patientin ihre Situation realistisch einschätzt, sollte der Arzt seine Bewertung von Nutzen und Belastung und die Konsequenzen der verschiedenen Optionen im besten wie im schlechtesten Verlaufsfall mit der Patientin besprechen. Wenn sie sich dann – wie in unserem Beispiel – nach gemeinsamer Überlegung in Abwägung der Vor- und Nachteile für eine Beatmung entscheidet, hat der Arzt gute Gründe, diesem Wunsch zu entsprechen (Winkler u. Marckmann 2012).

## Zusammenfassung

Die drei unterschiedlichen Konstellationen sind im Spannungsfeld zwischen dem Fürsorge- und Autonomieprinzip angesiedelt. Ihnen gemeinsam ist, zunächst zu lokalisieren, worin die Meinungsverschiedenheit begründet ist: Gibt es Unterschiede im Informationsstand und Verständnis oder tatsächlich in der Bewertung der Therapieoptionen oder vertretbaren Ziele? Die drei Konstellationen unterscheiden sich je nachdem, ob ärztlicherseits eine Therapie angeboten wird. Hier spielt die Indikationsstellung eine wichtige Rolle.

***Praxistipps***

- *Der/die Patient:in darf eine indizierte Therapie ablehnen.*
- *Wünscht der/die Patient:in eine Therapie mit fraglicher Indikation, sollte der/die Ärzt:in zunächst das Nutzen-Belastungs-Verhältnis für sich bewerten. Überwiegt der Nutzen, so kann die Therapie angeboten werden, auch wenn der Zusatznutzen marginal ist.*

- *Stehen Nutzen und Belastung in einem ungünstigen Verhältnis, bedarf es starker autonomiebasierter Gründe, um dem Wunsch der Patient:innen zu folgen. Daher muss der Patientenwunsch ein gut informierter sein.*
- *In jeder Konstellation trägt eine gute Kommunikation zur Klärung des Spannungsfelds zwischen Wohlergehen und Selbstbestimmung bei.*

## Literatur

Härter M, Loh A, Spies C (2005) Gemeinsam entscheiden– erfolgreich behandeln. Neue Wege für Ärzte und Patienten im Gesundheitswesen. Deutscher Ärzte-Verlag Köln

Kleinmann A (2013) From Illness as Culture to Caregiving as Moral Experience. N Engl J Med 365: 1376–77

Mehlis K, Becker C, Christ C, Laryionava K, Hiddemann W, Winkler EC (2017)

Häufigkeit und Zeitpunkt von Entscheidungen gegen intensivmedizinische Maßnahmen und tumorspezifische Therapien in einer universitären Hämatologie und Onkologie. Dtsch Med Wochenschr 142: 1–8

Sahm S, Will R, Hommel G (2005) What are cancer patients' preferences about treatment at the end of life, and who should start talking about it? A comparison with healthy people and medical staff. Support Care Cancer 13: 206–214

Vollmann J, Burchardi N, Weidtmann A (2004) Klinische Ethikkomitees an deutschen Universitätskliniken. Eine Umfrage aller Ärztlichen Direktoren und Pflegedirektoren. DMW 129:1237–1242

Weeks JC, Catalano PJ, Cronin A, Finkelman MD, Mack JW, Keating NL, Schrag D (2012) Patients' expectations about effects of chemotherapy for advanced cancer. N Engl J Med 3667:116–25

Wegwarth O, Gigerenzer G (2011) Risikokommunikation: Risiken und Unsicherheiten richtig verstehen lernen. Dtsch Arztebl 108(9): A-448/B-360/C-360

Winkler EC, Heußner P (2016) Vorausschauende Behandlungsplanung Dtsch Med Wochenschr 141: 394–398

Winkler EC, Marckmann G (2012) Eine ethische Orientierungshilfe Therapieverzicht gegen den Patientenwillen? Ärzteblatt Baden-Württemberg 4: 140–44

Winkler EC, Reiter-Thiel S, Lange-Rieß D, Schmahl-Menges N, Hiddemann W (2009) Patient involvement in decisions to limit treatment: the crucial role of agreement between physician and patient. J Clin Oncol 27: 2225–30

# 3 Überbringen schlechter Nachrichten

Jan Schildmann

Eine „schlechte Nachricht“ ist eine „Information, die in negativer und schwerwiegender Weise die Sicht eines Individuums auf seine Zukunft beeinflusst“ (Buckmann u. Kason 1992, S. 15). In der klinischen Praxis müssen häufig schlechte Nachrichten übermittelt werden. Aus medizinethischer Perspektive ist das Thema aus mehreren Gründen relevant. Zunächst einmal basiert die Entscheidung darüber, ob Patienten schlechte Nachrichten überbracht werden oder nicht, auf ethisch-normativen Gründen. Wie im zweiten Teil dieses Beitrags dargelegt, leitet heute der Respekt vor der Patientenselbstbestimmung das ärztliche Handeln bei der Aufklärung über Diagnose, Therapie und Prognose. Es gibt allerdings immer wieder Konstellationen in der klinischen Praxis, in denen ethisch begründet davon abgesehen wird, Patienten eine schlechte Nachricht zu überbringen. Weiterhin kann aus medizinethischer Perspektive das konkrete Vorgehen beim Überbringen schlechter Nachrichten untersucht und beurteilt werden. In diesem Zusammenhang stellt sich die, auch für die medizinische Aus- und Weiterbildung, bedeutsame Frage, welche Bewertungskriterien wir an ein Aufklärungsgespräch anlegen.

*Was heißt es schlechte Nachrichten in „angemessener“, „professioneller“ Form zu überbringen und welche Gründe können wir für die ethische Beurteilung eines Aufklärungsgesprächs benennen?*

Im Folgenden werden zunächst normative Maßstäbe zur Beurteilung des praktischen Vorgehens beim Überbringen einer schlechten Nachricht referiert. Im anschließenden Teil werden konkrete Handlungsempfehlungen gegeben, wobei neben dem individuellen ärztlichen Gespräch auch Möglichkeiten einer verbesserten Patientenaufklärung durch die Abstimmung zwischen verschiedenen Berufsgruppen im Gesundheitswesen angesprochen werden. Aufgrund des zur Verfügung stehenden Rahmens beschränken sich die Ausführungen auf einwilligungsfähige, erwachsene Patienten.

## 3.1 Normative Beurteilungsmaßstäbe und moralisch relevante Kontextfaktoren

Das „Überbringen schlechter Nachrichten im Arzt-Patient-Verhältnis galt lange als „kontraindiziert". So wurde im ersten „Code of Ethics" der American Medical Association (AMA) von 1847 die Empfehlung, Patienten nicht über schlechte Prognosen von Erkrankungen zu informieren, mit den folgenden Worten begründet:

> *'The life of a sick person can be shortened not only by the acts, but also by the words or manner of a physician. It is, therefore, a sacred duty to avoid all things which have a tendency to discourage the patient and to depress his spirits.'*

Mit der Forderung nach Respekt vor den Rechten von Bürgern – auch in Bezug auf Aufklärung und Entscheidungsfindung über medizinische Maßnahmen (‚Paternalismusdebatte') – wurde das normative Konzept des *informed consent* in die klinische Praxis eingeführt (s. Kap. I.8) (Vollmann 2000). Patienten sollen durch Information über Erkrankung, Behandlungsoptionen und Prognose in die Lage versetzt werden, eine Entscheidung zu treffen, die mit ihren persönlichen Wertvorstellungen übereinstimmen. Welche ethisch-normativen Argumente lassen sich nun im Einzelnen für beziehungsweise gegen das Überbringen schlechter Nachrichten anführen? Wie bereits aus dem oben zitierten Abschnitt des AMA Code for Ethics deutlich wird, halten manche die Aufklärung von Patienten für schädlich, weil das Wissen um eine schwere Erkrankung den Patienten die Hoffnung und damit die notwendigen Ressourcen für eine Therapie rauben könnte. Diese auf das **Wohl des Patienten** beziehungsweise das **Nicht-Schadensgebot** abzielende Argumentation basiert auf der empirischen Prämisse, dass das Überbringen schlechter Nachrichten Patienten schadet. Nach Kenntnis des Autors gibt es allerdings hierfür keine überzeugenden empirischen Belege.

Ein anderes Argument, das gegen das Überbringen schlechter Nachrichten angeführt wird, bezieht sich auf die Erfahrung, dass manche Patienten nicht oder wenigstens nicht detailliert informiert werden wollen. Während dies für einzelne Patienten zutrifft, muss festgehalten werden, dass die Ergebnisse mehrerer Umfragen unter Patienten zeigen, dass die Mehrheit auch über schwerwiegende Krankheiten aufgeklärt werden möchte (Übersicht bei Husebø u. Klaschik 2000). Der **Respekt vor der Patientenautonomie** und das **Recht auf Selbstbestimmung** sind die normativen Fundamente für die Forderung nach Aufklärung von Patienten. Menschen benötigen gesundheitsbezogene Informationen, um selbstbestimmte und informierte Entscheidungen zu treffen. Das Wissen, beispielsweise um die Prognose einer Erkrankung, kann von großer Bedeutung für die weitere persönliche oder berufliche Lebensplanung sein. Das Selbstbestimmungsrecht beinhaltet auch die Möglichkeit, die Aufklärung über eine Erkrankung abzulehnen (Randall u. Downie 1996). Es ist Aufgabe im Verlauf des Aufklärungsprozesses, herauszufinden, zu welchem Zeitpunkt Patienten welche Informationen wünschen (von Blanckenburg et al. 2020). Im Falle einer Ablehnung der Aufklärung von Seiten des Patienten müssen in Abhängigkeit von der klinischen Konstellation mögliche Konsequenzen einer fehlenden Aufklärung, wie beispielsweise Einschränkungen bezüglich einzelner therapeutischer Optionen, die nur bei einem entsprechenden Informationsstand über Diagnose, Prognose und Therapieoptionen aufseiten des Patienten durchgeführt werden können, bedacht werden.

Weitere ethisch relevante Kriterien in der Diskussion über die Durchführung oder den Verzicht auf eine Patientenaufklärung, die in diesem Beitrag nicht weiter ausgeführt werden können, sind der mögliche **Nutzen** der Aufklärung zum Beispiel für ein vertrauensvolles Arzt-Patient-Verhältnis oder auch die **Wahrhaftigkeit** als tugendethisches Kriterium. Bei der ethischen Beurteilung des konkret ausgestalteten Arzt-Patient-Gesprächs sind weiterhin **moralisch relevante Kontextfaktoren** zu berücksichtigen. So ist es für die ethische Bewertung des Aufklärungsgesprächs von Relevanz, ob ein seit vielen Jahren bestehendes Verhältnis zwischen Hausarzt und einem Patienten oder ein Erstkontakt zwischen diesem, gerade in einer Klinik aufgenommenen Patienten und einem Stationsarzt vorliegt. Im ersten Fall hätte der Arzt die Möglichkeit gehabt, Präferenzen des Patienten hinsichtlich der Gestaltung des Aufklärungsgesprächs vorab zu eruieren. Der Stationsarzt kann diese Informationen in einem Gespräch, in dem schlechte Nachrichten überbracht werden, nur begrenzt ermitteln. Die medizinethische Beurteilung des Aufklärungsgesprächs sollte in diesem konkreten Fall einerseits die situationsbedingten Limitationen für die Gestaltung der Aufklärung und Entscheidungsfindung durch den Stationsarzt anerkennen. Andererseits sollten Lösungsansätze entwickelt werden, damit die aus medizinethischer Perspektive zu fordernde Berücksichtigung von Patientenpräferenzen hinsichtlich der Gestaltung des Aufklärungsgesprächs auch in einem hoch spezialisierten und arbeitsteiligem Gesundheitssystem ermöglicht werden kann.

## 3.2 Erläuterung des praktischen Vorgehens

### 3.2.1 Das ärztliche Aufklärungsgespräch

Ethische und kommunikative Kompetenzen des einzelnen Arztes haben einen Einfluss darauf, ob das Aufklärungsgespräch eine Unterstützung oder zusätzliche Belastung für den Patienten darstellt. Das Ansprechen der Bedürfnisse aufseiten der Patienten und die Einbeziehung der Kranken in die Entscheidungsfindung entsprechend seiner Präferenzen können das Risiko des Auftretens psychischer Erkrankungen wie Angststörungen und Depressionen positiv beeinflussen (Übersicht bei Fallowfield u. Jenkins 2004). Individuelle kommunikative Kompetenzen für das Überbringen schlechter Nachrichten können effektiv im Rahmen von erfahrungsbasierten, praxisorientierten Lehr- beziehungsweise Fortbildungsveranstaltungen vermittelt werden (Johnson u. Panagioti 2018). Praktische Übungen mit Simulationspatienten und die gemeinsame Reflexion auf ethische und kommunikative Aspekte konkreter Gesprächssituationen unterstützen Ärztinnen und Ärzte bei der Entwicklung von Strategien zur Bewältigung schwieriger Gesprächs- und Entscheidungssituationen (Schildmann et al. 2011; Weber et al. 2003). Der folgende Praxisleitfaden soll einen Beitrag zur Strukturierung von Gesprächen, in denen schlechte Nachrichten überbracht werden, leisten, wobei kein Anspruch auf Vollständigkeit erhoben wird und die Inhalte an die individuelle Gesprächssituation angepasst werden müssen (für eine ausführliche Fassung des Leitfadens siehe Schildmann u. Schildmann 2011)

*Vorbereitung*

- Klären, wer das Gespräch führt und wer dabei sein sollte
- Notwendige Informationen beschaffen und bereithalten
- Geeigneten Ort wählen
- Störungen vorbeugen

*Während des gesamten Gesprächs*

- Blickkontakt halten
- Inhalt und Tempo des Gesprächs den Bedürfnissen des Patienten anpassen
- Pausen machen
- Gelegenheit bieten, Fragen zu stellen
- Wiederholen

*Gesprächsbeginn*

- Patienten und ggf. Angehörige begrüßen und sich vorstellen (Name und Funktion)
- Namen von Angehörigen und Beziehung zum Patienten erfragen
- Ggf. über weitere Verpflichtungen und zu erwartende Unterbrechungen informieren
- Vorwissen, Einstellungen und Informationsbedarf aufseiten des Patienten klären

*Mitteilung der Information*

- An dem bisherigen Wissen und Verständnis des Patienten von der Situation ansetzen
- Schrittweise zu der Nachricht hinführen
- Nachricht in einfacher, allgemein verständlicher Sprache mitteilen, kein Fachjargon

*Reaktionen zulassen/auf Bedürfnisse eingehen*

- Reaktionen und Emotionen wahrnehmen und empathisch darauf eingehen
- Zuhören, was der Patient besprechen möchte und die eigenen Themen seinen Bedürfnissen anpassen
- Fragen, was der Patient verstanden hat

*Zusammenfassung und Planung des weiteren Vorgehens*

- Zusammenfassen der wichtigsten Gesprächsinhalte
- Weitere Unterstützungsmöglichkeiten benennen, sofern gewünscht
- Nächste Schritte (z.B. Termine)/Weiterbetreuung planen Wenn Gespräch in der Praxis oder Ambulanz stattgefunden hat, fragen, was der Patient jetzt tun will, wie er z. B. nach Hause kommt, ob jemand ihn abholt, etc.
- Dem Patienten Ansprechpartner/Kontaktdaten der Institution geben

### 3.2.2 Interprofessionelle Gestaltung des Aufklärungsprozesses

Das ärztliche Aufklärungsgespräch ist nicht mit der Aufklärung des Patienten gleichzusetzen. Aus der Patientenperspektive stellt sich die Aufklärung über eine schwerwiegende Erkrankung als ein Prozess dar, an dem Vertreter unterschiedlicher Disziplinen und Berufsgruppen beteiligt sind (Kirschning 2001). Verschiedene Berufsgruppen können den Aufklärungsprozess unterstützen, zum Beispiel, indem Informationen des ärztlichen Aufklärungsgesprächs wiederholt und bei Bedarf zum Beispiel um pflegerische oder psycho-soziale Aspekte ergänzt werden. Die Information anderer Teammitglieder über Inhalt und Verlauf des Aufklärungsgesprächs sind wichtig, um Kontinuität in der Kommunikation mit dem Patienten zu gewährleisten. Weitergehende Maßnahmen, die von einzelnen Behandlungsteams im Anschluss an interprofessionelle Fortbildungen umgesetzt wurden, betreffen die Organisation des Aufklärungsprozesses. Ein konkretes Beispiel ist der Verzicht auf Aufklärungsgespräche am Abend soweit als möglich, da in vielen Abteilungen aufgrund der schlechteren Spät- oder Nachtdienstbesetzung keine Möglichkeit besteht, die Reaktionen des Patienten und mögliche Fragen im Anschluss an das Gespräch professionell abzufangen. Allerdings ist zu berücksichtigen, dass einer Implementierung interprofessioneller Ansätze, unter anderem aufgrund der zeitlichen Belastung der verschiedenen Berufsgruppen und weitgehend inhaltlich unabhängige Arbeitsabläufe, erhebliche Hindernisse entgegenstehen (Schildmann et al. 2006). Die geringe Priorität, die dem Gespräch mit Patienten, aber auch zwischen den Berufsgruppen eingeräumt wird (zum Beispiel bei der Honorierung von Gesprächen beziehungsweise der Kalkulation der Arbeitszeit am Patienten), kommt als erschwerender Faktor hinzu. Vor diesem Hintergrund sind Praxis orientierte interprofessionelle Fortbildungen für Mitglieder eines im klinischen Alltag zusammen arbeitenden Behandlungsteams eine realistische Maßnahme. Hier können einerseits individuelle Kompetenzen für die professionelle Gesprächsführung erworben und andererseits niedrigschwellige Ansätze zur verbesserten Abstimmung zwischen den verschiedenen Berufsgruppen bei der Aufklärung von Patienten identifiziert werden. Entsprechende Veranstaltungen sollten evaluiert werden, um die Auswirkungen aufseiten der verschiedenen Berufsgruppen und des Patienten zu überprüfen.

## Fazit

Das Überbringen schlechter Nachrichten gehört zu den häufigen und gleichzeitig anspruchsvollen Tätigkeiten im klinischen Alltag. Die zur professionellen Gestaltung notwendigen ethischen und kommunikativen Kompetenzen können effektiv in erfahrungsorientierten Fortbildungsveranstaltungen vermittelt werden. In Ergänzung zu Fortbildungsmaßnahmen, die auf die Verbesserung professioneller Kompetenzen für das ärztliche Aufklärungsgespräch abzielen, können interprofessionelle Fortbildungen einen Beitrag zur Abstimmung der Berufsgruppen im Aufklärungsprozess leisten.

*Praxistipps*

- *Leitlinien zur Patientenaufklärung (z.B. SPIKES-Protokoll) sind hilfreich für die Vorbereitung und Strukturierung von Gesprächen, in denen „schlechte Nachrichten“ überbracht werden*
- *Fortbildungsveranstaltungen unter Verwendung erfahrungsorientierten Methoden (z.B. Gespräche mit Simulationspatienten über typische klinische Situationen) sind eine gute Möglichkeit ethische und kommunikative Aspekte der Patientenaufklärung zu identifizieren und entsprechende Kompetenzen zu verbessern.*
- *Interprofessionelle Fortbildungen unter Beteiligung von Berufsgruppen, die im klinischen Alltag zusammenarbeiten bieten eine gute Möglichkeiten den Prozess der Patientenaufklärung unter Berücksichtigung unterschiedlicher Perspektiven zu betrachten und wo möglich zu verbessern.*

## Literatur


Buckman R, Kason Y (1992) How to Break Bad News. A Guide for Health Care Professionals. University of Toronto Press Toronto

Fallowfield L, Jenkins V (2004) Communicating sad, bad, and difficult news in medicine. Lancet 363, 312–319

Husebø S, Klaschik E (2000) Palliativmedizin. 2. Aufl. Springer Verlag Berlin

Johnson J, Panagioti M (2018) Interventions to Improve the Breaking of Bad or Difficult News by Physicians, Medical Students, and Interns/Residents: A Systematic Review and Meta-Analysis Acad Med. 2018 Sep;93(9):1400–412.doi: 10.1097/ACM.0000000000002308

Kirschning S (2001) Brustkrebs. Der Diagnoseprozess und die laute Sprachlosigkeit der Medizin. Eine soziologische Untersuchung. Leske und Budrich Leverkusen

Randall F, Downie RS (1996) Palliative Care Ethics. Oxford University Press Oxford

Schildmann J, Härlein J, Schlögl M, Vollmann J (2006) Breaking bad news: evaluation study on self perceived competences and views of medical and nursing students taking part in a collaborative workshop. Support Care Cancer 14, 1157–1161

Schildmann J, Schildmann E (2011) Schlechte Nachrichten in der Unfallchirurgie: ethische und praktische Aspekte. In: Hax P, Hax-Schoppenhorst T (Hrsg.) Kommunikation mit Patienten in der Chirurgie – Praxisempfehlungen für Ärzte aller operativen Fächer. 126–135. Kohlhammer Verlag Stuttgart

Schildmann J, Schwarz C, Schildmann E, Klambeck A, Ortwein H, Vollmann J (2011) „Wahrheit am Krankenbett": Evaluation einer ärztlichen Fortbildung zur professionellen Aufklärung schwer kranker Patienten. Deutsche Medizinische Wochenschrift 136, 757–761

Vollmann J (2000) Aufklärung und Einwilligung in der Psychiatrie. Ein Beitrag zur Ethik in der Medizin. Steinkopff Darmstadt

von Blanckenburg P, Hofmann M, Rief W, Seifart U, Seifart C (2020) Assessing patients preferences for breaking Bad News according to the SPIKES-Protocol: the MABBAN scale. Patient Educ Couns. 2020 Aug;103(8):1623–1629. doi: 10.1016/j.pec.2020.02.036. Epub 2020 Feb 27.

Weber M, Bohler E, Kohler E (2003) Kann Kommunikation mit unheilbar kranken Patienten gelehrt werden? Evaluation eines Kursmodells. Med Klin. 98, 477–483

# 4 Entscheidungen bei einwilligungsunfähigen Patienten

Ralf J. Jox

Entscheidungen für einwilligungsunfähige Patienten gehören zu den ethischen Problemen der Medizin, die von Ärzten am häufigsten berichtet werden und von Klinischen Ethikberatern am häufigsten zu bearbeiten sind (Hurst et al. 2007; Swetz et al. 2007). Einwilligungsunfähige Patienten sind vor allem in der Kinderheilkunde, der Notfall- und Intensivmedizin sowie der Neuromedizin, Psychiatrie und Geriatrie anzutreffen. Typische Beispiele sind neben kleinen Kindern insbesondere komatöse Patienten, Demenzkranke und schwer psychisch Kranke. Der ethische Grundkonflikt bei Patienten mit fraglicher Entscheidungsfähigkeit erklärt sich daraus, dass es auf der einen Seite die Wohltunsverpflichtungen gebieten, die vulnerablen Patienten vor nicht ausreichend reflektierten, selbstschädigenden Entscheidungen zu schützen, dass auf der anderen Seite jedoch die Achtung vor der Selbstbestimmung des Patienten fordert, Entscheidungen auch dann zu respektieren, wenn sie in den Augen Anderer unvernünftig erscheinen.

## 4.1 Wie ist die Einwilligungsfähigkeit einzuschätzen?

Wann aber ist ein Patient einwilligungsunfähig? Der juristische Terminus leitet sich von der grundlegenden Rechtsnorm ab, dass jegliche medizinische Behandlung zur rechtlichen Legitimation in der Regel einer informierten Einwilligung durch den Patienten bedarf (Duttge 2011). Dabei ist zunächst davon auszugehen, dass ein volljähriger Patient in der Lage ist, diese Einwilligung zu geben. Einwilligungsfähigkeit setzt sich aus den beiden Komponenten Einsichtsfähigkeit und Steuerungsfähigkeit zusammen. Wenn ein Mensch durch Unreife, Krankheit oder geistige Behinderung nicht imstande ist, entscheidungsrelevante Sachverhalte, Folgen und Risiken medizinischer Maßnahmen zu verstehen, diese Informationen zu seiner persönlichen

Lage in Beziehung zu setzen, das Für und Wider im Lichte seiner Werthaltungen abzuwägen, daraus eine Willensentscheidung abzuleiten oder diese Entscheidung zu kommunizieren, gilt er *nicht* als einwilligungsfähig. Umgekehrt ergeben sich aus dieser Überlegung die notwendigen Bedingungen für Einwilligungsfähigkeit (s. nachfolgende Box).

***Fünf notwendige Bedingungen für die Einwilligungsfähigkeit:***

1. *Entscheidungsrelevante Sachverhalte, Folgen und Risiken in ihrer Tragweite verstehen können (sofern sie verständlich vermittelt werden) (**Verständnis**).*
2. *Diese Informationen auf die eigene gesundheitliche Situation anwenden können (**Anwendung**).*
3. *Das Für und Wider der alternativen Behandlungsoptionen im Licht der eigenen Werthaltungen abwägen können (**Abwägung**).*
4. *Auf der Basis dieser Abwägung einen Entschluss fassen können (**Entschließung**).*
5. *Diesen Entschluss kommunizieren können (**Kommunikation**).*

Hinter dem juristischen Begriff der Einwilligungsfähigkeit steckt die ethische Überlegung, dass die Ausübung individueller Selbstbestimmung bestimmte Fähigkeiten voraussetzt, die in ihrer Gesamtheit als Entscheidungskompetenz (engl. *decision-making capacity*) bezeichnet werden. Diese Fähigkeiten können bei ein und demselben Patienten krankheitsbedingt fluktuieren oder vorrübergehend eingeschränkt sein, sodass Einwilligungsfähigkeit immer möglichst zeitnah in Verbindung mit der konkreten medizinischen Maßnahme beurteilt werden muss. Der Respekt vor der Selbstbestimmung des Patienten fordert zudem, dass man stets versuchen sollte, die Selbstbestimmungsfähigkeit des Patienten in der gegebenen Situation zu optimieren, also den Patienten in die Lage zu versetzen, möglichst autonom über die ihn betreffende Maßnahmen entscheiden zu können (Empowerment). Konkret bedeutet dies, dass man den Patienten verständlich aufklären und ihm ausreichend Zeit zur Überlegung einräumen soll. Auch kann es die Selbstbestimmung des Patienten stärken, wenn er gemeinsam mit seinen Angehörigen aufgeklärt wird und sich anschließend mit ihnen in Ruhe besprechen kann. Schriftliche und audiovisuelle Entscheidungshilfen (*decision aids*) können dazu beitragen, die mündlich vermittelten Informationen zu verstetigen, zu erläutern und zu ergänzen. In manchen Situationen, insbesondere bei Entscheidungen von großer Tragweite, kann es wichtig sein, den kognitiven Zustand des Patienten zuvor medizinisch zu verbessern, z.B. durch Abwarten, bis krisenhafte Einbußen in der Kognition wieder normalisiert sind (etwa ein postoperatives Delir), durch die (An-)Behandlung einer Infektion, Dehydrierung oder Elektrolytentgleisung sowie durch das Absetzen oder eine Dosisreduktion kognitiv einschränkender Medikamente, soweit dies ohne Gefahr möglich ist.

Auch muss diese Beurteilung der Einwilligungsfähigkeit stets auf das Individuum bezogen sein und kann sich im Regelfall nicht damit begnügen, dass eine bestimmte Diagnose Einwilligungsfähigkeit von vornherein ausschlösse. Dies trifft allenfalls auf komatöse Zustände zu, aber bei den meisten klinischen Zuständen muss jenseits der diagnostischen Einordnung eine spezifische Beurteilung der individuellen Patientensituation vorgenommen werden.

Dies ist auch bei Minderjährigen der Fall. Per Gesetz gibt es hier keine fixe Altersschwelle, die zwischen einwilligungsfähig und nicht-einwilligungsfähig trennen würde, sondern es kommt jeweils auf die individuelle geistig-sittliche Reife des Minderjährigen an, die interindividuell erheblich variieren kann (s. Kap. III.6) (Jox u. Eisenmenger 2006). Insbesondere Kinder mit langer Krankheitserfahrung sind in ihrer Entwicklung oft erstaunlich gereift, da sie früher als andere Gleichaltrige mit der Erwachsenenwelt und mit existenziellen Sinnfragen konfrontiert wurden. Hinzu kommt, dass Patienten mit chronischen Krankheiten meistens gut über ihr Krankheitsbild informiert sind.

Die Einwilligungsfähigkeit ist von ihrer Art her eine *relationale* Fähigkeit: jemand ist fähig zu etwas. Es kommt also nicht nur auf die allgemeinen, überdauernden Fähigkeiten des Patienten an, sondern situationsbezogen auf die jeweilige Einwilligung, die von ihm erbeten wird, und damit auf die indizierte Therapie in einer ganz bestimmten gesundheitlichen Situation (Vollmann 2000). Da es kognitiv und emotional schwieriger ist, eine Knochenmarkstransplantation bei einer Leukämie mit all ihren Konsequenzen, aber auch ihren Alternativen, zu bedenken und zu bewerten als etwa eine einfache Schienung eines gebrochenen Arms, wird dadurch auch die Schwelle der Einwilligungsfähigkeit unterschiedlich sein. Dies aber bedeutet, dass manche Menschen zwar in kleinere Eingriffe mit klaren Entscheidungssituationen einwilligen können, zugleich aber nicht in komplexe Eingriffe mit vielfältigen, gewichtigen, langfristigen Folgen oder schwierigen Abwägungen zwischen eng beieinander liegenden Alternativen. Die Einwilligungsfähigkeit ist also an die konkrete Entscheidungssituation gebunden, was bei ihrer Bestimmung zu berücksichtigen und bei ihrer Diskussion stets ausdrücklich zu benennen ist.

Die Bestimmung der Einwilligungsfähigkeit ist eine Tätigkeit, die im medizinischen Kontext Ärzten aufgetragen ist. Jeder approbierte Arzt sollte grundsätzlich dazu in der Lage sein, doch bei schwierigen Grenzfällen empfiehlt es sich, Ärzte mit langjähriger Berufserfahrung und gegebenenfalls mit spezifisch psychiatrisch-neurologischer, geriatrischer oder pädiatrisch-neuropädiatrischer Kompetenz hinzuzuziehen. Für die Einschätzung der Einwilligungsfähigkeit sind das Gespräch mit dem Patienten und der klinische Eindruck die wesentlichen Grundlagen. Diagnostische Befunde wie etwa neuropsychologische Testergebnisse können eine zusätzliche Hilfe darstellen. Das bekannteste Instrument zur operationalisierten Feststellung der Einwilligungsfähigkeit ist das *MacArthur Competence Assessment Tool-Treatment*, das aber in der Routine bisher selten zum Einsatz kommt (Vollmann et al. 2004).

## 4.2 Normative Maßstäbe der stellvertretenden Entscheidung

Wird ein Patient in Bezug auf eine konkrete medizinische Maßnahme als nicht-einwilligungsfähig eingestuft, bedeutet das keinesfalls, dass nun automatisch die medizinisch indizierte Handlung durchgeführt werden darf. Mit Ausnahme von Notfällen bedarf der nun vulnerabel gewordene Patient eines Stellvertreters, der seine Interessen wahrnimmt und an seiner statt die Entscheidung trifft, in die medizinisch indizierte Maßnahme einzuwilligen oder sie abzulehnen – auf der Basis des Patientenwillens. Der Stellvertreter ist nach deutschem Recht entweder ein vom Patienten zuvor (im geschäftsfähigen Zustand) Bevollmächtigter oder ein vom Gericht bestellter Betreuer. Die wichtigsten rechtlichen Informationen zur Vorsorgevollmacht sind nachfolgend zusammengefasst.

***Stellvertretende Entscheidung mit Hilfe einer Vorsorgevollmacht***

- *Eine Vollmacht über gesundheitliche Belange muss im geschäftsfähigen Zustand schriftlich erstellt, datiert und unterschrieben sein (keine weiteren Formerfordernisse).*
- *Der Vollmachtgeber erteilt die Vollmacht für konkret bezeichnete Lebensbereiche (z.B. Gesundheitssorge, Vermögenssorge, Aufenthaltsentscheidung).*
- *Die Vollmacht ersetzt eine Betreuung (und erfordert im Gegensatz zu letzterer keine Gerichtskosten, keine laufenden Kosten für den Betreuer, keine regelhafte gerichtliche Überprüfung und keine zeitliche Begrenzung).*
- *Der Bevollmächtigte ist in seinen Entscheidungen an Willen und Wohl des Vollmachtgebers gebunden.*

Es liegt bereits im Begriff der „stellvertretenden Entscheidung“, dass der Bevollmächtigte wie auch der Betreuer sich aus ethischer Sicht in seiner Entscheidungsfindung an dem Kriterium des Patientenwillens orientieren muss. In der Bioethik-Konvention des Europarats werden alle Unterzeichnerstaaten angehalten, Patientenverfügungen zu respektieren, was inzwischen in den meisten (zumindest westlichen) Staaten Europas auch rechtlich verankert ist. Das deutsche Recht hat 2009 die Stellung der Patientenverfügung gestärkt und gibt eine Rangordnung der Kriterien vor, mit Hilfe derer der Patientenwille ermittelt wird (s. Abb. 1). Hierbei kommt die höchste Priorität der (schriftlichen) *Patientenverfügung* zu: Der Stellvertreter hat die Aufgaben, eine Patientenverfügung zu identifizieren, sie dem Behandlungsteam bekannt zu machen, im Dialog mit den Behandelnden und ggf. Angehörigen zu prüfen, inwiefern sie auf die aktuelle Lebens- und Behandlungssituation zutrifft, und schließlich, wenn dies der Fall ist, für ihre Umsetzung zu sorgen (§ 1901a Abs. 1 BGB).

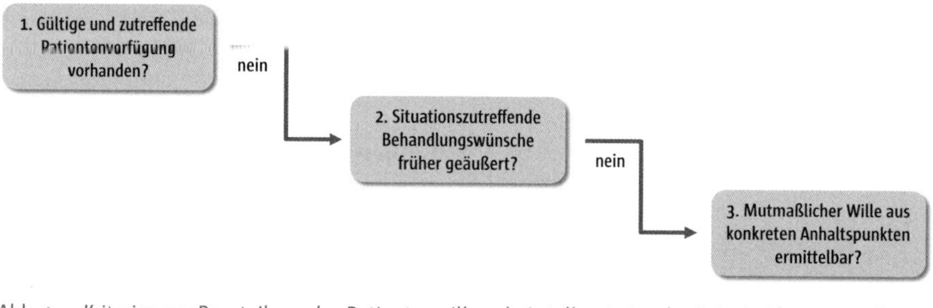


Abb. 1 Kriterien zur Beurteilung des Patientenwillens bei stellvertretender Entscheidung gemäß § 1901a Bürgerliches Gesetzbuch (Flussdiagramm mit Rangfolge)

Gemäß dem Bundesgerichtshof ist eine Patientenverfügung anwendbar, wenn sie mit genügender Bestimmtheit konkrete Behandlungssituationen und/oder konkrete Behandlungsmaßnahmen benennt, in die eingewilligt oder nicht eingewilligt wird. Die Patientenverfügung gilt nicht lediglich als Hinweis auf einen mutmaßlichen Patientenwillen, sondern ist eine antizipative Therapieentscheidung *sui generis*, die Ausdruck des ethischen Prinzips der prospektiven Autonomie ist. Aus diesem Grund ist eine zutreffende Patientenverfügung auch dann rechtsverbindlich, wenn es (noch) keinen Betreuer oder Bevollmächtigten gibt oder dieser in der aktuellen Situation nicht verfügbar ist, denn durch eine solche Patientenverfügung ist die patientenseitige Entscheidung über Einwilligung oder Nichteinwilligung in eine Behandlung bereits gefallen, sodass zumindest für diese Therapieentscheidung kein Bedürfnis besteht, abzuwarten, bis ein Betreuer gerichtlich bestellt ist (siehe § 630d Abs. 1 Satz 2 Bürgerliches Gesetzbuch, BGB). Der Bevollmächtigte oder Betreuer hat der Patientenverfügung Ausdruck und Geltung zu verschaffen und kann sich nicht eigenmächtig über sie hinwegsetzen; andernfalls ist seine Entscheidungsbefugnis gerichtlich zu überprüfen. Liegt keine gültige Patientenverfügung vor oder trifft sie nicht auf die aktuelle Situation zu, so sind nach deutschem Recht die *„Behandlungswünsche"* das zu beachtende Kriterium. Hierbei handelt es sich um frühere Aussagen des Patienten (in der Regel mündlich getätigt), die sich konkret auf die Einwilligung oder Ablehnung bestimmter medizinischer Maßnahmen beziehen. Im Großen und Ganzen kann man dieses Kriterium als das mündliche Pendant zur Patientenverfügung ansehen. Es handelt sich hierbei ja lediglich um eine andere Dokumentationsform eines vergleichbar konkreten Patientenwillens, die in manchen Fällen zwar eine geringere Beweiskraft haben mag, aber aus ethischer Sicht der Patientenverfügung in nichts nachsteht. Auch der Bundesgerichtshof hat in einer Entscheidung aus dem Jahr 2014 darauf hingewiesen, wie gewichtig das oft vergessene Kriterium der Behandlungswünsche ist (BGH-Beschluss vom 17.9.2014, XII ZB 202/13).

Falls keine auf die Situation anwendbaren Behandlungswünsche existieren, ist der *mutmaßliche Wille* des Patienten maßgeblich für die Therapieentscheidung. Dies ist zugleich die häufigste und schwierigste Situation in der stellvertretenden Therapieentscheidung. Denn hier kann im Gegensatz zu den ersten beiden Kriterien nicht auf eine konkret behandlungsbezogene Willensäußerung zurückgegriffen werden, sondern der konkret behandlungsbezogene Patientenwille muss erst aus früheren Äußerungen in anderen Kontexten, persönlichen Überzeugungen, Werthaltungen, Lebensentscheidungen, biographischen Prägungen, sozialen Umständen, aktuellem Verhalten und anderen „persönlichen Signaturen" (re-)konstruiert werden (Bickhardt 2010). Bei dieser Aufgabe ist in der Regel ein intensiver Dialog zwischen Stellvertreter, (anderen) Angehörigen des Patienten und den Mitgliedern des Behandlungsteams unerlässlich. Da die Ermittlung des mutmaßlichen Willens, wie aus empirischen Studien bekannt, sehr fehlbar, missbrauchsanfällig und letztlich auch mit einer unaufhebbaren Ungewissheit behaftet ist, kommt es aus ethischer wie rechtlicher Sicht darauf an, dass der Prozess von größter Sorgfalt getragen ist. Konkret drückt sich die Sorgfalt z.B. darin aus, dass man möglichst alle Beteiligten in die Gespräche einbezieht, sich genügend Zeit nimmt, sich die ethisch-rechtliche Orientierung klar macht, Kommunikationsregeln beachtet und im Zweifel die Hilfe eines externen ethischen Moderators in Anspruch nimmt (Schaider et al. 2015).

Zu erwähnen sind noch zwei besondere Situationen, in denen die Entscheidung gemäß dem Willen des Patienten an praktische Grenzen stößt.

**Die erste Situation** ist der medizinische Notfall, in dem innerhalb von Sekunden oder Minuten gehandelt werden muss und daher nicht die Zeit bleibt, eine Patientenverfügung zu interpretieren, mündliche Behandlungswünsche zu erfragen oder den mutmaßlichen Patientenwillen zu rekonstruieren. In solchen Fällen ist zunächst die medizinisch indizierte, also aus der ärztlichen Fürsorgeperspektive dem Wohlergehen des Betroffenen dienende Behandlung einzuleiten, bis Zeit gewonnen ist, um den Patientenwillen festzustellen (sofern man den Patientenwillen nicht bereits kennt) (Bundesärztekammer 2011). Lediglich dann, wenn zusätzlich eine Ungewissheit über die dem Patientenwohl am besten dienende Maßnahme besteht, gilt die Regel, dass im Zweifel für die Lebensverlängerung entschieden werden soll (in dubio pro vita). Zur Orientierung für solche Notfallsituationen kann es hilfreich sein, wenn der Hausarzt oder der behandelnde Arzt frühzeitig einen Notfallplan erstellen, der auf dem Patientenwillen gründet und unmittelbar umsetzbare ärztliche Anordnungen für den Notfall enthält (s. Kap. I.10) (in der Schmitten et al. 2011a, b).

**Die zweite Situation**, in der die Entscheidung gemäß Patientenselbstbestimmung an ihre Grenze stößt, liegt dann vor, wenn über den Patientenwillen überhaupt nichts bekannt ist – weder in Form einer Patientenverfügung noch in Form von Behandlungswünschen oder Hinweisen auf den mutmaßlichen Willen. Dies kommt insbesondere dann vor, wenn keine Angehörigen oder Freunde vorhanden sind, die den Patienten ausreichend kennen (was gerade bei älteren Menschen in urbanen Milieus gar nicht so selten ist). Auch dann greift die oben vorgestellte Verpflichtung, die medizinisch indizierte Behandlung zum Wohl des Patienten vorzunehmen, soweit nicht ein konkreter Notfallplan existiert (Bundesärztekammer 2011).

Schließlich ist noch kurz auf einen Begriff einzugehen, der im Zusammenhang mit medizinischen Entscheidungen für einwilligungsunfähige Menschen immer wieder auftaucht, den sogenannten „natürlichen Willen". Juristisch bezeichnet dieser Begriff alle verbalen und nonverbalen Willensäußerungen eines nicht-einwilligungsfähigen Menschen. Diese Äußerungen (z.B. körperliche Verweigerung bei der Nahrungsgabe) sind unbedingt ernst zu nehmen, da sie wertvolle Hinweise darüber geben, wie es dem aktuell Patienten geht und was seinem Wohlergehen förderlich oder abträglich ist. Die Interpretation solcher Äußerungen muss jedoch mit größter Vorsicht geschehen und erfordert unter Umständen, verschiedene mögliche Ursachen diagnostisch zu prüfen. Ethisch und rechtlich ersetzen solche Äußerungen nicht die stellvertretende Entscheidung gemäß den früheren autonomen Willensäußerungen (Patientenverfügung, Behandlungswünsche oder Hinweise auf mutmaßlichem Willen), sondern unterstützen die konkrete Anwendung des autonomen Patientenwillens (Jox et al. 2014, Bundesärztekammer 2018).

## 4.3 Empfehlungen zum praktischen Vorgehen

Mit dem Dritten Gesetz zur Änderung des Betreuungsrechts aus dem Jahr 2009 (und dem Patientenrechtegesetz aus dem Jahr 2013) hat der Gesetzgeber klargestellt, dass ein verantwortungsvoller Dialog und eine ausreichende Kommunikation im Gesundheitswesen eine zentrale Rolle spielen, wenn es darum geht, rechtlichen (und ethischen) Normen gerecht zu werden. Im erstgenannten Gesetz wird betont, dass der Arzt (stets auch als Vertreter des gesamten Behandlungsteams zu verstehen) zunächst die Aufgabe hat, eine Indikation zu stellen, diese zu kommunizieren und dann gemeinsam mit dem Stellvertreter des Patienten (im Fall von einwilligungsunfähigen Patienten) den Patientenwillen in Bezug auf diese indizierte Maßnahme zu erörtern (§ 1901b BGB). Das Gesetz ruft ausdrücklich dazu auf, Angehörige und sonstige Vertrauenspersonen des Patienten in den Dialog einzubeziehen.

Stellvertretende Therapieentscheidungen können eine nicht unerhebliche Belastung für die Entscheidungsträger darstellen, insbesondere wenn sie enge Angehörige sind. In einer systematischen Übersichtsarbeit wurde gezeigt, dass mindestens ein Drittel der Angehörigen emotionale Belastungen über viele Monate bis Jahre nach der Entscheidung mit sich herumtragen, namentlich in der Form von Schuldgefühlen und Zweifeln (Wendler u. Rid 2011). Diese Erkenntnisse sind mehr als verständlich, wenn man sich bewusst macht, dass sich die Angehörigen im Gegensatz zu den Behandelnden nicht in einer professionellen Rolle, sondern in einer existenziellen Betroffenenrolle befinden und insofern auch in einen Rollenkonflikt zwischen eigener Betroffenheit und der normativen Aufgabe der Stellvertretung geraten können (Jox et al. 2012). Selbst wenn Angehörige überzeugt sind, dass es ethisch und rechtlich richtig ist und dem Willen des Betroffenen entspricht, diesen sterben zu lassen, können sich Schuldgefühle einstellen, weil sie den Verlust des Geliebten und die damit verbundene Trauer ursächlich durch eine eigene Entscheidung zu verantworten haben. Die Zweifel wiederum erklären sich aus der Tatsache, dass die einmal getroffene Entscheidung, jemanden sterben zu lassen, unumkehrbar und unverifizierbar ist. Der Gestorbene kann nicht mehr befragt werden, ob er die Entscheidung billigt, und die Frage, wie sich sein Leben entwickelt hätte, wenn man ihn weiter am Leben gelassen hätte, bleibt auf immer unbeantwortbar.

Doch nicht nur die Entscheidung für das Sterbenlassen kann emotional belastend sein, ebenso die Entscheidung, dass ein Angehöriger in einer lebenskritischen oder einer leidvollen Situation weiterleben soll. In diesen Situationen, etwa bei einer weit fortgeschrittenen neurodegenerativen Erkrankung, kommt hinzu, dass die Angehörigen beim Anblick und im Umgang mit dem Betroffenen oft erheblich „mitleiden", zuweilen sogar mehr als der Betroffene selbst, insbesondere wenn sie eine große emotionale, zeitliche und finanzielle Belastung mit anderen Aufgaben in Familie und Beruf balancieren müssen.

Nun könnte das Ausgeführte über die Belastung der Angehörigen als Argument vorgebracht werden, dass stellvertretende Entscheidungen statt von Angehörigen besser von Berufsbetreuern, Ärzten oder anderen getroffen werden sollten. Dennoch gibt es gewichtige Argumente gegen eine solche Lösung: Angehörige kennen in der Regel nicht nur den Patientenwillen am besten (Shalowitz et al. 2006), sondern laufen auch weniger Gefahr, im Rahmen einer *déformation professionelle* die Patientenwünsche gering zu achten und paternalistisch zu entscheiden. Zudem haben sie, da sie von den Folgen der Entscheidung selbst in erheblichem Ausmaß existenziell mitbetroffen sind, auch ein eigenes moralisches Recht darauf, an der Entscheidung ganz wesentlich mitzuwirken (Jox 2004).

Ein besserer Weg ist es, die Belastungen der Angehörigen so gut wie möglich zu lindern oder besser noch präventiv zu verhindern. Dies kann vor allem das sogenannte Advance Care Planning leisten (s. Kap. I.10) (Coors et al. 2015). Dieses umfasst u.a. einen Prozess der professionell unterstützen, frühzeitigen Entscheidungsfindung und Behandlungsplanung, in dem betroffene Patienten, ihre Angehörigen, Ärzte und andere Fachkräfte sich nach einer strukturierten, moderierten Vorgehensweise darüber verständigen, welche Werte dem Patienten wichtig sind, welche Behandlungsentscheidungen am ehesten zu den Patientenpräferenzen passen und wie diese Entscheidungen schon vorausschauend mit Hilfe von schriftlichen Dokumenten und Kommunikation im regionalen Versorgungsnetz gebahnt werden können.

***Praxistipps***

- *Einwilligungsfähigkeit ist die aktuelle Fähigkeit eines Patienten, in eine bestimmte medizinische Behandlung einzuwilligen, wozu es nötig ist, die Art und die Tragweite der Entscheidung zu verstehen, auf die eigene Situation anzuwenden, auf der Basis persönlicher Werte einen Entschluss zu fassen und diesen zu kommunizieren.*
- *Stellvertretende Entscheidungen über die medizinische Behandlung bedürfen in der Regel einer eigens dafür autorisierten Person und müssen sofern möglich auf der Basis des autonomen Patientenwillens getroffen werden, konkreter gesprochen auf der Basis einer Patientenverfügung, früher geäußerter Behandlungswünsche oder des mutmaßlichen Patientenwillens.*

## Literatur


Bickhardt J (2010) Der Patientenwille. Beck München

Bundesärztekammer (2011) Grundsätze der Bundesärztekammer zur ärztlichen Sterbebegleitung. Dtsch Ärztebl 108 (7), A346–8

Bundesärztekammer (2018) Hinweise und Empfehlungen der Bundesärztekammer zu Patientenverfügungen und anderen vorsorglichen Willensbekundungen bei Patienten mit einer Demenzerkrankung. Dtsch Ärztebl 115 (19): A952–6

Coors M, Jox R J, in der Schmitten J (Hrsg.) (2015) Advance Care Planning. Von der Patientenverfügung zur gesundheitlichen Vorausplanung. W. Kohlhammer, Stuttgart

Duttge G (2011) Die Kategorie der Einwilligungsfähigkeit im Arztrecht. Biomedical Law and Ethics 5

Hurst SA, Perrier A, Pegoraro R, Reiter-Theil S, Forde R, Slowther AM, Garrett-Mayer E, Danis M (2007) Ethical difficulties in clinical practice: experiences of European doctors. J Med Ethics 33 (1), 51–7

in der Schmitten J, Rixen S, Marckmann G (2011a) Patientenverfügungen im Rettungsdienst (Teil 1). Geklärte und offene Fragen nach Verabschiedung des Patientenverfügungsgesetzes. Notfall Rettungsmed 14 (6), 448–58

in der Schmitten J, Rixen S, Marckmann G (2011b) Patientenverfügungen im Rettungsdienst (Teil 2). Neue Perspektiven durch Advance Care Planning und die „Hausärztliche Anordnung für den Notfall“. Notfall Rettungsmed 14 (6), 465–74

Jox RJ (2004) Bewusstlos, aber autonom?! – Ethische Analyse stellvertretender Entscheidungen für einwilligungsunfähige Patienten. Ethik in der Medizin 16, 401–14

Jox RJ, Ach JS, Schöne-Seifert B (2014) Patientenverfügungen bei Demenz: Der „natürliche Wille“ und seine ethische Einordnung. Dtsch Ärztebl 111 (10), A394–6

Jox RJ, Denke E, Hamann J, Mendel R, Förstl H, Borasio GD (2012) Surrogate decision making for patients with end-stage dementia. International journal of geriatric psychiatry 27 (10), 1045–52

Jox R, Eisenmenger W (2006) Pädiatrische Palliativmedizin – Die juristische Sicht. Können Sie denn gar nichts mehr für mein Kind tun. 49–54

Schaider A, Borasio GD, Marckmann G, Jox RJ (2015) Ermittlung des mutmaßlichen Patientenwillens: eine Interviewstudie mit Klinikern. Ethik in der Medizin 27, 107–21

Shalowitz DI, Garrett-Mayer E, Wendler D (2006) The accuracy of surrogate decision makers: a systematic review. Arch Intern Med 166 (5), 493–7

Swetz KM, Crowley ME, Hook C, Mueller PS (2007) Report of 255 clinical ethics consultations and review of the literature. Mayo Clin Proc 82 (6), 686–91

Vollmann J (2000) Einwilligungsfähigkeit als relationales Modell. Klinische Praxis und medizinethische Analyse. Nervenarzt 71 (9), 709–14

Vollmann J, Kuhl KP, Tilmann A, Hartung HD, Helmchen H (2004) Einwilligungsfähigkeit und neuropsychologische Einschränkungen bei dementen Patienten. Nervenarzt 75 (1), 29–35

Wendler D, Rid A (2011) Systematic review: the effect on surrogates of making treatment decisions for others. Ann Intern Med 154 (5), 336–46

# 5 Entscheidungen über lebensverlängernde Maßnahmen

Ralf J. Jox

## 5.1 Begriffsklärungen

Entscheidungen über lebensverlängernde oder lebenserhaltende Maßnahmen sind für Menschen, die im Gesundheitswesen arbeiten, aber genauso für die betroffenen Patienten und ihre Angehörigen, belastende und schwierige Entscheidungen. Dafür gibt es zahlreiche Gründe, die unter anderem mit dem Fundamentalcharakter der Werte Leben und Tod, mit der unvergleichlichen Irreversibilität der Todesentscheidung sowie dem kulturell-religiösen Bedeutungsgehalt von Tod und Leben zu tun hat. Bewusste Entscheidungen über das Zulassen des Sterbens sind in westlichen Ländern heutzutage sehr häufig, da die meisten Todesfälle nicht plötzlich auftreten, sondern im Laufe von chronischen, oft progredienten Erkrankungen, in deren Verlauf sich das herannahende Lebensende irgendwann abzeichnet. In einer wegweisenden europäischen Studie wurde schon Anfang des 21. Jahrhunderts nachgewiesen, dass bis zu 50% aller Menschen heutzutage durch bewusste Entscheidungen über den Zeitpunkt des Todeseintritts sterben (van der Heide et al. 2003). Inzwischen liegt dieser Anteil gemäß methodisch vergleichbaren Studien aus Deutschland und der Schweiz bei 80-90% aller Todesfälle (Dahmen et al., 2017; Penders et al., 2020).

Dabei ist es aus ethischer und rechtlicher Sicht wichtig, zwischen den verschiedenen Entscheidungen am Lebensende zu differenzieren. Grundsätzlich lassen sich, auch wenn dies handlungstheoretisch und ethisch kontrovers bleibt, zwei große Gruppen von „Sterbehilfe" unterscheiden: Handlungen, die einen vorzeitigen Tod herbeiführen bzw. den Tod beschleunigen, und solche, die das natürliche Sterben zulassen (s. Abb. 1).

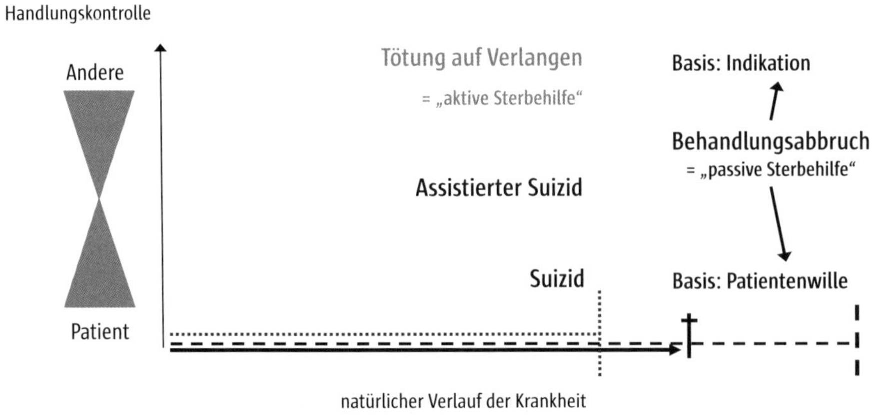


Abb. 1 Entscheidungen am Lebensende, differenziert nach der Person, welche die Handlungskontrolle hat (y-Achse), und dem Bezug der Entscheidung zum natürlichen Verlauf der Krankheit. Die drei links genannten Entscheidungen führen einen vorzeitigen Todeszeitpunkt herbei, d.h. sie verkürzen den natürlichen Krankheitsverlauf (sofern dieser nicht schon medizinisch verlängert wurde), dargestellt durch die fein gestrichelte Linie; die rechts genannte Entscheidung beendet medizinische Maßnahmen, die den Todeszeitpunkt hinausgeschoben haben, und lässt dadurch das krankheitsbedingte Sterben zu – grob gestrichelte Linie. Einzig die Tötung auf Verlangen (grau) ist in Deutschland strafbar, die anderen Handlungen sind unter bestimmten Bedingungen zulässig.

Die bis heute noch gebräuchliche „Sterbehilfe"-Begrifflichkeit sollte nicht verwendet werden, da sie verwirrend, unpräzise und missbrauchsanfällig ist. Die beschreibenden Begriffe sind vorzuziehen und wurden z.B. vom Nationalen Ethikrat im Jahr 2006 sehr umsichtig erläutert:

**Entscheidungen am Lebensende: Terminologie gemäß dem Nationalen Ethikrat (2006)**

- **Sterbenlassen:** Von Sterbenlassen statt von „passiver Sterbehilfe" wird in dieser Stellungnahme gesprochen, wenn eine lebensverlängernde medizinische Behandlung unterlassen wird und dadurch der durch den Verlauf der Krankheit bedingte Tod früher eintritt, als dies mit der Behandlung aller Voraussicht nach der Fall wäre. Das Unterlassen kann darin bestehen, dass eine lebensverlängernde Maßnahme erst gar nicht eingeleitet wird; es kann auch darin bestehen, dass eine bereits begonnene Maßnahme nicht fortgeführt oder durch aktives Eingreifen beendet wird. In manchen Fällen kann es sinnvoll sein, dies durch eine unterschiedlich tiefe palliative Sedierung zu begleiten.
- **Beihilfe zur Selbsttötung:** Verschaffen Ärzte oder andere Personen jemandem ein todbringendes Mittel oder unterstützen sie ihn auf andere Weise bei der Vorbereitung oder Durchführung einer eigenverantwortlichen Selbsttötung, liegt Beihilfe zur Selbsttötung (assistierter Suizid) vor.
- **Tötung auf Verlangen:** Wenn man jemandem auf dessen ernsthaften Wunsch hin eine tödliche Injektion gibt oder ihm eine Überdosis an Medikamenten verabreicht oder sonst auf medizinisch nicht angezeigte Weise eingreift, um seinen Tod herbeizuführen, der krankheitsbedingt noch nicht eintreten würde, handelt es sich um Tötung auf Verlangen. Im Unterschied zur Beihilfe zur Selbsttötung führt hier nicht der Betroffene selbst, sondern ein anderer die tödliche Handlung aus.

- **Therapien am Lebensende**: Zu Therapien am Lebensende zählen alle medizinischen Maßnahmen, einschließlich palliativmedizinischer Maßnahmen, die in der letzten Phase des Lebens erfolgen mit dem Ziel, Leben zu verlängern und jedenfalls Leiden zu mildern. Dazu gehören auch Maßnahmen, bei denen die Möglichkeit besteht, dass der natürliche Prozess des Sterbens verkürzt wird, sei es durch eine hochdosierte Schmerzmedikation oder eine starke Sedierung, ohne die eine Beherrschung belastender Symptome nicht möglich ist. Auf den bisher in diesem Zusammenhang verwendeten Begriff der „indirekten Sterbehilfe" sollte verzichtet werden, weil der Tod des Patienten weder direkt noch indirekt das Ziel des Handelns ist.

Das Zulassen des Sterbens heißt im juristischen Sprachgebrauch „Behandlungsabbruch", wobei damit sowohl das Beenden als auch das Nichtbeginnen lebenserhaltender Maßnahmen bezeichnet wird. Der früher gebräuchliche Ausdruck „passive Sterbehilfe" ist obsolet und vom Bundesgerichtshof verlassen worden, da er irrigerweise suggerierte, dass nur das Sterbenlassen durch Untätigsein (z.B. Verzicht auf eine Antibiotikatherapie), nicht aber durch ein aktives Tun (z.B. Abstellen eines Beatmungsgeräts) erlaubt sei. Ethisch wie rechtlich betrachtet können jedoch sowohl das Tun als auch das Unterlassen geboten oder verboten sein, je nach den negativen oder positiven Pflichten, die von der handelnden Person eingefordert werden.

Man kann das Sterbenlassen bzw. den Behandlungsabbruch so umschreiben, dass dabei lebensverlängernde bzw. lebenserhaltende Maßnahmen bewusst nicht mehr durchgeführt oder nicht mehr fortgeführt werden. Doch was genau sind lebensverlängernde bzw. -erhaltende Maßnahmen (die Begriffe werden hier synonym gebraucht)? Klassische Beispiele sind etwa die kardiopulmonale Reanimation, die künstliche Beatmung, die Dialyse oder eine lebensrettende Operation.

Lebensverlängernde Maßnahmen kann man definieren als diejenigen (medizinischen, pflegerischen oder sonstigen) Maßnahmen, ohne die der Patient mit großer Wahrscheinlichkeit früher sterben wird als mit diesen Maßnahmen (Jox 2019). Anders gesprochen: Es sind Maßnahmen, die das Potenzial besitzen, das Leben des Patienten im Vergleich zum unbehandelten, natürlichen Verlauf zu verlängern.

Entscheidungen sind stets im Lichte ihrer Alternativen zu betrachten. Bei der Frage nach dem Einsatz lebensverlängernden Maßnahmen geht es im Grunde stets um die Frage, ob Patienten, die ohne medizinische Unterstützung nicht (länger) weiterleben könnten, am Leben erhalten werden sollen (mit welchen Mitteln auch immer) oder ob dies nicht geschehen soll, wobei dann vorauszusehen ist, dass der Tod in absehbarer Zeit eintreten wird. Die Kriterien, nach denen diese Entscheidung zu treffen ist, sind im Grunde nicht anders als die Kriterien für jede Therapieentscheidung – unabhängig davon, ob das Weiterleben auf dem Spiel steht oder nicht. Allerdings lohnt es sich, die Kriterien in diesem speziellen Anwendungskontext noch einmal genau zu durchdenken.

## 5.2 Rechtslage und ethische Prinzipien

Schon seit Jahrzehnten hat sich in Deutschland eine recht stabile höchstrichterliche Rechtsprechung des Bundesgerichtshofes (BGH) und Bundesverfassungsgerichts entwickelt, wonach lebenserhaltende medizinische Maßnahmen genauso wie jede andere medizinische Maßnahme indiziert und von der informierten Einwilligung des

Patienten oder seines Stellvertreters getragen sein müssen (Putz u. Steldinger 2016). Trifft eine dieser beiden Bedingungen nicht zu, so ist die Maßnahme zu unterlassen, auch wenn (oder gerade wenn) dadurch das Sterben des Patienten zugelassen wird. Der BGH hat im sogenannten „Putz-Fall" 2010 die Chance ergriffen, das Sterbenlassen strafrechtlich zu klären und mit dem ein Jahr zuvor in Kraft getretenen Patientenverfügungsgesetz in Einklang zu bringen (Bundesgerichtshof 2010). Die drei Leitsätze dieses Urteils sind nachfolgend wiedergegeben:

***Leitsätze des BGH-Urteils vom 25. Juni 2010 zur Rechtslage des Behandlungsabbruchs:***

1. *Sterbehilfe durch Unterlassen, Begrenzen oder Beenden einer begonnenen medizinischen Behandlung (Behandlungsabbruch) ist gerechtfertigt, wenn dies dem tatsächlichen oder mutmaßlichen Patientenwillen entspricht (§ 1901a BGB) und dazu dient, einem ohne Behandlung zum Tode führenden Krankheitsprozess seinen Lauf zu lassen.*
2. *Ein Behandlungsabbruch kann sowohl durch Unterlassen als auch durch aktives Tun vorgenommen werden.*
3. *Gezielte Eingriffe in das Leben eines Menschen, die nicht in einem Zusammenhang mit dem Abbruch einer medizinischen Behandlung stehen, sind einer Rechtfertigung durch Einwilligung nicht zugänglich.*

Der BGH hat in diesem Urteil auch klargestellt (ebenso wie es gesetzlich in Bezug auf die Patientenverfügung klargestellt ist), dass es nicht darauf ankommt, welcher Art von Erkrankung der Patient hat und wie nahe er sich vor dem Tod befindet. Es gibt nach deutschem Recht keine Reichweitenbeschränkung für die Begrenzung lebenserhaltender Maßnahmen und damit das Zulassen des Sterbens. Wenn ein 20-jähriger, gesunder Zeuge Jehovas wegen einer Verletzung eine Bluttransfusion benötigt, um weiterleben zu können, diese aber im einwilligungsfähigen Zustand, per Patientenverfügung, Behandlungswunsch oder mutmaßlichem Willen klar ablehnt, dann muss seine Entscheidung, lieber zu sterben als Fremdblut zu erhalten, akzeptiert werden.

Das Recht unterscheidet auch nicht nach der Art der lebenserhaltenden Maßnahme oder danach, ob eine Maßnahme beendet oder nicht begonnen wird. Dies ist umso stärker zu betonen, als viele Menschen intuitiv nach diesen Kriterien unterscheiden. Behandelnde tun sich leichter, Maßnahmen zu unterlassen, die invasiv, riskant, aufwändig und teuer sind, und tun sich zugleich schwerer, solche Maßnahmen zu unterlassen, die psychologisch und kulturell bedeutungsgeladen sind (wie etwa Ernährung und Flüssigkeitsversorgung) oder deren Abbruch palliativmedizinischer Kompetenzen der Symptomlinderung in der Sterbephase verlangt (wie etwa die Beendigung der Beatmung) (Jox et al. 2010). Ebenso fällt es Behandelnden in Deutschland (im Gegensatz zu etwa zu nordeuropäischen Ländern) meist schwerer, einmal begonnene Therapien zu beenden als von vornherein auf die Therapie zu verzichten. Doch ethisch betrachtet muss der Blick zum Entscheidungszeitpunkt in die Zukunft gerichtet sein und sich auf die Frage fokussieren, ob die Therapie ab sofort durchgeführt werden soll oder nicht – unabhängig davon, ob sie in der unmittelbaren Vergangenheit angewandt wurde. Dauerbehandlungen wie etwa eine künstliche Ernährung brauchen zu jedem Zeitpunkt eine hinreichende Begründung. Fällt diese weg, ist es genauso geboten, die Behandlung abzubrechen wie keine zu beginnen.

Grundsätzlich fordert das deutsche Recht, dass jede medizinische Maßnahme, inklusive der lebensverlängernden Maßnahmen, erstens indiziert sein und zweitens vom Patientenwillen getragen sein muss. Indiziert ist eine Maßnahme, wenn sie nötig ist, um ein Therapieziel zu erreichen, das für den Patienten eindeutig mehr Nutzen als Schaden bedeutet. Die Regel der Indikation gründet also auf dem Wert des Patientenwohls. Die geforderte Kongruenz mit dem Patientenwillen wiederum basiert auf dem Wert der personalen Selbstbestimmung.

Das Modell der prinzipienorientierten Falldiskussion nach Marckmann unterstreicht diese Tatsache, indem die erste Bewertungsebene nach Nutzen-Schadens-Balance und Respekt vor der Selbstbestimmung des Patienten fragt (Marckmann u. Mayer 2009; Marckmann u. Jox 2013) (s. Kap. I.3). Bei der Frage nach Nutzen und Schaden einer lebenserhaltenden Behandlung für den Patienten darf der Wert des Lebens nicht absolut gesetzt werden: es geht hierbei nämlich nicht um den abstrakten, objektiven Wert des Lebens, sondern um das konkrete Leben mit seiner Lebensqualität und Lebenserwartung, das dem Patienten bevorsteht. Zuweilen ist die Konstellation so, dass aufgrund einer terminalen Erkrankung nur noch eine sehr kurze Lebensspanne mit erheblichem Leiden zu erwarten ist, sodass man ein weiteres Hinauszögern des Sterbens durch medizinische Maßnahmen nicht als gerechtfertigt ansehen kann – insbesondere auch deshalb, weil sonst die Entscheidungsträger primär verantwortlich dafür wären, dass dem Patienten zusätzliches Leiden aufgebürdet würde, was er nach dem natürlichen Krankheitsverlauf gar nicht erleiden müsste. Eine solche Abwägung widerspricht wohlgemerkt nicht dem verfassungsrechtlichen Prinzip der Lebenswertindifferenz, denn es geht hier nicht darum, ein bestimmtes Leben als lebensunwert abzuqualifizieren, sondern eine bestimmte Handlung daraufhin zu überprüfen, ob sie dem lebenden Patienten förderlich ist oder nicht.

## 5.3 Empfehlungen zum praktischen Vorgehen

Um zu einer Entscheidung zu gelangen, die rechtlich zulässig, moralisch verantwortbar und sozial konsensfähig ist, kann es hilfreich sein, sich an einer ethisch begründeten Bewertungsstruktur zu orientieren. In Ergänzung zum Modell der prinzipienorientierten Falldiskussion, das auf jede Therapieentscheidung anwendbar ist, soll hier ein Vorgehen vorgestellt werden, das spezifisch auf die Therapiezieländerung bei lebenskritisch kranken Patienten bezogen ist (s. Abb. 2). Es basiert auf ärztlicher Erfahrung, einer Analyse ethischer Fallbesprechungen in der Intensivmedizin sowie den Prinzipien biomedizinischer Ethik nach Beauchamp und Childress (Jox et al. 2012; Beauchamp u. Childess 2019).

Nach diesem Modell richtet sich zunächst der Blick von den konkreten einzelnen Therapiemaßnahmen weg und fokussiert auf das diese Maßnahmen leitende Therapieziel. Jede Therapie ist eine zweckgerichtete Handlung, die sich nur von ihren Zielen her begründen lässt, doch werden die Ziele selten explizit formuliert und kommuniziert. Thematisiert man die Therapieziele, so entdeckt man nicht selten Zweifel oder gar Uneinigkeit zwischen Patient, Behandelnden und/oder den Angehörigen des Patienten. Entscheidend sind aber letztlich nicht die Ziele, welche Behandelnde und Angehörige mit der Therapie verbinden, sondern diejenigen Ziele, die der Patient selbst in der gegebenen Situation erreichen will. Ist der Patient kommunikations- und entscheidungsfähig, wird man offen mit ihm darüber sprechen, nachdem er über die medizinische Situation aufgeklärt wurde. Ist der Patient jedoch aktuell nicht

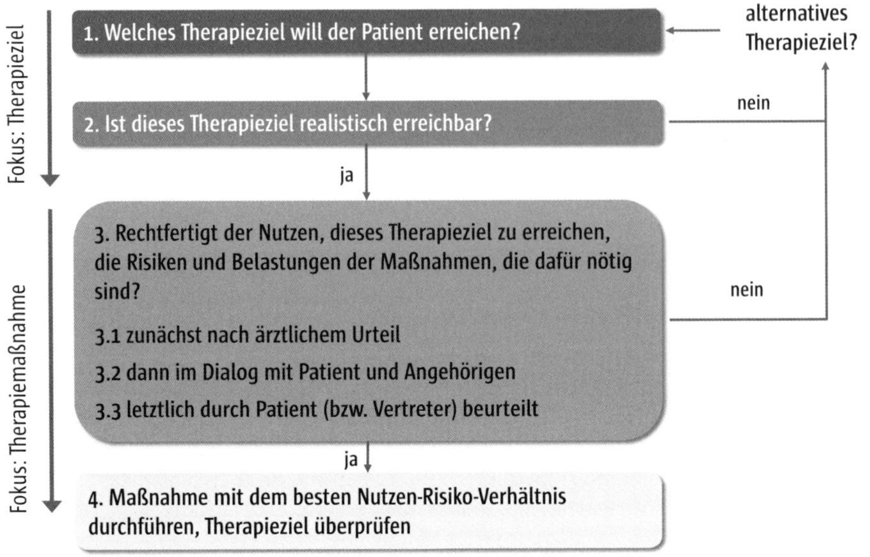


Abb. 2 Modell der Therapiezieländerung (adaptiert nach Jox u. Ney [2014]). Mit freundlicher Genehmigung der Springer Verlag GmbH.

entscheidungsfähig, wie es bei vielen kritisch Kranken der Fall ist, muss gemäß rechtlichen und ethischen Vorgaben nach Patientenverfügung, Behandlungswünschen oder mutmaßlichem Patientenwillen entschieden werden (s. Kap. II.4). Liegen keinerlei Informationen über den Patientenwillen vor, muss von demjenigen Therapieziel ausgegangen werden, das die Behandelnden für geeignet halten, das Wohlergehen des Patienten am besten zu fördern.

Die zweite Frage prüft, ob das Therapieziel realistisch erreichbar ist. Dafür ist ein prognostisches Fachurteil vonnöten, das nicht nur die medizinische Situation der individuellen Patienten (einschließlich des biologischen Alters, der Vorerkrankungen und aktuellen Komorbiditäten) in den Blick nimmt, sondern auch die verfügbaren Therapieoptionen. Neben der wissenschaftlichen Evidenz ist hierfür die ärztliche Erfahrung leitend, da die Evidenzlage für viele klinische Situationen unvollständig ist und selbst noch so robuste Evidenzlagen stets nur statistische Wahrscheinlichkeitsaussagen über ein Patientenkollektiv darstellen, die auf den individuellen Patienten angewandt werden müssen.

Es wäre jedoch verfehlt, jedes gewollte und realistisch erscheinende Therapieziel zu verfolgen. Die dritte Frage, welche ethisch betrachtet die zentrale und schwierige ist, stellt das Therapieziel und den Nutzen, den der Patient dadurch voraussichtlich haben wird, in ein Verhältnis zu den Risiken und Belastungen, welche im Lauf der Therapie zu erwarten sind. Bei dieser Nutzen-Risiko-Abwägung ist es hilfreich, wenn zunächst der behandelnde Arzt nach Rücksprache mit dem ganzen Behandlungsteam eine Einschätzung vornimmt und diese dann dem Patienten bzw. seinem rechtlichen Vertreter darlegt. Bei nicht-einwilligungsfähigen Patienten, für die (noch) kein rechtlicher Vertreter eingesetzt ist, sollten entsprechend die nächsten Angehörigen und Bezugspersonen miteinbezogen werden. Letztlich bedarf es der subjektiven Nutzen-

Risiko-Bewertung des Betroffenen selbst (oder des rechtlichen Vertreters auf Basis des Patientenwillens), da der Betroffene im Normalfall am besten einschätzen kann, welcher Nutzen für ihn mit dem Erreichen eines Behandlungsziels verbunden ist und welche Schadensrisiken und Belastungen er dafür einzugehen bereit ist. Ist der potenzielle Nutzen sehr groß, steht also sehr viel auf dem Spiel, werden die meisten Menschen auch höhere Risiken in Kauf nehmen. Gibt es mehrere, alternative Maßnahmen, mit denen ein bestimmtes Therapieziel erreicht werden kann (z.B. eine operative und eine interventionelle oder konservative Variante), ist diejenige Maßnahme vorzuziehen, die im Vergleich das günstigste Nutzen-Risiko-Verhältnis hat.

Fällt jedoch die Nutzen-Risiko-Bewertung negativ aus oder ist das Therapieziel realistisch gar nicht (mehr) erreichbar, dann muss das bisher angestrebte Therapieziel überprüft und ggf. verlassen werden. Damit ist aber keineswegs gesagt, dass die gesamte Behandlung des Patienten abgebrochen wird, denn häufig gibt es alternative Therapieziele, die realisierbar und mit einem positiven Nutzen-Risiko-Verhältnis verbunden sind. In der Regel sind dies zumindest die Linderung von Leiden und die Begleitung im Sterbeprozess gemäß der palliativmedizinischen Expertise.

Zu berücksichtigen ist auch, dass die Urteile über Nutzen und Risiko/Belastung jeweils mit bestimmten Wahrscheinlichkeiten verbunden sind. Dabei kann eine Daumenregel weiterhelfen: je höher das Nutzen-Risiko-Verhältnis ist, desto eher wird man auch eine kleine Wahrscheinlichkeit akzeptieren, den hohen Nutzen zu einem geringen Risiko zu verwirklichen. Umgekehrt wird man bei einem nur leicht positiven Nutzen-Risiko-Verhältnis eine hohe Wahrscheinlichkeit fordern.

Wird nach diesem Algorithmus vorgegangen, ist damit zugleich den beiden rechtlichen Voraussetzungen jeder medizinischen Behandlung, Indikation und Patientenwille, angemessen Rechnung getragen. Die ärztliche Indikation ist das fachbasierte Werturteil über die Realisierbarkeit eines Therapieziels (das als legitimes Ziel innerhalb des Gesundheitswesens anerkannt ist) und die objektive Nutzen-Risiko-Relation für einen konkreten Patienten. Der Patientenwille repräsentiert die Selbstbestimmung, indem er den Wunsch des Betroffenen nach bestimmten Therapiezielen und seine höchstpersönliche Bewertung von Nutzen und Risiko ausdrückt. Bei der Anwendung dieses Modells ist darauf zu achten, dass Therapieziele und Therapiemaßnahmen fortwährend überprüft werden und eine Änderung der medizinischen oder persönlichen Situation entsprechend auch die Therapieentscheidung beeinflussen kann.

***Praxistipps***

- *Lebensverlängernde Maßnahmen können und müssen unterlassen bzw. beendet werden, wenn sie nicht (mehr) indiziert sind oder dem Patientenwillen widersprechen.*
- *Die Entscheidung über den Einsatz lebensverlängernder Maßnahmen sollte sich an Therapiezielen, ihrer Realisierbarkeit und der Nutzen-Schadens-Abwägung im Dialog zwischen Patient, ggf. Angehörigen und Behandelnden orientieren.*

Dieser Beitrag basiert in Teilen auf dem Artikel „Änderung des Therapieziels bei kritisch Kranken. Ethische Analyse eines chirurgischen Falles“ von Jox und Ney (2014), publiziert in „Der Unfallchirurg“. Mit freundlicher Genehmigung der Springer Verlag GmbH.

## Literatur

Beauchamp TL, Childress JF (2019) Principles of Biomedical Ethics. 8. Aufl. Oxford University Press Oxford

Bundesgerichtshof (2010) Urteil vom 25. Juni 2010 – 2 StR 454/09. NJW. 2010; 40, 2963ff.

Dahmen BM, Vollmann J, Nadolny S, Schildmann J (2017) Limiting treatment and shortening of life: a cross-sectional survey in Germany on frequencies, determinants and patients' involvement. BMC Palliat Care 16 (1): 3

Jox RJ (2013) Sterben lassen. Über Entscheidungen am Ende des Lebens. Rowohlt Hamburg

Jox RJ (2019) Withholding and Withdrawing Life-Sustaining Treatment. In: Creutzfeldt CJ, Kluger BM and Holloway RG (Hrsg.) Neuropalliative Care. Cham: Springer 2019, S. 205–218.

Jox RJ, Krebs M, Fegg M, Reiter-Theil S, Frey L, Eisenmenger W, Borasio GD (2010) Limiting life-sustaining treatment in German intensive care units: a multiprofessional survey. Journal of critical care 25 (3), 413–9

Jox RJ, Ney L (2014) Änderung des Therapieziels bei kritisch Kranken. Ethische Analyse eines chirurgischen Falles. Unfallchirurg 117 (5), 399–405

Jox RJ, Schaider A, Marckmann G, Borasio GD (2012) Medical futility at the end of life: the perspectives of intensive care and palliative care clinicians. Journal of medical ethics 38 (9), 540–5

Marckmann G, Jox RJ (2013) Ethik in der Medizin – Ethische Grundlagen medizinischer Behandlungsentscheidungen – Auftaktartikel zur Serie. Bayerisches Ärzteblatt 9, 446–7

Marckmann G, Mayer F (2009) Ethische Fallbesprechungen in der Onkologie. Grundlagen einer prinzipienorientierten Falldiskussion. Der Onkologe 15 (10), 980–88

Nationaler Ethikrat (2006) Selbstbestimmung und Fürsorge am Lebensende. Nationaler Ethikrat Berlin

Penders YVH, Bopp M, Zellweger U, Bosshard G, Swiss Medical End-of-Life Decisions Group (2020) Continuing, Withdrawing, and Withholding Medical Treatment at the End of Life and Associated Characteristics: a Mortality Follow-Back Study. J Gen Intern Med 35 (1): 126–32

Putz W, Steldinger B (2016) Patientenrechte am Ende des Lebens: Vorsorgevollmacht, Patientenverfügung und selbstbestimmtes Sterben. 6. Aufl. C.H. Beck München

van der Heide A, Deliens L, Faisst K, Nilstun T, Norup M, Paci E, van der Wal G, van der Maas PJ; EURELD consortium (2003) End-of-life decision-making in six European countries: descriptive study. Lancet 362 (9381), 345–50

# 6 Ethische Herausforderungen in der Begleitung Schwerkranker und Sterbender

Eva Katharina Schildmann und Claudia Bausewein

## 6.1 Ethisch relevante Entscheidungssituationen und Begriffsklärungen

Palliative Care (im Deutschen Palliativversorgung oder Palliativmedizin) wird von der Weltgesundheitsorganisation (WHO) wie folgt definiert:

> *Palliativversorgung ist ein Ansatz, der die Lebensqualität von Patienten und deren Familien verbessert, die mit den Problemen im Zusammenhang einer lebensbedrohenden Erkrankung konfrontiert sind, dies mittels Prävention und Linderung von Leiden durch frühzeitiges Erkennen und umfassende Erfassung sowie durch die Behandlung von Schmerz und anderen Problemen auf körperlichen, psychosozialen und spirituellen Ebenen.* (WHO 2002)

Die Definition macht deutlich, dass eine palliativmedizinische Betreuung schon früh im Krankheitsverlauf einer „lebensbedrohenden Erkrankung" beginnen kann bzw. sollte. Immer wieder müssen im Verlauf der palliativmedizinischen Betreuung Entscheidungen zur *Therapiebegrenzung* getroffen werden, beispielsweise bezüglich Chemotherapie, Hämodialyse, Antibiotikatherapie, parenteraler Ernährung oder intravenöser Flüssigkeitstherapie. In vielen Fällen wird eine Therapiebegrenzung mit einer Lebensverkürzung verbunden sein. Das ist aber nicht automatisch der Fall, vielmehr kann die Weiterführung mancher Therapien am Lebensende, z.B. die Weiterführung einer Chemotherapie, auch mit einem kürzeren Überleben einhergehen (Greer et al. 2012; Temel et al. 2010).

Vom Nationalen (jetzt: Deutschen) Ethikrat wurde 2006 für Entscheidungssituationen, die zu einem früheren Eintreten des Todes führen, der Begriff des *„Sterbenlas-*

*sens*" anstelle des früher verwendeten Begriffs „passive Sterbehilfe" empfohlen und wie folgt definiert:

> *„Von Sterbenlassen statt von „passiver Sterbehilfe" wird in dieser Stellungnahme gesprochen, wenn eine lebensverlängernde medizinische Behandlung unterlassen wird und dadurch der durch den Verlauf der Krankheit bedingte Tod früher eintritt, als dies mit der Behandlung aller Voraussicht nach der Fall wäre. Das Unterlassen kann darin bestehen, dass eine lebensverlängernde Maßnahme erst gar nicht eingeleitet wird; es kann auch darin bestehen, dass eine bereits begonnene Maßnahme nicht fortgeführt oder durch aktives Eingreifen beendet wird." (Nationaler Ethikrat 2006)*

Entscheidungen über Maßnahmen der Symptomkontrolle, bei denen als mögliche Nebenwirkung eine Lebensverkürzung in Betracht kommt, stellen eine zweite zumindest früher häufig diskutierte ethische Herausforderung in der Begleitung Schwerkranker und Sterbender dar. Der Nationale (jetzt: Deutsche) Ethikrat empfiehlt anstelle des früher gebräuchlichen Begriffs der „indirekten Sterbehilfe" den Begriff der „*Therapien am Lebensende*" und definiert diesen wie folgt:

> *„Zu Therapien am Lebensende zählen alle medizinischen Maßnahmen, einschließlich palliativmedizinischer Maßnahmen, die in der letzten Phase des Lebens erfolgen mit dem Ziel, Leben zu verlängern und jedenfalls Leiden zu mildern. Dazu gehören auch Maßnahmen, bei denen die Möglichkeit besteht, dass der natürliche Prozess des Sterbens verkürzt wird, sei es durch eine hochdosierte Schmerzmedikation oder eine starke Sedierung, ohne die eine Beherrschung belastender Symptome nicht möglich ist." (Nationaler Ethikrat 2006)*

Es gibt keine empirischen Hinweise darauf, dass z.B. eine Opioidmedikation zur Therapie von Schmerzen oder Dyspnoe oder eine „palliative Sedierung", wenn diese Therapien lege artis durchgeführt werden, lebensverkürzend wirken (Sykes u. Thorns 2003; Maltoni et al. 2012; Maeda et al. 2016). Auch nach unserer persönlichen mehrjährigen Erfahrung in der Palliativmedizin sind Situationen, bei denen der Tod durch die therapeutische Maßnahme potenziell (um wenige Minuten) beschleunigt wird, extrem selten und betreffen v.a. Notfallsituationen wie stärkste Dyspnoe bei akuter Atemwegsobstruktion oder akute Blutungen. Die zur Symptomkontrolle notwendige tiefe Sedierung kann mit dem vorzeitigen Versterben der Patient:in verbunden sein. Es ist aber zu bedenken, dass die Patient:in aufgrund der Notfallsituation sowieso verstorben wäre. Unkontrollierbare Schmerzen werden in der allgemeinen Diskussion häufig als Argument gebracht, sind aber im praktischen Alltag in der Regel kein Grund für eine lebensverkürzende Therapie.

Entscheidungen bezüglich „palliativer Sedierung" stellen aus mehreren Gründen eine ethische Herausforderung in der Begleitung Schwerkranker und Sterbender dar und sollen daher im Folgenden näher beleuchtet werden. Ethisch relevante Aspekte der palliativen Sedierung sind neben der Abgrenzung von Tötung auf Verlangen (Raus et al. 2011) insbesondere die Einbeziehung der Patient:innen in die Entscheidungsfindung zu palliativer Sedierung und in Entscheidungen über begleitende medizinische Maßnahmen wie zum Beispiel parenterale Flüssigkeitsgabe. Dies gilt insbesondere für den Fall von tiefer kontinuierlicher Sedierung, wenn die Patient:in selbst keine Flüssigkeit mehr zu sich nehmen kann (Schildmann u. Schildmann 2014). Kontrovers diskutiert wird auch die Frage des nicht-physischen Leidens als Indikation für palliative Sedierung (Schildmann u. Schildmann 2014).

*„Palliative Sedierung"[1] wird von der European Association of Palliative Care (EAPC) definiert als der*
- *überwachte Einsatz von Medikamenten*
- *mit dem Ziel einer verminderten oder aufgehobenen Bewusstseinslage (Bewusstlosigkeit),*
- *um die Symptomlast in anderweitig therapierefraktären Situationen in einer für Patienten, Angehörige und Mitarbeiter ethisch akzeptablen Weise zu reduzieren (Alt-Epping et al. 2010; Cherny u. Radbruch 2009).*

Es stellt also eine Therapieform dar, die eingesetzt wird, wenn alle anderen Therapiemöglichkeiten versagt haben. Es wird unterschieden zwischen leichter und tiefer sowie zwischen intermittierender und kontinuierlicher Sedierung (Alt-Epping et al. 2010; Cherny u. Radbruch 2009).

Das folgende Fallbeispiel soll exemplarisch zum einen die Frage des Sterbenlassens durch Therapieabbruch und -verzicht bei einem Schwerkranken und zum anderen die Frage der Indikation von palliativer Sedierung bei einem Sterbenden illustrieren. Anhand dieses Beispiels soll nach der Darstellung der relevanten normativen Beurteilungsmaßstäbe das Vorgehen in diesen Situationen in der Praxis erläutert werden.

**Fallbeispiel:**

Männlicher Patient, 60 Jahre alt, Pulmonal arterielle Hypertonie (ED 2011), Polycythaemia vera (aktuell Hydroxycarbamid [Litalir]-Therapie); Stationäre Aufnahme über Notaufnahme mit kardialer Dekompensation; Hauptsymptome bei Übernahme auf die Palliativstation: progrediente Ödeme an den unteren Extremitäten und Skrotalödem, Dyspnoe, Angst

*Situation 1:* Während des stationären Aufenthaltes progredientes Nierenversagen mit weiter zunehmenden Ödemen; Dyspnoe und Angst zunächst gut kontrolliert durch Anwesenheit der Ehefrau (auch nachts), Atemtherapie und Opioid

*Frage: Beginn einer Hämodialysetherapie? Fortsetzung der oralen Chemotherapie?*

Eine Woche nach Übernahme auf die Palliativstation bei weiterer Zunahme der Dyspnoe und der damit assoziierten Angst kontinuierliche subkutane Therapie mit Opioid und geringer Dosis Benzodiazepin

*Situation 2:* Zwei weitere Tage später weitere Zunahme der Ödeme und dadurch starke Mobilitätseinschränkung, leichte Zunahme der Dyspnoe, Patient wünscht Sedierung, „um alles nicht mehr mitzubekommen", hat sich bereits von allen Angehörigen verabschiedet

*Frage: Palliative Sedierung?*

1 Aktualisierung 4/2021: Es gibt weiterhin keinen Konsens bezüglich des Begriffs und der Definition von „Palliativer Sedierung". Der Forschungsverbund SedPall hat in Kooperation mit der Deutschen Gesellschaft für Palliativmedizin eine Handlungsempfehlung für Deutschland für „gezielte Sedierung" zum Zweck der Leidenslinderung entwickelt (https://www.dgpalliativmedizin.de/images/210422_Broschu%CC%88re_SedPall_Gesamt.pdf)

## 6.2 Relevante normative Beurteilungsmaßstäbe und zentrale Konzepte

### 6.2.1 Therapiezielfindung, Indikationsstellung, Patientenwille

Grundlegend wichtig für eine adäquate Begleitung von schwerkranken und sterbenden Menschen und für Entscheidungen, die im Rahmen dieser Begleitung getroffen werden müssen, ist die Klärung des *Therapieziels*:

*Ist das vorrangige Ziel die Lebensverlängerung oder die Verbesserung der Lebensqualität?*

Die Verbesserung der Lebensqualität umfasst dabei im Sinne der WHO-Definition von Palliative Care das Vorbeugen und Lindern von Leiden durch bestmögliche Symptomkontrolle physischer, psychosozialer und spiritueller Probleme (WHO 2002).

Wenn mit dem Patienten und im Team das Therapieziel geklärt ist, können auf dieser Basis Entscheidungen über die Indikation für diagnostische und therapeutische Maßnahmen getroffen werden und der Patientenwille zu diesen Maßnahmen eruiert werden.

***Schrittweises Vorgehen bei der Indikationsstellung:***

- *Klärung des vorrangigen Therapieziels mit Patient und im Team: Lebensverlängerung oder Verbesserung der Lebensqualität durch Symptomkontrolle und Begleitung?*
- *Vor dem Hintergrund des Therapieziels: Indikationsstellung unter Abwägung des möglichen Nutzens versus unerwünschte Wirkungen/ Schaden durch die Maßnahme.*
- *Vor dem Hintergrund des Therapieziels und der Nutzen-Schaden-Abwägung: (mutmaßlicher) Patientenwille?*

### 6.2.2 Leitlinienempfehlungen bezüglich palliativer Sedierung

Unter anderem angesichts eines großen Spektrums der Häufigkeit, mit der palliative Sedierung angewandt wird und der Sorge teilweise nicht standardgemäßer Anwendung, wurden zu palliativer Sedierung in den letzten Jahren von unterschiedlichen Institutionen und Fachgesellschaften Leitlinien entwickelt (Schildmann u. Schildmann 2014). Im Folgenden werden ausgewählte Inhalte der Leitlinie der European Association for Palliative Care (EAPC) als maßgebliche europäische Fachgesellschaft vorgestellt (Alt-Epping et al. 2010; Cherny u. Radbruch 2009).

***Voraussetzungen für die Indikationsstellung:***

- *unerträgliche Belastung durch physische Symptome, wenn keine andere Methode der Palliation innerhalb eines akzeptablen Zeitrahmens und ohne unzumutbare Nebenwirkungen zur Verfügung steht (Therapierefraktärität)*

- *Identifikation der spezifischen belastenden Symptome*
- *tiefe kontinuierliche Sedierung nur in der allerletzten Lebensphase mit einer erwarteten Prognose von Stunden, höchstens wenigen Tagen*

Wie bereits erwähnt, wird kontrovers diskutiert, ob auch unerträgliches Leiden an nicht-physischen Symptomen eine Indikation für palliative Sedierung sein kann bzw. sollte. Diesbezüglich besteht auch in den verfügbaren Leitlinien kein Konsens (Schildmann u. Schildmann 2014).

In der EAPC-Leitlinie heißt es:

> *„[...] in Krankheitssituationen in der Finalphase kann eine palliative Sedierung auch für nicht-physische Symptome wie refraktäre depressive Zustände, Angst, Demoralisation oder existenzielle Not erwogen werden."*

Es werden besondere Vorsichtsmaßnahmen für palliative Sedierung bei refraktärem existenziellem oder psychischem Leiden empfohlen (Alt-Epping et al. 2010; Cherny u. Radbruch 2009):

- nur bei Patienten mit fortgeschrittenen, inkurablen Grunderkrankungen
- Einschätzung als „refraktär" erst nach wiederholten Einschätzungen durch Ärzte, die in der psychologischen Begleitung erfahren sind und zu dem Patienten und seinen Angehörigen ein gutes Verhältnis haben, einhergehend mit einer probatorischen Behandlung von Angst, Depression und existenziellem Stress
- Einschätzungen im Kontext einer multiprofessionellen Fallkonferenz, der Vertreter aus Psychiatrie, Seelsorge und Ethik und der am Patientenbett arbeitenden Professionen zugehören
- in den seltenen Fällen, in denen dieses Vorgehen tatsächlich zweckmäßig und angemessen ist, zunächst intermittierende, d.h. zeitlich begrenzte Sedierung für 6–24 h
- Dauersedierung nur dann, wenn wiederholte Versuche von intermittierender Entlastungssedierung durchgeführt wurden

Aus folgenden Gründen unterscheidet sich eine Sedierung bei refraktären psychischen Symptomen und existenziellem Leiden von anderen Situationen (Alt-Epping et al. 2010; Cherny u. Radbruch 2009):

- größere Schwierigkeit, die Refraktärität zu ermitteln
- Dynamik und Unvorhersehbarkeit der Schwere des Leidens
- geringe Nebenwirkungen der konventionellen Behandlungsansätze
- fehlende notwendige Assoziation dieser Symptome mit einem weit fortgeschrittenen Erkrankungsstadium

Wenn der Patient entscheidungsfähig ist, sollten mit ihm die Ziele sowie der Nutzen und die Risiken einer palliativen Sedierung diskutiert werden, möglichst – mit Einverständnis des Patienten – gemeinsam mit seinen Angehörigen. Die Sedierungstiefe sollte so niedrig wie möglich sein, aber gleichzeitig die Beschwerden noch ausreichend lindern. Die Medikamentendosis sollte entsprechend schrittweise titriert werden (Alt-Epping et al. 2010; Cherny u. Radbruch 2009).

Bezüglich der ebenfalls häufig diskutierten Frage, ob während einer palliativen Sedierung eine Flüssigkeits- und/oder Nahrungszufuhr erfolgen sollte, empfiehlt die

Leitlinie, dass diese Entscheidung unabhängig von der Entscheidung zur Sedierung sein und dass sie individuell anhand der Vorstellungen des Patienten und der hierdurch möglichen Vorteile und Belastungen angesichts des Behandlungsziels (Leidenslinderung) erfolgen sollte (Alt-Epping et al. 2010; Cherny u. Radbruch 2009).

## 6.3 Praktisches Vorgehen bei der Entscheidungsfindung und Diskussion anhand empirischer Daten

Im vorliegenden Fallbeispiel wurde in einem ausführlichen Gespräch mit dem Patienten und seiner Ehefrau schon früh im Verlauf des Aufenthaltes auf der Palliativstation das Ziel der Verbesserung der Lebensqualität durch bestmögliche Symptomkontrolle und Begleitung in der letzten Lebensphase festgelegt.

### Situation 1: Sterbenlassen (Therapieverzicht bzw. -abbruch) bei einem schwerkranken Patienten

Bei weiterer Verschlechterung seines Zustandes durch Auftreten eines progredienten Nierenversagens wurde vom Patienten noch einmal bekräftigt, dass für ihn die Lebensqualität vorrangig sei und er keine weitere krankheitsspezifische Therapie mehr wünsche. Diesem Ziel gemäß wurde die Entscheidung getroffen, auf den Versuch der Therapie des Nierenversagens, insbesondere eine Hämodialysetherapie, zu verzichten. Eine Hämodialyse hätte potenziell eine geringe Lebensverlängerung erreichen können. Die mit der Hämodialyse verbundenen Belastungen und Risiken angesichts des deutlich eingeschränkten Allgemeinzustands des Patienten wurden jedoch vom Patienten und dem Behandlungsteam als deutlich höher gewertet als der mögliche Zusatznutzen für die Kontrolle der Dyspnoe und der Ödeme über die bestehenden Maßnahmen der Symptomkontrolle hinaus.

Im Gegensatz zu dieser Entscheidung zum Therapieverzicht wurde die Entscheidung zur Fortsetzung einer anderen Therapie getroffen, die potenziell lebensverlängernd wirken könnte: Die orale Chemotherapie der Polycythaemia vera mit Hydroxycarbamid. Diese wurde nach gemeinsamer Abwägung mit dem Patienten und seiner Ehefrau zunächst weiter fortgesetzt, da seiner Erfahrung nach bei Absetzen für ihn sehr unangenehme Symptome auftraten, die anderweitig schwer zu kontrollieren waren. Demgegenüber war die Belastung durch diese orale, für ihn gut verträgliche Therapie gering. Im Vordergrund stand folglich auch bei dieser Therapie das Ziel der Leidenslinderung und nicht die mögliche Lebensverlängerung.

Dieses konkrete Beispiel wurde unter anderem auch gewählt, um dem noch immer verbreiteten Mythos entgegenzuwirken, dass bei Patienten am Lebensende, die palliativmedizinisch betreut werden, „generell nichts mehr getan wird". Die Entscheidungen zum Verzicht auf Hämodialyse und Fortsetzung der oralen Chemotherapie sollen exemplarisch zeigen, dass

- in der Begleitung schwerkranker und sterbender Menschen vielmehr ein kritischer und sehr differenzierter Umgang mit medizinischen Maßnahmen notwendig ist und
- Entscheidungen gemeinsam mit allen Beteiligten anhand einer individuellen Nutzen-Schaden-Abwägung vor dem Hintergrund des Therapieziels getroffen werden müssen.

Die Fortsetzung einer Chemotherapie im Rahmen der palliativmedizinischen Betreuung in dieser Situation stellt allerdings einen seltenen Sonderfall dar. Viel häufiger begegnen wir der Situation, dass Patient:innen aus unserer Sicht zu lange, teilweise bis wenige Wochen vor ihrem Tod, Chemotherapie erhalten (Earle et al. 2008; Mack et al. 2012). Es ist empirisch belegt, dass Chemotherapie in den letzten Lebensmonaten bei terminal kranken Patient:innen mit Krebserkrankungen mit erhöhtem Risiko von kardiopulmonaler Reanimation, mechanischer Beatmung und Versterben auf einer Intensivstation assoziiert ist sowie einer geringeren Wahrscheinlichkeit, an dem Ort zu sterben, wo sie sterben wollen (Wright et al. 2014). Es ist also immer zu bedenken, ob eine Fortsetzung von Chemotherapie im weit fortgeschrittenen Krankheitsstadium nicht eine „Übertherapie" darstellt, die nicht im Sinne der Patient:innen ist (Earle et al. 2008).

### Situation 2: Indikationsstellung und Entscheidungsfindung für palliative Sedierung

Die EAPC-Leitlinie gibt für die klinische Einschätzung, ob eine palliative Sedierung indiziert ist, folgende Empfehlungen (Alt-Epping et al. 2010; Cherny u. Radbruch 2009).

Sie sollte:

- durch eine/n ausreichend in der Palliativmedizin erfahrene/n und fachkompetente/n Ärztin/Arzt erfolgen;
- möglichst immer interdisziplinär und multiprofessionell erfolgen, z.B. in Fallbesprechungen und Teamkonferenzen;
- sowohl die Mitarbeitenden der psychosozialen Berufsgruppen als auch Pflegende, Angehörige und andere Informationsquellen sowie die Hausärztin/den Hausarzt einbeziehen;
- die Anamneseerhebung, alle relevanten diagnostischen Ergebnisse sowie eine klinische Untersuchung der Patientin/des Patienten umfassen;
- akute klinische Beeinträchtigungen durch behandelbare Komplikationen ausschließen;
- psychosoziale und umweltbedingte Einflussfaktoren erfassen;
- abschätzen, ob das Versterben voraussichtlich binnen Minuten oder Stunden, Stunden oder Tagen, Tagen oder Wochen oder später eintreten wird;

Im vorliegenden Patientenbeispiel wurde gemäß diesen Empfehlungen und den oben genannten Empfehlungen zur Indikationsstellung (s. Kap. II.6.2.2) im multiprofessionellen Team gemeinsam evaluiert, ob die Indikation für eine palliative Sedierung vorlag.

Der Patient selbst hatte die Belastung als „unerträglich" beschrieben und sich eine Sedierung gewünscht. An physischen Symptomen bzw. klinischen Zeichen lagen die ausgeprägten, progredienten Ödeme und die dadurch verursachte Immobilität sowie die Dyspnoe vor. Die Dyspnoe war durch die bestehende Therapie gelindert, aber nicht ganz zufriedenstellend kontrolliert. Für eine bessere Kontrolle der Dyspnoe kam allerdings zunächst noch eine Erhöhung der Opioid-Dosis infrage, sodass dieses Symptom noch nicht als therapierefraktär einzuschätzen war. Die Ödeme erfüllten hingegen das Kriterium der Therapierefraktärität. Sie belasteten den Patienten aufgrund des Druckgefühls auch physisch, vor allem aber bewirkten sie, dass der Patient immobil war und sich schließlich auch nicht mehr aufsetzen konnte. Diese Situation belastete ihn psychisch stark und war der Hauptgrund dafür, dass er „alles nicht mehr mitbekommen wollte". Zum Zeitpunkt der Entscheidung, ob eine palliative Sedierung indiziert war, wurde die Lebenserwartung des Patienten vom behandelnden Team auf maximal wenige Tage geschätzt. Akute klinische Beeinträchtigungen durch behandelbare Komplikationen waren ausgeschlossen worden. Die Ehefrau des Patienten war fast ständig anwesend, was für den Patienten sehr wichtig war.

**Zusammengefasst** lagen also nach Evaluation gemäß den EAPC-Empfehlungen alle Voraussetzungen vor, die Indikation für eine palliative Sedierung zu stellen: Es bestand eine „unerträgliche Belastung" durch die Ödeme als therapierefraktäres physisches Symptom bzw. klinisches Zeichen und die Lebenserwartung betrug voraussichtlich maximal wenige Tage.

Man könnte diskutieren, dass die Ödeme kein „physisches Symptom", sondern ein klinisches Zeichen sind und dass die dadurch bewirkten Symptome vor allem psychischer Natur waren. Dies zeigt, dass es manchmal auch Grenzfälle geben kann, in denen der Übergang zwischen palliativer Sedierung aufgrund eines refraktären „physischen Symptoms" und palliativer Sedierung bei refraktärem existenziellem oder psychischem Leiden fließend ist. Im vorliegenden Fall wurde in Gesamtschau der Situation das Vorgehen gemäß den EAPC-Empfehlungen für palliative Sedierung eines therapierefraktären physischen Symptoms gewählt, also ohne die zusätzlichen Vorsichtsmaßnahmen für palliative Sedierung bei refraktärem existenziellem oder psychischem Leiden.

In einem ausführlichen Gespräch – mit dem Einverständnis des Patienten gemeinsam mit seiner Ehefrau – wurden gemäß den entsprechenden Leitlinienempfehlungen mit dem Patient und seiner Ehefrau die Ziele, der Nutzen und die Risiken der Sedierung diskutiert und das informierte Einverständnis des Patienten wurde eingeholt (Alt-Epping et al. 2010; Cherny u. Radbruch 2009).

Zugleich wurde besprochen, dass während der Sedierung keine parenterale Flüssigkeitsgabe erfolgen würde, auch wenn der Patient aufgrund der Sedierung nicht mehr in der Lage sein sollte, selbst zu trinken. Eine Flüssigkeitssubstitution hätte das Risiko gehabt, die vorhandenen Ödeme und die Dyspnoe zu verstärken und stand daher dem vorrangigen Therapieziel der bestmöglichen Symptomkontrolle entgegen.

Angesichts der kurzen verbleibenden Lebenserwartung und des ausdrücklichen Wunsches des Patienten, „alles nicht mehr mitzubekommen", wurde entschieden, eine kontinuierliche Sedierung durchzuführen. Der Patient hatte sich bereits von allen Angehörigen verabschiedet, seine Ehefrau blieb weiterhin bei ihm. Die Dosis des verwendeten Benzodiazepins (Midazolam) wurde langsam auf die Dosis titriert, die eine angemessene Linderung der Beschwerden bewirkte. Dies war im vorliegenden Fall gegeben, als der Patient schlief und auf Ansprache nicht mehr, wohl aber auf Berührung noch erweckbar war.

Der Patient verstarb am Tag nach Beginn der palliativen Sedierung.

***Praxistipps***

- *Entscheidungen über das „Sterbenlassen" (früher „passive Sterbehilfe") und „Therapien am Lebensende" (früher „indirekte Sterbehilfe") sind ethische Herausforderungen in der Begleitung Schwerkranker und Sterbender.*

- *Grundlage für diese Entscheidungen ist die Klärung des Therapieziels (Lebensverlängerung, Verbesserung der Lebensqualität?).*
- *Leitlinien können in ethisch schwierigen Entscheidungssituationen wie z.B. zu palliativer Sedierung Anhaltspunkte für gute klinische Praxis bieten.*

## Literatur

Alt-Epping B, Sitte T, Nauck F, Radbruch L (2010) Sedierung in der Palliativmedizin. Leitlinie für den Einsatz sedierender Maßnahmen in der Palliativversorgung. European Association for Palliative Care (EAPC). Schmerz 24: 342–354

Cherny NI, Radbruch L (2009) European Association for Palliative Care (EAPC) recommended framework for the use of sedation in palliative care. Palliat Med 23(7): 581–593

Earle CC, Landrum MB, Souza JM, Neville BA, Weeks JC, Ayanian JZ (2008) Aggressiveness of cancer care near the end of life: is it a quality-of-care issue? J Clin Oncol 26(23): 3860–3866

Greer JA, Pirl WF, Jackson VA, Muzikansky A, Lennes IT, Heist RS, Gallagher ER, Temel JS (2012) Effect of early palliative care on chemotherapy use and end-of-life care in patients with metastatic non-small-cell lung cancer. J Clin Oncol 30(4): 394–400

Mack JW, Cronin A, Keating NL, Taback N, Huskamp HA, Malin JL, Earle CC, Weeks JC (2012) Associations between end-of-life discussion characteristics and care received near death: a prospective cohort study. J Clin Oncol 30(35): 4387–4395

Maeda, I., T. Morita, T. Yamaguchi, S. Inoue, M. Ikenaga, Y. Matsumoto, R. Sekine, T. Yamaguchi, T. Hirohashi, T. Tajima, R. Tatara, H. Watanabe, H. Otani, C. Takigawa, Y. Matsuda, H. Nagaoka, M. Mori, Y. Tei, A. Kikuchi, M. Baba and H. Kinoshita (2016) Effect of continuous deep sedation on survival in patients with advanced cancer (J-Proval): a propensity score-weighted analysis of a prospective cohort study. Lancet Oncol 17(1): 115–122

Maltoni M, Scarpi E, Rosati M, Derni S, Fabbri L, Martini F, Amadori D, Nanni O (2012) Palliative sedation in end-of-life care and survival: a systematic review. J Clin Oncol. 30(12): 1378–1383

Nationaler Ethikrat (2006) Selbstbestimmung und Fürsorge am Lebensende. Stellungnahme. URL: www.ethikrat.org/fileadmin/Publikationen/Stellungnahmen/Archiv/Stellungnahme_Selbstbestimmung_und_Fuersorge_am_Lebensende.pdf (abgerufen am 04. Juni 2020)

Raus K, Sterckx S, Mortier F (2011) Is continuous sedation at the end of life an ethically preferable alternative to physician-assisted suicide? Am J Bioeth 11(6): 32–40

Schildmann E, Schildmann J (2014) Palliative sedation therapy: a systematic literature review and critical appraisal of available guidance on indication and decision making. J Palliat Med 17(5): 601–611

Sykes N, Thorns A (2003) The use of opioids and sedatives at the end of life. Lancet Oncol. 4(5): 312–318

Temel JS, Greer JA, Muzikansky A, Gallagher ER, Admane S, Jackson VA, Dahlin CM, Blinderman CD, Jacobsen J, Pirl WF, Billings JA, Lynch TJ (2010) Early palliative care for patients with metastatic non-small-cell lung cancer. N Engl J Med 363(8): 733–742

World Health Organisation (WHO) (2002) Definition Palliative Care. URL: www.dgpalliativmedizin.de/images/DGP_GLOSSAR.pdf (abgerufen am 04. Juni 2020)

Wright AA, Zhang B, Keating NL, Weeks JC,. Prigerson HG (2014) Associations between palliative chemotherapy and adult cancer patients' end of life care and place of death: prospective cohort study. BMJ 348, g1219

# 7 Ernährung und Flüssigkeitsversorgung

Ralf J. Jox

In der Gesundheitsversorgung spielen Ernährung und Flüssigkeitszufuhr eine große Rolle, viele Krankheiten interagieren mit dem menschlichen Verdauungssystem und Flüssigkeitshaushalt. Auch unter den ethischen Fragen und Konflikten, die im Gesundheitswesen auftauchen, nimmt das Thema Ernährung und Flüssigkeit einen bedeutenden Platz ein. Dies beginnt bereits bei der Frage einer verantwortungsvollen, gesunden Ernährung von Kindern, geht über die Frage der Anwendung von Ernährungssonden bei verschiedenen Krankheiten (von Anorexia nervosa bis Demenz) bis hin zur Diskussion um die kalorischen Therapieziele in der Geriatrie und die Frage der Flüssigkeitszufuhr bei Sterbenden. Diese ethischen Themen können in einem Überblicksbeitrag wie diesem nicht so spezifisch und differenziert betrachtet werden, wie sie es verdienen. Deshalb soll im Folgenden auf ein paar Grundlagen eingegangen werden, die für ernährungsbezogene Entscheidungen in verschiedensten Kontexten relevant sind: Zunächst wird der soziokulturelle Kontext beleuchtet, der Ernährungsfragen so besonders macht und von anderen Therapieentscheidungen abhebt. Zweitens werden einige normative Grundsätze erarbeitet, die bei Ernährungsentscheidungen zu berücksichtigen sind. Und schließlich wird abschließend der Frage nach dem freiwilligen Verzicht auf Nahrung und Flüssigkeit nachgegangen, die in der ethischen Diskussion bisher noch vernachlässigt wurde.

## 7.1 Soziokultureller Kontext

Ernährung und Flüssigkeitszufuhr sind physiologische Grundbedürfnisse des Menschen. Im Gegensatz zu vergleichbaren Bedürfnissen auf dieser Stufe, etwa dem Bedürfnis, Sauerstoff zu atmen, geschieht Ernährung nicht reflektorisch-unbewusst bzw. halbbewusst, sondern wird durch bewusstes Verhalten gesteuert. Dies trifft bis zu einem gewissen Grad auch auf andere physiologische Grundbedürfnisse zu, etwa das Schlafen oder die Ausscheidung von Stoffwechselprodukten. Doch während letztere eher im privaten oder sogar intimen Kontext erfolgen, zeichnet es die Ernährung aus, dass sie ein tendenziell soziales Verhalten darstellt: Menschen essen nicht gerne allein, sondern bevorzugen es meist, in Gruppen und sozialen Kontexten zu essen und zu trinken.

Während der kulturellen Evolution entwickelte sich die Ernährung zu einem eminent sozialen Phänomen, das für die Kohäsion menschlicher Gemeinschaften nicht zu unterschätzen ist. Das Familienleben spielt sich nicht selten um den Esstisch herum oder in der Küche ab, Arbeitskollegen haben am Mittagstisch oft den intensivsten Kontakt miteinander, und öffentliche Ernährungsorte wie Restaurants, Cafés und Bars dienen allen möglichen sozialen Zwecken vom Arbeitsessen über das Dating bis hin zur Koordination politischer Aktivitäten. Die körperliche Abstandshaltung und der Lockdown während der Covid-19-Pandemie haben uns deutlich vor Augen geführt, wie wichtig ernährungsbezogene Gemeinschaft für uns Menschen ist. In allen großen Weltreligionen spielt die Ernährung eine zentrale Rolle, etwa durch Speisevorschriften, Fastenzeiten oder auch gemeinsame Ernährungsrituale, die für die Identität einer Religion und damit auch einer sozialen Gruppe von Bedeutung sind, z.B. die Eucharistie bzw. das Abendmahl im Christentum, das Pessach-Fest im Judentum oder das Fest des Fastenbrechens im Islam.

Für Menschen bedeutet Nahrung daher mehr als nur die Stillung des physiologischen Bedürfnisses: es bedeutet zugleich Genuss, Abenteuer, kreative Tätigkeit, soziale Interaktion. Nahrung zubereiten und anbieten ist in vielen Kulturen und Kontexten ein Zeichen für Respekt, Gastfreundschaft, Zuneigung. Diese Bedeutung saugen alle Menschen im wahrsten Sinne bereits mit der Muttermilch auf, die nämlich Ernährung und liebende Zuwendung bedeutet. Umgekehrt kann der Entzug von Nahrung soziale Aussagen transportieren, deutlich wird dies etwa bei der Verweigerung von Süßigkeiten als Strafe für unartige Kinder. Bewusster Nahrungsentzug kann aber auch viel drastischere Ausmaße annehmen und etwa Verwahrlosung, Misshandlung oder gar Folter bedeuten. Menschen setzen den eigenen Nahrungsentzug auch als politisches Druckmittel ein, wenn sie in einen Hungerstreik treten.

In der Medizin trifft man immer wieder auf unwillkürliche Ängste und negative Assoziationen, wenn es um die Reduktion oder den Verzicht auf Nahrung und Flüssigkeit geht. Dies gründet einmal in den primordialen biographischen Hunger- und Dursterfahrungen, insbesondere aus der Kindheit, aber auch in kulturellen Erfahrungen von Hungersnöten und der damit unauflöslich verbundenen moralischen Bewertung von hungern/dürsten lassen und Hunger/Durst stillen (Jox 2013).

Dieser vielschichtige, sozial und emotional aufgeladene Bedeutungshorizont von Ernährung, Trinken und Nahrungsverweigerung hilft dabei, die ethischen Debatten um künstliche Ernährung in der Medizin besser zu verstehen. Dadurch wird verständlich, weshalb etwa die Beendigung künstlicher Ernährung und Flüssigkeitsversorgung von Ärzten und Pflegenden viel seltener praktiziert und skeptischer betrachtet wird als die Beendigung der Beatmung, der Verzicht auf Wiederbelebung oder der Abbruch anderer lebenserhaltender Maßnahmen (Jox et al. 2010; Jox et al. 2007).

## 7.2 Normative Grundsätze

Für den medizinischen Kontext ist die Unterscheidung zwischen der selbstständigen Nahrungsaufnahme durch den Patienten, gegebenenfalls mit Hilfestellung durch die Herstellung einer spezifischen Nahrung, die Veränderung der Nahrungsbeschaffenheit oder das Anreichen von Speise und Trank, auf der einen Seite und medizinisch-künstlicher Ernährung und Flüssigkeitsversorgung auf der anderen Seite relevant. Letztere kann wiederum unterteilt werden in die enterale Ernährung (über eine Sonde in den Magen oder den oberen Dünndarm) und die parenterale Ernährung über die Vene. Auch sollte grundsätzlich die ethische Legitimation für künstliche Ernährung und künstliche Flüssigkeitsgabe getrennt geprüft werden, da sie je nach Krankheitssituation und Therapiezielen durchaus unterschiedlich bewertet und gerechtfertigt sein können.

In früheren Jahren haben manche gesellschaftliche Gruppen bezweifelt, dass künstliche Ernährung und Hydrierung als medizinische Maßnahmen gelten und stattdessen von pflegerischen Basismaßnahmen gesprochen. Diese scheinbare Unterscheidung ist aber inzwischen überwunden. Nicht nur stufen die meisten westlichen Rechtsordnungen, inklusive der deutschen, die künstliche Ernährung und Hydrierung als medizinische Therapie ein (Bundesgerichtshof 2010). Es gibt auch aus ethischer Sicht gute Argumente für diese Position: Diese Maßnahmen greifen invasiv in die körperliche Integrität ein, verlangen eine Verordnung, Handhabung und Kontrolle durch medizinisch geschulte oder instruierte Personen, setzen einen spezifischen Herstellungsprozess voraus und werden mit Hilfe medizintechnischer Hilfsmittel appliziert. Auch der Hinweis darauf, dass die künstliche Ernährung ja ein physiologisches Grundbedürfnis des Menschen befriedige, ist kein Argument dagegen, da ja zahlreiche, durchaus komplexe medizinische Verfahren, etwa die maschinelle Beatmung oder Dialyse, ebenfalls physiologische Grundbedürfnisse des Menschen, die dieser eigenständig nicht mehr stillen kann, mit medizinischen Mitteln befriedigen. Abgesehen von diesen Überlegungen wäre die Unterscheidung zwischen pflegerischen Basismaßnahmen und medizinischen Behandlungsmaßnahmen schon allein deshalb irrelevant, weil genauso wie jede medizinische Behandlung auch jede pflegerische Maßnahme gleichermaßen legitimationsbedürftig ist, da sie einen Eingriff in die Privatsphäre, Intimsphäre und oft auch in die körperliche Integrität des Patienten bedeutet.

### 7.2.1 Wirksamkeit und Patientenwohl

Jede medizinische Therapie und damit auch jede Ernährungstherapie darf aus ethischer und rechtlicher Sicht nur dann durchgeführt werden, wenn sie mehr Nutzen als Schaden bewirkt und dem Willen des Patienten entspricht. Anknüpfend an die Prinzipien biomedizinischer Ethik (Beauchamp u. Childress 2013) und das daraus abgeleitete Modell der prinzipienorientierten Falldiskussion (s. Kap. I.3) (Marckmann u. Jox 2013) steht also zunächst die Frage im Vordergrund, ob die künstliche Ernährung dem Wohl des Patienten dient, d.h. mehr Nutzen als Schaden bewirkt. Dabei ist es nicht ausreichend, nur die physiologische Wirksamkeit der künstlichen Ernährung mit dem Ziel der Lebenserhaltung oder Verbesserung der Ernährungslage (z.B. Erhöhung des Body-Mass-Index) zu bejahen, sondern die ethisch entscheidende Frage lautet, ob das umfassende subjektive Wohlergehen eines individuellen Patienten dadurch langfristig gefördert wird – was neben der Lebenszeitverlängerung auch die Frage der Lebensqualität beinhaltet.

In manchen Situationen muss bereits die *Wirksamkeit* künstlicher Ernährung bezweifelt werden. So gibt es inzwischen eine robuste Studienlage, wonach die künstliche Ernährung über eine Magensonde bei der Alzheimerdemenz im fortgeschrittenen Stadium, wenn die Betroffenen die Schluckfähigkeit demenzbedingt verlieren, die intendierten Therapieziele der Lebensverlängerung, Verbesserung von Lebensqualität und Aspirationsprävention nicht erreicht, sondern im Gegenteil der dadurch entstehende Schaden für die Betroffenen überwiegt (Synofzik 2007; Alagiakrishnan 2013; Sampson et al. 2009). Dieses Beispiel zeigt, dass jahrelang eine medizinische Praxis als indiziert angesehen und durchgeführt wurde, die zwar durchaus in wohlmeinender Absicht und in unhinterfragter Selbstverständlichkeit erfolgte, aber nicht diejenigen Folgen zeitigt, die den Absichten entsprechen. Dabei kann wissenschaftliche Evidenz auch die gegenteilige Wirkung haben: Bei der Amyotrophen Lateralsklerose war man lange Zeit zurückhaltend, eine PEG-Sonde legen zu lassen, da bei dieser unentrinnbar tödlichen Erkrankung das Lebensende meist absehbar ist. Seit man aber entdeckt hat, dass eine frühzeitige Sondenernährung die Lebenserwartung und Lebensqualität wie kaum eine andere therapeutische Intervention positiv beeinflusst, hat sich die Einstellung zur künstlichen Ernährung für diese spezielle Situation zum Positiven hin geändert (Miller et al. 2009; Andersen et al. 2012).

Wissenschaftliche Evidenz und klinische Erfahrung stellen aber nur den ersten Schritt in der Bewertung aus der Wohlergehens-Perspektive dar. Sie beziehen sich stets auf historische Kollektive und nicht auf den einzelnen, aktuell zu behandelnden Patienten. Zudem muss jenseits der Wirksamkeitsfrage das Nutzen-Risiko-Verhältnis für den betroffenen Patienten abgeschätzt werden, wobei Begleiterkrankungen, Krankheitsprognose und Symptomlast eine große Rolle spielen. Während etwa bei dem einen Patienten mit Speiseröhrenkrebs die künstliche Ernährung einen großen Nutzen haben kann, wird sie bei einem anderen Patienten mit derselben Erkrankung, aber mit großen Metastasen in der Leber, einer Lebenserwartung von Tagen bis Wochen und stärksten Leidenszuständen vielleicht nicht mehr nutzbringend sein. Auch kann es eine große Rolle spielen, ob eine Schluckstörung reversibel ist oder nicht: im ersten Fall dient die künstliche Ernährung der Überbrückung während der Rehabilitation der Schluckfähigkeit, im zweiten Fall ist sie eine dauerhafte technische Maßnahme zum Ersatz einer eingebüßten Organfunktion, also auch eine langfristig lebensverlängernde Maßnahme.

Bei allen Überlegungen zum Einsatz künstlicher Ernährung und Hydrierung muss stets in Alternativen gedacht werden. Dabei ist es wichtig, möglichst alle zur Verfügung stehenden Alternativen auszuloten, z.B. orale Ernährung mit hochkalorischer Nahrung, pürierter Nahrung, Angebot von Lieblingsspeisen, Schlucktraining. Bei der Flüssigkeitsversorgung ist neben der Magensonde und der intravenösen Infusion auch an die weniger invasive subkutane Infusion oder an die Verminderung des Flüssigkeitsbedarfs, z.B. durch Fiebersenkung oder bessere Diabeteseinstellung, zu denken.

Ein gutes Beispiel für diese Betrachtungsweise ist die Ernährung und Flüssigkeitsversorgung in der Sterbephase. In dieser Situation eine bisher sinnvolle Vollernährung per Sonde und die Infusion mehrerer Liter Flüssigkeit pro Tag einfach fortzuführen, wird den Patienten in der Regel belasten oder ihm sogar einen beträchtlichen Schaden zufügen, insbesondere kann durch ein Lungenödem und den vollen Bauch eine Atemnot entstehen oder sich verschärfen, und Schmerzen können durch Ödeme zunehmen. Da in der palliativen Situation eine konsequente Orientierung an Symptomen vorherrscht, ist hier stets nach Hunger und Durst zu fragen bzw. nach Zeichen zu fahnden, welche Durst oder Hunger ausdrücken. Da die allermeisten Sterbenden keinen Hunger verspüren, muss auch keine Nahrung mehr zugeführt werden. Ein sterbender Organismus kann physiologisch schlicht keine Kalorien mehr verwerten, und dies würde auch keinen Sinn mehr ergeben. Durstgefühle kommen bei Sterbenden dagegen häufig vor, doch sind sie durch Infusionen kaum zu lindern, sondern nur durch eine gute Mundpflege, da sie ursächlich mit der Mundtrockenheit (aufgrund von Medikamentenwirkungen, Sauerstoffgabe und mangelndem Mundschluss) zusammenhängen. In der Palliativsituation spielt die Orientierung an Hunger und Durst in der Bewertung von Nutzen und Schaden künstlicher Ernährung eine große Rolle, was auch die Bundesärztekammer in ihren Grundsätzen zur ärztlichen Sterbebegleitung betont (Bundesärztekammer 2011).

### 7.2.2 Aufklärung und Patientenwille

Diese sorgfältige Nutzen-Risiko-Abwägung ist zunächst von Seiten der Behandelnden vorzunehmen, bevor in einem zweiten Schritt der Patient bzw. sein Stellvertreter über die Möglichkeiten der Ernährungstherapie, ihre Vor- und Nachteile, verständlich aufgeklärt werden muss. Dabei ist die Aufklärung genau deshalb so wichtig, weil, wie eingangs erwähnt, das Thema der Ernährung tiefsitzende Intuitionen und Assoziationen weckt. Ein weiterer Grund sind die vielen falschen Vorstellungen, die über Ernährung und Ernährungstherapie, insbesondere was Hunger und Durst am Lebensende angeht, im Umlauf sind - und das nicht nur bei Laien, sondern zuweilen sogar bei medizinischem Personal. Die immer wieder berichtete, suggestiv-manipulative Frage „Wollen Sie Ihren Angehörigen/Patienten etwa verhungern lassen?“, ist nicht nur eine Respektlosigkeit gegenüber dem Angesprochenen, sondern zeigt vor allem die eigene Unsicherheit und Unwissenheit des Fragenden. Die Aufklärung sollte also medizinische Hintergründe erläutern, therapeutische Optionen offenlegen, das Nutzen-Risiko-Verhältnis dieser Optionen deutlich machen und schließlich vom Bestreben getragen sein, gemeinsam mit dem Patienten oder seinem Stellvertreter zu einer Entscheidung im Sinne des Patienten und in geteilter Verantwortung zu kommen (*shared decision making*) (Synofzik 2007; Synofzik u. Marckmann 2007).

Zuletzt ist es die Entscheidung des betroffenen Patienten, inwiefern er eine Form der Ernährungsunterstützung oder Ernährungstherapie möchte oder nicht. Dies liegt wesentlich daran, dass es hier um eine wertbehaftete Frage geht, die persönliche Vorstellungen von Lebenszeit und Lebensqualität berührt. Hinzu kommt, dass eine nicht vom Patientenwillen getragene Ernährung nicht selten eine Zwangsmaßnahme bedeutet - nämlich immer dann, wenn der Betroffene die Ernährung ausdrücklich ablehnt oder körperliche Gegenwehr zeigt, etwa bei der Essensgabe den Mund zupresst oder sich seine Magensonde zieht. Eine Zwangsernährung kann zwar in spezifischen Ausnahmesituationen - insbesondere bei Einwilligungsunfähigkeit, eindeutig positiver Nutzen-Risiko-Bilanz, Verhältnismäßigkeit und Versagen anderer Alternativen - für eine kurze Zeit als ultima ratio ethisch gerechtfertigt sein, aber ein solches Vorgehen muss dann kritisch und engmaschig überprüft werden. Dabei ist zu bedenken, dass das Ernährungsverhalten oft die letzte noch verbliebene Form von Selbstbestimmung darstellt und dass Zwangsernährung immens traumatisieren kann.

Bei nicht-einwilligungsfähigen Patienten ist nach Möglichkeit auf die in einer Patientenverfügung vorab festgehaltenen Behandlungswünsche zurückzugreifen. Die allermeisten Patientenverfügungen enthalten einen Passus über künstliche Ernährung und Flüssigkeit, da viele Menschen nicht durch eine PEG-Sonde jahrelang in einem Zustand gehalten werden möchten, der für sie persönlich nicht mehr annehmbar ist, etwa im Wachkoma. Das ist oft auch gemeint, wenn davon gesprochen wird, „nicht an Schläuchen hängen" zu wollen. Allerdings muss bei der Auslegung einer Patientenverfügung, eines Behandlungswunsches oder eines mutmaßlichen Willens sorgfältig darauf geachtet werden, ob die Vorstellungen, die sich der Patient früher von der künstlichen Ernährung und ihrem Nutzen-Schadens-Potenzial gemacht hat, auch auf die aktuelle Situation zutreffen (Bundesgerichtshof 2014) (s. Kap. II.4).

## 7.3 Freiwilliger Verzicht auf Essen und Trinken

Patienten, deren Fähigkeit zu essen und zu trinken zwar ungestört ist, die aber dennoch wenig essen und trinken, sind in der Medizin nicht selten anzutreffen. Befragt man sie über die Hintergründe, tritt in den meisten Fällen zutage, dass sie nicht bewusst und absichtsvoll auf Essen und Trinken verzichten, sondern aus einer Vielzahl von krankheitsbedingten Gründen: Sie haben keinen Appetit, spüren ein Völlegefühl oder Übelkeit, haben Durchfall oder Störungen des Geschmacks, Geruchs oder des Schluckakts, oder sie befinden sich einfach in einem sehr reduzierten Allgemeinzustand. Gelegentlich gibt es aber auch Patienten, die bewusst und absichtsvoll aufhören zu essen, um auf diese Weise aus dem Leben zu scheiden. Zu diesem „freiwilligen Verzicht auf Essen und Trinken" (FVET, auch „Sterbefasten" genannt) gibt es bisher wenig wissenschaftliche Arbeiten (Chabot u. Walther 2017; Birnbacher 2015).

Entscheidend für die ethische Bewertung des FVET ist zunächst, ob der Verzicht wirklich im Rahmen einer freiverantwortlichen, wohl überlegten Entscheidung erfolgt – und damit abzugrenzen ist von zahlreichen psychischen Erkrankungen, insbesondere Depressionen und Suchterkrankungen, die oft mit Appetitlosigkeit und Mangelernährung assoziiert sind.

Vieles spricht dafür, den FVET als Selbsttötung einzustufen, da es sich um ein bewusstes Herbeiführen des eigenen Todes handelt, wenn auch durch passives Unterlassen statt aktives Tun (Jox 2017). Ein wesentlicher Unterschied zu den meisten anderen Suizidformen besteht in der langen Dauer (ein bis drei Wochen) und der Tatsache, dass die einmal getroffene Entscheidung zu sterben innerhalb einer gewissen Frist noch zurückgenommen werden kann, wenn der Betroffene wieder zu trinken und zu essen beginnt. Nach ersten Untersuchungen kann diese Art des Sterbens durchaus friedlich verlaufen (Ganzini et al. 2003). Das Hungergefühl lässt in der Regel nach ein paar Tagen des Fastens nach, sofern es nicht durch eine schwere Grunderkrankung (z.B. eine metastasierende Tumorerkrankung) ohnehin schon deutlich reduziert ist. Die Dehydrierung kann auf der einen Seite zu zusätzlichen Beschwerden (etwa durch ein Delir) führen, aber bewirkt auf der anderen Seite auch eine Ausschüttung körpereigener Endorphine, welche einen schmerzlindernden und leicht sedierenden Effekt haben. Wichtig ist bei der palliativen Begleitung der betreffenden Patienten eine gute Mundpflege, da das Durstgefühl primär über die Trockenheit der

Schleimhäute vermittelt wird, sodass eine ständige Befeuchtung derselben das unangenehme Durstgefühl effektiv lindern kann. Bei starkem, anders nicht zu linderndem Leiden besteht in der Sterbephase auch die Möglichkeit der palliativen Sedierung, die mit einem Benzodiazepin (und ggf. einem Neuroleptikum) in niedriger Dosierung schon deutliche Erleichterung verschaffen kann.

Aus ethischer Sicht wird diskutiert, ob diese ärztliche Unterstützung dann als Beihilfe zur Selbsttötung einzustufen ist (Jox 2017). Die Bewertung hängt sicher davon ab, ob die palliative Hilfe für den Patienten eine unerlässliche Bedingung darstellt, überhaupt das Essen und Trinken in suizidaler Absicht einzustellen, oder er das auch ohne die palliative Sterbebegleitung tun würde. Juristisch ist festzuhalten, dass die ärztliche Begleitung und Symptomlinderung bei einem freiverantwortlichen Suizid (und damit erst recht bei einem nur fraglichen Suizid wie dem freiwilligen Verzicht auf Essen und Trinken) erlaubt ist und auch eine Rettungspflicht im Fall eines freiverantwortlichen Suizids entfällt. Darüber hinaus hat ein Arzt die ethische Verpflichtung, leidenden Patienten auch dann ihre Leiden zu lindern, wenn diese Leiden auf eine Weise zustande kommen, die der Arzt nicht unterstützen kann. Daher empfiehlt auch der Vorstand der Deutschen Gesellschaft für Palliativmedizin trotz aller Ablehnung des assistierten Suizids, Patienten auf die Möglichkeit des freiwilligen Verzichts auf Essen und Trinken aufmerksam zu machen und sie in dieser Phase nicht allein zu lassen (Nauck et al. 2014).

***Praxistipps***

- *Entgegen den landläufigen Ängsten vor dem Verhungern- und Verdurstenlassen ist der Sterbeprozess bei Verzicht auf eine künstliche Ernährung und Hydrierung in der Regel friedlich.*
- *Künstliche Ernährung und Hydrierung stellt rechtlich und ethisch eine Therapiemaßnahme dar, die denselben Legitimitätsvoraussetzungen unterworfen ist wie andere medizinische (und pflegerische) Maßnahmen.*

## Literatur

Alagiakrishnan K, Bhanji RA, Kurian M (2013) Evaluation and management of oropharyngeal dysphagia in different types of dementia: a systematic review. Arch Gerontol Geriatr. 56 (1), 1–9

Andersen PM, Abrahams S, Borasio GD, de Carvalho M, Chio A, Van Damme P, Hardiman O, Kollewe K, Morrison KE, Petri S, Pradat PF, Silani V, Tomik B, Wasner M, Weber M (2012) EFNS guidelines on the clinical management of amyotrophic lateral sclerosis (MALS)–revised report of an EFNS task force. Eur J Neurol 19 (3), 360–75

Beauchamp TL, Childress JF (2013) Principles of Biomedical Ethics. New York Oxford: 7th ed. Oxford University Press

Birnbacher D (2015) Ist Sterbefasten eine Form von Suizid? Ethik Med (online first), DOI 10.1007/s00481-015-0337-9

Bundesärztekammer (2011) Grundsätze der Bundesärztekammer zur ärztlichen Sterbebegleitung. Dtsch Ärztebl 108 (7), A346–8

Bundesgerichtshof (2010). Urteil vom 25. Juni 2010 – 2 StR 454/09. NJW 2010; 40: 2963ff.

Bundesgerichtshof (2014). Beschluss vom 17. September 2014 – XII ZB 202/13

Chabot B, Walther C (2017) Ausweg am Lebensende: Selbstbestimmtes Sterben durch freiwilligen Verzicht auf Essen und Trinken, 5. Aufl. Reinhardt München

Ganzini L, Goy ER, Miller LL, Harvath TA, Jackson A, Delorit MA (2003) Nurses' experiences with hospice patients who refuse food and fluids to hasten death. N Engl J Med 349 (4), 359–65

Jox RJ (2013) Sterben lassen. Über Entscheidungen am Ende des Lebens. Rowohlt Hamburg

Jox RJ, Black I, Borasio GD, Anneser J (2017) Voluntary stopping of eating and drinking: is medical support ethically justified? BMC Med 15 (1): 186

Jox RJ, Krebs M, Fegg M, Reiter-Theil S, Frey L, Eisenmenger W, Borasio GD (2010) Limiting life-sustaining treatment in German intensive care units: a multiprofessional survey. J Crit Care 25 (3), 413–9

Jox RJ, Nicolai T, Duroux A, Borasio G, Führer M (2007) Patientenverfügungen in der Pädiatrie. Monatsschrift Kinderheilkunde 155 (12), 1166–74

Marckmann G, Jox RJ (2013) Ethik in der Medizin – Ethische Grundlagen medizinischer Behandlungsentscheidungen – Auftaktartikel zur Serie. Bayerisches Ärzteblatt 9, 446–7

Miller RG, Jackson CE, Kasarskis EJ, England JD, Forshew D, Johnston W, Kalra S, Katz JS, Mitsumoto H, Rosenfeld J, Shoesmith C, Strong MJ, Woolley SC; Quality Standards Subcommittee of the American Academy of Neurology (2009) Practice parameter update: the care of the patient with amyotrophic lateral sclerosis: multidisciplinary care, symptom management, and cognitive/behavioral impairment (an evidence-based review): report of the Quality Standards Subcommittee of the American Academy of Neurology. Neurology 73 (15), 1227–33

Nauck F, Ostgathe C, Radbruch L (2014) Ärztlich assistierter Suizid: Hilfe beim Sterben – keine Hilfe zum Sterben. Dtsch Ärztebl 111 (3), A-67–71

Sampson EL, Candy B, Jones L (2009) Enteral tube feeding for older people with advanced dementia. Cochrane Database Syst Rev (2), CD007209

Synofzik M (2007) PEG-Ernährung bei fortgeschrittener Demenz: eine evidenzgestützte ethische Analyse. Nervenarzt 78 (4), 418–28

Synofzik M, Marckmann G (2007) Perkutane endoskopische Gastrostomie: Ernährung bis zuletzt? Dtsch Ärztebl 104 (49), A3390–3

# 8 Die Anordnung zum Verzicht auf Wiederbelebung (VaW-Anordnung)

Christof Oswald

## 8.1 Die Problematik der Ad-hoc-Entscheidung zum Verzicht auf Wiederbelebung

Frau M., 94 Jahre, betreut bei fortgeschrittenem Morbus Alzheimer wird mit Herzrhythmusstörungen auf der Normalstation aufgenommen. Die Betreuerin vereinbart mit dem Arzt, konservativ zu behandeln, von lebensverlängernden Maßnahmen jedoch abzusehen. Dies hätte die Patientin nicht gewollt. Als Frau M. nachts eine Asystolie erleidet, verständigt eine Pflegekraft den Arzt vom Rufdienst. Der Arzt kennt die Patientin nicht weiter und ist unschlüssig. Soll er die Patientin reanimieren?

Es wäre hilfreich auf eine bereits im Vorfeld herbeigeführte und schriftlich dokumentierte Entscheidung zurückgreifen zu können. Einen Rückgriff wie ihn die „*Anordnung zum Verzicht auf Wiederbelebung (VaW-Anordnung)*" erlaubt, die das Klinische Ethikkomitee des Uniklinikums Erlangen im Jahr 2003 entwickelt und in einer entsprechenden Leitlinie dargelegt hat (Arbeitsgruppe Therapiebegrenzung 2003). Mit diesem Verfahren wird der Entscheidungsprozess zum *Verzicht auf Wiederbelebung (VaW)* strukturiert und dessen Dokumentation standardisiert. Bevor wir uns dem Modell der VaW-Anordnung zuwenden, ist es allerdings notwendig die Rechtfertigung des VaW zu klären.

## 8.2 Wie kann der Verzicht auf Wiederbelebung gerechtfertigt werden?

Die „Principles of Biomedical Ethics", die Beauchamp und Childress erstmals 1977 formuliert haben, bieten den *ethischen Begründungsrahmen* zur Rechtfertigung des VaW (Beauchamp u. Childress 2019; vgl. Kap. I.1). Wenn ein Mensch die Wiederbelebung *selbstbestimmt* ablehnt oder seine Wiederbelebung *keinen Nutzen* mehr für ihn erwarten lässt, oder ihm mehr *Schaden* als Nutzen zufügen wird, wie z.B. die Verlängerung des Leidensprozesses bei einem inkurablen Grundleiden, so ist der VaW gerechtfertigt.

*Juristisch bewertet* stellt eine Wiederbelebung gegen den Willen des Betroffenen eine potenziell strafbare Körperverletzung i.S. des § 223 StGB dar. Dies gilt auch dann, wenn dieser Wille nicht aktuell erklärt, sondern in Form einer Patientenverfügung oder eines mutmaßlichen Willens zum Ausdruck kommt. Sieht der Arzt seinerseits keine medizinische Indikation für eine Wiederbelebung, kann diese von ihm nicht verlangt werden (§ 12 SGB V).

*Folglich ist der VaW gerechtfertigt, wenn*
- *keine medizinische Indikation für eine Wiederbelebung vorliegt oder*
- *der Patient die Wiederbelebung ablehnt.*

## 8.3 Wie verbindlich ist die VaW-Anordnung für den letztbehandelnden Arzt?

Nach der Rechtfertigung einer VaW-Anordnung stellt sich die Frage, inwieweit diese verbindlich und strikt zu befolgen ist, oder ob sie dem Arzt einen Ermessensspielraum lässt. Auch diesbezüglich ist es hilfreich zwischen den Rechtfertigungsansätzen, der fehlenden Indikation bzw. der Patientenautonomie, zu differenzieren.

Unser Rechtssystem kennt keine hierarchische Indikationsstellung. Daher kann der Chefarzt seinen Assistenzarzt nicht anweisen die Reanimation eines Patienten für nicht indiziert zu betrachten. Im Falle eines Herzkreislauf-Stillstandes steht der herbeigerufene, zuletzt behandelnde Arzt in der persönlichen Verantwortung für sein Tun oder Unterlassen. In der klinischen Praxis bleibt damit der Spielraum für eine situativ getroffene Therapieentscheidung offen. Der junge Kollege kann die Reanimation einleiten, vorausgesetzt er kann diese Therapie rechtfertigen oder er kann sich der VaW-Anordnung anschließen. Dabei kann er sich auf das interdisziplinäre Team, erfahrene Kollegen und eine in Ruhe herbeigeführte und dokumentierte Entscheidung stützen. Basiert die VaW-Anordnung auf dem Willen des Patienten, besteht kaum Entscheidungsspielraum. Es kann natürlich Gründe geben, die Entscheidungsfähigkeit des Patienten oder die Aussagen von Angehörigen, dem Betreuer oder eines Vorsorgebevollmächtigten anzuzweifeln. Davon abgesehen ist die VaW-Anordnung verbindlich und eine dennoch erfolgende Wiederbelebung würde den Tatbestand der Körperverletzung gemäß § 223 StGB erfüllen. In diesem Fall wäre auch das Vorliegen einer medizinischen Indikation für die Reanimation belanglos.

Bei Uneinigkeit, innerhalb des therapeutischen Teams oder auch zwischen dem behandelnden Arzt und dem Betreuer oder Vorsorgebevollmächtigten, ist es wichtig die unterschiedlichen Positionen gleichberechtigt und ergebnisoffen zu betrachten und gemeinsam eine gute Lösung im Sinne des Patienten zu suchen. Gelingt dies nicht, ist die klinische Ethikberatung als unabhängige Moderation des Dialogs eine oft zielführende und entlastende Option. Manchmal benötigen die Beteiligten auch einfach etwas mehr Zeit, um sich auf eine Therapiezieländerung einlassen zu können. Dann ist es sinnvoller noch abzuwarten, als eine übereilte Entscheidung durchzusetzen. Ist es dennoch nicht möglich sich auf einen gemeinsamen Nenner zu verständigen, steht dem Arzt wie dem Patientenvertreter der Weg zum Betreuungsgericht offen.

## 8.4 Die Anordnung zum Verzicht auf Wiederbelebung (VaW-Anordnung)

Die Empfehlung zur „Anordnung zum Verzicht auf Wiederbelebung (VaW-Anordnung)“ wurde am Universitätsklinikum Erlangen vom Klinischen Ethikkomitee entwickelt und 2003 online veröffentlicht. Es handelt sich dabei um eine Handlungsleitlinie, welche die zentralen Begrifflichkeiten und den strukturierten Entscheidungsprozess zur Frage des VaW beschreibt.

Der Dokumentation dient ein Formular (s. Abb. 1), worauf die *Maßnahmen, die zu unterlassen sind* ebenso genannt werden wie der *zentrale Rechtfertigungsgrund des VaW* (fehlende Indikation bzw. fehlende Zustimmung).

Nach Angaben zur Einwilligungsfähigkeit des Patienten werden *alle Gesprächstermine* im therapeutischen Team bei der Visite mit Patienten und Angehörigen oder eine optionale Ethikberatung, notiert. Weiter werden die *konkreten Gründe*, die zur Entscheidung zum VaW geführt haben genannt und ggf. vorliegende Dokumente, wie z.B. eine Patientenverfügung, vermerkt. Schließlich wird die VaW-Anordnung vom verantwortlichen Arzt unterschrieben und damit wirksam. Die VaW-Anordnung ist regelmäßig zu reevaluieren und erneut zu unterschreiben, wenn sie weiter in Kraft bleiben soll. Die VaW-Anordnung ist als Bestandteil der Krankenunterlagen stets verfügbar und wird bei den Dienstübergaben kommuniziert.

Die Einführung der VaW-Anordnung am Klinikum Nürnberg wurde mit einer Evaluationsstudie flankiert, die eine Dokumentenanalyse der VaW-Dokumente und Interviews mit den anwendenden Ärzten und Pflegekräften umfasste. Die Untersuchung kam zu dem Ergebnis, dass dank der VaW-Anordnung die Kommunikation im interdisziplinären Behandlungsteam gefördert und die Transparenz der Gründe für diese Entscheidungen erheblich verbessert worden waren. Die Interviewteilnehmer bescheinigten der VaW-Anordnung eine gute Praxistauglichkeit und sprachen sich für die dauerhafte Implementierung der Leitlinie aus

Die Untersuchung hat gezeigte, dass die standardisierte Dokumentation der VaW-Anordnung dazu beiträgt, den Entscheidungsprozess zu strukturieren und zu versachlichen. Der Dokumentationsbogen bildet die Schritte einer systematischen, interdisziplinär gestützten Entscheidungsfindung ab und zwingt daher die Frage nach der Rechtfertigung zu stellen sowie den Dialog mit Patienten, Angehörigen und dem interdisziplinären Team zu führen. Das Niederschreiben konkreter Rechtfertigungsgründe, wie z.B. eine bösartige Tumorerkrankung im fortgeschrittenen Stadium, führt zur Explikation der VaW-Entscheidung und macht diese auch für Dritte nach-

Patientenaufkleber

Klinikum Nürnberg
wir sind für Sie da!

## VaW-Anordnung

**Folgende Maßnahmen werden nicht durchgeführt:**

| Normalstation | | Intensivstation | |
|---|---|---|---|
| 1. Intubation/Beatmung | ☐ | 1. Intubation/Beatmung | ☐ |
| 2. Reanimation | ☐ | 2. mechanische Reanimation | ☐ |
| | | 3. medikamentöse Reanimation | ☐ |
| | | 4. Defibrillation | ☐ |

**Gründe für die Unterlassung der Maßnahmen:**

☐ Medizinische Indikation nicht gegeben (z.B. Ausweitung der Therapie nicht sinnvoll, inkurables Grundleiden mit begrenzter Lebenserwartung, Sterbephase hat eingesetzt)

☐ Patient lehnt Reanimation ab (Aussage kann vom Patienten jederzeit ohne Angabe von Gründen widerrufen werden)

☐ ______________________________

**Hinweise zur Einwilligungsfähigkeit des Patienten/der Patientin:**

☐ Ist zu Person/Zeit/Ort orientiert

☐ Kann eigene Situation erfassen, kann die Folgen einer VaW-Anordnung verstehen

☐ Psychiatrisches Konsil liegt vor

☐ Patient ist betreut

**Aufklärungsgespräch erfolgt** am ________ ☐ mit Patient

am ________ ☐ mit Angehörigen (Familie, Lebenspartner, engen Freunden)

am ________ ☐ mit Betreuer/Vorsorgebevollmächtigtem

Teambesprechung/Stationsbesprechung erfolgt ja ☐ am ________ nein ☐

Ethikberatung erfolgt ja ☐ am ________ nein ☐

***Auf eine suffiziente Symptomkontrolle, Pflege und menschliche Begleitung ist zu achten.***

Abb. 1 Formular der VaW-Anordnung (Frewer et al. 2009)

**Weitere wichtige Informationen zum Gesundheitszustand des Patienten/der Patientin und/oder dem Entscheidungsprozess:**

**Es liegt vor:**

| | | |
|---|---|---|
| Unterschrift Patient für VaW | ja ☐ | nein ☐ |
| Patientenverfügung | ja ☐ | nein ☐ |
| Vorsorgevollmacht/Betreuungsverfügung | ja ☐ | nein ☐ |
| (ggf.) Betreuungsausweis | ja ☐ | nein ☐ |

***Die Anordnung eines Verzichts auf Wiederbelebung (VaW) muss ärztlich angeordnet, bei Schichtübergaben mitgeteilt und regelmäßig überprüft und dokumentiert werden.***

***Bei Änderungen des klinischen Verlaufes oder der klinischen Einschätzung ist eine Reevaluation und erneute Dokumentation zwingend.***

Ort/Datum Oberarzt/ärztin, Facharzt/ärztin

***Reevaluation***

Ort/Datum

Ort/Datum

Ort/Datum

Ort/Datum

Arbeitsgruppe „Therapiebegrenzung" des Klinischen Ethikkomitees am Universitäts-klinikum Erlangen (2009): Empfehlungen für die Anordnung eines Verzichts auf Wiederbelebung (VaW-Anordnung). In: Frewer, A., Fahr, U., Rascher, W., (Hrsg.): Patentenverfügungen und Ethik. Jahrbuch Ethik in der Klinik, Band 2, S. 313-320. Würzburg: Königshausen & Neumann.
http://www.ethikkomitee.med.uni-erlangen.de/_daten/vaw-andordnung.pdf
Ethische Empfehlungen für das Klinikum Nürnberg zum Umgang mit Schwerstkranken u. Sterbenden, Patientenverfügungen und Vollmachten (Stand 11.10.2010)
VaW Anordnung Seite 2

vollziehbar und transparent. Eine übereilte und aus dem hohlen Bauch getroffene Entscheidung wird so vermieden. Diese Explikation ist eine nicht zu unterschätzende Funktion des VaW-Verfahrens (Oswald 2008).

Aus praktischer Sicht ist die interdisziplinär besetzte Patientenvisite der geeignete Raum die VaW-Anordnung zu besprechen. Die Dokumentation sollte an einem verbindlich festgelegten Ort, z.B. ganz oben in der Patientenakte, abgeheftet und so für alle zugänglich gemacht werden. Ebenso wichtig wie eine gute Dokumentation ist die Kommunikation der VaW-Anordnung im Rahmen der jeweiligen Schichtübergaben. Es hat sich bei uns auch bewährt, den VaW-Status auf den Übergabelisten festzuhalten. Ebenso wichtig ist es aber, die Aufhebung einer VaW-Anordnung eindeutig zu dokumentieren und zu kommunizieren. Obwohl dies vergleichsweise selten vorkommt, muss die Rechtfertigung der VaW-Anordnung regelmäßig auf den Prüfstand gestellt werden. Auch hier ist die Visite der geeignete Ort.

Spannend bleibt auch die Frage, inwieweit die Frage der Wiederbelebung bei jeder Patientenaufnahme angesprochen werden sollte. In der Nephrologie haben wir uns bei der Einführung damals dagegen entschieden. Im Gegensatz dazu wird in der Geriatrie, wo das VaW-Modell im November 2012 implementiert wurde, mehrheitlich während des Aufnahmegesprächs thematisiert. Dies könnte u.a. ein Grund dafür sein, dass die Mehrheit der in der Nephrologie getroffenen VaW-Anordnungen auf der fehlenden medizinischen Indikation basiert, während in der Altersmedizin die auf dem Patientenwillen gründenden VaW-Anordnungen überwiegen.

**Zuletzt noch folgende Hinweise:** Die VaW-Anordnung wird stets für den Einzelfall getroffen. Es ist keinesfalls zulässig ganze Patientenkollektive, z.B. Hochaltrige von der Wiederbelebung auszuschließen. Weiter ist es unzulässig, von der konkret begrenzten VaW-Anordnung auf einen umfassenden Behandlungsverzicht zu schließen. Eine 95-jährige Patientin, die nicht mehr reanimiert werden möchte, kann durchaus mit einer konservativen Therapie einer Herzrhythmusstörung und einem ggf. damit verbundenem Intensivaufenthalt einverstanden sein. Eine medizinisch nicht mehr indizierte Reanimation schließt die nicht-invasive Beatmung bei einer drohenden $CO_2$-Narkose nicht zwangsläufig aus.

Die sorgfältig überdachte, ordentlich dokumentiert und kommunizierte sowie regelmäßig reevaluierte VaW-Anordnung ist kein Ersatz für eine ethische Gesprächskultur im Krankenhaus. Sie ist auch kein Ersatz für die persönliche Einzelverantwortung des behandelnden Arztes, sie trägt aber in hohem Maße dazu bei, den VaW aus den verschiedenen Blickwinkeln der Beteiligten prüfen und von diesen mittragen zu lassen.

Da Frau M. keine lebensverlängernden Maßnahmen gewünscht hatte, wie die Betreuerin dem behandelnden Arzt erklärt hatte, stellt dieser eine VaW-Anordnung aus. Als die Patientin nachts eine Asystolie erleidet, verständigt die zuständige Pflegekraft den Arzt vom Rufdienst und setzt ihn von der VaW-Anordnung in Kenntnis. Das VaW-Formular in der Akte hat sie bereits aufgeblättert. Der Arzt, dem die VaW-Anordnung ebenfalls in der Übergabe mitgeteilt worden war, überfliegt das Dokument. Er leitet keine Wiederbelebung ein. Frau M. hat es so gewünscht.

***Praxistipps***

*Wir können heute, im eigenen aber auch dank unserer Kontakte zu vielen anderen Krankenhäusern, auf eine zehnjährige Erfahrung mit dem VaW-Verfahren zurückblicken. Vor diesem Erfahrungshintergrund haben sich folgende Faktoren, für die erfolgreiche Einführung und Umsetzung der VaW-Anordnung, als hilfreich erwiesen:*

- *hoher Leidensdruck, gemeinsame Vision*
- *aktives Interesse und Verantwortung der Leitung*
- *Engagement der Mitarbeiter*
- *Übersicht im Setting (schrittweise Implementierung z.B. auf Fachklinikebene)*
- *Ethikzirkel als Moderator und Anlaufstelle für Probleme und Kritik*
- *Entlastung der Mitarbeiter im klinischen Alltag steigert die Akzeptanz gegenüber der VaW-Anordnung*
- *klare Abgrenzung der VaW-Anordnung vom allgemeinen, kurativen Therapieverzicht*
- *regelmäßige Fortbildung der Mitarbeiter*

## Literatur

Arbeitsgruppe Therapiebegrenzung (2003) Empfehlungen für die Anordnung eines Verzichts auf Wiederbelebung (VaW-Anordnung). Version 2.1: Januar 2004. Leitlinie des Ethikkomitees am Universitätsklinikum Erlangen. URL: http://www.ethikkomitee.de/downloads/leitlinie_uke1.pdf (abgerufen am 20.04.15)

Beauchamps T, Childress J (2019) Principles of Biomedical Ethics. 5. Ausgabe. Oxford, New York

Bürgerliches Gesetzbuch in der Fassung der Bekanntmachung vom 2. Januar 2002 (BGBl. I S. 42, 2909; 2003 I S. 738), das durch Artikel 1 des Gesetzes vom 22. Juli 2014 (BGBl. I S. 1218) geändert worden ist. URL: http://www.gesetze-im-internet.de/bundesrecht/bgb/gesamt.pdf (abgerufen am 23.04.15)

Das Fünfte Buch Sozialgesetzbuch – Gesetzliche Krankenversicherung – (Artikel 1 des Gesetzes vom 20. Dezember 1988, BGBl. I S. 2477, 2482), das zuletzt durch Artikel 1 des Gesetzes vom 11. August 2014 (BGBl. I S. 1346) geändert worden ist. URL: http://www.gesetze-im-internet.de/bundesrecht/sgb_5/gesamt.pdf (abgerufen am 23.04.15)

Frewer A, Fahr U, Rascher W (Hrsg.) (2009) Jahrbuch Ethik in der Klinik 2. Patientenverfügung und Ethik. Beiträge zur guten klinischen Praxis. Königshausen & Neumann, Würzburg

Oswald C (2008) Die „Anordnung zum Verzicht auf Wiederbelebung" im Krankenhaus. Ethik Med 20 (2008) 110–121

Strafgesetzbuch in der Fassung der Bekanntmachung vom 13. November 1998 (BGBl. I S. 3322), das zuletzt durch Artikel 1 des Gesetzes vom 23. April 2014 (BGBl. I S. 410) geändert worden ist. URL: www.gesetze-im-internet.de/bundesrecht/stgb/gesamt.pdf (abgerufen am 23.04.15)

# 9 Umgang mit Suizidwünschen

Gerald Neitzke

Die Frage, ob und unter welchen Umständen die Unterstützung eines Menschen beim Suizid (syn.: Suizidhilfe, assistierter Suizid, Mitwirkung bei der Selbsttötung) zulässig ist, gehört zu den in der Medizin- und Pflegeethik aktuell besonders kontrovers diskutierten Themen. Einerseits erscheint es geboten, so viele Suizide wie möglich zu verhindern, andererseits erfordert der Respekt vor der Autonomie grundsätzlich auch die Akzeptanz des Wunsches, sterben zu dürfen. Ob dies in Grenzfällen die Hilfe beim Suizid einschließt, ist juristisch geklärt, aber ethisch weiterhin umstritten.

Ein Suizidversuch ist eine bewusst durchgeführte selbstschädigende Handlung in der Absicht, den eigenen Tod herbeizuführen (vollendeter Suizid). Ein Suizid liegt nicht vor, wenn ein:e Patient:in eine lebenserhaltende Behandlung ablehnt oder die bereits erteilte Zustimmung zu dieser Behandlung widerruft, da in diesen Fällen der Tod durch die schwere Erkrankung eintritt (Therapiebegrenzung bzw. Therapiezieländerung, vgl. Janssens et al. 2012). Ob der „freiwillige Verzicht auf Essen und Trinken (FVET)" als Suizidversuch gewertet werden muss, ist umstritten. Es liegt zwar eine bewusste Entscheidung zum Sterben vor, allerdings keine Suizidhandlung im engeren Sinn. Aus ethischer Perspektive scheint es jedoch geboten, einen FVET anhand derselben Kriterien zu bewerten wie einen Suizidwunsch. Das bedeutet, dass eine Hilfe beim FVET und ein Zulassen des Versterbens von der Prüfung derselben Kriterien abhängen, die in diesem Beitrag benannt werden (DGP 2019).

Die weit überwiegende Zahl der Suizide erfolgt ohne den Wunsch nach Hilfe oder die Bitte um Begleitung („einsame Suizide"). Von einem assistierten Suizid kann gesprochen werden, wenn eine sterbewillige Person mindestens eine der folgenden Hilfen wünscht:

- Beratung über Suizidmethoden
- psychiatrische/ärztliche Begutachtung vor einem begleiteten Suizid
- Verordnung/Beschaffung von Medikamenten zum Suizid
- Zubereitung und Anreichung von Medikamenten zum Suizid

- Begleitung während des Suizids
- Nicht-Verhindern der Suizidhandlung
- Nicht-Rettung (Verzicht auf Reanimation/Notruf) nach dem Suizidversuch

Der Wunsch nach Suizidhilfe und -begleitung wird immer wieder von alten oder kranken Menschen geäußert. Deshalb sind Kriterien zur Entscheidungsfindung erforderlich, damit die angefragten Angehörigen, Ärzt:innen, Pflegenden oder anderen Personen verantwortungsvoll auf diese Wünsche reagieren und eine individuelle Gewissensentscheidung herbeiführen können.

## 9.1 Juristische Aspekte

> *Das Bundesverfassungsgericht hat in seinem Urteil vom 26.02.2020 unmissverständlich festgestellt, dass das allgemeine Persönlichkeitsrecht auch das Recht auf ein selbstbestimmtes Sterben umfasst (BVerfG 2020). Dies schließt die Freiheit ein, sich selbst zu töten und dabei die Hilfe Dritter in Anspruch zu nehmen. Ein freiverantwortlicher Suizid ist als „Akt autonomer Selbstbestimmung von Staat und Gesellschaft zu respektieren" (BVerfG 2020, S. 1).*

Die juristische Diskussion betrifft also nicht das „Ob", sondern nur das „Wie" und „Wann" einer Suizidhilfe. Eine strafrechtliche Betrachtung ergibt, dass zwar in Deutschland weder ein Suizidversuch noch ein vollendeter Suizid rechtswidrig sind, dass aber nach wie vor grundsätzlich eine Hilfeleistungspflicht besteht. Eine legale Suizidhilfe setzt also die Erkenntnis und Einschätzung voraus, dass für diese:n Sterbewillige:n keine Hilfe zu einem erfüllten Leben (im Sinne der Lebensvorstellungen der sterbewilligen Person) mehr geleistet werden kann. Aus diesem Grund sollte die Bezeichnung „Suizidbeihilfe" vermieden werden, da der Terminus „Beihilfe" bereits die rechtswidrige Mitwirkung an einer Straftat impliziert. Als neutrale Bezeichnung bietet sich stattdessen „Suizidhilfe" an (Neitzke et al. 2013). Aus juristischer Sicht ist relevant, dass nicht nur die Suizidhandlung von der sterbewilligen Person selbst vollzogen wurde, sondern dass die Tatherrschaft im gesamten Verlauf bei dem/der Suizident:in lag. Falls also – etwa bei starkem Druck auf psychisch Abhängige – die Tatherrschaft nicht bei dem/der Suizident:in liegt, wäre der Fall juristisch als Tötung und nicht als Selbsttötung zu bewerten.

Eine Garantenstellung begründet eine besondere Verpflichtung zur Hilfeleistung. Ein:e Garant:in trägt durch die eigene professionelle oder soziale Rolle eine besonders starke Verantwortung. Während in früherer Rechtsprechung (BGH 1984) noch eine generelle Schutzfunktion für das Leben von Suizident:innen angenommen wurde, wird heute der Schutz gegenüber der Gesamtpersönlichkeit betont (BVerfG 2020, LG Deggendorf 2013, Berner 2014). Das Leben kann also nicht gegen den frei erklärten Willen eines autonomen Menschen erhalten werden, da die Lebensrettung in diesem Fall aus dessen Sicht keine Hilfeleistung darstellt. Es bleibt allerdings kritisch zu hinterfragen, ob es etwa in einer Notfallsituation gelingen kann, den freien Willen mit ausreichender Sicherheit festzustellen (Warntjen 2014).

Die berufsrechtliche Betrachtung aus Sicht der Ärzt:innen folgt dem Urteil des Bundesverfassungsgerichts: Die Grundsätze der Bundesärztekammer zur ärztlichen Sterbebegleitung sagen bereits seit 2011 aus, dass die Mitwirkung beim Suizid „keine ärztliche Aufgabe“ sei (BÄK 2011). Diese liberale Formulierung bedeutet, dass Patient:innen zwar keinen Anspruch auf Suizidhilfe erheben können, dass Ärzt:innen diese Hilfe jedoch im Rahmen einer individuellen Gewissensentscheidung leisten dürfen (Lipp u. Simon 2021). Auch das Bundesverfassungsgericht schützt ausdrücklich die Gewissensfreiheit von Ärzt:innen, sich für oder gegen eine Suizidhilfe entscheiden zu dürfen. Mit Beschluss des Deutschen Ärztetages 2012 wurde in der Musterberufsordnung das Verbot des ärztlich assistierten Suizids gestrichen. Diese Änderung der Musterberufsordnung wird voraussichtlich in naher Zukunft (Stand: Juli 2021) von allen Landesärztekammern in die aktuell gültigen Berufsordnungen übernommen werden. Die aktuellen Hinweise der Bundesärztekammer zum Umgang mit Suizidwünschen geben einen konkreten juristischen und ethischen Überblick (BÄK 2021). Das Bundesverfassungsgericht hat explizit darauf hingewiesen, dass eine gesetzliche Regelung der Suizidhilfe zulässig ist. Es liegt bereits eine Reihe von teilweise sehr unterschiedlichen Gesetzentwürfen vor. Regelungsbedarf besteht u.a. in Bezug auf das Betäubungsmittelrecht (BtMG) und die Rolle des Bundesinstituts für Arzneimittel und Medizinprodukte (BfArM). Darüber hinaus könnte die Begutachtung von suizidwilligen Menschen gesetzlich geregelt werden. Eine gesetzliche Stärkung der Suizidprävention und von palliativen Versorgungsangeboten wird ebenfalls diskutiert.

## 9.2 Ethische Aspekte

Die ethische Entscheidungsfindung nach einer Bitte um Suizidhilfe muss in Kenntnis der rechtlichen Voraussetzungen und Konsequenzen erfolgen. In jedem Fall ist darüber hinaus eine Gewissensentscheidung der angefragten Person unter Rückgriff auf eigene, individuelle ethische Bewertungen erforderlich. Wie steht die angefragte Person (Ärzt:in, Pflegende:r, Angehörige:r) zur Suizidhilfe im Allgemeinen, und wie entscheidet sie über die konkrete Bitte um Suizidhilfe? Grundsätzlich sind individualethische von sozialethischen Aspekten zu unterscheiden. Beide Aspekte müssen in der Entscheidung gewichtet und gegeneinander abgewogen werden (Rat der EKD 2008; Neitzke et al. 2013).

### 9.2.1 Individualethische Aspekte

In jedem Fall haben die Bemühungen um eine Prävention des Suizids Vorrang. Solange ein Suizid durch Gespräche, Behandlung oder soziale Einbindung verhindert werden kann, ist eine Suizidhilfe unzulässig. Der Deutsche Ethikrat forderte entsprechend schon vor Jahren, die Suizidprävention zu stärken (Deutscher Ethikrat 2014). Aus der Suizidpräventionsforschung ist bekannt, dass ein um Verständnis bemühtes, vertrauensvolles, ergebnisoffenes Gespräch mit der/dem Sterbewilligen hilfreich ist. Dabei sollten Motive und Ängste geklärt und eine Orientierung zum Leben angeboten werden. Der Suizidwunsch sollte nicht ausgeredet und auf die Androhung von Zwangsmaßnahmen (z.B. Klinikeinweisung) verzichtet werden. Das Gespräch über Suizidgedanken und sogar das Vorbereiten eines Suizids (z.B. Beschaffen von Medikamenten) kann eventuell einen Suizid verhindern, falls der/die Betreffende sich – durch das Beschaffen von Medikamenten oder die Mitgliedschaft in einem

Suizidhilfeverein – nur einen „letzten Ausweg“ offenhalten möchte. Im Bewusstsein dieses Auswegs wird möglicherweise neue Lebenskraft geschöpft und der Suizid letztlich nie realisiert.

Die ethische Zulässigkeit einer Suizidhilfe setzt die Freiverantwortlichkeit des Suizids voraus (BÄK 2021). Je nach individuellem Menschenbild kann ein Suizidwunsch per se als pathologisch verstanden werden – dann ist immer medizinische Behandlung erforderlich und eine Suizidbegleitung grundsätzlich abzulehnen. Falls aber auch ein Suizidwunsch in Einzelfällen als ethisch rechtfertigbar und durch das Selbstbestimmungsrecht abgedeckt erscheint (und das ist eine Anfrage an das eigene Menschenbild und Autonomieverständnis), lassen sich der Sterbewunsch als autonom und der Suizid als Bilanzsuizid verstehen und bewerten. Sowohl das Bundesverfassungsgericht (BVerfG 2020) als auch die Bundesärztekammer (BÄK 2021) betonen, dass das Recht auf Selbsttötung nicht an das Vorliegen einer schweren oder unheilbaren Krankheit, einer bestimmten Lebensphase oder eines anderen materialen Kriteriums gebunden sein kann. Wer also grundsätzlich zugesteht, dass eine nüchterne, rationale Lebensbilanzierung als Ursache von Suizidwünschen in Betracht kommen kann, muss bereit sein, im Einzelfall zu prüfen, ob bei dem um Suizidhilfe bittenden Menschen eine solche Bilanzierung vorliegt.

Vorrangig ist zu prüfen, ob die Lebensbilanzierung durch eine psychische Erkrankung (z.B. eine Depression) eingeschränkt ist. Sind die Einsichts- und Urteilsfähigkeit durch eine Psychopathologie beeinträchtigt? Dabei ist nicht nur die Frage zu klären, ob eine psychische Erkrankung vorliegt, sondern welchen Einfluss sie auf die Freiverantwortlichkeit hat. Zur Einschätzung kann eine psychiatrische Begutachtung erforderlich sein. Nach Ausschluss einer relevanten psychischen Erkrankung müssen die Kriterien der Wohlerwogenheit und Dauerhaftigkeit des Suizidwunsches geprüft werden. Wohlerwogen ist eine Entscheidung dann, wenn Handlungsalternativen gesehen, bewertet und gegeneinander abgewogen werden können. Falls eine sterbewillige Person Alternativen nicht erkennt, sollte der/die um Hilfe Gebetene diese Alternativen aufzeigen (z.B. bessere Pflegesituation, Palliative Care, soziale Angebote) und in die Abwägung einbeziehen. Auch die Dauerhaftigkeit des Sterbewunsches erfordert vom Angefragten eine evaluative Festlegung: Besteht der Suizidwunsch *ausreichend* lange, um eine Begleitung in Erwägung zu ziehen? Gibt es ernsthafte Zweifel an der Dauerhaftigkeit? Hier sind allgemeine Festlegungen von Zeiträumen nicht hilfreich. Da eine gesetzliche Regelung der Suizidhilfe vom Bundesgesundheitsministerium angestrebt wird (Stand: Juli 2021), ist zu erwarten, dass die Klärung der Aspekte „Ausschluss einer relevanten Psychopathologie“, „Dauerhaftigkeit des Suizidwunsches“ und „Wohlerwogenheit der Entscheidung“ in Zukunft weiter konkretisiert und verbindlich prozeduralisiert werden.

Um eine verantwortungsvolle Entscheidung bezüglich der Bitte um Suizidhilfe treffen zu können, bedarf es einer Analyse der Ursachen und Motive des Suizidwunsches. Sind die genannten Ursachen zutreffend und nachvollziehbar? Gibt es Auswege aus der Situation, die der/die Sterbewillige nicht sieht? Lassen sich etwa Einsamkeit und Lebensüberdruss durch psychosoziale Angebote und Kontakte lindern? Wie lange müssen diese Angebote von der sterbewilligen Person wahrgenommen werden, bevor der/die Angefragte bereit ist, die Aussichtslosigkeit dieser Option zu erkennen und damit ggf. die Alternativlosigkeit des Suizids anzuerkennen? Das Bundesverfassungsgericht hat klar dargelegt, dass die Bewertung der Gründe und Motive eines

Suizidwunsches von *außen* nicht geeignet sein kann, einen Suizidwunsch zurückzuweisen – aber die Bereitschaft, in dem Fall eine Suizid*hilfe* anzubieten und durchzuführen ist sehr wohl von der Nachvollziehbarkeit und Akzeptanz der angegebenen Gründe abhängig.

Ganz besonders sensibel sollte die Frage geklärt werden, ob der Sterbewunsch durch äußeren sozialen Druck entstanden ist oder verstärkt wurde. Häufig wird von älteren Menschen geäußert, dass sie anderen nicht zur Last fallen wollen – etwa durch hohen Pflege- und Betreuungsbedarf oder auch finanziell. Einerseits wird eine Entscheidung nicht allein dadurch unfrei, dass sie mit Rücksicht auf Dritte getroffen wurde. Andererseits kann diese Rücksichtnahme durch psychischen oder sozialen Druck ein solches Ausmaß erreichen, dass ein illegitimer Einfluss auf die autonome Willensbildung erkennbar wird. Wenn aber der Suizidwunsch nicht freiverantwortlich ist, wäre eine Suizidhilfe moralisch unzulässig.

Ein weiterer individualethischer Aspekt betrifft die Angehörigen und Suizidhelfer:innen selbst. Sind die Angehörigen über den Suizidwunsch informiert? Sollte man eine:n Sterbewillige:n ggf. drängen, die Familie einzubeziehen? Welche Bedürfnisse von Angehörigen und Bezugspersonen sollten berücksichtigt werden – möglicherweise auch gegen den Wunsch des/der Suizident:in? Auch mögliche langfristige Folgen für das soziale Umfeld des/der Sterbewilligen und das Gewissen der Suizidhelfer:innen sollten in die Entscheidungsfindung einbezogen werden.

### 9.2.2 Sozialethische Aspekte

Eine sozialethische Analyse löst sich von der individuellen Situation eines Wunsches nach Suizidbegleitung und bewertet die Konsequenzen auf einer überindividuellen Ebene, also etwa der Gesellschaft oder des Gesundheitssystems insgesamt.

Die gesellschaftlichen Rahmenbedingungen werden sich möglicherweise durch eine Zunahme von Suizidbegleitungen ändern: Zunächst schafft jedes Angebot eine eigene Nachfrage, sodass die Zahl der Suizide eventuell steigen wird. Außerdem stellt der Pflegenotstand in Deutschland ein häufiges Motiv für Suizidwünsche im Alter dar. Ist es akzeptabel, die Suizidhilfe auszuweiten, bevor die Situation in Alten- und Pflegeheimen substanziell verbessert wurde? Wird nicht umgekehrt die Ausweitung der Suizidhilfe eher zu einem Erlahmen der Anstrengungen im sozialen Bereich führen? Die faktische Entlastung der Sozialversicherungssysteme durch Alterssuizide darf nicht zu einem zynischen Druck auf alte Menschen führen.

Der Wunsch, den eigenen Todeszeitpunkt selbst festlegen zu können, passt zu der gesellschaftlichen und medizinischen Tendenz, über alle Lebensprozesse aktiv verfügen zu wollen (z.B. durch assistierte Reproduktion, Pränataldiagnostik oder Wunschsektio) und sie einer technischen Machbarkeit zu unterwerfen (Maio 2014). Es ist eine Frage an das eigene Menschenbild und die Vorstellungen eines sinnvollen Lebens, ob bestimmte Lebensbereiche – etwa der Sterbezeitpunkt – unverfügbar und also schicksalhaft verbleiben oder auch diese autonom gestalten werden sollten. Wer sich diesem technischen Lebensverständnis nicht anpasst, könnte dann einem starken sozialen Druck ausgesetzt sein: In der extremen Zuspitzung wäre dann der Wunsch, weiterleben zu wollen, rechtfertigungsbedürftig und Menschen, die auf natürliche Weise sterben möchten, könnten mit dem Angebot einer Suizidbegleitung bedrängt werden.

Durch eine Ausweitung der Suizidhilfe können sich Beziehungen in der Gesellschaft wesentlich verändern: Die Beziehungen in den Familien gründen auf dem Vertrauen, dass alle ein Interesse am Weiterleben aller Familienmitglieder haben. Auch die professionellen Beziehungen zwischen Patient:innen, Ärzt:innen und Pflegenden könnten darunter leiden, dass der Gedanke an eine vorzeitige Lebensbeendigung unausgesprochen zwischen den Beteiligten steht.

Darüber hinaus wird sich das professionelle Selbstverständnis mutmaßlich verändern, wenn Suizidhilfe zunehmend als professionelle Aufgabe verstanden und ausgeübt wird. Die aktive Unterstützung einer Selbsttötung geht an einem sensiblen Punkt über die historisch etablierte Berufsethik von Ärzt:innen und Pflegenden hinaus. In Therapie oder Pflege könnte sich dann die Frage stellen, bis wann weitere Behandlungs- und Pflegeangebote unterbreitet werden und ab wann eine mögliche Suizidbegleitung diskutiert wird. Sozialethisch könnte dies zu einem Dammbruch führen und es gibt Befürchtungen, dass dadurch das ethische Prinzip des Lebensschutzes ausgehöhlt wird.

## 9.3 Entscheidungsfindung

Zwei unterschiedliche Entscheidungen sind in Bezug auf Suizidhilfe erforderlich: Jede:r Ärzt:in, jede Pflegekraft, aber auch jede:r Bürger:in sollte klären, welche Positionen sie zur Suizidhilfe als gesellschaftlicher Praxis einnehmen. Dabei sollten die oben genannten Kriterien abgewogen werden. Schwieriger ist eine Entscheidung über eine konkrete Bitte um eine Suizidbegleitung (BÄK 2021). Diese individuelle Anfrage wird zunächst eine emotionale Reaktion bei den Angefragten auslösen. Dabei sind Mitleid, Abscheu, Verständnis, Wut, Trauer oder auch Erleichterung denkbar. Außerdem stellt der Suizidwunsch eine Zurückweisung der professionellen Hilfe (z.B. von Pflege oder Palliative Care) und im familiären Umfeld darüber hinaus der Liebe zu dem/der Sterbewilligen dar.

***Praxistipps***

- *Auf die Bitte um Suizidhilfe muss eine individuelle Reaktion gefunden werden. Dazu ist eine Abwägung im Einzelfall erforderlich:*
  - *Ist der Sterbewunsch freiverantwortlich und wohlerwogen oder liegt ihm eine (behandelbare) psychische Erkrankung zugrunde?*
  - *Sind Alternativen (Pflege, Palliation, soziale Angebote) ausreichend lange angeboten und geprüft worden?*
- *Eine Gewichtung der ethischen Grundwerte (Respekt vor der Autonomie, Barmherzigkeit, Fürsorge und Verantwortung) bietet dem/der Angefragten Orientierung.*
- *Die eigene Gewissensbelastung ist ebenfalls zu prüfen, da sowohl die Ablehnung einer Suizidhilfe als auch deren Akzeptanz verantwortet und langfristig psychisch verarbeitet werden müssen.*

## Literatur

Berner B (2014) Notarzt muss freiverantwortlichen Suizidenten nicht retten. Dtsch Ärztebl 111: A1882

BGH (1984) Urteil vom 04.07.1984 – 3 StR 96/84. NJW 1984: 2639

Bundesärztekammer (2011) Grundsätze der Bundesärztekammer zur ärztlichen Sterbebegleitung. Dtsch Ärztebl 108: A346–A348

Bundesärztekammer (2021) Hinweise der Bundesärztekammer zum ärztlichen Umgang mit Suizidalität und Todeswünschen nach dem Urteil des Bundesverfassungsgerichts zu § 217 StGB. Dtsch Ärztebl 118: A1428–A1432

Bundesverfassungsgericht (2020) Urteil des Zweiten Senats vom 26. Februar 2020 – 2 BvR 2347/15 –, Rn. 1–343. URL: http://www.bverfg.de/e/rs20200226_2bvr234715.html (abgerufen: 26.07.21)

Deutscher Ethikrat (2014) Zur Regelung der Suizidbeihilfe in einer offenen Gesellschaft: Deutscher Ethikrat empfiehlt gesetzliche Stärkung der Suizidprävention. URL: https://www.ethikrat.org/fileadmin/Publikationen/Ad-hoc-Empfehlungen/deutsch/empfehlung-suizidbeihilfe.pdf (abgerufen am 26.07.21)

Deutsche Gesellschaft für Palliativmedizin (2019) Positionspapier der DGP zum freiwilligen Verzicht auf Essen und Trinken. URL: https://www.dgpalliativmedizin.de/phocadownload/stellungnahmen/DGP_Positionspapier_Freiwilliger_Verzicht_auf_Essen_und_Trinken%20.pdf (abgerufen am 26.07.21)

Janssens U, Burchardi H, Duttge G, Erchinger R, Gretenkort P, Mohr M, Nauck F, Rothärmel S, Salomon F, Schmucker P, Simon A, Stopfkuchen H, Valentin A, Weiler N, Neitzke G (2012) Therapiezieländerung und Therapiebegrenzung in der Intensivmedizin. MedR 30: 647–650

LG Deggendorf (2013) Urteil vom 13.09.2013 – 1 Ks 4 Js 7438/11

Lipp V, Simon A (2011) Beihilfe zum Suizid: Keine ärztliche Aufgabe. Dtsch Ärztebl 108: A212–A216

Maio G (2014) Medizin ohne Maß? Vom Diktat des Machbaren zu einer Ethik der Besonnenheit. Trias Stuttgart

Neitzke G, Coors M, Diemer W, Holtappels P, Spittler JF, Wördehoff D (2013) Empfehlungen zum Umgang mit dem Wunsch nach Suizidhilfe. Ethik Med 25: 349–365

Rat der EKD (2008) Wenn Menschen sterben wollen. Eine Orientierungshilfe zum Problem der ärztlichen Beihilfe zur Selbsttötung. EKD Texte 97. Kirchenamt der EKD Hannover

Warntjen M (2014) Strafbarkeitsrisiko in Suizidfällen: Im Zweifel das Leben erhalten. Dtsch Ärztebl 111: A1854

# 10 Medizinethische Entscheidungen im interkulturellen Kontext

Ilhan Ilkilic

Migration als komplexes Phänomen mit allen ihren Konsequenzen spielt bei der Förderung der Wertepluralität einer Gesellschaft und damit auch der Entstehung neuer Herausforderungen in der Gesundheitsversorgung eine elementare Rolle. Nach den aktuellsten Statistiken leben in Deutschland 21,2 Millionen Menschen mit Migrationshintergrund, was 26% der Bevölkerung in Deutschland ausmacht (Statistisches Bundesamt 2020). Beobachtet man die demographischen Veränderungen und das Altern innerhalb dieser Bevölkerung, so ist mühelos absehbar, dass die Anzahl der Arztkontakte dieser Menschen und ihre Krankenhausaufenthalte wegen Alterung im Laufe der Zeit kontinuierlich steigen werden. Durch die zunehmende Alterung von Menschen aus anderen Kulturkreisen, gepaart mit einem entsprechenden Anstieg der Sterblichkeit in dieser Bevölkerungsgruppe, haben wir es sowohl in der klinischen Versorgung als auch in den normativ-ethischen Entscheidungsfindungen mit einer sich kontinuierlich verschärfenden Herausforderung zu tun.

Sowohl in deutschen Krankenhäusern als auch in niedergelassenen Praxen sind divergierende Wertauffassungen in interkulturellen Behandlungssituationen Auslöser für verschiedene Konflikte. Deswegen entstehen während der medizinischen Entscheidung und Handlung nicht selten ethische Fragen hinsichtlich der Interkulturalität und der kulturellen Diversität. Diese Herausforderungen werden täglich im Rahmen der medizinischen Versorgung – vom Erstkontakt zwischen Arzt und Patient bis hin zur Krankenhausorganisation und zur Gesundheitspolitik – sichtbar. Solche auf unterschiedliche kulturell bedingte Wertauffassungen zurückzuführende Probleme haben ein breiteres Spektrum und beinhalten, abhängig vom Kontext und Themenfeld unterschiedliche Fragen. Hinsichtlich dieser Sachlage werden in diesem Beitrag die Interkulturalität im Arzt-Patienten-Verhältnis diskutiert und grundsätzliche Barrieren sowie ihre Bedeutung für eine Alltagspraxis problematisiert.

## 10.1 Interkulturalität im Arzt-Patienten-Verhältnis

Die unterschiedlichen Zugangsformen des Arztes und des Patienten zur Krankheit und zum Kranksein sind ontologisch bedingt und gehören zu den wesentlichen Eigenschaften jedes Arzt-Patienten-Verhältnisses (Hartmann 1984). Über diese Unterschiede hinaus verleiht die Interkulturalität dieser Beziehung eine zusätzliche Komplexität. In diesem Zusammenhang ist die Frage nach der ethischen Bedeutung der Interkulturalität in einer interkulturellen Behandlungssituation wichtig. Sollte jeder Konflikt in einem interkulturellen Arzt-Patient-Verhältnis grundsätzlich anders behandelt werden? Oder sollten nur die vorhandenen Kommunikationsbarrieren überwunden werden? Eine angemessene Antwort auf diese Fragen erfordert eine differenzierte Auseinandersetzung mit der Interkulturalität im Arzt-Patienten-Verhältnis.

Ein *interkulturelles Arzt-Patienten-Verhältnis* umfasst eine Begegnung, in der die Handelnden und ein von diesem Handeln betroffenes Subjekt als Angehörige unterschiedlicher Kulturkreise involviert sind. Dabei kommen Menschen mit ihren kulturell geprägten Werthaltungen im Rahmen einer medizinischen Versorgung zusammen. Von einem interkulturellen Arzt-Patienten-Verhältnis kann jedoch erst dann die Rede sein, wenn der handelnde Arzt und der behandelte Patient sich als Angehörige unterschiedlicher Kulturkreise *verstehen*. Die Interkulturalität in einem Arzt-Patienten-Verhältnis darf folglich nicht allein von außen oder durch Aussehen der Beteiligten bzw. ihre ethnische Herkunft bestimmt werden, sondern ergibt sich aus dem jeweiligen kulturellen Selbstverständnis der Beteiligten heraus. Deswegen sollte in der Alltagspraxis zunächst festgestellt werden, ob es sich tatsächlich um einen ethischen Konflikt handelt, der maßgeblich durch kulturelle Phänomene entstanden ist.

Es ist sicherlich nicht gerechtfertigt, ein interkulturelles Arzt-Patienten-Verhältnis allein aufgrund seiner Interkulturalität von vornherein als eine konfliktträchtige Beziehung anzusehen. Solange es einen Konsens über die Ziele der medizinischen Interventionen und über die anzuwendenden medizinischen Maßnahmen zwischen Arzt und Patient gibt, kann in der Regel ein ethisch konfliktfreies Verhältnis erwartet werden. Ein konfliktloses und einvernehmliches Arzt-Patienten-Verhältnis in einem interkulturellen Kontext darf jedoch nicht zur Annahme führen, dass die gesetzten Ziele und dazugehörigen medizinischen Interventionen für die Beteiligten dieselben Sinndeutungen haben. Die unterschiedlichen Wissens- und Denksysteme sowie der asymmetrische Charakter des Arzt-Patienten-Verhältnisses führen zu einem differenzierten Erleben eines Krankheitszustandes und zu unterschiedlichen Sinndeutungen. Subjektive Interpretationssysteme über Ursachen und Entstehung von Krankheiten und deren Verlauf, Behandlungsmöglichkeiten und Erfolgsaussichten verursachen unterschiedliche Wahrnehmungen und Bewertungen des Krankseins (Rothschuh 1975).

Diese Phänomene gehören zu den wesentlichen Eigenschaften eines jeden Arzt-Patienten-Verhältnisses und sind nicht spezifisch für eine interkulturelle Arzt-Patienten-Beziehung. Kulturelle Prägungen verändern diese Phänomene viel mehr in seiner Intensität und weniger in seinem Wesen. Allein durch Interkulturalität können die konstitutiven Eigenschaften eines Arzt-Patienten-Verhältnisses nicht *grundsätzlich* verändert werden. Die Gründe dafür liegen auf der Hand: Durch kulturelle Phänomene beeinflusste subjektive Interpretationssysteme und Deutungsmuster können die schon vorhandene Asymmetrie und Bewertungsdifferenz im Arzt-Patienten-Verhältnis verstärken, unter Umständen aber auch abschwächen. Zudem können die sprachlichen Barrieren zusätzliche Missverständnisse und Fehlinterpretationen entstehen lassen, die in dieser Form in intrakulturellen Arzt-Patienten-Beziehungen nicht oder selten vorkommen (Borde et al. 2012).

Auch wenn interkulturelle und intrakulturelle Behandlungssituationen von ihrem Wesen her zahlreiche Gemeinsamkeiten haben, gibt es dennoch bedeutsame Unterschiede von praktischer und ethischer Relevanz. Fehlende gemeinsame Sprache prägt in diesen Interaktionen sowohl Wahrnehmung als auch Erfahrung des Anderen als Fremden, was in intrakulturellen Behandlungssituationen nicht vorkommt. Das Kranksein als essenzielle Grenzerfahrung ist somit trotz eines Dolmetschers mit einer gewissen *Sprachlosigkeit* verbunden. Außerdem beeinträchtigt eine Verständigung mit Hilfe eines Dolmetschers die authentische Kommunikation. Kulturell geprägte subjektive Interpretationssysteme über Ursachen und Entstehung von Krankheiten und deren Verlauf, Behandlungsmöglichkeiten und Erfolgsaussichten verursachen in der Praxis zahlreiche Barrieren, die intrakulturellen Behandlungssituationen fremd sind. Kulturell geprägte Wertvorstellungen und Denksysteme und daraus resultierende Werthaltungen können aus unterschiedlichen Gründen einer *eigenen Heimwelt* nicht zugeordnet werden (Stenger 2006).

## 10.2 Sprachliche Barrieren

Eine gelungene Kommunikation ist nicht nur für die Vermittlung der Patientenbeschwerden, sondern auch für den Zugang zu Wertvorstellungen und Präferenzen eines Patienten unverzichtbar. In einem interkulturellen Kontext kann die erforderliche Verständigung zwischen Arzt und Patient aus unterschiedlichen Gründen beeinträchtigt werden. Oft sind die Patienten aus anderen Kulturkreisen der deutschen Sprache nicht mächtig, und ein professioneller Dolmetscherdienst, der diese Problematik beheben könnte, steht nur in seltenen Fällen zur Verfügung. Häufig werden zusätzliche Untersuchungen durchgeführt, um die Kommunikationslücken auszugleichen, was in einer „Überdiagnostik" resultieren kann. Die unzureichende Kommunikation führt außerdem nicht selten dazu, dass es durch den Wunsch des Patienten oder durch ärztliche Überweisungen zu einer relativ hohen Anzahl von Arztwechseln (doctor-hopping) kommt.

Aufgrund dieser Sachlage wird oft versucht, sprachliche Barrieren mit Hilfe von Familienangehörigen, Besuchern, medizinischem Personal oder sogar Reinigungspersonal zu überwinden. Diese Notlösungen beinhalten jedoch zahlreiche Schwierigkeiten. Fehlende Sprachkompetenz und mangelnde Neutralität während der Übersetzungstätigkeit können zu Fehlübersetzungen oder Auslassungen führen. Ein Autoritätsverhältnis zwischen dem Patienten und den Übersetzern gefährdet in vielen Fällen eine authentische Kommunikation. Nicht selten werden eine ungünstige Diagnose und Prognose dem Patienten von übersetzenden Familienangehörigen vorenthalten, um das Wohlbefinden des Patienten nicht zu beeinträchtigen. Da Übersetzungsschwierigkeiten nicht vom Arzt bemerkt und kontrolliert werden können, kann auch eine erforderliche Patientenaufklärung und die damit verbundene selbstbestimmte Einwilligung des Patienten nicht sicher gewährleistet werden.

Da die sprachlichen Barrieren ein elementarer Gestaltungsfaktor der Interkulturalität sind, sollen sie bei der Lösung und Bewertung der ethischen Konflikte immer mit berücksichtigt werden (Ilkilic 2019). Die zentrale Bedeutung der sprachlichen Verständigung wird nochmals im folgenden Fallbeispiel deutlich.

**Fallbeispiel 1**

Bei einer damals 23-jährigen türkischen Frau wird während ihrer zweiten Entbindung im Rahmen eines Kaiserschnitts eine Sterilisation durchgeführt. Vor der Entbindung sagte die Frau dem Arzt gegenüber „Nix Baby mehr", was vom Arzt als Wunsch nach Sterilisation aufgefasst wurde. Der Arzt hat sie über die Bedeutung und Folgen sowie Operationstechniken einer Sterilisation informiert. Nach der Aufklärung nickte die Patientin, die rudimentäre deutsche Sprachkenntnisse besaß, auf die Frage, ob sie alles verstanden habe. Einen Tag später wurde der Eingriff durchgeführt. Später verklagte die türkische Frau den Arzt auf Schmerzensgeld, da er sie ohne ihr Wissen sterilisiert habe (Ilkilic 2007).

## 10.3 Kulturelle Praxis

Die *kulturelle Praxis* (des Patienten/der Patientenangehörigen) in einem interkulturellen Kontext umfasst diejenigen Entscheidungs- und Handlungsformen, die maßgeblich von kulturellen Phänomenen – mit ihrem identitätsstiftenden Charakter – geprägt oder bestimmt sind und für den Interaktionspartner häufig als fremd wahrgenommen werden. Die Erscheinungsformen der kulturellen Praxis sind im medizinischen Alltag vielfältig. Sie können fremde Entscheidungen und Handlungen, aber auch ungewohnte Haltungen beinhalten.

Beispielsweise wird das Schamgefühl als ein kulturübergreifendes menschliches Gefühl vor allem bei Angehörigen muslimischer Kulturkreise intensiver als in den üblichen westlichen Gesellschaften erlebt. Die Beziehung zwischen dem Leiblichkeitsverständnis und der daraus resultierenden Haltung bestätigen empirische Untersuchungen. Im Rahmen einer in New York durchgeführten Studie wurden 500 Frauen unterschiedlicher Religionszugehörigkeit zur Bedeutung der Geschlechtszugehörigkeit des Arztes im Bereich Gynäkologie und Geburtshilfe befragt. 56% der befragten Protestantinnen und 58% der befragten Katholikinnen und Jüdinnen befürworteten eine weibliche Frauenärztin. Signifikant höher war dieser Anteil bei Hindus (74%). An der Spitze jedoch liegen muslimische Patientinnen, die sich zu 89% eine Frauenärztin wünschten (Zuckerman et al. 2002). Aufgrund dieses Intimitätsverständnisses entsteht der Wunsch, von gleichgeschlechtlichem Personal untersucht und behandelt zu werden. Die Praxisrealität im medizinischen Alltag lässt jedoch oft wenig Raum für die Berücksichtigung solcher Wünsche.

Auch durch religiöse Grundpflichten und Speisevorschriften können während der medizinischen Behandlung Konflikte entstehen. Fasten und eine damit nicht vereinbare medizinische Medikation oder die Anwendung medizinischer Mittel, die von religiösen Speisevorschriften her untersagt sind, wie aus dem Schwein gewonnene Präparate, Herzklappen oder Arzneibestandteile wie Gelatine, sind einige Beispiele dafür (Ilkilic 2002).

An dieser Stelle sei hervorgehoben, dass beispielsweise im Islam für solche Situationen der ethische Grundsatz „Notlage hebt die Verbote auf" gilt. Für einen Krankheitszustand bedeutet dies, dass die im Alltagsleben gültigen religiösen Regelungen ihre Gültigkeit verlieren oder durch eine Erleichterung teilweise und vorübergehend außer

Kraft gesetzt werden können. Es existieren jedoch in der Praxis unterschiedliche Verständnisse und individuelle Interpretationen solcher Prinzipien. Deswegen sollte ein ethischer Konfliktfall im interkulturellen Kontext immer situativ bewertet werden. Folgende Fallbeispiele konkretisieren einige durch religiöse Grundpflichten und Speisevorschriften bedingte Konflikte in der medizinischen Praxis.

**Fallbeispiel 2**

Eine muslimische Patientin auf der psychiatrischen Station lehnte die Medikation ab, weil sie im Monat Ramadan nicht auf das Fasten verzichten wollte. Der behandelnde Arzt schlägt ein Gespräch mit einem Imam vor. Nachdem die Patientin mit einem Imam über dieses Thema gesprochen und sich über die theologisch-moralischen Hintergründe informiert hat, erklärt sie sich mit der medikamentösen Therapie einverstanden (Ilkilic 2002).

**Fallbeispiel 3**

Einem unfreiwillig kinderlosen muslimischen Mann wird zu Therapiezwecken von einem deutschen Urologen ein Präparat verabreicht. Als er feststellt, dass dieses aus der Schweinepankreas gewonnen wird, bricht er die Therapie ab. „Was kann man von einem Menschen erwarten, der mit Hilfe eines Präparats, das Schweineanteile enthält, gezeugt wurde?“ sagt er später. Da sein Vertrauen verletzt wurde, geht er nicht mehr zu diesem Urologen (Ilkilic 2002).

## 10.4 Moralische Diversität

Divergierende moralische Wertvorstellungen gelten mittlerweile als wichtige Eigenschaft moderner Gesellschaften. Hinsichtlich der ethischen Konflikte im interkulturellen Kontext kommt ihnen sogar noch größere normative Bedeutung zu als den sprachlichen Barrieren und der kulturellen Praxis. Dem US-amerikanischen Bioethiker H. Tristram Engelhardt zufolge begegnen sich die Menschen in wertepluralen Gesellschaften entweder als moralische Freunde (*moral friend*) oder Fremde (*moral stranger*) (Engelhardt 1996). Moralische Fremdheit in einem Arzt-Patient-Verhältnis bedeutet zunächst, dass die Parteien Mitglieder unterschiedlicher moralischer Gemeinschaften sind und in ihrer Entscheidungsfindung auf verschiedene moralische Wertvorstellungen zurückgreifen. Dies kann sich in der Praxis in vielfältigen Formen manifestieren. Beispielsweise können medizinische Maßnahmen unterschiedlich moralisch beurteilt und daraus divergierende Entscheidungen abgeleitet werden. Mögliche Konsequenz einer solchen Differenz sind moralisch bedingte Interessen- und Entscheidungskonflikte in der Alltagspraxis, die nicht selten eine klinische Ethikberatung erfordern.

Auch hier sei hervorgehoben, dass eine moralische Diversität nicht zwangsläufig in einen Konflikt münden muss. Trotz unterschiedlicher moralischer Normquellen ist häufig am Ende eines Entscheidungsprozesses eine ähnliche moralische Beurteilung möglich. Auf der anderen Seite dürfen die Differenzen zwischen den Moralsystemen nicht verharmlost oder sogar nivelliert werden. Denn ein Entscheidungskonsens in einer bestimmten Situation bedeutet nicht zwangsläufig, dass eine ähnliche moralische Einstellung zwischen den beiden Parteien auch in allen anderen wertbehafteten Fragen vorherrscht.

Die moralische Diversität in interkulturellen Behandlungssituationen verursacht nicht nur bei der ethischen Bewertung medizinischer Maßnahmen Schwierigkeiten, sondern auch bei der ethischen Güterabwägung in Konfliktfällen. Eine elementare und wichtige Fragestellung ist dabei, wie auf der ethischen Ebene mit dieser moralischen Diversität umzugehen ist. Dabei handelt es sich vor allem um die Frage nach Kulturbedingtheit bzw. Kulturinvarianz der angewendeten ethischen Prinzipien.

Die folgenden Fallbeispiele unterstreichen die Bedeutung solcher Fragen für eine klinische Ethikberatung im interkulturellen Kontext.

**Fallbeispiel 4**

Bei einem 23-jährigen türkisch-muslimischen jungen Mann wird ein bösartiger Tumor festgestellt. Der Gesundheitszustand des Patienten verschlechtert sich ständig, sodass der Tod immer wahrscheinlicher wird. Der Patient wird deshalb auf eine Palliativstation verlegt. Sowohl der Patient als auch seine Eltern haben nur geringe Deutschkenntnisse. Die Eltern informieren sich beim behandelnden Arzt mit Hilfe eines Dolmetschers aus ihrem Verwandtenkreis. Eine Krankenschwester türkischer Herkunft hört zufällig mit und informiert später die Ärzte, dass der Dolmetscher dem Patienten – wahrscheinlich auf Verlangen der Eltern – die Information über den zu erwartenden baldigen Tod nicht weitergegeben hat. Die Ärzte holen einen professionellen Übersetzer, der dem jungen Mann mitteilt, dass er möglicherweise in Kürze sterben werde. Nach zwei Tagen verstirbt der Patient. Das Behandlungsteam wird später von den Eltern beschuldigt, am Tod ihres Kindes verantwortlich zu sein. Sie hätten durch ihre Aufklärung zur Verschlechterung des Krankheitszustandes beigetragen und somit den schnellen Tod ihres Kindes verursacht (Ilkilic 2008).

**Fallbeispiel 5**

Das sechs Tage alte Kind türkisch-muslimischer Eltern leidet an einem Oto-palato-digitalen Syndrom (OPD) Typ II, einer sehr seltenen, genetisch bedingten Erkrankung mit schweren Organanomalien. Das Kind ist ohne intensive maschinelle Unterstützung nicht lebensfähig. Auch mit dem Einsatz von Geräten wäre das Kind voraussichtlich nur sehr kurze Zeit am Leben zu erhalten. Das medizinische Team schlägt eine Therapiebegrenzung vor. Die Eltern wünschen sich jedoch eine maximale Therapie. Sie betonen, dass diese Entscheidung aus ihrem islamischen Glauben stammt. Eine andere Entscheidung würden die Eltern im Jenseits vor Gott nicht verantworten (Ilkilic u. Schmidtke 2007).

Eine ethische Orientierung bei der Lösung eines Konflikts in interkulturellen Behandlungssituationen erfordert zunächst eine Berücksichtigung der relevanten ethischen Prinzipien. Eine wichtige Frage dabei ist, ob die konventionellen ethischen Prinzipien auch im interkulturellen Kontext dieselben Implikationen haben sollten. Welche Rolle kann etwa die Familienautonomie neben der Patientenautonomie einnehmen, wenn in manchen Kulturkreisen der Entscheidung der Familienmitglieder ein höherer Stellenwert zukommt? Welche Handlung ist ethisch angemessen, wenn das beste Interesse des nicht-einwilligungsfähigen Patienten mit den Ärzten fremden glaubensspezifischen Argumenten begründet wird? Solche Fragen kommen in interkulturellen Behandlungssituationen häufig vor und sind komplexer als in lokal üblichen ethischen Konflikten im medizinischen Alltag.

In Konfliktsituationen, in denen moralische Diversität eine prägende Rolle spielt, ist zunächst eine intensive, offene und respektvolle Kommunikation erforderlich. Diese auf dem ersten Blick selbstverständlich scheinende Vorgehensweise findet jedoch in der Praxis aus unterschiedlichen Gründen selten statt. Zudem ist für die Gestaltung einer solchen Kommunikation kulturelle Kompetenz erforderlich. Ziel eines solchen Kommunikationsprozesses ist eine Erhellung der Gründe und Argumente für die jeweilige Entscheidung der Konfliktpartner. Dadurch soll klar werden, warum der andere so entscheidet und handelt wie er entscheidet und handelt. In diesem Prozess müssen nicht nur die im Konflikt eine Rolle spielenden Argumente, sondern auch die kulturellen Grundlagen dieser Haltungen den Konfliktpartnern zugänglich gemacht werden.

Diese Art von Kommunikation ist zwar keineswegs ein Patentrezept für die Lösung der ethischen Konflikte in interkulturellen Behandlungssituationen. Sie ist aber ein unverzichtbarer Bestandteil des ganzen Lösungsfindungsprozesses, der im Alltag häufig unterschätzt und vernachlässigt wird.

## Fazit

Interkulturelle Begegnungen gehören in Deutschland zum medizinischen Alltag. Kommunikationsbarrieren, kulturelle Praxis und moralische Diversität verursachen in diesen Begegnungen ethische Herausforderungen und Entscheidungskonflikte. Interkulturelle Kompetenz und die darin enthaltenen Fähigkeiten und Fertigkeiten wie Kulturwissen, kultursensible Kommunikation, Vermeidung von Stereotypisierung, Selbstreflexion und kritische Toleranz können bei der Überwindung der kulturellen Barrieren sowie bei der Lösung der kulturell geprägten ethischen Probleme einen wichtigen Beitrag leisten. An dieser Stelle sei hervorgehoben, dass interkulturelle Kompetenz nicht die Aufgabe und Funktion eines ethischen Ansatzes haben kann. Ebenso darf sie bei Gesundheitsberufen und Mitgliedern eines klinischen Ethikkomitees nicht von vornherein vorausgesetzt werden. Sie sollte vielmehr während der medizinischen und pflegerischen Aus-, Fort- und Weiterbildung vermittelt und gefördert werden.

***Praxistipps***

- *Jeder Patient ist als ein Individuum wahrzunehmen und zu behandeln und nicht lediglich als ein Mitglied seiner sozial-religiösen Gruppe.*
- *Um sprachliche Barrieren zu überwinden und eine ethisch vertretbare Verständigung zu leisten, ist bei der Behandlung von Patienten mit eingeschränkten Deutschkenntnissen oft ein Dolmetscher erforderlich. Aus ethischer, juristischer, aber auch ökonomischer Sicht gibt es gute Gründe, solche Serviceleistungen im Gesundheitsdienst flächendeckend zu etablieren.*
- *Handelt es sich um ein Aufklärungsgespräch über sehr wichtige Entscheidungen, so ist es empfehlenswert einen kompetenten Übersetzer nicht aus dem Familienkreis zu wählen.*
- *Auf Schamgefühl der Patienten sollte Rücksicht genommen werden. Wenn erwünscht und organisatorisch durchführbar, sollte der Wunsch nach gleichgeschlechtlichem Pflegepersonal entgegengekommen werden.*
- *Wenn religiöse Grundpflichten (bspw. Fasten) und Speisevorschriften mit therapeutischen Maßnahmen bei der Behandlung muslimischer Patienten*

*miteinander konfligieren, so kann ein Gespräch mit Beteiligung eines Imams zur Konfliktlösung beitragen. Die Teilnahme eines Imams an solchen Gesprächen sollte aber vom Wunsch der muslimischen Patienten abhängig gemacht werden.*

- *Die Informationen über die Kulturpraxis der Patienten mit Migrationshintergrund und weitere Fähigkeiten und Fertigkeiten der interkulturellen Kompetenz können bei der Überwindung der Konflikte in interkulturellen Behandlungssituationen einen wichtigen Beitrag leisten. Diese sind jedoch keine Garantie für eine Konfliktlösung.*
- *In einer wertpluralen Gesellschaft sollten die für interkulturelle Behandlungssituationen erforderliche Kenntnisse als integraler Bestandteil der ärztlichen und pflegerischen Aus-, Fort und Weiterbildung vermittelt und interkulturelle Kompetenz gefördert werden.*

## Literatur


Athighetchi D (2007) Islamic Bioethics: Problems and Perspectives. Springer Verlag Dordrecht

Borde T, David M, Kentenich H (2012) Erwartungen und Zufriedenheit deutscher und türkischsprachiger Patientinnen im Krankenhaus – eine vergleichende Befragung in einer Berliner Frauenklinik. Gesundheitswesen 64, 476–85

Engelhardt T (1996) The Foundations of Bioethics, Oxford University Press New York

Hartmann F (1984) Patient, Arzt und Medizin. Beiträge zur ärztlichen Anthropologie. Verlag Vandenhoeck und Ruprecht Göttingen

Ilkilic I (2002) Der muslimische Patient. Medizinethische Aspekte des muslimischen Krankheitsverständnisses in einer wertpluralen Gesellschaft. Lit Münster

Ilkilic I (2006) Begegnung und Umgang mit muslimischen Patienten. Eine Handreichung für die Gesundheitsberufe. Zentrum für Medizinische Ethik Bochum

Ilkilic I (2007) Medizinethische Aspekte im Umgang mit muslimischen Patienten. Deutsche Medizinische Wochenschrift 132, 1587–1590

Ilkilic I (2008) Kulturelle Aspekte bei ethischen Entscheidungen am Lebensende und interkulturelle Kompetenz. Bundesgesundheitsblatt Gesundheitsforschung Gesundheitsschutz 51/8, 857–864

Ilkilic I (2019) Ethische Aspekte der interkulturellen Kommunikation in Behandlungssituationen, Zeitschrift für Medizinische Ethik, 65(4): 425–435

Ilkilic I, Schmidtke S (2007) Medizinethische Aspekte der Kultur in der Neonatologie, Pädiatrische Praxis 70/4, 569–676

Rothschuh KE (1975) Was ist Krankheit? Wissenschaftliche Buchgesellschaft Darmstadt

Statistisches Bundesamt (2020) Destatis, URL: https://www.destatis.de/DE/Themen/Gesellschaft-Umwelt/Bevoelkerung/Migration-Integration/_inhalt.html (Zugang: 20.11.2020)

Stenger, G (2006) Philosophie der Interkulturalität: Erfahrung und Welten. Eine phänomenologische Studie, Verlag Karl Alber Freiburg i. Br.

Zuckerman M, Navizedeh N, Feldman J, McCalla S, Minkoff H (2002) Determinants of women's choice of obstetrician/gynecologist. Journal of women's health & gender-based medicine. 11/2, 175–180

# 11 Ethische Aspekte digitaler Gesundheitstechnologien

Stuart McLennan und Alena Buyx

Neue Systeme der Gesundheitsinformationstechnologie ermöglichen es zunehmend, große Mengen routinemäßig gesammelter, digitaler Gesundheitsdaten zu erfassen. Die Verfügbarkeit dieser digitalen „Big Data" verspricht – kombiniert mit Fortschritten bei der Prozessorleistung, hochentwickelten Algorithmen, natürlicher Sprachverarbeitung, Robotik und ‚künstlicher Intelligenz' (KI) – die Patientenversorgung zu transformieren und die Arzt-Patienten-Beziehung zu revitalisieren. Es besteht die Hoffnung, dass diese digitalen Gesundheitstechnologien Ärzte bei der Erstellung von Diagnosen und bei klinischen Entscheidungen unterstützen, sodass sie mehr Zeit für ihre Patienten haben. Patienten wiederum könnten sich aktiver und selbstbestimmter in ihre gesundheitliche Versorgung einbringen. Es wird auch erwartet, dass Gesundheits-Apps, Online-Videokonsultationen, Ansätze digitaler personalisierter Medizin usw. zur Verbesserung der Patientenversorgung, der klinischen Forschung und der Arzneimittelentwicklung führen werden. Zusätzlich kann sogenannte „verkörperte KI" eingesetzt werden, etwa Roboter zur Unterstützung in der Pflege, oder Algorithmen, die mit dem Patienten und seiner Umgebung vermittelt durch eine physisch verkörperte Präsenz, wie z.B. Roboter, Bildschirme oder intelligente Prothesen interagieren. Und schließlich wird das Potenzial vor allem niedrigschwelliger digitaler Gesundheitstechnologien diskutiert, die Qualität und Effektivität von Versorgung zu verbessern, Ausgaben zu kontrollieren, unterversorgte oder gefährdete Bevölkerungsgruppen zu erreichen, und überforderte Gesundheitsdienste zu entlasten.

## 11.1 Digitale Gesundheitstechnologien in Deutschland

Deutschland ist keine Ausnahme, wenn es um die digitale Transformation des Gesundheitssystems geht. So trat etwa im November 2019 das Gesetz für eine bessere Versorgung durch Digitalisierung und Innovation (Digitales Versorgungs-Gesetz =

DVG) in Kraft. Neben der Förderung des Einsatzes von Telemedizin (z.B. Videosprechstunden) und der Sicherstellung einer besseren Nutzbarkeit von Gesundheitsdaten für Forschungszwecke ermöglicht das Gesetz auch allen gesetzlich Krankenversicherten Zugriff auf bestimmte digitale Gesundheitsanwendungen. Besonders stark diskutiert werden sogenannte Gesundheitsapps – also Apps, die als digitale Schmerztagebücher oder Ratgeber bei der Suchtentwöhnung dienen, oder den Patienten helfen, ihre Medikamenteneinnahme zu organisieren. Das Gesetz soll unter anderem auch den „Wildwuchs" eindämmen, der bei Gesundheitsangeboten im Internet besteht. Weltweit soll es inzwischen bis zu einer Million gesundheitsbezogener Apps geben.

**Damit sie von Ärzten oder Psychotherapeuten verschrieben werden können, müssen digitale Gesundheitsanwendungen, wie etwa Apps, laut DVG:**

- risikoarm und auf Sicherheit und Qualität geprüft sein,
- positive Effekte auf die Versorgung haben und
- in ein neu eingerichtetes amtliches Register für digitale Gesundheitsanwendungen des Bundesinstituts für Arzneimittel und Medizinprodukte-BfArM aufgenommen werden (Gerke et al. 2020).

## 11.2 Ethische Fragen

Wenn digitale Gesundheitstechnologien Schäden für Patienten reduzieren, ihre Gesundheit verbessern, die Entscheidungsfreiheit stärken und einen gleichberechtigteren Austausch zwischen Patienten und Gesundheitsberufen fördern, erfüllen sie zentrale ethische Prinzipien der Gesundheitsversorgung. Neben den Chancen für die Patientenversorgung bieten digitale Gesundheitstechnologien (der normativen und empirischen Literatur zufolge) jedoch auch verschiedene ethische Herausforderungen. Diese drehen sich beispielswese um Fragen von Privatheit und Datenschutz, Transparenz und Erklärbarkeit sowie algorithmische Verzerrung („Bias").

Dabei sind die ethischen und rechtlichen Herausforderungen an Privatheit und Datenschutz inzwischen gut beschrieben. Weniger diskutiert hingegen sind die Herausforderungen, die sich aus der Nutzung verschiedener Algorithmen ergeben, auf die viele neue digitale Gesundheitstechnologien zugreifen. Es wurde etwa gezeigt, dass Datensätze, die zum sogenannten „Training" oder „Lernen" von Algorithmen verwendet werden, geprägt sein können von historischen, sozio-politischen und institutionellen Vorurteilen. Bestehende gesundheitliche Ungleichheiten können so durch Algorithmen verstetigt oder sogar verstärkt werden. Es sind bereits Fälle bekannt geworden, in denen Algorithmen im Gesundheitswesen solche Verzerrungen aufwiesen und zu rassistisch diskriminierenden Entscheidungen oder unfairen Ergebnissen führten (Obermeyer et al. 2019). Ebenso können geschlechtsspezifische Verzerrungen in medizinischen Datensätzen zu verzerrten Ergebnissen führen, wenn sie nicht korrigiert werden. Solche Fragen einer „algorithmischen Voreingenommenheit" können auch deshalb schwierig zu lösen sein, weil viele Algorithmen so genannte „Black Boxes" sind, die zu einem Ergebnis führen, ohne dass für den Nutzer – etwa einem Arzt oder einer Ärztin – erkennbar würde, wie es zu dieser Bewertung gekommen ist. Dieser Mangel an Transparenz der inneren Logik von Algorithmen wird als eine der schwierigsten ethischen und rechtlichen Fragen bei der Verwendung von Algorithmen-gestützten Gesundheitstechnologien identifiziert. Eine Unmöglichkeit, die Logik der von Algorithmen vorgenommenen Bewertungen zu verstehen, wäre im Gesundheitswesen besonders erheblich, weil dies ihre Vertrauenswürdigkeit für Kliniker und Patienten gleichermaßen verringern und die Selbstbestimmung sowohl von Patienten als auch den Gesundheitsberufen untergraben würde. Zunehmend wird deshalb gefordert, dass Algorithmen immer „erklärbar" bzw. auch durch ihre Nutzer verstehbar bleiben müssen, um die resultierenden Entscheidungen nachvollziehbar und ggf. korrigierbar zu machen.

Im Gesundheitsbereich, wo Anwendungen auf Patienten in verschiedenen Zuständen der Vulnerabilität treffen, mit vermindertem Wohlbefinden und reduzierter Leistungsfähigkeit, haben digitale Gesundheitstechnologien eine „enorme Fähigkeit, die Präferenzen, die Sicherheit und die Privatheit der Patienten zu bedrohen" (Rigby 2019). Auch wenn im Einzelnen nicht immer klar ist, ob die ethischen Herausforderungen aus Schnittstellen-Schwierigkeiten resultieren oder in der Anwendung selbst begründet sind, so ist doch eines offenkundig: Trotz des enormen Potentials für Fortschritte in der Patientenversorgung besteht derzeit noch eine erhebliche Kluft zwischen der Entwicklung digitaler Anwendungen und ihrer erfolgreichen, ethisch verantwortlichen Implementierung in den klinischen Alltag.

### 11.2.1 Ethik in der Entwicklung digitaler Gesundheitstechnologien

Ethische Bedenken insbesondere im Zusammenhang mit KI-gestützten Technologien haben kürzlich zu intensiven Überlegungen in der Fachwelt geführt, wie neue digitale Anwendungen auf ethische Weise entwickelt und implementiert werden können. Eine kürzlich durchgeführte Übersichtsarbeit etwa hat 84 Dokumente identifiziert, die ethische Prinzipien oder Richtlinien für die KI enthalten und von einer Vielzahl öffentlicher und privater Organisationen herausgegeben wurden (Jobin et al. 2019). In diesen Dokumenten deutet sich eine Konvergenz auf eine Reihe von Prinzipien an, die etablierten ethischen Grundsätzen der Medizinethik entsprechen (z.B. Achtung der Selbstbestimmung, Wohltun, Nicht-Schaden, Gerechtigkeit, Verantwortung, Transparenz). Es bleibt jedoch unklar, inwieweit diese übergreifenden Prinzipien ausreichend heruntergebrochen werden können, um konkrete Entwicklungs- und Handlungsempfehlungen zu geben, wie dies für den Bereich der klinischen Medizinethik in den letzten Jahrzehnten erfolgt ist. Zudem wird argumentiert, dass die Formulierung von Prinzipien für neue digitale Technologien allein unwirksam sein wird, oder, schlimmer noch, dass die Konzentration der Tech-Industrie auf die freiwillige Einhaltung ethischer Grundsätze nichts anderes als einen strategischen Versuch darstellt, rechtlich durchsetzbare Regelungen zu vermeiden.

Da es bisher in verschiedenen Entwicklungsbereichen digitaler Technologien noch unklar ist, ob und ggf. welche ethischen (und rechtlichen) Vorgaben anwendbar sind, bleibt es vorerst denjenigen, die digitale Gesundheitstechnologien entwickeln, weitgehend überlassen, ethische Grundsätze nach eigenem Ermessen zu beachten und in der Produktentwicklung umzusetzen. Obwohl Technologieunternehmen oft bereit sind, die ethischen Herausforderungen im Zusammenhang mit digitalen Technologien zu berücksichtigen, besteht noch hoher Ausbildungs- und Weiterbildungsbedarf. Ethische Prinzipien auf die konkrete Technologieentwicklung zu übertragen, erfordert Grundkenntnisse der ethischen Theorie ebenso wie der ethischen Anwendungspraxis, die vielfach noch nicht zur regulären Ausbildung gehören. Dies ist besonders relevant mit Blick auf Gesundheitstechnologien, bei denen es zusätzlich wichtig ist, Bedürfnisse, Erwartungen und ethische Herausforderungen des klinischen Alltags zu kennen und zu verstehen. Technologie-Entwickler kommen aus unterschiedlichen Disziplinen und haben oft berufliche Hintergründe, in denen keine Ethik-Ausbildung erfolgt – anders als inzwischen im Gesundheitswesen. Gleichzeitig arbeiten derzeit nur wenige ausgebildete Ethiker in Technologieunternehmen, und es gibt keine etablierte Kultur des praktischen Austauschs zwischen diesen Bereichen. Teilweise als Reaktion auf diese Divergenz der Bereiche hat es Bemühungen gegeben, ethische Kompetenzen derer zu verbessern, die auf der technischen Seite von Entwicklungsprozessen tätig sind. Darüber haben führende Universitäten und Forschungseinrichtungen Ethik in ihre technischen Lehrpläne aufgenommen, mit dem ausdrücklichen Ziel, das ethische Bewusstsein und die Fähigkeit zum kritischen Denken bei Entwicklern, Programmierern und Ingenieuren zu fördern. Auch wenn dies wichtige Schritte nach vorn sind, so erfordert die Beherrschung der Spezifizierung und Anwendung ethischer Prinzipien auf ein breites Spektrum von ethischen Fragen in der realen Welt und insbesondere der klinischen Praxis und Forschung eine intensive Ausbildung sowie ein breites Instrumentarium methodischer Ansätze. Zumindest kurzfristig ist es unrealistisch zu erwarten, dass durch veränderte Ausbildung Technologie-Entwickler in die Lage versetzt werden, die ethischen Fragen, die sich aus den von ihnen entwickelten digitalen (Gesundheits-)Technologien ergeben, angemessen zu berücksichtigen.

Damit digitale Gesundheitstechnologien die verschiedenen Erwartungen und Ziele erfüllen können, etwa die Versorgung von Patienten zu verbessern, Mitarbeitende im Gesundheitswesen zu unterstützen und unterversorgte Bevölkerungsgruppen zu erreichen, sollten ihre ethischen und sozialen Aspekte systematisch antizipiert und bearbeitet werden, bevor neue Produkte in den klinischen Einsatz kommen (McLennan et al. 2020).

**Ein Ansatz, der zumindest kurzfristig helfen könnte, ethische Herausforderungen von Gesundheitstechnologien zu antizipieren und frühzeitig Lösungsvorschläge zu formulieren, wurde kürzlich in *An embedded ethics approach for AI development* vorgestellt (McLennan et al. 2020):**

- Demnach wird Ethik in den gesamten Entwicklungsprozess einer Technologie in einer kooperativen und interdisziplinären Weise integriert.
- Das übergeordnete Ziel dabei wäre es, gleich von Beginn an zur Entwicklung von Technologien beizutragen, die ethisch und sozial verantwortlich sind.
- Um dieses Ziel zu erreichen, werden diesem Ansatz zufolge ethische Überlegungen von Anfang an in den Entwicklungsprozess integriert, sodass ethische Fragen, die im Verlauf der Entwicklung einer Technologie auftauchen, antizipiert, identifiziert und angemessen berücksichtigt werden können, von der Planungs-, Entwurfs-, Programmierungs-, Pilot-, Test- und Implementierungsphase bis hin zur Anwendung durch die jeweiligen Nutzer.

### 11.2.2 Ethik in der Anwendung digitaler Gesundheitstechnologien

Derzeit werden viele digitale Gesundheitstechnologien entwickelt, ohne dass ethische Überlegungen dabei explizit eine Rolle spielen. Welche sozialen und ethischen Folgen digitale Gesundheitstechnologien haben, fällt daher oft erst nach Markteinführung auf. Darüber hinaus können nicht alle ethischen Herausforderungen in Bezug auf digitale Gesundheitstechnologie in der Entwicklungsphase vorhergesehen und bewältigt werden.

Die neue Trias *Patient – Algorithmus/Roboter – Fachpersonal* bietet verschiedene ethische und praktische Herausforderungen. Die neuen Formen der „Zusammenarbeit", etwa in der Pflege mit Pflegerobotern oder in der ärztlichen Praxis mit digitalen Entscheidungsassistenten, sind noch nicht reibungsfrei in der klinischen Praxis angekommen. Offen ist etwa, ob und ggf. welche Aufgaben tatsächlich an Technologien abgegeben werden können und sollten, und wer dann für das Ergebnis – auch im rechtlichen Sinne – verantwortlich ist. Hinzu kommt, dass noch vielfach Konzepte umfassender Ausbildung zu den neuen digitalen Gesundheitstechnologien fehlen. Weder in der Pflegeausbildung noch im Medizinstudium oder anderen Ausbildungswegen im Gesundheitswesen ist die digitale Transformation bereits vollumfänglich angekommen. Auch in der medizinischen Forschung, in der viele neue digitale Technologien am raschesten integriert wurden, sind Potentiale und Probleme der digitalen Medizin in den Curricula eher randständig. Obwohl die Kompetenzen für die klinische Nutzung digitaler Gesundheitstechnologie denen für jede andere neuartige Technologie in der Medizin ähneln, gibt es wichtige Unterschiede hinsichtlich Erklärbarkeit, Gesundheitsgerechtigkeit und Datensicherheit.

Die ethische Bewertung digitaler Gesundheitstechnologien orientiert sich oft an den vier klassischen medizinethischen Prinzipien:

1. Respekt vor Patientenselbstbestimmung
2. Nicht-Schaden
3. Fürsorge
4. Gerechtigkeit

Diese müssen jedoch für den Anwendungsbereich weiter konkretisiert und gegebenenfalls erweitert werden, um die teils neuartigen ethischen Herausforderungen digitaler Gesundheitstechnologien angemessen erfassen zu können.

## Fazit

Mitarbeitende des Gesundheitswesens müssen die digitale Gesundheitstechnologie auf dieselbe Weise verstehen können, wie jede andere Technologie, die Einfluss auf die klinische Praxis hat. Sie müssen zwar nicht kontinuierlich und in allen technischen Details im Alltag durchdringen, wie die digitale Gesundheitstechnologie funktioniert, aber einiges muss prinzipiell möglich sein (s. Praxistipps nach McCoy et al. 2020).

Neben den Praxis-orientierten Herausforderungen gibt es Bedenken hinsichtlich der Auswirkungen einiger digitaler Gesundheitstechnologien auf die gesundheitliche Chancengleichheit. Datensätze etwa repräsentieren oft nicht genügend Angehörige von Minderheiten und bieten die Möglichkeit, dass Algorithmen bestehende Vorurteile verstärken. Es gibt umgekehrt jedoch auch das Potenzial, dass mit den

Technologien bestehende Ungerechtigkeiten und Verzerrungen ausgeglichen bzw. verbessert werden können. Mitarbeitende und Institutionen des Gesundheitswesens sollten sich beider Möglichkeiten bewusst sein und in der Lage sein, sich für die Entwicklung und den Einsatz von ethischen und gerechten Systemen einzusetzen (McCoy et al. 2020).

Wenn neue digitale Gesundheitstechnologien in einem Handlungsfeld eingeführt werden, sollten die Mitarbeitenden im Gesundheitswesen eine entsprechende Fortbildung dazu erhalten. Es sollten spezifische Module entwickelt werden, um sicherzustellen, dass die Mitarbeitenden im Gesundheitswesen das Potenzial der digitalen Gesundheitstechnologie voll ausschöpfen und angemessen mit den ethischen Herausforderungen umgehen können.

Neue digitale Gesundheitstechnologien, wie sie gegenwärtig mit hoher Geschwindigkeit entwickelt werden, haben großes Potential, die medizinische Versorgung zu verbessern und die Beziehungen zwischen Patienten und Mitarbeitenden im Gesundheitswesen zu transformieren. Bisher aber ist die Integration in die klinische Praxis noch von verschiedenen, insbesondere auch ethisch relevanten Herausforderungen gekennzeichnet. Um zukünftig die Chancen zu nutzen und ethische Probleme möglichst direkt zu erkennen und zu vermeiden, braucht es neue Wege in der Technologie-Entwicklung und -Translation. Dabei kann von der klinischen Ethikberatung gelernt werden, aber auch andere, etwa stärker partizipative Formate werden diskutiert. In jedem Fall ist es notwendig, dass insbesondere jene, deren Leben und Arbeiten von der Einführung neuer digitaler Gesundheitstechnologien berührt werden wird, sich bereits jetzt Gedanken machen, wie zukünftig eine auch im ethischen und sozialen Sinne verantwortliche Nutzung Realität werden kann.

*Praxistipps*

***Das müssen Mitarbeitende des Gesundheitswesens können (McCoy et al. 2020):***

- ***Anwenden*** *– Bestimmung, ob eine digitale Gesundheitstechnologie für einen bestimmten klinischen Kontext geeignet ist und welche Eingaben erforderlich sind, um aussagekräftige Ergebnisse zu erhalten. Dabei sollte überprüft werden, ob das System für die vorliegende Aufgabe in der Patientenversorgung evaluiert wurde.*
- ***Interpretieren*** *– Verstehen und Interpretieren der Ergebnisse mit ausreichender Genauigkeit, einschließlich des Bewusstseins für Fehlerquellen, Verzerrungen oder klinische Nichtanwendbarkeit. Bei digitalen Gesundheitstechnologien, die KI verwenden, müssen sich die Nutzer darüber bewusst sein, dass KI sehr kontextspezifisch sein kann, dass die Leistung in einem Kontext nicht immer auf einen anderen übertragbar ist und dass es Faktoren geben kann, die die Leistung von Algorithmen für bestimmte Patientengruppen verringern.*
- ***Bewerten*** *– Sicherstellen, dass bei einer Anwendung der Ergebnisse zentrale ethische Anforderungen etwa an die Arzt-Patienten-Interaktion angemessen berücksichtigt werden, insbesondere hinsichtlich der Nutzen-Schadens-Abwägung und die Berücksichtigung individueller Patienten-Präferenzen im Rahmen der gemeinsamen Entscheidungsfindung.*
- ***Erklären*** *– Die Ergebnisse und die zugrundeliegenden Prozesse sollten so kommuniziert werden, dass andere (z.B. medizinische Fachkräfte und Patienten) sie verstehen können. Obwohl es einigen digitalen Gesundheits-*

*technologien, die KI nutzen, an technischer „Erklärbarkeit“ mangeln kann, müssen die Anforderungen an informierte Einwilligung und Zusammenarbeit erfüllt werden können. Mitarbeitende des Gesundheitswesens sollten in der Lage sein, ihr Verständnis für die Herkunft, die Art und die Rechtfertigung der Ergebnisse eines Algorithmus' an Patienten und Familien zu kommunizieren. Institutionen sollten regelmäßig Algorithmen einsetzen, die so erklärbar wie möglich sind.*

## Literatur

Fiske A, Henningsen P, Buyx A (2019) Your robot therapist will see you now: Ethical implications of embodied artificial intelligence in psychiatry, psychology, and psychotherapy. Journal of Medical Internet Research DOI: 10.2196/13216

Gerke S, Stern A.D, Minssen T (2020) Germany's digital health reforms in the COVID-19 era: lessons and opportunities for other countries. npj Digit. Med. 3, 94 DOI https://doi.org/10.1038/s41746-020-0306-7

Jobin A, Ienca M, Vayena E (2019) The global landscape of AI ethics guidelines. Nat. Mach. Intell. 1, 389–399 DOI https://doi.org/10.1038/s42256-019-0088-2

McCoy L.G, Nagaraj S, Morgado F, Harish V, Das S, Celi L.A (2020) What do medical students actually need to know about artificial intelligence? npj Digit Med. 3, 86. DOI: 10.1038/s41746-020-0294-7

McLennan S, Fiske A, Celi L.A, Müller R, Harder J, Ritt K, Haddadin S, Buyx A (2020) An embedded ethics approach for AI development. Nature Machine Intelligence. DOI: 10.1038/s42256-020-0214-1

Obermeyer Z, Powers B, Vogeli C, Mullainathan S (2019) Dissecting racial bias in an algorithm used to manage the health of populations. Science 366, 447–453. DOI: 10.1126/science.aax2342

Rigby M (2019) Ethical Dimensions of Using Artificial Intelligence in Health Care. AMA J Ethics 21, E121–124 doi: 10.1001/amajethics.2019.121

# 12 Behandlung von Patienten in klinischen Studien

Urban Wiesing und Georg Marckmann

Die Erkenntnisfortschritte in der Medizin beruhen wesentlich darauf, dass diagnostische und therapeutische Verfahren systematisch in klinischen Studien an Patienten getestet werden. Neben die Zielsetzung, den einzelnen Patienten bestmöglich zu behandeln, tritt dabei die Zielsetzung, möglichst verlässliche Erkenntnisse über die medizinischen Maßnahmen zu gewinnen. Die klassischen medizinethischen Prinzipien lassen sich nicht ohne weitere Überlegungen und Ergänzungen auf diese Situation der Forschung am Menschen übertragen. Denn dort begegnet ein Arzt oder ein Forscher einem anderen Menschen, meist einem Patienten, mit einer ganz anderen Intention als im therapeutischen Verhältnis. Der vorliegende Beitrag erörtert die resultierende ethische Grundspannung und gibt Hinweise, wie mit den ethischen Fragen der Behandlung von Patienten in klinischen Studien angemessen umgegangen werden kann. Um den ethischen Grundkonflikt der Forschung am Menschen zu verstehen, soll im folgenden Abschnitt zunächst der Unterschied zwischen einer ärztlichen Handlung und einem klinischen Versuch bzw. Humanexperiment herausgearbeitet werden.

## 12.1 Das ethische Dilemma der Forschung am Menschen

Auch eine ärztliche Handlung ist streng genommen stets ein Versuch, da der Arzt für den erhofften Erfolg nicht garantieren kann. Aber der angestrebte Erfolg dient einzig dem Wohl des Patienten im Sinne der ethischen Prinzipien „nutzen“ und „nicht schaden“. Anders bei einer klinischen Studie oder einem Experiment: Das Ziel dieser Unternehmungen ist der Gewinn von Erkenntnis, entweder ausschließlich (Experiment) oder in Verbindung mit einer Therapie (klinische Studie). Beide sind in mehrfacher Hinsicht mit Unsicherheit behaftet. Ob eine klinische Studie dem Teilnehmer nutzt, ist ungewiss. Ob eine klinische Studie oder ein Experiment die gewünschten

Erkenntnisse liefert, kann niemand vorab garantieren, und ob diese Erkenntnisse zukünftigen Patienten nutzen werden, ist ebenfalls ungewiss.

Die ethische Legitimation einer klinischen Studie und eines wissenschaftlichen Experiments unterscheidet sich deutlich von der einer Therapie. Letztere legitimiert sich durch den angestrebten Nutzen für den Patienten – das Einverständnis sei vorausgesetzt. Bei einer klinischen Studie profitieren zusätzlich und bei einem Experiment ausschließlich der Forscher, die wissenschaftliche Gemeinschaft und – sofern verbesserte Therapien daraus entstehen – zukünftige Patienten und die Gesellschaft. Das ethische Prinzip des Nutzens hat also mehrere Facetten, die in einem Spannungs- und damit in einem Gerechtigkeitsverhältnis zueinander stehen.

Aufgrund der unterschiedlichen Intentionen ist klinische Forschung anders aufgebaut als eine Heilbehandlung. Dies lässt sich deutlich an der elaboriertesten Form klinischer Forschung demonstrieren, an der randomisierten Doppelblindstudie, die als „Goldstandard" der klinischen Forschung gilt. Bei einer randomisierten Doppelblindstudie werden mindestens zwei Patientengruppen miteinander verglichen, die sich bis auf die Behandlung nicht unterscheiden. Die Zuordnung zur Gruppe der behandelten Patienten und zur Kontrollgruppe, die eine andere oder eine Placebobehandlung bekommt, erfolgt zufällig (randomisiert). Diese Zuordnung kennen weder der Patient noch der Arzt (doppeltblinder Versuch), um die Ergebnisse nicht durch Suggestionen zu verzerren. Die Methodik einer solchen Studie nimmt die nicht-optimale Behandlung von Patienten in Kauf, weil nur so signifikante Unterschiede zwischen Behandlungsformen herausgefunden werden können. Die Therapie in einer Doppelblindstudie ist nicht nach dem ethischen Prinzip gestaltet, den größten Nutzen für den einzelnen Patienten zu erlangen (wie es durch das Prinzip des Wohltuns geboten wäre), sondern zielt auf statistisch aussagekräftige, von Störfaktoren möglichst wenig beeinflusste Ergebnisse, die möglicherweise zukünftigen Patienten zugutekommen. Dabei lässt sich nicht ausschließen, dass eine Patientengruppe schlechter behandelt oder einem größeren Risiko ausgesetzt wird, wobei man zu Beginn der klinischen Studie gerade nicht weiß, welche das sein wird – sonst bräuchte man die Studie nicht. Nach weithin geteilter Auffassung ist die Durchführung einer randomisierten Studie nur dann ethisch legitim, wenn vor Studienbeginn unsicher ist, welche der untersuchten Behandlungsstrategien überlegen ist. Damit ist das Schadensrisiko einer solchen Studie aber nicht zu eliminieren. Dieses Risiko einzugehen widerspricht jedoch dem medizinethischen Prinzip, dem Patienten nicht zu schaden.

Zudem verlangt ein Experiment vom Forscher ein anderes Verhalten als das eines Arztes. Der Forscher muss das Individuelle eliminieren, da er allgemeine Erkenntnisse über eine Gruppe anstrebt. Der Arzt sollte jedoch gerade auf das Individuelle reagieren und im Einzelfall Hilfe leisten, um den Nutzen für den Patienten zu optimieren. Auch die Rolle des Patienten ändert sich: Während er in einer Heilbehandlung Mittelpunkt aller Überlegungen ist, wird er im Experiment zum anonymen Mitglied eines Kollektivs.

Würde man gänzlich auf medizinische Forschung verzichten, weil sie gegen das ethische Prinzip des Nichtschadens verstößt, hätte dies wiederum Auswirkungen auf die ärztliche Handlung. Denn ein Arzt ist bei Diagnostik und Therapie auf gesicherte Erkenntnisse angewiesen, will er begründet und verlässlich effektiv handeln. Einen Ersatz für klinische Forschung gibt es in der Regel nicht: Die Ergebnisse aus Laborversuchen oder aus Tierversuchen sind nur bedingt auf den Menschen zu übertragen. Sichere Erkenntnisse zur Zuverlässigkeit und Verträglichkeit beim Menschen lassen sich nur durch klinische Studien gewinnen. Ein vollständiger Verzicht auf medizinische Forschung würde das Begründungsniveau ärztlicher Handlungen erheblich senken, da sich die methodisch unreflektierte Erfahrung aus vorherigen Therapien als äußerst ungewiss erwiesen hat. Das ethische Prinzip des Nichtschadens in der Behandlung des einzelnen Falls ließe sich deutlich schlechter realisieren ohne klinische Forschung, die ihrerseits aber ethisch bedenklich ist, weil sie gegen das Prinzip des Nichtschadens verstößt. Richard Toellner hat den daraus resultierenden, unvermeidlichen Konflikt für die moderne Medizin wie folgt zusammengefasst:

> *„Die ethische Aporie heißt dann, auf einen kurzen Nenner gebracht: es ist unethisch, eine Therapie anzuwenden, deren Sicherheit und Wirksamkeit nicht wissenschaftlich geprüft ist; es ist aber auch unethisch, die Wirksamkeit wissenschaftlich zu prüfen. [...] Dieser Konflikt der Pflichten ist unaufhebbar. [...] Die Norm ärztlichen Handelns und die Norm wissenschaftlichen Handelns schließen sich entweder aus oder schränken sich gegenseitig ein."* (Toellner 1990, S. 8)

Dieser Konflikt zeigt sich beim forschenden Arzt – zumeist in den Universitätskliniken – als ein intrapersonaler Konflikt. Er ist im Grunde nicht zu lösen, sondern nur zu regeln. Er lässt sich unter bestimmten Bedingungen auf ein Niveau senken, das als akzeptabel angesehen wird. Und in der Tat herrscht in unserer Gesellschaft ein breiter Konsens, dass Humanexperimente und klinische Studien grundsätzlich notwendig und legitim sind, aber nur, sofern sie unter ganz bestimmten Bedingungen durchgeführt werden. Sie sind vielfach festgehalten worden. Versucht man, sie zusammenzufassen, so kristallisieren sich sieben Bedingungen heraus (Emanuel et al. 2000):

1. Ein Forschungsvorhaben am Menschen muss sozialen oder wissenschaftlichen Wert besitzen.
2. Es muss wissenschaftlich valide sein.
3. Die Teilnehmer müssen fair ausgewählt werden.
4. Das Nutzen-Risiko-Verhältnis muss günstig sein.
5. Das Forschungsvorhaben muss vorab von einer unabhängigen Kommission beurteilt werden.
6. Die Teilnehmer müssen ihr informiertes Einverständnis (informed consent) geben.
7. Den möglichen und tatsächlichen Teilnehmern ist mit Respekt zu begegnen.

Diese Bedingungen haben sich als breiter internationaler Konsens etabliert. Sie lassen sich sinngemäß in zahlreichen nationalen und internationalen Richtlinien und Deklarationen wiederfinden. Die internationale Ärzteschaft hat 1964 auf den Konflikt zwischen der ärztlichen Verantwortung gegenüber dem Patienten und den Risiken der Forschung am Menschen mit der seither mehrfach revidierten *Deklaration von Helsinki* reagiert, zuletzt 2013 (Weltärztebund 2013).

***Ethische Bedingungen für klinische Forschung (Emanuel et al. 2000)***

1. *Sozialer oder wissenschaftlicher Wert*
2. *Wissenschaftliche Validität*
3. *Faire Auswahl der Studienteilnehmer*

4. *Günstiges Nutzen-Risiko-Verhältnis*
5. *Unabhängige Prüfung*
6. *Informiertes Einverständnis (informed consent)*
7. *Respekt vor den Studienteilnehmern*

## 12.2 Ethische Bedingungen für die klinische Forschung

Zwar gibt es einen breiten Konsens, dass diese Bedingungen erfüllt sein müssen, bei der konkreten Anwendung ist jedoch einige Detailarbeit zu leisten mit unterschiedlichen, zum Teil auch kontroversen Interpretationen der ethischen Vorgaben. Im Folgenden erläutern wir, welche Überlegungen bei der Anwendung der ethischen Bedingungen in der Praxis relevant sind (vgl. hierzu ausführlicher Emanuel et al. 2000).

**Sozialer oder wissenschaftlicher Wert**: Da Forschung am Menschen aufgrund der oben beschriebenen Aporie in ethischer Hinsicht niemals unbedenklich ist, muss sie zunächst einmal etwas anstreben, das einen Wert besitzt. Dies können besserte diagnostische oder therapeutische Maßnahmen sein mit positiven Auswirkungen auf die Gesundheit oder das Wohlergehen der Patienten, aber auch erweitertes Grundlagenwissen. Diese Forderung ist überdies gerechtigkeitsethisch geboten, weil Forschungsressourcen immer begrenzt sind: Sie sollten für Studien mit einem hohen wissenschaftlichen Wert eingesetzt werden.

**Wissenschaftliche Validität**: Hinter dieser Bedingung steht der Gedanke, dass eine Forschung, von der aufgrund methodischer Unzulänglichkeiten im Vorhinein keine verlässlichen Erkenntnisse zu erwarten sind, die Teilnehmer einem unnötigen Risiko aussetzt. Wissenschaftlich schlecht gemachte Forschung ist unmoralisch, weil sie nicht Nützliches erwarten lässt, obwohl sie die Teilnehmer Risiken aussetzt und damit gegen das Prinzip des Nichtschadens verstößt. Beim Vergleich zweier Therapien sollte die Voraussetzung der „medizinischen Unsicherheit" erfüllt sein: Vor Studienbeginn ist in der wissenschaftlichen Gemeinschaft unsicher oder umstritten, welche der zu untersuchenden Behandlungsstrategien besser oder schlechter ist. Die therapeutischen Alternativen sollten nach klinischem Ermessen gleichwertig sein, d.h. sich in einer klinischen Equipoise befinden (Freedman 1987).

**Günstiges Nutzen-Risiko-Verhältnis**: Hier sind verschiedene Bedingungen zu erfüllen. Zunächst sollte man die Risiken einer Studienteilnahme für die Versuchspersonen minimieren, insbesondere wenn dies ohne Verlust an wissenschaftlicher Erkenntnis möglich ist. Dies setzt voraus, dass die Risiken in einer systematischen Art und Weise erfasst und bewertet werden (Rid et al. 2010). Zusätzliche studienbedingte Untersuchungen sollten nur dann durchgeführt werden, wenn sie für den Erkenntnisgewinn methodisch erforderlich sind. Gleichzeitig sollte die Studie so gestaltet werden, dass der Nutzen für die Teilnehmer maximiert wird. Im Ergebnis sollten dann der erwartete Nutzen und die potenziellen Risiken für den jeweiligen Teilnehmer in einem akzeptablen Verhältnis zueinander stehen. Dies bedeutet: Je größer die Risiken sind, desto größer sollte der Nutzen für die Teilnehmer sein. Gleiches gilt für das Verhältnis von Nutzen, der für die Allgemeinheit aus dem Forschungsprojekt entstehen kann, und den Risiken für die Studienteilnehmer. Allgemein kann man dann von einem insgesamt günstigen Nutzen-Risiko-Verhältnis einer Studie ausgehen, wenn Nutzen und Risiken für die einzelnen Studienteilnehmer in einem akzeptablen Verhältnis zueinander stehen und die Studie durch den Erkenntnisfortschritt einen Nutzen für zukünftige Patienten erwarten lässt. Welches Schadensrisiko den Teilnehmern an der Forschung bei welchem erwarteten Nutzen für zukünftige Patienten ethisch akzeptabel ist, lässt sich weder über das ethische Prinzip des Nutzens noch über das des Nichtschadens beantworten. Hier geht vielmehr um Fragen der Gerechtigkeit, genauer: um Fragen der Gerechtigkeit zwischen zeitlich aufeinanderfolgenden Patientenpopulationen. Welchen Risiken darf man Patienten – ihr Einverständnis vorausgesetzt – aussetzen in der Hoffnung, zukünftige Patienten werden davon profitieren?

**Unabhängige Prüfung:** Mit der Forderung, eine Studie bzw. ein Forschungsprojekt vorab von einer unabhängigen Institution bewerten zu lassen, in aller Regel einer Ethikkommission, ist keine zusätzliche inhaltliche, sondern eine prozedurale Forderung aufgestellt. Die Ethikkommissionen sind bei ihrem Urteil an die Vorgaben gebunden, die durch Gesetze und andere Normen gegeben sind. Diese unabhängige Prüfung soll sicherstellen, dass mit dem unvermeidlichen ethischen Grundkonflikt der Forschung am Menschen in einer akzeptablen Art und Weise umgegangen wird. Sie hat insofern eine besondere Bedeutung, als die Studienleiter in der Regel verschiedene legitime Interessen verfolgen: qualitativ hochwertige Forschung durchzuführen, die Studien schnell zu einem Abschluss zu bringen, Teilnehmer der Studie zu schützen, Forschungsgelder einzuwerben und die eigene wissenschaftliche Karriere voranzubringen. Diese unterschiedlichen Interessen können zu Konflikten führen, die das Design, die Durchführung und die Auswertung der Studie beeinträchtigen können. Die unabhängige Prüfung kann die Auswirkungen solcher Interessenkonflikte reduzieren (vgl. hierzu auch Kap. II.16).

**Informiertes Einverständnis:** Die bekannten Elemente eines informed consent, die sich aus dem medizinethischen Prinzip des Respekts vor der Selbstbestimmung des Patienten ergeben (vgl. hierzu Kap. I.8), müssen auch bei der Zustimmung zur Teilnahme an einem Forschungsvorhaben erfüllt sein, ergänzt allerdings um zusätzliche Elemente, weil eine andere Situation als die der Therapie vorliegt. Die Teilnehmer müssen, so die revidierte Deklaration von Helsinki des Weltärztebundes von 2013, „angemessen über die Ziele, Methoden, Geldquellen, eventuelle Interessenkonflikte, institutionelle Verbindungen des Forschers, den erwarteten Nutzen und die potenziellen Risiken der Studie, möglicherweise damit verbundenen Unannehmlichkeiten, vorgesehene Maßnahmen nach Abschluss einer Studie sowie alle anderen relevanten Aspekte der Studie informiert (aufgeklärt) werden. Die potenzielle Versuchsperson muss über das Recht informiert (aufgeklärt) werden, die Teilnahme an der Studie zu verweigern oder eine einmal gegebene Einwilligung jederzeit zu widerrufen, ohne dass ihr irgendwelche Nachteile entstehen." (Weltärztebund 2013) Auch beim informierten Einverständnis liegen die Herausforderungen in der konkreten praktischen Umsetzung. Auch eine umfassende Aufklärung garantiert nicht, dass die Patienten die Informationen vollständig erfasst und auch verstanden haben. Insbesondere Patienten mit lebensbedrohlichen Erkrankungen (z.B. onkologische Erkrankungen, vgl. hierzu ausführlicher Marckmann u. Wiesing 2014) neigen dazu, die übermittelten Informationen zu filtern und nur selektiv wahrzunehmen. Zudem sind viele Aufklärungsbögen kompliziert geschrieben und voller medizinischer Details, was die Patienten manchmal mehr verwirrt als ihr Verständnis für die Studienteilnahme zu fördern. Trotz einer umfassenden Aufklärung verstehen Patienten oft nicht, dass der persönliche Nutzen durch die Studienteilnahme unsicher ist und dass die Studien vor allem durchgeführt werden, um zukünftigen Patienten zu nutzen. Zu diesem „therapeutischen Missverständnis" tragen vermutlich zwei weitere Faktoren bei: Zum einen ist es für die Patienten nicht immer leicht zu erkennen, ob es sich um eine „normale" Behandlung oder eine Behandlung im Rahmen einer Studie handelt, da sich diese vor allem in dem für Patienten nur schwer greifbaren Nutzen-Risiko-Verhältnis unterscheiden. Zum anderen kann die personale Identität von Arzt und Forscher die Unterscheidung zwischen Behandlung und Experiment erschweren. Damit die Einwilligung nicht auf unrealistischen Hoffnungen beruht, ist folglich eine besonders gewissenhafte Aufklärung der Versuchspersonen über den zu erwartenden individuellen Nutzen und die möglichen Risiken erforderlich. Insbesondere ist es wichtig, die Patienten über mögliche Alternativen zur Studienteilnahme und die damit verbundenen Chancen und Risiken zu informieren.

**Respekt gegenüber den Studienteilnehmern:** Verschiedene Verhaltensweisen sind erforderlich, um den Studienteilnehmern den erforderlichen Respekt entgegen zu bringen. Die Vertraulichkeit und Privatheit der Teilnehmer muss gewährleistet bleiben, den Teilnehmern muss es jederzeit erlaubt sein, ihre Meinung zur Studie zu ändern und sie zu verlassen, ohne dafür Nachteile in Kauf nehmen zu müssen. Sollten sich neue relevante Informationen für die teilnehmenden Patienten ergeben, dann müssen diese informiert werden; gleiches gilt für die Resultate der Forschung. Das Wohlergehen der Teilnehmer muss über den gesamten Verlauf der Studie hinweg genau kontrolliert werden.

## 12.3 Forschung an nicht-einwilligungsfähigen Personen

Da das informierte Einverständnis in aller Regel als notwendige Voraussetzung für die klinische Forschung gilt, stellt sich die Frage, wie bei Menschen zu verfahren ist, die kurz- oder langfristig nicht in der Lage sind, ihr informiertes Einverständnis zu geben, beispielsweise bei Kindern, Bewusstlosen oder Patienten, die an einer Demenz erkrankt sind. Reicht ein bestimmter möglicher Nutzen für zukünftige Patienten, um diese Menschen in eine Studie einzubeziehen, ohne dass sie selbst ihr informiertes Einverständnis geben konnten? Und welche Risiken sind dabei zulässig? Zu unterscheiden ist zwischen

1. Forschung, die mit einer Versorgung des Patienten einhergeht und bei der der Patient selbst profitieren könnte,
2. fremdnütziger Forschung, von der der Patient selbst nicht profitieren wird, möglicherweise aber seine Altersgruppe oder Patienten mit der gleichen Erkrankung (auch gruppennützige Forschung genannt), und
3. ausschließlich fremdnütziger Forschung.

Es ist weithin unumstritten, dass ausschließlich fremdnützige Forschung an nicht-einwilligungsfähigen Personen nicht zu vertreten ist. Diskutiert werden aber die Zulassungsbedingungen für die anderen Arten der Forschung, wobei sich jeweils mehrere Optionen ergeben: Entweder man verzichtet gänzlich auf die Erforschung, was allerdings angesichts der Erfolge durch klinische Forschung beispielsweise in der Kinderonkologie schwer zu vertreten ist. Oder man sucht nach einem Ersatz für das informierte Einverständnis des Patienten: Man könnte sich an seinem mutmaßlichen Willen orientieren, der sich allerdings nur selten in ausreichender Präzision bestimmen lässt. Vorsorgliche Verfügungen zur Teilnahme an klinischer Forschung treffen Patienten gegenwärtig nur ganz vereinzelt. Oder ein vorab vom Patienten bestimmter Bevollmächtigter oder Betreuer könnte stellvertretend für den Patienten entscheiden. Auch diese Option wird faktisch kaum genutzt und ist zudem nicht ohne Bedenken. Als weitere Möglichkeit in der Forschung an nicht-einwilligungsfähigen Personen wäre daran zu denken, auf die Zustimmung unter bestimmten Bedingungen ganz zu verzichten.

Alle Optionen sind aufgrund des unauflösbaren Grundkonflikts umstritten und nicht ohne gravierende Folgen, entweder für die Forschung (und damit für das Wohlergehen zukünftiger Patienten) oder für den Stellenwert des informierten Einverständnisses (Autonomie-Prinzip).

Die im Jahr 2013 in Fortaleza verabschiedete Fassung der Deklaration von Helsinki erlaubt fremdnützige Forschung an nicht Einwilligungsfähigen, sofern diese der entsprechenden Betroffenengruppe nützt und nicht an einwilligungsfähigen Personen durchgeführt werden kann, der gesetzliche Vertreter zugestimmt hat und „die Forschung nur minimale Risiken und minimale Belastungen" für den Patienten birgt (§ 28). Ist das Einverständnis des Vertreters nicht einzuholen, wie z.B. in der Unfallforschung, dann kann die Studie auch ohne informiertes Einverständnis durchgeführt werden, sofern „die besonderen Gründe für den Einschluss von Versuchspersonen, die aufgrund ihres Zustands nicht zu einer Informierten Einwilligung fähig sind, im Studienprotokoll festgehalten worden sind und die Studie von einer Forschungs-Ethikkommission zustimmend bewertet worden ist." (§ 30) Das Einverständnis muss sobald wie möglich von Teilnehmer oder Vertreter nachträglich eingeholt werden.

In Deutschland regelt das Arzneimittelgesetz (AMG) unter welchen Voraussetzungen Arzneimittelstudien an Minderjährigen und an nicht-einwilligungsfähigen volljährigen Personen durchgeführt werden darf. Bei Minderjährigen dürfen ausschließlich gruppennützige Arzneimittelprüfungen durchgeführt werden, sofern die Forschung unverzichtbar ist, sich auf den klinischen Zustand des betroffenen Minderjährigen bezieht und die Studienteilnahme nur mit einem minimalen Risiko und einer minimalen Belastung verbunden ist (vgl. § 41 Abs. 2 AMG). Arzneimittelstudien mit nicht-einwilligungsfähigen volljährigen Personen waren bislang durch das AMG nur dann erlaubt, wenn die Forschung ein Nutzenpotenzial für die betroffene Person bietet.

Mit dem Start des EU-Portals für klinische Studien der Europäischen Arzneimittelbehörde tritt eine im Jahr 2016 verabschiedete Änderung des Arzneimittelgesetzes in Kraft, nach der ausschließlich gruppennützige Arzneimittelprüfungen unter bestimmten Bedingungen zulässig sind (Zentrale Ethikkommission 2019). Zusätzlich zu den in der EU-Verordnung Nr. 536/2014 festgelegten Voraussetzungen wie ein erwarteter Nutzen für die durch den Patienten repräsentierte Bevölkerungsgruppe und minimale Risiken und Belastungen muss eine sog. Probandenverfügung vorliegen: „Bei einer volljährigen Person, die nicht in der Lage ist, Wesen, Bedeutung und Tragweite der klinischen Prüfung zu erkennen und ihren Willen hiernach auszurichten, darf eine klinische Prüfung im Sinne des Artikels 31 Absatz 1 Buchstabe g Ziffer ii der Verordnung (EU) Nr. 536/2014, die ausschließlich einen Nutzen für die repräsentierte Bevölkerungsgruppe, zu der die betroffene Person gehört, zur Folge haben wird (gruppennützige klinische Prüfung), nur durchgeführt werden, soweit die betroffene Person als einwilligungsunfähige volljährige Person für den Fall ihrer Einwilligungsunfähigkeit schriftlich nach ärztlicher Aufklärung festgelegt hat, dass sie in bestimmte, zum Zeitpunkt noch nicht unmittelbar bevorstehende gruppennützige klinische Prüfung einwilligt." (§ 40b Abs. 4 S. 3, AMG neue Fassung) Die kontrovers diskutierte neue Regelung (vgl. z.B. Jox et al. 2017) gilt aber nur für Arzneimittelprüfungen, für nicht-medikamentöse Forschung an nicht-einwilligungsfähigen Personen bleiben weiterhin die ethischen Vorgaben der Deklaration von Helsinki maßgeblich.

***Praxistipps***

- *Die Patienteninformation muss die für die potenziellen Studienteilnehmer relevanten Informationen zur Studie in einer verständlichen Sprache enthalten.*
- *Die Aufklärung der Studienteilnehmer ist nicht mit dem Aushändigen der Patienteninformation abgeschlossen. In einem persönlichen Gespräch müssen sich die Studienverantwortlichen vergewissern, dass der (potenzielle) Studienteilnehmer die relevante Information auch tatsächlich verstanden hat.*
- *Aufgrund des häufigen „therapeutischen Missverständnisses" müssen die Studienverantwortlichen insbesondere darauf achten, dass die Teilnehmer verstanden haben, dass es sich um eine Behandlung im Rahmen einer klinischen Studie handelt, die mit einer erhöhten Ungewissheit bezüglich Nutzen und Risiken verbunden ist.*
- *Die potenziellen Studienteilnehmer müssen darüber informiert werden, welche (Be-)Handlungsmöglichkeiten es alternativ zur klinischen Studie gibt. Dies ist insbesondere bei lebensbedrohlichen Erkrankungen im fortgeschrittenen Stadium (z.B. bösartige Tumorerkrankungen) wichtig.*

## Literatur

Bundesministerium der Justiz und für Verbraucherschutz (BMJV) Gesetz über den Verkehr mit Arzneimitteln (Arzneimittelgesetz – AMG). URL: http://www.gesetze-im-internet.de/amg_1976/__41.html (abgerufen am 02.07.2021)

Emanuel EJ, Grady CC, Crouch RA, Lie RK, Miller FG, Wendler D (Hrsg.) (2008) The Oxford Textbook of Clinical Research Ethics. Oxford University Press Oxford, New York

Emanuel EJ, Wendler D, Grady C (2000) What makes clinical research ethical? Jama 283, 2701–11

Freedman B (1987) Equipoise and the ethics of clinical research. N Engl J Med 317, 141–5

Jox RJ, Spickhoff A, Marckmann G. (2017) Forschung mit nicht Einwilligungsfähigen: Nach dem Gesetz ist vor dem Gesetz Deutsches Ärzteblatt 114:A520–522.

Lenk C, Duttge G, Fangerau H (Hrsg.) (2014) Handbuch Ethik und Recht der Forschung am Menschen. Springer Heidelberg

Marckmann G, Wiesing U (2014) Onkologische Studien. In: Lenk C, Duttge G, Fangerau H (Hrsg.) Handbuch Ethik und Recht der Forschung am Menschen 465–473. Springer Heidelberg

Rid A, Emanuel EJ, Wendler D (2010) Evaluating the risks of clinical research. JAMA 304, 1472–9

Toellner R (1990) Problemgeschichte: Entstehung der Ethik-Kommissionen. In: Toellner R (Hrsg.) Die Ethik-Kommission in der Medizin. Problemgeschichte, Aufgabenstellung, Arbeitsweise, Rechtsstellung, und Organisationsformen Medizinscher Ethik-Kommissionen. 3–18. Gustav Fischer Stuttgart New York

Weltärztebund – World Medical Association (WMA) (2013) Ethische Grundsätze für die medizinische Forschung am Menschen (Deklaration von Helsinki) URL: https://www.bundesaerztekammer.de/fileadmin/user_upload/downloads/pdf-Ordner/International/Deklaration_von_Helsinki_2013_20190905.pdf (abgerufen am 02.07.21)

Wiesing U, Parsa-Parsi R, Kloiber O (Hrsg.) (2014) The Declaration of Helsinki 1964–2014. Deutscher Ärzteverlag Köln

Zentrale Kommission zur Wahrung ethischer Grundsätze in der Medizin und ihren Grenzgebieten (Zentrale Ethikkommission) bei der Bundesärztekammer (2019) Gruppennützige Forschung mit nichteinwilligungsfähigen Personen. Dtsch Arztebl 2019;116(10), DOI: 10.3238/Gruppennuetzige_Forschung_2018

# 13 Medizinische Entscheidungen unter Knappheitsbedingungen

Georg Marckmann und Jürgen in der Schmitten

Der ökonomische Druck auf Entscheidungen im Gesundheitswesen ist in den letzten Jahren vor allem in der stationären Versorgung erheblich gestiegen. Kostenerwägungen spielen deshalb in der Praxis eine immer größere Rolle und führen vermehrt zu Entscheidungskonflikten. Aller Voraussicht nach dürfte sich der Kostendruck im System der Gesetzlichen Krankenversicherung (GKV) noch weiter verschärfen: Auf der einen Seite führen teure medizinische Innovationen und die Alterung der Bevölkerung zu einer steigenden Nachfrage nach Gesundheits- und Pflegeleistungen für die zunehmende Anzahl chronisch Kranker und damit zu höheren Gesundheitsausgaben. Gleichzeitig stehen dem begrenzte und mittelfristig aufgrund des steigenden Altenquotienten sogar sinkende Einnahmen der GKV gegenüber, sodass die Kluft zwischen dem medizinisch sinnvoll Machbaren und solidarisch Finanzierbaren noch größer werden dürfte. Der verantwortungsvolle Umgang mit begrenzt verfügbaren Gesundheitsressourcen wird uns deshalb als medizinische, ethische und ökonomische Herausforderung auf absehbare Zeit erhalten bleiben. Damit wird es sich nicht vermeiden lassen, dass vor allem Ärzte, aber auch andere im Gesundheitswesen Tätige , vermehrt den Ressourcenverbrauch bei ihren Entscheidungen berücksichtigen.

Verschiedene empirische Untersuchungen belegen, dass es sich dabei nicht um ein Zukunftsszenario handelt, sondern um eine aktuelle Realität in den deutschen Kliniken (u.a. Reifferscheid et al. 2015; Diederich et al. 2019). In einer eigenen repräsentativen Untersuchung unter Krankenhausärzten in der Kardiologie und Intensivmedizin, bestätigten 68% der Teilnehmenden, dass aufgrund der begrenzt verfügbaren Finanzmittel in der GKV nicht mehr alle nützlichen Maßnahmen erbracht werden könnten (Strech et al. 2009). Gleichzeitig entstehen unnötige Ausgaben durch ökonomisch motivierte Leistungsausweitungen (Fölsch et al. 2016; Naegler u. Wehkamp 2018). Es gehört zu den großen Versäumnissen der deutschen Gesundheitspolitik, diese Fragen nicht offen und unter Beteiligung der verschiedenen Interessengruppen zu diskutieren.

Das vorliegende Kapitel möchte Perspektiven aufzeigen, wie Ärzte in der Praxis mit der zunehmenden Ressourcenknappheit in einer medizinisch rationalen, ökonomisch sinnvollen und v.a. auch ethisch vertretbaren Weise umgehen können. Der Fokus liegt dabei ganz bewusst auf der Mikroebene, d.h. den Entscheidungen im Einzelfall. Die ethischen Fragen der Organisation eines gerechten und effizienten Gesundheitssystems (Makroebene) werden hier bewusst ausgeklammert (vgl. aber hierzu Kap. II.17), für die allokationsethischen Fragen auf der Ebene einzelner Einrichtungen im Gesundheitssystem (Mesoebene) sei auf die Kapitel II.19 und II.20 verwiesen. Das Stufenmodell „Ethisches Kostenbewusstsein" soll Ärzten in ihrer Praxis eine normative Orientierung bieten, wie sie kostenbewusste Entscheidungen in einer ethisch vertretbaren Art und Weise treffen können.

## 13.1 Ethische Verpflichtung oder ökonomischer Zwang?

Vordergründig scheinen die Probleme aus ökonomischen Sachzwängen zu resultieren. Dies verkennt aber, dass die Berücksichtigung von Kostenaspekten im Einzelfall auch eine Voraussetzung dafür ist, dass die begrenzt verfügbaren Ressourcen *gerecht* auf die bedürftigen Patienten verteilt werden. Wenn bei einer leichten Gesundheitsstörung eine sehr teure Therapie mit sehr geringem oder gar keinem Nutzengewinn durchgeführt wird, so fehlen diese Ressourcen – bei einem insgesamt begrenzten Gesundheitsbudget (und hiervon müssen wir ausgehen) – für die Versorgung anderer Patienten, die möglicherweise bedürftiger gewesen wären oder mehr von den verfügbaren Ressourcen profitiert hätten.

Die Berücksichtigung des Kosten-Nutzen-Verhältnisses medizinischer Maßnahmen kann folglich dazu beitragen, dass begrenzte Mittel nicht nur effizienter, sondern auch gleichmäßiger und damit gerechter auf die Patienten verteilt werden. Eine Erweiterung des traditionellen ärztlichen Ethos um die Verpflichtung, verantwortungsvoll mit begrenzt verfügbaren Gesundheitsressourcen umzugehen, ist folglich *ethisch* geboten (Wiesing u. Marckmann 2009). Der Grundkonflikt liegt dabei nicht primär zwischen Ethik und Ökonomie, sondern zwischen zwei ethischen Verpflichtungen: Die Verpflichtungen gegenüber dem einzelnen, aktuellen Patienten sind mit den Verpflichtungen gegenüber anderen Patienten abzuwägen. Ein Arzt, der unter den Bedingungen insgesamt begrenzter Mittel die Kostenimplikationen seines Handelns *nicht* berücksichtigt, nimmt in Kauf, dass er (oder ein Kollege) bei anderen Patienten nicht mehr genug Ressourcen zur Verfügung hat, um diesen so effektiv helfen zu können, wie es das Arztethos von ihm verlangt. Diese Überlegungen sollen aber nicht negieren, dass es im aktuellen System durchaus Fehlentwicklungen und vor allem betriebswirtschaftlich gesteuerte Fehlanreize (z.B. Über- und Fehlversorgung durch Mengenausweitungen) gibt, die Veränderungen in den Rahmenbedingungen ärztlichen Handelns dringend erforderlich machen. Diese werden im vorliegenden Beitrag aus Platzgründen nicht weiter thematisiert, da wir vor allem Perspektiven für das ärztliche Handeln auf der Mikroebene aufzeigen möchten.

## 13.2 Strategien zum Umgang mit der Mittelknappheit

Grundsätzlich gibt es drei Möglichkeiten, der zunehmenden Mittelknappheit in der Gesundheitsversorgung zu begegnen:

1. Erhöhung der Mittelzuweisung,
2. Effizienzsteigerungen („Rationalisierung") und
3. Leistungsbegrenzungen („Rationierung").

Die für die Praktiker einfachste Lösung, eine Erhöhung der verfügbaren Mittel, steht in den meisten Fällen leider nicht zur Verfügung. Überdies gibt es gute Gründe, die Gesundheitsausgaben nicht immer weiter ansteigen zu lassen, da der Gesundheitssektor mit anderen sozialstaatlichen Bereichen um prinzipiell begrenzte finanzielle Ressourcen konkurriert (Marckmann 2008). Damit verbleiben die Optionen Effizienzsteigerung und Leistungsbegrenzung. *Rationalisierungen* erhöhen die Effizienz der medizinischen Versorgung, indem der gleiche medizinische Effekt mit weniger Mitteln oder ein größerer medizinischer Effekt mit den gleichen Mitteln erzielt wird. Da bei Effizienzsteigerungen die ökonomische und medizinisch-ethische Rationalität konvergieren, handelt es sich um die primär gebotene Strategie. In vielen Fällen werden Rationalisierungen aber nicht ausreichen, um den zunehmenden Kostendruck durch innovative Verfahren zu kompensieren, sodass Leistungsbegrenzungen, d.h. Rationierungen, unausweichlich werden. Eine *Rationierung* liegt vor, wenn einem Patienten (vorübergehend oder dauerhaft) eine medizinische Maßnahme aus Kostengründen vorenthalten wird, die diesem im Vergleich zu anderen Maßnahmen einen Nutzengewinn geboten hätte. In der Praxis kann die Grenze zwischen Rationierung und Rationalisierung unscharf sein, wenn die Evidenz für den Nutzen einer Maßnahme unsicher ist.

Rationierungen können auf zwei verschiedene Weisen durchgeführt werden: *Explizite Rationierungen* erfolgen „oberhalb" der individuellen Arzt-Patient-Beziehung nach ausdrücklich festgelegten, für alle Patienten verbindlichen Regeln. Ein Instrument der expliziten Rationierung können z.B. kostensensible Leitlinien (KSLL) sein, die unter Berücksichtigung der verfügbaren wissenschaftlichen Evidenz zu Wirksamkeit und Kosten vorgeben, welche Patienten in welcher Situation welche Maßnahmen erhalten (Marckmann 2015). Bei der *impliziten Rationierung* erfolgt die Zuteilung nicht nach klar definierten Regeln, sondern durch die Ärzte im Einzelfall. Empirische Studien belegen, dass bei impliziten ärztlichen Rationierungen die Zuteilungsentscheidungen nach wechselnden, ethisch häufig schlecht begründeten Kriterien erfolgen (Strech et al. 2008). Explizite Leistungsbegrenzungen sind deshalb zu bevorzugen: Sie sind transparent, konsistent, medizinisch rationaler und durch die Gleichbehandlung der Patienten auch gerechter.

*Unvermeidliche Leistungseinschränkungen („Rationierung") sollten nach Möglichkeit explizit erfolgen und in Form von Regeln vorgeben, unter welchen Voraussetzungen ein Patient eine (teure) medizinische Maßnahme erhalten soll.*

## 13.3 Ethisch vertretbarerer Umgang mit knappen Ressourcen im Einzelfall: Ein Stufenmodell

Unter den gegebenen Rahmenbedingungen ist es unausweichlich, dass Ärzte auch im Einzelfall (mehr) Verantwortung für den Einsatz begrenzt verfügbarer Gesundheitsressourcen übernehmen: Sie müssen – ob sie wollen oder nicht – ressourcenbewusste Entscheidungen treffen. Tabelle 1 zeigt ein Stufenmodell, wie Ärzte in einer ethisch vertretbaren Art und Weise dieser Verantwortung in der Praxis gerecht werden können. Bei den ersten drei Stufen wird deutlich, dass ein stärkeres Kostenbewusstsein nicht notwendig dem ärztlichen Ethos widerspricht, sondern Anlass bietet, traditionelle ethische Verpflichtungen zu akzentuieren, die sich aus den Prinzipien des Wohltuns, des Nichtschadens und des Respekts der Patientenautonomie ergeben (s. Kap. II.13.4). Mit der vierten Stufe findet jedoch ein Übergang von individualethischen zu gerechtigkeitsethischen Überlegungen statt: Nicht mehr Wohlergehen und Wille des einzelnen Patienten stehen im Vordergrund, sondern die gerechte Verteilung knapper Gesundheitsressourcen (s. Kap. II.13.5). Aus diesem Grund sollten die Stufen 1 bis 3 auch Vorrang beim Umgang mit begrenzten Mitteln genießen.

Tab. 1 Ethisches Ressourcenbewusstsein im Einzelfall: Ein Stufenmodell (Marckmann 2012)

| | Maßnahme | ethische Begründung |
|---|---|---|
| 1 | Unterlassung ineffektiver Maßnahmen im Sinne einer evidenzbasierten Medizin | *Wohltun/Nutzen, Nichtschaden* |
| 2 | Konsequente Berücksichtigung individueller Patientenpräferenzen | *Respekt der Autonomie* |
| 3 | Minimierung des Ressourcenverbrauchs für das Erreichen eines bestimmten Therapieziels | *Nichtschaden* |
| 4 | Unterlassung von teuren Maßnahmen mit einem geringen/fraglichen Nutzengewinn für den Patienten<br>a) lokale Versorgungsstandards (→ explizit)<br>b) im Einzelfall (→ implizit)<br>■ Berücksichtigung prozeduraler Mindeststandards<br>■ Durchführung von Kosten-Fallbesprechungen<br>■ Beratung durch ein klinisches Ethikkomitee | *Gerechtigkeit* |

## 13.4 Akzentuierung traditioneller ethischer Verpflichtungen: Individualethischer Therapieverzicht

Verschiedene ethische Anforderungen an ärztliches Handeln gewinnen bei Mittelknappheit über die individualethische hinaus eine gerechtigkeitsethische Bedeutung. Hierzu gehört zum Beispiel die Forderung der evidenzbasierten Medizin, im Einzelfall konsequent die verfügbaren Studienergebnisse zu Wirksamkeit, Nutzen und Risiken der medizinischen Verfahren zu berücksichtigen und unwirksame bzw. nutzlose Maßnahmen zu unterlassen (Stufe 1). Angesichts der vielfältigen ökomischen Anreize im deutschen Gesundheitswesen kommt der Qualität der Indikationsstellung eine besondere Bedeutung zu: Sie muss sich am Wohlergehen des Patienten orientieren und darf nicht durch ökonomische Zielvorgaben unangemessen beeinflusst werden (Bundesärztekammer 2015). Dies ist nicht nur durch die Prinzipien des Wohltuns und

Nichtschadens im Hinblick auf den einzelnen Patient geboten, sondern spart überdies Ressourcen, die dann anderen Patienten zugutekommen können. Es ist unbestritten, dass im deutschen Gesundheitswesen durch die Eliminierung von Über- und Fehlversorgung erhebliche Ressourcen freigesetzt werden könnten. Interessant ist in diesem Zusammenhang die US-amerikanische, vom American Board of Internal Medicine (ABIM) begründete Choosing Wisely Initiative (www.choosingwisely.org), bei der verschiedene Fachgesellschaften sich auf jeweils 5 Maßnahmen verständigen (sog. Top-5-Listen), die bei bestimmten Erkrankungen unterlassen werden sollten, um Überversorgung zu reduzieren (Strech et al. 2014). In Deutschland hat die Arbeitsgemeinschaft der Wissenschaftlichen Medizinischen Fachgesellschaften (AWMF) die Initiative unter dem Titel „Gemeinsam Klug Entscheiden" aufgegriffen und methodische Hinweise für die Erstellung entsprechender Empfehlungen erarbeitet (AWMF 2020).

Auch die konsequente Berücksichtigung von Patientenpräferenzen ist als ethische Verpflichtung bereits im ärztlichen Ethos angelegt (Stufe 2). Die Ergebnisse einer empirischen Multicenter-Studie von Schneiderman et al. weisen darauf hin, dass auf diese Weise auch Ressourcen eingespart werden können (Schneiderman et al. 2003). Eine klinische Ethikberatung, deren Ziel es war, die Behandlung auf den (erklärten oder mutmaßlichen) Willen des Patienten auszurichten, konnte den Mittelverbrauch bei den im Krankenhaus versterbenden Intensivpatienten signifikant reduzieren. Die Patienten verbrachten vor ihrem Tod weniger Tage im Krankenhaus, weniger Tage auf der Intensivstation und weniger Tage am Beatmungsgerät. Die Mortalität war mit und ohne Ethikberatung gleich. Der Therapieverzicht erfolgte in individualethischer Perspektive – Kostenerwägungen spielten für die Ethikberatung keine Rolle –, hatte aber durchaus positive gerechtigkeitsethische Konsequenzen, da Ressourcen für andere Patienten eingespart werden konnten. Dass die Gesundheitsausgaben vor allem kurz vor dem Tod exponentiell ansteigen, unterstreicht die Bedeutung der konsequenten Berücksichtigung von Patientenpräferenzen in der letzten Lebensphase (Marckmann et al. 2012). Gleichzeitig wird hier ein potenzieller Interessenkonflikt erkennbar, der hohe Anforderungen an eine weder manipulative noch suggestive Ermittlung des Patientenwillens stellen lässt, insbesondere des mutmaßlichen Patientenwillens.

> *Wenn bei Behandlungsentscheidungen der zuvor – z.B. in einer Patientenverfügung – erklärte oder mutmaßliche Patientenwille konsequent berücksichtigt wird, können begrenzte Ressourcen eingespart werden, vor allem durch den Verzicht auf nicht mehr gewünschte lebensverlängernde Therapien in der letzten Lebensphase (Klingler et al. 2016).*

Die 3. Stufe des ethischen Kostenbewusstseins fordert vom Arzt, den Ressourcenverbrauch für das Erreichen eines bestimmten Therapieziels zu minimieren. Da jede Diagnostik oder Therapie den Patienten belastet oder ihm sogar schadet, ist der Verzicht auf überflüssige medizinische Maßnahmen primär durch das individualethische Prinzip des Nichtschadens geboten. Aber auch die explizite Berücksichtigung von Kostenaspekten steht nicht notwendig im Konflikt zum traditionellen Arztethos. Wenn einem Arzt zwei Verfahren mit vergleichbarem Nutzen-Schaden-Profil zur Verfügung stehen, sollte er das günstigere Verfahren bevorzugen, auch wenn dies möglicherweise den Wünschen des Patienten widerspricht. Damit kommt der Arzt seiner traditionellen ärztlich-ethischen Verpflichtungen nach, das Wohlergehen des Patienten nach bestem Wissen und Gewissen zu fördern und kann gleichzeitig Ressourcen einsparen und damit einen Beitrag zu einer gerechteren Mittelverteilung leisten. Wenn der aufgeklärte, einwilligungsfähige Patient das Nutzen-Schadens-Verhältnis der Maßnahmen jedoch anders als der Arzt und damit nicht als nutzenäquivalent beurteilt, sollte an dieser Stelle den Patientenpräferenzen – und damit den Autonomieverpflichtungen – Vorrang eingeräumt werden (vgl. hierzu ausführlicher Kap. II.2).

## 13.5 Ethisch vertretbare Leistungseinschränkungen: Gerechtigkeitsethischer Therapieverzicht

Ein schwierigerer Fall liegt hingegen vor, wenn der Arzt im Einzelfall eine für den Patienten *nützliche* Maßnahme aus Kostengründen vorenthalten muss (Stufe 4, sog. Rationierung).

An dieser Stelle sei explizit betont, dass die hier vorgeschlagene „ärztliche Rationierung" erst dann im Bereich der GKV umgesetzt werden kann, wenn die gesundheitspolitischen und rechtlichen Voraussetzungen hierfür geschaffen wurden. So lange von politischer Seite und auch von zentralen Entscheidungsträgern im System die Unausweichlichkeit von Rationierung negiert wird und überdies straf- und haftungsrechtliche Fragen nicht hinreichend geklärt sind, kann und sollte man von Ärzten nicht verlangen, auf der vierten Stufe des hier vorgeschlagenen Modells im Sinne einer ärztlichen Rationierung auf der Mikroebene Verantwortung für die Kosten der medizinischen Versorgung zu übernehmen.

Die ärztliche Rationierung im Einzelfall erfordert eine Abwägung, *wann* das Kosten-Nutzen-Verhältnis einer Maßnahme so schlecht ist, dass sie nicht mehr erbracht werden sollte. Einen allgemein verbindlichen Grenzwert gibt es hierfür nicht; überdies wäre es ethisch kaum vertretbar, einen festen Grenzwert vorzugeben, da dann das Kriterium der Nutzenmaximierung alle anderen ethischen Überlegungen der Verteilungsgerechtigkeit dominieren würde (Marckmann 2009). Ohne verbindliche Vorgaben wird die Bewertung des Kosten-Nutzen-Verhältnisses jedoch von Arzt zu Arzt und auch von Patient zu Patient variieren, was zu einer kaum akzeptablen Ungleichbehandlung der Patienten führt.

Nach Möglichkeit sollten deshalb lokale Versorgungsstandards entwickelt werden, die für die jeweilige Klinik, Station oder Praxis(-region) vorgeben, unter welchen Bedingungen ein Patient eine sehr teure Therapie erhält. Dies kann zum Beispiel in Form von kostensensiblen Leitlinien geschehen, die die Indikation auf diejenigen Patienten-Subgruppen einschränken, die nach der verfügbaren empirischen Evidenz am meisten von den Maßnahmen zu profitieren versprechen (vgl. hierzu ausführlicher Marckmann 2015). Damit kann es gelingen, die implizite Rationierung lokal in eine ethisch weniger problematische explizite Rationierung zu überführen (Stufe 4a).

Wenn keine (kostensensible) Leitlinie vorliegt, sollte der Arzt die dann unvermeidbare Rationierungsentscheidung im Einzelfall so treffen, dass die Konflikte mit der traditionellen Grundausrichtung ärztlichen Handelns auf das Wohlergehen und den Willen des Patienten minimiert werden (Wiesing u. Marckmann 2009). Dazu sind zwei Voraussetzungen erforderlich:

**Erstens** sollte der Einfluss impliziter Rationierungsentscheidungen auf das Wohlergehen des Patienten möglichst gering bleiben. Der Arzt sollte zunächst solche Maßnahmen vorenthalten, die dem Patienten nur einen geringen Nutzen bei vergleichsweise hohen Kosten bieten (vgl. hierzu auch das Kriterium der marginalen Wirksamkeit, Friedrich et al. 2009). Auch der Evidenzgrad, d.h. die Verlässlichkeit, mit der der Nutzen für den Patienten nachgewiesen ist, sollte in die Überlegungen mit einfließen. Idealerweise finden die Leistungsbeschränkungen bei denjenigen Maßnahmen statt, bei denen aufgrund der unklaren Evidenzlage apriori unklar ist, ob ihr Vorenthalten zu einer Rationalisierung oder Rationierung führen wird, da man aufgrund der Studienlage nicht sicher vorhersagen kann, ob der Patient in der gegebenen Situation tatsächlich von der Maßnahme profitieren könnte.

Je kleiner der erwartete Nutzengewinn für den Patienten, desto größere Anforderungen sind an die wissenschaftliche Evidenz zu stellen. Umgekehrt könnte es vertretbar sein, eine Maßnahme mit einem möglichen großen Netto-Nutzen für den Patienten auch dann durchzuführen, wenn der Nachweis in klinischen Studien nicht den höchsten methodischen Standards genügt. Nach Möglichkeit sollte die Anwendung des Verfahrens dann aber im Rahmen einer klinischen Studie erfolgen, wie dies bei vielen onkologischen Therapien der Fall ist. Auch die Kostenübernahme durch die GKV könnte an die Evidenzgewinnung gekoppelt werden („coverage by evidence development“).

**Zweitens** sollten bei der impliziten, ärztlichen Rationierung *prozedurale Mindeststandards* eingehalten werden, wie sie auch für andere Bereiche gefordert werden (Marckmann 2008):

***Prozedurale Mindeststandards bei der impliziten, ärztlichen Rationierung***

- ***Transparenz:*** *Die Patienten sollten über Rationierungen informiert werden.*
- ***Begründung:*** *Jede Rationierung sollte auf einer nachvollziehbaren Begründung beruhen, die den betroffenen Patienten zugänglich zu machen ist.*
- ***Konsistenz:*** *Nach Möglichkeit sollten Ärzte bei allen Patienten die gleichen Zuteilungskriterien und Bewertungsstandards anwenden, sodass Patienten in vergleichbaren medizinischen Situationen auch die gleiche Behandlung erhalten, sofern dem nicht individuelle Patientenpräferenzen entgegenstehen.*
- ***Evidenzbasierung:*** *Zuteilungsentscheidungen – nicht nur Rationierungen – sollten die verfügbare Evidenz hinsichtlich des gesundheitlichen Nutzens und der zu erwartenden Kosten berücksichtigen.*
- ***Widerspruchsmöglichkeiten:*** *Patienten, denen der Zugang zu einer gewünschten Leistung verwehrt wird, sollten Widerspruchsmöglichkeiten offen stehen.*

Die Einhaltung dieser Verfahrensvorgaben dient als wichtige Voraussetzung dafür, dass Patienten auch dann noch ihren Ärzten vertrauen können, wenn diese Verantwortung für die Zuteilung knapper Gesundheitsressourcen übernehmen müssen.

Als ein weiteres prozedurales Element bietet es sich an, in schwierigen Fällen Kosten-Fallbesprechungen durchzuführen, bei denen Ärzte gemeinsam mit den anderen Teammitgliedern überlegen, ob bei einem Patienten eine teure Maßnahme mit geringem oder fraglichem Nutzen durchgeführt werden soll. Die gemeinsame Fallberatung verringert die Gefahr einseitiger Bewertungen und willkürlicher Entscheidungen – die Subjektivität des Einzelnen wird in eine Intersubjektivität der Gruppe überführt, mehrere Perspektiven finden Berücksichtigung – und erhöht die Wahrscheinlichkeit, dass zumindest in der betreffenden Klinik bei allen Patienten vergleichbare Bewertungsmaßstäbe angelegt werden. In Konfliktfällen kann als weitere prozedurale Absicherung ein klinisches Ethikkomitee beratend hinzu gezogen werden (vgl. hierzu ausführlicher Marckmann u. Strech 2009; Strech 2009; Marckmann 2021).

## 13.6 Evaluation einer teuren Maßnahme im Einzelfall

Abschließend sei noch etwas konkreter beschrieben, wie die in den vorangehenden Abschnitten dargestellten ethischen Überlegungen Schritt für Schritt im Einzelfall angewendet werden können. In der Regel kommen Ressourcenüberlegungen in der Praxis genau dann ins Spiel, wenn eine sehr kostenträchtige medizinische Maßnahme dem Patienten möglicherweise nur einen geringen Nutzengewinn bietet oder wenn es aufgrund der Evidenzlage unsicher ist, ob der Patient überhaupt von ihr profitieren wird. Abbildung 1 zeigt das vorgeschlagene Vorgehen in der Übersicht.

Zunächst ist zu prüfen, ob es *individualethische* Argumente gibt, auf die Durchführung der teuren medizinischen Maßnahme zu verzichten (Stufen 1 bis 3 in Tab. 1). Dies erfordert eine sorgfältige Abklärung der Prognose und der Präferenzen des Patienten. Wenn die Maßnahme dem Patienten keinen Nutzen bzw. insgesamt mehr Schaden als Nutzen bietet oder wenn die nicht dem aktuellen, vorab erklärten oder mutmaßlichen Patientenwille entspricht, sollte sie nicht durchgeführt werden (Marckmann et al. 2010). Sofern ein Nutzengewinn aber nicht sicher ausgeschlossen werden kann

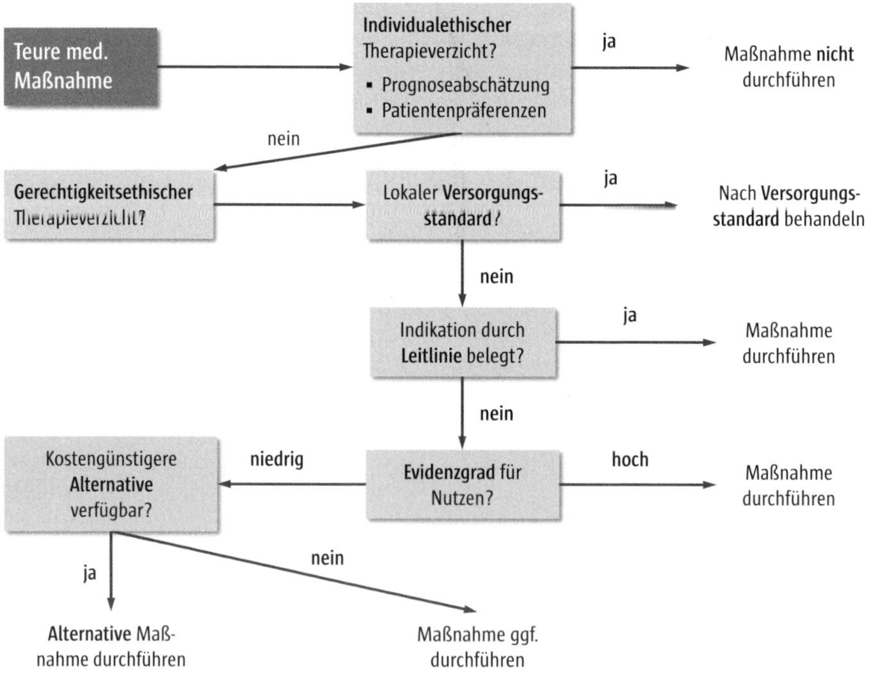


Abb. 1 Ethischer Algorithmus zur Abklärung des Einsatzes einer teuren medizinischen Maßnahme (Marckmann u. in der Schmitten 2011)

und der Patient die Durchführung der Maßnahme wünscht, stellt sich die Frage nach einem *gerechtigkeitsethischen* Therapieverzicht (Stufe 4 in Tab. 1). Sofern es einen lokalen, für die Versorgungseinrichtung entwickelten Versorgungsstandard zum Einsatz des teuren Verfahrens gibt, sollte der Patient entsprechend behandelt werden. Andernfalls ist zu prüfen, ob der Einsatz der teuren Maßnahme bei dem vorliegenden Krankheitsbild durch eine *klinische Leitlinie* belegt ist. Wenn dies der Fall ist, sollte der Patienten die teure Maßnahme erhalten, da Leitlinien diejenigen Maßnahmen empfehlen, die dem Patienten mit hoher Wahrscheinlichkeit einen Nutzengewinn bieten.

Sofern eine passende Leitlinie fehlt, sollte auf Grundlage der verfügbaren *wissenschaftlichen Literatur* geprüft werden, ob und gegebenenfalls in welchem Ausmaß und mit welcher Wahrscheinlichkeit der Patient von der Maßnahme profitieren wird. Als Ergebnis dieser Prüfung ist ein Kontinuum unterschiedlicher Fallkonstellationen denkbar. Am einen Ende des Spektrums würde sich eine Maßnahme wiederfinden, die ein mit großer Verlässlichkeit nachgewiesenes Nutzenpotenzial für den Patienten hat. Diese Maßnahme sollte trotz der hohen Kosten bei dem Patienten durchgeführt werden. Am anderen Ende des Spektrums finden sich Maßnahmen, die nur einen geringen oder sehr unwahrscheinlichen Nutzengewinn für den Patienten erwarten lassen. Bei diesen sollte man prüfen, ob eine *kostengünstigere Alternative* durchgeführt werden kann, die für den Patienten nur mit einem geringen „Nutzenopfer" verbunden wäre. Wenn keine Alternative zur Verfügung steht, ist im Einzelfall zu prüfen, ob die verfügbaren Ressourcen ausreichen, um den Patienten die teure Maßnahme – nach entsprechender Aufklärung über den fraglichen Zusatznutzen – zukommen zu lassen. Je geringer der zu erwartende Nutzengewinn für den Patienten ist, desto eher erscheint es ethisch vertretbar, die Maßnahme dem Patienten vorzuenthalten.

***Praxistipps***

- *Bei teuren Behandlungsmaßnahmen immer zunächst sorgfältig prüfen, ob die Maßnahme noch dem Wohlergehen und dem Willen des Patienten entspricht.*
- *Einen möglichen Verzicht auf lebenserhaltende Maßnahmen rechtzeitig mit Patient und/oder Stellvertreter (Bevollmächtigter/Betreuer) besprechen.*
- *Bei teuren Maßnahmen, die häufig Entscheidungsprobleme bereiten, klinikumsinterne Vorgaben entwickeln, bei welchen Patienten-Subgruppen die Maßnahme eingesetzt werden soll.*
- *Sofern ein mehr als minimaler Nutzengewinn für den Patienten durch eine klinische Leitlinie oder durch hochwertige klinische Studien belegt ist, sollten auch teure Maßnahmen zum Einsatz kommen – sofern diese vom Patienten nach entsprechender Aufklärung gewünscht werden.*
- *Zunächst auf diejenigen Maßnahmen verzichten, die dem Patienten im Vergleich zu alternativen Maßnahmen nur einen geringen Nutzengewinn bieten.*
- *Bei schwierigen Entscheidungen eine Kosten-Fallbesprechung im Team durchführen oder/und ein klinisches Ethikkomitee beratend hinzuziehen.*

## Literatur

Arbeitsgemeinschaft der Wissenschaftlichen Medizinischen Fachgesellschaften (AWMF) - Ad hoc Kommission „Gemeinsam Klug Entscheiden" (2020) Manual Entwicklung von Empfehlungen im Rahmen der Initiative

Gemeinsam Klug Entscheiden. Version 1.3, 2020. Verfügbar: http://www.awmf.org/medizin-versorgung/gemeinsam-klug-entscheiden.html (Zugriff am 29.06.21)

Bundesärztekammer (2015) Stellungnahme „Medizinische Indikationsstellung und Ökonomisierung". Deutsches Ärzteblatt 112, A836

Dieterich A, Braun B, Gerlinger T, Simon M (Hrsg.) (2019) Geld im Krankenhaus. Eine kritische Bestandsaufnahme des DRG-Systems. Springer VS, Wiesbaden

Fölsch UR, Faulbaum F, Hasenfuß G. (2016) MItgliederbefragung zu „Klug entscheiden": Wie Internisten das Problem von Über- und Unterversorgung werten. Deutsches Ärzteblatt 113, A604–A606.

Friedrich DR, Buyx AM, Schöne-Seifert B (2009) Priorisierung: Marginale Wirksamkeit als Ausschlusskriterium. Deutsches Ärzteblatt 106, 1562–1564

Klingler C, in der Schmitten J, Marckmann G (2016) Does facilitated Advance Care Planning reduce the costs of care near the end of life? Systematic review and ethical considerations. Palliat Med 30, 423–433

Marckmann G (2008) Gesundheit und Gerechtigkeit. Bundesgesundheitsblatt Gesundheitsforschung Gesundheitsschutz 51, 887–94

Marckmann G (2009) Nutzenmaximierung mit gerechtigkeitsethischen Einschränkungen: Perspektiven einer ethisch vertretbaren Kosten-Nutzen-Bewertung. Das Gesundheitswesen 71, S2-S8

Marckmann G (2012) Begrenzte Ressourcen in der Intensivmedizin als ethische Herausforderung. In: Salomon F (Hrsg.) Praxisbuch Ethik in der Intensivmedizin. Konkrete Entscheidungshilfen in Grenzsituationen, 131–139. Medizinisch Wissenschaftliche Verlagsgesellschaft Berlin

Marckmann G (Hrsg.) (2015) Kostensensible Leitlinien. Evidenzbasierte Leistungssteuerung für eine effiziente und gerechte Gesundheitsversorgung Medizinisch Wissenschaftliche Verlagsgesellschaft Berlin

Marckmann G (2021) Ökonomisierung im Gesundheitswesen als organisationsethische Herausforderung. Ethik in der Medizin 33, 189–201

Marckmann G, in der Schmitten J (2011) Wie können Ärzte ethisch vertretbar Kostenerwägungen in ihren Behandlungsentscheidungen berücksichtigen? Ein Stufenmodell. Ethik in der Medizin 23, 303–314

Marckmann G, Sandberger G, Wiesing U (2010) Begrenzung lebenserhaltender Behandlungsmaßnahmen: Eine Handreichung für die Praxis auf der Grundlage der aktuellen Gesetzgebung. Deutsche Medizinische Wochenschrift 135, 570–4

Marckmann G, Sanktjohanser AM, in der Schmitten J (2012) Sterben im Spannungsfeld zwischen Ethik und Ökonomie. In: Bormann F-J, Borasio GD (Hrsg.) Sterben. Dimensionen eines anthropologischen Grundphänomens, 351–367. Walter de Gruyter Berlin

Naegler H, Wehkamp K-H (2018) Medizin zwischen Patientenwohl und Ökonomisierung. Krankenhausärzte und Geschäftsführer im Interview. Medizinisch Wissenschaftliche Verlagsgesellschaft, Berlin

Reifferscheid A, Pomorin N, Wasem J. (2015) Ausmaß von Rationierung und Überversorgung in der stationären Versorgung. Dtsch Med Wochenschr 140, e129-35

Schneiderman LJ, Gilmer T, Teetzel HD, Dugan DO, Blustein J, Cranford R, Briggs KB, Komatsu GI, Goodman-Crews P, Cohn F, Young EW (2003) Effect of ethics consultations on nonbeneficial life-sustaining treatments in the intensive care setting: a randomized controlled trial. Jama 290, 1166–72

Strech D (2009) Ethikberatung bei Rationierungsfragen im Krankenhaus: Eine Diskussion erster Schritte. In: Vollmann J, Schildmann J, Simon A (Hrsg.) Klinische Ethik. Aktuelle Entwicklungen in Theorie und Praxis, 87–106. Campus Verlag Frankfurt am Main

Strech D, Börchers K, Freyer D, Neumann A, Wasem J, Marckmann G (2008) Ärztliches Handeln bei Mittelknappheit. Ergebnisse einer qualitativen Interviewstudie. Ethik in der Medizin 20, 94–109

Strech D, Danis M, Löb M, Marckmann G (2009) Ausmaß und Auswirkungen von Rationierung in deutschen Krankenhäusern. Ärztliche Einschätzungen aus einer repräsentativen Umfrage. Deutsche Medizinische Wochenschrift 134, 1261–1266

Strech D, Follmann M, Klemperer D, Lelgemann M, Ollenschlager G, Raspe H, Nothacker M (2014) When Choosing Wisely meets clinical practice guidelines. Z Evid Fortbild Qual Gesundhwes 108, 601-3

Wiesing U, Marckmann G (2009) Freiheit und Ethos des Arztes. Herausforderungen durch evidenzbasierten Medizin und Mittelknappheit. Verlag Karl Alber Freiburg

# 14 Priorisierung und Triage bei akuter Ressourcenknappheit

Georg Marckmann

Auch hoch entwickelte Gesundheitssysteme verfügen über insgesamt begrenzte Ressourcen. Eine Ressourcenknappheit manifestiert sich in der Regel in der Verfügbarkeit medizinischer Maßnahmen für einzelne Patienten, eine direkte Konkurrenz verschiedener Patienten um knappe Behandlungsressourcen ist aber eher selten. Relevant ist sie vor allem in der Organtransplantation, bei der die Anzahl der Spenderorgane nicht ausreicht, um alle Patienten im irreversiblen Organversagen zu behandeln (vgl. hierzu Kapitel III.9). Solche Situationen einer akuten, nicht behebbaren Ressourcenknappheit, bei der nicht alle Patienten versorgt werden können, die einer Behandlung bedürfen, sind darüber hinaus vor allem aus der Militär- und Katastrophenmedizin bekannt. Für diese Bereiche gibt es etablierte Grundsätze, die mittels einer Sichtung („Triage") der Patienten gewährleisten sollen, dass mit den begrenzt verfügbaren Ressourcen möglichst viele Menschen gerettet werden können. Die COVID-19-Pandemie hat gezeigt, dass eine akute, nicht behebbare Ressourcenknappheit aber auch durch Infektionskrankheiten mit einer hohen Anzahl schwerstkranker Patienten hervorgerufen werden kann. Verteilungsfragen stellen sich dann nicht nur bei therapeutischen, sondern auch bei präventiven Maßnahmen, wie die Diskussionen um die Priorisierung der SARS-CoV-2-Impfstoffe eindrücklich gezeigt haben. Diese Allokationssituationen sind ethisch – und auch rechtlich – besonders brisant, da verschiedene Patienten bzw. Personen *gleichzeitig* um knappe medizinische Maßnahmen konkurrieren, sodass Allokationsentscheidungen über verschiedene Menschen hinweg getroffen werden müssen. Priorisiert werden nicht Gesundheitsleistungen (die dann allen zur Verfügung stehen), sondern Personen beim Zugang zu unzureichend verfügbaren Gesundheitsleistungen. Sofern es sich dabei um lebenswichtige Maßnahmen handelt, sind diese Entscheidungen mit einer nicht zu eliminierenden Tragik verbunden, da Patienten sterben müssen, die bei ausreichend verfügbaren Ressourcen hätten gerettet werden können. Der vorliegende Beitrag erläutert, wie in diesen schwierigen Allokationssituationen eine ethisch gut begründete Zuteilung der knappen medizinischen Ressourcen erfolgen kann. Exemplarisch herausgegriffen werden dabei die Triage in der Katastrophenmedizin sowie die priorisierte Zuteilung von Intensivressourcen und Impfstoffen im Rahmen einer Pandemie.

## 14.1 Ethische Grundlagen

In einer Situation akuter Knappheit an medizinischen Ressourcen ist zunächst zu prüfen, ob weitere Ressourcen z.B. aus anderen Versorgungsbereichen mobilisiert oder die Patienten in andere Einrichtungen verlegt werden können, in denen die benötigten Ressourcen noch in einem ausreichenden Maß vorhanden sind. Wenn der Ressourcenmangel trotz optimaler Nutzung der vor Ort und in der Umgebung verfügbaren Kapazitäten nicht zu beheben ist, muss entschieden werden, welche der bedürftigen Patienten vorrangig behandelt werden sollen. Aus ethischer Sicht sind an solche Priorisierungsentscheidungen zwei Anforderungen zu stellen: Sie sollten (1) in einem *fairen Entscheidungsverfahren* (vgl. hierzu Kapitel II.13) nach (2) klar definierten, *ethisch gut begründeten Kriterien* erfolgen (Emanuel et al. 2020).

Tab. 1 Kriterien für die Priorisierung von Patienten bei einer akuten, nicht behebbaren Ressourcenknappheit

| Kriterium | Beschreibung | Implikationen |
|---|---|---|
| Medizinische Dringlichkeit | Priorisierung von Patienten, bei denen unmittelbar erheblicher gesundheitlicher Schaden droht | Bevorzugt schwerstkranke Patienten, unabhängig von den erforderlichen Ressourcen; ggf. können weniger Menschen gerettet werden, geringere Effizienz |
| Nutzenmaximierung | Priorisierung von Patienten hoher Wahrscheinlichkeit eines großen gesundheitlichen Nutzens | Bevorzugt Patienten mit potenziell hohem Zugewinn an Lebenszeit und Lebensqualität; hohe Effizienz; benachteiligt Patienten mit eingeschränkter Lebenserwartung und Lebensqualität |
| First come, first served | Priorisierung nach Reihenfolge des Eintreffens | Formale Gleichbehandlung (sofern gleicher Zugang); Schweregrad der Erkrankung und Nutzengewinn nicht berücksichtigt, ggf. mehr vermeidbare Todesfälle |
| Losverfahren | Zuteilung der Ressourcen nach dem Zufallsprinzip | Formale Gleichbehandlung; Schweregrad der Erkrankung und Nutzengewinn nicht berücksichtigt, ggf. mehr vermeidbare Todesfälle |
| Lebensalter | Priorisierung jüngerer gegenüber älteren Patienten | Fairere Verteilung von Lebenschancen, aber Altersdiskriminierung |
| Instrumenteller Wert | Priorisierung von Patienten mit hoher Bedeutung für das Funktionieren der Gesellschaft | Reduziert indirekten, auch nicht-gesundheitlichen Schaden für die Gesellschaft; nicht als alleiniges Kriterium |

Tabelle 1 bietet eine Übersicht über mögliche inhaltliche Kriterien, an denen sich eine Priorisierung von Patienten bei akuter Ressourcenknappheit orientieren kann. Sofern es sich um lebensrettende Behandlungsmaßnahmen handelt, ist es aus ethischer Sicht naheliegend, die Patienten nach dem Kriterium der *medizinischen Dringlichkeit* zu priorisieren. Demnach werden diejenigen Patienten bevorzugt, die ohne medizinische Behandlung mit einer hohen Wahrscheinlichkeit versterben oder gravierende gesundheitliche Schäden erleiden werden. Wenn die Behandlung von schwerstkranken Patienten mit einer schlechten Prognose aber sehr viele Ressourcen bindet, können – in Abhängigkeit vom Ausmaß der Ressourcenknappheit – insgesamt weniger Menschen gerettet werden, da für Patienten mit einer höheren Überlebenschance dann keine Ressourcen mehr zur Verfügung stehen. In solchen Situationen kann es deshalb ethisch geboten sein, die Priorisierung stärker am Kriterium der *Nutzenmaximierung* auszurichten. Dabei werden die knappen Ressourcen so eingesetzt, dass der größtmögliche gesundheitliche Nutzen erzielt werden kann, wobei es verschiedene Möglichkeiten gibt, den Nutzen zu operationalisieren. Die konsequenteste Umsetzung wäre die Maximierung von qualitätsadjustierten Lebensjahren (Quality adjusted life years, QALY). Dies würde Menschen mit einer bereits zuvor eingeschränkten Lebenserwartung oder Lebensqualität benachteiligen. Häufig wird deshalb eher eine Maximierung der geretteten Menschenleben angestrebt. Eine Nutzenmaximierung kann in Situationen akuter Ressourcenknappheit auch im Interesse des Einzelnen sein, da es dessen Wahrscheinlichkeit maximiert, gerettet zu werden.

Darüber hinaus werden Auswahlkriterien diskutiert, die die formale Gleichbehandlung der Betroffenen in den Vordergrund stellen. Sowohl bei *„first come, first served“* als auch bei einem *„Losverfahren“* sollen die knappen Ressourcen nach dem Zufallsprinzip zugeteilt werden. Beim „first come, first served“ ist problematisch, dass es meist kaum vom Zufall abhängt, wer sich zuerst in medizinische Versorgung begibt bzw. begeben kann, sondern u.a. von geographischen und sozio-ökonomischen Faktoren. Eine zufällige Zuteilung mittels Losverfahren ignoriert die individuelle Bedürftigkeit der Patienten und wäre allenfalls gerechtfertigt, um zwischen Personen zu priorisieren, die hinsichtlich inhaltlicher Auswahlkriterien wie z.B. der Dringlichkeit oder der Erfolgsaussicht gleichgestellt sind. Nach dem Kriterium des *Lebensalters* werden jüngere gegenüber älteren Menschen bevorzugt, da diese noch weniger Möglichkeiten hatten, relevante Lebenspläne zu realisieren. Dieses intuitiv durchaus plausible Kriterium könnte als Zusatzkriterium verwendet werden, wenn sich hinsichtlich anderer inhaltlicher Kriterien ein Gleichstand ergibt. Beim *instrumentellen Wert* werden diejenigen Personen bevorzugt, die eine besondere Bedeutung für das Funktionieren der Gesundheitsversorgung oder anderer wichtiger gesellschaftlicher Bereiche (z.B. Infrastruktur) haben. Ethisch kann eine Priorisierung dieser Personen dadurch gerechtfertigt werden, dass ihre Rettung einen relevanten Nutzen für Dritte hat. Der instrumentelle Wert dürfte ebenfalls am ehesten in Ergänzung anderer Kriterien wie Dringlichkeit oder Nutzenmaximierung Anwendung finden.

Welche Kriterien zur Anwendung kommen, sollte nach Möglichkeit vorab von hierfür entsprechend legitimierten Institutionen bestimmt werden. Da die Priorisierung erhebliche Auswirkung auf die (Über-)Lebenschancen der betroffenen Menschen hat, erscheint es angemessen, wenn der Gesetzgeber zumindest allgemeine Vorgaben macht, welche Kriterien die Zuteilungsentscheidungen leiten sollen (für eine davon abweichende Position vgl. die Stellungnahme des Deutschen Ethikrats 2020). Dies hat der Gesetzgeber beispielsweise mit den im Transplantationsgesetz festgelegten Kriterien Dringlichkeit und Erfolgsaussicht für die Verteilung knapper Spenderorgane gemacht (vgl. hierzu Kapitel III.9). Die Anwendung der Kriterien kann dann, sofern hierfür medizinischer Sachverstand erforderlich ist, unter Beteiligung medizinischer Organisationen bzw. Fachgesellschaften konkretisiert werden.

## 14.2 Triage in der Katastrophenmedizin

Für den Massenanfall von Schwerstverletzten hat die Schutzkommission beim Bundesminister des Innern (2006) einen Leitfaden für die ärztliche Versorgung bei Großschäden und Katastrophen erstellt, wenn einer großen Anzahl unterschiedlich schwer Verletzter eine begrenzte Kapazität an Rettungspersonal und -ausrüstung gegenübersteht. Der Leitfaden soll Ärzten und nicht-ärztlichen Rettungskräften eine Orientierung bieten, wie sie unter den einschränkenden Bedingungen des Katastrophenfalls bestmöglich Hilfe leisten können. Dies soll durch eine Sichtung („Triage") erfolgen, bei der die Verletzten in verschiedene Gruppen eingeteilt werden, die jeweils unterschiedlich behandelt werden (vgl. Tabelle 2). Damit soll auch gewährleistet werden, dass bei einem Großschadensereignis möglichst viele Menschen gerettet werden können: „Ziel für die Hilfeleistenden ist in einer Katastrophe immer, einerseits möglichst vielen Angehörigen der sozialen Gemeinschaft das Überleben zu ermöglichen, andererseits für die Überlebenden individualmedizinische Versorgungsmöglichkeiten – wenn schon nicht aufrecht zu erhalten, so doch möglichst zügig wiederherzustellen." (Weidringer 2006, S. 29).

Tab. 2 Sichtungskategorien für Großschadensereignisse und Katastrophen (Weidringer 2006, S. 30)

| Sichtungskategorie | Beschreibung | Konsequenz |
|---|---|---|
| I | akute, vitale Bedrohung | Sofortbehandlung |
| II | schwerverletzt/erkrankt | aufgeschobene Behandlungsdringlichkeit |
| III | leicht verletzt/erkrankt | spätere (ambulante) Behandlung |
| IV | ohne Überlebenschance | betreuende (abwartende) Behandlung |
| | Tote | Kennzeichnung |

## 14.3 Priorisierung intensivmedizinischer Ressourcen

Im Rahmen der COVID-19-Pandemie kam es in verschiedenen Ländern aufgrund der hohen Anzahl beatmungsbedürftiger Patienten mit einem schweren Atemnotsyndrom zu einer akuten Überlastung der Intensivstationen. Trotz Mobilisierung zusätzlicher Kapazitäten konnte auch in Deutschland im Frühjahr 2020 eine Knappheit intensivmedizinischer Ressourcen nicht mit Sicherheit ausgeschlossen werden. Im Gegensatz zur Triage in der Katastrophenmedizin gab es in Deutschland damals keine Vorgaben, welche Patienten beim Zugang zur Intensivstation priorisiert werden sollen. Wie in anderen Ländern haben daraufhin 8 medizinische Fachgesellschaften unter Federführung der Deutschen Interdisziplinären Vereinigung Intensivmedizin (DIVI) und der Akademie für Ethik in der Medizin (AEM) Empfehlungen zur Priorisierung intensivmedizinischer Ressourcen in der COVID-19-Pandemie erarbeitet (Marckmann et al. 2020a).

Die Empfehlungen, die inzwischen auch als S1-Leitlinie bei der AWMF verfügbar sind (Registernummer 040-013), sollen dazu beitragen, dass unvermeidbare Priorisierungsentscheidungen nach einheitlichen, transparenten, klar definierten sowie medizinisch und ethisch gut begründeten Kriterien in einem Prozess getroffen werden, der die Gleichbehandlung der Patienten sicherstellt und die beteiligten Akteure bei den schwierigen Entscheidungen entlastet. Bei der Entscheidungsfindung wird vorausgesetzt, dass alle verfügbaren Möglichkeiten genutzt wurden, um weitere Intensivkapazitäten zu mobilisieren oder die Patienten in eine andere Klinik zu verlegen. Zudem muss zunächst im Rahmen einer patientenzentrierten Einschätzung sichergestellt werden, dass die Intensivtherapie bei dem jeweiligen Patienten eine realistische Erfolgsaussicht besitzt und vom Betroffenen (noch) gewünscht ist. Insbesondere ältere Patienten möchten häufig nicht mehr, dass alles medizinisch Mögliche unternommen wird, um ihr Leben zu erhalten. Da viele der betroffenen Patienten zum Zeitpunkt der Einweisung eingeschränkt oder nicht mehr entscheidungsfähig sind, kommt der Vorausplanung von Behandlungsentscheidungen mit einem aussagekräftigen, von ärztlicher Seite (mit) verantwortetem Notfallbogen in der präklinischen Versorgung eine besondere Bedeutung zu (vgl. hierzu Kapitel I.10, Vorausplanung von Behandlungsentscheidungen [Advance Care Planning]).

Sofern die Intensivkapazitäten nicht ausreichen, um alle Patienten zu behandeln, bei denen eine Intensivtherapie aussichtsreich und gewünscht ist, sollte sich die dann unvermeidliche Priorisierung der Patienten nach den Empfehlungen der Fachgesellschaften am Kriterium der *Erfolgsaussicht* – hier definiert als die Wahrscheinlichkeit, die aktuelle Intensivbehandlung zu überleben – orientieren. Demzufolge werden diejenigen Patienten, die sehr krank sind, aber erfolgreich behandelt werden können, gegenüber denjenigen Patienten priorisiert, die auch mit intensivmedizinischer Behandlung mit einer hohen Wahrscheinlichkeit versterben würden. Diese Priorisierung, die unabhängig von der Erkrankung alle Patienten mit Intensivbehandlungsbedarf einbezieht (die bereits beatmeten auf der Intensivstation gleichermaßen wie diejenigen in der Notaufnahme), soll dazu beitragen, dass mit den begrenzt verfügbaren Kapazitäten eine möglichst hohe Anzahl schwerstkranker Patienten gerettet werden kann (vgl. Marckmann et al. 2020b). Es handelt sich allerdings nicht um eine konsequente Umsetzung der Maxime, die meisten Menschenleben zu retten, da der erwartete Ressourcenverbrauch (insbesondere die Liegedauer auf der Intensivstation) nicht berücksichtigt wird (Lübbe 2020).

Die Erfolgsaussicht der Intensivtherapie wird im Einzelfall beurteilt unter Berücksichtigung (1) des Schweregrads der akuten Erkrankung, (2) des Vorliegens prognostisch relevanter Begleiterkrankungen und (3) des allgemeinen Gesundheitszustands, sofern er Auswirkungen auf die aktuelle Überlebenswahrscheinlichkeit des Patienten hat. Diese drei Faktoren können in einem Punktescore zusammengefasst werden, was eine Priorisierung auch über eine größere Anzahl von Patienten hinweg erlaubt (vgl. Riessen et al. 2020). Zudem können weitere Priorisierungskriterien wie z.B. das Lebensalter oder der instrumentelle Wert des Patienten in den Punktescore eingerechnet werden. Hierfür wäre aber noch mehr eine entsprechende gesellschaftliche Legitimation erforderlich, z.B. durch eine entsprechende Vorgabe des Gesetzgebers.

Die von den Fachgesellschaften vorgeschlagene Priorisierung nach dem Kriterium der klinischen Erfolgsaussicht wurde in der Folge insbesondere aus rechtlicher Sicht und von Behindertenverbänden kritisiert. Zum einen richtet sich die Kritik aus verfassungsrechtlicher Perspektive gegen das Kriterium der Erfolgsaussicht, die Aggregation in der ethischen Begründung (Maximierung der Anzahl geretteter Menschenleben) und die Legitimation der Fachgesellschaften (Fateh-Moghadam und Gutmann 2021). Zum anderen wurde kontrovers diskutiert, wie eine Triage bei bereits beatmeten Patienten (sog. ex-post Konkurrenz) strafrechtlich zu bewerten ist (vgl. z.B. Engländer und Zimmermann 2020 sowie Taupitz 2020). Vertretungen von Menschen mit Behinderung (z.B. abilitywatch.de) kritisierten die mögliche Diskriminierung von älteren Menschen und Menschen mit Behinderung durch das Kriterium der klinischen Erfolgsaussicht. Es bleibt zu hoffen, dass diese Fragen gesellschaftspolitisch diskutiert und durch das Parlament eindeutig beantwortet werden, damit zukünftig bei einer drohenden Knappheit der Intensivkapazitäten insbesondere für die verantwortlichen Akteure vor Ort Klarheit und Rechtssicherheit besteht.

## 14.4 Priorisierung von Impfstoffen

Eine Impfung gegen das SARS-CoV-2-Virus stellt eines der effektivsten Mittel bei der Pandemiebekämpfung dar. Nach der Zulassung waren die entwickelten Impfstoffe aber nur begrenzt verfügbar, zudem bot die Impfung weiter Teile der Bevölkerung erhebliche logistische Herausforderungen. Damit stellte sich die Frage, welche Bevölkerungsgruppen Priorität bei der Verteilung des zunächst begrenzt verfügbaren Impfstoffs haben sollen (vgl. das gemeinsame Positionspapier von Ständiger Impfkommission, Deutschem Ethikrat und der Nationalen Akademie der Wissenschaften Leopoldina 2020). Die übergreifende Zielsetzung einer Impfpriorisierung sollte darin liegen, Schaden durch die COVID-19-Pandemie möglichst weit zu reduzieren, wobei neben gesundheitlichen Schäden (Morbidität und Mortalität durch COVID-19) auch negative gesellschaftliche Auswirkungen zu berücksichtigen sind. Zugleich sollte gewährleistet sein, dass alle Menschen gleichermaßen Zugang zu den priorisierten Impfstoffen haben, unabhängig von Faktoren wie Alter, Wohnort oder sozioökonomischem Status. Bei dieser am ethischen Kriterium der *Nutzenmaximierung* orientierten Priorisierung ist zu berücksichtigen, dass zudem sichergestellt werden muss, dass diejenigen Personengruppen vorrangig geimpft werden, die den größten *Bedarf* an einem Schutz durch die SARS-CoV2-Impfung haben, da sie ein hohes Risiko für einen schwerwiegenden oder sogar tödlichen Verlauf von COVID-19 haben. Die Priorisierung würde damit eine *Nutzenmaximierung mit gerechtigkeitsethischen Einschränkungen* anstreben (Marckmann 2009).

Aus der übergreifenden Zielsetzung – möglichst viel Schaden durch die Pandemie vermeiden bei Sicherung des vordringlichen Bedarfs an Infektionsschutz – lassen sich dann konkretere Kriterien ableiten, anhand derer man bestimmten kann, welche Personengruppen Vorrang beim Zugang zur Impfung haben sollen. Hierzu gehören (1) ein hohes Risiko für schwerwiegende Erkrankungen und Todesfälle durch COVID-19, (2) eine berufsbedingt hohe Wahrscheinlichkeit, sich mit dem SARS-CoV2-Virus zu infizieren, (3) ein hohes Risiko negativer gesellschaftlicher Auswirkungen im Krankheitsfall sowie (4) eine große Bedeutung für die Übertragung und Ausbreitung der Infektion. Anhand dieser Kriterien kann dann festgelegt werden, welche Personengruppen in welcher Reihenfolge mit dem knappen Impfstoff versorgt werden sollen. Dabei sind aktuelle Erkenntnisse über den Verlauf der COVID-19-Pandemie sowie die Wirksamkeit der verfügbaren Impfstoffe in verschiedenen Bevölkerungsgruppen einschließlich möglicher Schadenspotenziale erforderlich. In Deutschland erfolgte die Priorisierung durch die Ständige Impfkommission (STIKO) am Robert-Koch-Institut, die ihre Empfehlungen laufend an die Verfügbarkeit der Impfstoffe und den aktuellen Stand der Erkenntnisse hinsichtlich der Infektiösität und Gefährlichkeit der Erreger sowie der Wirksamkeit der Impfstoffe anpasste.

Auch wenn die Fragen der Priorisierung von SARS-CoV-2-Impfstoffen kontrovers und mitunter sehr emotional diskutiert werden, sollte man berücksichtigen, dass es sich im Vergleich zu einer Knappheit der Intensivkapazitäten um Entscheidungen von sehr viel geringerer Tragweite handelt. Schließlich geht es hier nicht um die Zuteilung lebenswichtiger Akutbehandlungen, sondern um die zeitliche Reihenfolge beim Zugang zu einer vorbeugenden Schutzmaßnahme. Wer im Rahmen einer Priorisierung nicht in den ersten Phasen geimpft werden kann, hat ein vergleichsweise niedriges Risiko für eine Infektion und einen schwerwiegenden Verlauf (andernfalls wäre die Person frühzeitig geimpft worden) und kann durch entsprechende Verhaltensmaßnahmen die Wahrscheinlichkeit einer Infektion weiter verringern. Zudem dürfte es im Interesse aller sein, dass die negativen Auswirkungen der COVID-19-Pandemie auf die Gesundheit und unser Leben bestmöglich reduziert werden. Dieses Ziel kann mit einer Priorisierung der Impfung am ehesten erreicht werden.

## Literatur


Emanuel EJ, Persad G, Upshur R, Thome B, Parker M, Glickman A, Zhang C, Boyle C, Smith M, Phillips JP (2020) Fair Allocation of Scarce Medical Resources in the Time of Covid-19. N Engl J Med 382, 2049–2055

Engländer A, Zimmermann T (2020) „Rettungstötungen" in der Corona-Krise? Die Covid-19-Pandemie und die Zuteilung von Ressourcen in der Notfall- und Intensivmedizin. NJW, 1398–1402

Fateh-Moghadam B, Gutmann T (2021) Gleichheit vor der Triage: Rechtliche Rahmenbedingungen der Priorisierung von COVID-19-Patienten in der Intensivmedizin. In: Hörnle T, Huster S, Poscher R (Hrsg.) Triage in der Pandemie, 291–334. Mohr Siebeck Tübingen

Hörnle T, Huster S, Poscher R (Hrsg.) (2021) Triage in der Pandemie. Mohr Siebeck, Tübingen

Lübbe W (2020) Orientierung in der Corona-Krise? Nicht mit Doppelbotschaften. MedR 38, 434–439

Marckmann G (2009) Nutzenmaximierung mit gerechtigkeitsethischen Einschränkungen: Perspektiven einer ethisch vertretbaren Kosten-Nutzen-Bewertung. Das Gesundheitswesen 71 (Suppl. 1):S2–S8

Marckmann G, Neitzke G, Schildmann J, Michalsen A, Dutzmann J, Hartog C, Jobges S, Knochel K, Michels G, Pin M, Riessen R, Rogge A, Taupitz J, Janssens U (2020a) Entscheidungen über die Zuteilung intensivmedizinischer Ressourcen im Kontext der COVID-19-Pandemie: Klinisch-ethische Empfehlungen der DIVI, der DGINA, der DGAI, der DGIIN, der DGNI, der DGP, der DGP und der AEM. Med Klin Intensivmed Notfmed 115, 477–485

Marckmann G, Neitzke G, Schildmann J (2020b) Triage in der COVID-19-Pandemie – was ist gerecht? DIVI 11, 172–178

Riessen R, Haap M, Marckmann G, Mahling M (2020) Rationale Therapieentscheidungen bei Intensivpatienten. Dtsch Med Wochenschr 145, 1470–1475.

Schutzkommission beim Bundesminister des Innern (2006). Katastrophenmedizin. Leitfaden für die ärztliche Versorgung im Katastrophenfall. Bundesministerium des Innern Berlin

Ständige Impfkommission, Deutscher Ethikrat, Nationale Akademie der Wissenschaften Leopoldina (2020) Wie soll der Zugang zu einem COVID-19 Impfstoff geregelt werden? Berlin

Taupitz J (2020) Verteilung medizinischer Resourcen in der Corona-Krise: Wer darf überleben? Medizinrecht 38, 440–450

Weidringer JW (2006) Aspekte zur Katastrophenmedizin und Definition ihrer Inhalte und Aufgaben In: Schutzkommission beim Bundesminister des Innern (Hrsg.) Katastrophenmedizin. Leitfaden für die ärztliche Versorgung im Katastrophenfall, 28–31. Bundesministerium des Innern Berlin

# 15 Zum Umgang mit Behandlungsfehlern, schweren Komplikationen und belastenden Verläufen

Kurt W. Schmidt

Der Ausgang einer Behandlung ist nie sicher vorherzusagen. Jeder Eingriff kann Komplikationen nach sich ziehen und trotz aller ärztlichen und pflegerischen Bemühungen kann es zu unerwünschten Verläufen und Behandlungsfehlern kommen. Das renommierte amerikanische Institute of Medicine erregte im Jahr 2000 weltweite Aufmerksamkeit, als es seine Studie *To Err is Human* zu Behandlungsfehlern in den USA veröffentlichte (Kohn et al. 2000). Der Einfluss war bedeutend. Von vielen Seiten wurde diese Thematik aufgegriffen, denn das ethische Prinzip des Nichtschadens verpflichtet den einzelnen Mitarbeiter ebenso wie das Behandlungsteam und die Institution dazu, die Risiken einer möglichen Schädigung so gering wie möglich zu halten. Dazu gehört unter anderem die Einhaltung bestimmter Standards, die fachliche Qualifikation der Mitarbeiter, das Wissen um die eigenen Grenzen und die Bereitschaft, aus Fehlern und Zwischenfällen zu lernen. Mit der Einführung von anonymen Fehlermeldesystemen wie CIRS (Critical Incident Reporting System) sollen bestehende und potenzielle Risiken weitestgehend reduziert und somit eine ständige Verbesserung der Versorgungsqualität erreicht werden (Slany et al. 2011).

Doch Komplikationen und unerwünschte Verläufe lassen sich nie ganz ausschließen. Auch die besten Prozessstrukturen und Meldesysteme werden letztlich nicht verhindern können, dass Fehler geschehen und es zu belastenden Verläufen kommt. Dann besteht die ethische und rechtliche Herausforderung darin, angemessen auf einen derartigen Zwischenfall zu reagieren, auch wenn zu Beginn nicht klar zu erkennen ist, ob es sich überhaupt um einen „Fehler" gehandelt hat. Einige Handreichungen vermeiden den Begriff „Fehler" und sprechen umfassender von „schweren Komplikationen" und „belastenden Verläufen". Wir fassen jedoch bewusst den (möglichen) Behandlungsfehler ins Auge, da der Umgang mit Fehlern wegen der emotionalen, psychologischen, ethischen und rechtlichen Komponenten zu den schwierigsten Aufgaben und belastensten Erfahrungen im Berufsalltag zählt (Graf u. Valentin 2021). Bis heute stellen Tabuisierung und eine „strafende Fehlerkultur" große Alltagsprobleme dar, die es im Sinne aller Betroffenen zu überwinden gilt. Dabei gilt es zu bedenken, dass es häufig nicht nur eine einzelne

Person ist, der ein Fehler unterlaufen ist, sondern dass mehrere Personen involviert waren, es zu einer unglücklichen Verkettung von Ereignissen gekommen ist und Sicherungssysteme versagt haben (Klemp 2012). Von den Auswirkungen ist nie nur ein Einzelner betroffen, sondern stets auch Kolleginnen und Kollegen, Vorgesetzte und letztlich auch die gesamte Institution. Krankenhausinterne Standards, die die Schritte nach einem schweren Zwischenfall oder Behandlungsfehler regeln könnten, liegen in vielen Einrichtungen noch nicht vor. Doch die Einführung von Fehlermeldesystemen wie CIRS ist solange unvollständig, wie es nicht auch zur Einführung eines strukturierten Vorgehens nach einer schweren Komplikation bzw. einem mutmaßlichen Behandlungsfehler gekommen ist.

*Neben einem Fehlermeldesystem ist ein Plan für ein strukturiertes Vorgehen nach einer schweren Komplikation bzw. einem Behandlungsfehler zu implementieren. Beide Maßnahmen sind notwendig, da sie die zwei Seiten derselben Medaille darstellen.*

## 15.1 Der rechtliche Kontext im Umgang mit Behandlungsfehlern

In Deutschland schreibt das Patientenrechtegesetz aus dem Jahr 2013 vor:

> *„Sind für den Behandelnden Umstände erkennbar, die die Annahme eines Behandlungsfehlers begründen, hat er den Patienten über diese auf Nachfrage oder zur Abwendung gesundheitlicher Gefahren zu informieren.“* (BGB § 630c Abs. 2 Satz 2)

Der Behandelnde ist somit zur Information verpflichtet, wenn entweder der Patient konkret nachfragt oder – ohne Nachfrage des Patienten – wenn die Information zur Abwendung gesundheitlicher Gefahren erforderlich ist. Der Behandelnde muss wahrheitsgemäß antworten, wenn ein Patient ausdrücklich nach Behandlungsfehlern fragt, sofern der Behandelnde Umstände erkennt, die die Annahme eines Behandlungsfehlers begründen.

In einem ersten Umsetzungshinweis ist die Deutsche Krankenhausgesellschaft auf das darin enthaltene Problem der „Selbstbezichtigungspflicht“ eingegangen, das bereits im Rahmen des Gesetzgebungsverfahrens sehr kritisch kommentiert wurde. Diese „Selbstbezichtigungspflicht“ sei, so wurde und wird eingewandt, nicht mit dem verfassungsrechtlichen Grundsatz zu vereinbaren, dass niemand verpflichtet sei, sich selbst einer Straftat oder Ordnungswidrigkeit zu bezichtigen.

> *„Diesen Bedenken versucht die Regelung des § 630c Abs. 2 Satz 3 zu begegnen, wonach eine Offenlegung von Behandlungsfehlern, die dem Behandelnden oder einem Angehörigen nach § 52 Abs. 1 StPO unterlaufen sind, in einem gegen ihn oder seinen Angehörigen geführten Straf- oder Bußgeldverfahren nur mit seiner Zustimmung verwendet werden darf.“* (Deutsche Krankenhausgesellschaft 2013)

Allerdings gilt dieses Beweisverwertungsverbot nicht in einem zivilgerichtlichen Schadensersatzprozess und in einem berufsständischen Verfahren. Unter anderem aus diesen Gründen bleiben Fragen in diesem sensiblen Bereich. Eine detaillierte rechtliche Bewertung kann an dieser Stelle nicht erfolgen. Wichtig ist, dass die ethische Zielsetzung eines offeneren und transparenteren Umgangs mit Behandlungsfehlern das Bedürfnis des Einzelnen nach rechtlichem Schutz weder übergehen noch moralisch verurteilen darf. Die grundsätzliche Positionierung der Einrichtung zum Umgang mit Behandlungsfehlern muss gerade deshalb eine hilfreiche Beratungsstruktur zum Verhalten nach einem schweren Zwischenfall zur Verfügung stellen, damit sich eine „positive" Fehlerkultur entwickeln kann.

## 15.2 Was ist ein Behandlungsfehler?

Innerhalb der Medizin, der Rechtswissenschaft, Philosophie, Theologie, Ethik, Psychologie und Psychotherapie gibt es höchst unterschiedliche Verständnisse davon, was unter einem „Fehler" zu verstehen ist (vgl. Frewer et al. 2013; Schmidt et al. 2012). Da das Ausmaß des Schadens und die Auswirkung auf die (mit)verursachenden Personen nach einem Behandlungsfehler höchst unterschiedlich sein kann (Kattermann 2018), ist die nachfolgende Kategorisierung für den angemessenen Umgang mit Fehlern hilfreich (vgl. Stiftung 2006):

- **Schwerer Fehler (serious error):** Ein schwerer Fehler, der den Tod eines Patienten oder eine gravierende Schädigung zur Folge hat.
- **Fehler (error):** Ein Fehler, der das Potenzial hat, eine permanente Schädigung oder einen vorrübergehenden (potenziell) lebensbedrohlichen Schaden hervorzurufen.
- **Geringfügiger Fehler (minor error):** Ein Fehler, der keinen Schaden verursacht oder hierzu nicht das Potenzial hat
- **Beinahe-Zwischenfall (near miss):** Ein Fehler, der einen Schaden hätte verursachen können, jedoch keine Auswirkungen auf den Patienten hatte, da er noch rechtzeitig entdeckt und „abgefangen" wurde.
- **Vermeidbares unerwünschtes Ereignis (preventable adverse event):** Eine Schädigung (oder Komplikation), die z.B. aus einem technischen Fehler bei der Durchführung einer Maßnahme oder einem Systemversagen resultiert.

Davon zu unterscheiden ist:

- **Nicht vermeidbares, unerwünschtes Ereignis (unpreventable adverse event):** Eine Schädigung (oder Komplikation), die nicht auf einen Fehler oder Systemversagen zurückzuführen ist und die nach dem heutigen Stand der Wissenschaft nicht immer vermeidbar ist.
- **Irrtümlich zugeschriebener Fehler:** Ein Ereignis, das sich eine Person irrtümlich – etwa aufgrund mangelnder Kenntnis der Fakten – als Folge eines persönlichen Fehlers zuschreibt, bei dem jedoch kein kausaler Zusammenhang zur Handlung der Person besteht (irreales Schuldgefühl).
- **Unbewusst zugeschriebene Schuld:** Eine Person schreibt sich nachträglich einen Fehler bzw. schuldhaftes Handeln zu, ohne dass ein kausaler Zusammenhang besteht, mit dem (unbewussten) Ziel, die Kontrolle zu behalten bzw. für das Ereignis eine Erklärung haben zu können.

**!** **Ein Behandlungsfehler kann, muss aber nicht einen Schaden verursachen.**

## 15.3 Fehlerkultur als organisationsethische Aufgabe

Behandlungsfehler können für Mitarbeiterinnen und Mitarbeiter im Gesundheitswesen ein extrem belastendes Ereignis sein. Neben dem betroffenen Patienten als direktes Opfer (sog. „first victim“) droht die Gefahr, dass der bzw. die Verursacher zum „zweiten Opfer“ werden (sog. „second victim“, vgl. Wu 2000; Monteverde und Schiess 2017) und zwar vor allem dann, wenn klare Verhaltensanweisungen fehlen und unter Kolleginnen und Vorgesetzten zu wenig Wissen über hilfreiche Unterstützungsmöglichkeiten vorhanden ist. Die angemessene Verhaltensweise auf einen (möglichen) Behandlungsfehler kann nicht vom einzelnen Mitarbeiter allein entwickelt werden. Es verlangt ein übergeordnetes Konzept der gesamten Einrichtung (Schmidt 2021). Dabei gilt es, von anderen Arbeitsbereichen mit hohen Sicherheitsanforderungen (wie z.B. der Luftfahrt) zu lernen, gerade auch in Hinblick darauf, dass eine hilfreiche Fehlerkultur nicht von heute auf morgen etabliert werden kann, sondern Zeit benötigt (St. Pierre und Hofinger 2020).

*Das Konzept zum Umgang mit Behandlungsfehlern muss zwischen Geschäftsführung, Rechtsabteilung, Öffentlichkeitsabteilung (Krisenkommunikation) und den klinischen Bereichen abgestimmt und innerhalb der Abteilungen bekannt sein.*

Folgende Schritte dienen der Orientierung:

1. Das Unternehmen sollte eine an ethischen Prinzipien ausgerichtete Entscheidung treffen, welchen Weg es im Umgang mit Behandlungsfehlern grundsätzlich einschlagen will.
2. Stets gilt es, den Patienten als unmittelbar betroffenes „erstes Opfer“ vor der Gefahr weiterer Schädigungen zu schützen.
3. Die Kollegen, Vorgesetzte und Geschäftsführung sollen den bzw. die betroffene Mitarbeiter als potenzielle „zweite Opfer“ im Blick haben und Maßnahmen ergreifen, diese zu schützen und hilfreich zu begleiten.
4. Der Mitarbeiter, der in einen Behandlungsfehler involviert ist, soll sich seiner Verantwortung bewusst sein, mögliche rechtliche Konsequenzen kennen und über seine eigenen Rechte (Stichwort: „Selbstbeschuldigung“) informiert sein.
5. Für den strukturierten Umgang ist ein Konzept zu erstellen und dessen Ablauf einzuüben.

## 15.3.1 Schwierigkeiten bei der Etablierung einer Fehlerkultur

Hat sich das Unternehmen für eine grundsätzliche Offenheit und Transparenz ausgesprochen und ist bereit, eine positive Fehlerkultur zu etablieren, so bedarf die Umsetzung Zeit und muss mit Widerständen rechnen. Die Hürden für die Umsetzung eines offeneren und transparenteren Umgangs mit Fehlern sind hoch. Dies ist auch wenig verwunderlich, denn passiert ein Fehler, sind Scham, Schuldgefühle und Selbstzweifel aufseiten der Verursacher und (Mit-)Involvierten häufige Reaktionen. Während grobe Fahrlässigkeit eher selten ist, sind Unachtsamkeit und Leichtfertigkeit bei fehlerbegünstigender Risikokonstellation die häufigste Ursache für Diagnose- und Behandlungsfehler und werden überwiegend als „menschliches Versagen“ eingestuft (vgl. Balhorn 2012; Taylor-Adams u. Vincent 2007).

Beim Patienten stoßen Behandlungsfehler angesichts des sehr hohen Guts, das körperliche Unversehrtheit und Gesundheit für ihn bedeutet, auf Angst, Sorge, Wut und Unverständnis. Was der Patient nach solchen Zwischenfällen in der Regel erwartet, ist *Offenheit und Eindeutigkeit*: eine Erklärung des Vorfalls, ein Ausdruck des Bedauerns und der Anteilnahme, eine klare Beschreibung des weiteren Vorgehens und die Übernahme von Verantwortung. Wozu Ärztinnen und Ärzte hingegen tendieren, ist *Verschlossenheit und Uneindeutigkeit*; das Ereignis wird in seiner Bedeutung eher heruntergespielt und die Verantwortung bleibt diffus durch eine entpersonalisierte Darstellung („Es gab ein Problem mit Ihrer Akte", vgl. Schwappach 2010). Dies geschieht häufig dann, wenn dem medizinischen Laien der Fehler (noch) nicht ersichtlich ist. So würden entsprechend einer Studie von Loren und Kollegen bei einem für Eltern nicht offensichtlichen Fehler (z.B. inadäquate Antibiotikatherapie) und einer Verschlechterung des Zustands ihres Kindes mit der Notwendigkeit stationärer Krankenhausbehandlung, die auch andere Ursachen haben könnte, nur 32% der Ärzte ihren Fehler der Fehlmedikation zugeben und lediglich 20% sich dafür entschuldigen, gegenüber 60% bzw. 33% der Ärzte bei einer Insulinüberdosierung, die eine ungeplante Aufnahme auf der Intensivstation erforderlich macht (Loren et al. 2008).

Abgesehen davon, wie eine derartige Verhaltensweise ethisch zu bewerten ist, bergen jegliche „Vermeidungsstrategien" das Risiko des Vertrauensverlusts zwischen Arzt und Patient und fördern die Bereitschaft zur (juristischen) Auseinandersetzung und zum Konflikt (Berlin 2006). Daher spricht Schwappach bei insuffizienter oder gar wahrheitswidriger Kommunikation nach einem Behandlungszwischenfall vom „Fehler nach dem Fehler" (Schwappach 2010).

Für Klinikmitarbeiter, die offen und ehrlich kommunizieren wollen und dies auch dürfen, denn hier sprechen Dritte (Vorgesetzte, Geschäftsleitung, Versicherer) ganz entscheidend mit, ist die Situation in hohem Maße emotional belastet, sodass hier eine klare Konzeption seitens des Arbeitgebers und eine Hilfestellung nötig ist, idealerweise durch die Unterstützung eines „Rapid-Response-Teams" mit einem klaren Ansprechpartner, der zeitnah erreichbar ist (Scott et al. 2010; Edrees et al. 2016; DeVita et al. 2017). Nur dann ist zu vermeiden, dass derjenige, der den Fehler begeht, nicht in eine inhaltliche und emotionale Sackgasse gerät, mit negativen Auswirkungen auf seine Leistungsfähigkeit und Leistungsbereitschaft sowie das In-Gang-Setzen eines *circulus vitiosus* (Schwappach u. Boluarte 2008), der als weiterer „Fehler nach dem Fehler" den Schadens(mit)verursacher zum „second victim" werden lässt. Denn nicht nur vermehrte Angst, künftig erneut einen Fehler zu begehen, kann die Folge eines Behandlungsfehlers sein (so bei 61% von 3.171 befragten Ärzten), sondern auch Verlust an Selbstvertrauen (44%), Schlafstörungen (42%), verringerte Arbeitszufriedenheit (42%), Reputationsverlust (13%) (Waterman 2007) und andere Folgen von Burnout bis zur Depression, mangelnde Empathie und Beeinträchtigung der Behandlungsqualität (Schwappach 2008). Somit besteht eine hohe ethische Verpflichtung des Arbeitgebers, aus Fürsorge für die eigenen Mitarbeiter und in Verantwortung gegenüber den künftigen Patienten, die aktuellen Belastungen der betroffenen Mitarbeiter hilfreich aufzugreifen.

> *Die Belastungen nach einem Behandlungsfehler können für die Klinikmitarbeiter sehr hoch sein. Hilfreiche Unterstützung durch Kollegen, Vorgesetze und Arbeitgeber ist gefordert.*

Das Fehlen schlüssiger Konzeptionen für den Umgang mit erfolgten Behandlungsfehlern fand in der 2012 veröffentlichten Umfrage des Instituts für Patientensicherheit ihren Niederschlag, bei der die Frage, ob ein krankenhausinterner Standard existiert, der sicherstellt, dass Patienten oder deren Angehörige über gravierende Behandlungsfehler mit Schadensfolge zeitnah informiert werden und ein Unterstützungsangebot erhalten, lediglich von 21,6% der 476 an der Umfrage teilnehmenden Krankenhäuser bejaht wurde (Lauterberg 2012).

Während nun Angehörige und Patienten, Philosophen und Ethiker den offenen Umgang mit Fehlern fordern, warnen Strafrechtler und Rechtsanwälte vor einem „blauäugigen" Vorgehen, da die rechtlichen Konsequenzen für denjenigen, der einen schwerwiegenden Fehler zu verantworten hat, erheblich sein können – bis hin zur Vernichtung der beruflichen Existenz. Wäre es somit überhaupt denkbar, dass ein Krankenhaus für den Fall eines schwerwiegenden und irreversiblen, vom geschädigten Patienten und seinen Angehörigen jedoch nicht erkennbaren Diagnose- oder Behandlungsfehlers eine klare und unmissverständliche Forderung zur ungefragten Offenlegung formuliert? Die berufsethischen Verpflichtungen der Ärzteschaft gehen in einigen Ländern durchaus in diese Richtung, bei der Analyse der gelebten Praxis tut sich jedoch ein breiter Graben auf. Es scheint somit kaum einen Bereich in der klinischen Ethik zu geben, bei dem die moralische Aufforderung zu Ehrlichkeit, Offenheit und Transparenz auf der einen Seite und gelebte Wirklichkeit auf der anderen Seite derart weit auseinanderklafft.

### 15.3.2 Fehlerkultur als Zeichen der Wertschätzung

Im Verhalten nach einem Behandlungsfehler zeigt sich die Art der Wertschätzung und des Respekts gegenüber dem Patienten und den Mitarbeitern (Berlinger 2007). Zwar sollen und können die Rechte des einzelnen Mitarbeiters, bzw. den Mitgliedern des Teams oder der Institution, denen der Fehler unterlaufen ist, nicht beschränkt werden, doch ist aus ethischer Sicht zu betonen, dass der Patient ein Recht darauf hat, zu erfahren, was geschehen ist. Da sich der Patient der Fürsorge der Mitarbeiter anvertraut hat bzw. anvertrauen musste, lautet die ethische Leitlinie im Umgang mit Behandlungsfehlern:

> *Welchen Umgang würde sich der Patient wünschen, nachdem er einen Behandlungsfehler erlitten hat? Welches fürsorgliche Verhalten sind wir ihm schuldig?*

Das Verhalten nach einem Behandlungsfehler ist in erster Linie darauf auszurichten, weiteren Schaden vom Patienten fernzuhalten bzw. diesen zu verringern sowie Leiden zu lindern. Die Betreuung des Patienten soll Unterstützung bieten, Sorgen und Ängste minimieren, Vertrauen schaffen bzw. erhalten. Offenheit und Transparenz sind dafür notwendige Voraussetzungen. Eine starre, einseitig „haftungsorientierte Verweigerung" jeglicher Kommunikation mit Patienten und Angehörigen ist zu überwinden, ohne dabei ins Gegenteil zu verfallen und eine komplett „haftungsvergessene Kommunikation" mit dem Patienten zu betreiben. Vielmehr ist in *Absprache mit dem Versicherer* die zeitnahe und vertrauensvolle Kommunikation zu planen. Dabei sind wichtige Punkte zu berücksichtigen, die in den folgenden Kapiteln beschrieben werden sollen.

## 15.4 Erste Schritte nach dem Zwischenfall

Die nachfolgenden Hinweise gehen auf verschiedene, sehr hilfreiche Veröffentlichungen zurück (Aktionsbündnis 2008, 2017; Institute for Professionalism 2009; Kommission 2013; Schwappach 2010; Stiftung 2006, 2010; Truog 2011; Ulsenheimer u. Bock 2013):

- Unternehmen Sie alles Notwendige, um weiteren Schaden vom Patienten abzuwenden.
- Informieren Sie die in Ihrem Haus verantwortlichen Personen (etwa gemäß einer bestehenden Informationskette: Chefarzt, Pflegedirektion, Geschäftsführung, Rechtsabteilung, Öffentlichkeitsarbeit).
- Verschaffen Sie sich Klarheit über die bisher bekannten Fakten.
- Der *Erstkontakt* ist mit dem Versicherer zu führen, um die bestmögliche Versorgung und Regulierung für den Patienten zu erzielen! Umfang und Inhalt der späteren Kommunikation mit dem Patienten/den Angehörigen ist mit der Versicherung abzustimmen. Siehe hierzu auch die verschiedenen Broschüren der Versicherer (Ihres Versicherers) zum „Verhalten des Arztes im Schadensfall" und zur „Medienarbeit im Krisenfall".
- Legen Sie eine neue Akte für den Versicherer an (Nebenakte) mit der medizinischen/pflegerischen Darstellung der Fakten *ohne subjektive* Einschätzungen an, mit dem Ziel, die Weiterbehandlung/Pflege zu ermöglichen.
- Erstellen Sie für sich eine persönliche Dokumentation mit Ihren eigenen Einschätzungen in einem separaten Dokument, das nicht Bestandteil der Patientenakte ist.
- Führen Sie eine erste interdisziplinäre Nachbesprechung des Falls durch, um Fehlinterpretationen und Schuldzuweisungen zu vermeiden. Dabei ist aus juristischer Sicht zu beachten, dass die Beteiligten ggf. später der Staatsanwaltschaft als Zeugen zur Verfügung stehen müssen und Protokolle solcher Besprechungen ggf. beschlagnahmt werden können.
- Ergreifen Sie Maßnahmen, wenn deutlich wird, dass weitere Fehler der gleichen Art (z.B. Verwechslungen) möglich sind.
- Überprüfen Sie, ob die bisherige Behandlung durch das Team bestehen bleiben kann oder ob die Behandlung von anderen Personen weitergeführt werden sollte. Klären Sie, ob das Vertrauen in das bisherige Behandlungsteam dadurch gestärkt bzw. erhalten werden kann, dass zusätzliche Kräfte/Spezialisten mit einbezogen werden.
- Harmlose Fehler ohne Auswirkungen sollten nicht kommuniziert werden. Beinahe-Zwischenfälle sind in Hinblick auf die Kommunikation mit dem Patienten individuell zu bewerten.

**! Die zeitnahe Kommunikation nach einem (möglichen) Behandlungsfehler wird in der Praxis häufig am Schlechtesten umgesetzt, ist jedoch für den weiteren Verlauf mit am Wichtigsten!**

## 15.5 Die Kommunikation des schweren Behandlungsfehlers mit dem Patienten und seinen Angehörigen

Dieser Teil wird in der Praxis häufig am Schlechtesten umgesetzt, ist jedoch für den weiteren Verlauf und das Vertrauensverhältnis mit am Wichtigsten, da gerade schlechte Kommunikation bzw. Gesprächsverweigerung als eine der Hauptursachen für juristische Klagen von Angehörigen angenommen wird. Planen Sie deshalb dieses Erstgespräch mit dem Patienten/den Angehörigen gut. Nehmen Sie sich Zeit für die Vorbereitung!

**Gehen Sie nicht unvorbereitet in das Erstgespräch mit dem Patienten bzw. den Angehörigen!**

### 15.5.1 Die Vorbereitung des Erstgesprächs

- Überprüfen Sie die Fakten.
- Führen Sie das Erstgespräch *zeitnah* durch (möglichst innerhalb der ersten 24 Stunden) als *persönliches* Gespräch mit dem betroffenen Patienten bzw. Angehörigen. Informieren Sie über die Ereignisse nicht schriftlich oder telefonisch! Die frühzeitige persönliche Kommunikation ist für das Vertrauensverhältnis wesentlich!
- Führen Sie das Erstgespräch nicht allein durch.
  - Legen Sie fest, welche Personen (Mitglieder des Behandlungsteams) beim Erstgespräch teilnehmen sollen.
  - Halten Sie die Personengruppe für dieses Erstgespräch klein. Konfrontieren Sie den Patienten/die Angehörigen in dieser Situation nicht mit einer „Übermacht" an Krankenhausmitarbeitern.
  - Beziehen Sie im interdisziplinären Team ggf. auch Kollegen anderer Fachrichtungen mit ein.
  - Klären Sie bei der Personenauswahl, wer von dem Ereignis selbst zu belastet ist und deshalb am Erstgespräch nicht teilnehmen möchte/sollte.
  - Klären Sie im Team, wer bereits einen guten Kontakt mit dem Patienten/den Angehörigen hat und deshalb als vertraute Person teilnehmen sollte.
- Überlegen Sie im Vorfeld, wer als weitere Unterstützung für den Patienten und die Familie später miteinbezogen und im Gespräch als Unterstützung angeboten werden könnte (z.B. Seelsorge, Sozialdienst, Psychologen, Patientenfürsprecher).
- Klären Sie bei fremdsprachigen Patienten/Angehörigen die Notwendigkeit eines Dolmetschers.
- Wählen Sie für das Erstgespräch eine gute Uhrzeit und ein günstiges Setting.
- Wählen Sie einen geeigneten Raum für die Größe der Personengruppe. Vermeiden Sie dabei eine „Zwei-Frontenbildung" in der Sitzordnung.
- Legen Sie fest, wer das gesamte Gespräch leiten wird.
- Besprechen Sie, welches die Kerninformationen sind, die beim Erstgespräch vermittelt werden sollen.
- Legen Sie fest, wer die Verantwortung für die Übermittlung der Folgeinformationen hat (follow-ups) und dem Patienten/Stellvertreter als weiterer Ansprechpartner zur Verfügung stehen wird.

### 15.5.2 Grundelemente des Erstgesprächs

Bedenken Sie, dass das Erstgespräch *keine einseitige Informationsvermittlung* ist, sondern dass hier beide Seiten zu Wort kommen sollen. Die Kommunikation kann schwierig und belastend sein, zumal hier sehr unterschiedliche Erwartungshaltungen aufeinandertreffen können. Grundsätzlich sollte das Erstgespräch folgende Struktur und Inhalt haben:

- Einleitung des Gesprächs
- Präsentation der Fakten
- Rückfragen und Anteilnahme
- Zusammenfassung und Abschluss
- Dokumentation

### 15.5.3 Die Struktur des Erstgesprächs im Detail

Betrachten wir das Erstgespräch genauer, so ergeben sich die folgenden Punkte.

*Einleitung*

- Stellen Sie sich mit Namen und Funktion vor, ebenso Ihre Mitarbeiter.
- Vergewissern Sie sich, mit welchen Personen Sie sprechen (Ehepartner, Angehörige)
- Teilen Sie den Anwesenden den Anlass und das Ziel dieses Treffens mit.
- Achten Sie auf sprachliche und kulturelle Barrieren.

*Präsentation der Fakten*

- Klären Sie das medizinische Verständnisniveau des Patienten/der Anwesenden.
- „Überschütten" Sie Ihr Gegenüber nicht mit zu vielen Informationen.
- Sprechen Sie langsam.
- Informieren Sie, *dass* etwas passiert ist und *was* passiert ist.
- Schildern Sie die Fakten, die bisher bekannt sind.
- Verwenden Sie klare Formulierungen, jedoch keinen medizinischen Jargon – und auch keine Übersimplifizierung.
- Nehmen Sie *keine Bewertungen* vor und mutmaßen Sie nicht, was passiert sein könnte.

*Rückfragen und Anteilnahme*

- Halten Sie keine Monologe! Setzen Sie bewusst Pausen. Laden Sie zu Fragen ein. Patienten und Angehörige haben eine andere Perspektive und es gehen ihnen möglicherweise Aspekte und drängende Fragen durch den Kopf, die Sie in der Vorbesprechung mit Ihrem Team gar nicht bedacht oder für wichtig erachtet hatten.
- Erklären Sie, was – nach dem Ereignis – für den Patienten bereits getan wurde, um ihn ggf. vor weiteren Schäden zu bewahren und wie Ihr Plan für die Weiterbehandlung aussieht.
- Versichern Sie dem Patienten/der Familie, dass das Ereignis sorgfältig analysiert wird und dass ihnen relevanten Fakten mitgeteilt werden, sobald diese vorliegen.

- Sollte die Analyse ergeben, dass Fehler gemacht wurden, erklären Sie dem Patienten, welche notwendigen Schritte unternommen werden, um das Eintreten eines vergleichbaren erneuten Zwischenfalls zu verhindern.
- Drücken Sie in einer für Sie authentischen und angemessenen Form Ihre Anteilnahme und Ihr Bedauern aus. Dies ist ein Zeichen der Wertschätzung gegenüber dem geschädigten Patienten und die Basis für weiteres Vertrauen.
- Nehmen Sie Ängste, Sorgen und Betroffenheit beim Patienten bzw. Angehörigen wahr, achten Sie auf die Körpersprache und bringen Sie Ihr Mitgefühl zum Ausdruck! („Es tut mir sehr leid ...!")
- Seien Sie auf Wut und Ärger des Patienten bzw. Angehörigen vorbereitet. Sie selbst hatten bereits Zeit, sich mit dieser schwierigen Situation auseinanderzusetzen; der Patient/Angehörige ist unter Umständen noch recht ahnungslos und erfährt möglicherweise erst in diesem Gespräch, dass etwas passiert ist. Er kann von seinen Sorgen, Ängsten, Wut und Ärger akut übermannt werden.

**Erwarten Sie nicht, dass der Patient Ihnen in dieser Situation für Ihre Offenheit dankt oder Ihnen beim Eingestehen eines Fehlers spontan verzeiht! Das kann passieren – ggf. auch erst später – aber Sie können es nicht als „Gegenleistung" für Ihre Bemühung um Offenheit verlangen.**

*Der Umgang mit Fehlern, Verantwortungsübernahme und Entschuldigung ist stark kulturell geprägt. Gerade im Umgang mit Patienten/Angehörigen aus anderen Kulturen sind die jeweiligen Erwartungshaltungen und ggf. besondere „rituelle" Vorgehensweisen zu beachten (Berlinger u. Wu 2005).*

- Besprechen Sie, ob die bisherige Behandlung durch das Team bestehen bleiben kann oder ob die Behandlung von anderen Ärzten/Pflegekräften weitergeführt werden sollte.
- Informieren Sie darüber, wenn das Behandlungsteam durch die Einbeziehung zusätzlicher Kräfte/Spezialisten bereits verstärkt wurde.
- Bieten Sie das Einholen einer zweiten Meinung an.
- Respektieren Sie die Entscheidung des Patienten/Stellvertreters, sollte sich dieser für ein anderes Behandlungsteam entscheiden.
- Bieten Sie zusätzliche Unterstützung an (z.B. durch den Sozialdienst, die Klinikseelsorge, die Psychologin, den Patientenfürsprecher)

### *Zusammenfassung und Abschluss*

- Fassen Sie zusammen.
- Wiederholen Sie die aufgeworfenen Fragen.
- Legen Sie die weitere Vorgehensweise fest (das Follow-Up).
- Sagen Sie, wer als Ansprechpartner zur Verfügung steht.

### *Dokumentation*

- Dokumentieren Sie das Gespräch

## 15.6 Empfehlung für direkt betroffene Mitarbeiterinnen und Mitarbeiter nach einem (mutmaßlichen) schwerwiegenden Behandlungsfehler

Wenn Sie als Mitarbeiterin oder Mitarbeiter selbst involviert sind, berücksichtigen Sie die nachfolgenden Aspekte, auch um Andere und um sich selbst nicht zu gefährden:

- Setzen Sie Ihre Arbeit nicht uneingeschränkt fort. Bedenken Sie, dass Sie nach einer schweren Behandlungskomplikation oder einem (mutmaßlichen) schweren Behandlungsfehler in vielerlei Hinsicht betroffen und z.B. „nicht verkehrstüchtig" sind (Kommission 2013).
- Benachrichtigen Sie umgehend Ihren Oberarzt/Chefarzt.
- Nehmen Sie grundsätzlich keine weiteren verantwortungsvollen Aufgaben wahr (etwa im OP); führen Sie keine Eingriffe mehr durch. Ihre Konzentration ist eingeschränkt und das ethische Gebot der Schadensvermeidung verlangt, dass Sie sich ablösen lassen. Bedenken Sie, dass ein Lokführer nach einem sogenannten Personenschaden die Lok nicht mehr weiterführen darf.
- Übernehmen Sie einfachere Routineaufgaben (z.B. Aufräumen).
- Ziehen Sie sich nicht zurück. Suchen Sie das Gespräch mit Kollegen und Vorgesetzten. Schildern Sie Ihre Eindrücke. Sprechen Sie über die fachlichen Aspekte, aber auch über Ihre Gefühle.
- Dokumentieren Sie den Fall gut in der Kurve.
- Machen Sie für sich selbst eigene Notizen und bewahren Sie diese selbst auf.
- Fahren Sie nicht selbst mit dem Auto nach Hause.
- Bleiben Sie zu Hause nicht allein. Suchen Sie soziale Kontakte. Sprechen Sie mit einem stabilen Gegenüber in einem geschützten Rahmen.
- Greifen Sie auf Ihre persönlichen Ressourcen zur Stressreduktion zurück und tun Sie das, was Ihnen gut tut (z.B. Sport, Spazierengehen, Kultur, Kontakte).
- Überlegen Sie, ob Sie eine angemessene Auszeit nehmen können.
- Suchen Sie professionelle Hilfe auf, wenn die Belastungen längere Zeit anhalten.

## 15.7 Empfehlungen für Kolleginnen und Kollegen

Für die betroffenen Klinikmitarbeiterinnen und -mitarbeiter sind Sie als Kollegin und Kollege eine der wichtigsten Ansprechpartner. Entziehen Sie sich nicht. Seien Sie in dieser Zeit der Krise offen für die Bedürfnisse Ihrer Kollegin bzw. Ihres Kollegen. Das kann durchaus auch schwierig und belastend für Sie selbst sein, denn der betroffene Mitarbeiter konfrontiert Sie letztlich mit der Möglichkeit, dass Ihnen selbst auch etwas Ähnliches passieren könnte. Verhalten Sie sich jedoch so, wie Sie selbst wünschen, dass mit Ihnen in einer vergleichbaren Situation umgegangen werden sollte (vgl. Kommission 2013).

- *Beteiligen Sie sich nicht an Schuldzuweisungen und Ausgrenzungen.*
- *Schreiten Sie ein, wenn es im Team dazu kommt.*

- *Gehen Sie aktiv auf die Betroffenen zu und bieten Sie Ihre Gesprächsbereitschaft an, wenn Sie sich selbst dazu in der Lage fühlen.*
- *Schicken Sie den betroffenen Kollegen nicht direkt nach Hause, auch wenn das gut gemeint ist, sondern setzen Sie ihn in Bereichen ein, die weniger Verantwortung verlangen und Gespräche mit Kollegen ermöglichen.*
- *Sprechen Sie fachliche und emotionale Aspekte an.*

## 15.8 Empfehlungen für Vorgesetzte

Als Vorgesetzte(r) kommt Ihnen bei diesem Thema eine wichtige Aufgabe zu, sowohl in der Prävention wie auch in der aktuellen Situation und in der Nachbereitung.

- Seien Sie vorbereitet auf derartige Zwischenfälle in Ihrem Team!
- Etablieren Sie präventive Schulungsangebote für Ihr Team! Spielen Sie schwierige Verläufe durch.

*Wenn ein Zwischenfall passiert ist*

- Seien Sie nach einem belastenden Zwischenfall präsent.
- Bieten Sie aktiv Ihre Gesprächsbereitschaft an.
- Zeigen Sie Ihren Mitarbeitern, dass Sie einen Behandlungszwischenfall als *Notfall* ansehen, der sowohl Ihren Patienten wie auch Ihre Mitarbeiter betrifft!
- Achten Sie auf psychische Belastungsreaktionen Ihrer Mitarbeiter.
- Bieten Sie interne und externe Hilfe an.

## 15.9 Empfehlungen für die Geschäftsführung

Warten Sie als Mitglied der Geschäftsführung nicht ab, bis Ihre Einrichtung von einem belastenden Ereignis betroffen wird. Gehen Sie diesen sensiblen Bereich präventiv an!

- Bereiten Sie Ihre Mitarbeiter auf solche Zwischenfälle vor. Bieten Sie Übungen in Seminaren und Workshops an.
- Lernen Sie von anderen Arbeitsbereichen (z.B. Luftfahrt).
- Bauen Sie ein Netzwerk auf mit Personen, auf die Sie nach einem kritischen Zwischenfall zugreifen können (Notfallliste).
- Etablieren Sie ein *Rapid-Response-Team*, das hilfreiche Unterstützung bieten und die Koordination übernehmen kann.

### Fazit

Die beschriebenen Schritte und Empfehlungen machen deutlich, dass nicht erst bei Eintritt eines schweren Zwischenfalls über die angemessenen Maßnahmen nachgedacht werden darf. Der hilfreiche Umgang mit möglichen Behandlungsfehlern bedarf einer „Fehlerkultur", die sich erst im Laufe der Zeit entwickeln kann. So ist es problematisch, eine Mortalitäts- und Morbiditätskonferenz (M&M-Konferenz) erstmalig (oder einmalig) dann einzuberufen, wenn es zu einem schwerwiegenden Verlauf gekommen ist bzw. ein schwerer Behandlungsfehler vermutet wird. Den unvorteilhaften Charakter eines „Tribunals“ wird eine solche Nachbesprechung nur schwer los, wenn Mitarbeiter vorher keine anderen Erfahrungen machen konnten. Deshalb ist es von Seiten der Verantwortlichen wichtig, M&M-Konferenzen langfristig als kontinuierliches Instrument der Qualitätssicherung zu etablieren.

Fehlermeldesysteme wie CIRS sind zu begrüßen und weiter auszubauen, sie werden jedoch nie dazu führen, dass keine Fehler mehr gemacht werden. Ohne ein glaubwürdiges Konzept für den Umgang mit erfolgten Fehlern fehlt „die zweite Seite der Medaille“ und die alleinige Etablierung von CIRS wird dem Anspruch auf eine substanzielle Verbesserung der Arzt-Patienten-Beziehung nicht gerecht.

***Praxistipps***

- *Seien Sie vorbereitet auf unerwartete Zwischenfälle und die entstehenden Dynamiken nach (vermuteten) Behandlungsfehlern.*
- *Behalten Sie neben dem Patienten („first victim“) und den Angehörigen auch die involvierten Mitarbeiterinnen und Mitarbeiter im Blick, damit diese nicht zum „second victim“ werden.*
- *Informieren Sie sich und Ihre Kolleginnen und Kollegen über Verhaltensweisen, die für betroffene Mitarbeiter hilfreich sind.*
- *Regen Sie an, dass eine Struktur zum hilfreichen Umgang nach belastenden Ereignissen in Ihrer Einrichtung etabliert wird.*

## Literatur

Aktionsbündnis Patientensicherheit e.V. (2008) Aus Fehlern lernen. URL: http://www.bundesaerztekammer.de/fileadmin/user_upload/downloads/Aus_Fehlern_lernen.pdf (abgerufen am 18. November 2021)

Aktionsbündnis Patientensicherheit e.V. (2017) Reden ist Gold. Kommunizieren nach einem Zwischenfall. Bonn, 3. Aufl. URL: https://www.aps-ev.de/wp-content/uploads/2016/08/APS_Reden_ist_Gold_2017.pdf (abgerufen am 18. November 2021)

Balhorn J (2012) Aufbau einer Sicherheitskultur – Eine Führungsaufgabe. Dialyse aktuell 16, 346–350

Berlin L (2006) Will Saying „I'm Sorry“ Prevent a Malpractice Lawsuit? AJR 187, 10–15

Berlinger N (2007) After harm. Medical error and the ethics of forgiveness. The Johns Hopkins University Press Baltimore

Berlinger N, Wu AW (2005) Substracting insult from injury: adressing cultural expectations in the disclosure of medical error. J Med Ethics 31, 106–108

Deutsche Krankenhausgesellschaft (2013) Erste Umsetzungshinweise der DKG zum Entwurf eines Gesetzes zur Verbesserung der Rechte von Patientinnen und Patienten (Stand: 13.02.2013). URL: http://www.dkgev.de/dkg.php/cat/133/aid/10600/start/20/title/Patientenrechtegesetz_-_Inkrafttreten (abgerufen am 03. Oktober 2014)

DeVita MA, Hillmann K, Bellomo R (Hrsg.) (2017) Textbook of Rapid Response Systems. 2. Aufl., Springer

Edrees H, Connors C, Paine L et al. (2016) Implementing the RISE second victim support programme at the Johns Hopkins Hospital: a case study. BMJ Open 2016;6:e011708. doi: 10.1136/bmjopen-2016-011708

Frewer A, Schmidt KW, Bergemann L (2013) Fehler und Ethik in der Medizin. Neue Wege für Patientenrechte. Königshausen und Neumann Würzburg

Gesetz zur Verbesserung der Rechte von Patientinnen und Patienten („Patientenrechtegesetz“), Bundesgesetzblatt Jahrgang 2013 Teil 1 Nr. 9 vom 25.02.2013, S. 277–282

Graf J, Valentin A (2021) Umgang mit Fehlern. In: Salomon F (Hrsg.) Praxisbuch Ethik in der Medizin. 4. akt. und erw. Aufl. 385–393. Medizinisch Wissenschaftliche Verlagsgesellschaft Berlin

Imhof M (2010) Behandlungsfehler in der Medizin – Was nun? Verborgenes im Arzt-Patienten-Verhältnis. Schulz-Kirchner Verlag Idstein

Institute for Professionalism & Ethical Practice (2009) Guidelines for Disclosure after an Adverse Event. The Risk Management Foundation of the Harvard Medical Institutions Inc. URL: https://www.yumpu.com/en/document/read/32618000/guidelines-for-disclosure-after-an-adverse-event-risk- (abgerufen am 18. November 2021)

Kattermann V (2018) Psychotherapie und Schuldfähigkeit. Wege aus der Schuld. Dtsch Arztebl, PP 17, Heft 4, 165–167

Klemp K (2012) Errors, Slips and Mistakes – Begriffsbestimmung aus der Perspektive der Human Factors-Forschung. 23–32. In: Schmidt KW, Sold M, Verrel T (Hrsg.) Zum Umgang mit Behandlungsfehlern. LIT-Verlag Berlin

Kohn LT, Corrigan J, Donaldson MS (2000) To Err is Human: Building a Safer Health System. National Academy Press Washington D.C.

Kommission Berufliche Belastung der DGAI (2013) Umgang mit schweren Belastungskomplikationen und belastenden Verläufen. Anästh Intensivmed 54, 490–494

Lauterberg J, Blum K, Briner M, Lessing C (2012) Befragung zum Einführungsstand von klinischem Risiko-Management (kRM) in deutschen Krankenhäusern. URL: https://www.aps-ev.de/wp-content/uploads/2016/08/KRM_Abschlussbericht_final_0.pdf (abgerufen am 18. November 2021)

Loren DJ, Klein EJ, Garbutt J (2008) Medical Error Disclosure among pediatricians – Choosing carefully what we might say to parents. Arch Pediatr Adolesc Med 162 (10), 922–927

Monteverde S, Schiess C (2017) Der Umgang mit „second victims“ als organisationsethische Aufgabe. Ethik Med 31, 345–360

Schmidt KW (2021) Der Umgang mit belastenden Ereignissen als organisationsethische Herausforderung am Beispiel „Behandlungsfehler“. Ethik Med 33. 233–242

Schmidt KW, Sold M, Verrel T (2012) Zum Umgang mit Behandlungsfehlern. (Organisations-)Ethische, rechtliche und psychosoziale Aspekte. LIT-Verlag Berlin

Schwappach D (2010) Der Fehler nach dem Fehler. Kommunikation mit Patienten nach dem Behandlungszwischenfall. PrimaryCare 10 (12), 223–224

Schwappach D, Boluarte TA (2008) The emotional impact of medical error involvement on physicians: a call for leadership and organisational accountability. Swiss Med Wkly 138, 9–15

Scott SD, Hirschinger LE, Cox KR, McCoig M, Hahn-Cover K, Epperly KM, Phillips EC, Hall LW (2010) Caring for Our Own: Deploying a Systemwide Second Victim Rapid Response Team. The Joint Commission Journal on Quality and Patient Safety 36 (5), 233–240

Slany E, Reuter W, Thüsing C (2011) Von Schuld und Scham zu einem professionellen Umgang mit Fehlern – Risikomanagement in der operativen Medizin. Versicherungsmedizin 63, 180–185

St. Pierre M, Hofinger G (2020) Human Factors und Patientensicherheit in der Akutmedizin. 4. vollst. überarbeitete und erweiterte Aufl., Springer, Heidelberg/Berlin

Stiftung für Patientensicherheit (2006) Wenn etwas schief geht. Kommunizieren und Handeln nach einem Zwischenfall. Ein Konsens-Dokument der Harvard Spitäler Zürich

Stiftung für Patientensicherheit (2010) Täter als Opfer. Konstruktiver Umgang mit Fehlern in Gesundheitsorganisationen. Zürich

Taylor-Adams S, Vincent C (2007) Systemanalyse klinischer Zwischenfälle. Das London-Protokoll. URL: https://www.imperial.ac.uk/media/imperial-college/medicine/surgery-cancer/pstrc/londonprotocoldeutsch.pdf (abgerufen am 18. November 2021)

Truog R, Browning D, Johnson J (2011) Talking with Patients and Families about Medical Error: A Guide for Education and Practice. Johns Hopkins University Press Baltimore

Ulsenheimer K, Bock RW (2013) Der Juristische Notfallkoffer®. Verhalten nach einem Zwischenfall. Anästh Intensivmed 54, 585-598

Waterman AD, Garbutt J, Hazel E, Dunagan WC, Levinson W, Fraser VJ, Gallagher TH (2007) The emotional impact of medical errors on practicing physicians in the United States and Canada. The Joint Commission Journal on Quality and Patient Safety 33, 467–476

Wu AW (2000) Medical error: the second victim. BMJ 320, 726–727

# 16 Interessenkonflikte

Daniel Strech

Das Kapitel zur Evidenzbasierten Medizin (EbM) in dem vorliegenden Werk (s. Kap. I.12) stellt verschiedene Quellen für Verzerrungen in der medizinischen Entscheidungsfindung dar und begründet mit Bezug auf die klassischen medizinethischen Grundprinzipien (s. Kap. I.1), warum diese Verzerrungspotenziale bestmöglich zu verringern sind. Eine dieser Quellen für Verzerrungspotenziale, die seit ungefähr 10 Jahren stärker in EbM Instrumenten und ärztlichen Selbstregulierungen berücksichtigt wird, sind Interessenkonflikte (IK).

Die in der EbM klassischerweise bearbeiteten Verzerrungspotenziale (wie z.B. der Publikationsbias, also die bevorzugte Publikation von positiven und das tendenzielle Zurückhalten von „negativen" Ergebnissen klinischer Forschung) sind relativ leicht bzw. konsensfähig zu definieren und entsprechend einfach für die verschiedenen Akteure im Gesundheitswesen zu verstehen. Bei IK besteht eine Herausforderung bereits darin, eine sinnvolle, allgemein verständliche und konsensfähige Definition zu entwickeln. Erst mit einer solchen Definition, wird eine rationale und effektive Diskussion über geeignete Methoden einer Interessenkonfliktregulierung und deren Evaluation möglich.

Dieser Beitrag stellt eine international und national verbreitete und akzeptierte Definition von IK vor (Klemperer und Lieb 2018). Anschließend wird skizziert, wie das Konzept von IK abgegrenzt werden kann von anderen Konzepten wie ärztliches Fehlverhalten (Korruption) und Integrität. Weiterhin werden Kriterien vorgestellt, welche zur Erfassung und Bewertung von IK herangezogen werden können. Abschließend werden drei mögliche Strategien zum Umgang mit IK voneinander abgegrenzt.

## 16.1 Definition

In der Fachliteratur zum Thema IK finden sich z.T. sehr verschiedene Konzepte (Lemmens 2008; Brody 2011). Das in diesem Beitrag vorgestellte Konzept stammt von den zwei US-amerikanischen Ärzten und Ethikern Dennis Thompson und Ezekiel Emanuel. Es bildete die Grundlage eines international stark rezipierten Reports des Institute of Medicine (IOM) im Jahr 2009 (IOM 2009) und wurde danach u.a. als Grundlage verwendet für die AWMF-Empfehlungen zum Umgang mit Interessenkonflikten bei Fachgesellschaften (AWMF 2017).

**Die englische Originaldefinition für IK nach Thompson und Emanuel lautet:**

"A conflict of interest is a set of circumstances that are reasonably believed to create a substantial risk that professional judgment of a primary interest will be unduly influenced by a secondary interest" (Emanuel u. Thompson 2008)

In Anlehnung an diese Definition hat die AWMF folgende deutsche Definition konsentiert:

„Interessenkonflikte bezeichnen Gegebenheiten, die ein Risiko dafür schaffen, dass professionelles Urteilsvermögen, welches sich auf ein primäres Interesse bezieht, durch ein sekundäres Interesse unangemessen beeinflusst wird." (AWMF 2017)

In diesem Konzept wird die Existenz von IK explizit nicht auf die Existenz bestimmter verzerrter Entscheidungen und Handlungen (ex-post) zurückgeführt, sondern IK werden durch das Zusammenkommen einer Reihe von Gegebenheiten (ex-ante) erfasst. Weiterhin ist mit der Zuschreibung eines IK nicht die faktische Beeinflussung des Urteilsvermögens (Bias-Beweis), sondern lediglich das Risiko dieser Beeinflussung angezeigt (Bias-Risiko).

Thompson und Emanuel unterscheiden Primär- und Sekundärinteressen:

**Primärinteressen** entsprechen den jeweils originären Anliegen einer bestimmten Berufsausübung. Die Primärinteressen der Medizin leiten sich von medizinethischen Grundprinzipien ab (s. Kap. I.1), wie das Wohltuns- und Nicht-Schadens-Gebot oder noch fundamentaler eine möglichst valide Forschung und objektive Lehre.

**Sekundärinteressen** von Gesundheitsberufen sind zunächst ebenfalls legitim. Sie bestehen u.a. in dem Wunsch nach Karriere und Anerkennung, der Unterstützung von nahestehenden Personen/Kollegen, die besondere Unterstützung der eigenen Studierenden und Mitarbeiter oder nicht zuletzt in der Aussicht auf einen finanziellen Vorteil. Sekundärinteressen werden erst dann problematisch, wenn sie die Primärinteressen konterkarieren bzw. einen unangemessenen Einfluss auf professionelle Entscheidungen haben.

Thompson und Emanuel heben hervor, dass der Fokus aktueller Debatten zur Regulierung von IK typischerweise auf dem finanziellen Vorteil liegt. Dies ist nicht damit zu erklären, dass dieser stärker als andere Sekundärinteressen ein Primärinteresse beeinflussen kann. Finanzielle Interessenkonflikte sind einfach besser objektivierbar, vergleichbar und quantifizierbar.

Ein Interessenkonflikt wird bei Thompson und Emanuel nicht als ein Ereignis, sondern als ein Zustand/Risiko definiert. Das Risiko ist existent, sprich es liegt ein IK vor, auch wenn das Sekundärinteresse nicht zu einer unangemessenen Beeinflussung professioneller Entscheidungen und damit zur Behinderung von Primärinteressen führt. Die Autoren weisen deshalb darauf hin, dass die Wahrscheinlichkeit einer unangemessenen Beeinflussung durch IK als ein Kontinuum (leichtgradig/schwergradig) zu verstehen ist.

Thompson und Emanuel erläutern explizit, warum die Ermittlung von IK nicht ex-post durch die Überprüfung von bestimmten professionellen Entscheidungen bzw. ihrer Verzerrungen erfolgen sollte und warum sie eine ex-ante Beurteilung des Bias-Risikos bevorzugen. Nach Thompson und Emanuel ist es erstens einfach nicht praktikabel, diejenigen Motive zu bestimmen, welche die professionelle Entscheidung im Einzelfall beeinflusst haben. Zweitens wäre die ex-post Überprüfung deshalb nicht möglich, da eine Vielzahl von Abwägungen die professionelle Entscheidung beeinflussen. Die Abwägungen von klinischen Forschern beinhalten z.B. oft den absoluten und relativen wissenschaftlichen Wert der Arbeit im Bezug zu anderen Forschungstätigkeiten, die Aussicht auf baldigen Abschluss des Forschungsprojektes, die Art und Weise der Zusammenarbeit und Kooperation von Kollegen und die finanziellen und zeitlichen Konditionen. Einige dieser Aspekte lassen sich als nicht-finanzielle IK beschreiben, die möglicherweise ein ebenso großes (oder größeres) Gewicht wie finanzielle IK haben. Für den Forscher ist es schwer bis unmöglich zu bestimmen, welche dieser verschiedenen Aspekte mit welchem Gewicht in die Urteilsfindung eingeflossen sind. Und drittens sind die Personen, die von den professionellen Urteilen betroffen sind, nicht in der Lage, die Motive in jedem Einzelfall zu bewerten. Es ist weder möglich noch erwünscht, so stark in die Prozesse der medizinischen Versorgung oder Forschung einzudringen, dass die einzelnen Motive für bestimmte professionelle Entscheidungen bestimmt werden könnten.

Um der großen Vielfalt an Sekundärinteressen und den damit verbundenen ebenfalls sehr heterogenen Bias-Risiken zu entsprechen, sollte die Untersuchung von IK nach Thompson und Emanuel möglichst individuell geschehen. Dies jedoch wird aus verschiedenen pragmatischen und konzeptionellen Gründen nicht in jedem Einzelfall möglich sein. Vor diesem Hintergrund argumentieren die Autoren, dass eine Regulierung von IK generalisierender Regeln bedarf. Dabei ist es unvermeidlich, dass diese Regeln eher weitreichend sind. Entsprechend weitreichende Regeln können auch ungewollt dazu führen, dass im Einzelfall ein Verhalten untersagt wird, welches ex-post auch als legitim hätte evaluiert werden können.

## 16.2 Zur Abgrenzung zwischen Interessenkonflikten, Fehlverhalten (Korruption) und Integrität

Ein Problem in Diskussionen über IK und deren angemessene Regulierung ist die oft fehlende explizite Abgrenzung zwischen (finanziellen) IK auf der einen Seite und den ebenfalls mit finanziellen Beziehungen verbundenen Formen von professionellem Fehlverhalten im Sinne von Korruption, Käuflichkeit oder Bestechlichkeit (Koch u. Strech 2011). Im Folgenden werden drei Gruppen von finanziellen Beziehungen unterschieden, um die Abgrenzung zwischen IK und Korruption besser zu operationalisieren.

Diese drei Gruppen sind:

1. finanzielle Beziehungen mit angemessener fachlicher Gegenleistung
2. finanzielle Beziehungen ohne angemessene fachliche Gegenleistung
3. finanzielle Beziehungen zur bewussten Umgehung geltender Regeln (Fehlverhalten, Korruption)

**Zu 1**: Wenn eine Person aufgrund ihrer professionellen Kompetenz ein Industrieunternehmen berät oder Vorträge hält, sind das zunächst wissenschaftlich und öffentlich akzeptierte Tätigkeiten, die auch angemessen vergütet werden sollten. Auch die Durchführung von Studien, die durch die Industrie finanziert werden, kann grundsätzlich im allgemeinen Interesse sein, sofern die Studien wissenschaftlich sinnvoll und ethisch akzeptabel sind (Raspe et al. 2012). IK bezeichnen insbesondere diese Gruppe von finanziellen Beziehungen mit angemessener fachlicher Gegenleistung. Es geht also um Beziehungen, die im Grundsatz akzeptabel und auch für die Allgemeinheit potenziell nützlich sind. Dennoch können auch solche Beziehungen leicht zu IK führen, wenn zum Beispiel eine Person in einer Leitliniengruppe Produkte eines Herstellers bewerten soll, den sie seit Jahren berät, oder wenn sie die Ergebnisse einer eigenen Studie bewerten soll. Auch hier gibt es ein Risiko für ein verzerrtes professionelles Urteil, selbst wenn die Person sich dieses Risikos nicht bewusst ist (Felser u. Klemperer 2011). IK dieser Art verletzen per se nicht die professionelle Integrität, sie können diese aber gefährden. Eine angemessene Regulierung von IK soll dieser Gefährdung entgegenwirken.

**Zu 2**: Die zweite Gruppe von Beziehungen umfasst unterschiedliche (in der Regel finanzielle) Transferleistungen, denen gemeinsam ist, dass sie für die jeweilige professionelle Beziehung unnötig sind und dadurch auch keine Vorteile für die Allgemeinheit haben. Hierzu gehört z.B. das Sponsoring von Industrieunternehmen für die Teilnahme von Ärzten an Kongressen, ohne dass die jeweilige Person dort eine angemessene fachliche Gegenleistung erbringt. Ebenso fällt in diese Gruppe die Annahme von Geschenken (inkl. Mahlzeiten) und Gefälligkeiten, auch wenn das innerhalb der Grenzen professioneller Regularien erfolgt. So erlaubt die Musterberufsordnung in ihrer Fassung von 2018 die „Annahme von geldwerten Vorteilen in angemessener Höhe" (§ 32) sofern diese ausschließlich für berufsbezogene Fortbildung verwendet werden. Der Stand des Wissens über die Reziprozität auslösende Wirkung solcher Geschenke und geldwerten Vorteile (IOM 2009) legt eher nahe, solche Beziehungen ohne angemessene fachliche Gegenleistung nicht zuzulassen. Da jedoch aktuell viele professionelle Organisationen und Standesvertretungen im Gesundheitssystem noch keine explizite Unterscheidung von angemessenen und unangemessenen fachlichen Gegenleistungen getroffen haben, wäre auch diese Gruppe von finanziellen Beziehungen ohne angemessene fachliche Gegenleistung in den Aufgabenbereich einer Regulierung von IK aufzunehmen.

**Zu 3**: Fälle, in denen Personen bewusst Zahlungen oder andere Vorteile annehmen, um dann bestimmte „gewünschte" Entscheidungen im Sinne der Geldgeber zu treffen, fallen nicht in die Kategorie IK. Sie sind durch andere, möglicherweise auch juristische Regelwerke abgedeckt. Bei Amtsträgern spricht man von Vorteilsnahme oder Bestechlichkeit. Allgemeiner umfassen diese Beziehungen Absprachen, die man juristisch als Korruption (§ 331 StGB; auch: Bestechung, Vorteilsannahme) oder moralisch als Unredlichkeit bezeichnen würde.

## 16.3 Kriterien zur Erfassung und Bewertung von Interessenkonflikten

Thompson und Emanuel haben verschiedene Kriterien skizziert, um die (Eintritts-) Wahrscheinlichkeit und den Schweregrad von IK bewerten bzw. evaluieren zu können.

Sie unterscheiden zunächst zwei Hauptkriterien:

1. Die Wahrscheinlichkeit einer unangemessenen Beeinflussung des professionellen Urteils und
2. den Schweregrad des möglichen Schadens.

Beide Hauptkriterien werden jeweils in drei Unterkriterien spezifiziert. In der Abbildung 1 sind diese Kriterien zusammen mit weiteren in diesem Beitrag eingeführten Begrifflichkeiten überblicksartig dargestellt.

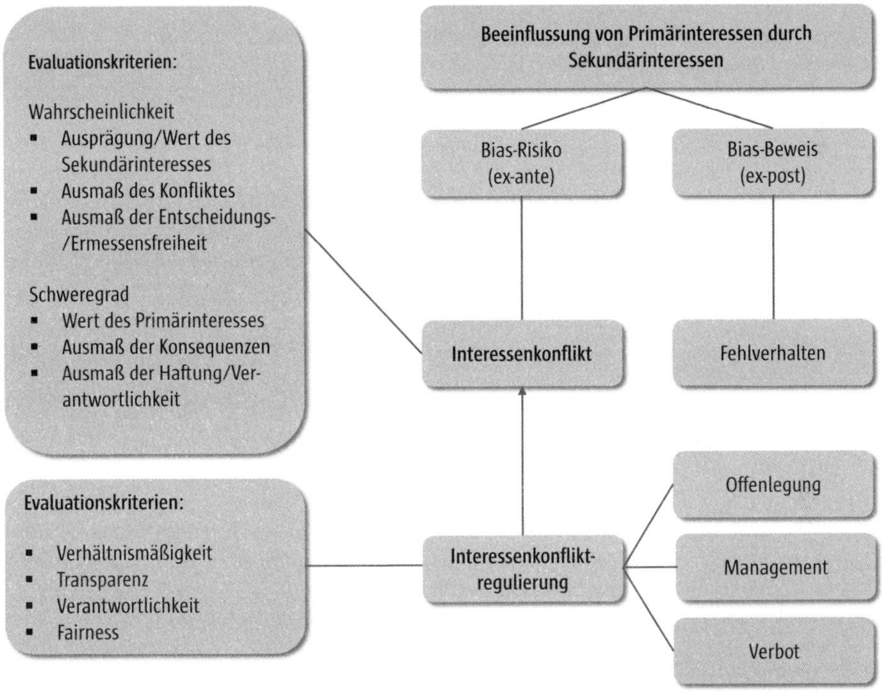


Abb. 1 Prinzipien, Evaluationskriterien und Strategien zum Umgang mit Interessenkonflikten und deren Regulierung

## 16.4 Strategien zur Interessenkonfliktregulierung

Vor dem Hintergrund der oben erläuterten Idee von Primär- und Sekundärinteressen, muss und kann nicht jeder IK verboten werden. In der Regel, so auch im IOM Bericht, werden drei Strategien zur IK-Regulierung unterschieden.

### Offenlegung

Für eine Offenlegung von IK nennt das IOM folgendes Ziel: Personen, die durch professionelle Entscheidungen betroffen sind, sollen ausreichend über IK der Entscheider informiert sein. Standardmäßig sollte die Offenlegung das beinhalten, was die Betroffenen wissen müssen, um den Schweregrad des IK einschätzen zu können (s. Abb. 1). Es wird angemerkt, dass das Vertrauen der Öffentlichkeit in die professionellen Aktivitäten allerdings auch geschwächt wird, wenn die Offenlegung (im Sinne eines ersten Schrittes) nicht mit anderen Strategien einer IK-Regulierung (z.B. Management) kombiniert wird.

### Management

Der IOM-Report weist darauf hin, dass ein Management von IK notwendig wird, wenn die Offenlegung allein unzureichend ist, um die von einem IK ausgehenden Risiken für verzerrte Urteile der betreffenden Person zu minimieren. Ein solches Management ist nur in den Situationen gefragt, wo ein Ausschluss der betreffenden Person aus bestimmten Entscheidungssituationen keine ideale Strategie zur IK-Regulierung darstellt, da z.B. die Teilnahme der Person aufgrund ihrer Expertise weiterhin notwendig bleibt.

Entsprechende Managementverfahren, z.B. im Kontext klinischer Forschung, können die Offenlegung von IK auch gegenüber potenziellen Studienteilnehmern umfassen. Denkbar wäre im Sinne des IOM-Reports weiterhin, dass ein Kollege ohne einen für die spezifische Situation relevanten IK die informierte Einwilligung von Studienteilnehmern einholt. Eine andere Maßnahme wäre, dass die Beteiligung einer Person mit entsprechenden IK auf die Bereiche reduziert wird, in denen sie über eine einzigartige Expertise verfügt. Ebenfalls könnte ein unabhängiges Kontrollgremium einberufen werden, um bestimmte IK zu überwachen.

### Ausschluss/Verbot

Im Rahmen dieser Strategie zur IK-Regulierung wird es einer Person mit einem schwerwiegenden IK nicht gestattet, sich mit der von diesem IK potenziell beeinträchtigten Tätigkeit weiter zu befassen. Der IOM-Report weist darauf hin, dass ein entsprechendes Verbot stufenweise verhängt werden kann: Zum Beispiel könnte einem Forscher, der ein Patent auf ein Medikament hält, das in einer klinischen Studie getestet wird, nicht gestattet werden, als Studienverantwortlicher zu fungieren. Es könnte ihm aber erlaubt werden, als Berater bzgl. Dosierung und Verabreichung des Arzneimittels tätig zu sein. Oder dem Forschungsdirektor eines Biotechnologie-Unternehmens könnte es nicht gestattet werden, als Direktor eines entsprechenden Weiterbildungskurses tätig zu sein. Dieser könnte aber sehr wohl in einem Panel mitwirken, in dem die neuesten Entwicklungen in einem klinischen Spezialgebiet zusammen mit anderen Experten diskutiert werden.

## 16.5 Empfehlungen zur Regulierung von Interessenkonflikten in der medizinischen Versorgung

Die oben genannte Stellungnahme der AWMF zum Umgang mit Interessenkonflikten bei Fachgesellschaften berichtet keine spezifischen Empfehlungen für die individuelle ärztliche Praxis (AWMF 2017). Entsprechende Empfehlungen finden sich jedoch in dem ebenfalls bereits genannten IOM Report (Empfehlung 6.1) (IOM 2009). Für diese Empfehlungen wurde vom IOM der aktuelle Stand der wissenschaftlichen Auseinandersetzungen zusammengetragen.

*IOM Empfehlungen*

*Ärzte, unabhängig vom Bereich der klinischen Praxis, sollten*

- *keine Gegenstände von materiellem Wert von pharmazeutischen, medizintechnischen und biotechnologischen Unternehmen annehmen, außer wenn die Transaktion eine Zahlung zum Marktwert für eine legitime Dienstleistung beinhaltet;*
- *keine Fortbildungsmaßnahmen durchführen oder wissenschaftliche Artikel veröffentlichen, die von der Industrie gesteuert sind oder wesentliche Teile enthalten, die von jemandem geschrieben sind, der nicht als Autor identifiziert oder nicht angemessen berücksichtigt wird;*
- *keine Beratungstätigkeit ausüben, sofern diese nicht auf Grundlage schriftlicher Verträge für Expertendienstleistungen zum üblichen Marktpreis bezahlt wird;*
- *sich nicht mit pharmazeutischen und medizintechnischen Handelsvertretern treffen, außer zu einem dokumentierten Termin und auf eine ausdrückliche Einladung von ärztlicher Seite; und*
- *keine Medikamentenproben annehmen, außer in bestimmten Situationen für Patienten, die keinen finanziellen Zugang zu Medikamenten haben.*

*Berufsverbände sollten ihre Regelungen und ihren Kodex für professionelles Verhalten anpassen, um diese Empfehlungen zu unterstützen. Anbieter von Gesundheitsdienstleistungen sollten Richtlinien für ihre Mitarbeiter und das medizinische Personal festlegen, die mit diesen Empfehlungen übereinstimmen.*

Die ausführliche Darstellung von Evidenz und weiteren ethisch-pragmatischen Überlegungen als Hintergrund für diese Empfehlungen sind in der öffentlich einsehbaren Originalversion des IOM Report nachzulesen (IOM 2009).

## Fazit

Grundsätzlich können sowohl Patienten als auch die Gesellschaft von einer Kooperation zwischen Forschung und Industrie profitieren. Durch die Mittel von Unternehmen aus der Pharmazeutischen-, Medizinprodukte- und Biotechnologieindustrie kann ethisch angemessene Forschung intensiviert und ausgeweitet werden. Jedoch liegt hier in vielen Fällen unausweichlich ein IK vor. IK können als ein Risiko für verzerrte professionelle Entscheidungen verstanden werden, welche somit in letzter Konsequenz auch grundlegende medizinethische Prinzipien verletzen. Eine Regulierung von IK soll dieses Risiko minimieren. Bislang wurde die Verhältnismäßigkeit existierender Regulierungen bzw. deren Nutzen und Schaden für verschiedene Stakeholder kaum systematisch evaluiert. Neben einer anhaltenden Verständigung über die ethische Rationale und konsensfähige Konzepte für eine Regulierung von IK ist deren kontextsensitive Evaluation und kontinuierliche Anpassung ebenfalls ethisch geboten.

*Praxistipps*

- *Finanzielle oder andere Interessenkonflikte sind nicht als Beweis für ärztliches Fehlverhalten zu verstehen, sondern als Risiko für unangemessen beeinflusste ärztliche Entscheidungen.*
- *Eine Offenlegung von Interessenkonflikten kann auch kontraproduktiv wirken, wenn nicht dargestellt wird, wie das Management eben jener Interessenkonflikte aussieht.*

## Literatur

Brody H (2011) Clarifying conflict of interest. Am J Bioeth 11(1):23–28

Emanuel EJ, Thompson DF (2008) The Concept of Conflicts of Interest. 758–766. In: Emanuel EJ, Grady C, Crouch RA, Lie RK, Miller FG, Wendler D (Hrsg.) The Oxford Textbook of Clinical Research Ethics. Oxford University Press Oxford

Felser G, Klemperer D (2011) Psychologische Aspekte von Interessenkonflikten. 27–46. In: Lieb K, Klemperer D, Ludwig WD (Hrsg.) Interessenkonflikte in der Medizin Hintergründe und Lösungsmöglichkeiten. Springer Berlin

IOM (2009) Conflicts of Interest in Medical Research, Education, and Practice. National Academies Press Washington D.C.

Klemperer D, Lieb K (2018) Was sind Interessen und Interessenkonflikte? 3–12. In: Lieb K, Klemperer D, Kölbel R, Ludwig WD (Hrsg.) Interessenkonflikte, Korruption und Compliance im Gesundheitswesen. Medizinisch Wissenschaftliche Verlagsgesellschaf

Koch K, Strech D (2011) Zur Abgrenzung zwischen Interessenkonflikten, Fehlverhalten und professioneller Integrität. 81–88. In: Lieb K, Klemperer D, Ludwig WD (Hrsg.) Interessenskonflikte in der Medizin – Hintergründe und Lösungsmöglichkeiten. Springer Berlin

Lemmens T (2008) Conflict of Interest in Medical Research. Historical Developments. In: Emanuel EJ, Grady C, Crouch RA, Lie RK, Miller FG, Wendler D (Hrsg.) The Oxford Textbook of Clinical Research Ethics. 747–757. Oxford University Press Oxford

Raspe H, Hüppe A, Strech D, Taupitz J (2012) Empfehlungen zur Begutachtung klinischer Studien durch Ethik-Kommissionen, vol. 2. Deutscher Ärzteverlag Berlin

Spies C, Wienke A, Ad-hoc-Kommission der AWMF (2017) Empfehlungen der AWMF zum Umgang mit Interessenkonflikten bei Aktivitäten wissenschaftlicher medizinischer Fachgesellschaften. URL: https://www.awmf.org/fileadmin/user_upload/Leitlinien/AWMF-Publikationen/20171110_AWMF_Empfehlungen_zu_Interessenkonflikten__V2.2_f.pdf (abgerufen am 18. Dezember 2020)

# 17 Gesundheitspolitische und ökonomische Rahmenbedingungen als ethische Herausforderungen in der Praxis

Georg Marckmann

Wie Patienten im Einzelfall versorgt werden, hängt nicht nur von den jeweils verantwortlichen Akteuren vor Ort ab, sondern wesentlich auch von den Rahmenbedingungen im Gesundheitssystem. Gesundheitspolitische und ökonomische Faktoren haben einen erheblichen Einfluss darauf, ob in der Praxis eine patientenzentrierte Medizin realisiert werden kann, die sich vor allem an den etablierten ethischen Verpflichtungen gegenüber den Patienten – Wohltun, Nichtschaden und Achtung der Autonomie – orientiert. Das Gesundheitspersonal, das im Einzelfall die Patienten versorgt, ist dabei in doppelter Weise gefordert: Zum einen muss das Personal die systemischen Rahmenbedingungen kennen, um mögliche negative Einflüsse auf das eigene Handeln zu erkennen und ihnen bestmöglich entgegenzuwirken. Zum anderen hat das Gesundheitspersonal eine professionelle Verpflichtung, die negativen Auswirkungen auf die Patientenversorgung öffentlich zu machen und im Rahmen ihrer Möglichkeiten – z.B. durch berufspolitisches Engagement – auf eine Verbesserung der gesundheitspolitischen und ökonomischen Rahmenbedingungen hinzuwirken. Letztlich werden sich die aktuellen und zukünftigen Herausforderungen im Gesundheitswesen nur durch gemeinsame Anstrengungen der Akteure auf den verschiedenen Systemebenen bewältigen lassen (Marckmann 2019): Die Gesundheitspolitik auf Bundes- und Landesebene (Makroebene), die Führungskräfte in den Organisationen des Gesundheitswesens (Mesoebene) und das Gesundheitspersonal im Einzelfall (Mikroebene). Das vorliegende Kapitel erläutert zunächst wesentliche gesundheitspolitische und ökonomische Rahmenbedingungen und ihre Auswirkungen auf die Patientenversorgung. Anschließend werden Handlungsperspektiven aufgezeigt, wie den resultierenden Herausforderungen auf den verschiedenen Systemebenen begegnet werden kann.

## 17.1 Rahmenbedingungen der Patientenversorgung

Die Patientenversorgung ist zum einen durch allgemeinere Entwicklungen wie medizinische Innovationen, die demografische Entwicklung oder die Finanzsituation der gesetzlichen Krankenversicherung (GKV) geprägt, zum anderen durch die auf diese externen Faktoren reagierenden gesundheitspolitischen Entscheidungen. Mit Blick auf die systemischen Rahmenbedingungen der Patientenversorgung ist insbesondere kritisch zu reflektieren, inwieweit die gesundheitspolitischen Steuerungsversuche auf Bundes- und Landesebenen angemessene Antworten auf die systemexternen Herausforderungen darstellen. Vieles spricht dafür, dass sich die finanzielle Situation der GKV in den kommenden Jahren verschlechtern dürfte. Auf der einen Seite schwächt der steigende Altenquotient die Einnahmebasis der GKV, da es immer weniger erwerbstätige Versicherte gibt, die mit ihren Beitragsüberschüssen die Deckungslücke zwischen Beiträgen und Ausgaben bei den Rentnern werden schließen können. Diese Situation wird sich vor allem dann verschärfen, wenn die in den 1960er Jahren geborenen „Baby-Boomer" das Rentenaltern erreichen. Auf der anderen Seite werden die Gesundheitsausgaben weiter steigen, da zahlreiche, meist kostspielige medizinische Innovationen insbesondere von der zunehmenden Anzahl älterer Menschen mit chronischen oder bösartigen Erkrankungen in Anspruch genommen werden.

Dabei ist es ethisch durchaus begründet, den Anstieg der Gesundheitsausgaben zu begrenzen. Schließlich konkurriert der Gesundheitssektor mit anderen Bereichen wie Bildung, Forschung, Umweltschutz oder soziale Sicherung um prinzipiell begrenzte öffentliche Finanzmittel. Erhöhte Gesundheitsausgaben können damit nur durch Einschränkungen („Opportunitätskosten") in anderen sozialstaatlichen Bereichen erkauft werden, was wiederum negative Auswirkungen auf die Gesundheit der Menschen haben würde, da bspw. Bildung, sozioökonomischer Status sowie Arbeits- und Umweltbedingungen erheblichen Einfluss auf die Morbidität und Mortalität der Bevölkerung haben. Mehr Geld in das System ist deshalb auf Dauer keine Lösung und die gesundheitspolitischen Bemühungen um eine Begrenzung der Gesundheitsausgaben sind prima facie auch gerechtfertigt. Allerdings wird man immer diskutieren müssen, welches Niveau der Gesundheitsausgaben unter Berücksichtigung der Opportunitätskosten jeweils gerechtfertigt ist, und – vor allem – wie die verfügbaren Finanzmittel im System bestmöglich eingesetzt werden können, um eine bedarfsgerechte, faire Versorgung der Patienten unter schwierigen externen Rahmenbedingungen nachhaltig zu gewährleisten. Insgesamt werden sich die handelnden Akteure im Gesundheitswesen auf absehbare Zeit auf schwierige finanzielle Rahmenbedingungen und die darauf reagierenden Steuerungsversuche der Politik einstellen müssen. Dabei sind negative Auswirkungen auf die Patienten und das Gesundheitspersonal bereits heute deutlich spürbar. Sie resultieren wesentlich auch aus der Umstellung auf ein Vergütungssystem mittels Fallpauschalen (Diagnosis Related Groups, DRG) mit regulierten Preisen, das den finanziellen Druck insbesondere auf die Krankenhäuser in den letzten Jahren erheblich erhöht hat (Dieterich et al. 2019). Die Politik verfolgte damit das Ziel, die in Deutschland vorhandenen Überkapazitäten zu reduzieren und auf diese Weise die Effizienz der stationären Versorgung zu erhöhen. Tatsächlich ging in der Folge die Anzahl der Krankenhäuser auch zurück, während die Anzahl der behandelten Fälle bei sinkenden Verweildauern stieg. Der folgende Abschnitt erläutert, wie sich die aktuellen Rahmenbedingungen auf die Patientenversorgung und das Gesundheitspersonal auswirken.

## 17.2 Auswirkungen auf die Patientenversorgung und das Gesundheitspersonal

Verschiedene Umfragen weisen darauf hin, dass die aktuellen Rahmenbedingungen vor allem in den Krankenhäusern zu unangemessenen Leistungseinschränkungen führen. Viele Ärzte geben an, aus Kostengründen auf nützliche Leistungen für die Patienten verzichten zu müssen (z.B. Strech et al. 2009). Die Einschränkungen erfolgen dabei nach Einschätzung der befragten Akteure vor allem im Bereich von Pflege und Zuwendung, also bei den sog. „weichen“ Faktoren der Patientenversorgung, weniger hingegen bei Diagnostik und Therapie (Reifferscheid et al. 2015). Dass dies dennoch negative Auswirkungen auf die Patientenversorgung haben kann, belegen empirische Studien aus dem Pflegebereich: Eine höhere Arbeitsbelastung von Pflegekräften z.B. durch Personaleinsparungen und eine schlechtere Qualifizierung erhöht die Mortalität und Morbidität unter den betreuten Patienten. Zugleich geben viele Ärzte an, dass in ihrem Zuständigkeitsbereich überflüssige Leistungen vorkommen, die nicht nur die Gesundheitsausgaben unnötig steigern, sondern den Patienten auch schaden können (vgl. z.B. Fölsch et al. 2016). Dabei gehen die Einschätzungen zwischen leitenden Ärzten und Geschäftsführern offenbar auseinander: Während die Ärzte mehrheitlich eine Überversorgung aufgrund wirtschaftlicher Überlegungen in einer Befragung bejahten, verneinte dies die überwiegende Mehrheit der Geschäftsführer (Naegler und Wehkamp 2018).

Die aktuellen Rahmenbedingungen gehen mit einer vermehrten Belastung des Gesundheitspersonals einher. Über drei Viertel der antwortenden Ärzte gab in der schon erwähnten Studie an, der zunehmende Kostendruck beeinträchtige ihre Arbeitszufriedenheit und belaste das Vertrauensverhältnis zwischen Patienten und Ärzten (Strech et al. 2009). In Tiefeninterviews berichteten Krankenhausärzte über eine zunehmende Leistungsverdichtung und Personalabbau, verbunden mit emotionalem Stress, Gewissenskonflikten, willkürliche Zuteilungsentscheidungen und Unehrlichkeit gegenüber den Patienten (Strech et al. 2008). Auch die Belastungen für das Pflegepersonal haben erheblich zugenommen, ein wachsender Anteil ist unzufrieden mit der Arbeitssituation und erwägt einen Berufswechsel (Aiken et al. 2013).

## 17.3 Bewertung der aktuellen Rahmenbedingungen und ihrer Auswirkungen

Insgesamt liefern die empirischen Studien vielfältige Hinweise auf spürbare negative Auswirkungen der aktuellen Rahmenbedingungen auf die Patientenversorgung und das Gesundheitspersonal. Aus ethischer Sicht ist dabei insbesondere die berichtete Über-, Unter- und Fehlversorgung von Patienten, verbunden mit Unehrlichkeit und willkürlichen Zuteilungsentscheidungen, besorgniserregend, da dies nicht nur die betroffenen Patienten potenziell schädigt, sondern darüber hinaus das unverzichtbare Vertrauen der Patienten in das Versorgungssystem unterminiert. Durch die Überlastung drohen Frustration und Beeinträchtigungen der psychischen Gesundheit des Gesundheitspersonals, was wiederum negative Auswirkungen auf die Patientenversorgung hat und überdies die wirtschaftliche Leistungsfähigkeit der Gesundheitseinrichtungen schwächt. Im schlimmsten Fall droht damit eine fatale Abwärtsspirale, da diese Entwicklung die finanziellen Probleme der Einrichtungen weiter verschärft.

Es dürfte weitgehende Einigkeit geben, dass diese Zustände medizinisch, ethisch und auch ökonomisch nicht vertretbar sind. Deutlich schwieriger zu beantworten ist hingegen die Frage, wie diese Zustände effektiv und nachhaltig verändern werden können. Hierfür erscheint es sinnvoll, zunächst noch einmal einen Blick auf die Ursachen der aktuellen Zustände im Gesundheitswesen zu werfen. Häufig wird hierfür eine Dominanz ökonomischer Rationalität verantwortlich gemacht (vgl. z.B. Maio 2012), die aktuellen Zustände seien das Ergebnis eines zunehmend wettbewerblich organisierten Gesundheitswesens. So plausibel diese Interpretation insbesondere mit Blick auf den gestiegenen betriebswirtschaftlichen Druck in den Krankenhäusern erscheinen mag, einer tiefergehenden Ursachenanalyse vermag sie kaum standzuhalten (Marckmann 2019): Der zunehmende finanzielle Druck im Gesundheitswesen – und die damit verbundenen negativen Auswirkungen auf Patienten und Personal – ist nicht primär auf das freie Wirken ökonomischer Kräfte, sondern ganz wesentlich auf politische Vorgaben zurückzuführen.

Diese beginnen mit dem politischen Grundsatz der Beitragssatzstabilität, der die in der GKV verfügbaren Mittel begrenzt und damit zu finanzieller Knappheit in verschiedenen Versorgungsbereichen führt. Hinzu kommt eine freie Preisbildung bei den Produktionsfaktoren wie Löhne, Gehälter, Energiekosten und Arzneimittel, während die Abgabepreise für die Krankenhäuser durch die Relativgewichte und den in den letzten Jahren unzureichend angepassten Basisfallpreis festgelegt sind. Damit wird ein ökonomisches Grundprinzip außer Kraft gesetzt, nach dem die Unternehmen Faktorpreissteigerungen über höhere Abgabepreise der Produkte weitergeben. Darüber hinaus sind die Bundesländer in der Vergangenheit ihrer Verpflichtung zur Investitionsfinanzierung im Rahmen der dualen Krankenhausfinanzierung nicht ausreichend nachgekommen. Die Krankenhäuser werden dadurch genötigt, systemwidrig Erlöse aus den DRG für notwendige Investitionen zu nutzen. In der Landeskrankenhausplanung wurde es versäumt, die unzweifelhaft vorhandenen Überkapazitäten im Krankenhausbereich bedarfsgerecht zu reduzieren. Bekannte Fehlanreize im deutschen DRG-System, die zu Über-, Unter- und Fehlversorgung führen, wurden nicht konsequent genug korrigiert. Der finanzielle Druck in den Krankenhäusern ist folglich nicht durch eine zügellose Dominanz ökonomischer Rationalität bedingt, sondern durch gesundheitspolitisch zu verantwortende Vorgaben. Allerdings können diese politischen Rahmenbedingungen dazu führen, dass auf der Ebene der einzelnen Einrichtungen im Gesundheitswesen *betriebs*wirtschaftliche Erwägungen dominieren und die Patientenversorgung beeinträchtigen.

Darüber hinaus erscheint es sinnvoll, einen Blick auf das Verhältnis von Ethik und Ökonomie zu werfen. Angesichts der Dominanz betriebswirtschaftlicher Erwägungen im Krankenhaus wird immer wieder gefordert, die Ethik *gegenüber* der Ökonomie zu stärken. Diese Strategie vermag jedoch weder konzeptionell noch pragmatisch zu überzeugen (Marckmann und Maschmann 2014). Zum einen ist die Ethik *konzeptionell* kein Gegenpol zur Ökonomie, im Gegenteil: Im ethischen Prinzip der Nutzenmaximierung konvergieren Ethik und Ökonomie, da es gleichermaßen ethisch wie ökonomisch geboten ist, mit begrenzt verfügbaren Mitteln einen möglichst großen Ertrag zu erzielen bzw. einen bestimmten Ertrag mit möglichst wenig Mitteln. Allerdings gehen die ethischen Anforderungen über das Effizienzgebot hinaus, sodass durchaus Spannungsverhältnisse zwischen ethischen und ökonomischen Erwägungen entstehen können, z.B. zwischen der Effizienz der medizinischen Versorgung und dem Versorgungsbedarf einzelner Patienten. Konzeptionell handelt es sich dann aber eigentlich um einen binnenethischen Konflikt zwischen individual- und gerechtigkeitsethischen Verpflichtungen. *Pragmatisch* wird die Ethik als „Gegenspielerin" der Ökonomie im Krankenhaus nur wenig Wirkung entfalten, da der Krankenhausbetrieb vor allem einer betriebswirtschaftlichen Logik folgt, in der ethische Überlegungen bislang meist keinen festen Platz haben. Aus diesem Grund entstehen aktuell auch häufig Konflikte zwischen den betriebswirtschaftlichen Interessen des Krankenhauses bzw. seines Trägers und den ethischen Verpflichtungen gegenüber den Patienten.

- **Die aktuellen Rahmenbedingungen erhöhen den finanziellen Druck im Gesundheitswesen, was den verfügbaren empirischen Untersuchungen zufolge nicht nur die Patientenversorgung beeinträchtigt, sondern zudem das Gesundheitspersonal erheblich belastet.**
- **Die negativen Auswirkungen auf die Patientenversorgung sind weniger auf das freie Wirken ökonomischer Kräfte, als vielmehr auf gesundheitspolitische Vorgaben auf Bundes- und Landesebene zurückzuführen.**
- **Aufgrund der gesundheitspolitischen Rahmenbedingungen kann es auf Ebene der Gesundheitseinrichtungen zu einer Dominanz betriebswirtschaftlicher Erwägungen kommen.**
- **Dem zunehmenden betriebswirtschaftlichen Druck in den Einrichtungen des Gesundheitswesens (insbesondere in den Krankenhäusern) „mehr Ethik" entgegenzustellen, ist weder konzeptionell noch pragmatisch überzeugend.**

## 17.4 Handlungsperspektiven

Externe, kurzfristig nicht zu eliminierende Faktoren wie die Alterung der Bevölkerung und erweiterte medizinische Handlungsoptionen steigern die Gesundheitsausgaben und schwächen gleichzeitig die Einnahmeseite der GKV.

Voraussichtlich werden sich die Herausforderungen nur durch gemeinsame Anstrengungen der Akteure auf den verschiedenen Ebenen des Gesundheitssystems bewältigen lassen (Marckmann 2019). Aktuell schieben sich die Akteure der verschiedenen Ebenen gerne gegenseitig die Verantwortung zu: Auf der Makroebene behaupten die Gesundheitspolitiker, es sei insgesamt genug Geld im System (was möglicherweise stimmt), es müsse nur auf den nachgeordneten Ebenen des Gesundheitssystems richtig eingesetzt werden, was sie wiederum nur eingeschränkt steuern könnten und wollten. Auf der Mesoebene kritisieren die Geschäftsführer der Krankenhäuser (ebenfalls zu Recht) die Unzulänglichkeiten der gesundheitspolitisch zu verantwortenden Rahmenbedingungen der Krankenhausfinanzierung und entziehen sich damit selbst der Verantwortung für die aktuell angespannte Situation für Patienten und Personal im Krankenhaus. Auf der Mikroebene verweisen die Ärzte schließlich auf mangelhafte gesundheitspolitische Rahmenbedingungen und einseitig betriebswirtschaftliche Vorgaben der Krankenhausgeschäftsführer. Dabei steuern sie mit der Indikationsstellung und dem gemeinsamen Entscheidungsprozess mit dem Patienten ganz wesentlich die Inanspruchnahme medizinischer Leistungen und sind damit auch für die – ärztlich verursachte – Über-, Unter- und Fehlversorgung von Patienten verantwortlich. Angesichts der geteilten Verantwortlichkeiten der Akteure auf den verschiedenen Ebenen des Gesundheitssystems werden sich die aktuellen und zukünftigen Herausforderungen im Gesundheitswesen nur dann bewältigen lassen, wenn die Beteiligten dieses „Schwarzer-Peter-Spiel" beenden und auf ihrer jeweiligen Ebene Verantwortung für eine bedarfsorientierte Patientenversorgung unter schwierigen finanziellen Rahmenbedingungen übernehmen. Im Rahmen des vorliegenden Beitrags ist es nicht möglich, die Handlungsspielräume auf den verschiedenen Ebenen des Systems umfassend zu erläutern. In den folgenden Abschnitten seien deshalb nur einige Perspektiven für mögliche Lösungsansätze angedeutet (für eine Übersicht siehe bspw. die Stellungnahme der AWMF zum Thema Medizin und Ökonomie, Nothacker et al. 2019), mit Verweisen auf die hierfür jeweils einschlägigen Beiträge des vorliegenden Praxisbuchs.

### 17.4.1 Makroebene: Gesundheitspolitische Rahmenbedingungen

Da die negativen Auswirkungen auf Patientenversorgung und Gesundheitspersonal wesentlich auf politische Vorgaben zurückzuführen sind, ist vorrangig die Gesundheitspolitik auf Bundes- und Landesebene gefordert, die Rahmenbedingungen der Patientenversorgung so zu gestalten, dass eine bedarfsgerechte Versorgung der Patienten unter angemessenen Arbeitsbedingungen für das Gesundheitspersonal gewährleistet ist. Hierzu gehören u.a. eine angemessene Investitionsfinanzierung der Länder, eine ausreichende Anpassung des DRG-Basisfallwerts an die Tarif-, Material- und Sachkostenpreise sowie die Korrektur bekannter Fehlanreize im deutschen DRG-System. Noch vorhandene Überkapazitäten sollten durch eine bedarfsorientierte Krankenhausplanung auf Landesebene abgebaut werden. Angesichts der nur eingeschränkt veränderbaren externen Rahmenbedingungen spricht jedoch einiges dafür, dass neben veränderten gesundheitspolitischen Rahmenbedingungen zusätzliche Maßnahmen auf den nachgeordneten Systemebenen ergriffen werden müssen.

### 17.4.2 Mesoebene: Einrichtungen des Gesundheitswesens

Auf der Ebene einzelner Einrichtungen im Gesundheitswesen ist sicherzustellen, dass wichtige Werte für die Patientenversorgung und für den Umgang mit dem Personal unter dem aktuellen finanziellen Druck nicht (übermäßig) beeinträchtigt werden. Es reicht dabei nicht aus, an die moralische Verantwortung des Personals zu appellieren. Die Berücksichtigung ethischer Vorgaben muss vielmehr fest im Krankenhausbetrieb verankert und zu einem integralen Bestandteil des Krankenhausmanagements werden (Marckmann und Maschmann 2014; Wehkamp und Wehkamp 2017). Dies trägt der bereits erwähnten Tatsache Rechnung, dass es sich bei Ethik und Ökonomie nicht um zwei sich ausschließende Gegenpole handelt. Dabei ist es zum einen wichtig zu definieren, welche Werte die Akteure im Krankenhaus bei der Patientenversorgung leiten sollen. Zum anderen muss dann die Umsetzung der normativen Vorgaben systematisch erfasst und gesteuert werden. Voraussichtlich wird eine Einrichtung durch ein solches Wertemanagement im Wettbewerb profitieren können: nicht nur durch eine bessere Patientenversorgung, sondern auch durch eine erhöhte wirtschaftliche Leistungsfähigkeit und Vorteile bei der Personalgewinnung (Marckmann 2019). Einige Kapitel in diesem Praxisbuch bieten hierfür konkrete Perspektiven: Kuno Rechkemmer mit dem Management Innerer Qualität in Einrichtungen des Gesundheitswesens (Kapitel II.19), Kai Wehkamp mit Ethik als Management-Herausforderung in den Organisationen (Kapitel II.20). Zudem erscheint es unverzichtbar, die bislang vor allem individualethisch ausgerichtete Ethik im Krankenhaus durch organisationsethische Ansätze zu ergänzen (Marckmann 2021). Hierfür bietet Jürgen Wallner eine Einführung in die methodischen Grundlagen der Organisationsethik für Einrichtungen im Gesundheitswesen (Kapitel I.7). Nicht zuletzt weist Katja Kühlmeyer in ihrem Beitrag auf, wie mit moralischem Stress des Gesundheitspersonal angemessen umgegangen werden kann (Kapitel I.14).

### 17.4.3 Mikroebene: Gesundheitspersonal im Einzelfall

Ärzte steuern mit ihrer Indikationsstellung und der gemeinsamen Entscheidungsfindung mit den Patienten ganz wesentlich die Inanspruchnahme medizinischer Maßnahmen. Sie tragen damit eine erhebliche Verantwortung für patientenorientierte und gleichzeitig ressourcenbewusste Entscheidungen im Einzelfall (zu ressourcenbewussten Entscheidungen vgl. Kapitel II.13). Sie können sich dieser Verantwortung nicht entziehen, auch wenn die Rahmenbedingungen auf der Makro- und Mesoebene des Gesundheitswesens verschiedene Defizite aufweisen. Es ist unbestritten, dass das deutsche DRG-System Fehlanreize für die Patientenversorgung aufweist. Diese sind aber nur Anreize und keine definitiven Vorgaben für ärztliche Entscheidungen. Man kann also von den Akteuren auf der Mikroebene durchaus erwarten, dass sie sich in ihren professionellen Urteilen nicht in einer unangemessenen Art und Weise von den (v.a. finanziellen) Anreizen beeinflussen lassen (vgl. hierzu den Beitrag von Arne Manzeschke, Kapitel II.18).

Inzwischen gibt es verschiedene Ansätze, die Verantwortung von Ärzten für ressourcenbewusste Entscheidungen im Einzelfall zu fördern. Mit den Initiativen „Choosing wisely“ und „Gemeinsam klug entscheiden“ (Arbeitsgemeinschaft wissenschaftlich-medizinischer Fachgesellschaften, AWMF) haben sich verschiedene wissenschaftliche Fachgesellschaften dem Problem der Überversorgung angenommen und Empfehlungen erarbeitet, in welchen Situationen medizinische Maßnahmen *nicht* eingesetzt werden sollten, weil sie keinen nachgewiesenen Zusatznutzen für den Patienten haben (Strech et al. 2014). Darüber hinaus gibt es Vorschläge, die moralische Selbstverpflichtung der handelnden Akteure zu stärken. In diese Richtung zielt beispielsweise der Klinik-Codex der Deutschen Gesellschaft für Innere Medizin (DGIM) und des Berufsverbands Deutscher Internisten (BDI), der „dem Ökonomisierungsprozess eine auf ärztlicher Ethik und Werten beruhende Haltung im Arbeitsalltag“ entgegenstellen möchte (Schumm-Draeger et al. 2017, S. A2340). Auch ein neuer Eid wird als mögliche Lösungsperspektive diskutiert (Wils und Baumann-Hölzle 2018). Angesichts der vorhandenen Entscheidungsspielräume im Einzelfall ist diese „moralische Rückenstärkung“ der handelnden Akteure durchaus angemessen und zu begrüßen. Allerdings sei hier noch einmal ausdrücklich betont, dass es angesichts der erheblichen Einflüsse auf System- und Organisationsebene keinesfalls ausreichen kann, hier an die individuelle moralische Verantwortung der Akteure auf der Mikroebene zu appellieren.

## Fazit

Die Patientenversorgung ist wesentlich durch gesundheitspolitische und ökonomische Rahmenbedingungen geprägt, die es dem Gesundheitspersonal vielfach nicht einfach macht, ihren individualethischen Verpflichtungen gegenüber den betreuten Patienten nachzukommen. Es gehört dabei auch zur Verantwortung der unmittelbar am Patienten Tätigen, die Rahmenbedingungen auf den übergeordneten Ebenen kritisch zu reflektieren, um negative Auswirkungen auf die Patientenversorgung zu minimieren und Impulse für die Weiterentwicklung des Gesundheitssystems aus praktischer Perspektive geben zu können. Neben der – meist nicht einfachen – Gestaltung der gesundheitspolitischen Rahmenbedingungen sollten insbesondere Handlungsspielräume auf der Mesoebene, d.h. auf Ebene der einzelnen Einrichtungen des Gesundheitswesens genutzt werden. Entsprechende *organisationsethische* Ansätze können es dem Gesundheitspersonal erleichtern, eine patientenzentrierte Medizin unter schwierigen finanziellen Rahmenbedingungen zu realisieren.

## Literatur

Aiken LH, Sloane DM, Bruyneel L, Van den Heede K, Sermeus W, Consortium RC (2013) Nurses' reports of working conditions and hospital quality of care in 12 countries in Europe. Int J Nurs Stud 50, 143–53

Dieterich A, Braun B, Gerlinger T, Simon M (Hrsg.) (2019) Geld im Krankenhaus. Eine kritische Bestandsaufnahme des DRG-Systems. Springer VS, Wiesbaden

Fölsch UR, Faulbaum F, Hasenfuß G (2016) Mitgliederbefragung zu „Klug entscheiden“: Wie Internisten das Problem von Über- und Unterversorgung werten. Deutsches Ärzteblatt 113, A604-A606

Maio G (2012) Ärztliche Hilfe als Geschäftsmodell? Eine Kritik der ökonomischen Überformung der Medizin. Deutsches Ärzteblatt 109, A804–7

Marckmann G (2019) Ethik als Führungsaufgabe: Perspektiven für einen ethisch vertretbaren Umgang mit dem zunehmenden Kostendruck in den deutschen Krankenhäusern. In: Dieterich A, Braun B, Gerlinger T et al. (Hrsg.) Geld im Krankenhaus. Eine kritische Bestandsaufnahme des DRG-Systems, 201–218. Springer VS Wiesbaden

Marckmann G (2021) Ökonomisierung im Gesundheitswesen als organisationsethische Herausforderung. Ethik in der Medizin (online first, DOI: 10.1007/s00481-021-00642-1)

Marckmann G, Maschmann J (2014) Zahlt sich Ethik aus? Notwendigkeit und Perspektiven des Wertemanagements im Krankenhaus. Z Evid Fortbild Qual Gesundhwes 108, 157–65

Naegler H, Wehkamp K-H (2018) Medizin zwischen Patientenwohl und Ökonomisierung. Krankenhausärzte und Geschäftsführer im Interview Medizinisch Wissenschaftliche Verlagsgesellschaft Berlin

Nothacker M, Busse R, Elsner P, Fölsch UR, Gogol M, Jungehülsing GJ, Kopp I, Marckmann G, Maschmann J, Meyer HJ, Miller K, Wagner W, Wienke A, Zimmer KP, Kreienberg R (2019) Medizin und Ökonomie: Maßnahmen für eine wissenschaftlich begründete, patientenzentrierte und ressourcenbewusste Versorgung. Ein Strategiepapier der Arbeitsgemeinschaft der Wissenschaftlichen Medizinischen Fachgesellschaften (AWMF). Dtsch Med Wochenschr 144, 990–996

Reifferscheid A, Pomorin N, Wasem J (2015) Ausmaß von Rationierung und Überversorgung in der stationären Versorgung. Dtsch Med Wochenschr 140, e129–35

Schumm-Draeger P-M, Kapitza T, Mann K, Fölsch UR, Müller-Wieland D (2017) Ökonomisierung in der Medizin: Rückhalt für ärztliches Handeln (Klinik Codex „Medizin vor Ökonomie“). Deutsches Ärzteblatt 114, A2338–2340

Strech D, Börchers K, Freyer D, Neumann A, Wasem J, Marckmann G (2008) Ärztliches Handeln bei Mittelknappheit. Ergebnisse einer qualitativen Interviewstudie. Ethik in der Medizin 20, 94–109

Strech D, Danis M, Löb M, Marckmann G (2009) Ausmaß und Auswirkungen von Rationierung in deutschen Krankenhäusern. Ärztliche Einschätzungen aus einer repräsentativen Umfrage. Dtsch Med Wochenschr 134, 1261–1266

Strech D, Follmann M, Klemperer D, Lelgemann M, Ollenschlager G, Raspe H, Nothacker M (2014) When Choosing Wisely meets clinical practice guidelines. Z Evid Fortbild Qual Gesundhwes 108, 601–3

Wehkamp K, Wehkamp K-H (2017) Ethikmanagement im Krankenhaus. Unternehmens- und Wertekultur als Erfolgsfaktor für das Krankenhaus. Medizinisch Wissenschaftliche Verlagsgesellschaft Berlin

Wils J-P, Baumann-Hölzle R (2018) Eid und Ethos. Auf dem Weg zu einem neuen Gelöbnis für Ärzte und Ärztinnen Nomos Verlagsgesellschaft Baden-Baden

# 18 Der Umgang mit finanziellen Anreizen als ethische Herausforderung

Arne Manzeschke

## 18.1 Einleitung

*„Es ist ein Grundfehler, die Medizin über den Preis steuern zu wollen. Das geschieht bedauerlicherweise seit mehreren Jahren und hat zu entsprechenden Ergebnissen geführt wie Indikationsausweitung für das Rentable und Indikationseinschränkung für das nicht Rentable. Das letztere sei noch unerträglicher", so der damalige Präsident der Deutschen Gesellschaft für Chirurgie, Reiner Gradinger. Er ruft dazu auf, „dass wir uns auf unsere ethischen Grundwerte besinnen müssen, dass wir sie gemeinsam verteidigen müssen". Keinesfalls dürfe die Ethik zu einem „Schmiermittel des Medizinbetriebs" verkommen. „Das wäre unser Untergang" (Gradinger 2010: 195f.).*

Gradinger zitiert den Ökonomen Hagen Kühn, der sich viele Jahre mit der Ökonomisierung im Gesundheitswesen beschäftigt und hierbei auch die Rolle der Ethik kritisch beleuchtet hat (Kühn 2006). Kühn unterscheidet zwischen einer Ethik, die anlassbezogen korrigierend eingesetzt wird, und einer, die als „Schmiermittel" der Ökonomisierung des Medizinbetriebs noch effizienzsteigernd zuarbeitet.

Dass in diesem Beitrag „finanzielle Anreize" zu einem ethischen Thema werden, hat mit einer realen Verunsicherung und einer grundsätzlichen Unsicherheit zu tun. Die Verunsicherung besteht darin, dass in den vergangenen Jahren zahlreiche Fälle bekannt geworden sind, in denen finanzielle Anreize mindestens moralisches Unbehagen bereitet haben, wenn sie nicht gar als kriminell eingestuft worden sind. Es gilt also zunächst, diese Funktionsweise der Anreize genauer zu verstehen, um Fehlentwicklungen entgegenzuwirken. Dem hat der Gesetzgeber 2016 mit einem Gesetz zur Bestechlichkeit im Gesundheitswesen (§ 299a StGB) und zur Bestechung im Gesundheitswesen (§ 299b StGB) entsprochen.

Die sehr viel weiter reichende Unsicherheit besteht darin, ob das Gesundheitswesen überhaupt bzw. in welchem Umfang ein Markt sein kann bzw. sein soll, auf dem finanzielle Anreize eine sinnvolle Wirkung entfalten können. Es wäre naiv, die ökonomische Basis aller (Be-)Handlungen im Gesundheitswesen zu ignorieren. Der Zusammenhang von Geld und medizinischer Behandlung ist so offensichtlich und grundlegend, dass er sich durch alle Ebenen des Handelns zieht: von der Verschreibung von Medikamenten über die Tarifverhandlungen des Gesundheitspersonals bis zur Festsetzung der Versicherungsbeiträge und eines Globalbudgets für das Gesundheitswesen auf der bundespolitischen Ebene. Dass Geld im Gesundheitswesen vonnöten ist, um die Versorgung aufrecht zu erhalten, die Forschung voranzutreiben und den Gesundheitsberufen ein Auskommen mit ihrer Arbeit zu ermöglichen, ist unbestritten. Strittig – und das nicht allein aus ethischer Sicht – ist allerdings, ob finanzielle Anreize das richtige Mittel sind, um diese Ziele tatsächlich zu erreichen. Hinter der Frage nach einer ethischen Beurteilung von und einem ethisch verantwortlichen Umgang mit finanziellen Anreizen steht die sehr viel grundlegendere Frage, ob und an welchen Stellen eine marktliche Regulierung des Gesundheitswesens sachgemäß ist und wo sie kontraproduktiv wirkt. Das kann im Rahmen dieses Beitrags nur am Rande behandelt werden.

Nach der Einleitung (18.1) liefert der Beitrag eine kurze Phänomenologie finanzieller Anreize (18.2), die anhand von drei Fällen aus der Mikro-, Meso- und Makroebene des Gesundheitswesens ethisch reflektiert werden (18.3). Abschließend werden einige Hinweise zum verantwortlichen Umgang mit finanziellen Anreizen gegeben (18.4).

## 18.2 Kurze Phänomenologie finanzieller Anreize

Bei einem Anreiz handelt es sich um eine „situative Bedingung, die aufgrund einer gegebenen Bedürfnisstruktur bzw. inhaltlichen Arbeitsmotivation Aufforderungscharakter (Valenz) für die Person aufweist" (Gabler Wirtschaftslexikon, ausführlich hierzu: Manzeschke, Anderson 2017). Warum und wie wir etwas tun, hat nicht nur mit inneren Einstellungen oder eigenen Zielsetzungen zu tun, sondern ebenso sehr mit äußeren Rahmenbedingungen, Strukturen und Prozessen, in die wir eingebunden sind. In einem Gesundheitswesen, dessen Leistungen wesentlich durch die organisationale Verknüpfung vieler verschiedener Akteure zustande kommen, spielen strukturelle Anreize eine zentrale Rolle. Sie existieren nicht nur in finanzieller Form, sondern auch als Leitlinien, Standards, in Form von Ausbildung- oder Karrierewegen. Insbesondere im ärztlichen Bereich sind finanzielle Anreize in Form von Einladungen zu Kongressen, üppigen Referentenhonoraren oder Forschungsgeldern lange Zeit üblich gewesen. In Deutschland hat diese Kultur der kleinen und großen Geschenke insbesondere durch Pharmafirmen dazu geführt, dass Ärztinnen und Ärzte die Initiative MEZIS (Mein Essen zahl ich selbst) gegründet haben, um ihre Unbestechlichkeit und Unabhängigkeit zu demonstrieren. In der akademischen Welt ist es mittlerweile unerlässlich, bei Veröffentlichungen Interessenkonflikte offenzulegen (vgl. hierzu auch Kap. II.16).

Vergegenwärtigt man sich, dass im deutschen Gesundheitswesen jährlich etwa 400 Mrd. Euro ausgegeben werden (Destatis 2020), dass für die Patienten aufgrund ihrer Krankheit eine grundsätzliche Not und Unsicherheit besteht, sie aufgrund asymmetrischer Informationen nur schwer einschätzen können, welche Behandlung für sie wirklich die beste ist, und mittlerweile zwischen den Gesundheitsanbietern ein heftiger Konkurrenz- und Kostendruck herrscht, so wird leicht erkennbar, dass dieses System besonders anfällig ist für kleine Gesten der Vorteilsgewährung bis hin zur strukturellen Korruption. Für 2006 hatte Transparency Deutschland für das deutsche Gesundheitssystem einen Betrag von 24 Mrd. Euro (damals waren das 10% des Umsatzes) taxiert, der in Korruptionskanäle fließe (vgl. Transparency International 2006, S. 13). Das ist ein erheblicher Betrag, der – besser eingesetzt – so manche Versorgungslücke schließen könnte. Darüber hinaus muss man sich klar machen, welche Folgen Korruption, aber auch mildere Formen der Vorteilsnahme und -gewährung für das Gesundheitswesen haben: Es korrumpiert das Ethos ganzer Berufsgruppen und fördert das Misstrauen in das ganze System. Nicht zuletzt bewirkt es bei den Patienten, die in ihrer Vulnerabilität auf dieses System und seine Professionellen angewiesen sind, eine massive Verunsicherung. Vertrauensverlust in zentrale Institutionen aber mindert den Zusammenhalt und die Funktionsfähigkeit einer Gesellschaft. Es sind also weitreichende und gravierende Probleme, die mit dem Problem der Korruption aufgerufen sind. Das wurde vom Gesetzgeber offensichtlich als Problem erkannt und in das besagte Strafgesetz (StGB 299a und b) gegossen. Bei Bestechlichkeit oder Bestechung handelt es sich um ein Offizialdelikt, bei dem der Staat von sich aus die Ermittlungen aufnimmt. Insgesamt scheint das Gesetz Wirkung zu zeigen (Halbe 2020), wenngleich das Problem eines zweifelsfreien Nachweises von drittschädigenden Absprachen praktisch äußerst schwierig ist. „Die Grundidee der Tatbestände liegt darin, ein Verhalten zu bestrafen, bei dem ein Angehöriger eines Heilberufs sich von ökonomischen Interessen hat leiten lassen und nicht von einer Entscheidung allein im Patienteninteresse." (ETL 2016, S. 9)

Allerdings korrumpiert nicht jeder finanzielle Anreiz. Es gilt also zu unterscheiden, wo finanzielle Anreize korrumpierende Wirkungen haben und wo sie eine sinnvolle Steuerungswirkung entfalten. Einerseits werden problematische Wirkungen assoziiert:

- die korrumpierende Wirkung von Geld auf die Handlungen Einzelner oder ganzer Berufsgruppen,
- die Fehlleitung von Handlungen, welche sachlich, rechtlich oder moralisch fragwürdig erscheinen,
- die negativen Folgewirkungen, welche über die unmittelbare Handlung hinausreichen und insbesondere das Vertrauen in Personengruppen oder ein ganzes System erschüttern können.

Umgekehrt werden mit finanziellen Anreizen aber auch positive Effekte verbunden:

- Mit dem Geld wird ein gesellschaftlich erwünschtes Handeln belohnt und
- so die Menge oder die Qualität dieser erwünschten Handlungen gesteigert, was
- der Gesellschaft insgesamt zugutekommen kann.

In beiden Fällen wirkt der gleiche Anreizmechanismus. Geld fungiert als Instrument eines Akteurs A, um das Verhalten eines Akteurs B in die von A gewünschte Richtung der Handlung x zu dirigieren. Es bedarf offenbar des finanziellen Anreizes, damit B sich dieses ihm zunächst fremde Handlungsziel x setzt.

Deshalb sind hier zwei weitere Unterscheidungen angebracht, nämlich

1. die zwischen intendierten und nicht-intendierten Wirkungen finanzieller Anreize und
2. die zwischen positiven und negativen Folgen dieser Anreize.

Formallogisch ergeben sich vier Kombinationen: a) intendierte positive Folgen, b) nicht intendierte positive Folgen, c) nicht intendierte negative Folgen und d) intendierte negative Folgen. Der Fall d) kann von der weiteren Betrachtung ausgeschlossen werden, denn es ist unwahrscheinlich, dass jemand mit finanziellen Anreizen negative Folgen intendiert (s. Abb. 1).

Eine ethische Beurteilung finanzieller Anreize ist in *prospektiver* Hinsicht denkbar: Was muss von wem beachtet werden, damit unerwünschte Folgen gar nicht erst eintreten? Ebenso ist eine ethische Beurteilung *retrospektiv* denkbar. Für eine ethische Bewertung von finanziellen Anreizen ergeben sich also fünf Fragen:

1. Wer hat welche Folgen mit finanziellen Anreizen intendiert (Akteur A)?
2. Was bewirken diese Anreize bei dem angereizten Akteur (B)?
3. Sind die intendierten Folgen tatsächlich eingetreten?
4. Sind weitere (nicht intendierte) Folgen eingetreten?
5. Wie sind diese Folgen aus 3) und 4) normativ zu bewerten?

Erkennbar sind hier zwei Handlungsebenen: Derjenige, der Anreize setzt, und derjenige, der aufgrund dieser Anreize handelt. Damit sind unterschiedliche Verantwortlichkeiten verbunden. B handelt aufgrund der Anreize von A und ist insofern *abhängig verantwortlich*. Allerdings kann A nicht *generell verantwortlich* gemacht werden für unerwünschte Folgen aus Anreizbedingungen; dann nämlich, wenn A in seiner Position mögliche negative Folgen gar nicht absehen konnte. In Analogie zum *Verbotsirrtum* in der Rechtsprechung (§ 17 StGB), der sich bei Unvermeidbarkeit strafmindernd auswirkt, könnte man aus ethischer Perspektive sagen, dass die moralische Verantwortung für negative, nicht intendierte und vorab nicht erkennbare Folgen aus dem Setzen von finanziellen Anreizen A nicht zugeschrieben werden können. Dies wird insbesondere dann der Fall sein, wenn B die Anreizwirkungen vorrangig zu seinen Gunsten und nicht zum allgemeinen Nutzen umsetzt. Zugleich wird man fragen müssen, ob A mit dem Anreiz ein Dilemma auf die niedrigere Ebene an B weiterreicht und sich so seiner Verantwortung zu entledigen sucht (vgl. grundsätzlich: Werner 2002; Bayertz 1995).

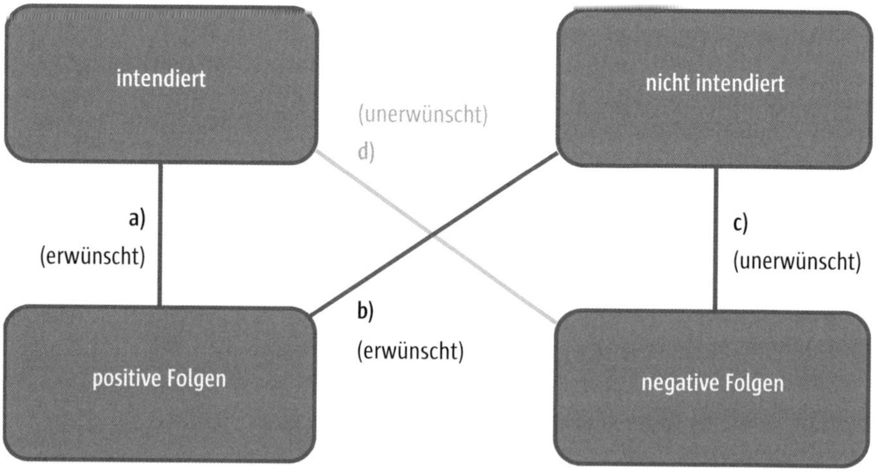


Abb. 1 Folgen von Anreizsystemen hinsichtlich ihrer Bewertung (positiv/negativ) und ihrer Intention (intendiert/nicht intendiert) im Kreuzschema

Im Folgenden sollen drei Beispiele die Zusammenhänge zwischen Anreizen, Handlungen und Verantwortung illustrieren. Die Beispiele sind reale Fälle aus dem deutschen Gesundheitswesen und repräsentieren jeweils eine idealtypische Handlungsebene (Mikroebene: individuelles Handeln; Mesoebene: organisationales Handeln; Makroebene gesellschaftliches Handeln). Idealtypisch meint, dass aus analytischen Gründen diese Ebenen je für sich dargestellt werden, in der Realität sich aber überlagern und wechselseitig beeinflussen, was hier aber nicht umfassend dargestellt werden kann. Die Beispiele stammen aus der Zeit *vor* Einführung der §§ 299a und b StGB; sie illustrieren gleichwohl grundsätzliche Merkmale von finanziellen Anreizen im Gesundheitswesen und zeigen zudem Momente auf, die nicht vom Tatbestand der Bestechung oder Bestechlichkeit erfasst werden. (Zur Systematik und den aktuellen praktischen Problemen vgl. ETL 2016)

## 18.3 Fallbeispiele finanzieller Anreize

### 18.3.1 Finanzielle Anreize im Transplantationssystem

Mit „finanziellen Anreizen" werden schnell die Unregelmäßigkeiten bei der Listung von Organempfängern in einigen deutschen Transplantationszentren vor acht Jahren in Verbindung gebracht. Hier hatten unter anderem Bonuszahlungen an die Operateure für Handlungsweisen gesorgt, die – angesichts von staatsanwaltschaftlichen Ermittlungen – zumindest das Prädikat „fragwürdig" verdienen. Zwar hatte die Deutsche Krankenhausgesellschaft umgehend konstatiert, dass „Sondervereinbarungen über Bonuszahlungen für bestimmte Leistungsmengen in der Transplantationsmedizin Fehlanreize auslösen können" und sich für eine „Abschaffung entsprechender finanzieller Anreize" ausgesprochen (vgl. Deutscher Bundestag 2014, S. 15f.). Doch die Bevölkerung reagierte mit Skepsis und Vertrauensentzug; die Spendezahlen fielen seitdem kontinuierlich auf ein Allzeittief. Mit der Folge, dass Menschen, die dringend auf ein Spendeorgan angewiesen sind, unter Umständen damit nicht mehr versorgt werden können.

Ein weiterer Aspekt muss in diesem Zusammenhang jedoch erwähnt werden, um das Problem vollständiger in den Blick zu bekommen: In den Jahren vor dem „Manipulationsskandal" wurde intensiv diskutiert, ob nicht „moderate finanzielle Anreize" die Spendenbereitschaft der Bevölkerung erhöhen und so die Versorgungslage von transplantationsbedürftigen Menschen verbessert werden könnte (vgl. Buyx 2009).

#### Analyse und Beurteilung der Fallskizze

Die moralische Empörung über Anreize für Operateure ist deutlich größer gewesen als die für potenzielle Organspender. Das könnte so erklärt werden, dass die Manipulation von Wartelisten effektiv stattgefunden hat. Hier sind nicht nur Regeln der Gerechtigkeit, sondern auch geltendes Recht eklatant verletzt worden. Im Gegensatz dazu sind finanzielle Anreize für potenzielle Organspender in Deutschland über eine theoretische Diskussion nicht hinausgekommen; ob auch sie negative Folgen gezeitigt hätten, wissen wir nicht.

Im Fall der Manipulation von Wartelisten bei der Organspende ist die Sache relativ klar: Diese Manipulation – auch in bester Absicht für den Patienten – ist illegal und illegitim. Es ist zu vermuten, dass den Transplantationszentren (Akteur A) die negative Folge der Manipulation nicht als Möglichkeit vor Augen stand, da sie sowieso juristisch verboten war. Ethisch ist aber hinzuzufügen: Akteur A hätte sich – angesichts der erkennbar korrumpierenden Wirkung von finanziellen Anreizen – im Vorhinein die Frage stellen müssen, ob nicht unterhalb des Gesetzesbruchs mit Unregelmäßigkeiten gerechnet werden müsste. Für A ist die Erhöhung der Transplantationszahlen im eigenen Zentrum nicht zuletzt auf eine übergeordnete Anreizstruktur zurückzuführen, wonach die Transplantationszentren eine Mindestmenge an Operationen vorweisen müssen, um ihre Existenzberechtigung zu behalten. Die genauere Analyse zeigt also eine doppelte Anreizstruktur (1. Mindestmengenvorgabe durch den Gesetzgeber, 2. finanzielle Anreize für die Transplanteure). Auch für diese Mindestmengen gibt es gute Gründe: wie die Qualitätssicherung. Hinzu tritt für die Organisationen ein Steuerungsproblem angesichts steigender Komplexität, dem sie durch Steuerungsimpulse wie finanzielle Anreize zu entsprechen suchten.

Vermutlich hatten Transplanteure im Einzelfall sogar das Wohl ihres Patienten im Blick und die Krankenakten manipuliert, um eine größere Dringlichkeit für eine Transplantation darzustellen. Der Anreiz durch Boni wäre dann lediglich ein „angenehmer" Nebeneffekt einer an sich positiven, weil am Patientenwohl orientierten Handlung. Gleichwohl haben sie gegen das Prinzip der Gerechtigkeit und geltendes Recht verstoßen. Das lässt sich auch im Einzelfall nicht rechtfertigen. Es wird in den vorliegenden Studien überwiegend ausgeschlossen, dass einzelne Transplantationschirurgen vorrangig aus Motiven der persönlichen Bereicherung gehandelt haben. Das wird sich aber unter dieser doppelten Anreizstruktur nur sehr schwer nachweisen lassen – und sie unterfällt als Vorteil für den Patienten auch nicht den §§ 299a oder b.

**Merke: In einem Gesundheitssystem, das über weite Strecken durch finanzielle Anreize gesteuert wird, wird es zunehmend schwierig, ein Handeln, dass sich an diesen Anreizen ausrichtet, ethisch zu beurteilen.**

Betrachtet man nun die zweite Ebene der Anreizstrukturen, dann zeigt sich, dass die Transplantationschirurgen durch die Mindestmengenvorgaben außerdem noch negativ angereizt worden sind: Es liegt in ihrem Interesse, eine Schließung des eigenen Zentrums zu vermeiden, also sind sie gehalten, entsprechende Mengen zu generieren. Doch auch diese Tatsache entlastet sie nicht gegenüber dem moralischen und rechtlichen Vorwurf. Sie hatten in jedem Einzelfall die Möglichkeit gehabt, auch anders zu handeln. Und diese faktische innere und äußere Handlungsfreiheit ist entscheidend, um den Handelnden die moralische (und auch rechtliche) Verantwortung für ihr Handeln zuzuschreiben.

Betrachtet man den Akteur A, so erkennt man schnell, dass auch er sich als „Gejagter" in einem System versteht und entsprechend das Überleben der Organisation zu sichern sucht. Man darf annehmen, dass A offensichtliche Manipulationen der Patientenakten nicht als Folge der finanziellen Anreize verstanden wissen wollte. Hier könnte A (und wohl auch den Aufsichtsbehörden) die Frage gestellt werden, ob sie sorgfältig genug über negative Folgen nachgedacht haben. Folgt man den Analysen Pohlmanns zu den hier wirksamen Mechanismen, zeigt sich, dass hierbei nicht das

Motiv individueller Bereicherung seitens der Ärzte ausschlaggebend war. Vielmehr lassen sich die Manipulationen als eine „Form organisationaler Devianz" verstehen:

> *„Zugleich gab es aber Anreizstrukturen, welche die Kliniken selbst gesetzt hatten. Nicht nur Bonussysteme, auch wenn sie mitunter, wie zeitweise in Göttingen, an die Transplantationszahlen geknüpft wurden, gehörten zu den legitimen und legalen Anreizen. Auch stellten die Karrierevorteile durch die Reputationszugewinne bei vielen Transplantationen für die Zentren und die Mediziner selbst wichtige Anreize dar. Sie sind aber von den Kliniken gesetzt und sprechen daher für das Vorliegen von organisationaler Devianz."* (Pohlmann u. Höly 2017; vgl. auch Pohlmann 2018)

Als Bestätigung bzw. als Lernschritt darf man die Intervention der Deutschen Krankenhausgesellschaft verstehen, die sehr schnell nach Bekanntwerden der Probleme die Abschaffung der Anreize gefordert hatte.

Die Analyse ist ernüchternd. Die Gesellschaft ist ob der Skandale im Transplantationssystem (auch wenn sie diese in ihrer komplexen Gemengelage vielleicht gar nicht umfassend dargestellt bekommen und verstanden hat) nachhaltig irritiert, und die Zahl der Organspenden ist massiv eingebrochen. Einzelne Transplantierte plagt die Vorstellung, sie hätten „ihr" Organ womöglich aufgrund einer solchen Manipulation erhalten. Das Vertrauen in das System ist nachhaltig erschüttert, es wird Jahre dauern, es wieder aufzubauen. In der Zwischenzeit werden einige potenzielle Organempfänger wohl nicht mehr rechtzeitig ein Organ erhalten. Die positiven erwünschten Effekte im Sinne erhöhter Organspendezahlen haben sich nicht eingestellt, die negativen Effekte erweisen sich als ungleich gravierender.

### 18.3.2 Finanzielle Anreize für einweisende Ärzte

Im September 2008 wurde von einer prominenten deutschen Tageszeitung mit Berufung auf staatsanwaltschaftliche Ermittlungen der Verdacht formuliert, das Gesundheitswesen sei „systematisch korrupt" (Bohsem 2009). In 3.800 erfassten Fällen sei der Tatbestand erfüllt, dass niedergelassene Ärzte ihre Patienten an Krankenhäuser bei der Einweisung „verkauft" hätten. Bei diesen Fällen handele es sich lediglich um die Spitze des Eisberges, so die Ermittler. Es sei ein Geschäft auf Gegenseitigkeit zu beobachten, bei dem einweisende Ärzte von den Krankenhäusern bezahlt würden, weil diese mehr „Kunden" attrahieren müssten. Umgekehrt entließen die Krankenhäuser ihre Patienten an bestimmte Ärzte zur Nachsorge, was sich für diese wiederum finanziell auszahle (vgl. Mihm 2009), in Summe aber die Krankenkassen belaste.

#### Analyse und Beurteilung der Fallskizze

Der Befund wirft ein scharfes Licht auf ein System, in dem enorme Geldbeträge aus Beitragszahlungen, staatlichen Zuschüssen sowie individuellen Zuzahlungen zum Ziele individueller Gesundheit und gesellschaftlicher Wohlfahrt verausgabt werden. Das macht dieses System besonders anfällig für Korruption (vgl. Savedoff/Hussmann 2006). Es wird unterschieden zwischen öffentlicher und privater Korruption. Öffentliche Korruption bedeutet nach der klassischen Definition von Senturia „eine mißbräuchliche Inanspruchnahme eines öffentlichen Amtes für private Zwecke" (Senturia 1931, S. 449). Private Korruption liegt dann vor, wenn eine private Position missbräuchlich genutzt wird. Das gilt für den geschilderten Fall, da sowohl die niedergelassenen Ärzte in einem *privaten* Interesse handeln wie auch in zunehmendem Maße die Krankenhausleitungen, die solches Einweiseverhalten anbahnen – allerdings in einem Gesundheitswesen, dessen Funktionieren von *öffentlichem* Interesse ist.

Unter den verschiedenen Formen von Korruption (Bestechung, Erpressung, Unterschlagung, Veruntreuung, Patronage; vgl. Pritzl/Schneider 1999, S. 313ff.) lässt sich das skizzierte „Bezahlen von Einweisern“ und „Verkaufen von Patienten“ am ehesten als Bestechung einordnen, als gemeinsame Übereinkunft zu Leistung und Gegenleistung – wobei die Grenze zur Erpressung fließend sein kann. Diese unterscheidet sich von jener, dass der eine „Tauschpartner“ *unfreiwillig* den Forderungen des anderen nachkommt, weil er sonst negative Folgen befürchten muss. Dort, wo Krankenhausketten über MVZs und den Aufkauf von Kassenarztsitzen regionale Marktmacht zu gewinnen suchen, kann es mit hohen Opportunitätskosten für einen niedergelassenen Arzt verbunden sein, sich den „Einweisewünschen“ des Krankenhauses zu entziehen. (Sehr informativ und mit differenzierenden Beispielen: ETL 2016, S. 17ff.)

Auch hier ist es schwer, die tatsächliche Motivation des niedergelassenen Arztes (Akteur B) zu erheben. Auf Seiten des Krankenhauses (Akteur A) trifft man ähnlich wie im ersten Fall auf das Erhaltungsinteresse der Organisation, das durch entsprechende Strukturvorgaben im stationären Sektor angereizt wird. Deutlicher als im ersten Fall wird der korrumpierende Charakter von finanziellen Anreizen. Es zeigt sich, dass die Steuerungswirkung des Geldes praktisch überall hinreicht, und die Akteure um ihres Selbsterhaltens als Arztpraxis, MVZ, Klinik – gar nicht einmal unbedingt um der persönlichen Bereicherung willen – sich für finanzielle Anreize anfällig zeigen. Das Moment der Selbsterhaltung kann den professionellen Anspruch, Garant und Gewährsperson für den Patienten zu sein, überlagern.

Patienten und Öffentlichkeit irritiert, dass offenbar ökonomische Erwägungen allseitig eine größere Rolle spielen als medizinische. Mehr noch: Es entsteht der Eindruck, dass sich eine ganze Berufsgruppe systematisch an der Not anderer bereichert. Hinzu kommt, dass Korruption die Preise für Leistungen nach oben treibt und so alle schädigt. Wieder ist der Vertrauensverlust in das System und seine Protagonisten zu erwähnen – mit einem Unterschied: Wer dem Transplantationssystem misstraut, kann sich entscheiden, keine Organe zu spenden bzw. keine Organe zu empfangen. Wer dem Krankenhaus und dem niedergelassenen Arzt misstraut, wird wenig andere Anlaufstellen im Krankheitsfall finden. Diese Tatsache verschärft noch einmal das Gefühl, einem System ausgeliefert zu sein.

Dass der Gesetzgeber „Bestechlichkeit und Bestechung im Gesundheitswesen“ zum Straftatbestand erhoben hat (§ 299a und b StGB), zeigt, dass offenbar nicht allein auf die Verantwortlichkeit und moralische Integrität der Akteure gesetzt werden kann, sondern realen und potenziellen Missständen über gesetzliche Regulierung begegnet werden soll. Bei Korruption im großen Stil ist es für den Einzelnen umso schwerer, sich zu entziehen und moralisch richtig zu handeln. Moralisch richtiges Verhalten darf aber nicht zu einem Heldenakt werden.

### 18.3.3 Über- und Unterversorgung durch DRG

Das wissenschaftliche Institut der AOK (WIDO) hat in seinem Krankenhausreport von 2012 darauf hingewiesen, dass die Zahl der Rückenoperationen, insbesondere der

Wirbelkörperversteifungen und der Bandscheibenendoprothesen in Deutschland signifikant gestiegen sind. Überzeugende Erklärungen der regional zum Teil erheblichen Unterschiede konnten über verschiedene Regressionsanalysen nicht gefunden werden. In ihrem Fazit schreiben die Autoren:

> „*Aufgrund der hohen ökonomischen Bedeutung der untersuchten Operationen sollten die vorgefundenen deutlichen regionalen Unterschiede jedoch hinsichtlich der möglichen Ursachen aufgrund unterschiedlicher ‚surgical signatures' und des Inanspruchnahmeverhaltens der Bevölkerung sowie bezüglich der indikationsspezifischen Unterschiede weiter untersucht werden.*" (Fürstenberg et al. 2012, S. 96)

Auch das INEK hat in seinem Endbericht zum dritten Forschungszyklus (2008–2010) der DRG-Begleitforschung konstatiert:

> „*Die stationäre Fallzahl stieg im Zeitraum 2008 bis 2010 mit jahresdurchschnittlich 1,5% bzw. 255 Tsd. Fällen deutlich an, nachdem sie direkt nach der Einführung des G-DRG-Systems nahezu stabil blieb, im Zeitraum 2006–2008 aber deutlich stärker um jahresdurchschnittlich 2,1% anstieg.*" (INEK 2013: XI; vgl. S. 163)

## Analyse und Beurteilung der Fallskizze

2004 sind DRG verbindlich für alle Krankenhäuser eingeführt worden; Sondereinrichtungen wie Palliativstationen und psychiatrische Kliniken haben in den vergangenen Jahren ebenfalls auf dieses Patientenklassifikations- und Entgeltsystem umgestellt bzw. sind aktuell dabei. Der Grundgedanke des DRG-Systems ist es, Transparenz und Wirtschaftlichkeit in der Leistungserstellung zu gewinnen und zugleich keine Einbußen bei der Qualität zu erleiden. Das DRG-System ist ein makrostrukturelles finanzielles Anreizsystem, mit dem die Schere zwischen steigenden Ausgaben und sinkenden Einnahmen im stationären Sektor wieder geschlossen werden soll. Das Geld soll der (besten) Leistung folgen, so der Grundgedanke. Es zeigt sich aber auch das Umgekehrte: Die Leistungen werden dort erbracht, wo Geld zu lukrieren ist.

Dass Ärzte (als Akteur B) ihre Behandlungsentscheidungen zunehmend an ökonomischen Erwägungen ausrichten, hat mit Anreizen zu tun (zum Verhältnis zwischen medizinischen und wirtschaftlichen Interessen im Krankenhaus vgl. auch Kap. II.20). Diese „funktionieren" auf allen Ebenen: Über Fallzahlsteigerungen kann die finanzielle Situation der Klinik beeinflusst werden. Je mehr Fallzahlen (bei gleichbleibendem Kostengewicht) gemacht werden, desto eher kommt die Klinik über die Fixkostendeckung in den Bereich von Überschüssen. Der Anreiz triggert die Verlustvermeidung bzw. Gewinnerzielung auf einer organisationalen Ebene. Da die meisten Chefarztverträge über Zielvereinbarungen an Boni gekoppelt sind, zielt ein zweiter Anreiz auf den persönlichen Vorteil. Sollte der Arzt die gesetzten Ziele nicht erreichen, so wird er sich vor der Geschäftsführung verantworten müssen. Auf die Organisation wie auf das Individuum gerichtete Anreize führen zu einer Mengenausweitung, zu medizinisch nicht indizierten, aber lukrativen Leistungen bzw. zu versagten Leistungen, sofern sie sich nicht rentieren.

Die finanziellen Anreize des DRG-Systems zielen hier aber weniger auf den Einzelnen und sein persönliches Interesse der Bereicherung als vielmehr auf organisationale Liquidität, mindestens Schuldenvermeidung, im weiteren Sinne auch Gewinne, die z.B. an Kapitalgeber abgeführt werden müssen. Das ethische Diskussionen und rechtliche Regularien dem durchaus entgegenwirken können, lässt sich an der Etablierung der Patientenverfügung als rechtsverbindliche Äußerung und den öffentlichen Debatten um lebensverlängernde Maßnahmen und Zwangsernährung in der Intensivmedizin ablesen, die vermutlich – empirisch ist das sehr schwer zu belegen – einen Anteil daran hat, dass PEG-Sonden insbesondere bei hochaltrigen Personen nach 2009 in den Kliniken signifikant weniger gelegt worden sind – und das bei einem zeitgleichen, epidemiologisch schwer erklärbaren Anstieg von Beatmungen in der gleichen Altersgruppe (Manzeschke, Anderson 2017, S. 462ff.).

Im DRG-System soll Geld die Konkurrenz der Leistungserbringer politisch gewollt anreizen in der Erwartung, dass bessere Leistungen zu niedrigeren Preisen erbracht werden. Krankenhäuser werden zu Unternehmen und das Gesundheitswesen zu einer Art Markt. Es ist in diesem System rational, den finanziellen Anreizen nachzugehen, und deshalb wird es zunehmend schwerer, moralisch verantwortlich zu handeln, wenn dies den finanziellen Anreizen entgegensteht. Gleichwohl bestehen Handlungsspielräume, die unter Umständen einen „kreativen" und subversiven Umgang mit den Anreizen erlauben und zugleich moralisch verantwortbar sind. Verantwortbar wäre – in holzschnittartiger Kürze – ein Handeln, das finanzielle Anreize als Mittel zum Zweck einer guten Patientenversorgung über alle Ebenen hinweg versteht und nutzt.

## 18.4 Abschließende Überlegungen

Die Moral sagt, man solle mit der Not von Menschen kein Geschäft machen, sondern ihnen vielmehr uneigennützig helfen. Moralisch gilt ein gewinninteressiertes Handeln als weniger vorzugswürdig als eines aus Nächstenliebe, Mitleid oder Hilfsbereitschaft. Das sind *prima vista* zwei starke moralische Argumente gegen finanzielle Anreize im Gesundheitswesen. Diese sollen der gesundheitlichen Not von Menschen durch eine kluge Organisation von Personal, Ressourcen und Prozessen abhelfen, aber die vorgeführten Beispiele zeigen eher das Gegenteil. Allerdings funktioniert unser Gesundheitswesen nicht ohne Geld; über dessen innewohnende Signalwirkung muss man sich Rechenschaft geben. Entscheidend ist, dass die Anreizfunktion des Geldes einer Zielfunktion des Gesundheitswesens zu- und untergeordnet wird, die nicht ökonomisch definiert werden kann. Das gilt für alle Ebenen des Handelns: die individuelle, organisationale und gesellschaftliche. Finanzielle Anreize zielen immer auf das Eigeninteresse des Akteurs; die Akteure im Gesundheitswesen sollen aber primär fremdnützig im Sinne des Patienten handeln. So wird auf allen Ebenen ein struktureller Konflikt produziert, der sich allenfalls abmildern, aber nicht abschaffen lässt. Man wird Akteure nur dann auf ihre Verantwortlichkeit ansprechen können, wenn man ihnen den entsprechenden Handlungsfreiraum und Reflexionsarenen zur Beratung von Problemen dieser Art bietet. Akteure haben je nach Ebene und Handlungsreichweite verschiedene Verantwortlichkeiten. Diese lassen sich nicht bis ins Letzte definieren, sondern wollen bewusst wahrgenommen werden. Für den Umgang mit finanziellen Anreizen braucht es Spielraum in Entscheidungen und Handlungen. Von hier aus ist der Umgang mit Anreizen zu gestalten, nicht umgekehrt, dass Anreize die Handlungen strukturieren. Weder wird man die Einzelperson in Handlungen überfordern dürfen, als sei es im Letzten diese Person, auf deren Verantwortungsbewusstsein, moralische Korrektheit und fachliche Kompetenz es ankomme. Noch wird man sie völlig entlasten und die Ursachen für ein spezifisches Handeln allein in den Rahmenbedingungen eines Anreizsystems suchen dürfen. Andererseits gibt zu denken, was die Anwälte des Medizinrechts zur praktischen Wirkung gesetzlicher Sanktionsmechanismen schreiben:

> *„Glaubt man der umfangreichen internationalen Forschung, dann zeigen strafrechtliche Sanktionen einen eher schwachen Abschreckungseffekt und die Wirkung hängt eher von Entdeckungs- und Verfolgungsrisiken als von den Sanktionsqualitäten ab. Anlass zur Zurückhaltung geben auch experimentelle Studien: Obwohl hiernach zwar die Häufigkeit korrupter Austauschbeziehungen ebenso wie die Höhe der Bestechungsgelder durch die Einführung von Sanktionsrisiken sinkt, nehmen die Anteile derjenigen ab, die sich ausschließlich aus moralischen (intrinsischen) Gründen korrekt verhalten haben. Ethische Motive werden durch Kriminalisierungen womöglich geschwächt und durch Risiko-Nutzen-Abwägungen ersetzt."*
> *(ETL 2016, Vorwort)*

Rechtlich lässt sich erkennbar nicht alles regeln. Das wäre ein starkes Argument, die moralische Urteilsfähigkeit der Akteure zu stärken und ihnen Verantwortungsspielräume zuzugestehen. Dies geht aber nur so, dass die grundsätzlichen Rahmungen des Gesundheitswesens die Orientierung am Patienten als oberste Maxime vermitteln.

***Praxistipps***

- *Gehandelt wird immer auf einer bestimmten Ebene und ist so mit einer bestimmten Handlungsreichweite und Verantwortung verbunden.*
- *Die rechtliche Verantwortung lässt sich in vielen Fällen recht klar zuschreiben über Rollen, Funktionen, Aufgaben. Moralische Verantwortung ist hingegen nicht so einfach aufteilbar. Wer handelt, sollte sich also nicht nur um seine/ihre rechtliche, sondern auch moralische Verantwortung wissen. Die Abhängigkeit von anderen Handelnden und deren Anreizen kann nicht von der eigenen Verantwortung dispensieren. Umgekehrt bleibt auch verantwortlich, wer das Handeln über Anreize auf nachgeordneten Ebenen zu lenken sucht. Mehr noch hat er/sie die Aufgabe, die Wirkung der Anreize immer wieder an dem übergeordneten Ziel einer bestmöglichen Patientenversorgung auszurichten.*
- *Anreize beschränken das Handeln auf eine bestimmte Richtung. Wer so handeln soll und dabei ein „moralisches Unbehagen" verspürt, sollte genauer analysieren, was hier „nicht stimmt". Dazu ist es hilfreich, die Anreize auf der jeweiligen Handlungsebene gemeinsam mit anderen zu reflektieren und ihre erwünschten und unerwünschten Effekte gegeneinander abzuwägen. Bei einer negativen Bilanz ist jede/r Einzelne/r gefordert, auf die Missstände entsprechend hinzuweisen. Außerdem muss es darum gehen, diese Anreize mittelfristig verantwortlich zu gestalten. Dabei wird man auf die Unterstützung durch die übergeordnete Handlungsebene in der Regel nicht verzichten können. Moralische Verantwortung ist deshalb auch Ebenen übergreifend zu verstehen und idealerweise gemeinsam politisch zu gestalten.*
- *Moralisch Verantwortung zu tragen, bedeutet im Gesundheitswesen zunächst verantwortlich zu sein für den Anderen. Das wird in der Regel der Patient bzw. die Patientin sein; es können aber auch deren Angehörigen oder die Mitarbeitenden im Gesundheitswesen sein. Um das im Einzelfall zu bestimmen, bedarf es einer der Achtsamkeit eines jeden Einzelnen und gemeinsamer ethischer Beratung.*

## Literatur


Bayertz K (Hrsg.) (1995) Verantwortung. Prinzip oder Problem? Darmstadt: Wissenschaftliche Buchgesellschaft

Bohsem G (2009): Systematisch korrupt. Medizinisch-Industrieller Komplex. In: Süddeutsche Zeitung Online 03. September. 2009. URL: http://www.sueddeutsche.de/geld/medizinisch-industrieller-komplex-systematisch-korrupt-1.37323 (aufgerufen am 20. Januar 2021)

Buyx A (2009): Anreize in der postmortalen Organspende: Belohnte Spendebereitschaft. In: Ethik in der Medizin 1, 21 (2009), S. 7–20

Destatis (2020): Ausgaben im Gesundheitswesen. URL: https://www.destatis.de/DE/Themen/Gesellschaft-Umwelt/Gesundheit/Gesundheitsausgaben/_inhalt.html;jsessionid=9872D11478D1833F429F5E7C3E1FEC19.internet8741 (aufgerufen am: 1. August. 2020)

Deutscher Bundestag (2014): Bericht der Bundesregierung über den Fortgang der eingeleiteten Reformprozesse, mögliche Missstände und sonstige aktuelle Entwicklungen in der Transplantationsmedizin, Drucksache 18/3566 vom 12. Dezember 2014

ETL Rechtsanwälte GmbH (2016) Korruption im Gesundheitswesen. Typische Fälle und Hintergründe, Berlin

Fürstenberg T, Zich K, Haustein R (2012): Regionale Unterschiede und deren Determinanten im Bereich der Wirbelsäulenchirurgie. In: Klauber J, Geraedts M, Friedrich J, Wasem J (Hrsg.) Krankenhausreport 2012. Schwerpunkt Regionalität, Stuttgart: Schattauer, S. 77–96

Gabler Wirtschaftslexikon (1997). URL: https://wirtschaftslexikon.gabler.de/definition/anreiz-29046 (aufgerufen am 11. Februar 2021)

Gaede K (2010) Fallzahlsteigerung. Das Geschäft mit dem Skalpell. In: kma 8, S. 18–22

Gradinger R (2010) Ansprache des Präsidenten. 127. Kongress der Deutschen Gesellschaft für Chirurgie. In: Mitteilungen der Deutschen Gesellschaft für Chirurgie 3/10, S. 193–196. URL: http://www.dgch.de/uploads/tx_news/Praesidentenrede2010.pdf (aufgerufen am 1. August 2020)

Halbe B (2020) Korruption: Weniger Bestechung im Gesundheitswesen. In: Dtsch Arztebl 2020; 117(10): A-512/B-440. URL: https://www.aerzteblatt.de/archiv/212843/Korruption-Weniger-Bestechung-im-Gesundheitswesen (aufgerufen am: 1. August 2020)

INEK (2013) G-DRG-Begleitforschung gem. § 17 Abs. 8 KHG. Endbericht des dritten Forschungszyklus (2008–2010), Siegburg

Kühn H (2006) Der Ethikbetrieb in der Medizin: Korrektur oder Schmiermittel der Kommerzialisierung. SP I 2006–303, Berlin: WZB

Manzeschke A, Anderson D (2017) Ökonomische Anreize und ihre Bedeutung für Lebensbeendende Maßnahmen. In: Bormann FJ (Hrsg.): Lebensbeendende Handlungen. Ethik, Medizin und Recht zur Grenze von „Töten" und „Sterbenlassen", Berlin/Boston: De Gruyter, S. 451–468

Mihm A (2009) Immer mehr Ärzte „verkaufen" ihre Patienten. Frankfurter Allgemeine Zeitung vom 31. August 2009

Pohlmann M (2018) Der Transplantationsskandal in Deutschland: Eine sozialwissenschaftliche Analyse der Hintergründe. Springer VS

Pohlmann M, Höly K (2017) Manipulationen in der Transplantationsmedizin. Ein Fall von organisationaler Devianz?. In; Köln Z Soziol 69, 181–207 (2017). https://doi.org/10.1007/s11577-017-0436-3 (aufgerufen am 20. Januar 2021)

Pritzl R.F.J, Schneider F (1999): Art. „Korruption". In: Handbuch der Wirtschaftsethik, Wilhelm K et al.(Hrsg), Gütersloh: Gütersloher Verlagshaus, Bd. 4: Ausgewählte Handlungsfelder, S. 310–333

Savedoff W.D, Hussmann K (2006) Why are health systems prone to corruption? In: Transparency International Global Corruption Report 2006. Special Focus: Corruption and Health, London/Ann Arbor: Pluto Press, S. 4–116

Senturia J (1931): Art. "Corruption. Political". In: Seligman E et al (Hrsg.): Encyclopedia of the Social Sciences, New York: Macmillan, Bd. 4, S. 448–452

Transparency International (2006) Jahrbuch Korruption. Schwerpunkt: Korruption im Gesundheitssektor, Berlin: Parthas

Werner M.H (2002) Art. „Verantwortung", in: Düwell M, Hübenthal C, Werner M.H (Hrsg.) Handbuch Ethik, Stuttgart/Weimar: J.B. Metzler, S. 521–527

# 19 Innere Qualität in Einrichtungen des Gesundheitswesens

Kuno Rechkemmer

*Gute Innere Qualität ist nicht alles. Aber ohne gute Innere Qualität ist alles nichts. (frei nach Arthur Schopenhauer)*

## 19.1 Ausgangspunkte

Innere Qualität ist ein intuitiver Begriff. Praktiker wissen in der Regel sofort um was es geht. Nachfolgend wird die Relevanz des Phänomens an einem vereinfachenden Beispiel deutlich.

**Beispiel**:

Nehmen wir an, es handele sich bei den Krankenhäuser A und B um ansonsten identische Organisationen.

**Krankenhaus A (gute Innere Qualität)**: Die Organisation läuft rund und mit *voller Kraft*. Strukturen und Abläufe sind bestens aufeinander abgestimmt. Alle arbeiten konstruktiv zusammen. Überall dominiert ein inspirierendes WIR-Gefühl. Versorgungsqualität und Patientensicherheit sind optimal.

**Krankenhaus B (schlechte Innere Qualität)**: Die Organisation hat *Sand im Getriebe*. Die interne Kommunikation funktioniert nicht. Die Zusammenarbeit ist schlecht. Viele Beschäftigte sind frustriert. Die Patientensicherheit ist gemindert, die medizinische Versorgung ist teils kritisch.

Was glauben Sie:
- In welchem Haus sind die Patientensicherheit und die Patientenzufriedenheit größer?
- In welchem sind die Mitarbeitenden engagierter und motivierter?
- In welchem ist die medizinische Versorgung besser?
- Welches arbeitet wirtschaftlicher und ist wettbewerbsfähiger?
- Welches hat die besseren Chancen in der Personalgewinnung und -bindung?

Gute Innere Qualität ist wichtig für alle Organisationen. Bezogen auf Einrichtungen des Gesundheitswesens geht es um die Qualität der medizinischen Versorgung, das Patientenwohl und die Patientensicherheit, aber auch um Wirtschaftlichkeit, Wettbewerbsfähigkeit, Arbeitszufriedenheit, Motivation etc. Was also ist Innere Qualität genau? Wie ist die Lage in der Praxis und wie ist optimale Innere Qualität herbeizuführen? Diese Fragen stehen im Mittelpunkt des vorliegenden Beitrags. Die Ausführungen sind auf einige Kernaussagen konzentriert und vorrangig auf Krankenhäuser bezogen, dem Prinzip nach aber für alle Einrichtungen des Gesundheitswesens zu übertragen.

## 19.2 Innere Qualität – was ist das?

Ein zentrales Mantra in der Managementtheorie und -praxis war lange Zeit Folgendes:

> *Die Strukturen und Prozesse bestimmen die Qualität.*

Äußere Zeichen sind die Schwerpunktsetzungen im Qualitätsmanagement oder in der Zertifizierung. Das Vorgehen hat seine Wurzeln in der hochautomatisierten Großserienfertigung. Mit den anfangs der 90er-Jahre aufkommenden Konzepten des Business Process Reengineering und Lean Managements wurde die technische Fokussierung weiter verstärkt. Nun sind optimale Strukturen und Prozesse natürlich wichtig. Inzwischen ist indes zu erkennen, dass die technische Sicht von Unternehmensprozessen einen erheblichen Preis hat: Die Bindung zu und zwischen den Mitarbeiterinnen und Mitarbeitern – den Menschen – geht zurück. Die Merkmale hochautomatisierter Großserienfertigungen sind nur eingeschränkt und mit Bedacht auf andere Arten von Prozessen/Organisationen zu übertragen. Ansonsten treten Überforderungen, Enttäuschungen, Vertrauensverluste auf. Arbeitszufriedenheit und Motivation sinken. Nicht in das Kalkül einbezogen ist dabei, dass diese „*Weichen Faktoren*" in Prozessen, wie sie etwa für die Einrichtungen des Gesundheitswesens typisch sind, die Prozessqualität unmittelbar bestimmen. Die Menschen haben in dieser Art von Prozessen relevante *Handlungsfreiräume*, die sie zum Vorteil oder auch Nachteil der Prozess- und damit auch der Einrichtungsqualität ausfüllen können:

- Sind die Menschen überfordert oder demotiviert, dann nutzt beispielsweise auch die beste Struktur- und Prozess(-Blaupausen)qualität wenig. Patientenversorgungsqualität, Arbeitsplatzqualität und Wirtschaftsqualität sinken. In der Praxis haben nicht wenige Prozessoptimierungen auf diese Weise im Rückblick mehr geschadet als genutzt. Und manche in der Sache überzeugende Projekte wurden zu ständigen Reparaturbetrieben oder gestoppt, weil die involvierten Menschen verdeckten oder offenen organisatorischen Widerstand leisteten.

- Haben die Menschen hingegen Vertrauen, sind engagiert und bringen sich positiv in die Prozesse ein, stärkt dies deren Qualität. Selbst Prozesse mit kritischen Strukturen und Prozess(-Blaupausen) können unter solchen Umständen zu guten Ergebnissen führen.

Das neue Mantra für Organisationen wie die Einrichtungen des Gesundheitswesens lautet folgerichtig:

*Der Mensch bestimmt die Qualität.*

Nun sind auch die Handlungsfreiräume in den Prozessen der Einrichtungen des Gesundheitswesens nicht wirklich ungeregelt. Die allgemein von Unternehmen und deren Mitarbeitenden zu erfüllenden Anforderungen gelten auch hier. Es geht um grundlegende Belange in Bezug auf Patienten, Kunden, Gäste, Mitarbeitende, Träger etc. In der Praxis werden diese Anforderungen vielfach als Teil von Leitbildern oder Führungskodizes etc. formuliert. Gängig sind Kategorien wie Patienten-/Kundenorientierung, Umgang mit Ressourcen, Mitarbeiterorientierung, Führung, Strukturen und Prozesse etc. Tabelle 1 zeigt ein vereinfachtes Beispiel. Die Anforderungen – hier *Regeln Innerer Qualität* genannt – bilden gleichsam die Magna Charta der Organisation.

Tab. 1 Regeln Innerer Qualität – vereinfachtes Beispiel

| Patienten-/Kunden-orientierung | Umgang mit Ressourcen | Mitarbeiter-orientierung | Führung | Strukturen, Prozesse |
|---|---|---|---|---|
| Das Wohl unserer Patienten ist der Maßstab unseres Erfolgs. | Wir gehen sorgsam und sparsam mit unseren Mitteln um. | Unser Umgang untereinander ist offen und fair. | Wir verhalten uns vorbildlich. | Wir verfügen über gute Strukturen und Prozesse. |
| Wir verfügen über hohe Kompetenz, sind engagiert, hilfsbereit und freundlich. | Wir setzen uns Ziele und lassen uns an deren Erfüllung messen. | Wir arbeiten konstruktiv zusammen. | Wir fördern und fordern, entscheiden fundiert, handeln ausgewogen und kommunizieren klar. | Wir verbessern uns kontinuierlich. |

Konzeptionell führen diese Überlegungen zu einem neuen Verständnis der Prozess-/Unternehmensqualität. Am CGIFOS Institute wurde vor diesem Hintergrund das mit Abbildung 1 dargestellte Schichtenmodell der Qualität von Unternehmen und Unternehmensprozessen entwickelt.

Es gliedert die Gesamtqualität eines Prozesses bzw. Unternehmens in zwei Hauptschichten: die *Äußere* und *Innere Qualität*.

**Die Schicht der Äußeren Qualität** umfasst die Struktur-, Prozess(-Blaupausen)- und Ergebnisqualität nach herkömmlichem Verständnis sowie die Regeln der Inneren Qualität.

**Die Schicht der Inneren Qualität** beginnt mit der Erfüllungsqualität der Regeln Innerer Qualität. Sie wiederum ist wesentlich durch die *sozio-psychologische* und *kulturelle Qualität* in den Tiefenschichten der Inneren Qualität geprägt. Beispiele sozio-psychologischer Komponenten sind Vertrauen, Motivation, Wertschätzung, Zufriedenheit, Motivation etc. Beispiele kultureller Komponenten sind Faktoren wie Überzeugungen, Werthaltungen, mentale Modelle, Grundannahmen, Verhaltensweisen, Artefakte etc.

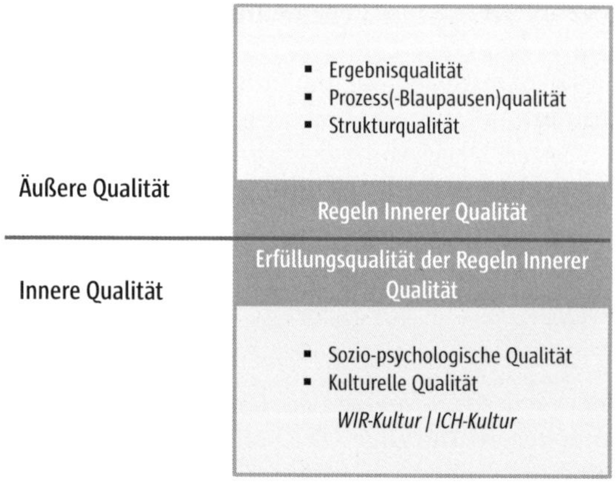


Abb. 1 CGIFOS Schichtenmodell der Prozess-/Unternehmensqualität

Die Arten der Ausprägungen der sozio-psychologischen und kulturellen Komponenten werden im Rahmen des Modells in zwei grundlegende Kategorien geordnet und als WIR- bzw. ICH-Kulturen bezeichnet. WIR-Kultur heißt, es gibt in der Organisation ein Einverständnis im Grundsätzlichen: Die IQ-Regeln werden von allen Organisationsmitgliedern – unabhängig von Hierarchie und Bereich – als wichtig erachtet und bestmöglich erfüllt. Es existiert ein konstruktives Miteinander zum Vorteil aller. Das Ziel ist die optimale Gesamtqualität. WIR-Kulturen stärken die Prozess-/Unternehmensqualität, ICH-Kulturen hingegen mindern sie. In ihrem Rahmen steht der kurzfristige eigene Vorteil im Vordergrund. Die Handlungsfreiräume werden nach individueller Opportunität genutzt und zwar auch dann, wenn dies dem Wohl der Organisation und deren sonstiger Anspruchsgruppen schadet. Offensichtlich ist, dass WIR-Kulturen gerade in Einrichtungen des Gesundheitswesens bei zunehmender Aufgabenkomplexität und steigendem Kosten- und Wettbewerbsdruck unverzichtbar und nachhaltig herbeizuführen sind.

Das Schichtenmodell gibt einerseits das neue Verständnis von Prozess- und Unternehmensqualität wieder, andererseits ist es als Bezugssystem zur Bestimmung der Zusammenhänge und Wechselwirkungen zwischen Innerer und Äußerer Qualität heranzuziehen. Zum einen sind anhand des Modells Hinweise und Handlungsempfehlungen für die Praxis abzuleiten, wie:

- Eine noch so aufwendige Struktur- und Prozess(-Blaupausen)qualität nutzt wenig, wenn die Innere Qualität kritisch ist – die Menschen überfordert oder demotiviert sind.
- Mit guter Innerer Qualität kann eine kritische Struktur- und Prozess(-Blaupausen)qualität nach Lage derart kompensiert werden, dass dennoch eine gute Ergebnisqualität erreicht wird.
- Kritische Veränderungen der Struktur- und Prozess(-Blaupausen)qualität (Prozessoptimierung, Outsourcing etc.) können die Innere Qualität derart mindern, dass dies negativ auf die Ergebnisqualität zurück wirkt – die Veränderungen mehr schaden als nutzen.
- Allein aus einer guten Ergebnisqualität ist noch nicht auf eine gute Innere Qualität zu schließen. Möglich ist, dass die gute Ergebnisqualität mit überdimensionierten Strukturen und Prozessen „erkauft" wurde und bei optimaler Innerer

Qualität mit deutlich geringerem Aufwand und nachhaltiger zu erreichen gewesen wäre.
- Sind beide, die Struktur- und Prozess(-Blaupausen)qualität wie auch die Innere Qualität gut und ist die Ergebnisqualität dennoch unbefriedigend, sind die Probleme an anderer Stelle zu verorten (Geschäftsmodell, Wettbewerbssituation etc.).

Zum anderen sind anhand des Modells bislang gängige Denk- und Vorgehensweisen aus neuer Sicht auf ihre Gültigkeit zu prüfen. Nehmen wir als Beispiel das bislang vorherrschende Denken und Handeln, dass *zur Verbesserung der Ergebnisqualität Investitionen in die Struktur- und Prozess(-Blaupausen)qualität erforderlich sind*. Diese Einschätzung ist offensichtlich auf die Äußere Qualität konzentriert. Die Innere Qualität ist nicht mit im Blick:

- **„Altes" Denken:** Ergebnisqualität und Struktur- und Prozess(-Blaupausen)qualität hängen unmittelbar zusammen. Um die Ergebnisqualität zu verbessern, sind Investitionen in Ausstattung und Kapazitäten etc. erforderlich.
- **„Neues" Denken:** Die Ergebnisqualität ist durch die sonstige Äußere Qualität, d.h. durch die Struktur- und Prozess(-Blaupausen)qualität, und die Innere Qualität bestimmt. Eine unbefriedigende Ergebnisqualität kann folgerichtig durch dreierlei verursacht sein:
  - Durch Defizite in der Struktur- und Prozess(-Blaupausen)qualität,
  - durch Defizite in der Inneren Qualität,
  - durch Defizite in der Struktur- und Prozess(-Blaupausen)qualität *und* der Inneren Qualität. Die tatsächlichen Gründe sind zu prüfen.

## 19.3 Praxis

Regeln der Inneren Qualität zu formulieren, ist eine Sache. Ihre Erfüllung in der Praxis herbeizuführen, eine andere. Lange Zeit war dies ein Problem. So sind die Potenzialreserven in der Krankenhauspraxis derzeit noch meist signifikant. Dies ist materiell wie immateriell „teuer". Nachfolgende Liste illustriert dies anhand einiger Kommentare.

### *Patienten-/Gäste-/Klientenorientierung*

- zu wenig Zeit für Patienten/Gäste
- zu wenig Personal
- unabgestimmte, teils divergierende Patienteninformation
- mangelndes Einfühlungsvermögen
- Klienten werden zur Gewinnmaximierung benutzt

### *Wirtschaftlicher Umgang mit Ressourcen*

- wir sparen uns zu Tode
- Wirtschaftlichkeit interessiert uns nicht, wir nehmen was wir brauchen
- Preise für Material sind unbekannt
- Vergeudung von Medikamenten aufgrund verspäteter Visiten/fortgeschriebener Behandlungspläne
- Verschwendung von Essen

*Mitarbeiterorientierung/Kollegialität*

- unangemessener Umgang untereinander
- geringe Wertschätzung
- kein Respekt
- Mitarbeiter werden vor Patienten und Angehörigen unflätig kritisiert
- Kollegen sind nicht da, wenn man sie braucht – es sind immer die gleichen und nichts passiert

*Führung*

- mein Vorgesetzter missachtet mich
- mangelnder Respekt
- keine Information
- keine Vorbildfunktion
- Chef meint es gut, ist aber keine Führungsperson

*Strukturen und Prozesse*

- Absprachen werden nicht eingehalten
- neue Prozesse funktionieren nur bedingt
- gute Zusammenarbeit wird als wichtig propagiert, aber nicht praktiziert
- Hygienevorschriften werden nicht eingehalten
- keine Überprüfung der Wirksamkeit von Maßnahmen, keine Sanktionen

Es wären noch vielfältige weitere Beispiele zu nennen. Dass auch die Qualität der medizinischen Versorgung dadurch nicht unberührt bleibt, ist evident. Was das *Verhältnis von Innerer und Äußerer Qualität* angeht, so gehört zu unseren Erfahrungen, dass auch solche Einrichtungen über eine kritische Innere Qualität verfügen können, die von herkömmlichen, auf Strukturen und Prozess(-Blaupausen) konzentrierte Beurteilungen mit Bestnoten bewertet werden. Werden die Regeln der Inneren Qualität in der täglichen Praxis nicht gelebt, dann sagt die Struktur- und Prozess(-Blaupausen) qualität nur wenig über die Gesamtqualität der Einrichtung aus. Werden die Benotungen dessen ungeachtet für Werbezwecke genutzt, ist dies problematisch. Analoges gilt, wenn Einrichtungen als „Topunternehmen des Jahres“ herausgestellt werden, deren Wirtschaftlichkeit und Wettbewerbsfähigkeit ungewiss ist, und deren sonstige Qualität nur rudimentär und methodisch verkürzt und damit potenziell verzerrt ermittelt wurde.

## 19.4 MIQ – Management Innerer Qualität

In den Einrichtungen des Gesundheitswesens in Deutschland ist das Bemühen und Engagement um optimale Qualität seit vielen Jahren groß. Erhebliche Kraft und Energie wurden und werden eingesetzt. Allerdings fehlte es lange Zeit an geeigneten Managementsystemen und -instrumenten. Die Verantwortungsträger wurden allein gelassen, nicht angemessen unterstützt. Das Konzept der Inneren Qualität repräsentiert in dieser Situation nicht nur ein neues Verständnis der Unternehmensqualität, es führt auch zu einer neuen Form der Unternehmensführung. Ökonomische, ethische, kulturelle und sozio-psychologische Belange werden gleichermaßen in den Vordergrund gestellt, sind integrierter Gegenstand der Gestaltung und Lenkung. Ein

Konzept des Managements Innerer Qualität in dieser Art bedeutet in der Regel den Eintritt in ein neues Führungsfeld. Vielfältige Erfordernisse sind zu beachten und zu koordinieren. In Tabelle 2 sind einige typische Programme im Raster des CGIFOS-Schichtenmodells zusammengefasst.

Tab. 2 Management Innerer Qualität – Handlungsprogramme in den Dimensionen des CGIFOS Schichtenmodells

| | |
|---|---|
| Struktur- und Prozessqualität | Einführung eines wirksamen Systems des Managements Innerer Qualität (MIQ)<br>Integration des Managements Innerer Qualität in das bisherige Managementsystem: Personal, Qualitätsmanagement, strategisches/operatives Controlling, Öffentlichkeitsarbeit, Risikomanagement etc. |
| Ergebnisqualität | Herbeiführung optimaler Ergebnisqualität durch gezieltes Management Innerer Qualität; Hebung der Potenzialreserven. Schaffung neuer Wettbewerbsvorteile |
| Regeln Innerer Qualität (Ethik/Ökonomie) | Entwicklung und Umsetzung von Programmen zur Stärkung einzelner Qualitätsfaktoren unter Berücksichtigung der Vorschläge der Mitarbeiterinnen und Mitarbeiter |
| Kulturelle Qualität | Überwindung der Defizite in den Grundannahmen, mentalen Modellen, Verhaltensweisen etc., z.B. durch Aus- und Fortbildungsmaßnahmen<br>Innere Qualität zur einer Bewegung machen: Aktionstage, Anreizsysteme etc.<br>Überprüfung sonstiger kultureller Merkmale auf Anpassungsbedarf |
| Soziopsychologische Qualität | Vertrauensbildung durch klare Stellungnahmen zur Relevanz guter Innerer Qualität<br>Bekräftigung der Aussagen durch überzeugende Maßnahmen und Programme/Angebote<br>Erwartungsmanagement |

Die Auflistung verdeutlicht die Unterschiedlichkeit der Anforderungen. Ein integrierter Lösungsprozess ist für deren erfolgreiche Umsetzung eine notwendige Voraussetzung. Erfolgskritische Einstiegsstelle in den Prozess ist die Vorgabe von klaren Zielen durch die Verantwortungsträger. „Was ist unser Anspruch im Bereich der Inneren Qualität? Wie ist die Ist-Situation? Bis wann soll „welche" Innere Qualität erreicht werden." Das Vorgehen im Weiteren sollte klar gegliedert, die Meilensteine realistisch definiert, die Zielerreichung periodisch kontrolliert werden. Zentrale Grundlage und gleichsam das Rückgrat des Prozesses ist die periodische Messung und Analyse der Inneren Qualität (s. Abb. 2).

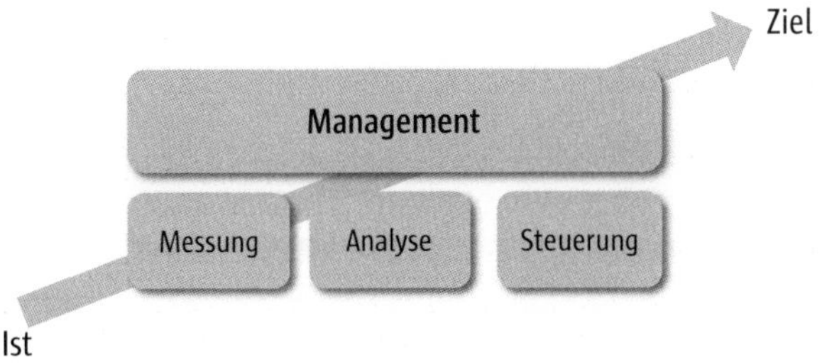


Abb. 2 Management Innerer Qualität – Kernprozesse

Sie erfolgt im Rahmen der CGIFOS-Lösungen auf Basis spezifischer Mitarbeiterbefragungen, die sich von herkömmlichen Ansätzen grundlegend unterscheiden. Tabelle 3 zeigt die wesentlichen Unterschiede im Überblick. *Was gemessen wird, verbessert sich. Was zu messen ist, kann auch verbessert werden …* – diese gängige Managementerfahrung gilt auch hier.

Die Ergebnisse der Messungen fließen in ein Integriertes Planungs- und Kontrollsystem ein, das analog zu dem auf der Seite der Äußeren Qualität üblichen Vorgehen entwickelt und umgesetzt wird. Kontexte und optimale Vorgehensweisen werden identifiziert (Alternativrechnungen, Szenarios, Optimierungsrechnungen etc.). Die Organisation wird wirksam und nachhaltig hin zu dem angestrebten Niveau an Innerer Qualität geführt.

Tab. 3 CGIFOS Mitarbeiterbefragung versus herkömmliche MA-Befragungen

| CGIFOS Mitarbeiterbefragung | herkömmliche Mitarbeiterbefragung |
|---|---|
| **Grundlagen** | |
| Konzept Innere Qualität<br>■ differenziertes Konzept<br>■ fundiert in moderner Managementtheorie und -praxis<br>■ CGIFOS Schichtenmodell der Unternehmensqualität als ganzheitliches Bezugssystem | Arbeitsklima<br>■ teils intuitive Definition durch situative Auflistung von Merkmalen<br>■ unzureichende Einbindung in moderne Managementtheorie, meist fachlich unausgewogen<br>■ Merkmale variieren nach Anbieter und Anwendung |
| *Messung/Fragebogen*<br>■ wenige fokussierte Fragen<br>■ vorformatierte und offene Fragen<br>■ WIR-Orientierung | *Messung/Fragebogen*<br>■ viele Fragen<br>■ nahezu ausschließlich vorformatierte Fragen<br>■ ICH-Orientierung |
| **Diagnose** | |
| ■ quantitativ, qualitativ<br>■ geschlossenes Analysekonzept<br>■ Fokus auf (1) „operative" Organisationsbereiche, (2) Problemidentifikation und -lösung | ■ vornehmlich quantitativ<br>■ teils Aggregation von Organisationsbereichen zugunsten der Möglichkeit der Auswertung von Mitarbeitergruppen (Geschlecht, Alter etc.)<br>■ kritische Benchmark-Bildung<br>■ teils zweifelhafte statistische Signifikanz der Aussagen |
| **Therapie** | |
| Management Innerer Qualität<br>■ fundiertes Managementkonzept<br>■ integrierter Lösungsprozess<br>■ periodische Messungen<br>■ Problemfrüherkennung | ■ Einzelprojekte<br>■ „politische" Erfolgskontrolle<br>■ begrenzte faktische Erfolgsmessung |
| **Managementunterstützung** | |
| ■ nach Bedarf: Hilfe zur Selbsthilfe/umfassend leistungsstarke Managementinstrumente<br>■ führende Management-Expertise | ■ begrenzte Expertise in Managementtheorie und -praxis<br>■ vielfach sozio-psycho-biologische Schwerpunktsetzungen |

| CGIFOS Mitarbeiterbefragung | herkömmliche Mitarbeiterbefragung |
|---|---|
| **Ergebnis** | |
| *Die Probleme werden an ihren Wurzeln gepackt. Es geht ein „Ruck" durch die Organisation.*<br>■ optimale Patientenversorgungsqualität<br>■ optimale Arbeitsplatzqualität<br>■ optimale Wirtschaftsqualität<br>■ optimale Personalbindung, WIR-Kultur<br>■ neue Zukunftsfähigkeit | *Kurieren an Symptomen. Befragungsmüdigkeit. Demotivation.*<br>■ oft unklare Prioritäten/„politische" Projekte, mehr Schaden als Nutzen<br>■ isolierte Lösungen<br>■ geringe Prozesssicherheit<br>■ begrenzte Wirkungskontrolle<br>■ Verstärkung der ICH-Kultur |

*Welchen Einfluss hat die neue Form der Unternehmensführung auf die Entscheidungsfindung?*

Nachstehendes Anwendungsbeispiel macht die Veränderung deutlich:

**Anwendungsbeispiel:**

Die Lage eines Krankenhauses ist kritisch. Die Ergebnisqualität muss verbessert werden. Um dies zu erreichen, sollte ursprünglich in wesentlichem Umfang in neue Strukturen und Prozesse investiert werden. Diese sind zwar zertifiziert, haben aber nach interner Einschätzung eine Reihe von Schwächen. Dann ließ man die Innere Qualität messen. Erhebliche Defizite zeigten sich. Die Geschäftsführung beschließt, als erstes die Innere Qualität auf das erforderliche Niveau heranzuführen und erst anschließend, soweit noch erforderlich, in Strukturen und Prozesse zu investieren. Die Überlegungen sind wie folgt:

- Man erwartet, dass sich manche Defizite in den Strukturen und Prozessen im Zuge der Verbesserung der Inneren Qualität relativieren werden, z.B. weil sich die Kommunikation und die Zusammenarbeit verbessern und die Menschen motivierter und engagierter sind. Patientenversorgungsqualität, Arbeitsplatzqualität und Wirtschaftsqualität werden gleichermaßen in absehbar wesentlichem Umfang gestärkt.
- Man geht davon aus, dass die Verbesserung der Äußeren Qualität nur geringe Wirkung zeigt, solange die Innere Qualität nicht angemessen ist.
- Man rechnet damit, dass eine gute Innere Qualität die Schwachstellen in der Struktur- und Prozessqualität in einigen Bereichen kompensiert.
- Die Verbesserung der Inneren Qualität kann „sofort" angegangen werden. Nennenswerte Vorbereitungen sind nicht erforderlich.
- Das Kosten-Nutzen-Verhältnis ist überzeugend.
- Das Innere-Qualität-Projekt ist attraktiv, es „kommt gut an". Zudem gehen von ihm wichtige positive Signalwirkungen nach Innen und Außen aus (Träger, Öffentlichkeit).
- Die Geschäftsführung kann durch das Vorhaben den auf ihr lastenden operativen Erfolgsdruck mindern: In Abstimmung mit dem Verwaltungsrat wurde ein Dreijahresprojekt aufgelegt, im Rahmen dessen zunächst einmal eine angemessene Innere Qualität herbeigeführt werden soll. Anschließend wird über weitere Maßnahmen befunden.
- Sollte sich abzeichnen, dass die Ergebnisqualität nach Herbeiführung einer angemessenen Inneren Qualität immer noch kritisch ist, soll geprüft werden, welche Investitionen in Strukturen und Prozesse noch konkret erforderlich sind. Diese sollen dann auch getätigt werden.
- Im Vergleich zu den ursprünglichen Plänen nach „altem" Denken wird von einem erheblich geringeren Mittelbedarf ausgegangen, was die Ergebnisqualität zusätzlich steigert.

**Fazit:** Das neue Denken und Handeln verändert das Vorgehen grundlegend. Erhebliche Mittel werden eingespart. Neue positive Dynamik entsteht.

Über die Verortung der Aufgabe des Managements Innerer Qualität in der Führungsorganisation ist nach Lage zu befinden. Die sich in den Einrichtungen des Gesundheitswesens inzwischen gängig herausgebildete Funktion des Qualitätsmanagements ist auf diese Aufgabe im Regelfall nicht vorbereitet und fortzuentwickeln. Alternativ kann die Aufgabe auch im Bereich der *Unternehmensentwicklung* oder in einem Sonderbereich *Innere Qualität* angesiedelt sein. Die tangierten Bereiche reichen von Personal und Controlling bis hin zur Öffentlichkeitsarbeit. Vor allem in der Start- und Aufbauphase eines Projekts ist eine fachkundige externe Unterstützung im Regelfall von Vorteil. Erfolgskritisch hinsichtlich des *Profils* der Verantwortungsträger sind

- sehr gute Kenntnisse der quantitativen Ökonomie (mathematisch-statistische Verfahren, Corporate Modelling etc.),
- fundierte Fachkenntnisse auf dem Gebiet des modernen Managements,
- Routine im Bereich des strategischen und operativen Controllings sowie des Topmanagement-Reportings,
- eingehende und erfolgreiche persönliche Erfahrungen in der Führung komplexer Organisationen sowie
- persönliche Überzeugungsfähigkeit und Durchsetzungskraft, wozu auch eine gewisse „Parkettfestigkeit" und funktionale wie persönliche „Augenhöhe" gehören.

***Praxistipps***

- *Entscheiden Sie nach eigenem Ermessen, welche Bedeutung eine gute Innere Qualität für Ihre Einrichtung hat und wie deren aktuelle Lage einzuschätzen ist. Basieren Sie Ihre Entscheidung möglichst auf einer fundierten Messung und Analyse der Lage der Inneren Qualität und einer differenzierten Kosten-Nutzen-Abschätzung. Sollten Sie eine gute Innere Qualität als wünschenswert, aber nicht wirklich wichtig erachten, kann ein Vorgehen nach bisherigem Mustern hinreichend sein. Andernfalls empfehlen wir weiter:*
- *Machen Sie Innere Qualität zu einem Teil des Zielsystems Ihrer Einrichtung, gleichsam zum Tagesgeschäft. Gute Innere Qualität erfordert Anstrengungen und verursacht Kosten. Doch das Kosten-Nutzen-Verhältnis ist mehr als überzeugend.*
- *Betrachten Sie Innere Qualität als Gegenstand eines kontinuierlichen Prozesses. Entscheiden Sie aus dieser Perspektive über das weitere Vorgehen. Führen Sie das von Ihnen als optimal erachtete Niveau an Innerer Qualität im Zuge dieses Prozesses mit leistungsstarken Instrumenten nachhaltig und wirksam herbei.*

Die Nutzenpotenziale des Managements Innerer Qualität sind einzel- wie auch gesamtwirtschaftlich relevant. Gesamtwirtschaftlich ist eine *Politik Innerer Qualität wünschenswert*: Nennenswerte Investitionen sind nicht erforderlich. Zustimmung und Unterstützung auf breiter Ebene sind voraus zu setzen. Wer würde schon gegen gute

Innere Qualität sein wollen? Eine neue wichtige Bewegung entsteht – und dies zum Wohl aller.

## 19.5 Folgerungen für die prinzipienorientierte Medizinethik

Medizinische und betriebswirtschaftliche Qualität sind zwei Seiten derselben Medaille. Das gemeinsame Ziel ist die optimale Qualität der medizinischen Versorgung. Eine gute betriebswirtschaftliche Qualität ist notwendige Voraussetzung für ein gute medizinische Qualität und umgekehrt. Wenn es im Rahmen der prinzipienorientierten Medizinethik darum geht – wozu das vorliegende Buch relevante Beiträge liefert –, eine Systematik zu entwickeln, um dem Gesundheitspersonal eine Hilfestellung beim Umgang mit schwierigen ethischen Entscheidungen in ihrem ethischen Alltag zu geben, so drängt sich aus dem Blickwinkel der Inneren Qualität und der Herausforderungen in der Praxis die Frage nach der Reichweite des Gegenstandsbereichs der Medizinethik auf. Sie sollte um die Belange der Inneren Qualität erweitert und die Medizinethik auf diese Weise gleichsam zu einer *Ethik der Gesundheitseinrichtungen* fortentwickelt werden. Für diese Erweiterung sprechen unseres Erachtens wichtige Punkte, wie

- Medizinethik und Unternehmensethik gehören unmittelbar zusammen. Die optimale medizinische Versorgung ist wesentlich durch die Qualität der Organisation bestimmt, in der sie wahrgenommen wird. Die Integration beider Seiten ist wichtig für das Wohl der Patienten wie auch aller sonstigen Anspruchsgruppen.
- Innere Qualität ist eine ökonomische Chance, vor allem aber auch eine ethische Pflicht. Sie sollte folglich ein zentraler Leitgedanke aller Gesundheitseinrichtungen sein.
- Die Gesundheitseinrichtungen in Deutschland sehen sich kritischen Anforderungen gegenüber. Die Herbeiführung optimaler Innerer Qualität wird hierbei – so ist abzusehen – eine zentrale Lösungsdimension sein. Wichtig ist, dass die Medizinethik die Entwicklungen hier an vorderster Stelle mit beeinflusst.
- In vielen Häusern sind bereits Ethikkomitees eingerichtet. Sie könnten eine gute zusätzliche Plattform für die Herbeiführung guter Innerer Qualität sein. Ihre Kompetenz- und Einflussbereiche würden dadurch weiter wesentlich verstärkt. Voraussetzung hierfür ist ein fundiertes Wissen um die Herausforderungen, Konzepte und Instrumente modernen Managements in Theorie und Praxis. Für eine Ethik der Gesundheitseinrichtungen ist dies ein konstituierendes Element. Überzeugende Managementkompetenz – eine neue Art von Quote für Ethikkomitees?

Interessenkonflikt: Der Autor ist Leiter des CGIFOS Institute, Stuttgart.

## Literatur

Brenzel G (2013) Innere Qualität – Herausforderungen aus pflegerischer Perspektive. In: Das Krankenhaus. März 2013, S. 253ff.

Brenzel G (2014) Innere Qualität: Für ein besseres Miteinander. In: CNE Pflegemanagement 1, S. 10–13

Marckmann G, Maschmann J (2014) Zahlt sich Ethik aus? Notwendigkeit und Perspektiven des Wertemanagements im Krankenhaus. Zeitschrift für Evidenz, Fortbildung und Qualität. S. 157–165

Rechkemmer K (2020): Innere Qualität. Theoretische Konzeption. Management. Politik. Göttingen: Vandenhoeck & Ruprecht

# 20 Zwischen Wirtschaftlichkeit und guter Medizin: Ethik als Management-Herausforderung für die Organisation

Kai Wehkamp

**Fallbeispiel: Interessenkonflikt am Krankenbett**

Im Rahmen eines septischen Infektes wird ein 55-jähriger Patient in sonst gutem Allgemeinzustand kreislaufinsuffizient und intubationspflichtig. Nach einem mehrtägigen komplizierten Verlauf auf der Intensivstation verbessert sich die Kreislauf- und Beatmungssituation wieder, sodass die diensthabende Assistenzärztin in der morgendlichen Chefarztvisite folgerichtig die Extubation für diesen Tag vorschlägt. Der Chefarzt ordnet dagegen an, die leichte Analgosedierung noch fortzuführen und die Extubation frühestens am nächsten Tag durchzuführen. Da diese Anweisung klinisch nicht nachvollziehbar ist, bittet die Assistenzärztin um Erläuterung. Der Chefarzt erklärt, dass bei einer Fortführung der Beatmung am nächsten Tag die Grenze von 249 Stunden Beatmungszeit überschritten und dadurch der DRG-Abrechnungserlös des Falles von ca. 24.000 € auf über 56.000 € steigen würde. Dem medizinisch begründeten Widerspruch der Assistenzärztin entgegnet er, dass dem Patienten „ein paar Stunden mehr Beatmung nun auch nicht mehr schaden", außerdem würde die Abteilung den Mehrerlös dringend benötigen, um die Zahl der Arztstellen der Abteilung zu sichern. Der Chefarzt verschweigt in dieser Situation die monatlichen Sitzungen mit dem Medizincontrolling und der Geschäftsführung, die auf Steigerungen der Abrechnungserlöse seiner Abteilung drängen und die sowohl mit einer Auflösung des Chefarztvertrages drohen, als auch mit einer hohen Bonuszahlung bei Erreichen eines positiven Wirtschafsziels locken.

## 20.1 Vom ordnungspolitischen System zu innerbetrieblichen Zielen

Die wirtschaftlichen, wissenschaftlichen und anderen vielfältigen Interessen von Ärzten sind nicht immer deckungsgleich mit dem Interesse der Patienten nach einer bestmöglichen Versorgung. Dieses Phänomen ist nicht neu: es begleitet die Medizingeschichte vermutlich von Anbeginn und hing schon immer von den individuellen Werten des Heilkundigen oder Arztes sowie den äußeren Rahmenbedingungen der Medizin ab.

Der im Fallbeispiel in einem deutschen Krankenhaus aufgezeigte und in vielen Variationen sich aktuell darstellende Konflikt ist jedoch in dieser Schärfe neu. Hintergrund sind die ordnungspolitischen Veränderungen der jüngsten Jahrzehnte in Deutschland, die zu einem zunehmenden marktwirtschaftlich-kompetitiven Druck auf die Einrichtungen des Gesundheitssystems und damit auch auf allen Ebenen der Patientenversorgung geführt haben.

Besonders charakteristisch hierfür sind die Veränderungen im Krankenhausbereich. So wurde ein halboffener Krankenhausmarkt geschaffen, in dem sich die Krankenhäuser als Wirtschaftsunternehmen beweisen müssen, mit den in einer Marktwirtschaft üblichen Möglichkeiten von Gewinn, Defizit und Insolvenz. Der politisch gewollte Wettbewerbsdruck muss innerbetrieblich an die Akteure des Unternehmens weitergegeben werden, um das Krankenhaus wirtschaftlich stabil oder sogar profitabel zu halten.

**In der Organisation Krankenhaus müssen zwei verschiedene Ziele zum Ausgleich gebracht werden: auf der einen Seite die originäre Aufgabe der Krankenversorgung, auf der anderen Seite das Ziel, sich als Wirtschaftsunternehmen am Krankenhausmarkt zu behaupten.**

Prinzipiell ist dieser Interessenkonflikt im deutschen Gesundheitswesen nicht neu, da es beispielsweise im Bereich der Kassenärztlichen und Privatärztlichen Versorgung schon lange das Nebeneinander von medizinischen und wirtschaftlichen Zielen gibt. In der komplexen Struktur von größeren Gesundheitsunternehmen wie Krankenhäusern, Krankenhauskonzernen oder großen Medizinischen Versorgungszentren (MVZ) ergeben sich aber im Zusammenspiel der Akteure verschiedene Neuerungen, die für die besondere Brisanz verantwortlich sind.

**Organisation Krankenhaus**

Ein Krankenhaus ist eine komplexe Organisation, in der verschiedene Berufsgruppen in meist verschiedenen Hierarchielinien miteinander und nebeneinander Teilaufgaben ausführen. An der Spitze der Krankenhaushierarchie steht in der Regel eine Geschäftsführung oder Direktion, die teilweise analog zum medizinischen und wirtschaftlichen Auftrag auf zwei Personen verteilt ist. Je nach Größe und etwaiger Konzerngliederung kommen übergeordnete Aufsichtsebenen (Vorstand, Aufsichtsrat) hinzu. Unter der Geschäftsführungsebene stehen die verschiedenen Kliniken/medizinischen Fachbereiche sowie Verwaltungs- und Versorgungsabteilungen. Die Struktur innerhalb der Kliniken orientiert sich an der klassischen Hierarchie mit Chefärzten, Oberärzten und Assistenten, wobei der Pflegedienst häufig in einer eigenständigen Linie mit Pflegedienstleitung, Teamleitung und anderen Ebenen gegliedert ist. Als besonderer Bereich sind die Abteilungen für „Medizincontrolling" zu sehen. Diese haben die Aufgabe das wirtschaftliche Geschehen in der Patientenversorgung abzubilden, strategisch und operativ zu planen, zu „kontrollieren" und – je nach Unternehmenspolitik – gegebenenfalls sogar (ökonomisch) optimierend einzugreifen (vgl. Debatin et al. 2010).

## 20.2 Kollision medizinischer und wirtschaftlicher Interessen

Der durch begrenzte Budgets und andere ordnungspolitische Rahmenbedingungen gerichtete marktwirtschaftliche Druck wird innerhalb der Krankenhäuser und anderer Unternehmen des Gesundheitsmarktes in einen betriebswirtschaftlichen Druck umgewandelt. Innerhalb der Hierarchie der einzelnen Unternehmen wird der ökonomische Druck durch klassische betriebswirtschaftliche Instrumente wie Gewinn- und Verlustrechnungen, Dienstverhältnisse, Vertragsabhängigkeiten, Leistungsbeurteilungen, Zielvereinbarungen, Wirtschaftsplanungen, Investitionen und Einsparungen an die Teilbereiche weitergegeben. Besonders präsent sind der betriebswirtschaftliche Druck und die gefühlte betriebswirtschaftliche Verantwortung auf der Ebene der Geschäftsführung eines Gesundheitsunternehmens (s. Abb. 1).

Auf der anderen Seite steht der Anspruch der bestmöglichen Patientenversorgung, der sich als „medizinischer Druck" oder als „Versorgungsdruck" bezeichnen ließe. Ärzte und Pflegende stehen in der Verantwortung für ihre Patienten sowie für die Qualität der Versorgungsprozesse und deren Ergebnisse und werden durch den Patientenkontakt auch direkt damit konfrontiert (s. Abb. 1).

In einem idealen Gesundheitssystem wären die sich aus dem Markt und aus dem Vergütungssystem ergebenden wirtschaftlichen Anreize so gesetzt, dass die beste Medizin in effizienten Strukturen unter Wahrung der Verteilungsgerechtigkeit belohnt

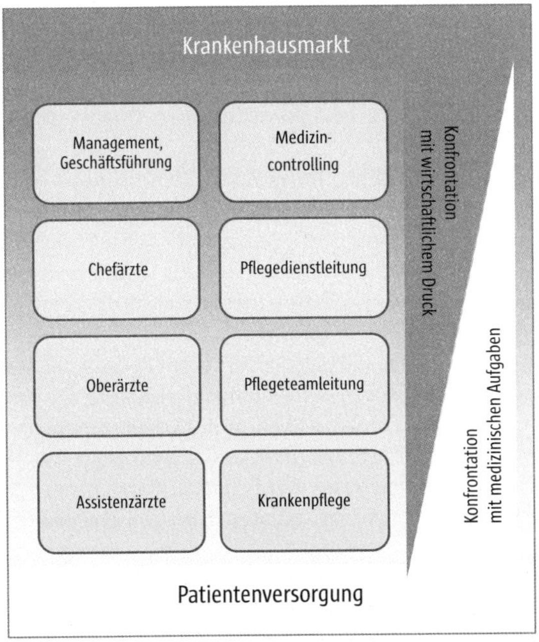


Abb. 1 Die verschiedenen Hierarchieebenen stehen in unterschiedlicher Nähe zum wirtschaftlichen Druck des Krankenhausmarktes auf der einen Seite und zur Konfrontation mit dem Leid des Patienten. Trotzdem muss auf jeder Hierarchieebene Verantwortung für die Auswirkungen der eigenen Handlungen sowohl auf die Patientenversorgung als auch auf die wirtschaftliche Situation übernommen werden.

wird (also beispielsweise evidenzbasierte Medizin mit Verteilung nach bevölkerungsbezogenem Bedarf in perfekt organisierten Versorgungszentren). Dann würde es keine Konflikte zwischen dem betriebswirtschaftlichen Zielen und den Anforderungen der Patientenversorgung geben. In der Realität sind die wirtschaftlichen Anreize, insbesondere das Vergütungssystem aber nicht perfekt, sodass Fehlanreize auf Überversorgung (z.B. zu viele Operationen, zu lange Beatmungszeit), Unterversorgung (z.B. zu frühe Entlassung, Einsparungen an zu teuren Medikamenten) und Fehlversorgung (z.B. Operation statt Krankengymnastik) bestehen.

Daraus resultieren Konflikte zwischen den wirtschaftlichen Interessen und den Interessen guter medizinischer Patientenversorgung auf verschiedenen innerbetrieblichen Ebenen. Je nach Arbeitsaufgabe und Erfahrung der Akteure kommt es zu einer unterschiedlichen Gewichtung der konkurrierenden Interessen. Aus ethischer Sicht muss dabei zwischen vier Aspekten differenziert werden:

- **Aufgabenverteilung**: In jedem komplexen Unternehmen kommt es zu einer Verteilung der Aufgaben. So gibt es auch im Krankenhaus Mitarbeiter, deren Aufgabe primär in der ökonomischen Optimierung des Betriebes besteht und andere, deren Aufgabe primär in der Versorgung von Patienten besteht. Beide Aufgaben sind ethisch bedeutsam, können aber dennoch in Konflikt zueinander geraten.
- **Verantwortung gegenüber der Patientenversorgung**: Hinsichtlich der Verantwortung gegenüber den Patienten lässt sich zwischen den einzelnen Berufsgruppen im Krankenhaus kein Unterschied erkennen. Sobald die Entscheidung und die Tätigkeit eines Mitarbeiters potenzielle direkte oder indirekte Auswirkungen auf die Patientenversorgung haben, so trägt dieser Mitarbeiter auch eine Verantwortung, unabhängig davon, ob er in seinem Aufgabenfeld primär mit ökonomischen Aufgaben (z.B. Geschäftsführung) oder medizinischen Aufgaben (z.B. Oberarzt) betraut ist.
- **Verantwortung gegenüber dem Unternehmen**: Die Beurteilung der Verantwortung gegenüber dem Unternehmen ist komplex und lässt sich nur bedingt in einer ethischen Bewertung fassen. Unter der theoretischen, vereinfachenden Annahme eines „guten" Unternehmens verhält sie sich aber analog zur Verantwortung gegenüber dem Patienten und lässt sich ebenfalls nicht zwischen den Berufsgruppen unterschiedlich verteilen.
- **Verantwortung für bevölkerungsbezogene Verteilungsgerechtigkeit**: Aus Sicht des auf der Mikro- und Mesoebene arbeitenden Mitarbeiters ist es häufig schwierig die Verteilungsgerechtigkeit unter Public-Health-Aspekten zu berücksichtigen. Die prinzipielle Verantwortung besteht trotzdem auch hier auf allen Ebenen. Wichtig ist es festzuhalten, dass die Interessen eines Wirtschaftsunternehmens in der Regel nicht darauf ausgerichtet sind, die verfügbaren öffentlichen Ressourcen zu schonen.

! Trotz **unterschiedlicher Aufgaben** und **Handlungsfreiheiten** der verschiedenen Berufsgruppen (z.B. Geschäftsführung, Chefärzte, Pflege, Assistenzärzte) besteht **kein Unterschied in der Verantwortung** bezüglich der Auswirkungen der eigenen Tätigkeit auf die Patientenversorgung und die Wirtschaftlichkeit.

Daraus ergibt sich für die Praxis, dass jede Entscheidung und Tätigkeit hinsichtlich ihrer Auswirkungen auf die medizinischen Interessen und ökonomischen Interessen beurteilt werden muss, unabhängig davon ob Sie auf einer Ebene mit primär ökonomischen Aufgabenspektrum (z.B. Geschäftsführung/Verwaltung) oder auf einer Ebene mit primär medizinischem Aufgabenspektrum (z.B. ärztliche Behandlung) oder auf einer Mischebene (z.B. administrative Patientenaufnahme) erfolgt. Interessenkonflikte zwischen wirtschaftlichen und medizinischen Zielen sind ethische Konflikte, die teils noch durch unterschiedliche Wertevorstellungen der beteiligten Berufsgruppen verkompliziert werden. Anders als bei den klassischen medizinethischen Konflikten am Krankenbett (z.B. Entscheidungen am Lebensende), lassen sich die Konflikte zwischen wirtschaftlichen Interessen und medizinischen Interessen von Patienten eher der Organisations- und Unternehmensethik zuordnen. Dabei ist es hilfreich, diese um einfache biomedizinische Normen und Argumentationslinien zu ergänzen, die sich sowohl dem Ökonomen als auch dem Kliniker leicht erschließen und dadurch in der Praxis Anwendung finden können.

Würde man zur Lösung solcher Konflikte beispielsweise die biomedizinischen Prinzipien nach Beauchamps und Childress (Beneficience, Nonmaleficience, Justice, Respect for autonomy) zugrunde legen, so sind sie häufig relativ leicht zu beurteilen. Letztlich wiegt das dringliche Interesse des Patienten nach Erhalt seiner Lebensqualität und seines Lebens stets höher als die wirtschaftlichen Interessen des Unternehmens – Gefährdung durch unnötige Komplikationen von überflüssiger oder vorenthaltener Therapie lässt sich kaum argumentieren. Ein wirtschaftlicher Gewinn, der durch eine medizinisch nicht indizierte Verlängerung der Beatmung eines Patienten zustande kommt, lässt sich angesichts des Schadens, den der Patient dadurch erleiden könnte ethisch nicht rechtfertigen. Ethisch ebenfalls fragwürdig wäre die Management-/Controlling-Entscheidung DRG-Beatmungsgrenzen oder DRG-Verweildauer aktiv für Einzelfälle zu kommunizieren, da individuelle medizinische Entscheidungen hiervon nicht beeinflusst werden sollten. Eine allgemeine Information über durchschnittliche Verweildauern eines Patientenkollektivs im Vergleich zu anderen Krankenhäusern (Benchmarking) ist unter dem Gebot der Wirtschaftlichkeit hingegen vertretbar.

Schwieriger wird es, wenn Opportunitätskosten beurteilt werden müssen, d.h. die Frage, ob Mittel bei einem Patienten eingespart werden sollten, um diese einem anderen Patient mit größerem Nutzen zukommen zu lassen. Diese Situation ist in den ordnungspolitischen Rahmenkonzepten im deutschsprachigen Raum (theoretisch) nicht vorgesehen. In anderen Gesundheitssystemen (z.B. im utilitaristisch geprägten Großbritannien) spielt aber der Vergleich der Wirksamkeit verschiedener Behandlungsmöglichkeiten für eine möglichst wirksame Allokation der begrenzten Ressourcen eine bedeutende Rolle.

## 20.3 Ethik als Führungsaufgabe

Unter der Voraussetzung, dass eine bewusste ethische Verantwortung auf allen Ebenen von Gesundheitsunternehmen gefordert werden muss, stellt sich die Frage, wie dieses Verantwortungsbewusstsein von den Akteuren der Organisation im Sinne einer Wertekultur übernommen werden kann. Eine besondere Bedeutung kommt dabei den Führungskräften zu, die Werte wie Verantwortung und Fürsorge in der Praxis kommunizieren und vorleben müssen. Eine aktive Beeinflussung der Wertekultur des Unternehmens gehört zu den Aufgaben des Managements. Die Umsetzung kann durch verschiedene **Instrumente** unterstützt werden:

- Auswahl ethisch verantwortungsvoll handelnder Führungskräfte und untergeordneter Mitarbeiter
- gezielte Erarbeitung und Kommunikation von Unternehmenswerten (z.B. Ethikkodex)
- Institutionalisierung von ethischen Surveillance-Systemen, Gesprächszirkeln etc. unter aktiver Einbindung von Führungsebenen
- Integration von Ethik in die Instrumente von Qualitätsmanagement und Qualitätssicherung (z.B. ethische Kategorien im Critical Incident Reporting System)
- formale Prüfung wichtiger Beschlüsse der Managementebene auf Konformität mit Ethik-Standards

Die Umsetzung ist aber anspruchsvoll und trifft nicht selten auf **Widerstände**:

- Unternehmensziele von höherer Managementebene oder Shareholdern können dazu führen, dass bewusst Führungspersönlichkeiten ausgewählt werden, die renditeorientiert arbeiten und die Verantwortung gegenüber der Patientenversorgung ausblenden.
- Da die Auswahl der Besetzung von Führungspositionen in der Regel von höheren Hierarchieebenen auf untere gesteuert wird, kann sich somit ein negativer Trend durch ein ganzes Unternehmen ziehen.
- Das eigene, von den Werten abweichende Verhalten wird regelmäßig auf Fehler im ordnungspolitischen System projiziert und dadurch die eigene Verantwortung abgewehrt.
- Die in vielen Krankenhäusern und anderen Gesundheitsunternehmen üblichen Leistungsanreize für Führungspersonen können dazu führen, dass die persönliche Verantwortung gegenüber der Patientenversorgung verdrängt wird.
- Ethisch bewusste Werte und hiermit konformes Handeln sind kein stabiler Zustand sondern müssen täglich neu durch die Akteure auf den verschiedenen Ebenen erarbeitet und aufrechterhalten werden.

Idealerweise werden Werte zur Prägung einer verantwortungsvollen Unternehmenskultur von höheren Hierarchielinien vorgelebt und institutionalisiert präsent gehalten. Trotz der besonderen Relevanz des Handelns der Führungskräfte ist aber auch jeder appellative oder praktische Impuls auf untergeordneter Arbeitsebene hilfreich und ist umso wichtiger, je weniger Verantwortung die Führungsebene in der Praxis übernimmt.

***Praxistipps***

- *Trotz unterschiedlicher Aufgaben der verschiedenen Mitarbeiter in Gesundheitsunternehmen trägt doch jeder Mitarbeiter die volle Verantwortung für die Auswirkungen der eigenen Handlungen auf die Patientenversorgung.*
- *Sowohl kaufmännische als auch medizinische Führungskräfte beeinflussen durch ihre Handlungen die Patientenversorgung in erheblichem Maße.*

*Deswegen muss jede Handlung hier besonders in ihren Auswirkungen auf die Patientenversorgung ethisch bewertet werden.*

- *Management und Führung von Gesundheitsunternehmen stehen in der besonderen Verantwortung aktiv die Unternehmenskultur und das Bewusstsein für die Verantwortung gegenüber der Patientenversorgung zu prägen.*
- *Ethische Regeln zur Beurteilung von Konfliktsituationen zwischen ethischen und medizinischen Zielen sollten so einfach wie möglich sein, damit sie in der täglichen Praxis von ökonomischen und medizinischen Mitarbeitern auf allen Ebenen angewandt werden können.*

## Literatur

Beauchamp TL, Childress JF (2013) Principles of biomedical ethics. 7th edition. Oxford University Press New York

Debatin JF, Ekkernkamp A, Schulte B (Hrsg.) (2010) Krankenhausmanagement: Strategien, Konzepte, Methoden. Medizinisch Wissenschaftliche Verlagsgesellschaft Berlin

Donaldson L, Shaw GB (2003) The Doctor's Dilemma. & Commentary: The Doctor's Dilemma: A Response. International Journal of Epidemiology 32, No. 6, 910–16

Marckmann G, Maschmann J (2014) Zahlt sich Ethik aus? Notwendigkeit und Perspektiven des Wertemanagements im Krankenhaus. Zeitschrift für Evidenz, Fortbildung und Qualität im Gesundheitswesen, Vol. 108, No. 2–3, 157–165

Noll B (2013) Wirtschafts- und Unternehmensethik in der Marktwirtschaft. Kohlhammer Stuttgart

Shaw GB, Michels-Wenz U (Hrsg.) (1906/1991) Des Doktors Dilemma. Suhrkamp Verlag Berlin

Tenbrunsel AE, Smith-Crowe K, Umphress EE (2003) Building Houses on Rocks: The Role of the Ethical Infrastructure in Organizations. Social Justice Research, Vol. 16, No. 3

Wehkamp K, Wehkamp K-H (2017) Ethikmanagement im Krankenhaus: Unternehmens- und Wertekultur als Erfolgsfaktor für das Krankenhaus. MWV Medizinisch Wissenschaftliche Verlagsgesellschaft Berlin

# III

# Ethische Herausforderungen in speziellen Praxisfeldern

# 1 Assistierte Reproduktion

Oliver Rauprich

Die Reproduktionsmedizin schrieb in den vergangenen Jahrzehnten eine Erfolgsgeschichte der Medizin. Waren die ersten Kinder, die Ende der 1970er und Anfang der 1980er-Jahre mit Hilfe der In-vitro-Fertilisation (IVF) zur Welt gekommen sind, noch medizinische Sensationen, so sind sie heute alltäglich geworden. In Deutschland wurden im vergangenen Jahrzehnt etwa zwei Prozent aller Kinder nach einer assistierten Reproduktion geboren, d.h. statistisch gesehen befindet sich in jeder zweiten Klasse von Grundschulen ein IVF-Kind. Kumuliert wurden in Deutschland zwischen 1997 und 2017 etwa dreihunderttausend Kinder geboren; dies entspricht der Einwohnerzahl von Mannheim oder Augsburg (DIR 2019). Weltweit wird die Zahl der IVF-Kinder auf mehrere Millionen geschätzt. Als wesentliche technische Ergänzungen zur IVF haben sich seit Mitte der 1980er-Jahre die Kryokonservierung befruchteter Eizellen und seit Anfang der 1990er-Jahre die Intracytoplasmatischen Spermieninjektion (ICSI) etabliert. Mit der Verleihung des Medizin-Nobelpreises an den medizinischen „Vater" des ersten IVF-Kindes, Robert Edwards, im Jahre 2010 wurde der Erfolg und die Bedeutung der assistierten Reproduktion gewürdigt.

> *Auch wenn Kinderwunschbehandlungen zur medizinischen Normalität geworden sind und vielen Paaren zu Wunschkindern verholfen haben, verbleibt eine Reihe ethischer Problembereiche.*

IVF-Behandlungen sind für die Patientinnen mit körperlichen Belastungen und Risiken verbunden und darüber hinaus psychisch belastend. Die Kinder sind ebenfalls gesundheitlichen Risiken ausgesetzt, insbesondere aufgrund einer höheren Rate an Mehrlingsschwangerschaften. Weitere Probleme sind die Herstellung überzähliger Embryonen sowie die Embryonenreduktion bei höhergradigen Mehrlingsschwangerschaften, die durch IVF verursacht werden können. Ob Kinderwunschbehandlungen medizinisch notwendig sind, ist grundsätzlich fraglich, und somit auch der Anspruch auf ihre Finanzierung durch die Krankenkassen. Zudem stellt sich die ethische Frage, welchen Einfluss Reproduktionsmediziner auf die Behandlungsentscheidungen der Paare nehmen sollen, insbesondere bei geringer Erfolgsaussicht. Andere ethisch relevante Aspekte betreffen den Umstand, dass Fruchtbarkeitsstörungen und deren Behandlung nach wie vor mit Berührungsängsten und Scham behaftet sind. Viele Betroffene sprechen nicht gerne darüber und klären zum Teil auch ihre Kinder nicht über die Art ihrer Zeugung auf. Dies kann als Ausdruck einer Schwierigkeit verstanden werden, künstliche Befruchtung mit dem Menschenbild in Einklang zu bringen. Soziale und kulturelle Herausforderungen stellt die Reproduktionsmedizin auch dort, wo sie die herkömmlichen Familien- und Verwandtschaftsverhältnisse verändert, z.B. durch eine Samenspende oder durch die Herbeiführung einer Schwangerschaft bei einer Frau im weit fortgeschrittenem Alter.

**Der folgende Beitrag fokussiert zwei Problembereiche:** Zu Beginn wird der Frage nachgegangen, in welchem *Verhältnis assistierte Reproduktion zum gängigen Menschenbild* steht. Diese Frage spielt zwar im reproduktionsmedizinischen Alltag keine unmittelbare Rolle. Sie kann jedoch zur Ausbildung einer professionellen Haltung zur assistierten Reproduktion beitragen und einen informativen Hintergrund für eine Reihe gesellschaftspolitischer Auseinandersetzungen mit der assistierten Reproduktion geben. Der Schwerpunkt des Artikels wird auf den Chancen und Risiken der Behandlungen liegen, auf der Autonomie der Behandlungswünsche von Kinderwunschpaaren sowie auf *Fragen der Behandlungsentscheidung bei niedriger Erfolgsaussicht.*

## 1.1 Assistierte Reproduktion und Menschenbild

Eine grundsätzliche Herausforderung der Reproduktionsmedizin betrifft das Menschenbild. Das gängige Selbstverständnis von Menschen als natürliche Wesen beinhaltet dem Umstand, dass wir nicht künstlich hergestellt, sondern auf natürliche Weise gezeugt wurden. Die assistierte Reproduktion ersetzt den Liebesakt durch medizinische Eingriffe. Neben ästhetischen und romantischen Vorbehalten sehen Kritiker dadurch die Freiheit und den Selbstzweckcharakter des Menschen gefährdet (Habermas 2001).

Philosophisch kann dieser Gedanke an dem Unterschied zwischen der Zeugung eines Menschen und der Herstellung eines Gegenstandes festgemacht werden. Gegenstände werden für einen bestimmten Zweck hergestellt, der ihre Existenz rechtfertigt. Demgegenüber werden Menschen typischerweise nicht für einen bestimmten Zweck gezeugt; ihr Dasein hat keine feste Bestimmung und bedarf keiner Rechtfertigung. Zwar können und sollen Menschen im Laufe ihres Lebens Rollen und Funktionen übernehmen; aber welchen Zwecken sie dienen, ist nicht vorgegeben.

*Die an keinen bestimmten Zweck gebundene Zeugung kann als Voraussetzung und Ausdruck der Freiheit und des Selbstzweckcharakters von Menschen verstanden werden.*

Sie ermöglicht es, dass Menschen – im Rahmen der gesellschaftlichen Gegebenheiten – den Sinn und Zweck ihrer Existenz selbst bestimmen und entwickeln.

Je mehr die Erzeugung von Menschen beabsichtigt, technisch gestaltet und kontrolliert ist, desto mehr entsteht ein Herstellungsverhältnis zwischen ihnen und ihren

Erzeugern und desto abhängiger, zweckbestimmter und verantworteter ist ihre Existenz. Im einfachsten Fall einer assistierten Reproduktion existieren die Kinder zum Zwecke der Erfüllung der Kinderwünsche ihrer Eltern und der damit verbundenen Erwartungen. In anderen Fällen wird das Geschlecht der Kinder nach den Wünschen der Eltern ausgewählt. In vereinzelten Fällen werden die Kinder nach ihren Antigenen ausgewählt, um als Stammzellspender für ein erkranktes Geschwisterkind dienen zu können. In jedem Falle ist die Zeugung zweckbehafteter und instrumentalisierender als bei einer nicht assistierten Fortpflanzung und tangiert somit zu einem gewissen Grad die Idee von Menschen als Selbstzwecke.

Diese philosophischen Überlegungen können mit empirischen Einsichten ergänzt werden. Wie fühlt man sich in dem Bewusstsein, mit Hilfe der assistierten Reproduktion gezeugt worden zu sein? Wie vereinbaren Betroffene dies mit ihrem Selbst- und Menschenbild? Für 16 IVF-Kinder in Deutschland, die bereits volljährig sind und von ihren Eltern über die Art ihrer Zeugung aufgeklärt wurden, liegen darüber Daten vor (Siegel et al. 2008). In Interviews sagten sie aus, dass dieses Thema für sie zwar von Interesse sei, aber keine große Bedeutung in ihrem Leben habe. Wenn überhaupt, so bewerteten sie die Art ihrer Zeugung positiv als etwas Besonderes und als Beleg dafür, ein Wunschkind zu sein. Auch wenn aus dieser Studie nicht geschlossen werden kann, dass die Mehrheit der IVF-Kinder so denkt und fühlt, so zeigt sie, dass es möglich ist, als Betroffener ein entspanntes Verhältnis zur assistierten Reproduktion zu entwickeln.

Auch in der gesellschaftlichen Wahrnehmung hat eine gewisse Gewöhnung und Normalisierung der assistierten Reproduktion stattgefunden. Dennoch bleibt bei vielen Leuten ein latentes Unbehagen an der Technisierung und Kontrollierung der menschlichen Fortpflanzung, das vor allem bei Ausweitungen oder Fortentwicklungen der Behandlungen hochkommt, etwa bei der Verbindung von assistierter Reproduktion mit einer genetischen Präimplantationsdiagnostik der Embryonen oder bei der Erfüllung von späten oder sehr späten Kinderwünschen von Frauen durch das Einfrieren von unbefruchteten Eizellen im jungen Alter oder durch Eizellspende.

Aus diesem Grund ist die Reproduktionsmedizin bis heute bis zu einem gewissen Grad tabu- und schambehaftet. Vielfach wird im privaten Umfeld nicht gerne darüber gesprochen und die meisten Menschen würden wohl, wenn sie wählen könnten, die natürliche Fortpflanzung der assistierten Reproduktion vorziehen. Vor diesem Hintergrund ist es allerdings wichtig, die Alternativen genau vor Augen zu haben: Für Paare mit Reproduktionsstörungen ist die wahrscheinliche Alternative zur Reproduktionsmedizin nicht die natürliche Fortpflanzung, sondern keine (weiteren) Kinder zu bekommen. Selbst wenn man Vorbehalte gegen die assistierte Reproduktion hat, so kann man der Ansicht sein, es sei immer noch besser auf medizinischem Wege (weitere) Kinder zu bekommen, als auf sie verzichten zu müssen. Auch aus Sicht der Kinder dürfte es in der Regel besser sein, per IVF gezeugt worden zu sein, als nicht zu existieren.

***Konsequenz für die Praxis***

*Man sollte sich bewusst sein, dass die assistierte Zeugung von Menschen ein ethisch sensibler Bereich ist, der das menschliche Selbstverständnis berührt und ein verantwortungsvolles Handeln und Sprechen erfordert. Der Selbstzweck-*

*charakter von IVF-Kindern darf niemals infrage gestellt werden. Nur auf dieser Basis kann die assistierte Reproduktion in ein ethisches Menschenbild integriert werden.*

## 1.2 Behandlungsentscheidungen in der Reproduktionsmedizin

Im Gegensatz zu anderen medizinischen Bereichen ist das Ziel der assistierten Reproduktion nicht die Heilung, Linderung oder Vorbeugung gesundheitlicher Beschwerden, sondern die Erfüllung von Kinderwünschen, also von sozialen Bedürfnissen. Zwar sind Reproduktionsstörungen organisch bedingt, aber es besteht kein medizinischer Grund für eine Behandlung, solange die Paare keinen Kinderwunsch haben. Daher kann die assistierte Reproduktion als eine wunscherfüllende und keine krankheitsbehandelnde Medizin angesehen werden (vgl. hierzu auch Kap. III.12). Jedenfalls handelt es sich um elektive Behandlungen, die auf dem Kinderwunsch der Paare basieren.

Diese Situation hat Auswirkungen auf die Behandlungsentscheidungen. Üblicherweise erfolgt in der Medizin eine ärztliche Indikationsstellung für eine bestimmte Behandlung, die zunächst unabhängig vom Patientenwunsch ist. Sie basiert auf einer Einschätzung des Krankheitswertes des Befundes sowie des Nutzens und der Sicherheit möglicher Behandlungen. Wenn keine Indikation vorliegt, sollte die Behandlung dem Patienten in der Regel nicht angeboten werden. Die Patienten haben ein Vetorecht und dürfen Behandlungen ablehnen, auch wenn sie aus medizinischer Sicht notwendig erscheinen. Zudem obliegt ihnen die letzte Entscheidung bei der Auswahl von medizinisch indizierten Behandlungsalternativen. Sie haben jedoch kein Anspruchsrecht auf Behandlungen, die aus ärztlicher Sicht nicht indiziert sind.

*Bei der assistierten Reproduktion ist eine Indikationsstellung unabhängig vom Patientenwunsch kaum möglich.*

Welche Behandlungen mit welcher Erfolgswahrscheinlichkeit und welchen Belastungen und Risiken für eine Patientin angezeigt erscheinen, hängt wesentlich davon ab, welche Bedeutung die Erfüllung des Kinderwunsches für sie hat. Daher gibt es häufig auch keine klaren medizinischen Abbruchkriterien für eine Behandlung, weil nicht genau bestimmt werden kann, wann eine weitere Behandlung keinen ausreichenden Nutzen mehr hat.

*In der Praxis führt dies dazu, dass den Paaren ein deutlich größeres Mitsprache- und Entscheidungsrecht über Kinderwunschbehandlungen eingeräumt wird, als in vielen anderen medizinischen Bereichen.*

Gleichzeitig kann der Arzt nicht aus seiner Verantwortung für die Behandlungen und deren Auswirkungen entlassen werden.

Relevant wird die Frage der Entscheidungsfindung in den nicht seltenen Fällen, in denen Paare mit einem starken Kinderwunsch trotz geringer Erfolgsaussicht eine (weitere) Behandlung wünschen. Hier gilt es, den Respekt vor dem Kinderwunsch der Paare zu wahren und gleichzeitig nicht den Bereich guter Medizin, der mehr nutzt als schadet, zu verlassen. Im Folgenden wird eine strukturierte ethische Diskussion dieser Entscheidungssituation versucht. Die wesentlichen normativen Maßstäbe sind das Nutzen- und Schadenspotenzial einer Behandlung sowie die Autonomie des Behandlungswunsches.

## 1.3 Nutzen und Schaden der assistierten Reproduktion

Grundlegend für die ethische Analyse einer möglichen reproduktionsmedizinischen Behandlung ist die Einschätzung ihres Nutzens und Schadens bzw. ihrer Chancen und Risiken, um zu beurteilen, ob sie dem Wohlergehen der Frau, aber auch der gezeugten Kinder und weiterer Beteiligten (Partner, ggf. Samen- oder Eizellspender) dienen. Die Chancen der Behandlung liegen in der Erfüllung des Kinderwunsches. Die Risiken liegen in körperlichen Schäden sowie in psychischen und sozialen Belastungen. Um die Auswirkungen der Behandlungen auf das Wohlergehen der Betroffenen beurteilen zu können, müssen also ganz verschiedene Arten von Nutzen und Schäden gegeneinander abgewogen werden, die weit über eine gesundheitliche Perspektive hinausgehen.

### 1.3.1 Das Nutzenpotenzial der assistierten Reproduktion

Reproduktionsmedizinische Behandlungen erhöhen die Wahrscheinlichkeit von Paaren mit Reproduktionsstörungen, ein Kind zu bekommen. In der Praxis wird eine Reproduktionsstörung angenommen, wenn nach einem Jahr mit regelmäßigem Geschlechtsverkehr keine Schwangerschaft eingetreten ist. Bei den wenigsten Paaren liegt eine vollkommene Unfruchtbarkeit vor; meistens besteht eine – wenn auch verminderte – Chance auf eine spontane Schwangerschaft. Aus diesem Grund kommt es immer wieder vor, dass Paare während oder nach einer reproduktionsmedizinischen Behandlung spontan schwanger werden (Ludwig et al. 2008).

Die Chancen der Reproduktionsmedizin werden zumeist anhand der Schwangerschafts- und Lebendgeburtenraten pro Embryonentransfer beziffert. Sie lagen in Deutschland im Jahr 2018 bei 32% bzw. 24% Prozent (DIR 2019). Diese Angaben sind jedoch nur bedingt als Erfolgskriterien brauchbar. Die Chance, schwanger zu werden, ist für die Paare nicht unmittelbar relevant, weil die Schwangerschaften, die in einem Abort münden (20% in 2017), nicht als Erfolge verbucht werden können. Die Lebendgeburtenrate pro Embryonentransfer ist insofern verzerrend, als sie die Fälle ausschließt, in denen sich die Betroffenen einer Behandlung unterzogen haben, es aber zu keiner Fertilisation gekommen ist. Diese Fälle sind jedoch aus Sicht der Betroffenen ebenso Misserfolge wie erfolglose Embryonentransfers.

Die Lebendgeburtenraten pro begonnenen Behandlungszyklus liegen bei ca. 18% (DIR 2019).

Aber auch diese Rate trifft den relevanten Nutzen einer reproduktionsmedizinischen Behandlung nicht genau. Relevant für die Paare ist letztlich nicht die Wahrscheinlichkeit, mit Hilfe einer medizinischen Behandlung ein Kind zu bekommen.

**Letztlich relevant ist der Zusatznutzen einer assistierten Reproduktion, d.h. die Erhöhung der Wahrscheinlichkeit, innerhalb eines angemessenen Zeitraumes den Kinderwunsch zu erfüllen im Vergleich zur spontanen Konzeption.**

Als „angemessener" Zeitraum können zwei Jahre angesehen werden. Über diesen Zusatznutzen gibt es keine Daten, weil sich die Auswirkungen einer Behandlung auf die behandlungsunabhängigen Reproduktionschancen von Paaren mit Kinderwunsch kaum ermitteln lassen. Somit kann der letztlich relevante Nutzen der assistierten Reproduktion nicht beziffert werden.

Eine weitere Problematik bei der Bewertung des Nutzens der Reproduktionsmedizin ist die Bewertung von Mehrlingsgeburten, die aufgrund der häufigen Übertragung von mehr als einem Embryo stark erhöht sind und in Deutschland im Jahr 2017 einen Anteil von 22% aller Geburten nach IVF oder ICSI ausmachten (DIR 2019). Durchschnittlich werden in Deutschland zwei Embryonen transferiert, gesetzlich erlaubt sind bis zu drei Embryonen pro Transfer.

**Unterstellt man, dass sich die Paare nicht Zwillinge oder Drillinge gewünscht, sondern sie nur als mögliche Nebenfolge in Kauf genommen haben, so kann eine Mehrlingsgeburt nicht uneingeschränkt als reproduktionsmedizinischer Erfolg gewertet werden.**

Zwar ist es problematisch, bei zusätzlichen Kindern von „Misserfolgen" zu sprechen, aber angesichts der gesundheitlichen Belastungen und Risiken einer Mehrlingsschwangerschaft für Mutter und Kinder muss es das Ziel der Reproduktionsmedizin sein, diese zu vermeiden.

Die Rate der Mehrlingsgeburten ist in Deutschland im internationalen Vergleich überdurchschnittlich hoch, auch aufgrund des Embryonenschutzgesetzes, das vorschreibt, nur so viele Embryonen zu kultivieren, wie der Frau innerhalb eines Behandlungszyklus übertragen werden sollen (ESchG § 1). Die Möglichkeit, mehrere Embryonen zu kultivieren, um dann einen Embryo für den Transfer auszuwählen, der morphologisch besonders lebensfähig erscheint, ist damit ausgeschlossen.

Dennoch ist in den letzten Jahren auch in der deutschen Reproduktionsmedizin zunehmend die Einsicht gereift, dass in vielen Fällen die Übertragung von nur einem Embryo ausreicht, um gute Schwangerschaftsraten zu erzielen (in 2018 24%), und dies zum Regelfall werden sollte, um Mehrlingsschwangerschaften zu vermeiden (DIR 2019).

Setzt man das Ziel einer Einlingsgeburt zugrunde, so liegt die Erfolgsrate bei 14% pro begonnenen Behandlungszyklus, wobei der Zusatznutzen wiederum unbestimmt ist (DIR 2019).

Die individuellen Erfolgswahrscheinlichkeiten der Paare schwanken stark, insbesondere mit dem Alter der Frau. Das mittlere Alter der behandelten Frauen beträgt 35 Jahre, das der Männer 38 Jahre (DIR 2019). Bei etwa der Hälfte aller Paare erfüllt sich der Kinderwunsch nach ein oder mehreren Behandlungszyklen; die andere Hälfte beendet die Behandlung erfolglos. Zwei Drittel der Patientinnen erhalten ein bis zwei Behandlungen, die anderen unternehmen bis zu zehn Versuche.

### 1.3.2 Schadenspotenziale der assistierten Reproduktion

Zu den körperlichen Belastungen und Risiken einer IVF zählen die **Nebenwirkungen der Medikamente** zur hormonellen Überstimulation, d.h. zur Auslösung einer Reifung mehrerer Eizellen bei der Frau. Neben Übelkeit, Kopf- und Unterleibsschmerzen, Hitzewallungen, Schwindelgefühl, Sehstörungen und anderen Beschwerden besteht das Risiko einer Überstimulationsreaktion, bei der sich die Eierstöcke vergrößern und es zu einer abdominalen Wasseransammlung, Dehydrierung, Atemnot, Blutverdickung, Gerinnungsstörungen, Thrombose bis hin zu Leberfunktionsstörungen und Nierenversagen kommen kann. Leichte bis mittelschwere Nebenwirkungen der Medikamente sind häufig, schwere bis lebensgefährliche Verlaufsformen hingegen selten (0,3%). Belastungen und Risiken beinhaltet auch die *Eizellpunktion unter Vollnarkose*, bei der es in 1% aller Fälle zu operativen Komplikationen kommt, insbesondere zu vaginalen und intraabdominalen Blutungen (DIR 2019).

Eine unerwünschte Komplikation reproduktionsmedizinischer Behandlungen ist die deutlich höhere Rate an *Mehrlingsschwangerschaften*, die signifikante Belastungen und Gefahren für Mütter und Kinder bergen. Ein spezifisches maternales Risiko ist die Entwicklung einer Präeklampsie, die sich in Bluthochdruck, Schwindel, Übelkeit, Kopfschmerzen, Sehstörungen und weiteren Symptomen äußert, einer stationären Behandlung bedarf und in schweren Fällen zu einer lebensgefährlichen Eklampsie mit blitzartigen Krampfanfällen und Bewusstlosigkeit eskalieren kann. Spezifische Risiken für die Kinder sind vorgeburtliche Wachstumsverzögerungen, Fehl- und Frühgeburten sowie Schäden an Gehirn und Lunge. Auch der Aspekt der erhöhten sozialen Belastung der Eltern durch Mehrlinge sollte beachtet werden.

Aufgrund des fortgeschrittenen Alters vieler Kinderwunschpaare sind die **Abortrate** sowie die Rate der Trisomien erhöht. Dies kann nicht der Behandlung zugeschrieben werden, ist aber als Hintergrundrisiko von Kinderwunschbehandlungen relevant.

**Die meisten Paare empfinden nicht die körperlichen Risiken und Belastungen als die gravierendsten Probleme der Kinderwunschbehandlungen, sondern den emotionalen Stress.**

In einer deutschlandweiten Studie bewerteten 85% der Befragten die emotionalen Belastungen, aber nur 50% die körperlichen Belastungen als hoch oder sehr hoch (Rauprich et al. 2011). Am stärksten belasteten sie die *Hoffnungen und Enttäuschungen* im Laufe der Behandlungen, die häufig als „emotionale Achterbahnfahrten" beschrieben werden. Der Leidensdruck des unerfüllten Kinderwunsches kann nach einer erfolglosen Behandlung größer werden. Es werden Verlustgefühle und Trauer ausgelöst, die bei ca. 40% der Männer und 50% der Frauen zu *depressiven Reaktionen* führen (Kentenich et al. 2014). Jede zweite Patientin empfindet eine starke oder sehr starke emotionale Belastung durch das Gefühl, die Kontrolle über den Kinderwunsch verloren zu haben (Rauprich et al. 2011).

## 1.4 Die Autonomie des Behandlungswunsches

Der zweite grundlegende ethische Aspekt einer reproduktionsmedizinischen Behandlungsentscheidung ist der Behandlungswunsch des Paares und insbesondere der Frau. Die ethische Beachtlichkeit eines Behandlungswillens setzt voraus, dass er *aufgeklärt* und *selbstbestimmt* ist. Es gibt Hinweise, dass diese beiden Voraussetzungen bei Kinderwunschpaaren nicht immer erfüllt sind.

### 1.4.1 Aufklärung der Betroffenen

Die Paare sind in der Regel vor allem an Informationen zur Erhöhung ihrer Erfolgswahrscheinlichkeit interessiert (Porter und Bhattacharya 2008). Um eine wohlinformierte Entscheidung treffen zu können, müssen die Paare jedoch über alle relevanten Aspekte der Behandlung aufgeklärt sein (Kentenich et al. 2014).

*Die Aufklärung über assistierte Reproduktion sollte insbesondere folgende Aspekte umfassen:*

- *die Erfolgschancen der Behandlung*
- *die körperlichen Behandlungsrisiken*
- *die Risiken und Belastungen von Mehrlingsschwangerschaften*
- *die emotionalen Risiken und Belastungen*
- *die organisatorischen, zeitlichen und finanziellen Rahmenbedingungen*
- *alternative und ergänzende Behandlungsmöglichkeiten*
- *Alternativen zur reproduktionsmedizinischen Behandlung*

In einer Studie wurden Kinderwunschpaare in Deutschland befragt, wie gut sie sich über die verschiedene Aspekte der Behandlung von ihrem Reproduktionsmediziner aufgeklärt fühlen. Ergänzend wurden Reproduktionsmediziner und psychosoziale Kinderwunschberater befragt, wie realistisch die Paare diese Aspekte ihres Erachtens einschätzen (Rauprich et al. 2011). Übereinstimmend erachteten sie die Aufklärung über die Chancen und die unmittelbaren körperlichen Risiken sowie die organisatorischen Aspekte als gut bis befriedigend ein, wohingegen die Aufklärung über die Risiken von Mehrlingsschwangerschaften, die emotionalen Risiken und Belastungen sowie über Behandlungsalternativen als mangelhaft erachtet wurden. Beispielsweise sagten die Paare mehrheitlich aus, dass sie gar nicht über die Gefahr der Entwicklung eines übermächtigen Kinderwunsches aufgeklärt wurden.

### 1.4.2 Selbstbestimmung

Es gibt Hinweise, dass die Selbstbestimmung von Kinderwunschpaaren durch einen emotionalen Kontrollverlust gefährdet sein kann. Über 80% der Betroffenen finden es nicht leicht, ein Ende der Behandlung zu finden, wenn sich der Kinderwunsch nicht erfüllt.

> 47% der Betroffenen haben oder hatten schon einmal das Gefühl, dass ihr Kinderwunsch übermächtig geworden ist und sie die emotionale Kontrolle über die Situation verloren haben (Rauprich et al. 2011).

Diese Erfahrungen wurden von Reproduktionsmedizinern und psychosozialen Kinderwunschberatern bestätigt. Sie stellen bei den Patienten häufig einen übermächtigen Kinderwunsch fest, der andere Lebensinhalte in den Hintergrund treten lässt und die Möglichkeit einer Entscheidung gegen eine (weitere) Behandlung beeinträchtigt (Rauprich et al. 2011). Es ist fraglich, ob der Wunsch dieser Paare nach einer weiteren Behandlung als selbstbestimmt angesehen werden kann.

## 1.5 Behandlungsentscheidungen bei geringer Aussicht auf Erfolg und starkem Kinderwunsch: ethische Bewertungen

Sowohl Kinderwunschpaare als auch Experten vertreten mehrheitlich die Ansicht, es sei letztlich Aufgabe des Paares, und nicht des Arztes, darüber zu entscheiden, ob trotz geringer Erfolgsaussicht eine (weitere) Behandlung durchgeführt wird. Dies bestätigt, dass es für die assistierte Reproduktion keine klare medizinische Indikation und keine klaren medizinischen Abbruchkriterien gibt, sondern die Behandlung wesentlich dem Wunsch der Paare überlassen wird. Nur 11% der Reproduktionsmediziner bieten keine Behandlung mehr an, wenn bei einem Paar ein übermächtiger Kinderwunsch vorliegt und die Erfolgsaussichten gering sind (Rauprich et al. 2011).

Aus ethischer Sicht bestehen die ärztlichen Verpflichtungen, das Wohl der Paare durch die Behandlung zu fördern und ihnen möglichst nicht zu schaden. Der Nutzen muss die Schäden überwiegen. In dieser Perspektive sind die Wünsche der Paare zunächst ausgeblendet. Grundsätzlich sind die Belastungen und Schadenspotenziale der Behandlung ernst zu nehmen und nur mit einem entsprechend hohen Nutzen zu rechtfertigen.

> *Der Kinderwunsch ist ein anerkanntes soziales Bedürfnis – z.T. verstärkt durch soziale Erwartungen – und wichtiger Bestandteil der Lebensplanung vieler Menschen. Seiner Erfüllung kann daher einen hohen Stellenwert für das Wohlergehen von Menschen zugeschrieben werden. Gleichzeitig sollte eine Überhöhung des Kinderwunsches vermieden werden.*

Es gibt weder ein Recht noch eine Pflicht auf ein Kind. Zudem gibt es mit der Adoption oder Aufnahme von Pflegekindern sowie beruflichen oder ehrenamtlichen Tätigkeiten mit Kindern soziale Alternativen zu einem leiblichen Kind, die nicht gleichwertig sein mögen, aber den Verlust an Wohlergehen durch Kinderlosigkeit lindern können. In jedem Falle ist ein Leben mit guter Qualität auch ohne eigene Kinder möglich. Studien deuten darauf hin, dass die Lebenszufriedenheit von Paaren, deren Behandlung erfolglos verlief, nach einigen Jahren wieder im normalen Bereich liegt

(Kentenich et al. 2014). Auch wenn es immer eine Lebensenttäuschung bleiben mag, ist es vielen Menschen möglich, mit dem Kinderwunsch nach einiger Zeit abzuschließen und sich mit einem Leben ohne leibliche Kinder zu arrangieren. Der langfristige Nutzen von Kinderwunschbehandlungen für das Wohlergehen der Paare relativiert sich dadurch bis zu einem gewissen Grad.

Paare mit geringer Erfolgsaussicht werden nicht nur mit jedem weiteren Behandlungszyklus zusätzlichen Belastungen und Risiken ausgesetzt, sondern sie verzögern dadurch auch ihre emotionale Lösung vom Kinderwunsch und die Gestaltung ihres Lebens ohne Kinder.

Auch wenn die Erfüllung eines Kinderwunsches das Wohl vieler Paare deutlich steigern kann, ist der Nutzen reproduktionsmedizinischer Maßnahmen insgesamt gering, wenn ihre Erfolgswahrscheinlichkeit gering ist. Als (sehr) gering kann eine Erfolgswahrscheinlichkeit von unter 5% gewertet werden. Behandlungen mit solch niedriger Aussicht auf Erfolg schaden möglicherweise mehr, als sie nutzen. In Hinblick auf die ethischen Prinzipien des Wohltuns und des Nichtschadens sind sie daher als problematisch anzusehen.

Die zweite ethische Verpflichtung besteht darin, die Autonomie der Betroffenen zu achten. Paare, die sich auf der Basis einer genauen Kenntnis der relevanten Informationen selbstbestimmt dazu entscheiden, die Belastungen und Risiken einer Behandlung trotz geringer Erfolgschancen in Kauf zu nehmen, treffen eine Wertentscheidung, die Respekt verdient. Aus ethischer Sicht legitimiert eine solche autonome Wertentscheidung die Behandlung eines Paares trotz zweifelhaften Verhältnisses von Nutzen und Schaden. Je geringer die Erfolgsaussichten der Behandlung sind, desto höhere Anforderungen sollten an die Aufklärung und Selbstbestimmung der Entscheidung der Betroffenen gestellt werden. Gleichzeitig kann keinem Arzt zugemutet werden, Behandlungen durchzuführen, die er oder sie für nicht verantwortbar hält. Denn der Arzt trägt Verantwortung für die Belastungen und Schäden, die durch seine Behandlungen verursacht werden. Autonome Entscheidungen beinhalten ein Vetorecht von Patienten und appellieren an die Toleranz und Kompromissbereitschaft von Ärzten; sie begründen jedoch kein uneingeschränktes Anspruchsrecht auf jede gewünschte Behandlung.

**Nicht selten ist die Autonomie der Betroffenen aufgrund mangelnder Aufklärung oder eines übermächtigen Kinderwunsches eingeschränkt. In solchen Fällen wäre es fahrlässig, ihnen die alleinige Entscheidung über Behandlungen mit niedriger Erfolgswahrscheinlichkeit zu überlassen.**

Stattdessen besteht eine ethische Verpflichtung, den Patienten fehlende Informationen zu vermitteln und ihnen zu helfen, ihre Wahrnehmungen und Erwartungen an Kinderwunschbehandlungen den Realitäten anzupassen. Respekt und Toleranz gegenüber unaufgeklärten oder von übermächtigen Kinderwünschen bestimmten Behandlungswünschen trotz geringer Aussicht auf Erfolg wären ethisch problematisch.

***Empfehlung für die Praxis***

*Je höher das Schadenspotenzial einer Kinderwunschbehandlung ist und je geringer die Aussichten auf Erfolg sind, desto größere Anforderungen sollten ärztlicherseits an die Autonomie der Behandlungswünsche von Kinderwunschpaaren gestellt werden. Dies beinhaltet ein genaues Verständnis und eine realistische Einschätzung aller relevanten Sachverhalte sowie eine emotionale Kontrolle des Kinderwunsches. Behandlungen mit Erfolgsraten von unter 5% sollten generell kritisch betrachtet werden.*

## 1.6 Empfehlungen zum praktischen Vorgehen

Die Belastungen und Risiken der Behandlungen sollten so weit wie möglich reduziert werden, auch wenn dies zu Lasten der Erfolgsrate geht. Dies beinhaltet eine möglichst schonende Stimulation und einen restriktiven Umgang mit der Übertragung von mehr als einem Embryo, um die Rate an Mehrlingsschwangerschaften zu senken.

Angesicht der Hinweise auf eine unvollständige Aufklärung vieler Paare sollten Maßnahmen zur Sicherstellung einer adäquaten Aufklärung ergriffen werden. Insbesondere sollten die Paare deutlich stärker für den emotionalen Stress der Behandlung und für das Risiko, einen übermächtigen Kinderwunsch zu entwickeln und eine Kontrollverlust zu erleiden, sensibilisiert werden. Die verpflichtende Aushändigung unabhängigen Informationsmaterials wäre ebenso wünschenswert wie die Etablierung eines unabhängigen, niederschwelligen und kassenfinanzierten psychosozialen Beratungsangebotes vor, während und nach der Behandlung.

Die Ärzte haben eine professionelle Verpflichtung, an Behandlungsentscheidungen mitzuwirken und sie nicht einfach den Betroffenen zu überlassen. Voraussetzungen und Ausschlusskriterien für eine Behandlung sollten frühzeitig mit den Paaren besprochen und festgelegt werden. Auch sollte von Anfang an die Möglichkeit eines Misserfolges thematisiert werden, damit die Betroffenen nicht unvorbereitet in diese Situation geraten. Es sollte ein „Plan B“ für den Fall eines Misserfolges erarbeitet werden, um den Eindruck der Alternativlosigkeit von Kinderwunschbehandlungen zu vermeiden.

Bei Paaren, die trotz sehr geringer Erfolgswahrscheinlichkeit eine Behandlung wünschen, sollte die Aufklärung intensiviert und die Selbstbestimmtheit des Behandlungswunsches kritisch geprüft werden. Autonome Behandlungswünsche sollten so weit wie möglich respektiert werden, jedoch dürfen Ärzte persönliche Grenzen der Vertretbarkeit setzen. Paaren mit sehr geringen Erfolgschancen, einem übermächtigen Kinderwunsch und Anzeichen eines emotionalen Kontrollverlusts sollte keine weitere Behandlung angeboten werden. Stattdessen sollten sie Unterstützung zur Bewältigung der Kinderlosigkeit erhalten.

***Praxistipp***

*Manchmal kann die beste Vorgehensweise in der Reproduktionsmedizin darin bestehen, den Paaren dabei zu helfen, die schmerzhafte Wahrheit zu akzeptieren, dass es besser ist, die Behandlung zu beenden.*

## Literatur

DIR (2019) Deutsches IVF-Register. Jahrbuch 2018. URL: https://www.deutsches-ivf-register.de/perch/resources/dir-jahrbuch-2018-deutsch-4.pdf (abgerufen am 14.08.20)

Habermas J (2001) Die Zukunft der menschlichen Natur. Auf dem Weg zu einer liberalen Eugenik? Suhrkamp Frankfurt am Main

Kentenich H, Brähler E, Kowalcek I, Strauß B, Thorn P, Weblus AJ, Wischmann T, Stöbel-Richter Y (2014) AWMF-Leitlinie: Psychosomatisch orientierte Diagnostik und Therapie bei Fertilitätsstörungen. URL: http://www.awmf.org/uploads/tx_szleitlinien/016-003l_S2k_Psychosom_orient_Diagnostik_und_Therapie_bei_Fertilit%C3%A4tsst%C3%B6rungen_2014.pdf (abgerufen am 15.06.15)

Ludwig A, Katalinic A, Jendrysik J, Thyen U, Sutcliffe A, Diedrich K, Ludwig M (2008) Spontaneous pregnancy after successful ICSI treatment: evaluation of risk factors in 899 families in Germany. Reproductive Biomedicine Online 17, 403–409

Porter M, Bhattacharya S (2008) Helping themselves to get pregnant: a qualitative longitudinal study on the information-seeking behaviour of infertile couples. Hum Reprod 23, 567–72

Rauprich O, Berns E, Vollmann J (2011) Information Provision and Decision-Making in Assisted Reproduction Treatment: Results from a Survey in Germany. Human Reproduction 26, 2382–2391

Siegel S, Dittrich R, Vollmann J (2008) Ethical opinions and personal attitudes of young adults conceived by in vitro fertilisation. Journal of Medical Ethics 34, 236–240

# 2 Präimplantationsdiagnostik (PID)

Tanja Krones und Irene Hirschberg

## 2.1 Beschreibung und Datenlage zur PID

Präimplantationsdiagnostik (PID oder PGT: Preimplantation Genetic Testing) ist ein genetisches diagnostisches Verfahren an durch künstliche Befruchtung (In-vitro-Fertilisation, IVF) erzeugten Embryonen vor der Übertragung in die Gebärmutter. Zellen im pluripotenten Mehrzellstadium des Embryos werden *in vitro* entnommen und auf ihre genetischen Eigenschaften untersucht, entweder auf bestimmte genetisch bedingte Erkrankungen bzw. Behinderungen oder aber auf bestimmte „erwünschte“ Eigenschaften (z.B. HLA-Marker oder Geschlecht). Wir beziehen uns vorwiegend auf krankheitsbezogene Untersuchungen. Von der gezielten Suche nach definierten Veränderungen zu unterscheiden ist ein ungezieltes Screening z.B. auf Chromosomenfehlverteilungen (Aneuploidie-Screening). Eine Darstellung des medizinischen Hintergrundes zur PID findet sich u.a. in der Stellungnahme des Deutschen Ethikrats (2011) und bei Albrecht und Grüber (2019).

Die PID wird weltweit, so auch in den meisten europäischen Ländern, praktiziert, wobei Regulierung und Anwendungsbereiche deutlich national variieren. Seit 1997 sammelt das PGT-Konsortium der ESHRE (European Society of Human Reproduction and Embryology) weltweit Daten zu Durchführung und Ergebnis der PID. Danach haben sich Anzahl, Art und Gründe der PID über die Zeit international gewandelt mit einer deutlichen Zunahme der Aneuploidie-Testung (vgl. https://www.eshre.eu/Data-collection-and-research/Consortia/PGD-Consortium/PGD-Consortium-Publications). Anwendungsgründe für die PID sind in absteigender Häufigkeit:

- erhöhtes Risiko für eine Chromosomenfehlverteilung (Aneuploidien, PGT-A) (oft erhöhtes Alter der Mutter bzw. wiederholte Fehlgeburten oder Implantationsversagen)
- erhöhtes Risiko für eine bekannte familiäre monogene Erkrankung (PGT-M) (häufig: cystische Fibrose, schwere Nerven- und Muskelerkrankungen wie z.B. Muskeldystrophie Typ Duchenne oder Chorea Huntington, Thalassämie und Sichelzellanämie; deutlich zunehmend auch Nachfrage nach PID bei erblich mitbedingten Krebserkrankungen wie Brust- oder Eierstockkrebs)
- Suche nach strukturellen Chromosomenstörungen wie bekannte Translokationen (strukturelle Rearragements, PGT-SR, z.B. Robertson Translokation)

Bei den Gründen für eine PID variieren klinische Situation, Schweregrad und Manifestationsalter der Erkrankung bzw. zu erwartenden Behinderung. Die Gründe sowie Krankheits- bzw. Belastungsausmaß werden ethisch und rechtlich verschieden bewertet, entsprechend wird von Land zu Land unterschiedlich über die Zulässigkeit einer PID entschieden.

Dies betrifft z.B. die PID bei erblichen Krebserkrankungen und die PID für spätmanifestierende Erkrankungen, die erst im Erwachsenenalter auftreten. In den Niederlanden ist erblicher Brust- und Eierstockkrebs noch vor Huntington mittlerweile die häufigste Indikation für eine PID (PGD Nederland Jaarverslag 2019). In der Schweiz ist eine PID für schwere Erkrankungen nur zulässig, wenn diese wahrscheinlich vor dem 50. Lebensjahr auftreten.

Bei den (seltenen) für den Embryo nicht krankheitsbezogenen Untersuchungen ist in der EU eine HLA-Typisierung zur Eignung als späterer Gewebe-/Stammzellspender („Rettungs-Geschwister“) für ein erkranktes Geschwisterkind z.B. in Großbritannien gestattet. Eine Geschlechtsbestimmung zur nicht-medizinisch begründeten Auswahl der Embryonen nach Geschlecht („social sexing“ oder „family balancing“) ist in der EU verboten, aber z.B. in Teilen der USA möglich.

Im deutschsprachigen Raum ist die PID mittlerweile in Deutschland, Österreich und der Schweiz bei krankheitsbezogenen Indikationen eingeschränkt möglich (z.B. Vermeidung von schwerwiegenden genetischen Erkrankungen, bei wiederholten Fehl-/Totgeburten oder chromosomalen Eigenschaften, die die Entwicklungsfähigkeit des Embryos beeinträchtigen können). Die gesetzlichen Regelungen und die praktische Umsetzung variieren (für Deutschland s. Kap. 2.2). Österreich ermöglicht rechtlich seit 2015 (vgl. Fortpflanzungsmedizingesetz [FMedG] 2. Abschnitt § 2a Präimplantationsdiagnostik), die Schweiz seit 2017 die Durchführung der PID (vgl. Bundesverfassung neuer Artikel 119 Absatz 2 Buchstabe c BV mit Teilrevision des Fortpflanzungsmedizingesetzes [FMedG], Art. 5a Untersuchung des Erbguts von Keimzellen und von Embryonen in vitro und deren Auswahl). Eine Übersicht über die aktuellen Statistiken zur PID bieten für Österreich Kern et al. 2020, für die Schweiz das Bundesamt für Statistik (2020) und für Deutschland die Erfahrungsberichte der Bundesregierung (2015 und 2020).

## 2.2 PID – Rechtliche Rahmenbedingungen und Entwicklungen in Deutschland

*Seit 2011 ist auch in Deutschland die PID an pluripotenten (nicht totipotenten) Zellen des Embryos unter bestimmten Bedingungen straffrei möglich,*
- *wenn aufgrund der genetischen Disposition der Eltern ein hohes Risiko für eine schwerwiegende Erbkrankheit besteht oder*
- *um eine schwerwiegende Schädigung des Embryos festzustellen, die mit hoher Wahrscheinlichkeit zu einer Fehl- oder Totgeburt führen wird (vgl. § 3a [2] Satz 1 und 2 ESchG).*

Vorausgegangen war eine jahrelange politische, ethische und rechtliche Debatte über die Zulässigkeit oder Unzulässigkeit der PID, begleitet von Stellungnahmen, u.a. des Deutschen Ethikrates (2011) und der Bundesärztekammer (2011). Ausschlaggebend für die jetzige begrenzte Zulassung der PID war ein Urteil des Bundesgerichtshofs (BGH) im Juli 2010 zu einem Präzedenzfall. Nach dem BGH stellte das Verbot der PID einen Wertungswiderspruch zur geltenden Regelung des Schwangerschaftsabbruchs dar. Die PID solle daher unter bestimmten Voraussetzungen straffrei sein. In der Folge wurde im November 2011 mit dem Gesetz zur Regelung der Präimplantationsdiagnostik (PräimpG) das Embryonenschutzgesetz (ESchG) um einen Passus (§ 3a Präimplantationsdiagnostik; Verordnungsermächtigung) zur PID ergänzt; die konkretisierende Präimplantationsdiagnostikverordnung von Februar 2013 (PIDV) trat am 1. Februar 2014 in Kraft.

***Wesentliche rechtliche Voraussetzungen für die Durchführung einer PID (vgl. ESchG, PIDV)***
- *Indikationen für eine PID: 1) hohes Risiko für eine schwerwiegende Erbkrankheit oder 2) Feststellung einer schwerwiegenden Schädigung des Embryos mit hoher Wahrscheinlichkeit für eine Fehl- oder Totgeburt, jeweils mit ärztlich-humangenetischem Befund bzw. ärztlicher Beurteilung und schriftlicher Einwilligung der Frau, von der die Eizelle stammt*
- *Das Vorliegen dieser Voraussetzungen ist in jedem Einzelfall zu prüfen durch eine unabhängige interdisziplinär zusammengesetzte Ethikkommission für PID; die Entscheidung erfolgt mit Zweidrittelmehrheit der stimmberechtigten Kommissionsmitglieder.*
- *Aufklärung und Beratung des Paares zu medizinischen, psychischen und sozialen Folgen vor Durchführung der PID; Aufklärung vor Einholen der Einwilligung; Beratung durch einen Arzt, der die Maßnahme nicht durchführt*
- *schriftliche Einwilligung der Frau zur PID bzw. des Paares zur Erhebung, Verarbeitung und Nutzung der personenbezogenen Daten und für das Verfahren vor der Ethikkommission*
- *Antragstellung der Frau bei der zuständigen Ethikkommission für PID mit ärztlichen Befunden zur Indikation, schriftlicher Einwilligung, Angabe und*

*Bestätigung des behandelnden PID-Zentrums, Angabe und Abschrift zur evtl. vorherigen Entscheidung durch eine andere PID-Ethikkommission*

- *Ethikkommissionen für PID: Einrichtung durch die Länder nach Landesrecht; Zusammensetzung mit vier medizinischen Sachverständigen, je einem Sachverständigen für Ethik und Recht, je einem Vertreter für die Interessen der Patienten und der Selbsthilfe behinderter Menschen auf Landesebene; in Meinungsbildung und Entscheidungsfindung unabhängig und nicht weisungsgebunden; zu Verschwiegenheit und Vertraulichkeit verpflichtet*
- *Durchführung der PID nach Zustimmung der zuständigen Ethikkommission in einem von der Behörde zugelassenen PID Zentrum: Qualifikationen der Reproduktionsmediziner, Humangenetiker und Labore; Datenverarbeitung*
- *Dokumentation der beantragten und durchgeführten PID in anonymisierter Form durch die Zentralstelle beim Paul-Ehrlich-Institut nach Meldung durch die PID-Zentren und Veröffentlichung in den Erfahrungsberichten der Bundesregierung*

Offen gelassen im Gesetz bzw. der Verordnung selbst wurden Details z.B. zur näheren Einschätzung der Voraussetzungen für eine PID durch die PID-Ethikkommission (Kriterien für die Beurteilung der Indikation sowie des Einzelfalls), zum Umgang mit Überschussinformationen sowie zur Durchführung der medizinischen, psychischen und sozialen Aufklärung und Beratung des Paares (s. auch Kap. 2.3.3 und 2.3.4). Anders als im Gendiagnostikgesetz (GenDG) § 10 (3) wird nicht explizit hervorgehoben, dass die Beratung „ergebnisoffen“ sein soll. Das GenDG gilt nach § 2 nur „bei geborenen Menschen sowie bei Embryonen und Föten während der Schwangerschaft“, also nicht für die PID vor der Schwangerschaft. Zurzeit erscheinen die Regelungen zur Aufklärung und ärztlichen und psychosozialen Beratung vor PID und Pränataldiagnostik (PND) in ESchG, GenDG und Schwangerschaftskonfliktgesetz (SchKG) nicht kongruent. Zudem wird die bei der PID nicht explizit vorgesehene qualifizierte psychosoziale (nicht-ärztliche) Beratung bei der PID als nicht ausreichend kritisiert (vgl. Deutscher Ethikrat 2011; Woopen 2013; BKiD 2015; Albrecht u. Grüber 2019).

Die Zulassung der PID-Zentren und Einrichtung der PID-Ethikkommissionen erfolgt nach der PIDV und landesgesetzlichen Regelungen. Bundesweit gibt es die folgenden fünf PID-Ethikkommissionen: Länderübergreifend für jeweils sechs Bundesländer tätig sind die PID-Kommission Nord bei der Ärztekammer Hamburg und die Ethikkommission für PID bei der Landesärztekammer Baden-Württemberg; für jeweils ein Bundesland zuständig sind die PID-Kommission bei der Ärztekammer Nordrhein für Nordrhein-Westfalen, die Bayerische Ethikkommission für PID beim bayrischen Gesundheitsministerium und die Ethikkommission des Landes Berlin beim Landesgesundheitsamt (Bundesregierung 2020).

Die Abläufe von Kontaktsuche und Anfrage der Ratsuchenden bei den PID-Zentren über eventuelle Beantragung und Entscheidung bei den PID-Kommissionen bis zur tatsächlichen Durchführung sind in Albrecht und Grüber (2019) und exemplarisch für Lübeck bei Zühlke et al. (2016) beschrieben. Demzufolge klären die PID-Zentren in internen Fallbesprechungen vorab, ob eine PID bei der individuellen Anfrage vor Ort methodisch und vom Aufwand möglich wäre und eine Indikation nach ESchG prinzipiell vorzuliegen scheint, bevor das Paar ggf. einen Antrag bei der zuständigen PID-Kommission stellt. Die Beurteilung des Antrags durch die PID-Kommission stellt einen Verwaltungsakt dar und ist vollumfänglich gerichtlich überprüfbar. Für die Genehmigung einer PID muss eine Zweidrittelmehrheit der zuständigen PID-Ethikkommission vorliegen.

Weitere Praxiseinblicke und Entwicklungen bieten neben dem Arbeitsbericht für Technikfolgenabschätzung zur PID (Albrecht u. Grüber 2019) die Veröffentlichungen der PID-Zentren (Busche et al. 2015, Wetzka et al. 2016, Zühlke et al. 2016) sowie ein Bericht der Bayrischen Ethikkommission für Präimplantationsdiagnostik (Genzel-Boroviczeny et al. 2021). Die Zahl der durchgeführten PIDs lag im Kalenderjahr 2018 erstmalig knapp über der im Verordnungsgebungsverfahren geschätzten Anzahl von 200 bis 300 Anträgen pro Jahr. So wurden 2018 bundesweit 319 Anträge mit zustimmender Bewertung, 23 abgelehnte Anträge und 315 durchgeführte PIDs gemeldet. Die Zahl der abgelehnten Anträge betrug im Mittel von 2014 bis 2018 etwa 8%. Bei den Antragszahlen zeigen sich allerdings deutliche regionale Unterschiede. So werden mittlerweile mehr als zwei Drittel der PIDs bei der PID-Ethikkommission Bayern gestellt und in zugehörigen Zentren durchgeführt (Bundesregierung 2020, Genzel-Boroviczeny et al. 2021).

Aus den bisherigen Erfahrungen scheint es so, dass die PID-Zentren und PID-Ethikkommissionen bei der Bewertung der individuellen Anfragen nicht immer zu den gleichen Schlüssen bei gleichen Erkrankungen kommen (Bundesregierung 2020, Albrecht u. Grüber 2019). Dies könnte entweder den notwendigen Abwägungen im individuellen Einzelfall geschuldet sein, oder aber an einer unterschiedlichen Auslegung der rechtlichen Vorgaben oder ethischen Bewertung von Krankheitsentitäten zwischen den jeweiligen Akteuren liegen (s. dazu Kap. 2.3.2 und 2.3.4).

In zwei Fällen hat 2020 das Bundesverwaltungsgericht sich zur Beantragungs- bzw. Beurteilungspraxis geäußert: So ist auch die Trophektodermdiagnostik als PID im Sinne des § 3a ESchG zu bewerten und damit bei einer PID-Kommission zu beantragen (BVerwG 3 C 6.19). Den PID-Kommissionen wird kein Beurteilungsspielraum eingeräumt, die Entscheidungen sind voll verwaltungsgerichtlich überprüfbar (BVerwG 3 C 12.19, Rn. 13). Eine Erbkrankheit ist als schwerwiegend zu werten, „wenn sich die Erkrankung durch eine geringe Lebenserwartung oder Schwere des Krankheitsbildes und schlechte Behandelbarkeit von anderen Erbkrankheiten wesentlich unterscheidet“ (BVerwG 3 C 12.19, Leitsatz 2). Bei der Bewertung sind im Zweifelsfall „auch weitere Belastungen der betroffenen Frau bzw. des Paares zu berücksichtigen“ (BVerwG 3 C 12.19, Leitsatz 3). Damit unterstreicht das höchstrichterliche Urteil die in den Gesetzesmaterialien genannten Kriterien und die Bedeutung der psychischen, sozialen und ethischen Aspekte im Einzelfall.

## 2.3 Ethische Erwägungen

### 2.3.1 Allgemeine Aspekte

Auch nach der rechtlichen Regelung zur begrenzten Zulassung der PID ist die grundlegende ethische Abwägung weiter von Bedeutung: Inwiefern ist es ethisch gut begründet, die PID gänzlich zu verbieten oder aber ohne Restriktionen für alle Menschen, die eine PID in Anspruch nehmen möchten, zu erlauben? Einen Überblick zu individual- und sozialethischen Aspekten der PID (z.B. reproduktive Selbstbestimmung des Paares, Kindeswohl und Lebensschutzkonzept, Diskriminierung von Betroffenen und Dammbruch-Argument) bietet die Stellungnahme des Deutschen Ethikrates (2011). Gerechtigkeitsethisch ist relevant, dass Paare die PID schriftlich beantragen sowie die PID und die Prüfung durch die Ethikkommission selbst bezahlen müssen. In diesem Beitrag möchten wir jedoch keine Grundsatzfragen diskutieren, sondern danach fragen, wie in der Praxis in komplexen Fallsituationen eine ethisch begründete Entscheidung für oder gegen eine PID möglich ist. Dabei liegt der Fokus auf den bei der PID in Entscheidungsfindung, Beurteilung und Durchführung eingebundenen professionellen Akteuren. Selbstverständlich hat auch die Entscheidung des betroffenen Paares selbst eine wichtige ethische Dimension. Jede:r Beteiligte trägt in ethischer Hinsicht eine Mitverantwortung, auch wenn er oder sie formal juristisch nicht rechenschaftspflichtig ist. Die *Durchführung* der PID ist von professionsethischen Erwägungen getragen. So darf niemand zur Durchführung gezwungen werden (nach § 3a Abs. 5 ESchG). Zur Umsetzung gehört zudem nicht nur eine hohe technische Qualität, sondern auch eine umfassende, ergebnisoffene (auch wenn nicht explizit vom PräimpG gefordert) Beratung vorab sowie eine wertschätzende Haltung dem Paar gegenüber. Wie bei allen medizinischen Entscheidungen können bei der PID professionelle Werturteile und Abwägungen die individuelle *Entscheidung* eines Paares zur Inanspruchnahme der PID nachhaltig beeinflussen. Es ist im Sinne einer hier geforderten individualethischen, kontextsensitiven Abwägung für alle bei der PID beteiligten Akteure wichtig, sich der eigenen Ansichten und Einschätzung bewusst zu sein, um die individuelle Situation des betroffenen Paares sorgfältig im Blick zu haben. Ferner ist relevant, sich etwaige potenzielle Interessenkonflikte zu vergegenwärtigen (z.B. bei mit dem PID-Zentrum verbundenen Ärzt:innen und Berater:innen, die in Befunderhebung, Beratung und Durchführung einbezogen sind).

### 2.3.2 Befunderstellung

Eine wesentliche Voraussetzung für die PID ist ein ärztlich-humangenetischer Befund bzw. eine ärztliche Beurteilung folgender Aspekte:

1. Ausprägung/Schwere der zu erwartenden Erkrankung bzw. Schädigung des Embryos
2. Risiko für das Auftreten einer Erbkrankheit und/oder
3. Wahrscheinlichkeit einer Fehl- oder Totgeburt

Damit die PID-Ethikkommission die Indikation prüfen kann, ist es hilfreich, diese Aspekte möglichst fachlich-deskriptiv darzulegen, z.B. bei Vorliegen einer Disposition für genetisch bedingte Erkrankungen zu schildern, welche Funktionseinschränkungen und Symptome möglich sind, wie sich das Leben des Kindes entwickeln könnte und wie die voraussichtliche Lebenserwartung ist, wobei generelle und individuelle Krankheitsausprägung variieren können. Dabei ist es wesentlich, in der Befundbeschreibung eigene oder fremde (z.B. von Betroffenen) Bewertungen, z.B. ob eine Einschränkung als leicht oder schwerwiegend anzusehen ist, als solche kenntlich zu machen. Dies trifft besonders auf den Punkt 1. „Ausprägung und Schwere der zu erwartenden Erkrankung bzw. Schädigung des Embryos" zu. Es scheint leichter für 2. und 3. möglich, rein numerisch ohne Wertung zu beschreiben, wie groß das

Risiko einzuschätzen ist. Doch auch hier sind statistische und prognostische Unsicherheiten bzw. eine unklare Evidenzlage möglichst transparent darzustellen. Deutlich zu machen ist auch, inwiefern die individuelle Konstellation und Erfahrung des betroffenen Paares selbst in die ärztliche Beurteilung der Erkrankungsschwere eingegangen sind. Zur Hilfestellung bei diesen Abwägungen hat die Schweizerische Akademie der medizinischen Wissenschaften (SAMW) interdisziplinär medizinethische Empfehlungen erarbeitet (SAMW 2020), die sich an Akteure richten, die zur PID beraten oder diese durchführen. Im Vergleich zu Deutschland gibt es zwar einige regulatorische Unterschiede bei der PID. So wird z.B. in der Schweiz keine PID-Ethikkommission einbezogen, sondern von Ärzt:innen und dem Paar gemeinsam über die PID entschieden; ferner ist für die PID bei spätmanifestierenden Erkrankungen mit dem 50. Lebensjahr eine Altersgrenze auch explizit im Gesetz genannt. Dennoch erscheinen uns diese Empfehlungen auch für den deutschen Kontext hilfreich. So wird die PID als wohlabzuwägender ethisch anspruchsvoller Einzelentscheid behandelt, Anforderungen an eine nicht direktive Beratung beschrieben sowie mögliche Parameter skizziert, die die Schwere einer Erkrankung beeinflussen (s. Kap. 2.3.4). Thematisiert werden u.a. auch in der Schweiz rechtlich nicht geregelte, ethisch relevante Aspekte wie der Umgang mit Überschussinformationen.

### 2.3.3 Medizinische und psychosoziale Aufklärung und Beratung über eine PID

Es besteht eine Pflicht zur Aufklärung und Beratung zu medizinischen, psychischen und sozialen Folgen der PID. Die Aufklärung dient der möglichst sachgerechten, umfassenden Information über Nutzen, Risiken und Alternativen einer Maßnahme als ethische und rechtliche Voraussetzung für einen medizinischen Eingriff. Die Beratung dient der Unterstützung einer Ratsuchenden bzw. eines ratsuchenden Paares für eine selbstbestimmte, informierte und individuelle Entscheidungsfindung. Die Beratung sollte ergebnisoffen erfolgen, um die Wertvorstellungen der direkt Betroffenen zu ermitteln und zu stützen. Inhaltlich betrifft die Beratung zu psychosozialen Fragen sowohl allgemeine Aspekte einer Kinderwunschbehandlung (z.B. emotionale Belastung durch Ausbleiben der Schwangerschaft, evtl. auch nach IVF, alternativer Lebensentwurf und Abschied vom Kinderwunsch) sowie zusätzliche Aspekte für die PID (je nach Indikation z.B. Trauer um Fehl- oder Totgeburten, Umgang mit eigener Erkrankung bzw. der eines Kindes, Einstellung zur PID selbst und Bedeutung der Selektion von Embryonen für das Paar, u.U. auch für das soziale Umfeld). Weitere Themen sind die Paarbeziehung und die Einigkeit des Paares in diesen Fragen (vgl. zur Beratung auch Woopen 2013; BKiD 2015; Dorn et al. 2015, SAMW 2020).

### 2.3.4 Beurteilung der individuellen Anfragen

Wie unter Kap. 2.2 geschildert, obliegt es in Deutschland formal den qua Gesetz eingerichteten PID-Ethikkommissionen, gemäß der PIDV anhand der Antragsunterlagen und ggf. nach Anhörung des Paares selbst im Einzelfall die Indikation und das Vorliegen der Voraussetzungen für eine PID nach § 3a Abs. 2 ESchG zu prüfen (s. Liste in Kap. 2.2). Jedoch tragen auch die Ärzt:innen in einem PID-Zentrum, die Beratenden und auch die im Labor tätigen Professionen – sei es in direktem Kontakt mit dem betroffenen Paar oder über die Diskussion der Fallanfrage – zur Beurteilung und Entscheidung bei. Daher erscheint es wichtig, dass sich alle Akteure der ethischen und rechtlichen Rahmenbedingungen und auch der hohen Bedeutung einer gelungenen Kommunikation und Reflexion eigener Werturteile bewusst sind. Für die komplexe Beurteilung der individuellen Fallanfrage bietet die Begründung zum Gesetzesentwurf des PräimpG eine gewisse Orientierung, bestätigt durch das BVerwG-Urteil 3 C 12.19 aus 2020 (vgl. Kap. 2.2). So zeichnen sich z.B. „schwerwiegende Erbkrankheiten" dadurch aus, dass „sie sich durch eine geringe Lebenserwartung oder Schwere des Krankheitsbildes und schlechter Behandelbarkeit von anderen Erbkrankheiten wesentlich unterscheiden." Als hohes genetisches Risiko für die betreffende Erkrankung gilt eines, das vom üblichen Risiko der deutschen Bevölkerung abweicht. Ferner wird für die Eintrittswahrscheinlichkeit nach den Gesetzmäßigkeiten der Übertragung von Erbanlagen eine „Wahrscheinlichkeit von 25 bis 50% [...] als hohes Risiko bezeichnet" (vgl. Deutscher Bundestag 2011, S. 8). Gemäß der PIDV soll die Ethikkommission neben den medizinischen Aspekten die „im konkreten Einzelfall maßgeblichen psychischen, sozialen und ethischen Gesichtspunkte" (§ 6 Abs. 4 S. 1 PIDV) berücksichtigen, so z.B. die familiäre Situation des Paares. Einen Indikationskatalog für die PID sollte es nach dem Willen des Gesetzgebers nicht geben. Die grundsätzliche Anerkennung einer Erkrankung (oder Behinderung) als Indikation für eine PID könne von Trägern der Erkrankung als diskriminierend empfunden werden, außerdem solle der individuelle voraussichtliche Ausprägungsgrad der Erkrankung für die Beurteilung relevant sein. Dabei sei die Situation der Antragsteller sorgfältig zu berücksichtigen. Dies scheint besonders bedeutsam, da durch das Verfahren die individuelle Lebensplanung beeinflusst wird und die Betroffenen selbst wenig Mitsprachemöglichkeit haben (nur durch Antrag mit evtl. ergänzender persönlicher schriftlicher Schilderung ihrer Situation bzw. evtl. Anhörung).

**Die Prüfung auf die gesetzlichen Voraussetzungen für eine PID soll auf der Abwägung von Risiken/Wahrscheinlichkeiten für die zu erwartende Erbkrankheit bzw. Schädigung des Embryos und von zu erwartendem Schweregrad/zu erwartender Ausprägung beruhen und die individuellen Umstände der Antragstellerin bzw. des Paares berücksichtigen. Zudem sollte die Beurteilung über verschiedene Fallkonstellationen bei tatsächlich gleichen Sachverhalten hinweg konsistent sein, d.h. nicht ohne triftigen, auf der individuellen Situation des Paares beruhenden Grund bei gleichem Befund anders ausfallen.**

Relevant für die Bewertung von Erkrankungsrisiko und -schwere ist es insbesondere auch, das individuell geprägte Verständnis und die Interaktion der Konzepte und Begriffe von „hohem" und „niedrigem" Risiko für Vererbung, Tot- und Fehlgeburt sowie von „Schwere" und „Ausprägungsgrad" zu reflektieren. Was bedeutet z.B. ein „hohes" Risiko? In wieweit sind insbesondere bei fraglich schwerwiegenden Erkrankungen neben den humangenetisch-ärztlichen Befunden die psychisch, sozialen und ethischen Gesichtspunkte im Einzelfall zu berücksichtigen, sei es die familiäre Situation, aber auch die persönliche Schilderung des Erlebens bei familiärer Betroffenheit, der Hoffnungen, Belastungen und Befürchtungen des Paares? Wie wird die Art (Ausprägungsgrad, Schwere) einer zu erwartenden Erkrankung für die Rechtferti-

Tab. 1 Relevante Dimensionen (nach SAMW 2020, S. 9)

| Relevante Dimension | Ausprägung |
|---|---|
| Lebenserwartung | nicht/leicht verkürzt – deutlich verkürzt |
| Krankheit | später ausbrechend – seit Geburt manifest |
| Krankheitsverlauf | stabil – progressiv |
| Wahrscheinlichkeit starker Krankheitsausprägung | gering – hoch |
| Behandlungseffekt | beträchtlich – gering |
| Linderung | möglich – nicht zu erwarten |
| Therapieverträglichkeit | gut – schlecht |
| Künftige Therapieentwicklung | möglich – nicht zu erwarten |
| Lebensqualität/ Komponenten funktionaler Gesundheit | Einschätzung verschiedener Aspekte |

gung zur Durchführung der PID bewertet? Die SAMW (2020) nennt hierfür als Orientierung für Professionelle und das Paar selbst mögliche Dimensionen zur Gewichtung einer Erkrankung. Je mehr Dimensionen im individuellen Fall in Richtung der rechts genannten Ausprägung gehen (s. Tab. 1), desto eher erscheint die Indikation für eine PID gegeben.

## 2.4 Überlegungen zu exemplarischen PID-Fällen

**Fallkonstellationen**

- **Fall 1**: Ein Paar (Mann 33, Frau 39 Jahre alt) möchte erstmals aufgrund einer geringen Spermienqualität des Mannes eine IVF durchführen und möchte mit einer PID aufgrund des erhöhten Alters der Frau sichergehen, dass ihr Kind keine Chromosomenfehlverteilung aufweist. Eine familiäre Belastung ist nicht bekannt.
- **Fall 2**: Ein Paar (Mann 38, Frau 32 Jahre alt) bekam nach langjährig unerfülltem Kinderwunsch mittels IVF ein gesundes Kind. Im weiteren Verlauf kam es zu zwei spontanen Fehlgeburten. Die humangenetische Untersuchung ergab bei der Frau eine Robertson Translokation 21; 22. Die Translokation führt in 2/3 der Fälle zu einem Absterben des Fötus, zu 1/6 ist das Kind Translokationsträger und zu 1/6 erbt es die Veranlagung nicht.
- **Fall 3**: Eine 32-jährige Frau und ihr Partner bitten um eine PID wegen eines Peutz-Jeghers Syndroms, einer autosomal-dominanten Veranlagung für gutartige und im Verlauf meist auch bösartige Tumore des Darms, der Eierstöcke, Brust, Gebärmutter und Lunge (Lebenszeitprävalenz 85%). Die ersten gutartigen Tumore treten zwischen dem 10. und 30. Lebensjahr auf. Bei der Patientin wurde mit 21 Jahren ein bösartiger Tumor im Darm entfernt.
- **Fall 4**: Ein Paar hat bereits ein Kind mit einer spinalen Muskelatrophie (SMA) Typ 1 (Werdnig-Hoffmann-Krankheit) verloren und bittet um die Durchführung einer PID.

Diese Fallkonstellationen sind fiktiv und stehen in keinerlei Verbindung mit realen Fällen. Die folgenden Überlegungen sollen neben den oben ausgeführten möglichen Beurteilungskategorien über Fallkonstellationen hinweg lediglich eine Diskussion zur Beratung und Einzelfallbeurteilung bei einer PID anregen.

Allein ein altersbedingt erhöhtes Risiko für Chromosomenfehlverteilungen generell wie bei *Fall 1* entspricht vermutlich kaum dem im § 3a Abs. 2 S. 2 ESchG beschriebenen Indikationsbereich einer zu erwartenden schwerwiegenden Schädigung des Embryos mit hoher Wahrscheinlichkeit für Fehl- oder Totgeburten. Bezüglich des Alters heißt es in der Begründung zur PIDV: „Die Wahrscheinlichkeit muss dabei höher als beim Durchschnitt gleichaltriger Frauen sein, d.h., das Alter der Frau, von der die Eizelle stammt, allein reicht nicht als Annahme aus" (s. Bundesrat 2012, S. 29). Bei *Fall 4* hingegen kann sich das Paar nach § 3a Abs. 2 S. 1 ESchG auf ein erhöhtes genetisches Risiko für eine schwere Erbkrankheit berufen. Doch auch bei auf den ersten Blick eindeutigen Fällen bestehen teils unterschiedliche ethische und rechtliche Bewertungen, z.B. zur Fallsituation 1 „Altersindikation und Aneuploidie-Testung" (Taupitz 2014, Rehmann-Sutter 2017, BVerwG 3 C 6.19). Für die Fallsituation 4 „SMA" kamen in den letzten Jahren neue gentherapeutische Möglichkeiten auf den Markt, die zwar als teils bahnbrechend beschrieben, jedoch durchaus mit erheblichen Nebenwirkungen, Kosten und erschwertem Zugang verbunden sind, sodass die aufgeführten Abwägungen, z.B. von Therapieverträglichkeit, zum Tragen kommen. Zudem ist bei der Beurteilung der Anfragen die Spezifizierung von Autonomie, Nutzen und Schaden relevant. Ist in einem ähnlich gelagerten Fall wie Fall 4 beispielsweise einer der Partner verunsichert, ob eine PID wirklich das Richtige sei, ist dies besonders für die psychosoziale Beratung zur PID zu beachten. Von der Frage der rechtlichen Zulässigkeit unberührt bleibt die abschließende individuelle Entscheidungsfindung der Betroffenen zur PID.

*Fall 2 und 3* stehen für komplexe Fallsituationen, bei denen es darauf ankommt, auf Grundlage der jeweils geltenden gesetzlichen Rahmenbedingungen eine Abwägung im Einzelfall vorzunehmen. Zu prüfen ist, wie hoch das Risiko für Fehl- oder Totgeburten oder die Geburt eines Kindes mit einem entsprechenden Syndrom generell ist, und wie dies vor dem Hintergrund der familiären genetischen Prädisposition einerseits und individuell gemachten Erfahrung mit der Behinderung und erlittenen Fehlgeburten andererseits zu sehen ist. *Fall 3* zeigt schließlich insbesondere die Schwierigkeit einer eindeutigen Beurteilung (für PND und PID gleichermaßen). Die Anlage wird mit einer 50% Wahrscheinlichkeit und mit 100% Penetranz vererbt, wobei die Ausprägung sehr unterschiedlich sein kann. Die Erkrankung tritt eher bei Erwachsenen auf, Kinder können jedoch auch schon betroffen sein. Polypen, Krankheitssymptome und selten auch Krebsmanifestationen sind vor dem 18. Lebensjahr möglich. Gemäß § 15 (2) GenDG ist eine vorgeburtliche Diagnostik in der Schwangerschaft von sogenannten spätmanifestierenden Erkrankungen (= nach dem 18. Lebensjahr) verboten. Für die PND wäre daher rechtlich zu prüfen, ob das Peutz-Jeghers-Syndrom im Sinne des GenDG klar eine *spät*manifestierende oder lediglich eine *später* manifestierende Erkrankung ist (vgl. Krones et al. 2014). Im ersteren Fall dürfte eine PND nicht durchgeführt werden. Die PID liegt allerdings nicht im Anwendungsbereich des GenDG, wäre also nach deutscher Rechtslage nicht prinzipiell ausgeschlossen (s. Kap. 2.2). Für die PID stellen sich daher diese und weitere zusätzliche Fragen im Sinne einer ethischen Abwägung: Reichen die Erkrankungsschwere von Darmpolypen, erhöhtem Risiko für Ileus, Darm-, Brust- und Gebärmuttererkrankungen und bösartige Tumore als „objektiv" schwer genug aus? Wie in Kap. 2.1 erwähnt, sind z.B. in den Niederlanden manche erblich bedingten Krebserkrankungen bereits einer der häufigsten Anlässe für die Durchführung einer PID. Wie ist aber – vor dem Hintergrund von (prinzipiell) möglicher Früherkennung und Operationen im Verlauf – die Therapierbarkeit einzuschätzen? Und wie soll die Betroffenheit der Antragstellerin und die subjektiv empfundene Erkrankungsschwere und Lebensqualität sowie ihre Werthaltung und Entscheidungsautonomie einbezogen werden?

Es ist wegen der immer auf den Einzelfall ausgerichteten Entscheidungsfindung erwartbar, dass die PID-Ethikkommissionen nicht immer zu den gleichen Schlüssen kommen. Jedoch sollten grundsätzlich ähnlich gelagerte Einzelfälle nicht wesentlich unterschiedlich beurteilt werden. Umso wichtiger ist für die Qualitätssicherung der Entscheidungsfindung sowie zur gerechten Beurteilung der Anträge, dass sich die Mitglieder der PID-Ethikkommissionen untereinander kontinuierlich austauschen, wie dies mittlerweile zumindest einmal jährlich bei einem Treffen der Kommissionen bei der Bundesärztekammer geschieht. Um auch in Grenzfällen faire, bestmöglich abgewogene Entscheidungen zu treffen, könnten gemeinsame praxisorientierte Überlegungen für die Auslegung der rechtlichen Vorgaben hilfreich sein.

### *Praxistipps*

- *Die PID kann aus verschiedenen Gründen angewendet werden, wobei die klinische Situation, Schweregrad und Manifestationsalter der Erkrankung bzw. zu erwartenden Behinderung variieren. Die Gründe sowie Krankheits- bzw. Belastungsausmaß werden verschieden bewertet, entsprechend wird von Land zu Land unterschiedlich über die Zulässigkeit einer PID entschieden.*
- *In Deutschland ist die PID unter bestimmten Bedingungen straffrei möglich, 1) wenn ein hohes Risiko für eine schwerwiegende Erbkrankheit besteht oder 2) zur Feststellung einer schwerwiegenden Schädigung des Embryos mit hoher Wahrscheinlichkeit für eine Fehl- oder Totgeburt. Die PID darf nur an speziell zugelassenen PID-Zentren durchgeführt werden. Die jeweils zuständige PID-Ethikkommission hat vorher anhand der Antragsunterlagen und ggf. nach Anhörung des Paares selbst im Einzelfall zu prüfen, ob die gesetzlichen Voraussetzungen für eine PID erfüllt sind.*
- *Für die Entscheidungsfindung der ratsuchenden Paare für oder gegen eine PID ist vorab eine umfassende Aufklärung und Beratung erforderlich. Die Beratung sollte ergebnisoffen sein und medizinische und psychosoziale Aspekte zur PID sowie eventuelle Alternativen zur PID beinhalten.*

Interessenkonflikt: Irene Hirschberg ist wissenschaftliche Mitarbeiterin am Institut für Ethik, Geschichte und Philosophie der Medizin an der Medizinischen Hochschule Hannover, seit 2014 ist sie außerdem Mitglied für die Fachrichtung Ethik in der PID-Kommission Nord. Sie äußert sich hier im Rahmen ihrer wissenschaftlichen Tätigkeit und nicht im Namen der PID-Kommission.

## Literatur


Albrecht S, Grüber K (2019) Aktueller Stand und Entwicklungen der Präimplantationsdiagnostik. Endbericht zum Monitoring. TAB-Arbeitsbericht, 182. Büro für Technikfolgen-Abschätzung beim Deutschen Bundestag (TAB). Berlin. URL: http://www.tab-beim-bundestag.de/de/untersuchungen/u20820.html (abgerufen am 21.04.2021)

Beratungsnetzwerk Kinderwunsch Deutschland (BKiD) (2015) Psychosoziale Kinderwunschberatung im Rahmen einer PID. BKiD-Stellungnahme, Stand: 9.12.2015, o.O.

Busche A, Hellenbroich Y, Baukloh V, Fondel S, Schultze-Mosgau A, Schöpper B, Depenbusch M, Zühlke C, Held K, Fischer R, Griesinger G, Gillessen-Kaesbach G (2015) Ein Jahr Präimplantationsdiagnostik in Deutschland. Erfahrungen aus den PID-Zentren Lübeck und Hamburg. Frauenarzt 56, 753–756

Bundesärztekammer (2011) Memorandum zur Präimplantationsdiagnostik (PID). Dtsch Arztebl 108, A 1701–1708. URL: http://www.bundesaerztekammer.de/downloads/2011-08-08_Memorandum-PID_DAeB.pdf (abgerufen am 21.04.2021)

Bundesamt für Statistik (2020) Medizinisch unterstützte Fortpflanzung: Präimplantationsdiagnostik (PID). URL: https://www.bfs.admin.ch/bfs/de/home/statistiken/kataloge-datenbanken/tabellen.assetdetail.12247746.html (abgerufen am 21.04.2021)

Bundesrat (2012) Verordnung der Bundesregierung. Verordnung zur Regelung der Präimplantationsdiagnostik (Präimplantationsdiagnostikverordnung – PIDV). Drucksache 717/12, 14.11.12, Berlin. URL: https://www.bundesrat.de/bv.html?id=0717-12 (abgerufen am 21.04.2021)

Bundesregierung (2015) Erster Bericht der Bundesregierung über die Erfahrungen mit der Präimplantationsdiagnostik. Deutscher Bundestag, Drucksache 18/7020, Berlin. URL: https://dip21.bundestag.de/dip21/btd/18/070/1807020.pdf (abgerufen am 21.04.2021)

Bundesregierung (2020) Zweiter Bericht der Bundesregierung über die Erfahrungen mit der Präimplantationsdiagnostik. Deutscher Bundestag, Drucksache 19/16925, Berlin. URL: https://dip21.bundestag.de/dip21/btd/19/169/1916925.pdf (abgerufen am 21.04.2021)

Bundesverwaltungsgericht, Urteil vom 5. November 2020 – 3 C 12.19. [ECLI:DE:BVerwG:2020:051120U3C12.19.0]

Bundesverwaltungsgericht, Urteil vom 2. Dezember 2020 – 3 C 6.19. [ECLI:DE:BVerwG:2020:021220U3C6.19.0]

Deutscher Bundestag (2011) Entwurf eines Gesetzes zur Regelung der Präimplantationsdiagnostik (Präimplantationsdiagnostikgesetz – PräimpG). 12.04.2011. Drucksache 17/5451. URL: https://dip21.bundestag.de/dip21/btd/17/054/1705451.pdf (abgerufen am 21.04.2021)

Deutscher Ethikrat (2011) Präimplantationsdiagnostik. Stellungnahme. Berlin. URL: https://www.ethikrat.org/fileadmin/Publikationen/Stellungnahmen/deutsch/stellungnahme-praeimplantationsdiagnostik.pdf (abgerufen am 21.04.2021)

Dorn A, Thorn P, Wischmann T (2015) Psychosoziale Kinderwunschberatung im Rahmen einer PID: Spezifika und Besonderheiten. Gynäkologische Praxis 39, 55–62

Genzel-Boroviczeny O, Bäuml J, Bannasch T, Friedrich O, Hellemann J, Kress W, Mägdefrau C, Manzeschke A, Pettinger J, Pogarell O, Rieger-Fackeldey E, Robin D, Rogenhofer N, Schlund GH, Zweier C, Zollner U (2021) Bayerische Ethikkommission für Präimplantationsdiagnostik – 811 Entscheidungen in fünf Jahren. Dtsch Ärztebl 118, 37–38

Kern, Reinhard (2020) Statistik über die Anwendung medizinisch unterstützter Fortpflanzung gemäß § 21 FMedG. Jahresbericht 2019. Gesundheit Österreich, Wien

Krones T, Körner U, Schmitz D, Henn W, Wewetzer C, Kreß H, Zaracko A, Netzer C, Thorn P, Bockenheimer-Lucius G (2014) Das Verbot der pränatalen Diagnostik spätmanifestierender Erkrankungen im deutschen Gendiagnostikgesetz – Eine Diskussion medizinischer, ethischer, rechtsethischer und rechtlicher Aspekte. Ethik Med 26, 33–46

PGD Nederland (2020) PGD Nederland Jaarverslag 2019. Maastricht. URL: https://www.pgdnederland.nl/sites/pgd/files/pgd_jaarverslag_2019.pdf (abgerufen am 21.06.2021)

Rehmann-Sutter C (2017) PID auf Aneuploidie des Embryos? Ethik Med 29, 201–216

Schweizerische Akademie der medizinischen Wissenschaften (2020) Präimplantative genetische Testverfahren PGT. Medizin-ethische Empfehlungen. Selbstverlag, Bern. URL: https://www.samw.ch/dam/jcr:d0750df6-c993-4cdd-9347-a992f95b7872/empfehlungen_samw_pgt.pdf (abgerufen 21.04.2021)

Taupitz J (2014) C.II. Kommentierung § 3a Präimplantationsdiagnostik; Verordnungsermächtigung In: Günther H-L, Taupitz J, Kaiser P. Embryonenschutzgesetz. Juristischer Kommentar mit medizinisch-naturwissenschaftlichen Grundlagen, 275–307. 2. Aufl. Kohlhammer Verlag, Stuttgart

Wetzka B, Ochsner A, Kohlhase J, Bernard C, Frommel M, Hanjalic-Beck A, Friebel S, Geisthövel F (2016) PID bei monogenetischen Erkrankungen. Klinische Erfahrungen dargestellt in neun Kasuistiken. Frauenarzt 57, 670–679

Woopen C (2013) Beratung bei Präimplantations- und Pränataldiagnostik. Interdisziplinär und multiprofessionell. Bundesgesundheitsblatt 56, 269–276

Zühlke C, Hellenbroich Y, Fondel S, Schöpper B, Hüning I, Busche A, Depenbusch M, Schultze-Mosgau A, Horn K von, Osterholz-Zaleski T, Griesinger G, Gillessen-Kaesbach G (2016) Präimplantationsdiagnostik. Med Gen 28, 304–309

# 3 Schwangerschaftsabbruch nach Pränataldiagnostik

Georg Marckmann

Der Schwangerschaftsabbruch gehört zu den großen ethischen Streitfragen der Medizin. Eine wirklich einvernehmliche Lösung ist in modernen, wertepluralen Gesellschaften nicht zu erwarten, da unvereinbare Positionen zum moralischen Status des Embryos aufeinandertreffen. Die rechtliche Regelung des Schwangerschaftsabbruchs im Strafgesetzbuch ist deshalb auch weniger Ausdruck einer allseits geteilten ethischen Bewertung als vielmehr ein politischer Kompromiss: Dieser lässt die zugrundeliegenden moralischen Grundfragen unberührt und schafft stattdessen eine (mehrheitsfähige) Regelung, die einen „angemessenen" Umgang mit den Herausforderungen des Schwangerschaftsabbruchs ermöglichen soll. Für das Gesundheitspersonal praktisch relevant sind damit weniger die Grundfragen nach dem moralischen Status des Embryos (vgl. hierzu z.B. Ach 2012), sondern vielmehr die ethischen Fragen, die sich bei der Anwendung der gesetzlichen Regelungen ergeben. Sie stehen deshalb auch im Mittelpunkt des vorliegenden Beitrags. Relevant sind hierbei vor allem die zunehmenden Möglichkeiten der pränatalen Diagnostik: Immer mehr Erkrankungen und Erkrankungsrisiken können bereits vorgeburtlich diagnostiziert werden und werfen damit die für alle Beteiligten schwierige Frage auf, ob die Schwangerschaft angesichts der zu erwartenden Einschränkungen für das ungeborene Kind fortgesetzt werden soll oder nicht. Zunächst werden die rechtlichen Regelungen des Schwangerschaftsabbruchs in Deutschland dargestellt, da sie die Rahmenbedingungen festlegen, unter denen Schwangerschaftsabbrüche straffrei oder sogar nicht rechtswidrig durchgeführt werden können. Anschließend wird erläutert, wie die Betroffenen beim Schwangerschaftsabbruch nach Pränataldiagnostik durch Aufklärung und Beratung angemessen unterstützt werden können. Den schwierigen ethischen Abwägungen beim sog. späten Schwangerschaftsabbruch widmet sich Kapitel III.4.

## 3.1 Rechtliche Regelung des Schwangerschaftsabbruchs

Der aktuellen Regelung des Schwangerschaftsabbruchs aus dem Jahr 1995 ging das zweite Urteil des Bundesverfassungsgerichts zum Schwangerschaftsabbruch vom

28. Mai 1993 voraus, nach dem der Embryo im Mutterleib ein von der Mutter unabhängiges Recht auf Leben hat. Der Schwangerschaftsabbruch, so das Bundesverfassungsgericht, sei folglich für die gesamte Dauer der Schwangerschaft als ein Unrecht anzusehen und müsse demgemäß rechtlich verboten sein (BVerfGE 88, 203). Auf der anderen Seite kann die Schwangere nicht zum Austragen des Kindes gezwungen werden. Die historische Erfahrung zeigt, dass ein Verbot mit Strafandrohung Schwangerschaftsabbrüche nicht verhindert, sondern dazu führt, dass die Betroffenen den Abbruch heimlich mit erheblichen gesundheitlichen Risiken durchführen. Wer einen Schwangerschaftsabbruch verhindern möchte, muss folglich die Schwangere dabei unterstützen, das Kind anzunehmen. Dem Urteil des Bundesverfassungsgerichts folgend stellt der § 218 Strafgesetzbuch (StGB) den Schwangerschaftsabbruch generell unter Strafe, eröffnet aber der Schwangeren die Möglichkeit, innerhalb der ersten 12 Wochen nach Empfängnis straffrei einen Abbruch von einem Arzt durchführen zu lassen. Mit der Beratungspflicht – und nicht der Strafandrohung – versucht der Gesetzgeber seinen Schutzverpflichtungen gegenüber dem ungeborenen Leben nachzukommen. Nach § 219 StGB soll die Beratung deshalb darauf abzielen, die Betroffene zur Fortsetzung der Schwangerschaft zu ermutigen und ihr Perspektiven für das Leben mit dem Kind zu eröffnen. Sie muss durch eine anerkannte Schwangerschaftskonfliktberatungsstelle erfolgen, der Arzt, der den Abbruch der Schwangerschaft vornimmt, ist als Berater ausgeschlossen. Die ganz überwiegende Mehrzahl der Schwangerschaftsabbrüche (über 95%) erfolgt in Deutschland nach dieser Fristenregelung mit Beratungspflicht.

**Rechtliche Regelung des Schwangerschaftsabbruchs im § 218 StGB**

- Der Schwangerschaftsabbruch ist *straffrei* (bleibt aber rechtswidrig), wenn er innerhalb von 12 Wochen nach der Empfängnis von einem Arzt durchgeführt wird und sich die Schwangere mindestens 3 Tage vor dem Eingriff hat beraten lassen (sog. Fristenregelung mit Beratungspflicht, § 218a Abs. 1)
- Der Schwangerschaftsabbruch ist *nicht rechtswidrig*, wenn
  - „der Abbruch der Schwangerschaft unter Berücksichtigung der gegenwärtigen und zukünftigen Lebensverhältnissen nach ärztlicher Erkenntnis angezeigt ist, um eine Gefahr für das Leben oder die Gefahr einer schwerwiegenden Beeinträchtigung des körperlichen oder seelischen Gesundheitszustandes der Schwangeren abzuwenden, und die Gefahr nicht auf eine andere für sie zumutbare Weise abgewendet werden kann“ (sog. *medizinische Indikation*, § 218a Abs. 2)
  - die Schwangerschaft auf einer rechtwidrigen Tat beruht und seit der Empfängnis nicht mehr als 12 Wochen vergangen sind (sog. *kriminologische Indikation*, § 218a Abs. 3)

In zwei Fällen bleibt der Schwangerschaftsabbruch nicht nur straffrei, sondern ist zudem nicht rechtswidrig. Dies ist zum einen bei der sog. kriminologischen Indikation der Fall, wenn die Schwangerschaft auf einer rechtswidrigen Tat beruht (z.B. einer Vergewaltigung). Zum anderen erlaubt die sog. medizinische Indikation einen nicht rechtswidrigen Abbruch und stellt gleichzeitig die einzige legale Möglichkeit dar, eine Schwangerschaft nach der 12. Schwangerschaftswoche abzubrechen. Als Rechtfertigung kommt nach dem Gesetz nicht nur eine vitale Bedrohung der Schwangeren in Frage, sondern auch eine schwere Beeinträchtigung ihres psychischen Wohlergehens. Die sog. embryopathische Indikation, die einen straffreien Schwangerschaftsabbruch bei einer schweren Störung der kindlichen Entwicklung bis zur 22. Schwangerschaftswoche post conceptionem vorsah, wurde mit der Neufassung des § 218 abgeschafft. Damit reagierte der Gesetzgeber auch auf die Kritik von Behindertenverbänden, dass die embryopathische Indikation lebende Behinderte indirekt diskriminiere. Eine schwerwiegende Erkrankung oder Entwicklungsstörung des ungeborenen Kindes stellt damit für sich genommen keinen Rechtfertigungsgrund für einen nicht strafbaren Schwangerschaftsabbruch dar. Vielmehr muss der Arzt feststellen, dass das Austragen der Schwangerschaft mit Geburt des kranken und/oder behinderten Kindes zu einer schwerwiegenden Beeinträchtigung des psychischen Wohlergehens der Schwangeren führen wird. Dem Arzt verbleibt dabei ein erheblicher Beurteilungsspielraum, wann eine „schwerwiegende Beeinträchtigung" des seelischen Gesundheitszustandes der Schwangeren droht, zumal es sich um ein Urteil handelt, das auch die zukünftigen Lebensumstände der Schwangeren mit zu berücksichtigen hat.

**Jenseits der erforderlichen rechtlichen Vertretbarkeit des Schwangerschaftsabbruchs sollte aus ethischer Sicht die Frage im Vordergrund stehen, wie der betroffenen Schwangeren (und ihrem Partner) in einer schwerwiegenden, oft existenziellen Lebenskrise angemessen geholfen werden kann.**

## 3.2 Aufklärung und Beratung beim Schwangerschaftsabbruch nach Pränataldiagnostik

Die pränatale Diagnostik (PND) umfasst alle Untersuchungen der Schwangeren und des ungeborenen Kindes, die sich auf die Entwicklung und den Gesundheitszustand des Kindes richten. Hierzu gehören die in den Mutterschaftsrichtlinien vorgesehenen Ultraschall-Screening-Untersuchungen sowie weiterführende Diagnostik wie Amniozentese, Chorionzottenbiopsie, Serologie oder Nabelschnurpunktion. In den letzten Jahren wurde vor allem die nicht-invasive pränatale Diagnostik (NIPD) kontrovers diskutiert, bei der über freie fetale DNA-Fragmente im mütterlichen Blut das Vorliegen einer Trisomie 13, 18 oder 21 festgestellt werden kann. Auf der einen Seite können die Risiken einer invasiven Pränataldiagnostik, insbesondere das Risiko einer Fehlgeburt, vermieden werden. Auf der anderen Seite wird befürchtet, eine Ausweitung der NIPD könne die Wertschätzung von Menschen mit Behinderung (v.a. Menschen mit Down-Syndrom) beeinträchtigen und Schwangere unter Druck setzen, eine NIPD mit ggf. anschließendem Schwangerschaftsabbruch in Anspruch zu nehmen (Rehmann-Sutter und Schües 2020). Die Kosten für die NIPD werden von der gesetzlichen Krankenversicherung übernommen, „wenn er geboten ist, um der Schwangeren eine Auseinandersetzung mit ihrer individuellen Situation hinsichtlich des Vorliegens einer Trisomie im Rahmen der ärztlichen Begleitung zu ermöglichen. Ein statistisch erhöhtes Risiko für eine Trisomie allein reicht für die Anwendung dieses Tests nicht aus." (Beschluss des Gemeinsamen Bundesausschusses vom 19.09.2019, BAnz AT 20.12.20219 B6)

Bei der PND ergeben sich zwei Handlungsperspektiven: Zum einen kann mittels PND eine Entwicklungsstörung des Kindes frühzeitig erkannt und ggf. bereits intrauterin behandelt werden (z.B. eine fetale Anämie). Auch die Geburt und die postnatale Erstversorgung des Kindes kann entsprechend vorausgeplant werden. Zum anderen kann sich bei einer schwerwiegenden Entwicklungsstörung oder Erkrankung des Kindes die Frage eines Abbruchs der Schwangerschaft stellen. Die Betreuung der Schwangeren sollte in diesen Situationen vor allem darauf abzielen, ihr durch eine interdisziplinäre und multiprofessionelle Beratung eine wohlinformierte Entscheidung über die Fortsetzung der Schwangerschaft zu ermöglichen (Woopen 2013).

Die Aufklärung und Beratung der Schwangeren sollte dabei schon vor Durchführung der PND beginnen. Empirische Untersuchungen belegen, dass die möglichen Konsequenzen eines auffälligen PND-Befundes wie weitere Diagnostik, psychische Konfliktsituationen und die Frage nach einem Schwangerschaftsabbruch in vielen Fällen gar nicht oder nicht ausreichend vor der Untersuchung angesprochen wurden (Biehl u. Woopen 2010). Die Herausforderung liegt bei der ärztlichen Beratung darin, auf der einen Seite die Schwangere über die möglichen Konsequenzen eines auffälligen PND-Befundes zu informieren, gleichzeitig die Schwangere aber nicht unnötig zu verunsichern und zu belasten. Dabei ist zu berücksichtigen, dass viele Schwangere durch das Angebot einer PND erst auf die Risiken von (oft seltenen) Fehlbildungen und Erkrankungen aufmerksam gemacht werden. Die resultierenden Ängste und Verunsicherungen fördern dann die Inanspruchnahme der angebotenen Untersuchungen – mit dem eigentlich paradoxen Ergebnis, dass die pränatalen Tests dann eingesetzt werden, um diejenigen Beunruhigungen und Verunsicherungen zu lindern, die durch ihre Verfügbarkeit erst hervorgerufen wurden. In jedem Fall kommt der Aufklärung und Beratung *vor* der Durchführung weiterführender PND eine besondere Bedeutung zu. Dabei ist die Schwangere nicht nur über den Anlass und die Untersuchung (Ziel, Sensitivität, Spezifität, Risiken, etc.) ausführlich aufzuklären, sondern auch über das mögliche weitere Vorgehen bei einem auffälligem Befund und das damit verbundene psychische und ethische Konfliktpotenzial. Die Schwangere ist zudem explizit auf Alternativen zur Inanspruchnahme weiterführender pränataler Diagnostik hinzuweisen.

Das 2010 in Kraft getretene Gendiagnostikgesetz (GenDG) regelt auch die vorgeburtlichen genetischen Untersuchungen. Gemäß § 15 Abs. 1 GenDG darf eine genetische PND nur zu medizinischen Zwecken durchgeführt werden. Sie muss auf genetische Eigenschaften des ungeborenen Kindes abzielen, die dessen Gesundheit während der Schwangerschaft oder nach der Geburt beeinträchtigen. Eine vorgeburtliche Diagnostik einer genetischen Erkrankung, die sich erst nach Vollendung des 18. Lebensjahres manifestiert, ist nicht zulässig. Einen hohen Stellenwert hat auch hier die Aufklärung und Beratung der Schwangeren: Vor der genetischen PND und nach Vorliegen der Untersuchungsergebnisse ist die Schwangere genetisch zu beraten, und zwar von einem Facharzt bzw. einer Fachärztin für Humangenetik oder einem Arzt bzw. einer Ärztin mit entsprechender genetischer Zusatzqualifikation. Betont wird dabei ebenfalls die Beratung *vor* Inanspruchnahme einer genetischen Diagnostik:

> *„Die genetische Beratung erfolgt in allgemein verständlicher Form und ergebnisoffen. Sie umfasst insbesondere die eingehende Erörterung der möglichen medizinischen, psychischen und sozialen Fragen im Zusammenhang mit einer Vornahme und Nichtvornahme der genetischen Untersuchung oder möglichen Untersuchungsergebnissen sowie der Möglichkeiten zur Unterstützung bei physischen und psychischen Belastungen der betroffenen Person durch die Untersuchung und ihr Ergebnis.“ (§ 10 Abs. 3, GenDG)*

Zugleich ist die Schwangere auf den Beratungsanspruch nach dem Schwangerschaftskonfliktgesetz hinzuweisen, das seit der Änderung im Jahr 2010 die Anforderungen an eine umfassende Aufklärung und Beratung der Schwangeren nach Eröffnung eines pränataldiagnostischen Befundes konkretisiert.

**Gesetz zur Vermeidung und Bewältigung von Schwangerschaftskonflikten (Schwangerschaftskonfliktgesetz)**

§ 2a Aufklärung und Beratung in besonderen Fällen

(1) Sprechen nach den Ergebnissen von pränatal-diagnostischen Maßnahmen dringende Gründe für die Annahme, dass die körperliche oder geistige Gesundheit des Kindes geschädigt ist, so hat die Ärztin oder der Arzt, die oder der der Schwangeren die Diagnose mitteilt, über die medizinischen und psychosozialen Aspekte, die sich aus dem Befund ergeben, unter Hinzuziehung von Ärztinnen oder Ärzten, die mit dieser Gesundheitsschädigung bei geborenen Kindern Erfahrung haben, zu beraten. Die Beratung erfolgt in allgemein verständlicher Form und ergebnisoffen. Sie umfasst die eingehende Erörterung der möglichen medizinischen, psychischen und sozialen Fragen sowie der Möglichkeiten zur Unterstützung bei physischen und psychischen Belastungen. Die Ärztin oder der Arzt hat über den Anspruch auf weitere und vertiefende psychosoziale Beratung nach § 2 zu informieren und im Einvernehmen mit der Schwangeren Kontakte zu Beratungsstellen nach § 3 und zu Selbsthilfegruppen oder Behindertenverbänden zu vermitteln.

Neben einer ausführlichen Aufklärung über die (längerfristige) Bedeutung des pränataldiagnostischen Befundes für das Leben des Kindes, die Schwangere und das familiäre Umfeld sollte die Schwangere über die möglichen Handlungsoptionen informiert werden: Fortführung der Schwangerschaft und bei Vorliegen der Voraussetzungen des § 218a Abs. 2 StGB ein Schwangerschaftsabbruch. Sofern die Entwicklungsstörung oder Krankheit so schwer ausgeprägt ist, dass das Kind nach der Geburt in absehbarer Zeit versterben wird, kann als Alternative zu einem Schwangerschaftsabbruch erwogen werden, das Kind auszutragen und nach der Geburt nicht lebensverlängernd, sondern ausschließlich palliativ zu versorgen. Dies ermöglicht es den Eltern, ihr Kind im Sterbeprozess zu begleiten und sich bewusst von ihm zu verabschieden. Dabei sind die individuell sehr unterschiedlichen Bedürfnisse der Eltern in der Sterbebegleitung zu berücksichtigen (Schulze u. Wermuth 2007).

***Praxistipps***

- *Die Schwangere und ihr Partner sind bereits* vor *Durchführung einer vorgeburtlichen Untersuchung über die möglichen Befunde, die dann ggf. weiterführende Diagnostik und die damit verbundenen psychischen und ethischen Entscheidungskonflikte aufzuklären.*
- *Bei einem auffälligen pränataldiagnostischen Befund sollte man versuchen, ein Verständnis für die ganz individuellen Konflikte, Sorgen und Nöte der Schwangeren zu entwickeln, um sie dann gezielt in der Entscheidung über die Fortsetzung der Schwangerschaft unterstützen zu können.*
- *Der Schwangeren und ihrem Partner sollte eine angemessene Bedenkzeit zwischen der Beratung nach gesicherter Diagnose einer Fehlbildung, Entwicklungsstörung oder Krankheit des Feten und einem eventuellen Schwangerschaftsabbruch gewährt werden.*

- *Das Austragen eines Kindes mit schwersten Fehlbildungen oder Entwicklungsstörungen mit einem Verzicht auf lebensverlängernde Behandlungsmaßnahmen nach der Geburt kann als Alternative zu einem Schwangerschaftsabbruch erwogen werden.*

## Literatur

Ach JS (2012) Schwangerschaftsabbruch. In: Wiesing U (Hrsg.) Ethik in der Medizin. Ein Studienbuch. 157–186. Philipp Reclam jun. Stuttgart

Biehl L, Woopen C (2010) Gutes hoffen dürfen ohne Schlechtes wissen zu müssen? Aufklärung zum Ersttrimester-Screening als Drahtseilakt. In: Frewer A, Bruns F, Rascher W (Hrsg.) Hoffnung und Verantwortung. Herausforderungen für die Medizin. 57–81. Verlag Königshausen & Neumann Würzburg

Rehmann-Sutter C, Schües C (2020) Die NIPT-Entscheidung des G-BA. Eine ethische Analyse. Ethik in der Medizin 32:385-403

Schulze A, Wermuth I (2007) Palliative Versorgung bei Früh- und Reifgeborenen mit sehr ungünstiger Prognose. Z Geburtshilfe Neonatol 211, 54–9

Woopen C (2013) Beratung bei Praimplantations- und Pranataldiagnostik. Interdisziplinar und multiprofessionell. Bundesgesundheitsblatt Gesundheitsforschung Gesundheitsschutz 56, 269–76

# 4 Schwangerschaftsabbruch bei zu erwartender extrauteriner Lebensfähigkeit des Kindes

Georg Marckmann

Mit der Neufassung des § 218 StGB durch das Schwangeren- und Familienhilfe-Änderungsgesetz aus dem Jahr 1995 entfiel die sog. „embryopathische" Indikation, die einen Schwangerschaftsabbruch bei dringender Gefahr einer nicht behebbaren Schädigung des Gesundheitszustandes des Kindes bis zu 22 SSW p.c. von der Strafbarbarkeit ausnahm. Nach dem Willen des Gesetzgebers soll die embryopathische Indikation in der sogenannten medizinischen Indikation aufgehen (s. Kap. III.3). Die medizinische Indikation ist – im Gegensatz zur früheren embryopathischen Indikation – nicht an eine zeitliche Begrenzung gebunden. Im Rahmen der vorgeburtlichen Diagnostik werden fetale Erkrankungen, Fehlbildungen und Anlageträgerschaften manchmal erst zu einem Zeitpunkt erkennbar bzw. diagnostiziert, bei dem der Fetus möglicherweise extrauterin überleben kann (ab ca. 22. SSW p.c.). Damit verschärfen sich die ethischen Konflikte des Schwangerschaftsabbruchs. Der vorliegende Beitrag erörtert deshalb die Frage, ob es mit Blick auf das ungeborene Kind unter bestimmten Bedingungen gerechtfertigt oder sogar geboten ist, dem Wunsch der Schwangeren nach einer Beendigung der Schwangerschaft nicht zu entsprechen. Das vorgeschlagene Vorgehen bei der Entscheidungsfindung orientiert sich dabei ganz wesentlich an den Empfehlungen von Chernvenak und McCullough (1990).

## 4.1 Grundzüge einer ethischen Bewertung

Grundsätzlich kommt ein Schwangerschaftsabbruch nach der 12. SSW p.c. nur dann infrage, wenn die Voraussetzungen des § 218a Abs. 2 StGB erfüllt sind (sog. medizinische Indikation). Allerdings räumt der § 218a der Schwangeren kein (positives) Anspruchsrecht auf einen Schwangerschaftsabbruch ein. Der – grundsätzlich strafbare – Schwangerschaftsabbruch ist lediglich unter bestimmten Bedingungen *nicht* rechtswidrig und wird deshalb auch strafrechtlich nicht geahndet. Es erscheint deshalb durchaus mit dem Gesetz vereinbar, unter bestimmten Voraussetzungen dem Wunsch der Schwangeren nach einem Abbruch nicht zu entsprechen.

In Abhängigkeit von den Gründen, die dem Wunsch nach einem Schwangerschaftsabbruch zugrunde liegen, kann man zwei Situationen unterscheiden (s. Abb. 1).

1. Sofern der Schwangerschaftsabbruch die einzige Möglichkeit darstellt, eine lebensbedrohliche Gefahr für die physische Gesundheit der Schwangeren abzuwenden, hat das Wohlergehen der Schwangeren Vorrang gegenüber dem Überleben des Fetus, da von der Schwangeren nicht verlangt werden kann, ihre eigenen existenziellen Belange zugunsten des Kindes zu opfern. In diesem Fall ist dem Wunsch der Schwangeren nach Beendigung der Schwangerschaft zu entsprechen.
2. Schwieriger ist die Bewertung, wenn dem Abbruchswunsch der Schwangeren eine schwere Fehlbildung, Erkrankung oder Krankheitsdisposition des Fetus zugrunde liegt. Sofern die rechtlichen Voraussetzungen für einen Schwangerschaftsabbruch erfüllt sind (es droht eine schwerwiegende Beeinträchtigung der psychischen Gesundheit der Schwangeren), stellt sich die Frage, ob dem Wunsch der Schwangeren nach einem Abbruch auch tatsächlich entsprochen werden sollte. Die Grenzen sind hier nicht durch das Gesetz vorgegeben, sondern müssen sich an *ethischen* Überlegungen und Argumenten orientieren. Maßgeblich sind hierfür die ethischen Verpflichtungen gegenüber dem ungeborenen Kind.

Auch der BGH betont in seinem Urteil vom 18.06.2002 (BGHZ 151, 133), dass die medizinische Indikation im Einzelfall eine Güter- und Interessensabwägung voraussetzt. Dies betrifft vor allem diejenigen Fälle, in denen es nicht um eine akute Gefährdung des Lebens der Schwangeren geht, sondern um die psychischen Beeinträchtigungen insbesondere in der Zeit nach der Geburt des Kindes. Bei dieser Abwägung kann auch die Dauer der Schwangerschaft und die daraus resultierende besondere Situation für Mutter und Kind Berücksichtigung finden.

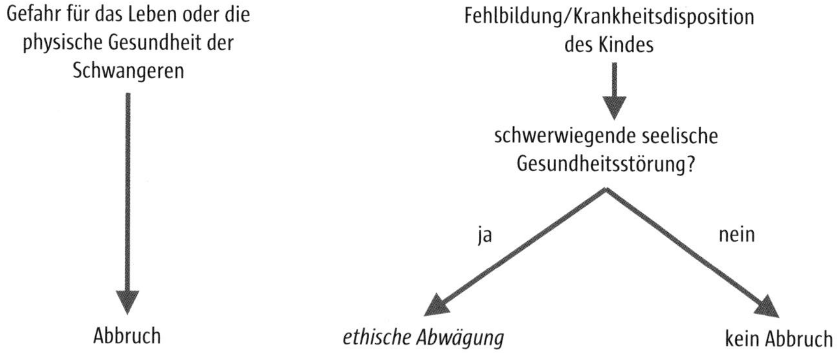


Abb. 1 Vorgehen in Abhängigkeit von den Gründen, die dem Wunsch der Schwangeren nach einem Schwangerschaftsabbruch zugrunde liegen

*Die ethische Kernfrage lautet demnach:*

*Unter welchen Bedingungen sind die ethischen Verpflichtungen gegenüber dem Fetus so groß, dass man dem Wunsch der Schwangeren nach einem Abbruch nicht folgen sollte?*

Ethische Verpflichtungen gegenüber dem ungeborenen Kind ergeben sich vor allem aus den Prinzipien des *Wohltuns* und *Nichtschadens*: Kann man mit der fortgesetzten Schwangerschaft und der anschließenden Geburt dem Kind etwas Gutes tun, d.h. sein Wohlergehen befördern? Ist das Überleben im besten Interesse des Kindes? Sofern dies der Fall ist, besteht eine ethische Fürsorgeverpflichtung – für die Ärzte wie für die Schwangere –, die Schwangerschaft fortzusetzen und mit entsprechenden pränatal- bzw. perinatalmedizinischen Maßnahmen das Überleben des Kindes zu sichern. Eine absolute Verpflichtung zur Lebenserhaltung besteht hingegen nicht, wenn diese unter Berücksichtigung der zukünftigen Entwicklung (Prognose) nicht mehr dem Wohlergehen des Kindes dient. Dies ist zum Beispiel dann der Fall, wenn das Kind auch bei maximaler Therapie in absehbarer Zeit versterben wird oder wenn es keine Möglichkeit der bewussten Wahrnehmung entwickeln kann. In jedem Fall bleibt aber die unbedingte Verpflichtung erhalten, ein Leiden des Kindes zu verhindern oder zumindest bestmöglich zu lindern.

## 4.2 Empfehlungen für eine ethisch begründete Entscheidungsfindung

Die Fürsorgeverpflichtungen gegenüber dem ungeborenen Kind hängen wesentlich von der Prognose ab. Es besteht keine absolute Verpflichtung, das Leben des ungeborenen Kindes zu erhalten, wenn

1. das Ungeborene postnatal voraussichtlich nicht lebensfähig sein wird oder wenn
2. beim Ungeborenen eine schwerste unbehandelbare Krankheit oder Entwicklungsstörung diagnostiziert wurde.

Die Beurteilung des fetalen Gesundheitszustandes ist aber meist mit einer zweifachen Unsicherheit verbunden, die auch die Einschätzung der Fürsorgeverpflichtungen beeinflusst:

1. **Diagnoseunsicherheit:** Trotz aller Fortschritte im Bereich der vorgeburtlichen Diagnostik lassen sich Erkrankungen bzw. Fehlbildungen des Fetus häufig nicht mit 100%iger Sicherheit feststellen.
2. **Prognoseunsicherheit:** Auch wenn sich die Gesundheitsstörung des ungeborenen Kindes sicher diagnostizieren lässt, ist vor allem die längerfristige Prognose oft mit einer erheblichen Unsicherheit behaftet.

In Abhängigkeit von der Wahrscheinlich, mit der die Diagnose gestellt und das Eintreten eines schlechten Outcomes (Versterben nach der Geburt oder schwerste unbehandelbare Krankheit oder Entwicklungsstörung) prognostiziert werden kann, ergeben sich verschiedene Fallkonstellationen mit unterschiedlich starken Fürsorgeverpflichtungen (FV) gegenüber dem ungeborenen Kind, sein Leben zu erhalten (Chervenak u. McCullough 1990). Sie lassen sich in einer 6-Feldertafel darstellen (s. Tab. 1).

Tab. 1 Fürsorgeverpflichtungen (FV) gegenüber dem Fötus in Abhängigkeit von der Diagnose- und Prognosesicherheit

| | Prognose: Wahrscheinlichkeit eines schlechten Outcomes (Versterben oder schwerste unbehandelbare Entwicklungsstörung) | | |
|---|---|---|---|
| Diagnosesicherheit | sicher | sehr hohe Wahrscheinlichkeit | keine sehr hohe Wahrscheinlichkeit |
| sicher | keine FV | minimale FV | mehr als minimale FV |
| sehr hohe Wahrscheinlichkeit | minimale FV | minimale FV | mehr als minimale FV |
| keine sehr hohe Wahrscheinlichkeit | mehr als minimale FV | mehr als minimale FV | mehr als minimale FV |

Insgesamt lassen sich drei Gruppen unterschiedlich starker Fürsorgeverpflichtungen gegenüber dem ungeborenen Kind definieren:

- **Keine Fürsorgeverpflichtung,** wenn mit Sicherheit diagnostiziert und prognostiziert werden kann, dass das Kind bei oder unmittelbar nach der Geburt versterben oder eine schwerste unbehandelbare Erkrankung oder Entwicklungsstörung.
- **Minimale Fürsorgeverpflichtung,** wenn mit einer sehr hohen Wahrscheinlichkeit diagnostiziert wird, dass das Kind mit einer sehr hohen Wahrscheinlichkeit nach der Geburt versterben oder eine schwerste unbehandelbare Erkrankung oder Entwicklungsstörung haben wird.
- **Mehr als minimale Fürsorgeverpflichtung,** wenn die Diagnose nicht mit einer sehr hohen Wahrscheinlichkeit gestellt werden kann und/oder keine sehr hohe Wahrscheinlichkeit besteht, dass das Kind bei oder unmittelbar nach der Geburt verstirbt oder eine schwerste unbehandelbare Erkrankung oder Entwicklungsstörung haben wird.

Den unterschiedlich starken Fürsorgeverpflichtungen lassen sich jeweils entsprechende Handlungsstrategien zuordnen. Grundsätzlich bieten sich bei pränatal diagnostizierten fetalen Erkrankungen oder Fehlbildungen drei Handlungsstrategien (Chervenak u. McCullough 1990):

A. **Aktive Strategie:** Intensive prä- und perinatalmedizinische Therapie, um das Überleben des Kindes zu sichern (kurz: aktiv).
*Ethische Rechtfertigung:* Überleben ist im besten Interesse des Kindes.

B. **Passive Strategie:** Keine intensive prä- und perinatalmedizinischen Therapie, keine Intervention (Sectio etc.) bei vitaler Gefährdung des Kindes, keine intensivmedizinischen Maßnahmen post partum (kurz: passiv).
*Ethische Rechtfertigung:* Überleben ist nicht im besten Interesse des Kindes, es besteht folglich keine absolute ethische Verpflichtung, das Leben zu erhalten.

C. **Schwangerschaftsabbruch:** Beendigung der Schwangerschaft (kurz: Abbruch).
*Ethische Rechtfertigung:* Wunsch der Schwangeren nach Abbruch, sofern keine absolute ethische Verpflichtung vorliegt, das Kind am Leben zu erhalten.

Die drei Behandlungsstrategien lassen sich wie folgt den drei Gruppen von jeweils unterschiedlichen Fürsorgeverpflichtungen zuordnen.

***Behandlungsstrategien in Abhängigkeit von den Fürsorgeverpflichtungen***

- Gruppe A (keine Fürsorgeverpflichtung): *Passive Strategie empfehlen, Schwangerschaftsabbruch als Alternative anbieten.*
- Gruppe B (minimale Fürsorgeverpflichtung): *Aktive und passive Strategie sowie den Schwangerschaftsabbruch als mögliche Alternativen anbieten.*
- Gruppe C (mehr als minimale Fürsorgeverpflichtung): *Aktive Strategie empfehlen, keine passive Strategie oder Schwangerschaftsabbruch anbieten.*

Die drei Behandlungsstrategien lassen sich dann wiederum den verschiedenen Konstellationen von Diagnose- und Prognose-Unsicherheit zuordnen (zur Übersicht vgl. Tab. 2).

Tab. 2 Handlungsstrategien in Abhängigkeit von der von der Diagnose- und Prognosesicherheit

| | Prognose: Wahrscheinlichkeit eines schlechten Outcomes (Versterben oder schwerste unbehandelbare Entwicklungsstörung) | | |
|---|---|---|---|
| Diagnosesicherheit | sicher | sehr hohe Wahrscheinlichkeit | keine sehr hohe Wahrscheinlichkeit |
| sicher | A: passiv oder Abbruch | B: aktiv, passiv oder Abbruch | C: aktiv, kein Abbruch |
| sehr hohe Wahrscheinlichkeit | B: aktiv, passiv oder Abbruch | B: aktiv, passiv oder Abbruch | C: aktiv, kein Abbruch |
| keine sehr hohe Wahrscheinlichkeit | C: aktiv, kein Abbruch | C: aktiv, kein Abbruch | C: aktiv, kein Abbruch |

Tabelle 3 zeigt exemplarisch die Zuordnung verschiedener Krankheitsbilder zu den einzelnen Behandlungsstrategien in Abhängigkeit von der Diagnose- und Prognosesicherheit.

Tab. 3 Klinische Beispiele für die einzelnen Gruppen (nach Chervenak u. McCullough 1990)

| | Prognose: Wahrscheinlichkeit eines schlechten Outcomes (Versterben oder schwerste unbehandelbare Entwicklungsstörung) | | |
|---|---|---|---|
| Diagnosesicherheit | sicher | sehr hohe Wahrscheinlichkeit | keine sehr hohe Wahrscheinlichkeit |
| sicher | A: Anencephalus | B: Trisomie 18 | C: Trisomie 21 |
| sehr hohe Wahrscheinlichkeit | B: Nierenagenesie | B: thanatophorische Dysplasie | C: isolierter Hydrocephalus |
| keine sehr hohe Wahrscheinlichkeit | C: – | C: Lissencephalie | C: Achondroplasie |

Bei Fehlbildungen, die keiner bekannten Diagnosekategorie entsprechen, ist eine einzelfallbezogene Einordnung erforderlich, bei der sowohl die diagnostische Sicherheit der auffälligen Befunde als auch die Wahrscheinlichkeit einer äußerst schlechten Prognose (postpartaler Tod, schwerste unbehandelbare Krankheit oder Entwicklungsstörung) zu berücksichtigen sind.

## 4.3 Diskussion

Das hier vorgestellte Modell bietet eine Orientierung bei der Frage, ob dem Wunsch der Schwangeren nach einem Abbruch entsprochen werden sollte, sofern die Voraussetzungen des § 218a, Abs. 2 vorliegen. Verschiedene Punkte, die sich vor allem aus den zugrunde liegenden Wertungsfragen ergeben, sind jedoch diskussionsbedürftig:

- Da ein Kontinuum unterschiedlich starker Fürsorgeverpflichtungen gegenüber dem Fetus existiert, verbleiben die Grenzen zwischen den drei Behandlungsgruppen notwendig unscharf.
- Die Frage, wann gegenüber dem Fetus keine Fürsorgeverpflichtungen mehr bestehen, kann unterschiedlich beantwortet werden. Im vorliegenden Beitrag wird ein Diskussionsentwurf vorgelegt, nach dem dann keine Fürsorgeverpflichtung gegenüber dem Fetus bestehen, wenn dieser bei oder unmittelbar nach der Geburt versterben oder eine schwerste unbehandelbare Krankheit oder Entwicklungsstörung haben wird. Als eine „liberalere" Grenze wäre z.B. „eine erwartete schwere körperliche oder geistige Behinderung" denkbar, bei der zwar eine gewisse kognitive Entwicklung möglich ist, die Behinderung aber zu einer erheblichen Beeinträchtigung der Lebensqualität führt.
- Die Kategorie „sehr hohe Wahrscheinlichkeit" ist nicht genau quantifiziert und damit interpretationsbedürftig: Ab wann liegt genau eine „sehr hohe" Wahrscheinlichkeit vor? Eine exakte Quantifizierung ist in den meisten Fällen nicht möglich und erscheint auch ethisch nicht sinnvoll.
- Die Graduierung der Diagnose- und Prognosesicherheit könnte in Abhängigkeit von der zugrunde liegenden ethischen Interpretation der Fürsorgeverpflichtungen anders ausfallen. So könnte sich z.B. die zweite Stufen nicht auf eine „sehr hohe", sondern nur eine „hohe" Wahrscheinlichkeit beziehen. Ausdrücken würde sich darin eine graduell geringere Gewichtung der Fürsorgeverpflichtungen gegenüber dem Fetus.
- Die Bewertung der Fürsorgeverpflichtung in Abhängigkeit von der Diagnose- und Prognosesicherheit könnte ebenfalls unterschiedlich ausfallen, auch die Zuordnung der Behandlungsstrategien zu den Fürsorgeverpflichtungen. Besonders diskussionsbedürftig ist sicher die Gruppe B, in der eine minimale Fürsorgeverpflichtung gegenüber dem Fetus besteht: Soll neben der aktiven und passiven Strategie auch ein Schwangerschaftsabbruch angeboten werden?
- Nicht zuletzt könnte man die einzelnen Krankheitsbilder in anderer Weise zu den drei Behandlungsgruppen zuordnen. Tabelle 3 ist folglich nur als orientierende Veranschaulichung für die Praxis zu verstehen und bedarf ggf. der Ergänzung und Überarbeitung.

Vor einer Implementierung des hier vorgestellten Vorgehens in Form einer Leitlinie oder Empfehlung sollte hinsichtlich der vorstehenden Bewertungsfragen Einigkeit erzielt worden sein. Auch eine exemplarische Zuordnung fetaler Fehlbildungen und Anomalien zu den verschiedenen Behandlungsgruppen erscheint sinnvoll.

***Praxistipps***

- *Da es ein Kontinuum unterschiedlich schwerer fetaler Erkrankungen und Fehlbildungen gibt, existieren auch* **graduell** *unterschiedlich starke Fürsorgeverpflichtungen gegenüber dem Feten, sein Leben zu erhalten.*
- *Ein ethischer Entscheidungsalgorithmus kann folglich die sorgfältige Abwägung im Einzelfall unter besonderer Berücksichtigung der individuellen Prognose des Kindes nicht ersetzen.*
- *Bei den erforderlichen Wertungsfragen sollten die Schwangere und ihr Partner wesentlich mit einbezogen werden. Dies gilt insbesondere für die Frage, wann ein zu erwartendes Outcome so schlecht ist, dass keine Fürsorgeverpflichtungen mehr zum Lebenserhalt bestehen.*
- *In schwierigen Fällen sollte das vorliegende Modell durch prozedurale Entscheidungselemente ergänzt werden wie z. B. eine Beratung durch ein Klinisches Ethik-Komitee (Wernstedt et al. 2005).*

## Literatur

Chervenak FA, McCullough LB (1990) An ethically justified, clinically comprehensive management strategy for third-trimester pregnancies complicated by fetal anomalies. Obstet Gynecol 75, 311–6

Wernstedt T, Beckmann M W, Schild R L (2005) Entscheidungsfindung bei späten Schwangerschaftsabbrüchen. Geburtsh Frauenheilk 65, 761–766

# 5 Postnatale genetische Diagnostik

Wolfram Henn

## 5.1 Besonderheiten genetischer Diagnostik

Genetische Untersuchungen unterscheiden sich zwar nicht ihrem Wesen nach von allen anderen Formen medizinischer Diagnostik, sie weisen aber doch einige ethisch relevante Besonderheiten auf:

### Zeitliche Entkopplung zwischen Diagnosen und Symptomen

Konstitutionelle genetische Eigenschaften sind bereits mit der Zeugung festgelegt und können, technisch betrachtet, zu jedem Zeitpunkt vor oder nach der Geburt bestimmt werden. Mithin können zu Krankheiten disponierende Erbanlagen schon zu einem Zeitpunkt festgestellt werden, zu dem noch keine klinischen Symptome vorliegen. Dies ermöglicht pränatale sowie prädiktive, also künftig drohende Krankheiten voraussagende, genetische Diagnosen.

### Diskrepanz zwischen diagnostischen und therapeutischen Optionen

Genetische Diagnosen können fast nie heilungsorientierte Behandlungen ermöglichen, sondern günstigstenfalls zu klinischen Präventionsstrategien führen (z.B. bei erblichen Krebsneigungen). Oft aber können sie nur der persönlichen Lebensplanung (z.B. bei erblichen Demenzerkrankungen) oder als Grundlage der Familienplanung dienen (z.B. bei Kinderwunsch angesichts eines ersten behinderten Kindes). Dementsprechend ist die emotionale Hemmschwelle, genetische Diagnostik in Anspruch zu nehmen und – so verstehen es viele Ratsuchende – „dem Schicksal in die Karten zu schauen", besonders hoch.

### Transindividuelle Bedeutung genetischer Diagnosen

Durch den Nachweis einer erblichen Erkrankung oder Krankheitsdisposition bei einem klinisch betroffenen Menschen entstehen unter seinen Familienangehörigen, meist zunächst ahnungslose, Risikopersonen. So offenbart der Nachweis, dass die Aortenruptur eines zuvor scheinbar gesunden jungen Erwachsenen durch eine erbliche Bindegewebsstörung verursacht wurde, ein Risiko von bis zu 50% für seine Geschwister und Nachkommen für eine gleichartige vitale Bedrohung. Hieraus ergeben sich emotional belastende und mitunter ethisch konfliktträchtige Fragen hinsichtlich der innerfamiliären Risikokommunikation. Der aus der Psychologie stammende Begriff „Patient Familie" (Richter 1970) nimmt in der klinischen Genetik konkretere Gestalt an als in der Medizin sonst üblich.

### Rechtsvorschriften und Datenschutz

Genetische Daten sind hinsichtlich ihres Missbrauchspotenzials besonders sensibel, beispielsweise mit Blick auf Arbeitgeber oder private Versicherer. Mit Blick hierauf, aber auch auf die oben genannten anderen Besonderheiten, unterliegen genetische Untersuchungen dem Gendiagnostikgesetz (GenDG), das – so der Gesetzgeber – zum „Schutz der informationellen Selbstbestimmung" restriktive, teils strafbewehrte Vorgaben für Aufklärung, Einwilligung und Datenschutz bei genetischen Untersuchungen festlegt. Eine besondere Rolle spielt dabei die genetische Beratung, die von speziell qualifizierten Ärztinnen und Ärzten durchgeführt wird, und die vor und nach prädiktiven sowie pränatalen (s. Kap. 5.2.4) genetischen Untersuchungen vom GenDG zwingend gefordert ist (GEKO 2011a).

Angesichts der Tatsache, dass genetische Diagnostik in aller Regel keinen Ausgangspunkt für eine heilende Therapie darstellen kann, und angesichts ihrer psychosozialen Belastungspotentiale nimmt in den ethischen Konzepten genetischer Diagnostik und Beratung die Entscheidungsautonomie der – oft als „Ratsuchende" bezeichneten – Patienten einen besonders hohen Stellenwert ein. Die ärztliche Intuition „Nur nichts übersehen – lieber eine Untersuchung zu viel als eine zu wenig" soll für genetische Diagnostik gerade nicht gelten. Hieraus haben sich als praxisorientierte ethische Konzepte das „Recht auf Nichtwissen" (Andorno 2004) und die Nicht-Direktivität genetischer Beratung (GfH 2007) etabliert.

## 5.2 Anlässe genetischer Diagnostik nach der Geburt

Im Folgenden sollen, geordnet nach den typischerweise damit verbundenen ethischen Problemen, vier der wichtigsten Themenfelder postnataler genetischer Diagnostik vorgestellt werden: Differentialdiagnostik bei Behinderung eines Kindes, Kinderwunsch bei familiärer Belastung, Familienabklärung bei erblicher Tumordisposition und familiäre neurodegenerative Erkrankung.

### 5.2.1 Differentialdiagnostik bei Behinderung eines Kindes

Wird ein Kind mit körperlichen Fehlbildungen geboren, oder zeigt sich bei ihm eine psychomotorische Entwicklungsstörung, so dient die präzise Zuordnung der Diagnose in erster Linie dem Eigeninteresse des Kindes. Zum einen kann die, in der Regel aus einer Blutprobe, mit recht geringer Belastung des Kindes etablierte genetische Diagnose zu strukturierten medizinischen Vorsorgeprogrammen hinführen und eine den langfristigen Entwicklungsperspektiven angepasste Förderung und Beschulung ermöglichen. Zum anderen macht eine genetische Diagnosefindung andere, oft belastende Diagnostik verzichtbar, wie etwa Organbiopsien oder bildgebende Untersuchungen in Narkose. Nicht zu vernachlässigen ist die emotionale Entlastung der meisten, wenn auch nicht aller Eltern durch die Klärung der Ursache einer Behinderung. Es ist empirisch gut belegt, dass Eltern eines behinderten Kindes mit geklärter Diagnose wesentlich weniger unter Zukunftsängsten leiden als Eltern eines aus unbekannter Ursache gleich schwer behinderten Kindes (Lenhard et al. 2005). Dennoch gibt es vereinzelt Eltern, die aus Sorge vor Stigmatisierung ihr Kind nicht mit dem „Etikett" einer genetischen Diagnose versehen lassen wollen und eine möglicherweise für die Behandlung des Kindes bedeutsame Untersuchung verweigern.

Wenn die Ausübung des Rechtes auf Nichtwissen durch die Eltern dem Kind mehr schaden als nützen würde, lässt sich dies in aller Regel in genetischen und kinderärztlichen Beratungsgesprächen vermitteln. Die Geburt eines Kindes mit äußerlich erkennbaren Fehlbildungen oder – erfahrungsgemäß psychisch besonders belastend – einem intersexuellen Genitale versetzt Eltern geradezu regelhaft in einen emotionalen Schockzustand, der über Wochen oder gar Monate anhalten kann und mitunter zur anfänglichen Verweigerung eigentlich notwendiger Diagnostik führt. Eine solche Haltung ist zumeist gerade nicht durch Ablehnung des eigenen Kindes motiviert, sondern eher durch irrational übersteigerte elterliche Schutzreflexe. Auf diese wird seitens der Therapeuten mitunter kontraproduktiv mit Vorwürfen oder gar Androhung von Zwangsmaßnahmen reagiert. In einer sich in diese Richtung entwickelnden Konstellation kann ein klinisch-ethisches Konsil deeskalierend wirken.

Sofern kein objektiver Zeitdruck im Sinne drohender Folgeschäden mangels Diagnosefindung besteht, ist zumeist ein Zuwarten mit begleitenden, die Aufgewühltheit der Eltern erkennbar respektierenden Gesprächen hilfreich (typische Falldarstellung in Henn/Schmitz 2013). Über diese Zeit gewachsenes Vertrauen in die Zuwendung und Empathie der Ärztinnen und Ärzte führt letztlich zur Compliance, außer in sehr seltenen Einzelfällen meist vor dem Hintergrund weltanschaulicher Vorprägungen. Nur dann kommen als ultima ratio behördliche Maßnahmen wie der zeitweilige Entzug des Sorgerechtes in Betracht.

Das ethisch stringenteste Argument für eine Diagnostik, gleich auf welchem Gebiet der Medizin, sind immer daraus abgeleitete Therapieansätze. Durch das allgemein empfohlene und routinemäßig durchgeführte Neugeborenenscreening, das sich hauptsächlich auf genetische Stoffwechselstörungen richtet, kann die Manifestation bestimmter schwerer Krankheiten durch vergleichsweise einfache Maßnahmen wie Hormonsubstitution oder Diät verhindert werden. Erst in den Anfängen befinden sich Kausaltherapien wie der Enzymersatz bei bestimmten erblichen Stoffwechselstörungen oder die Gentherapie erblicher Muskelerkrankungen, die extrem teuer (bis über 100.000 Euro jährlich), aber für Betroffene alternativlos und daher sozialrechtlich unbestrittene Kassenleistungen sind. Die zweifellos vorhandene sozialethische Problematik der Kosten steht hier eindeutig hinter dem individuellen Anspruch des Kindes auf angemessene Behandlung zurück. Dieser Aspekt sollte offen mit den Eltern erörtert werden, schon um sie gegenüber durchaus vorkommende „Neiddebatten" im sozialen Umfeld zu wappnen. Andererseits ist es äußerst heikel und betroffenen Familien kaum zu vermitteln, eine einmal begonnene, aber nicht zu befriedigenden klinischen Erfolgen führende extrem ressourcenintensive Therapie zu beenden. Hier kann es hilfreich sein, schon zu Behandlungsbeginn objektivierbare zeitbezogene Meilensteine für einen Therapieerfolg festzulegen, bei deren Nicht-Erreichen die Behandlung beendet werden muss.

Nach dem Gendiagnostikgesetz erfordern genetische Untersuchungen gleich welcher Art, auch das Neugeborenenscreening, das schriftliche Einverständnis der Sorgeberechtigten. Ohne dieses oder die schriftliche Zusicherung des Arztes oder der Ärztin, dass dieses vorliegt, dürfen Labors keine Proben entgegennehmen. Die Veranlassung einer auch noch so sinnvollen Untersuchung durch den Arzt oder die Ärztin ohne Wissen und Wollen der Eltern wäre strafbar und kommt keinesfalls in Betracht.

Nach gegenwärtiger Praxis wird eine Verweigerung des Neugeborenenscreenings durch die Eltern von den untersuchenden Stellen akzeptiert. Allerdings legitimiert der dadurch drohende Schaden, nämlich eine vermeidbare schwere Dauerschädigung des Kindes, durchaus ein energisches Nachhaken des Arztes oder der Ärztin beziehungsweise die konsiliarische Hinzuziehung eines Ethikers. Das Erzeugen von Schuldgefühlen ist zwar eine im Grundsatz autonomiefeindliche Gesprächsstrategie, die aber in solchen Sonderfällen angesichts der erheblichen Gefährdung des Kindes ethisch gerechtfertigt sein kann.

### 5.2.2 Kinderwunsch bei familiärer Belastung

Genetische Diagnostik bei einem Paar mit Kinderwunsch betrifft fast immer Ratsuchende, die selbst klinisch gesund sind. Bei einer reinen Infertilitätsbehandlung dient die hier routinemäßig durchgeführte Chromosomenanalyse auf balancierte Translokationen zum Ausschluss verborgener Hochrisiko-Konstellationen für Fehlgeburten oder schwere kindliche Mehrfachbehinderungen; sie führt zumeist nicht zu ethischen Konflikten. Schwierig kann die Situation dann werden, wenn sich entgegen der anfänglichen Erwartung doch bei einem Partner oder einer Partnerin eine Translokation findet und das Paar gemeinsam entscheiden muss, wie es mit dem hohen Risiko von bis zu 50% für dadurch bedingtes Scheitern einer In-Vitro-Fertilisation bzw. die Zeugung eines nicht überlebensfähigen Embryos oder schwer geschädigten Kindes umgehen soll. Vom Aufgeben des Kinderwunsches im Konsens der Partner über Pränatal- und Präimplantationsdiagnostik bis zur schlichten Akzeptanz des Risikos sind alle Wege offen und legal, wenn auch eine Belastungsprobe für die Partnerschaft. Abhängig davon, ob der Mann oder die Frau die Translokation trägt, kommen zudem die für das Paar schwierigen und teils ethisch problematischen Optionen der legalen Fremd-Samenzellspende oder der hierzulande illegalen, aber im Ausland verfügbaren Eizellspende in Betracht. Hier kann es sehr wohl ethischen Beratungsbedarf geben. Fälle, in denen ein Partner wegen seiner oder ihrer frisch entdeckten Anlageträgerschaft vom anderen verlassen wird, sind erfreulich selten und allenfalls Folge einer vorbestehenden Störung der Partnerschaft.

Eine wesentlich konfliktträchtigere Ausgangssituation besteht dann, wenn bei eigentlich gegebener Fertilität in der Familie eines Partners oder einer Partnerin eine erbliche, über ein gesundes Elternteil übertragbare Erkrankung bekannt ist. Eine gesunde Frau, die beispielsweise Anlageträgerin für die Muskeldystrophie Duchenne ist, hat für einen Sohn, unabhängig von der Partnerkonstellation, ein Risiko von 50% für eine fortschreitende und spätestens im jungen Erwachsenenalter tödliche Muskelerkrankung. Wenn diese Krankheit in einer Familie aufgetreten ist, ist rein technisch eine Blutuntersuchung der Frau unverzichtbar, um zunächst festzustellen, ob sie dafür überhaupt Anlageträgerin ist, und dann gegebenenfalls als Grundlage für eine Pränatal- oder Präimplantationsdiagnostik. Rechtlich handelt es sich hierbei um eine Variante prädiktiver Diagnostik, vor und nach der verpflichtend eine genetische Beratung stattfinden muss, und die darüber hinaus gerade bei religiös gebundenen Ratsuchenden erhebliche ethische Probleme aufwirft. Dies gilt umso mehr, wenn hinsichtlich der weltanschaulichen Vorstellungen eine Asymmetrie innerhalb der Partnerschaft besteht.

Ethischen Dissens zwischen Ratsuchenden und Ärztinnen und Ärzten kann es darüber geben, ob die in Rede stehende Erbkrankheit so schwerwiegend ist, dass sie Anlass zu einer darauf gerichteten Pränataldiagnostik mit der möglichen Konsequenz eines Schwangerschaftsabbruchs sein kann. Auch wenn jeder Arzt und jede Ärztin für sich in Anspruch nehmen kann, aus Gewissensgründen die Mitwirkung an einem Schwangerschaftsabbruch oder der Indikationsstellung dazu zu verweigern, bleibt das Recht der Ratsuchenden, im Vorfeld ihres Kinderwunsches ihren Anlageträgerstatus zu überprüfen, davon unberührt. Gleiches gilt auch umgekehrt für das Recht auf Nichtwissen: Niemand darf gezwungen oder auch nur argumentativ gedrängt werden, einen solchen Gentest in Anspruch zu nehmen, sei die Krankheit auch noch so schwer und das Risiko noch so hoch.

Ethisch unbedingt geboten und im Zweifelsfall auch von den behandelnden Ärzten und Ärztinnen anzumahnen ist Transparenz innerhalb der Partnerschaft. Es kommt durchaus vor, dass ein Partner oder eine Partnerin eine eigene Risikoanlage dem anderen nicht offenbaren will, vor allem aus Angst, aufgrund des Risikos verlassen zu werden. Hier ist es aber ein Gebot der Fairness, dass ein Kinderwunsch, der auf spätere gemeinsame Verantwortung zielt, auch von gemeinsamen Risikobewertungen und Entscheidungen ausgehen muss. Ein starkes Argument für Offenheit zwischen den Partnern kann ein Szenario liefern, ob denn die Geburt eines behinderten Kindes nach dem Partner oder der Partnerin zuvor verheimlichtem Risiko seiner oder ihrer Bereitschaft zuträglich wäre, Verantwortung zu übernehmen.

### 5.2.3 Familienabklärung bei erblicher Tumordisposition

Eine der häufigsten Fragestellungen in der klinischen Genetik ist die Abklärung, ob ein individuell ungewöhnliches onkologisches Krankheitsbild – etwa doppelseitiger Brustkrebs bei einer erst 35-jährigen Patientin – oder eine auffällige familiäre Häufung von Krebserkrankungen auf eine erbliche Hochrisiko-Disposition zurückgeht. Deren Nachweis ist von doppelter Bedeutung, nämlich sowohl für die Planung klinischer Vorsorgemaßnahmen bis hin zu präventiven Operationen für den betroffenen Menschen selbst, als auch zur Risikozuordnung mit der Chance einer Entlastung für andere Familienmitglieder. Fast ausnahmslos hat man es hier mit sehr motivierten Patienten und Patientinnen mit hohem Leidensdruck zu tun, sei es durch eine eigene Krebserkrankung in oft schon jungem Alter, sei es durch das Miterleben oft mehrerer solcher Erkrankungsfälle als Angehörige oder Angehöriger. Auch wenn nach dem Nachweis einer Risikoanlage die dauernde Krebsangst und besonders die Entscheidung über vorbeugende Operationen ein hohes psychisches Belastungspotenzial in sich tragen, treten ethische Konflikte im Zusammenhang mit Tumorgenetik insgesamt recht selten auf.

Allerdings obliegt im Rahmen einer Familienabklärung der Indexperson – also dem von der in Rede stehenden Krankheit selbst betroffenen Familienmitglied – zwar nicht die rechtliche Pflicht, aber die transindividuell wirksame ethische Last der Entscheidung, sich auf die Krebsanlage genetisch untersuchen zu lassen. Ohne den genauen Nachweis der verantwortlichen Mutation ist nämlich eine prädiktive Risikozuordnung (s. Kap. 5.2.4) für andere Familienmitglieder technisch so gut wie unmöglich. Eine Weigerung der Indexperson, sich selbst untersuchen zu lassen, nimmt ihren Angehörigen daher die Chance, vom familiären Risiko entlastet werden zu können. So kommt es nicht selten vor, dass die bereits im fortgeschrittenen Stadium einer Krebserkrankung befindliche einzige noch lebende Indexperson von ihren Angehörigen mit Unterstützung von deren Ärztinnen und Ärzten gebeten wird, eine genetische Untersuchung durchführen zu lassen, die für sie selbst keine therapeutischen Konsequenzen mehr hat. Es gibt keine Grundlage dafür, einen solchen Dienst an der Familie zu erzwingen – mehr als zu bitten ist nicht möglich. Ärzte und Ärztinnen, Psychotherapeuten und Psychotherapeutinnen und Ethiker und Ethikerinnen können diese Appelle argumentativ unterstützen; sehr hilfreich kann dabei die Einbeziehung des Hausarztes oder der Hausärztin sein.

Liegt bereits der Nachweis einer krankheitsursächlichen Genveränderung vor, kann diese Information von lebensrettender Bedeutung für Familienangehörige sein, die zumeist von ihrem möglicherweise extrem hohen Krebsrisiko nichts ahnen. Hier ist eine funktionierende innerfamiliäre Kommunikation gefordert, die mitunter an rein menschlichen Verwerfungen scheitert. Weigert sich eine Indexperson, ihr Wissen an ihre Angehörigen weiterzugeben, stehen die behandelnden Ärzte und Ärztinnen vor der Güterabwägung zwischen der Wahrung ihrer Schweigepflicht gegenüber ihrem eigenen Patienten oder ihrer eigenen Patientin und der vitalen Bedrohung Dritter. In einer solchen Konstellation wäre für den Arzt oder die Ärztin ein Durchbrechen der Schweigepflicht gerechtfertigt, könnte ihm oder ihr aber nicht abverlangt werden (Henn 2002). Zuvor aber müssten alle Mittel ausgeschöpft sein, eine Risikokommunikation im Konsens zu erreichen – ein klinisch-ethisches Konsil wäre hier ein probater Ansatz.

**Fall**

Bei einer 40-jährigen Frau mit kombiniertem Brust- und Eierstockkrebs wird eine BRCA1-Mutation nachgewiesen, aufgrund derer für ihre beiden jüngeren Schwestern jeweils eine Wahrscheinlichkeit von ½ besteht, ein extrem hohes Krebsrisiko von über 80% zu tragen. Sie habe aber wegen eines Familienstreits um eine Erbschaft den Kontakt zu ihren Schwestern abgebrochen und weigere sich, ihn wieder aufzunehmen: „Das haben die jetzt davon". Das Angebot des Arztes, im Auftrag der Patientin die Schwestern über deren Hausarzt zu kontaktieren, wird ebenfalls abgelehnt. Letztlich akzeptiert die Patientin eine entferntere und nicht in den Familienstreit involvierte Verwandte als Vermittlerin und entbindet die Ärzte für die anstehenden genetischen Beratungen mit den Schwestern von ihrer Schweigepflicht hinsichtlich ihres Genbefundes. Ausschlaggebend wirkt das Argument, dass auch die Töchter der Schwestern die Risikoanlage tragen könnten und dann sozusagen „als Unschuldige mitbestraft" würden.

Hinsichtlich der Frage, ob bislang gesunde Minderjährige prädiktiv auf aus ihrer Familie bekannte erbliche Tumorneigungen untersucht werden dürfen, gibt es eine gut funktionierende Faustregel: Genetische Untersuchungen bei Minderjährigen sind nur dann verantwortbar, wenn sich die entsprechenden Krankheiten auch schon im Kindes- oder Jugendalter klinisch manifestieren können (GEKO 2011b). Dem Verlangen einer beispielsweise von erblichem Brust- und Eierstockkrebs betroffenen Mutter, ihre Tochter schon im Jugendalter auf die familiäre Anlage untersuchen zu lassen, darf also nicht nachgegeben werden, da hier auch im ungünstigsten Fall keine Krebsmanifestation vor dem 25. Lebensjahr zu befürchten ist. Dies gilt sogar dann, wenn Mutter und minderjährige Tochter gemeinsam den Wunsch nach dem Test äußern. Rechtliche Grundlage der – oft als paternalistische Bevormundung aufgenommenen – Weigerung des Arztes oder der Ärztin ist die Wahrung der späteren informationellen Selbstbestimmung im Erwachsenenalter, und ethische Grundlage das künftige Recht auf Nichtwissen. Am plausibelsten im Gespräch vermittelbar ist allerdings die Chance, im jungen Erwachsenenalter Fragebögen von Berufsunfähigkeitsversicherern nach erfolgten Beratungen – nach diesen darf im Gegensatz zu Gentest-Ergebnissen gefragt werden – problemlos beantworten zu können.

### 5.2.4 Familiäre neurodegenerative Erkrankung

Geradezu paradigmatisch für ethische Probleme in der postnatalen medizinischen Genetik steht die Huntington-Krankheit (HK) als häufigstes Beispiel einer erblichen neurologischen Abbauerkrankung (Terrenoire 1992). Formalgenetisch folgt die HK dem gleichen autosomal-dominanten Erbgang wie die meisten erblichen Krebsdispositionen mit 50% Wahrscheinlichkeit, die Krankheit an Nachkommen weiterzuvererben. Für die psychologische und ethische Betrachtung bestehen dazu aber zwei wesentliche Unterschiede: Zum einen ist die Penetranz der HK-Anlage vollständig, sodass ein nachgewiesener Anlageträger sich nicht auf die Hoffnung zurückziehen kann, vielleicht doch nicht zu erkranken. Zum anderen und vor allem leiten sich aus einer prädiktiven Diagnose keinerlei präventive Optionen ab, sodass das Wissen-Wollen für ihn oder sie allein psychologisch und lebensplanerisch motiviert sein kann.

Die Frage hiernach stellt sich für Nachkommen eines betroffenen Elternteils erst im jungen Erwachsenenalter; Pränataldiagnostik auf die HK ist nach dem Gendiagnostikgesetz unzulässig, und prädiktive Tests in Kindheit oder Jugend werden aus denselben ethischen und pragmatischen Gründen einhellig abgelehnt wie bei familiären Krebsdispositionen. Für die meisten Risikopersonen steht als Pro-Argument entgegen verbreiteten Mutmaßungen fast nie die Entscheidung über einen Kinderwunsch im Vordergrund, sondern die emotionale Befreiung von der Unsicherheit über das eigene Schicksal: Selbst die Möglichkeit einer ungünstigen Gewissheit wird der lähmenden ständigen Selbstbeobachtung auf erste Krankheitszeichen vorgezogen (Meiser und Dunn 2000).

Vor jeder prädiktiven genetischen Diagnostik wird vom Gendiagnostikgesetz verpflichtend eine genetische Beratung sowie eine Bedenkzeit gefordert, die nach der Leitlinie Humangenetische Diagnostik und Genetische Beratung (AWMF 2018) bei schwerwiegenden Erkrankungen mit erheblicher Manifestationswahrscheinlichkeit mindestens vier Wochen betragen sollte, mitunter aber tatsächlich mehrere Jahre dauert. Dieses Zeitfenster ist in erster Linie für eine Entscheidungsfindung mit psychotherapeutischer Unterstützung gedacht, bietet aber auch Raum für strukturierte ethische Erörterungen, in die auch Selbsthilfeorganisationen einbezogen werden können.

Ethische Konflikte bei familiären neurodegenerativen Erkrankungen entstehen, ähnlich wie im Zusammenhang der erblichen Tumordispositionen, am häufigsten hinsichtlich der innerfamiliären Risikokommunikation. Auch hier wird immer wieder die Information, dass die HK bei einem Familienmitglied vorliegt, nicht an alle Angehörigen weitergegeben; eine große Rolle spielt hierbei die verbreitete irrationale Scham im Umgang mit psychiatrischen Erkrankungen. Auch wenn die Folgen des Nicht-Informiert-Werdens für einen ahnungslosen Angehörigen nicht so unmittelbar vital bedrohlich sind wie bei einer erblichen Krebsneigung, stellt es doch de facto einen Eingriff in die informationelle Selbstbestimmung dar, die Entscheidungsmöglichkeit über das eigene Wissen-Wollen vorenthalten zu bekommen. Die ethische Verantwortung für die innerfamiliäre Kommunikation liegt beim prädiktiv diagnostizierten Anlageträger oder – sofern die Diagnose erst bei einem bereits demenziell erkrankten und nicht mehr einwilligungsfähigen Menschen gestellt wurde – bei seinen nächsten Angehörigen (Ehepartner, Geschwister, erwachsene Kinder).

Eine andere schwierige Konstellation kann entstehen, wenn bei einem fortgeschritten demenziell erkrankten Menschen der klinische Verdacht auf die HK oder eine andere erbliche neurodegenerative Erkrankung aufkommt. Die molekulargenetische Diagnosesicherung ist, rechtlich betrachtet, eindeutig eine genetische Untersuchung an einer nicht einwilligungsfähigen Person. Diese ist nach § 14 des Gendiagnostikgesetzes nur dann zulässig, wenn sie der Behandlung des Patienten selbst dient – hierunter kann auch der durch die Diagnosefindung ermöglichte Verzicht auf belastende Untersuchungen in andere Richtungen fallen –, oder zur Risikoabklärung für geplante Schwangerschaften von Familienangehörigen. Eindeutig nicht hierunter fällt das Interesse von Familienangehörigen an einer prädiktiven Diagnostik mit der Chance eines Risikoausschlusses, der ohne die Diagnosesicherung beim betroffenen Indexpatienten in der Familie nicht möglich ist. Auch wenn die Güterabwägung zwischen einer Blutentnahme ohne Therapieaspekt bei einem dementen Menschen und der Lebensplanung einer ganzen Familie eine klare ethische Rechtfertigung des Gentests darstellen würde, stehen die Buchstaben des Gesetzes diesem Vorgehen eindeutig entgegen. Diese Problematik ist einer von vielen Gründen, bei jedem demenziellen Prozess so früh wie möglich, nämlich in der Phase der noch bestehenden Einwilligungsfähigkeit des Patienten oder der Patientin, eine präzise Diagnosefindung voranzutreiben.

Selten, aber mitunter äußerst kritisch sind in diesem Zusammenhang ethische Konflikte hinsichtlich der ärztlichen Schweigepflicht. Genetische Daten gelten zu Recht als äußerst sensibel und sie stehen daher unter besonderem gesetzlichem Schutz. So dürfen nach §§ 18 und 19 GenDG weder private Versicherer noch Arbeitgeber zur Vertragsgestaltung genetische Untersuchungen verlangen oder vorliegende Untersuchungsergebnisse verwerten. Dementsprechend ist ein Mensch, bei dem prädiktiv die Anlage für eine neurodegenerative Erkrankung nachgewiesen worden ist, arbeits- und versicherungsrechtlich betrachtet so lange vollständig gesund und nicht über seinen Status auskunftspflichtig, bis objektive Krankheitszeichen bestehen. Diese können allerdings in unvorhersehbarer Weise und plötzlich beginnen; gerade die Huntington-Krankheit manifestiert sich mitunter erstmals mit für das Umfeld überraschenden Verhaltensstörungen, bis hin zur Selbst- oder Fremdgefährdung, auch ohne vorbestehende Demenzsymptome.

**Fall**

Ein 40-jähriger Mann wünscht eine prädiktive genetische Diagnostik zum Ausschluss der Huntington-Krankheit, nachdem ihm Gerüchte zugetragen worden waren, er sei unehelicher Abkömmling eines „nervenkranken" Mannes. Zur Bestätigung seiner unbeeinträchtigten Gesundheit bringt er ein aktuelles Flugtauglichkeitszeugnis seines Arbeitgebers mit; er ist Verkehrspilot. Nach leitliniengemäßer Vorbereitung findet die Diagnostik statt; wider alles Erwarten erweist er sich als Anlageträger, der mit Sicherheit künftig an der HK erkranken wird. Aufgrund der offenkundigen Gefährdung Dritter im Falle einer psychiatrischen Erstmanifestation wird er von den genetischen Beratern dringend aufgefordert, sofort aus dem Flugdienst auszuscheiden, was er zunächst unter Hinweis auf seine frisch nachgewiesene Flugtauglichkeit verweigert. Daraufhin setzt ihm der beratende Arzt unter Verweis auf seine eigene straf- und haftungsrechtliche Verantwortung eine Frist zum Ausscheiden aus dem Flugdienst, für deren Verstreichen er eine Meldung bei der Aufsichtsbehörde ankündigt. Nach einigen Wochen meldet sich der – nach wie vor klinisch völlig unauffällige – Patient zu einem gemeinsamen Beratungsgespräch mit einem Betriebsarzt seiner Fluggesellschaft an. In dessen Folge wird er, so wird es unter seinen Kollegen kommuniziert, auf eigenen Wunsch vom aktiven Flugbetrieb in ein Schulungszentrum versetzt.

In der kritischen Lebensphase des „Noch-Gesund-Seins" nach der prädiktiven Diagnose einer neurodegenerativen Erkrankung muss die schwierige Balance zwischen der freien Lebensgestaltung sowie dem Schutz vor Diskriminierung des betroffenen Menschen auf der einen Seite und dem Schutz Unbeteiligter vor einer krankheitsbedingten Gefährdung auf der anderen Seite gefunden werden. Wird eine solche Gefährdung offenbar, kann sie in ähnlicher Weise ein Durchbrechen der Schweigepflicht gegenüber Behörden oder Arbeitgebern rechtfertigen, wie es beispielsweise bei epilepsiekranken Kraftfahrern der Fall ist (Gube et al. 2010).

***Praxistipps***

- *Genetische Diagnosen betreffen oft nicht nur den betroffenen Patienten oder die betroffene Patientin selbst, sondern können Familienangehörige zu Risikopersonen machen. Die Verantwortung der Betroffenen für die innerfamiliäre Kommunikation der Problematik ist für sie emotional belastend, aber äußerst wichtig und muss explizit erörtert werden.*
- *Genetische Daten sind besonders sensibel; Datenschutz insbesondere gegenüber Arbeitgebern und Versicherern, aber auch innerhalb von Klinika muss stets gewährleistet sein. Wichtig ist hier die Zugangssperrung für genetische Befunde in Klinikumsnetzwerken.*
- *Das wichtigste, teils sogar gesetzlich vorgeschriebene Instrument der Kommunikation mit Patienten und Patientinnen zu genetischen Diagnosen ist die genetische Beratung. Sie ist interdisziplinär angelegt und ein gut geeigneter Rahmen für das Einbringen ethischer Fachkompetenz.*

- *Für klinische Ethiker empfiehlt sich eine regelmäßige Kontaktpflege mit genetischen Beratern im Vorfeld möglicher Konfliktfälle; umgekehrt sollten zu klinisch-ethischen Konsilrunden auch Humangenetiker hinzugezogen werden. Die Humangenetik ist bislang das vielleicht unterschätzteste Arbeitsfeld für die klinische Ethikberatung.*

## Literatur

Andorno R (2004) The right not to know: an autonomy based approach. J Med Ethics 30: 435–440

Arbeitsgemeinschaft der wissenschaftlichen medizinischen Fachgesellschaften (2018) S2K-Leitlinie Humangenetische Diagnostik und Genetische Beratung. https://www.awmf.org/leitlinien/detail/ll/078-015.html (Zugriff 06.01.2021)

GEKO (2011a) Richtlinie der Gendiagnostik-Kommission (GEKO) über die Anforderungen an die Qualifikation zur und die Inhalte der genetischen Beratung gemäß § 23 Abs. 2 Nr. 2a und § 23 Abs. 2 Nr. 3 GenDG. Bundesgesundheitsblatt 2011; 54: 1248–1256

GEKO (2011b) Richtlinie der Gendiagnostik-Kommission (GEKO) zu genetischen Untersuchungen bei nicht-einwilligungsfähigen Personen nach § 14 in Verbindung mit § 23 Abs. 2 Nr. 1c GenDG. Bundesgesundheitsblatt 54: 1257–1261

GenDG: Gesetz über genetische Untersuchungen beim Menschen. http://www.gesetze-im-internet.de/gendg/ (Zugriff 06.01.2021)

GfH (2007) Neufassung des Positionspapiers der Deutschen Gesellschaft für Humangenetik e.V. medgen 2007, 19:378–379, DOI 10.1007/s11825-006-0033-3

Gube M, Ell W, Schiefer J, Kraus T (2010) Beurteilung der Kraftfahreignung bei Epilepsie. Dt Ärztebl 107: 217–223.

Henn W (2002) Probleme der ärztlichen Schweigepflicht in Familien mit Erbkrankheiten. Zeitschr Medizin Ethik 48: 343–354

Henn W, Schmitz D (2013) Fall und Kommentare: Gibt es eine elterliche Pflicht zum genetischen Wissen? Ethik Med 25: 345–346

Lenhard W, Breitenbach E, Ebert H, Schindelhauer-Deutscher H.J, Henn W (2005) The psychological benefit of diagnostic certainty for mothers of children with disabilities: Lessons from Down syndrome. Am J Med Genet A 133: 170–175

Meiser B, Dunn S (2000) Psychological impact of genetic testing for Huntington's disease. J Neurol Neurosurg Psychiatry 69: 574–578

Richter HE (1970) Patient Familie. Entstehung, Struktur und Therapie von Konflikten in Ehe und Familie. Reinbek

Terrenoire G (1992) Huntington's disease and the ethics of genetic prediction. J Med Ethics 18: 79–85

# 6 Ethik in der Kinderheilkunde und Jugendmedizin

Claudia Wiesemann

**Fallgeschichte 1**

Ein zehnjähriger Junge wird wegen einer schwerwiegenden Form des Aufmerksamkeitsdefizit-/Hyperaktivitätssyndroms (ADHS) für einige Wochen stationär in der Kinder- und Jugendpsychiatrie aufgenommen. Die Eltern erläutern dem behandelnden Arzt, dass bei dem Jungen in der nächsten Woche ein elektiver Eingriff zur Korrektur abstehender Ohren vorgesehen sei, der nicht verschoben werden könne. Es wird vereinbart, den Jungen für die Operation kurzfristig auf die benachbarte chirurgische Station zu verlegen. Während des ersten therapeutischen Gesprächs mit dem Kind kommt die Rede auch auf diesen Eingriff. Überraschender Weise erklärt der Zehnjährige dem Arzt, seine Ohren hätten ihn noch nie gestört. Er benötige eigentlich keine Operation. Seine Eltern hätten das so entschieden.

Patient:innen unter 18 Jahren haben als rechtliche Stellvertreter die Sorgeberechtigten, die in ärztliche Eingriffe einwilligen und mit denen in der Regel der Behandlungsvertrag abgeschlossen wird. Solange das behandelte Kind nicht selbstbestimmungsfähig ist, tragen die Eltern die Verantwortung für die gesundheitliche Entwicklung ihres Kindes und willigen in medizinische Maßnahmen ein. Doch was soll geschehen, wenn Eltern und Kind unterschiedliche Wünsche äußern, insbesondere dann, wenn der/die Minderjährige noch nicht als selbstbestimmungsfähig gelten kann? Maßstab des elterlichen Vertretungsrechts ist das Kindeswohl. Dieser Begriff ist allerdings in hohem Maße auslegungsbedürftig und kann auf unterschiedliche Art und Weise verstanden werden. Im vorliegenden Fall wollen die Eltern ihrem Kind eine Stigmatisierung wegen seiner abstehenden Ohren ersparen, vermutlich da ihr Kind wegen der Symptome des ADHS ohnehin soziale Nachteile hat. Doch aus der subjektiven Sicht des Kindes sind die abstehenden Ohren gar kein Problem. Der Junge fühlt sich weder gehänselt noch benachteiligt.

Welche Auslegung des Kindeswohls zählt in diesem Fall? Die objektiv nachvollziehbare Sicht der Eltern, die noch dazu zukünftige Entwicklungen mit in Betracht zieht, oder die subjektive Wahrnehmung des Kindes? Die Perspektive des Kindes darf in einem solchen Fall jedenfalls nicht einfach übergangen werden. Dass Eltern und Kind in diesem Fall unterschiedliche Ansichten über das Kindeswohl haben, tritt überdies nur zu Tage, weil sich einer der beteiligten Ärzte für die Ansichten des Kindes interessiert. Aus Gewohnheit oder weil es viel Arbeit macht, sehen Organisationsprozesse in Arztpraxen und Krankenhäusern oft gar nicht vor, Kinder und Jugendliche systematisch in die Entscheidungsfindung einzubeziehen. Gerade vulnerable Gruppen, wie in diesem Fall Kinder und Jugendliche, benötigen deshalb standardisierte Inklusions-Prozesse, die dafür sorgen, dass ihnen ihr Recht auf Partizipation nicht systematisch vorenthalten wird.

In der Kinderheilkunde und Jugendmedizin sind die in der Medizinethik üblicherweise verwendeten ethischen Prinzipien der Selbstbestimmung, des Wohltuns und Nichtschadens sowie der Gerechtigkeit in hohem Maße auslegungsbedürftig. Die Sichtweisen und Interessen des betroffenen Kindes, der Sorgeberechtigen sowie der Familie im weiteren Sinne müssen dabei in Betracht gezogen werden, denn Kinder sind für ein gutes Gedeihen auf ihre familiären Beziehungen angewiesen. Ärzt:innen sind deshalb bei der Entwicklung der therapeutischen Ziele mehreren Interessensparteien gegenüber rechenschaftspflichtig. Konfliktfälle können selten allein durch Berufung auf die Selbstbestimmung der Patient:innen gelöst werden. Stattdessen stehen im Interesse des Kindes gute menschliche Beziehungen im Vordergrund. Ein Interessensausgleich muss angestrebt werden (Dörries 2013).

Dabei ist allerdings die Gefahr groß, dass die Kinder und Jugendlichen, um die es eigentlich geht, ins Hintertreffen geraten. Deshalb wird mittlerweile mehr und mehr Gewicht darauf gelegt, das Kind als eigenständiges, moralisch relevantes Subjekt in Entscheidungsprozesse einzubeziehen (Carnevale 2004; Giesinger 2007; Schickhardt 2016; Wiesemann 2016).

> *Die Gruppe der Kinder und Jugendlichen zählen zu den sogenannten vulnerablen Gruppen, die einem erhöhten Risiko von Schädigung ausgesetzt sind, weil sie weniger als andere Personengruppen in der Lage sind, ihre eigenen Interessen zu verteidigen, und ihre Bedürfnisse leichter übergangen werden können. Sie bedürfen deshalb eines besonderen Schutzes. Wie bei jeder anderen vulnerablen Gruppe wächst allerdings dadurch auch die Gefahr einer Bevormundung im vermeintlichen Interesse des/der Minderjährigen.*

## 6.1 Ethische Prinzipien

### Selbstbestimmung

Kinder und Jugendliche werden oft pauschal wie nicht-einwilligungsfähige erwachsene Patient:innen behandelt. Das wird ihrer Situation jedoch nicht gerecht (Baines 2008). Selbst wenn jüngere Kinder im rechtlichen Sinn nicht-einwilligungsfähig sind, unterscheidet sich ihre Situation doch deutlich von beispielsweise der von Patient:innen im Koma, denn sie nehmen in der Regel aktiv am Geschehen teil. Weisen ältere Kinder und Jugendliche die Fähigkeit zur Selbstbestimmung auf, muss diese berücksichtigt werden. Die Fähigkeit zur Selbstbestimmung ist gegeben, wenn Betroffene in der Lage sind, Wesen, Tragweite und Bedeutung eines Eingriffs zu verstehen und ihren Willen danach zu bestimmen. Sie setzt also ein gewisses Verständnis der Krankheit und ihrer Prozesse sowie der Auswirkungen ihrer medizinischen Behandlung voraus. Dies ist nach juristischer Auffassung in der Regel ab einem Alter von 16 Jahren, in Einzelfällen aber auch schon deutlich früher gegeben. Empirische Untersuchungen haben gezeigt, dass chronisch kranke Kinder schon etwa ab dem 10. Lebensjahr ein gutes Verständnis von Krankheitsprozessen erlangen und die nötige Reife und Erfahrung haben können, die Auswirkungen von therapeutischen Maßnahmen zu verstehen und einzuschätzen (Peters 2013). Die kognitive Reife allein ist nicht das dabei ausschlaggebende Kriterium, mindestens ebenso wichtig ist die emotionale Reife und insbesondere die Fähigkeit, zu sich selbst und den eigenen Erfahrungen eine Außenperspektive einnehmen zu können.

*Kann das Kind sein eigenes Verhalten kritisch reflektieren und über Verhaltensalternativen nachdenken?*

Ist Selbstbestimmungsfähigkeit gegeben, muss die Einwilligung des Kindes zu medizinischen Maßnahmen gesucht werden. Dabei wird man im Regelfall das Verfahren der doppelten Einwilligung anwenden: Neben der Einwilligung des Kindes wird auch die Einwilligung der Sorgeberechtigten eingeholt. Sind Kind und Eltern unterschiedlicher Meinung, darf die Meinung des Kindes nicht automatisch zu Gunsten der elterlichen Entscheidung übergangen werden. In höchstpersönlichen Fragen wird die Entscheidung des/der Minderjährigen das größere Gewicht haben. Dies gilt beispielsweise für minderjährige Mädchen, die gegen den Willen ihrer Eltern ein orales Kontrazeptivum wünschen oder eine Abtreibung durchführen lassen wollen. Das Gewicht verschiebt sich mehr und mehr zu Gunsten elterlicher Entscheidung, wenn das Kind nicht die Kriterien der Selbstbestimmungsfähigkeit aufweist. Doch auch in diesem Fall ist die Meinung des Kindes nicht unerheblich, denn das Recht auf Partizipation, d.h. auf Teilhabe an Entscheidungsprozessen, gilt auch schon für nicht selbstbestimmungsfähige Minderjährige.

Die UN-Kinderrechtskonvention fordert in § 12 zur Berücksichtigung des Kinderwillens Folgendes:

> *„(1) Die Vertragsstaaten sichern dem Kind, das fähig ist, sich eine eigene Meinung zu bilden, das Recht zu, diese Meinung in allen das Kind berührenden Angelegenheiten frei zu äußern, und berücksichtigen die Meinung des Kindes angemessen und entsprechend seinem Alter und seiner Reife."*

Die Kinderrechtskonvention hat den Status einer Menschenrechtserklärung.

Das nicht selbstbestimmungsfähige Kind hat ein Recht darauf, bei der Entwicklung seiner Selbstbestimmungsfähigkeit nach Kräften unterstützt zu werden. Dies ist nur möglich, wenn Kinder mit Respekt behandelt und schon frühzeitig als Partner:innen in Entscheidungen einbezogen werden. Priscilla Alderson unterscheidet folgende vier altersbezogene Stufen kindlicher Partizipation: die Einbeziehung durch

1. Information des Kindes,
2. Anhören der Meinung des Kindes,
3. Einfluss der kindlichen Meinung auf die Entscheidung und
4. selbstbestimmte Entscheidung (Alderson 2008).

In der Regel muss die ärztliche Aufklärung so gestaltet sein, dass die Zustimmung des Kindes (engl.: assent) zusätzlich zur Einwilligung der Sorgeberechtigten gesucht wird. Umstritten ist, in welchem Maße dem nicht selbstbestimmungsfähigen Kind ein Vetorecht (engl.: dissent) zusteht (Rothärmel 2004). In einer repräsentativen Befragung niedersächsischer Kinderärzt:innen sagten immerhin 35 Prozent der Befragten, sie würden kein Kind ab dem Schulkindalter zu einer Behandlung zwingen (Wiesemann u. Peters 2013, S. 28). In der Tat sind aufwändige Therapieverfahren ohne die Kooperation des Kindes kaum durchzuführen. Dennoch muss genauer qualifiziert werden, was unter einem kindlichen Veto zu verstehen ist. Unwillensäußerungen des Kindes können vielerlei Gründe habe. Sie unkritisch zu akzeptieren wäre fahrlässig. Damit der Kindeswille als moralisch bedeutsam gelten kann, müssen bestimmte Kriterien gegeben sein. Wiesemann und Peters (2013) haben den berücksichtigungsfähigen, qualifizierten Kindeswillen so definiert:

> *„Beachtlicher Kindeswille: die nachdrückliche Meinungsäußerung des Kindes, die wiederholt vorgetragen wird, für das Kind eine besondere emotionale Bedeutung hat und deren Nichtbeachtung die Selbstachtung des Kindes untergraben würde.“*

Die Selbstachtung des Kindes wird durch demütigende, das Kind als Person nicht respektierende Verhaltensweisen untergraben, also etwa wenn ein Kind, das sich verzweifelt mit Händen und Füßen gegen eine Maßnahme wehrt, mit Gewalt dazu gezwungen wird, diese zu tolerieren. Äußert ein Kind eine solche qualifizierte Willensäußerung, müssen in jedem Fall Maßnahmen zum Interessensausgleich unternommen werden, die der subjektiven Bedeutung der Entscheidung für das Kind Respekt zollen. In solchen Fällen sollte das medizinische Personal die Gründe für die Verweigerung erkunden und nach Kompromissen suchen, die es dem Kind möglich machen zu kooperieren. Dies setzt ein auf das Kind und seine Bedürfnisse ausgerichtetes medizinisches Setting voraus. Grundsätzlich problematisch ist jedenfalls die – auch empirisch nachgewiesene – Tendenz von Ärzt:innen, die Kompetenz von Kindern und Jugendlichen nur dann als gegeben anzusehen, wenn diese mit ihrer eigenen Meinung übereinstimmen.

***Partizipation von Kindern und Jugendlichen in Entscheidungen:***

- *Informed consent:* **Einwilligung** *nach Aufklärung in eine Maßnahme, in der Regel als doppelte Einwilligung von Minderjährigen und Sorgeberechtigten. Einwilligungsfähigkeit ist spätestens ab dem 10. Lebensjahr zu prüfen.*
- *Informed assent:* **Zustimmung** *nach Aufklärung zu einer Maßnahme, sollte bei nicht-einwilligungsfähigen Minderjährigen immer gesucht werden. Im Fall von fremdnütziger Forschung muss die Zustimmung eingeholt werden.*
- *Informed dissent:* **qualifizierte Ablehnung** *von/Veto gegen eine Maßnahme nach Aufklärung bei nicht-einwilligungsfähigen Minderjährigen, sollte immer Maßnahmen zur Förderung der Kooperationsbereitschaft des/der Minderjährigen und die Prüfung alternativer Vorgehensweisen nach sich ziehen. Im Fall von fremdnütziger Forschung ist das Veto bindend.*

In der Ethik wird gelegentlich die Ansicht vertreten, der Kindeswille, das kindliche Veto und sogar die selbstbestimmte Entscheidung eines Kindes oder Jugendlichen könnten übergangen werden, wenn es sich um lebensbedrohliche Erkrankungen handele (Ross 2009). Diese Faustregel muss jedoch infrage gestellt werden, wie das folgende Beispiel zeigt.

**Fallgeschichte 2**

Eine zwölfjährige Patientin mit akut myeloischer Leukämie und Rezidiv ist über Jahre hinweg mit Chemotherapie behandelt worden. In der Folge leidet sie an einer schweren Herzinsuffizienz, die eine Herztransplantation erforderlich macht. Obwohl diese aller Voraussicht nach die einzig lebensrettende Behandlung ist, lehnt das Mädchen die Transplantation ab. Sie erträgt das Krankenhaus nicht mehr und möchte nach Hause zu ihrer Familie.

Befürworter:innen einer Transplantation würden in einem solchen Fall auch den Willen eines selbstbestimmungsfähigen Kindes oder Jugendlichen übergehen, weil das *Recht des Kindes auf eine offene Zukunft* es in einem solchen Fall gebietet, alle sinnvollen Maßnahmen zur Lebensrettung zu unternehmen, auch gegen den Willen des Kindes. Doch ein Automatismus, demzufolge das Leben eines/einer Minderjährigen immer wichtiger ist als andere das Kind betreffende moralische Werte und Rechte, ist nicht gerechtfertigt. Der Respekt vor der Menschenwürde, der Kindern und Jugendlichen ebenso wie Erwachsenen zusteht, erlaubt es auch nicht, zukünftige Interessen stets höher zu gewichten als aktuelle Interessen. Vielmehr muss im Einzelfall geprüft werden, was im Interesse des Kindes ist.

Ein Sonderfall des Selbstbestimmungsrechts ist das Recht auf informationelle Selbstbestimmung. Die zukünftige Entwicklung des Kindes kann auch gefährdet sein, wenn gegen das Recht auf informationelle Selbstbestimmung verstoßen wird, wenn also beispielsweise eine genetische Diagnostik beim Kind durchgeführt wird, die für das Kind selbst bedeutungslos ist, die aber das Recht auf Nichtwissen des/der zukünftigen Erwachsenen infrage stellt und ggf. sogar stigmatisierenden Charakter hat. Laut Gendiagnostikgesetz dürfen die Sorgeberechtigten in solche Diagnostik nicht einwilligen.

## Kindeswohl

Die ethischen Prinzipien des Wohltuns und Nichtschadens haben sich in der Kinderheilkunde und Jugendmedizin am Begriff des Kindeswohls auszurichten. Im angelsächsischen Raum spricht man von „best-interest standard" (Kopelman 2005). Den Sorgeberechtigten obliegt es vorrangig, das Kindeswohl zu fördern. Auch medizinische Maßnahmen müssen sich daran orientieren.

In das Kindeswohl fließen verschiedene Aspekte ein. Dazu zählen die körperliche Unversehrtheit ebenso wie das psychische, soziale und spirituelle Wohlergehen, gute familiäre Beziehungen und eine förderliche Umgebung, die es dem Kind erlaubt, seine Persönlichkeit und seine Talente zu entfalten. Im Normalfall sollten zwar alle diese Aspekte gemeinsam berücksichtigt werden, es ist jedoch unter Umständen geboten oder jedenfalls gerechtfertigt, einem Aspekt Vorrang vor anderen zu geben. Beispielsweise können Eltern im Interesse der körperlichen und geistigen Entwicklung des Kindes Freiräume schaffen, die mit einem erhöhten körperlichen Risiko einhergehen, etwa wenn sich das Kind für eine Risikosportart begeistert. Hier ist ein elterlicher Entscheidungsspielraum unerlässlich. Dieser stößt jedoch an Grenzen, wenn es um das Leben oder andere wesentliche Interessen des Kindes geht.

Staatliche Eingriffe in das elterliche Privileg der Erziehung sind gerechtfertigt, wenn das Kindeswohl gefährdet ist (Dettenborn 2010). Dies ist regelmäßig der Fall, wenn das Kind verwahrlost oder traumatisiert wird, z.B. durch Vernachlässigung, körperliche Misshandlung oder sexuellen Missbrauch. Ärzt:innen sind neben den Sorgeberechtigten oft die einzigen Personen, die das Kind aus der Nähe und auch unbekleidet sehen. Sie tragen deshalb eine besondere Verantwortung, Fälle von Verwahrlosung und Misshandlung zu identifizieren und Maßnahmen zum Schutz des Kindes zu unternehmen. Personen, die in der Kinderheilkunde und Jugendmedizin arbeiten, sollten für solche Fälle standardisierte Vorgehensweisen etablieren. Verdachtsmomente müssen systematisch protokolliert werden; mit dem Jugendamt sollten Absprachen getroffen werden; Mitarbeiter:innen sollten in regelmäßigen Abständen im Umgang mit solchen Fällen und insbesondere auf ein kindgerechtes Verhalten hin geschult werden.

Aus ethischer Sicht umstritten ist, ob Eltern die Beschneidung männlicher Neugeborener autorisieren dürfen. Die aus sozialen wie spirituellen Gründen bedeutsame Zugehörigkeit zu einer religiösen Gemeinschaft muss hier gegen das sehr geringe, aber nicht vernachlässigbare körperliche Risiko für das Kind und die Schmerzbelastung abgewogen werden. Kompliziert wird diese Abwägung durch die Tatsache, dass keine Einigkeit darüber besteht, welche mittel- bis langfristigen körperlichen Vorteile (z.B. weniger Infektionen) oder Nachteile (z.B. reduziertes sexuelles Empfinden) mit der Beschneidung von Knaben verbunden sind.

Medizinische Maßnahmen müssen immer daraufhin überprüft werden, ob sie dem Kindeswohl dienen. Dabei darf bei der Abwägung für oder gegen eine Maßnahme nicht nur das objektive Risiko für das Kind, sondern es muss auch die subjektive Belastung berücksichtigt werden. Als Belastung gelten Verunsicherung, Beschämung, Angst und Schmerz, die abhängig vom Alter und der Verständigkeit des Kindes auch bei an sich trivialen Eingriffen auftreten können und denen systematisch vorgebeugt werden muss. Das Kindeswohl kann also in verschiedener Hinsicht gefährdet sein: durch subjektive Belastungen für das Kind ebenso wie durch objektive Gefährdungen einschließlich der Nachteile für die zukünftige Entwicklung des Kindes, wenn etwa die Wahl der Geschlechtsidentität oder der Fortpflanzungsfähigkeit bei Kindern mit Intersex durch Eingriffe im Neugeborenenalter beschränkt wird. Auch das Recht auf Schulbildung kann bei chronischen Krankheiten gefährdet sein.

***Kindeswohlgefährdung durch medizinische Maßnahmen:***
- *Subjektive Aspekte: Schmerz, Angst, Verunsicherung, Beschämung*
- *Objektive Aspekte: Nebenwirkungs- und Komplikationsrisiken*
- *Zukünftige Aspekte: Beschränkung von grundlegenden, die Entwicklung des Kindes betreffende Optionen (Bildung, Identität, Fortpflanzungsfähigkeit o.ä.)*

## Gerechtigkeit

Gerechtigkeitsfragen werden in der Kinderheilkunde und Jugendmedizin auch in Ländern mit einem solidarisch finanzierten Gesundheitswesen aufgeworfen.

**Gesundheit ist wichtig, um sich zu entwickeln und eine Persönlichkeit zu entfalten. Kinder und Jugendliche haben ein Recht darauf, dazu von der Gesellschaft, in der sie leben, die nötige Unterstützung zu erhalten.**

Dies beinhaltet z.B. auch ein Recht auf Ausgleich von gesundheitlichen Armutsrisiken. Kinder aus Familien mit niedrigem sozialen Status haben ein höheres Risiko, psychische und soziale Verhaltensauffälligkeiten zu entwickeln (z.B. ADHS oder Anorexie), leiden häufiger an Adipositas, sind stärker Lärmbelastungen oder Passivrauchen ausgesetzt, nehmen seltener ärztliche Leistungen in Anspruch und haben eine geringere Chance, Gesundheitskompetenz zu entwickeln (BZgA 2013). Das therapeutische Team kann diesen Herausforderungen nicht allein, sondern nur mit Hilfe der Kommunen und anderer sozialer Träger begegnen. Früherkennung und Prävention sind nur in Kooperation mit Kindertagesstätten, Schulen oder Jugendämtern möglich. Ärztliche Pflicht ist es, nicht nur das einzelne Kind gut zu versorgen, sondern auch auf strukturelle Probleme für Gruppen von Kindern hinzuweisen und an ihrer Bewältigung mitzuwirken.

Ein weiteres Problem der gerechten Versorgung in der Kinder- und Jugendmedizin betrifft Patient:innen mit chronischen Erkrankungen, z.B. Herzfehlern oder Mukoviszidose, die wegen der guten Therapiemöglichkeiten das Erwachsenenalter erreichen. Die Erwachsenenmedizin ist auf die Versorgung dieser Gruppe oft schlecht vorbereitet. Erwachsenenkardiologen sind beispielsweise nicht gut für die Langzeitversorgung kindlicher Herzfehler ausgebildet. Junge Erwachsene werden deshalb nicht selten weiterhin auf Kinderstationen behandelt. Dies wird jedoch ihrer besonderen Lebenssituation nicht gerecht. In der ärztlichen Ausbildung und bei der Planung von Versorgungszentren müssen diese besonderen Probleme chronisch kranker junger Erwachsener besser berücksichtigt werden.

Schließlich besteht auch ein allgemeines Gerechtigkeitsproblem mit Blick auf die gesamte Gruppe der Kinder und Jugendlichen. Sie sind insgesamt weniger gut mit evidenzbasierter Medizin versorgt, denn Medikamentenstudien werden üblicherweise zunächst an Erwachsenen durchgeführt. Weitere Studien mit Kindern lohnen sich aber für den Hersteller oft nicht, da diese aufwändig sind und nur eine kleine Zahl von Kranken betrifft, der potenzielle Absatzmarkt solcher Medikamentenentwicklungen also auch klein ist. Es ist aber keinesfalls selbstverständlich, dass Erwachsenenmedikamente bei Kindern oder Jugendlichen gleiche Wirkungen haben. In der Kinderheilkunde und Jugendmedizin müssen deshalb viele Medikamente ohne ausreichende wissenschaftliche Prüfung lediglich auf der Basis von Erfahrung eingesetzt werden. Diesen Einsatz nennt man „off-label use“: Medikamente werden bei Kindern und Jugendlichen angewendet, obwohl es für Dosis, Anwendungsdauer oder Darreichungsart keine ausreichenden wissenschaftlichen Studien gibt und über Risiken nicht angemessen informiert werden kann. In dieser Situation kann nur Abhilfe geschaffen werden, indem Anreize geschaffen werden, solche Studien durchzuführen, und insgesamt bei den Gesundheitsberufen wie auch in der Öffentlichkeit das Bewusstsein für die Bedeutung klinischer Forschung gefördert wird. Eltern, die über die Problematik des *off-label use* informiert wurden, sind jedenfalls eher bereit, einer Studienteilnahme ihres Kindes zuzustimmen (Lenk et al. 2009).

### Vertrauenswürdigkeit

Neben den bekannten, auf Beauchamp und Childress zurückgehenden medizinethischen Prinzipien hat in der Kinderheilkunde und Jugendmedizin auch das Prinzip der Vertrauenswürdigkeit eine hohe Bedeutung. Vertrauen kann als eine moralische Praxis verstanden werden, die Abhängigkeitsbeziehungen charakterisiert (Wiesemann 2015). Wer sich selbst nicht mehr helfen kann, muss als kranke Person seine Gesundheit oder sogar sein Leben Ärzt:innen anvertrauen. Indem man vertraut, akzeptiert man diese Verletzlichkeit und setzt seinen Glauben in die Integrität und die gute Absicht seines Gegenübers. Dabei wird die Abhängigkeit positiv gewendet, denn indem Abhängige ihr Vertrauen in ihr Gegenüber setzen, verpflichten sie ihr Gegenüber implizit auf ein Verhalten zu ihrem Besten. Damit verortet der/die Vertrauende sich und sein/ihr Gegenüber in der Sphäre der Moral. Wenn besonders vulnerable Personen vertrauen, hat dies einen hohen Verpflichtungsgrad für die derart angesprochenen Personen. Dies gilt insbesondere für Kinder, denen oft nichts anderes übrig bleibt, als ihr Vertrauen in die sie umgebenden Erwachsenen zu setzen. Wer ein solches Vertrauen einer existenziell abhängigen Person enttäuscht, muss mit scharfer moralischer Missbilligung rechnen. Dies gilt sogar für Fremde, denen sich ein Kind zufälligerweise anvertraut.

**Die moralische Pflicht von Personen, denen vertraut wird, ist es nicht nur, ihre Aufgabe professionell zu erfüllen, sondern dabei auch das Vertrauen von Minderjährigen ernst zu nehmen und den Bedürfnissen von Minderjährigen entsprechend angemessen zu beantworten. Damit respektieren und bekräftigen sie die moralische Bedeutung und Würde des Kindes.**

Das Vertrauen eines Kindes kann auf sehr unterschiedliche Art und Weise erworben und erhalten werden. Oft wird es beispielsweise nicht möglich sein, eine medizinische Maßnahme schmerzfrei und ohne das Kind zu beängstigen durchzuführen. Dennoch kann Vertrauen hergestellt werden, indem das Kind auf unangenehme Maßnahmen vorbereitet wird, im Gespräch seine Kooperation gesucht wird und verlässliche Vereinbarungen zur Kontrolle der Situation oder zur Schmerzreduktion getroffen werden. Das Vertrauen zwischen dem therapeutischen Team und dem kranken Kind ist von außerordentlich großer Bedeutung für die Entstehung einer tragfähigen therapeutischen Beziehung. Es erfordert ein systematisches und langfristiges Engagement aller beteiligten Erwachsenen im Bewusstsein um die Fragilität einer auf Vertrauen aufgebauten Beziehung. Wer sich heute bei einem kleinen Eingriff rücksichtslos über den Widerstand des Kindes hinwegsetzt, riskiert, morgen bei einem wichtigen Eingriff ein misstrauisches und nicht mehr kooperationswilliges Kind vorzufinden.

## 6.2 Beziehungsethische Aspekte

Ein strikt individualistischer Zugang, der lediglich die Rechte und Interessen von Einzelpersonen gegeneinander abwägt, ist bei Kindern und Jugendlichen oft nicht ausreichend. Persönliche Bezugspersonen sind für Kinder von außerordentlich großer Bedeutung. Identität und Persönlichkeit des Kindes entwickeln sich in der engen Beziehung zu den Eltern bzw. Sorgeberechtigten. Elternschaft besteht in moralischer Hinsicht in der verbindlichen, auf Dauer angelegten, verantwortungsvollen und liebevollen Beziehung zu einem Kind (Wiesemann 2006). Die Förderung dieses Beziehungsverhältnisses ist ein wichtiges moralisches Gebot. Und schließlich ist Familie der Ort, an dem diese engen Beziehungen zu den Eltern, ggf. auch den mit der Erziehung betrauten Großeltern und den Geschwistern gepflegt und mit Leben erfüllt werden. Mitglied einer Familie zu sein heißt in moralischer Hinsicht, die über die eigenen Interessen hinausgehenden Interessen der anderen Mitglieder und der Familie als Ganze im Blick zu haben und zu fördern. Deshalb müssen gerade in der Kinderheilkunde und Jugendmedizin beziehungsethische Ansätze individualethische Konzepte ergänzen.

Um diesen beziehungsethischen Idealen gerecht zu werden, sollte in der Regel ein konsensorientiertes Verfahren gewählt werden. Kinder und Eltern sollten gemeinsam in Entscheidungen einbezogen werden. In Konfliktfällen sollte ein Interessensausgleich angestrebt werden. Kompromisse sollten darauf abzielen, die Eltern-Kind-Beziehung und andere familiäre Beziehungen nicht zu gefährden. Der Erhalt solcher Beziehungen ist also auch im Interesse des Kindes ein wichtiges Therapieziel.

Dabei drohen von zwei Seiten Gefahren. Auf der einen Seite können bei der Suche nach einem Kompromiss fundamentale Interessen des Kindes als Person und als Mensch mit Würde verletzt werden. Die existenzielle Beziehungsbedürftigkeit des Kindes darf nicht dazu verleiten, das Kind als Individuum mit eigener moralischer Würde zu übersehen. Auf der anderen Seite kann die radikale Verfechtung individueller kindlicher Interessen dazu führen, die existenzielle Beziehungsbedürftigkeit des Kindes zu übersehen, etwa wenn adipöse Kleinkinder aus ihren Familien genommen werden, um ihrem Recht auf gesunde Ernährung Nachdruck zu verschaffen.

*In der Regel müssen Maßnahmen so gestaltet sein, dass sie den individuellen wie den beziehungsorientierten Bedürfnissen des Kindes Rechnung tragen. Die externale und objektive Bewertung der Risiken und Belastungen durch Fachleute muss durch die internale und subjektive Bewertung der Risiken und Belastungen durch das Kind und seine Eltern ergänzt werden.*

*Ziel ist eine vertrauensvolle Beziehung zwischen Eltern und Kind sowie zwischen den Mitgliedern des therapeutischen Teams und dem Kind.*

In einigen Fällen wird es dennoch unerlässlich sein, das Kind – zumindest vorübergehend – aus der Obhut seiner Eltern zu entfernen, etwa wenn es schwer vernachlässigt, misshandelt oder missbraucht wird oder wenn ihm aus intersubjektiv nicht nachvollziehbaren Gründen eine lebenserhaltende Therapie vorenthalten wird. In all diesen Fällen muss jedoch zugleich der Beziehungsbedürftigkeit des Kindes zumindest insofern Respekt gezollt werden, als der Kontakt zu den Eltern nicht gänzlich abgebrochen wird und in jedem Fall vorübergehender, adäquater Ersatz geschaffen wird.

## 6.3 Therapiebegrenzung und der Umgang mit Sterbenden

Auch bei Kindern und Jugendlichen können und müssen therapiebegrenzende und therapiebeendende Entscheidungen gefällt werden, wenn die Prognose infaust ist und eine weitere Behandlung nicht mehr im Interesse des Kindes ist. Solche Entscheidungen bei nicht-einwilligungsfähigen Minderjährigen und insbesondere bei Neugeborenen werfen allerdings besondere Probleme auf. Das Konzept des mutmaßlichen Willens ist umso weniger von Nutzen, je jünger das Kind ist und je weniger überhaupt ein Wille oder Interesse des Kindes schon zu erkennen ist.

Je jünger der/die Minderjährige ist, desto eher muss das Fremdurteil an die Stelle eines Eigenurteils treten. Die damit verbundene Sorge, dass damit ein Urteil über den (abstrakt verstandenen) Lebenswert eines Kindes gefällt wird, ist ernst zu nehmen.

> *Pauschalurteile, denen zufolge man unmittelbar von einer bestimmten Eigenschaft oder ihrem Fehlen auf den Wert eines menschlichen Lebens schließen könne, müssen zurückgewiesen werden. Das schließt jedoch Therapiebegrenzungs-Entscheidungen, die an der Lebensqualität des Kindes ausgerichtet sind, nicht aus.*

Das Kind – und insbesondere das Neugeborene – ist schon im Normalfall für die Befriedigung seiner Bedürfnisse auf das Einfühlungsvermögen nahe stehender Personen angewiesen. In einer Situation mit fragwürdiger oder infauster Prognose kann und muss die Einfühlung in die individuelle Situation des Kindes und eine Orientierung an der dem Kind verbleibenden Lebensqualität an die Stelle der fehlenden objektiven Daten über die Überlebensinteressen eines Kindes treten. Eine solche empathische Einschätzung sollte in erster Linie von den Eltern bzw. jenen Personen, die dem Kind emotional nahe stehen, vorgenommen werden. Mehrere große empirische Studien haben gezeigt, dass Eltern diese Rolle in der großen Mehrheit auch übernehmen wollen und können (Rellensmann 2014, 137). Erst wenn sie mit einer solchen Entscheidung überfordert sind, kann das medizinische Personal, das das Kind betreut, diese Entscheidungen stellvertretend treffen. Dies betrifft – so der Münsteraner Kinderarzt Georg Rellensmann – solche Bereiche, in denen es einen echten Dissens auch unter Fachleuten über das angemessene Vorgehen gibt, z.B. bei Frühgeborenen, die in der 22.–25. Schwangerschaftswoche geboren werden. Hier gibt es international unter Neonatologen keine Einigkeit darüber, ob eine Intensivtherapie im Interesse des Kindes begonnen werden soll oder nicht. Rellensmann betont, dass zudem über den Umgang mit lebensbegrenzenden Entscheidungen in solchen Grauzonen ein gesellschaftlicher Diskurs geführt werden sollte (Rellensmann 2014).

Je älter das Kind ist, desto eher kann und muss es in therapiebegrenzende und therapiebeendende Entscheidungen einbezogen werden. Dies setzt eine wahrheitsgemäße Aufklärung des Kindes voraus. Eine solche Aufklärung sollte auch Gespräche über ein bevorstehendes Sterben nicht ausschließen (Niethammer 2008).

> *Eine schon in den siebziger Jahren durchgeführte Studie mit sterbenden Kindern ergab, dass viele schwerstkranke Kinder sich ihrer Situation bewusst waren, aber aus Rücksicht auf ihre Eltern vorgaben, nicht zu wissen, wie es um sie steht (Bluebond-Langner 1978). Das Kind ist dann in der großen Gefahr, in einer existenziell bedrohlichen und belastenden Situation systematisch allein gelassen zu werden.*

Das Patientenverfügungsgesetz von 2009 regelt zwar nur die Geltung von Patientenverfügungen von volljährigen einwilligungsfähigen Personen. Dies schließt jedoch nicht aus, dass auch nicht volljährige Personen patientenverfügungsähnliche Erklärungen verfassen können. Diese müssen respektiert werden, wenn die verfassende Person zum Zeitpunkt der Abfassung selbstbestimmungsfähig war. Ärzt:innen, die chronisch kranke Kinder betreuen, können sich davon normalerweise einen verlässlichen Eindruck verschaffen. In einer palliativmedizinischen Situation oder Sterbesituation sollten sie das Gespräch mit dem kranken Kind suchen und wahrheitsgemäße Informationen anbieten. Wichtig ist es dabei, die Eltern in einen solchen offenen Umgang mit Tod und Sterben einzubeziehen, um dem Kind eine Unterstützung durch nahe stehende Personen zu ermöglichen.

## 6.4 Organisationsethik

Den besonderen Bedürfnissen vulnerabler Gruppen muss auf verschiedenen Ebenen Rechnung getragen werden. Es reicht in der Regel nicht, wenn die einzelnen Mitglieder des therapeutischen Teams gewillt sind, die ethischen Belange von Kindern und Jugendlichen ernst zu nehmen. Denn Praxen und Krankenhäusern sind oft so organisiert, dass Kinderbedürfnisse im durchstrukturierten Ablauf leicht übersehen werden. Zudem sind viele Erwachsene immer noch gewohnt, Kinderinteressen automatisch geringer zu bewerten als Erwachseneninteressen. Diesen Tendenzen muss auf der Ebene der Organisation systematisch vorgebeugt werden. Dazu sind Maßnahmen für eine kinderfreundliche Infrastruktur, standardisierte Abläufe und spezifische Ausbildungsprogramme nötig (Mengel et al. 2019).

### Maßnahmen für eine kinderfreundliche Infrastruktur

Arztpraxen und Krankenhäuser müssen auf die besonderen Bedürfnisse von Kindern und ihren Begleitpersonen Rücksicht nehmen. Dazu gehören eine freundliche Gestaltung von Räumlichkeiten, ausreichende Möglichkeiten zum Spiel, ggf. schulische Angebote sowie das Angebot für Eltern, ihr Kind überall hin zu begleiten (auch in den Bereich der OP-Vorbereitung) und in der Nähe des Kindes übernachten zu können.

### Standardisierte Abläufe

Damit das Kind sein Recht auf Partizipation wahrnehmen kann, müssen Informations- und Entscheidungsgespräche stets so gestaltet sein, dass Kinder direkt angesprochen werden und in Entscheidungen einbezogen werden. Unterhaltungen nur mit den Eltern über den Kopf des partizipationsfähigen Kindes hinweg müssen vermieden werden. Ein solches erwünschtes Verhalten aller Mitglieder eines therapeutischen Teams muss systematisch gebahnt werden, etwa durch die Vorschrift, den Kindeswillen routinemäßig in der Krankenakte zu dokumentieren. Wiederkehrende, für das Kind beängstigende, beschämende oder schmerzvolle Maßnahmen müssen auf möglichst schonende und für das Kind verlässliche Weise durchgeführt werden. Protokolle für einen standardisierten, angst- und schmerzvermeidenden Umgang mit belastenden Prozeduren müssen in Kooperation mit Kindern entwickelt und erprobt werden.

Die Zufriedenheit von Kindern mit der Behandlung muss gesondert und kinderfreundlich erfasst werden. Kinder (und Eltern) sollten die Möglichkeit erhalten, sich auf standardisiertem Weg über schlechte und respektlose Behandlungen zu beschweren. Aufklärungsmaterialien müssen in kinderfreundlicher Form in mehreren, altersentsprechenden Versionen vorliegen. Alle Mitglieder des therapeutischen Teams sollten ein verbindliches Prozedere, das in Absprache mit dem lokalen Jugendamt entwickelt wurde, bei Verdacht auf Verwahrlosung, Misshandlung oder Kindesmissbrauch einhalten. Der Umgang mit sterbenden oder verstorbenen Kindern sollte einheitlich, rücksichtsvoll, kindbezogen und kultursensibel gestaltet sein.

### Spezifische Ausbildungsprogramme

Spezifische Ausbildungsprogramme, die für alle Mitglieder des Teams verbindlich und wiederkehrend angeboten werden, sind notwendig, um die Sensibilität und Kompetenz des therapeutischen Teams im Umgang mit Kindern und Eltern erhöhen. Sie sollten z.B. folgende Themen behandeln:

- Kinderrechte in der Medizin,
- kindgerechte Prozeduren,
- kultursensible Therapie und Pflege
- und die Führung von Gesprächen mit Kindern oder Eltern.

***Praxistipps***

- *Kinder sind Menschen mit eigener moralischer Würde und haben nicht nur Anspruch auf Schutz, sondern auch auf Partizipation in allen sie betreffenden Angelegenheiten.*
- *Eine Kommunikation nur unter Erwachsenen über den Kopf des partizipationsfähigen Kindes hinweg muss vermieden werden.*
- *Um die Rechte vulnerabler Gruppen zu stärken sind organisationsethische Anstrengungen unerlässlich (kinderfreundliche Infrastruktur, standardisierte Abläufe und Ausbildungsprogramme).*

## Literatur

Alderson P (2008) Young Children's Rights. Exploring Beliefs, Principles and Practice. Jessica Kingsley Publishers London

Baines P (2008) Medical Ethics for Children: Applying the Four Principles to pPaediatrics. J. Med. Ethics, 34, 141–145

Bluebond-Langner M (1978) The Private Worlds of Dying Children. Princeton University Press Princeton, New Jersey

Bundeszentrale für gesundheitliche Aufklärung (BZgA)/Kooperationsverbund Gesundheitliche Chancengleichheit: Gesundheit sozial benachteiligter Kinder und Jugendlicher (2013) URL: http://www.gesundheitliche-chancengleichheit.de/gesundheitsfoerderung-bei-kindern-und-jugendlichen/hintergruende-daten-materialien/ (abgerufen am 05.02.2021)

Carnevale FM (2004) Listening authentically to youthful voices: a conception of the moral agency of children. In: Storch JL, Rodney P, Starzomski R (Hrsg.) Toward a Moral Horizon: Nursing Ethics for Leadership and Practice. 396–413. Pearson Toronto

Dettenborn H (2010) Kindeswohl und Kindeswille. Psychologische und rechtliche Aspekte. Ernst Reinhardt München

Dörries A (2013) Zustimmung und Veto. Aspekte der Selbstbestimmung im Kindesalter. In: Wiesemann C, Simon A (Hrsg.) Patientenautonomie. Theoretische Grundlagen, praktische Anwendungen. 180–189. Mentis Münster

Giesinger J (2007) Autonomie und Verletzlichkeit. Der moralische Status von Kindern und die Rechtfertigung von Erziehung. transcript Bielefeld

Kopelman LM (2005) The best-interest standard as threshold, ideal, and standard of reasonableness. In: Freeman M (Hrsg.) Children, Medicine, and the Law. 425–443. Freegate Burlington, Vermont

Lenk C, Koch P, Zappel H, Wiesemann C (2009) Off-label, Off-limits? Parental Awareness and Attitudes Towards Off-label Use in Paediatrics. Eur. J. Pediatr. 168, 1473-1478

Mengel R, Wedemeyer F, Wiesemann C (2019) Partizipation von Kindern und Jugendlichen im Krankenhaus. Frühe Kindheit 22 (4), 20–28

Niethammer D (2008) Das sprachlose Kind: Vom ehrlichen Umgang mit schwer kranken und sterbenden Kindern und Jugendlichen. Schattauer Verlag, Stuttgart

Peters S (2013) Wenn Kinder anderer Meinung sind. Die ethische Problematik von Kindeswohl und Kindeswille in der Kinder- und Jugendmedizin. Dissertation zur Erlangung des Doktorgrades der Medizinischen Fakultät der Georg-August-Universität zu Göttingen. URL: http://hdl.handle.net/11858/00-1735-0000-0001-BBDB-8 (abgerufen am 05.02.2021)

Rellensmann G (2014) Frühgeburt an der Grenze der Lebensfähigkeit. In: Ach JS, Lüttenberg B, Quante M (Hrsg.) wissen/leben/ethik. 127–140. Mentis Münster

Ross LF (2009) Against the Tide: Arguments Against Respecting a Minor's Refusal of Efficacious Life-Saving Treatment. Cambridge Quarterly of Healthcare Ethics, 18, 302-315

Rothärmel S (2004) Einwilligung, Veto, Mitbestimmung. Die Geltung der Patientenrechte für Minderjährige. Nomos Baden-Baden

Schickhardt C (2016) Kinderethik. Der moralische Status und die Rechte der Kinder. 2. Aufl., Mentis Münster

Wiesemann C (2006) Von der Verantwortung, ein Kind zu bekommen. Eine Ethik der Elternschaft. C.H. Beck München

Wiesemann C (2015) Moral Equality, Bioethics and the Child. Springer Verlag Dordrecht

Wiesemann C (2016) Vertrauen als moralische Praxis – Bedeutung für Medizin und Ethik. In: Steinfath H, Wiesemann C (Hrsg.) Autonomie und Vertrauen. Schlüsselbegriffe der modernen Medizin. Springer Verlag Berlin, Heidelberg, 69–99

Wiesemann C, Peters S (2013) Kindeswohl und Kindeswille in der Medizin. Eine ethische Analyse. frühe kindheit, 23, 22–29

# 7 Besondere ethische Herausforderungen in der Intensivmedizin

Fred Salomon

## 7.1 Zwischen Erfolg und Zweifel

Intensivmedizin setzt die breite Kompetenz verschiedener Disziplinen und Berufsgruppen voraus, die in Kooperation lebensbedrohliche Zustände bei schwerkranken Patienten vermeiden oder überwinden wollen, um ein für sie tragbares Leben zu erhalten oder wiederherzustellen. Sie etablierte sich Mitte des 20. Jahrhunderts, als Technik, Pharmakologie, pathophysiologisches Wissen und die Strukturen in der Patientenversorgung die Voraussetzungen boten. Intensivmedizin ist ein Symbol für den Kampf gegen den Tod. Beeindruckende Erfolge faszinieren sowohl diejenigen, die auf Hilfe hoffen, als auch diejenigen, die sich im Team mit den Leistungen identifizieren.

Bald zeigte sich jedoch die Janusköpfigkeit dieser Medizin. Man erkannte, dass Intensivtherapie große körperliche und emotionale Belastungen mit sich bringt, nicht nur für den Schwerkranken, sondern auch für Angehörige und das Team (Hannich 1982). Diese Erkenntnisse führten dazu, Arbeitsabläufe für Mitarbeitende, Tagesstrukturen für Patienten, den Umgang mit Angehörigen und bauliche Konzepte der Stationen zu verbessern.

Als belastend erwiesen sich auch die dauernde Konfrontation mit den Grenzen des Lebens und die Entscheidungen über Einsatz oder Verzicht von Intensivmedizin. Weil die gewünschten Erfolge nicht immer erreicht wurden, sondern schwere Behinderung, Koma und intensive Pflegebedürftigkeit als Ergebnis blieben, drängten sich zunehmend ethische Fragen auf (Salomon 1985).

Parallel dazu wurde in Philosophie, Recht und öffentlichem Bewusstsein die Autonomie immer wichtiger, die damit auch in der Medizin eine führende Rolle einnahm

(Wiesemann 2012). Sie äußerte sich im Wunsch, selbst zu bestimmen, wie man sein Leben und Sterben gestalten möchte und welche Hilfen man dabei zulassen möchte.

**Humane Intensivmedizin verlangt neben hohen medizinischen, pflegerischen und technischen auch fundierte psychosoziale und ethische Kompetenzen.**

## 7.2 Fallbeispiele

In konkreten Fällen hat Ethik neben kommunikativen, medizinischen, ökonomischen, organisatorischen, pflegerischen, psychischen, rechtlichen, sozialen, spirituellen und technischen Aspekten gleichrangige Bedeutung. Tauchen Konflikte auf, ist zunächst zu differenzieren, in welchem dieser Bereiche sie liegen. Nur so können sie mit den zugehörigen Methoden bearbeitet werden. Die ethischen Dimensionen typischer intensivmedizinischer Konflikte erfordern es, sich mit den unterschiedlichen Wertesystemen und Lebenskonzepten der beteiligten Personen zu beschäftigen.

**Drei Fallbeispiele** zeigen typische Entscheidungssituationen in der Intensivmedizin, in denen ethische Aspekte eine Rolle spielen.

**Fall 1: Automatismus**

00:50 Uhr. „Notfall" schallt es über die Station und ruft das Intensivteam auf den Flur. Zwei Schwestern schieben ein Bett mit einem schlaffen, blutverschmierten Mann durch die Tür auf die Intensivstation. Der Chirurg führt eine Herzdruckmassage aus. Der Patient ist nicht intubiert und beatmet. Das Intensivteam greift sofort ein, intubiert den Mann und fährt ihn an einen vorbereiteten Platz.

Währenddessen skizziert der Chirurg: „50-jähriger Mann, bis eben problemlos geatmet, dann plötzlich massiv Blut erbrochen. Der Zimmernachbar hat uns alarmiert. Beim Eintreffen war er nicht ansprechbar und ohne Puls." Auf die Frage, warum er in der Klinik sei, kommt die Antwort: „Metastasierendes Ösophaguscarcinom mit Anämie, inoperabel. Er ist zur Transfusionstherapie da." Die Frage, ob ein palliatives Vorgehen geplant sei, wird bejaht.

Der Intensivarzt beendet die Reanimation und entkoppelt den Mann vom Beatmungsgerät.

**Fall 2: Differenzen im Team**

Herr Helm ist 78 Jahre alt, alleinstehend und hat zwei erwachsene Kinder. Nach einer Appendektomie mit perityphlitischem Abszess vor einem Monat wird er wegen eines akuten Abdomens laparotomiert. Es finden sich eine perforierte Sigmadivertikulitis mit multiplen Abszessen und eine Peritonitis. Nach der Sigmaresektion kommt er beatmet auf die Intensivstation. An Vorerkrankungen sind eine schwere chronisch obstruktive Lungenerkrankung mit Emphysem sowie ein AV-Block Grad 1 bekannt. Er erholt sich nur langsam.

Drei Wochen später kommt er wegen einer Sepsis, Bauchschmerzen und Ateminsuffizienz erneut auf die Intensivstation. Bei eitriger Cholezystitis mit Peritonitis wird er cholezystektomiert und abdominal lavagiert. Nach drei Wochen kann er extubiert werden. In den folgenden vier Wochen machen rezidivierende Bronchopneumonien wiederholte Beatmungen nötig. Herr Helm wird immer kraftloser. Wenn er nicht intubiert ist, gelingt das Abhusten nur mühsam. Er ist nicht zur Nahrungsaufnahme bereit, wird über eine nasogastrale Sonde ernährt und äußert sich kaum.

Das Team diskutiert über den Sinn der Behandlung und mögliche Grenzen. Der Oberarzt hält die Maßnahmen für indiziert, weil der Zustand besserbar sei. Für viele Pflegende ist die laufende Therapie bereits überzogen und inhuman. Herr Helm lässt alles über sich ergehen. Er äußert sich nicht, obwohl er zeitweise orientiert und kommunikationsfähig ist. Auch den Angehörigen gegenüber äußert er sich nicht zur Behandlung.

Schließlich wird im Team und mit den Angehörigen vereinbart, die Therapie auf dem aktuellen Niveau weiterzuführen mit dem Ziel, ihn aus der Intensivstation entlassen zu können. Zusätzlich auftretende Komplikationen sollen aber nicht mehr therapiert werden. Der Infekt bessert sich und Herr Helm beginnt wieder zu essen. Es wird eine Verlegung des stark pflegebedürftigen Mannes in ein Pflegeheim vorbereitet. Die weiter bestehenden kontroversen Positionen äußern sich in der Diskussion zwischen den Pflegenden und dem Oberarzt über das unbefriedigende Ergebnis.

**Fall 3: Therapiezieländerung**

Herr Neuburg, 45 Jahre alt, hat seit über 20 Jahren eine progredient in Schüben verlaufende Multiple Sklerose. Er ist am Rollator eingeschränkt gehfähig. Vor sechs Monaten konnte ein Schub durch eine Plasmapherese erfolgreich therapiert werden. Er kommt jetzt somnolent, schwer dysarthrisch, mit linksbetonter spastischer Tetraparese zur Aufnahme. Er kann weder stehen noch sitzen und hat im Rahmen einer Pseudobulbärparalyse schwere Schluckstörungen. Ein pulmonaler Infekt verkompliziert die Situation.

Seine Ehefrau, die seine Betreuerin ist, kümmert sich liebevoll um ihn. Mit ihr wird eine erneute Plasmapherese beschlossen. Nach fünf Durchgängen bessert sich sein Zustand. Herr Neuburg wird kommunikationsfähig und beweglicher. Die Hemiparese ist rückläufig.

Weil eine orale Nahrungszufuhr als problematisch eingeschätzt wird, erhält er eine PEG. Während des Kostaufbaus über die PEG regurgitiert und aspiriert Herr Neuburg. Danach verschlechtert sich wieder der neurologische Befund. In Gesprächen mit den Teammitgliedern, den Vertretern der Neurologie und Intensivmedizin und der Ehefrau wird das Therapieziel auf palliativ geändert. Plasmapherese und andere invasive Maßnahmen werden nicht mehr durchgeführt.

Herr Neuburg wird nach Hause verlegt, wo er sterben wollte, „wenn es soweit ist“. Palliativmedizinisch begleitet stirbt er im Beisein seiner Familie drei Tage später.

## 7.3 Therapiegründe

**Intensivmedizin ist nur gerechtfertigt, wenn sie medizinisch indiziert ist und der Betroffene der Behandlung zustimmt. Beide Voraussetzungen müssen sowohl zu Beginn als auch kontinuierlich im Verlauf der Therapie überprüft werden.**

### Medizinische Indikation

Suggeriert der Begriff „medizinische Indikation“ auch eine Unabhängigkeit von individuellen Einflüssen, beinhaltet der scheinbar objektive Begriff doch Interpretationsspielräume (Fall 2) und mit dem Gedanken, dass die Maßnahme dem Patienten nutzen soll, eine subjektive, bewertende Sicht als konstitutiven Bestandteil. Weil die Indikationsstellung Wertungen beinhaltet, ist sie auch eine ethische Aufgabe. In Fall 1 wird die auf Checklistenebene getroffene Entscheidung – bei Kollaps und Blutung Intensivstation – nach Blick auf den Gesamtverlauf infrage gestellt. Unabhängig vom Willen des Patienten, der akut nicht erhebbar ist, besteht keine Indikation zur lebenserhaltenden Intensivtherapie.

Die klare Festlegung von Therapiezielen sowie eine offene Kommunikation über Möglichkeiten und Grenzen sind schon bei noch nicht intensivpflichtigen Patienten nötig. Das gilt auch für Menschen zuhause oder in Pflegeheimen, die bei fehlenden Absprachen Gefahr laufen, im Automatismus einer Therapieeskalation in eine Klinik und auf die Intensivstation zu geraten, obwohl das nicht indiziert oder gewollt ist. Die bei der Corona-Pandemie 2020 in Deutschland befürchteten und in einigen Ländern erlebten Überlastungen von Intensivstationen machten diese Aufgabe in besonderer Weise deutlich. Um in einer Notfallsituation den Transport in eine Klinik und eine ungewollte oder nicht mehr indizierte Aufnahme auf die Intensivstation zu vermeiden und das Team dort unnötig in den Konflikt einer Triage zu bringen, sollten vorbestehende Vorausverfügungen bekannt sein und beachtet werden. Ausführliche Vorüberlegungen, z.B. Advanced Care Planning (Marckmann u. In der Schmitten 2013), oder differenzierte, angepasste Vorausverfügungen können dabei helfen (Schmidt et al. 2020).

*Ethische Herausforderungen der Intensivmedizin beginnen bereits außerhalb der Intensivstation.*

Ist zu Beginn die Intensivtherapie indiziert (Fall 2 und 3), berechtigt das nicht dazu, sie unkritisch weiterzuführen. Die Indikation ist ständig zu überprüfen. Nicht der Abbruch einer Therapie muss gerechtfertigt werden, sondern die Weiterführung bedarf der ständigen Legitimation (Sold u. Schmidt 2021, Winkler et al. 2021). Ist die Behandlung nicht mehr indiziert, muss sie beendet werden. In Fall 3 wird so nach erneuter Verschlechterung die lebensverlängernde Intensivtherapie durch eine rein palliative Behandlung ersetzt.

### Autonomie

Die Achtung der Autonomie des Patienten überlagert nach heutigem rechtlichem und ethischem Verständnis jede medizinische Indikation. Der von Immanuel Kant in der europäischen Philosophie verankerte Gedanke der Autonomie bekam in der Medizin erst in den letzten Jahrzehnten handlungsrelevantes Gewicht. Nachdem im Laufe des 20. Jahrhunderts zunächst Forschung am Menschen von dessen selbstbestimmter Zustimmung abhängig gemacht wurde, stärkte die Rechtsprechung die Autonomie von Menschen auch bei Entscheidungen über den Umfang von Therapien und den Verzicht darauf (Wiesemann 2012).

Willensäußerungen, aktuell oder in Vorausverfügungen niedergelegt, sind zu beachten, auch wenn sie ärztlich als hilfreich erachtete Maßnahmen ablehnen und damit den Tod zulassen. Im Betreuungsrecht ist verankert, dass eingesetzte Vertreter des Patienten mit derselben Konsequenz seinen Willen vertreten können (BGB §§ 1896–1908).

*Zur Wahrung der Patientenautonomie sind auf den Intensivstationen Strukturen zu schaffen, die es garantieren, dass der Wille des Patienten erhoben, nach Vorausverfügungen und Vorsorgebevollmächtigten gefragt und gegebenenfalls eine Betreuung durch das Betreuungsgericht eingesetzt wird.*

### Fürsorge

Mit dem Stellenwert von Autonomie im Patienten-Arzt- und Patienten-Pflegenden-Verhältnis wurde die früher oft erlebte Vorrangstellung der Vertreter helfender Berufe gegenüber dem Patienten bei Entscheidungen und Behandlungen abgebaut. Die als paternalistisch bezeichnete Haltung war die verbal oder nonverbal angemaßte Übernahme von Entscheidungen ohne Beachtung der Präferenzen und Wünsche des Patienten. Sie sollte heute einem zwar weiter asymmetrischen, aber partnerschaftlichen Verhältnis zwischen Patient und Experten gewichen sein (Marckmann 2013; Wiesemann 2012; Winkler et al. 2012).

Trotz der Entscheidungshoheit des Patienten bleibt die Fürsorgepflicht der Helfenden als moralische Forderung bestehen. Sich fürsorglich und kompetent um einen hilfsbedürftigen Menschen zu kümmern kann bei ethischen Entscheidungen in ein Spannungsverhältnis zur Autonomie geraten. Die Grenze zu finden zwischen notwendiger Hilfe und Achtung der Eigenverantwortung ist nur im Dialog der Beteiligten möglich. In Fall 2 ist einer der Konflikte in diesem Spannungsverhältnis begründet. Es bleibt ungeklärt, ob Herrn Helms fehlende Willensäußerung Ausdruck von Akzeptanz der fürsorglichen Therapie oder resignierendes Unterwerfen unter paternalistische Entscheidungen, und damit das Nichtbeachtung seiner Autonomie, ist.

*Die Achtung der Autonomie darf nicht dazu führen, die Verantwortung des behandelnden Teams abzugeben.*

Zur Verantwortung des Teams gehört es auch, zu medizinisch begründeten Entscheidungen zu stehen. Therapiezieländerung oder Beendigung laufender Maßnahmen dürfen nicht den Angehörigen, Bevollmächtigten oder Betreuern aufgebürdet, sondern müssen klar als Expertenaufgabe benannt werden. Und wenn sich solche Entscheidungen auf den Patientenwillen gründen, muss den Angehörigen deutlich gesagt werden, dass nicht sie entscheiden, sondern den Willen des Patienten zur Sprache bringen und durchsetzen helfen. Alles andere kann Schuldgefühle bei den Angehörigen wecken.

## 7.4 Kommunikation – Werkzeug bei ethischen Herausforderungen

**Kommunikation ist unverzichtbar, um ethisch fundierte Entscheidungen zu treffen.**

### Schwierige Inhalte

Wenn Patienten oder ihre Vertreter Therapievorschläge abwägen sollen, müssen sie über Befunde sowie Alternativen verständlich informiert sein. Auf Fragen ist angemessen einzugehen. Schwierig und ethisch von besonderem Rang ist die Vermittlung belastender Diagnosen und schlechter Prognosen. Das Angebot solcher Gespräche muss vom behandelnden Arzt kommen. Wahrheit vermitteln meint nicht nur die Mitteilung von Daten und Befunden, sondern auch Zuwendung, Zeit nehmen und Begleitung. Die starke Betroffenheit des Patienten und seiner Angehörigen behindert deren Verständnisfähigkeit. Daher sind wiederholte Gespräche mit einfachen, klaren Worten nötig. Ebenso hilfreich ist es, andere Personen hinzuziehen, z.B. Angehörige oder Klinikseelsorger.

### Informationsgleichstand im Team

Die Kommunikation im Team hat eine ebenso unverzichtbare Funktion. Alle Teammitglieder sollten einen annähernden Informationsgleichstand über die Patienten haben. Denn im Umgang mit dem Patienten und dessen Angehörigen wird jeder, ob Schüler oder Assistenzarzt, mit unvermittelten Bemerkungen zur Krankheit oder Prognose konfrontiert. Wenn alle wissen, was der Patient hat und was er sowie seine Angehörigen darüber wissen, kann man angemessen und zugewandt darauf eingehen und braucht sich nicht in kompensatorische Ablenkungen zu flüchten. Das gehört zur Achtung der Würde des Gegenübers.

### Kommunikationsstrukturen

Sowohl für die Gespräche mit dem Patienten und seinen Vertretern als auch für die Teamgespräche müssen Strukturen geschaffen werden, die sie selbstverständlich werden lassen und so die Schwelle senken, zu fragen, medizinische und ethische Begründungen für getroffene Entscheidungen zu erbitten oder kritische Anmerkungen zu äußern. Zeitlich fest institutionalisierte disziplin-, berufsgruppen- und hierarchieübergreifende Gesprächsrunden, Räume für ruhige und emotional schwierige Gespräche und eine Atmosphäre, die Gesprächsbereitschaft signalisiert, erleichtern das. Sie können selbstverständlicher Bestandteil der ohnehin stattfindenden Teamgespräche oder Übergaben sein (Welsch u. Salomon 2021) oder als eigenständige Ethikvisite (Scheffold et al. 2012) etabliert werden.

Als Angebot externer Gesprächspartner bei ethischen Herausforderungen haben sich zunehmend Ethikkomitees etabliert, deren Kompetenz genutzt werden sollte. Die Komitees mischen sich nicht in die Therapie ein, sondern geben Orientierungshilfen. Die Verantwortung bleibt bei den für den Patienten Verantwortlichen (Janssens et al. 2012).

## 7.5 Angehörige

*Angehörige repräsentieren das soziale Umfeld des Patienten und übermitteln wichtige Informationen über den Willen des Kranken. Sie geben dem Patienten Bezug zu seinem Lebensalltag und damit Sicherheit. Angehörige einzubeziehen bedeutet, die biografische Identität des Patienten anzuerkennen und zu stärken.*

Angehörige dürfen nur ans Bett oder über die Befunde informiert werden, wenn der Kranke einverstanden ist oder sie rechtliche Vertreter sind. Doch auch wenn sie rechtlich nicht Vertreter sind, sollten Gespräche mit ihnen eingeplant werden, soweit der Patient nichts dagegen hat. Auch Kinder können behutsam auf einen Besuch auf der Intensivstation vorbereitet werden. Das kann dem Kranken und den Kindern helfen.

Je nach Kulturkreis haben Angehörige unterschiedliche Bedeutung. Sie können in die Betreuung des Kranken einbezogen werden, indem sie z.B. spezielle Speisen oder Getränke bringen, wenn Nahrungsaufnahme möglich ist, oder auch bei der körperlichen Pflege helfen.

## 7.6 Therapiezieländerung

### Entscheidungsfindung

Besonders belastend sind Entscheidungen an den Grenzen des Lebens, die ethischen Fragen nach der Sinnhaftigkeit einer Behandlung oder dem Verzicht darauf. Bei jeder Therapie sollte bewusst das Ziel formuliert werden. Von ihm her bestimmen sich die Mittel, um es zu erreichen. Intensivmedizin hat primär einen kurativ orientierten Ansatz und will mit den vorhandenen Ressourcen Lebensbedrohung verhindern oder überwinden.

Nicht selten stößt man dabei an Grenzen. Genesung ist nicht möglich, schwere Funktionseinschränkungen bleiben oder lang währender Schmerz, Leid und psychische Belastung überschatten den primären Erfolg der überwundenen Lebensgefahr. In der Intensivmedizin ist ein kuratives Ziel nicht immer erreichbar und damit manche Therapie nicht mehr indiziert. Zum anderen wollen manche Patienten die Belastung durch bleibende Schäden oder eine vage Prognose nicht auf sich nehmen. In beiden Fällen tritt das palliative an die Stelle des kurativen Therapieziels.

**Kurative, auf Lebensverlängerung orientierte wie palliative Versorgung sind gleichwertige ärztliche Aufgaben.**

Alle an der Versorgung des Patienten Beteiligten sollten sich verständigen, welche Therapieziele realistisch erreichbar sind. Gerade bei zweifelhaften Prognosen sind unterschiedliche Ziele denkbar und Meinungsdifferenzen wahrscheinlich. Die Alternativen sind mit dem Patienten oder seinem Vertreter offen zu besprechen, unterschiedliche Einschätzungen im Team zu thematisieren (Sold u. Schmidt 2021).

Der Patient oder sein Vertreter entscheiden dann, welches Ziel angestrebt wird. Die Entscheidung ist zu akzeptieren, auch wenn das Ziel medizinisch erreichbar erscheint, der Patient es aber für sich nicht möchte.

Neben der Maximaltherapie bei guter oder noch offener Prognose und der reinen Palliativversorgung, wenn keine Überlebenschancen mehr bestehen, gibt es Konstellationen, in denen bei aussichtsarmer Situation noch die Möglichkeit einer Stabilisierung und dann auch Besserung gesehen wird. Dann kann die laufende Therapieintensität beibehalten und angepasst, aber für den Fall einer zusätzlichen Komplikation (z.B. Herzstillstand, Nierenversagen) auf eine Ausweitung (z.B. Reanimation, Dialyse) verzichtet werden. Dieses „Einfrieren der Therapie" oder besser positiv formuliert „Therapierhalt" (Sold u. Schmidt 2021) ist wie alle anderen Schritte im Team und mit dem Patienten einvernehmlich abzustimmen.

In Fall 2 hätten frühe Gespräche die Haltung des Patienten besser verdeutlichen können. So bleibt ein Unbehagen, den Patientenwillen nicht ausreichend geklärt und sich paternalistisch verhalten zu haben.

## Umsetzen der Entscheidung

Wird die Therapie palliativ ausgerichtet und das Sterben zugelassen, sind alle diagnostischen, therapeutischen und pflegerischen Maßnahmen daraufhin zu überprüfen und auszurichten. Es geht darum, belastende Symptome zu mindern, eine psychosoziale und spirituelle Begleitung zu ermöglichen und keine zusätzlichen Belastungen durch den Verzicht auf die bisherigen Maßnahmen zu erzeugen.

Zulassen des Sterbens kann dadurch geschehen, dass lebensverlängernde Maßnahmen nicht begonnen oder laufende nicht ausgeweitet werden. Ebenso sind eine Reduktion und ein vollständiges Absetzen laufender Therapien möglich. Dabei ist passives Zuwarten gleichermaßen zulässig wie aktive Beendigung, z.B. Abstellen des Respirators, Beendigung einer Infusions- oder Ernährungstherapie oder auch Extubation (BGH 2010).

Unverzichtbar bei jeder Form des Therapieverzichts ist eine optimale Basisbetreuung: menschenwürdige Unterbringung, Zuwendung, Körperpflege, Lindern belastender Symptome wie Schmerz, Luftnot, Übelkeit und Stillen von subjektiv empfundenem Durst und Hunger (BÄK 2011; Janssens et al. 2012).

Emotional bereiten die konkreten Schritte eines Therapieabbruchs manchmal Probleme, auch wenn sie rechtlich und ethisch bedenkenlos sind. Mit Rücksicht auf beteiligte Personen bieten sich unterschiedliche Wege an. Dabei ist das schrittweise Beenden (Medikamente auslaufen lassen, Atemhilfen reduzieren) ebenso möglich wie der sofortige Abbruch (Katecholamine abstellen, Beatmung beenden, Extubation) (Janssens et al. 2012; Sold u. Schmidt 2021). In beiden Fällen ist ethisch vorrangig, den (erklärten oder mutmaßlichen) Patientenwillen umzusetzen und den Sterbenden nicht zusätzlich zu belasten.

*Praxistipps*

- *Bei der Aufnahme auf die Intensivstation muss ein Therapieziel formuliert und kontinuierlich während der gesamten Behandlung überprüft werden. Eine medizinische Maßnahme ist nur indiziert, wenn sie diesem Ziel dient.*
- *Auch eine indizierte Behandlung darf nur durchgeführt werden, wenn sie dem Willen des Patienten entspricht. Daher müssen schon früh die Vorstellung und Haltung des Patienten erhoben, dokumentiert und berücksichtigt werden.*
- *Um ethische Konflikte bearbeiten zu können, müssen fest institutionalisierte Gesprächsmöglichkeiten im Team und mit dem Patienten und seinen Vertretern geschaffen werden.*

## Literatur

Bundesärztekammer (BÄK) (2011) Grundsätze der Bundesärztekammer zur ärztlichen Sterbebegleitung, Dtsch Ärztebl 108, A346-A348

Bundesgerichtshof (BGH) (2010) Urteil vom 25.06.2010 – 2 StR 454/09 – LG Fulda

Hannich HJ (1982) Neuere Erkenntnisse aus der Psychosomatik der Intensivmedizin. Anaesth Intensivmed 9, 350–358

Janssens U, Burchardi H, Duttge G, Erchinger R, Gretenkort P, Mohr M, Nauck F, Rothärmel S, Salomon F, Schmucker P, Simon A, Stopfkuchen H, Valentin A, Weiler N, Neitzke G (2012) Therapiezieländerung und Therapiebegrenzung in der Intensivmedizin, Positionspapier der Sektion Ethik der DIVI, DIVI 3, 103–107

Marckmann G, In der Schmitten J (2013) Patientenverfügung und Advance Care Planning: Internationale Erfahrungen. Zeitschr. f. med. Ethik 59, 213–227

Neitzke G, Burchardi H, Duttge G, Hartog C, Erchinger R, Gretenkort P, Michalsen A,Mohr M, Nauck F, Salomon F, Stopfkuchen H, Weiler N, Janssens U (2016) Grenzen der Sinnhaftigkeit von Intensivmedizin -

Positionspapier der Sektion Ethik der DIVI. Med Klin Intensivmed Notfmed 2016, 111:486-92 – DOI 10.1007/s00063-016-0202-8 DIVI 8 (1), 2017, 12–18

Salomon F (1985) Beatmung: Ja oder Nein? Ethische Überlegungen zu Grenzfragen der Intensivmedizin. Anästh Intensivther Notfallmed 20, 143–146

Scheffold N, Paoli A, Gross J, Riemann U, Hennersdorf M (2012) Ethikvisite auf der Intensivstation. Med Klin Intensivmed Notfallmed 107, 553–557

Schmidt KW, Wolfslast G, Kretschmer B, Lewandowski K, Verrel T (2020) Patientenverfügungen bei Triage-Entscheidungen. Medstra 6, Heft 4, 195–198

Sold M, Schmidt KW (2021) Therapiebegrenzung und Therapiereduktion – praktisch umgesetzt. In: Salomon F (Hrsg.) Praxisbuch Ethik in der Intensivmedizin. Konkrete Entscheidungshilfen in Grenzsituationen. 4. aktualisierte und erweiterte Aufl. 246–287. Medizinisch Wissenschaftliche Verlagsgesellschaft Berlin

Welsch B, Salomon F (2021) Kooperation und Kommunikation – gute Entscheidungen in der Intensivmedizin brauchen ein gutes Team. In: Salomon F (Hrsg.) Praxisbuch Ethik in der Intensivmedizin. Konkrete Entscheidungshilfen in Grenzsituationen. 4. aktualisierte und erweiterte Aufl. 228–239. Medizinisch Wissenschaftliche Verlagsgesellschaft Berlin

Wiesemann C (2012) Autonomie als Bezugspunkt einer universalen Medizinethik. Ethik Med 24, 287–295

Winkler EC, Borasio GD, Jacobs P, Weber J, Jox RJ (2012) Münchner Leitlinie zu Entscheidungen am Lebensende. Ethik Med 24, 221–234

# 8 Behandlung von Patienten mit chronischen Bewusstseinsstörungen

Ralf J. Jox

## 8.1 Warum bedürfen chronische Bewusstseinsstörungen einer besonderen ethischen Betrachtung?

Patienten mit chronischen Bewusstseinsstörungen sind eine Rarität. Epidemiologisch betrachtet ist die Prävalenz dieser Erkrankungsgruppe sehr niedrig (van Erp et al. 2014). Die meisten im Gesundheitswesen tätigen Ärzte, Pflegekräfte und anderen Berufe kommen überaus selten mit diesen Patienten in Kontakt, zumal letztere oft in spezialisierten Rehabilitationskliniken, Langzeiteinrichtungen, Pflegeheimen oder von ambulanten Intensivpflegediensten versorgt werden (Geremek 2009; Jox et al. 2011). Dennoch ist es aus verschiedenen Gründen sinnvoll, den ethischen Problemen im Zusammenhang mit der Behandlung dieser Patienten eine besondere Aufmerksamkeit zu widmen:

- **Medizinischer Extremzustand**: Chronische Bewusstseinsstörungen sind ein besonderer medizinischer Zustand, da sie das Extrembild eines Defektzustandes darstellen, der die Janusköpfligkeit der modernen Notfall- und Intensivmedizin veranschaulicht: zwar kann das Leben gerettet werden, aber wesentliche Gehirnfunktionen nicht (Jox 2013). In zahlreichen Akutsituationen mit Gehirnschädigungen muss das Risiko berücksichtigt werden, dass sich eine chronische Bewusstseinsstörung (z.B. „Wachkoma“) entwickelt. Vor kaum einem Zustand haben Menschen mehr Angst, manche finden diesen Zustand schlimmer als den Tod (Gray et al. 2011).
- **Maximale Vulnerabilität**: Die Betroffenen sind maximal pflegebedürftig, benötigen rund um die Uhr intensive und hochkompetente Unterstützung. Schon die

„zustandserhaltende Pflege“ ist enorm komplex und anspruchsvoll, umso mehr sind es die Versuche einer Rehabilitation verloren gegangener Funktionen. Die totale Angewiesenheit macht die Patienten in unvergleichlichem Maße vulnerabel für Gefährdung, Vernachlässigung, Missbrauch und Instrumentalisierung.

- **Kumulative Ungewissheiten:** Zwar muss die Medizin bei vielen Krankheitsbildern Entscheidungen in Ungewissheit treffen, doch selten ist diese so groß und vielfältig wie bei den chronischen Bewusstseinsstörungen: schon die Diagnosestellung ist oft ungewiss und von einer 40%-Fehlerrate bestimmt (Schnakers et al. 2009); gesicherte, evidenzbasiert effektive Therapie- und Rehabilitationsmaßnahmen stehen nicht zur Verfügung; sichere Prognosen sind wegen der Variabilität der Zustandsbilder, anekdotischer Wunderheilungen und einer schlechten Studienlage oft nicht exakt zu stellen (Jox et al. 2012).
- **Einschätzung des Bewusstseins:** Die Krankheitsbilder führen uns vor Augen, dass Bewusstsein aus erkenntnistheoretischen Gründen niemals von anderen als dem Betroffenen, erst recht nicht auf eine objektive Weise, bewiesen und zugänglich gemacht werden kann. Niemand kann mit Sicherheit sagen, ob und was ein Mensch im Wachkoma wahrnimmt.
- **Belastende Betreuung:** Die Pflege, Betreuung und Entscheidungsfindung für Menschen mit chronischen Bewusstseinsstörungen ist extrem schwierig und belastend. Neben der physischen und psychischen Belastung kann die kostenintensive Pflege zu ökonomischen Herausforderungen für betroffene Familien und Einrichtungen des Gesundheitswesens führen. Die Grenzen der Kommunikation mit dem Patienten und die Tatsache, dass viele von ihnen noch jung sind und keine entscheidungsrelevanten Informationen (z.B. Patientenverfügung) hinterlassen haben, erschweren Therapieentscheidungen in besonderem Maße – nicht zuletzt, da es meist um die emotional und kulturell aufgeladenste aller Entscheidungen geht, diejenige um künstliche Ernährung und Flüssigkeitsversorgung.
- **Tragweite der Entscheidungen:** Entscheidungen über die medizinische Behandlung von Menschen mit Bewusstseinsstörungen, insbesondere im Kontext von lebenserhaltenden Maßnahmen, haben oft eine enorme zeitliche und existenzielle Tragweite: im Gegensatz etwa zu fortgeschrittenen Tumorkrankheiten mit einer kurzen Lebenserwartung geht es hier oft um die Frage, ob ein Patient noch viele Jahre bis Jahrzehnte in einem eingeschränkten Zustand mit erheblichem Unterstützungs- und Pflegebedarf weiter lebt oder in kurzer Zeit sterben wird. Die oft fehlende Progredienz und relative Stabilität des Zustands verstärkt diese Spannung und die damit verbundene Tragweite der Entscheidungen.

## 8.2 Differenzierungen

Um Therapieentscheidungen für Patienten mit chronischen Bewusstseinsstörungen verantwortungsvoll treffen und die damit verbundenen ethischen Problem angemessen verstehen zu können, ist es zunächst wichtig, die verschiedenen Zustände korrekt zu differenzieren. Der in den Medien oft benutzte Begriff „Koma“ ist im medizinischen Sprachgebrauch beschränkt auf die temporäre, nicht erweckbare Bewusstlosigkeit (mit geschlossenen Augen), die eine akute Folge vielfältiger Schädigungen des Gehirns darstellt. Überlebt der Patient und sind diese Hirnschädigungen schwer genug, entwickeln sich aus dem Koma chronische Bewusstseinsstörungen als Erholungsstadien oder Defektzustände. Die häufigsten sind der Vegetative Zustand (VS), inzwischen Syndrom reaktionsloser Wachheit genannt (engl. unresponsive wakefulness syndrome), sowie das Minimalbewusste Syndrom (MCS), das noch in eine Plus- und eine Minus-Variante mit unterschiedlichem Funktionsniveau unterteilt werden kann (s. Tab. 1). Erholt sich ein Patient vom MCS, tritt er in der Regel in ein Verwirrtheitssyndrom ein, in dem er zwar voll bei Bewusstsein ist, aber zahlreiche kognitive, motorische und sonstige Defekte zerebraler Funktionen aufweist. Selbst innerhalb der Krankheitsentitäten VS, MCS- und MCS+ gibt es aber große Unterschiede in den Ausprägungsformen, die vor allem darauf zurückzuführen sind, dass die Ursachen der Hirnschädigungen sehr verschieden sind. Sie reichen von der hypoxischen Schädigung des gesamten Gehirns bei Herzkreislaufstillstand über die großflächigen Verletzungen langer Nervenbahnen bei einem Schädel-Hirn-Trauma bis hin zu den Zerstörungen der für Bewusstsein strategischen Areale bei bestimmten Schlaganfällen oder Hirnblutungen.

Tab. 1 Formen chronischer Bewusstseinsstörung und Unterscheidung vom Locked-in-Syndrom

| Erkrankung | Definition | Klinische Kennzeichen |
|---|---|---|
| Syndrom reaktionsloser Wachheit<br>(auch genannt „vegetativer Zustand" oder „Wachkoma") | Wachheit ohne Zeichen von Reaktion | Kein klinischer Hinweis auf Bewusstsein<br>Keine anhaltende, reproduzierbare, zielgerichtete motorische Reaktion auf visuelle, auditive, taktile oder schmerzhafte Stimuli; keine Interaktion mit Anderen (verbal oder nonverbal)<br>Erhaltener Schlaf-Wach-Rhythmus, zumindest teilweise erhaltene Funktionen von Hirnstamm (inkl. Spontanatmung), Hypothalamus und autonomem Nervensystem |
| Minimalbewusstes Syndrom (MCS) | Wachheit mit reproduzierbaren Zeichen von Bewusstsein | Hinweise auf ein reduziertes Bewusstsein<br>Fluktuierende, aber reproduzierbare Zeichen zielgerichteter Motorik:<br>■ Blickfolge, visuelle Fixation, korrekter Objektgriff, angemessenes Weinen/Lachen auf emotionale Sprachinhalte (MCS-)<br>■ Befolgen einfacher Aufforderungen, verständliche Worte (MCS+)<br>Erhaltener Schlaf-Wach-Rhythmus<br>Keine Kommunikation, keine Objektbenutzung |
| Locked-in-Syndrom | Ausgeprägte Störung der Willkürmotorik | Erhaltenes Bewusstsein (intaktes EEG)<br>Tetraplegie und Anarthrie<br>Meist erhaltene Funktion der vertikalen Augenbewegung und/oder Lidbewegung (darüber Kommunikation möglich) |

VS = Vegetatives Syndrom; MCS = Minimalbewusstes Syndrom; EEG = Elektroenzephalogramm. Adaptiert nach Jox (2011) und Monti et al. (2010)

Die Begriffe „Wachkoma" und „apallisches Syndrom" sind im Fachdiskurs überholt, da sie die genannten Differenzierungen verschleiern und zudem falsche Assoziationen wecken. Menschen im Vegetativen Zustand haben zwar Wachheitsphasen, befinden sich aber keineswegs im Koma, so wie es medizinisch definiert ist (als Unerweckbarkeit mit geschlossenen Augen). Sie zeigen zwar klinisch keine Reaktionen auf Stimuli, allerdings komplexe reflektorische Aktivität: neben einem Schlaf-Wach-Rhythmus auch vegetative Modulationen (Herzfrequenz, Blutdruck, Schwitzen), Hirnstammreflexe und spinale Reflexe. Eines der ersten Zeichen für den Übergang in ein MCS sind Augenfolgebewegungen, wenn man den Patienten einen Spiegel vor die Augen hält und diesen langsam horizontal oder vertikal bewegt.

Eine sorgfältige und wiederholte Diagnostik eines in der Neurointensivmedizin bzw. Neurorehabilitation erfahrenen Arztes ist unabdingbar, wenn weitreichende Entscheidungen über diese Patienten zu treffen sind, insbesondere wenn sie, wie es nicht selten geschieht, in Pflegeheimen oder anderen Kontexten leben, wo sie nicht regelmäßig neurologisch nachuntersucht werden. Diese Diagnostik sollte neben der klinisch-neurologischen Untersuchung die Verhaltenstestung mit spezifisch für Bewusstseinsstörungen entwickelten Skalen beinhalten (derzeitiger Goldstandard ist die „Coma Recovery Scale-Revised"). Neuere bildgebende und neurophysiologische Untersuchungen in spezialisierten Zentren können weiterhin helfen, die Diagnose und Prognose zu spezifizieren. Diese Diagnostik muss auch die Grundlage für ethische Fallbesprechungen bei dieser Patientengruppe sein. Im Folgenden werden anhand des Modells der prinzipienorientierten Falldiskussion einige Aspekte erläutert, die bei Patienten mit chronischen Bewusstseinsstörungen spezifisch zu berücksichtigen und zu besprechen sind.

## 8.3 Ethische Entscheidungsfindung bei chronischen Bewusstseinsstörungen

Wird bei Patienten mit chronischen Bewusstseinsstörungen eine ethische Fallbesprechung nach dem prinzipienorientierten Modell durchgeführt, so ist es zunächst wichtig, die entscheidungsrelevanten Informationen zu sammeln. Nach der Sammlung der patientenbezogenen Informationen kommt es darauf an, die Behandlungsoptionen mit ihren langfristigen Konsequenzen möglichst konkret herauszuarbeiten. Bei Patienten mit chronischen Bewusstseinsstörungen gibt es neben der „zustandserhaltenden Pflege" unterschiedlich intensive Möglichkeiten der Rehabilitation. Auch die rein palliative Behandlung unter Verzicht auf lebenserhaltende Maßnahmen einschließlich künstlicher Ernährung stellt eine Option dar. In der medizinischen Fachwelt gibt es aktuell keinen Konsens darüber, welches Vorgehen hier medizinisch „indiziert" ist. Die Unterschiede zwischen den Ländern (auch westlicher Prägung) sind gewaltig, und die Bundesärztekammer hat in ihren Grundsätzen zur ärztlichen Sterbebegleitung 2011 den Satz, wonach lebenserhaltende Maßnahmen grundsätzlich indiziert seien, durch folgende Passage ersetzt:

> *„Art und Ausmaß ihrer Behandlung sind gemäß der medizinischen Indikation vom Arzt zu verantworten; eine anhaltende Bewusstseinsbeeinträchtigung allein rechtfertigt nicht den Verzicht auf lebenserhaltende Maßnahmen."* (Bundesärztekammer 2011)

Die Bewusstseinsstörung als Syndrom reicht also gemäß der Bundesärztekammer nicht aus, um jegliche lebenserhaltende Therapie einzustellen; es braucht stattdessen eine individuelle Abwägung, wie sich in Anbetracht der Prognose die möglichen Therapieoptionen auf das Wohlergehen des Patienten auswirken.

Damit ist bereits das erste Bewertungskriterium angesprochen, das in der prinzipienorientierten Falldiskussion herauszuarbeiten ist, nämlich welche der verfügbaren Behandlungsoptionen aus der Fürsorgeperspektive am ehesten dem Wohlergehen des Patienten entspricht. Hierbei ist es entscheidend, auf eine möglichst sorgfältige und verlässliche Diagnose- und Prognosestellung zurückgreifen zu können (Bender 2015). Neben dem Alter, den Begleiterkrankungen und der Art der Gehirnschädigung werden immer öfter auch technische Untersuchungsbefunde in die Prognosestellung einbezogen (z.B. EEG, Magnetresonanztomographie, Laboruntersuchungen), wobei hier spezifisch auf Bewusstseinsstörungen zugeschnittene Methoden anzuwenden sind (siehe nachfolgende Liste). Da es sich um sehr lange Rehabilitationsverläufe handeln kann, ist es von Bedeutung, die langfristigen Konsequenzen der verschiedenen Behandlungen zu bedenken.

***Prädiktoren für einen negativen Rehabilitationsverlauf (Giacino et al. 2014; Luce 2013; Bernat 2006; Sandroni et al. 2013a, b; Daltrozzo et al. 2007; Kotchoubey et al. 2018):***

- *höheres biologisches Alter*
- *schwere und multiple Begleiterkrankungen*
- *cerebrale Vorschädigungen*
- *nicht-traumatische Ursache der Hirnschädigung, v.a. Hypoxie*
- *Dauer seit der Hirnschädigung, insbesondere bei Stagnation des Zustands*
- *negative Ergebnisse in einer mutimodalen apparativen Testung (MRT inkl. DTI, PET, EEG, N-400-ERP, NSE, SSEP)*

*(MRT = Magnetresonanztomographie, DTI = Diffusion Tensor Imaging, PET = Positronenemissionstomographie, EEG = Elektroenzephalographie, ERP = Event-related potentials, NSE = neuronenspezifische Enolase, SSEP = somatosensibel evozierte Potenziale)*

Die Prognose ist aber nur ein Baustein in der Bewertung aus der Fürsorgeperspektive. Zu fragen ist sodann, ob der aktuelle Zustand wie auch der wahrscheinlich künftige Zustand der Person so eingeschätzt wird, dass eine lebenserhaltende Therapie ihrem Wohlergehen dient. Dabei ist es ein häufig anzutreffender Denkfehler, eine Wiedererlangung rudimentären Bewusstseins oder eine Erhöhung des Bewusstseinsgrades automatisch als eine Förderung des Patientenwohls zu verstehen. Denn das Wohlergehen eines Patienten ist nicht unbedingt das Spiegelbild seiner körperlichen Funktionen. Bei einer Bewusstseinsverbesserung ist auch vorstellbar, dass Schmerzen, andere Beschwerden und funktionellen Einschränkungen (insbesondere in der Kommunikation und Motorik) nun erstmals oder stärker wahrgenommen werden, ohne jedoch angemessen gelindert werden zu können, da sie mangels Kommunikations- und Ausdrucksvermögen des Patienten möglicherweise nicht hinreichend bewertet werden können. Auch das Bewusstwerden der eigenen Lebenssituation mit den damit verbundenen Einschränkungen kann für die Betroffenen sehr belastend sein. Ein ganz wesentlicher Faktor in der Selbst- und Fremdwahrnehmung von Wohlergehen ist die Kommunikationsfähigkeit bzw. die Chance, diese (wenn auch mithilfe technischer Kommunikationshilfen) wiederzuerlangen.

Wichtiger als die Frage, ob Bewusstsein vorliegt oder zu erwarten ist, ist also die Frage, ob diese Bewusstseinsform mit Leiden verbunden ist oder, positiv gewendet, mit einer bestimmten Lebensqualität. Auf dieser Linie ist auch der Beschluss des Oberlandesgerichts Hamm im „Fall Jule" zu sehen, in dem das Gericht festgestellt hat, dass die Entscheidung von Eltern, ihr vierjähriges Kind, das eine chronische Bewusstseinsstörung hatte und offenbar Zeichen starken Leidens zeigte, nicht länger am Leben zu erhalten, anerkannte (Oberlandesgericht Hamm 2007). Das Gericht referierte die ärztliche Ansicht, dass die sichtlich starken Schmerzen des Kindes (aufgrund ausgeprägter Spastik) nur durch eine tiefe Sedierung zu lindern wären, die aber zugleich jede Empfindungs- und Interaktionsfähigkeit ausschlösse. Diese Option lehnte das Gericht mit folgender Begründung ab: „Damit entfallen aber auch die letzten Argumente für eine Lebenserhaltung des Kindes, nämlich das wenigstens basale Teilnehmen an der Umwelt."

Ist mit großer Sicherheit anzunehmen, dass ein Patient nicht bei Bewusstsein ist und es auch niemals wiedererlangen wird, so ist auch ausgeschlossen, dass der Patient je wieder sein Leben „erleben" wird, geschweige denn ein Leben „führen" wird. Damit dient auch die beste lebenserhaltende Therapie nicht dem Wohl des Patienten, weil mit dem Bewusstsein die Bedingung der Möglichkeit wegfällt, überhaupt einen Nutzen aus der Behandlung zu ziehen (Synofzik u. Marckmann 2005). Der Begriff des Wohlergehens ist untrennbar mit Subjektivität und Erlebensfähigkeit verbunden. Selbst der Begriff „Lebenserhaltung" bezieht sich dann lediglich auf die Aufrechterhaltung der biologischen Funktionen des Organismus, nicht aber auf die Erhaltung oder Wiedergewinnung eines biographischen Lebens, das durch Erleben, soziale Teilhabe und Handeln (und sei es noch so rudimentär) charakterisiert ist.

In der prinzipienorientierten Falldiskussion ist im Anschluss an die Bewertung aus der Fürsorge- bzw. Wohlergehensperspektive zu prüfen, wie die Handlungsoptionen aus der Perspektive des Respekts vor der Patientenautonomie zu bewerten sind. Hierbei gilt es herauszufinden, wie der Betroffene selbst seinen aktuellen und zu erwartenden Lebenszustand einschätzt, ob die damit verbundene Lebensqualität für ihn ausreicht, um die Fortsetzung lebenserhaltender Maßnahmen zu rechtfertigen. Nicht selten enthalten Patientenverfügungen Ausführungen zu chronischen Bewusstseinsstörungen, die aber meist sehr restriktiv vorformuliert sind (wo etwa gefordert wird, dass die Einsichts- und Kontaktfähigkeit „nach Einschätzung zweier erfahrener Ärzte oder Ärztinnen aller Wahrscheinlichkeit unwiederbringlich erloschen ist"), sodass es darauf ankommt, den tatsächlichen Patientenwillen hinter dem Dokument zu ermitteln. Manche Formulierungen nehmen explizit auf die häufig nicht vollständig zu eliminierende Restunsicherheit bei der Diagnose- und Prognosestellung Bezug (z.B. in den Formularbausteinen des Bundesministeriums der Justiz: „Es ist mir bewusst, dass in solchen Situationen die Fähigkeit zu Empfindungen erhalten sein kann und dass ein Aufwachen aus diesem Zustand nicht ganz sicher auszuschließen, aber unwahrscheinlich ist.")

Wenn jedoch auf der Basis einer Patientenverfügung, mündlich geäußerter Behandlungswünsche oder des mutmaßlichen Patientenwillens festgestellt wird, dass lebenserhaltende Maßnahmen, einschließlich künstlicher Ernährung und Flüssigkeitsversorgung, nicht im Sinne des Patienten sind, ist es ethisch wie rechtlich unstrittig, dass genauso wie bei jedem anderen Patienten – unabhängig von Erkrankung oder klinischem Zustandsbild – diese Maßnahmen zu unterlassen bzw. zu beenden sind (Bundesgerichtshof 2009, 1994; Budick et al. 2012). Lässt sich der Patientenwille nicht bestimmen oder handelt es sich um einen Patienten, der zuvor aufgrund seines jungen Alters oder einer geistigen Behinderung nie einwilligungsfähig war, so ist allein nach der oben ausgeführten Einschätzung aus der Wohlergehensperspektive zu entscheiden.

Nach dem Modell der prinzipienorientierten Falldiskussion folgt nun die zweite Bewertungsebene, wonach mögliche ethische Verpflichtungen gegenüber Dritten zu eruieren sind. Hierbei ist einmal danach zu fragen, ob die Behandlungsoptionen Auswirkungen auf die medizinische Versorgung anderer Patienten haben könnten (z.B. bei begrenzten Ressourcen wie Intensivstationsbetten), aber auch welche der Optionen für die Angehörigen am besten ist. Aufgrund der großen Bedeutung von Angehörigen bei dieser Patientengruppe lohnt es sich, darauf noch eigens einzugehen.

## 8.4 Umgang mit Angehörigen

Angehörige können sehr unterschiedlich auf eine chronische Bewusstseinsstörung reagieren. Manche ziehen sich eher vom Patienten zurück und überlassen ihn einer Langzeit-Pflegeeinrichtung, andere richten ihr ganzes Leben auf den Betroffenen aus, pflegen ihn zu Hause und übernehmen auch die rechtliche Stellvertretung für Entscheidungen. Insbesondere bei jungen Patienten, bei einer engen Beziehung sowie bei subjektiv wahrgenommenen Verstrickungen der Angehörigen in die Entstehung der Bewusstseinsstörung tun sich Angehörige oft schwer, über lebenserhaltende Maßnahmen für den Patienten zu entscheiden.

Nicht selten läuft die Reaktion der Angehörigen in (variablen) Phasen ab: nach dem anfänglichen Schock über die Hirnschädigung nimmt die Hoffnung auf eine Zustandsverbesserung stufenweise zu und entzündet sich insbesondere am Öffnen der Augen, an der selbstständigen Atemtätigkeit, am Abtrainieren eines Tracheostomas oder am Wiedergewinn einer basalen Kontaktaufnahme. Wenn der Betroffene einen ungünstigen Rehabilitationsverlauf hat und nach Monaten oder Jahren zunehmende Komplikationen erleidet, beginnt bei vielen Angehörigen der mitunter sehr lange dauernde Prozess der Ernüchterung und Enttäuschung, in dessen Verlauf sie mehr und mehr auch über eine mögliche Begrenzung medizinischer Maßnahmen und ein Zulassen des Sterbens nachdenken. Sie tendieren dann mitunter zur Fortführung lebenserhaltender Maßnahmen entgegen aller oben genannter ethischer Kriterien, indem sie dem allzu verständlichen Denkfehler unterliegen, zu glauben, sonst seien alle bisherigen Maßnahmen umsonst gewesen. Während dieser Zeit ist ein intensiver Kontakt zwischen den Fachkräften in der medizinischen und pflegerischen Versorgung des Patienten und den Angehörigen unerlässlich. Nachfolgend werden einige Empfehlungen zum Umgang mit Angehörigen aufgelistet:

- Angehörige sollten als Mitbetroffene, aber auch als Mitversorgende ernst genommen werden.
- Die Wahrnehmungen von Angehörigen, was klinische Veränderungen und Kontaktaufnahme mit dem Patienten angeht, sollten proaktiv erfragt werden.

- Das medizinische Verständnis der chronischen Bewusstseinsstörungen sollte in verständlicher Sprache und wiederholt erläutert werden.
- In Gesprächen über Therapieentscheidungen sind insbesondere das Therapieziel, das Wohl und der Wille des Betroffenen ins Zentrum zu stellen.
- Eingehende Gespräche mit Angehörigen sind unerlässlich, um den Patientenwillen zu ermitteln. Hierbei sollte proaktiv und konkret nach Patientenverfügung, Behandlungswünschen und Anhaltspunkten für den mutmaßlichen Willen gefragt werden.
- Angehörige sollten über Unterstützungsmöglichkeiten informiert werden, insbesondere über Selbsthilfegruppen, Kurzzeitpflege, psychologische Betreuung, Sozialarbeit, ambulante Palliative Care und seelsorgerliche Unterstützung.
- Angehörige sollte Zeit gegeben werden, mit der Situation zurechtzukommen und Entscheidungen zu überdenken.
- Angehörigen sollte nie das Gefühl vermittelt werden, dass sie allein über das Leben des Betroffenen entscheiden, sondern dass die Verantwortung geteilt wird und sie insbesondere als Sprachrohr des Betroffenen agieren sollten.

***Praxistipps***

- *Um verantwortungsvolle Entscheidungen für bewusstseinsgestörte Patienten treffen zu können, ist eine sorgfältige Differenzierung der Krankheitsbilder erforderlich.*
- *Der Bewusstseinszustand allein sollte nicht ausschlaggebend für Therapieentscheidungen sein. Stattdessen kommt es auf die Beurteilung des aktuellen und erwartbaren Patientenwohls und die Ermittlung des Patientenwillens an.*
- *Angehörige von bewusstseinsgestörten Patienten durchleben charakteristische Phasen und brauchen ein besonderes Maß an Unterstützung von Seiten der Professionellen.*

## Literatur

Bernat JL (2006) Chronic disorders of consciousness. Lancet 367(9517), 1181–92

Bender A, Jox RJ, Grill E, Straube A, Lulé D (2015) Wachkoma und minimaler Bewusstseinszustand: systematische Übersichtsarbeit zu diagnostischen Verfahren. Dtsch Ärztebl Int 112, 235-42

Budick T, Vogel ST, Jox RJ (2012) Therapieentscheidungen bei Wachkoma-Patienten: Analyse deutscher Gerichtsurteile und aktuelle Rechtslage. Nervenheilkunde 4, 197–292

Bundesärztekammer (2011) Grundsätze der Bundesärztekammer zur ärztlichen Sterbebegleitung. Dtsch Ärztebl 108 (7), A346–8

Bundesgerichtshof (1994) Urteil vom 13. September 1994, 1 StR 357/94. BGHSt 1994; 40: 257ff.

Bundesgerichtshof (2010) Urteil vom 25. Juni 2010 – 2 StR 454/09. NJW 2010; 40: 2963ff.

Daltrozzo J, Wioland N, Mutschler V, Kotchoubey B (2007) Predicting coma and other low responsive patients outcome using event-related brain potentials: a meta-analysis. Clin Neurophysiol 118 (3), 606–14

Geremek A (2009) Wachkoma: medizinische, rechtliche und ethische Aspekte. Deutscher Ärzte Verlag Köln

Giacino JT, Fins JJ, Laureys S, Schiff ND (2014) Disorders of consciousness after acquired brain injury: the state of the science. Nat Rev Neurol 10 (2), 99–114

Gray K, Knickman TA, Wegner DM (2011) More dead than dead: perceptions of persons in the persistent vegetative state. Cognition 121 (2), 275–80

Jox R (2011) Ärztliche Indikation beim „Wachkoma“. Fortschritte der Neurologie Psychiatrie 79 (10), 576–81

Jox RJ (2013) Risiken moderner Notfall- und Intensivmedizin: Verantwortungsvoller Umgang mit chronischen Bewusstseinsstörungen. In: Steger F (Hrsg.) Medizin und Technik Risiken und Folgen technologischen Fortschritts. 105–28. Mentis Münster

Jox RJ, Bernat JL, Laureys S, Racine E (2012) Disorders of consciousness: responding to requests for novel diagnostic and therapeutic interventions. The Lancet Neurology 11 (8), 732–8

Jox RJ, Borasio GD, Kühlmeyer K (2011) Leben im Koma. Interdisziplinäre Perspektiven auf das Problem des Wachkomas. Kohlhammer Stuttgart

Kotchoubey B, Pavlov YG (2018) A systematic review and meta-analysis of the relationship between brain data and the outcome in disorders of consciousness. Front Neurol 9: 315

Luce JM (2013) Chronic disorders of consciousness following coma: Part one: medical issues. Chest 144 (4), 1381–7

Monti MM, Laureys S, Owen AM (2010) The vegetative state. BMJ 341, c3765

Oberlandesgericht Hamm (2007) Beschluss vom 24.05.2007, 1 UF 78/07

Sandroni C, Cavallaro F, Callaway CW, D'Arrigo S, Sanna T, Kuiper MA, Biancone M, Della Marca G, Farcomeni A, Nolan JP (2013a) Predictors of poor neurological outcome in adult comatose survivors of cardiac arrest: a systematic review and meta-analysis. Part 2: Patients treated with therapeutic hypothermia. Resuscitation 84 (10), 1324–38

Sandroni C, Cavallaro F, Callaway CW, Sanna T, D'Arrigo S, Kuiper M, Della Marca G, Nolan JP (2013b) Predictors of poor neurological outcome in adult comatose survivors of cardiac arrest: a systematic review and meta-analysis. Part 1: patients not treated with therapeutic hypothermia. Resuscitation 84 (10) 1310–23

Schnakers C, Vanhaudenhuyse A, Giacino J, Ventura M, Boly M, Majerus S, Moonen G, Laureys S (2009) Diagnostic accuracy of the vegetative and minimally conscious state: clinical consensus versus standardized neurobehavioral assessment. BMC Neurol 9, 35

Synofzik M, Marckmann G (2005) Persistent vegetative state: Verdursten lassen oder sterben dürfen? Dtsch Ärztebl 102 (30), A-2079–82

van Erp WS, Lavrijsen JC, van de Laar FA, Vos PE, Laureys S, Koopmans RT (2014) The vegetative state/unresponsive wakefulness syndrome: a systematic review of prevalence studies. Eur J Neurol 21 (11), 1361–8

# 9 Ethische Fragen der Organtransplantation

Georg Marckmann

Kaum ein anderer Bereich der Medizin bietet so vielfältige ethische Herausforderungen wie die Organtransplantation. Bei der Organentnahme stellt sich die Frage, unter welchen Voraussetzungen es ethisch vertretbar ist, die Organe aus dem Körper des Spenders zu entnehmen. Bei der postmortalen Organspende wird insbesondere diskutiert, ob der irreversible Hirnfunktionsausfall (sog. „Hirntod") mit dem Tod des Menschen gleichzusetzen ist (s. Abschnitt 9.1). Angesichts des anhaltenden Mangels an geeigneten Spendeorganen wird zudem diskutiert, in welcher Form der Spender in die Organentnahme eingewilligt haben muss (s. Abschnitt 9.2). In diesem Zusammenhang stellt sich auch die Frage, inwieweit organprotektive Maßnahmen zur Ermöglichung einer Organspende durchgeführt werden dürfen, wenn eine Fortsetzung lebensverlängernder Maßnahmen nicht mehr dem Willen des Patienten entspricht (s. Abschnitt 9.3). Bei der *Organverteilung* stellt sich schließlich die Frage, nach welchen Verfahren und Kriterien die begrenzte Anzahl an Spendeorganen auf die hohe Anzahl potenzieller Organempfänger gerecht verteilt werden kann (s. Abschnitt 9.4).

Wie so oft sind auch hier medizinische, anthropologische und ethische Fragen eng miteinander verwoben. Diese verschiedenen Aspekte zu differenzieren, ist ein vordringliches Desiderat an die aktuellen Debatten: Ob der Mensch tot ist, wenn der irreversible Hirnfunktionsausfall diagnostiziert wurde, ist z.B. keine medizinisch-wissenschaftliche, sondern eine anthropologische Frage, die wesentlich auf das zugrunde liegende Menschenbild verweist und damit nicht allein von medizinischen Experten beantwortet werden kann. Die Organtransplantation ist zudem durch eine hohe Regelungsdichte durch das Transplantationsgesetz und die Richtlinien der Bundesärztekammer gekennzeichnet, sodass die Möglichkeiten für individuelle ethische Abwägungen im Einzelfall oft begrenzt sind. Dennoch sollten die handelnden Akteure die zugrundeliegenden ethischen Fragen und z.T. auch ungelösten Kontroversen kennen, da sie mit diesen nicht nur im gesellschaftspolitischen Raum, sondern auch im Einzelfall konfrontiert werden. Zudem sind sie in der Verantwortung, sich an den fachlichen und politischen Diskursen zur Weiterentwicklung des Systems der Organtransplantation zu beteiligen.

**Transparenz und ein offener gesellschaftlicher Diskurs über die medizinischen, anthropologischen, ethischen und rechtlichen Kontroversen sind eine wesentliche Voraussetzung für das Vertrauen in die Transplantationsmedizin in Deutschland.**

## 9.1 Der irreversible Hirnfunktionsausfall als Voraussetzung der postmortalen Organspende

Die überwiegende Mehrzahl der Transplantationen erfolgt in Deutschland mit Organen, die einem toten Spender entnommen wurden (postmortale Organspende). Dazu muss zwischen der Feststellung des eingetretenen Todes und dem Funktionsverlust der Organe die Möglichkeit zur Organentnahme bestehen. Dies ist in Deutschland nach dem Transplantationsgesetz (TPG) dann der Fall, wenn „der Tod des Organ- oder Gewebespenders nach Regeln, die dem aktuellen Stand der Erkenntnisse der medizinischen Wissenschaft entsprechen, festgestellt ist“ (§ 3 Abs. 1 Nr. 2 TPG). Vor der Gewebe- bzw. Organentnahme muss „der endgültige, nicht behebbare Ausfall der Gesamtfunktion des Großhirns, des Kleinhirns und des Hirnstamms“ diagnostiziert werden (§ 3 Abs. 2 Nr. 2 TPG). Dieser Zustand, der auch als „Hirntod“ bezeichnet wird, wurde 1968 von einem Ad-hoc-Komitee der Harvard Medical School als Tod des Menschen definiert, um damit zwei Probleme zu lösen: Zum einen sollte für Intensivpatienten mit einer schwersten irreversiblen Gehirnschädigung ein Kriterium für den Verzicht auf lebenserhaltende Maximaltherapie gewonnen werden. Zum anderen sollte es das Hirntod-Konzept ermöglichen, bei einem – dann für tot erklärten – Menschen mit noch intensivmedizinisch aufrecht erhaltener Herz-Kreislauf-Funktion qualitativ hochwertige Spendeorgane zu entnehmen. In Deutschland ist die Gleichsetzung des Hirntods mit dem Tod des Menschen nicht (explizit) durch das TPG vorgegeben, sondern durch eine Richtlinie der Bundesärztekammer, die gemäß TPG die Regeln zur Feststellung des Todes und des irreversiblen Hirnfunktionsausfalls erarbeitet:

> *„Mit der Feststellung des endgültigen, nicht behebbaren Ausfalls der Gesamtfunktion des Großhirns, des Kleinhirns und des Hirnstamms (irreversibler Hirnfunktionsausfall) ist naturwissenschaftlich-medizinisch der Tod des Menschen festgestellt.“* (Bundesärztekammer 2015)

Im Hinblick auf das Hirntod-Konzept sind zwei Fragen zu diskutieren:

1. Ist die Diagnose des unwiderruflichen Ausfalls aller Hirnfunktionen („Hirntod“) ein angemessenes Kriterium für die Organentnahme?
2. Ist mit dem irreversiblen Hirnfunktionsausfalls („Hirntod“) auch der Tod des Menschen festgestellt?

Vor allem die zweite Frage, ob hirntote Menschen tatsächlich tot sind, wird immer wieder kontrovers diskutiert (vgl. z.B. Hoff u. in der Schmitten 1995). Die Debatte flammte vor einigen Jahren erneut auf, als die Bioethikkommission des US-Präsidenten die gängige medizinisch-naturwissenschaftliche Begründung für die Gleichsetzung des Hirntods mit dem Tod des Menschen für nicht mehr haltbar erklärte (President's Council on Bioethics 2008). Das Gehirn besitze nicht die zentrale, unverzichtbare Integrationsfunktion für den Organismus, da viele zumindest teilintegrierte Prozesse im Körper auch bei einem irreversiblen Hirnfunktionsausfall weiter ablaufen (u.a. Regulation der Körpertemperatur, Wundheilung, Infektionsbekämpfung, Aufrechterhaltung einer Schwangerschaft) (vgl. bereits Shewmon 2001). Neben dieser biologischen Kritik gibt es aber auch grundsätzlichere Bedenken gegenüber der „Hirntod-Konzeption", da diese in verschiedener Hinsicht nicht unserem lebensweltlichen Todesverständnis entspricht. Patienten mit einem irreversiblen Hirnfunktionsausfall weisen dem äußeren Anschein nach viele „Lebenszeichen" auf (z.B. Atembewegungen, warme Haut, Körperausscheidungen), sie sind äußerlich kaum von anderen Intensivpatienten zu unterscheiden und werden anders behandelt, als dies bei einem Leichnam sonst üblich ist (u.a. Ansprache durch das Pflegepersonal, Gabe von Schmerzmedikamenten). Nun kann man unterschiedlicher Auffassung sein, welche Bedeutung es für die Ausgangsfrage hat, dass Patienten mit einem irreversiblen Hirnfunktionsausfall äußerlich noch so lebendig wirken. Für die Praxis aber bleibt festzuhalten: Das sog. „Hirntod-Konzept" setzt ein Todesverständnis voraus, das es vom Personal und von Angehörigen verlangt, von dem sonst zentralen Aspekt der (fehlenden) Lebendigkeit zu abstrahieren.

Verschiedene Möglichkeiten werden diskutiert, wie den Schwierigkeiten des „Hirntod-Konzepts" begegnet werden kann. Bereits in den 1990er-Jahre wurde vorgeschlagen, auf die – auch im deutschen TPG (§ 3 Abs. 1 Nr. 2) festgelegte – Voraussetzung zu verzichten, dass die Organentnahme nur von einem toten Spender zulässig ist (sog. „Dead-Donor-Rule") (vgl. z.B. Truog 1997). Man könnte damit die derzeitige Praxis beibehalten, Spendeorgane nach der Diagnose des irreversiblen Ausfalls aller Hirnfunktionen zu entnehmen. Gegen diese Lösung wird eingewendet, dass es weder ethisch noch rechtlich zu rechtfertigen sei, einem noch lebenden Menschen durch die Organentnahme „zu töten". Die Befürworter einer Aufgabe der Dead-Donor-Rule wiederum stellen in Frage, ob es in diesen Fällen angemessen ist, von einer Tötung zu sprechen: Schließlich würden die Organe bei einem Patienten entnommen, bei dem aufgrund der schwersten, irreversiblen Gehirnschädigung ohnehin bereits die Entscheidung gefallen sei, den Sterbeprozess durch den Verzicht auf lebenserhaltende Maßnahmen zuzulassen – die Zustimmung des Betroffenen für beides vorausgesetzt. Interessant sind in diesem Zusammenhang die Ergebnisse einer empirischen Studie aus den USA, in der über ⅔ der Befragten die Auffassung vertraten, dass es legal sein solle, wenn die Organe einem Patienten im irreversiblen, beatmungspflichtigen Koma entnommen werden und dadurch der Tod des Patienten herbeigeführt würde. Ebenfalls gut ⅔ der Befragten erklärten, dass sie in dieser Situation auch selbst ihre Organe spenden würden (Nair-Collins et al. 2015).

Andere Autoren weisen darauf hin, dass sich Patienten mit einem irreversiblen Hirnfunktionsausfall in einem Zwischenzustand zwischen Leben und Tod befinden, für den unsere im alltäglichen Sprachgebrauch etablierten Begriffe „Leben" und „Tod" nicht eingerichtet sind (Stoecker 2014). Diese umfassen jeweils unterschiedliche Aspekte, die in der Regel auch gemeinsam auftreten und dann keinen Zweifel daran lassen, ob der Mensch tot oder lebendig ist. Durch die moderne Intensivmedizin können Menschen mit einem irreversiblen Hirnfunktionsausfall aber in einem Zustand gehalten werden, in dem sie weder richtig lebendig noch richtig tot sind. Im Vordergrund solle deshalb nicht die Frage stehen, ob der „Hirntote" tot oder lebendig ist, sondern wie man ethisch angemessen mit diesen Menschen im „Zwischenreich" zwischen Leben und Tod umgeht.

> *„Was man schnell und mühelos feststellt ist, dass diese [hirntoten] Patienten in manchen Hinsichten noch wie Lebende sind – in ihrem äußeren Anschein und vielen körperlichen Funktionen – und in anderen Hinsichten schon wie Tote – in ihrer definitiven Ohnmacht und der Aussichtslosigkeit ihrer Situation." (Stoecker 2014, S. 86)*

Auch der Deutsche Ethikrat hat sich jüngst mit der Problematik des sog. „Hirntods" befasst (Deutscher Ethikrat 2015). Die Mitglieder waren sich dabei einig, dass der irreversible Hirnfunktionsausfall als Voraussetzung für die postmortale Organspende beibehalten werden solle. Umstritten war hingegen, ob mit dem unumkehrbaren Ausfall aller Gehirnfunktionen auch der Tod des Menschen eingetreten ist. Eine Mehrheit vertrat die Auffassung, dass die Organentnahme nur nach Feststellung des Todes des potenziellen Organspenders durch den irreversiblen Hirnfunktionsausfall zulässig sei (Dead-Donor-Rule). Eine Minderheit hielt dagegen den „Hirntod" nicht für den Tod des Menschen, sprach sich aber für eine Organentnahme nach diagnostiziertem „Hirntod" aus (Aufgabe der Dead-Donor-Rule).

In diesem Zusammenhang sollte nicht unerwähnt bleiben, dass in verschiedenen Ländern wie z.B. England, den Niederlanden oder den USA Organe alternativ auch nach Herzstillstand entnommen werden (*non heart beating donors* oder *controlled donation after cardiac death*). Mit diesem Vorgehen, das in den Anfangszeiten der Transplantationsmedizin praktiziert wurde, soll der Kreis möglicher Organspender erweitert und das Organaufkommen erhöht werden. Dabei variiert die erforderliche Wartezeit nach dem Herzkreislaufstillstand erheblich: Während das Maastricht-Protokoll eine 10-minütige Wartezeit vorsieht, schreiben die meisten Protokolle in den USA eine Wartezeit von lediglich 2 bis 5 Minuten vor (Deutscher Ethikrat 2015). Das Dilemma besteht dabei darin, dass auf der einen Seite die Wartezeit möglichst kurz sein sollte, um eine Schädigung der Spendeorgane zu verhindern, auf der anderen Seite aber erst nach einer etwas längeren Wartezeit sicher von der Irreversibilität des Herzkreislaufstillstands und des damit einhergehenden Ausfalls der Gehirnfunktionen auszugehen ist. Problematisch erscheint auch der hohe zeitliche Druck zwischen der Todeserklärung und der Organentnahme. In Deutschland schließt das TPG die Organentnahme von Non-Heart-Beating-Donors bislang aus.

***Praxistipps***

- *Das sog. „Hirntod-Konzept" setzt ein Todesverständnis voraus, das mit dem lebensweltlichen Vorstellungen von Leben und Tod vor allem hinsichtlich der phänomenalen Lebendigkeit nicht übereinstimmt. Dies ist in der Praxis beim Umgang mit dem Personal und den Angehörigen von Patienten mit irreversiblem Hirnfunktionsausfall zu berücksichtigen.*
- *Zweifel am „Hirntod-Konzept" sind in vielen Fällen nicht auf ein mangelndes Verständnis der medizinisch-wissenschaftlichen Grundlagen zurückzuführen, sondern in einem bestimmten Menschenbild begründet. Dieses ist zu respektieren und steht der Zustimmung zu einer Organentnahme nach Feststellung des irreversiblen Hirnfunktionsausfalls nicht entgegen.*

## 9.2 Einwilligung zur Organspende

Es gibt verschiedene Modelle, in welcher Weise der potenzielle Spender in die Organentnahme eingewilligt haben muss. Ihnen liegt eine jeweils unterschiedliche Abwägung zweier konfligierender ethischer Verpflichtungen zugrunde: Die Verpflichtung, die *Selbstbestimmung* des Organspenders zu respektieren und die Pflicht zur *Hilfeleistung* bei schwerkranken Patienten mit einem irreversiblen Organversagen.

Die *Widerspruchslösung*, die z.B. Österreich, Belgien und Spanien praktizieren, räumt den Hilfsverpflichtungen gegenüber den potenziellen Organempfängern ein höheres Gewicht ein, da von einer allgemeinen Zustimmung zur Organspende ausgegangen wird, solange der Betroffene dieser nicht ausdrücklich widersprochen hat. Die *Zustimmungslösung* setzt hingegen eine ausdrückliche Zustimmung zur Organspende voraus und räumt damit dem Selbstbestimmungsrecht des Einzelnen Vorrang ein. Dabei lassen sich zwei unterschiedlich weite Regelungen differenzieren: Bei der *engen* Zustimmungslösung ist die Organentnahme nur dann zulässig, wenn der potenzielle Spender selbst seine Einwilligung gegeben hat. Bei der *erweiterten* Zustimmungslösung können hingegen auch Angehörige oder andere dem potenziellen Spender nahestehende Personen in die Organentnahme einwilligen.

In Deutschland sieht das TPG eine *erweiterte Zustimmungslösung* vor. Demnach ist die Entnahme von Gewebe und Organen bei einem Spender mit irreversiblem Hirnfunktionsausfall zulässig, wenn dieser selbst vorab in die Entnahme eingewilligt hat (§ 3 TPG) oder wenn der nächste Angehörige oder eine volljährige, dem möglichen Spender besonders nahestehende Person ihre Zustimmung in die Organentnahme gegeben hat (§ 4 TPG). Trotz vielfältiger Aufklärungs- und Informationskampagnen konnte mit dieser erweiterten Zustimmungslösung keine ausreichende Spendebereitschaft erzielt werden.

Im Jahr 2012 wurde die erweiterte Zustimmungslösung deshalb zu einer sog. *Entscheidungslösung* ergänzt. Demnach sollen die Krankenkassen alle Versicherten ab dem 16. Lebensjahr mit Informationsmaterialien zur Organspende versorgen, um die Betroffenen aufzuklären über die Möglichkeit der Organ- und Gewebespende, die Voraussetzungen der Organ- und Gewebeentnahme bei toten Spendern und die Bedeutung der Übertragung von Gewebe und Organen für kranke Menschen. Mit Organspende-Ausweisen sollen die Betroffenen zu einer Entscheidung zur Organspende aufgefordert werden. Mit einer erhöhten Spendebereitschaft soll die Entscheidungslösung den Hilfsverpflichtungen gegenüber den potenziellen Organempfängern besser nachkommen, ohne dabei das Selbstbestimmungsrecht der Organspender einzuschränken. Im Gegenteil: Das Selbstbestimmungsrecht des Einzelnen wird durch das Informations- und Aufklärungsangebot gestärkt.

Bislang hatte die Entscheidungslösung jedoch noch keinen nachhaltigen Effekt auf die Anzahl der postmortalen Organspenden in Deutschland. Zudem wird kritisiert, dass es sich nicht um eine Entscheidungslösung im eigentlichen Sinne handele, da die Bürger nicht zu einer Organspendeerklärung verpflichtet werden (Neft 2013). Im Gegenteil: Das TPG stellt ausdrücklich klar, dass niemand zu einer Erklärung über die Organ- und Gewebespende verpflichtet werden kann (§ 2 Abs. 2a TPG). Auch in Deutschland wird deshalb immer wieder über die Einführung einer Widerspruchslösung diskutiert, da die Erfahrungen anderer Länder ein deutlich höheres Aufkommen an Spendeorganen versprechen. Der Nationale Ethikrat hatte z.B. die Verbindung einer Erklärungsregelung mit einer Widerspruchslösung empfohlen (Nationaler Ethikrat 2007).

*Praxistipp*

*Obgleich es das erklärte Ziel des TPG ist, die Bereitschaft zur Organspende zu fördern (§ 1 Abs. 1, TPG), ist die Aufklärung zur Organspende ergebnisoffen durchzuführen und sollte auch solche Aspekte umfassen, die einer Organspende entgegenstehen können.*

## 9.3 Zulässigkeit organprotektiver Maßnahmen bei potenziellen Organspendern

Im Vorfeld der Organentnahme müssen beim Spender organprotektive Maßnahmen durchgeführt werden (u.a. suffiziente Beatmung, Regelung von Blutdruck und Elektrolythaushalt), um die Funktionsfähigkeit der Organe zu erhalten. Diese Maßnahmen dienen nicht mehr der Behandlung des Patienten (*patientenzentrierte* Behandlung), sondern sollen die Erfolgsaussicht der Organtransplantation verbessern (*spendezentrierte* Behandlung). Dieses Vorgehen erscheint – die Zustimmung zur Organentnahme vorausgesetzt – wenig problematisch, sofern der irreversible Hirnfunktionsausfall bereits festgestellt wurde. Es stellt sich aber die Frage, inwieweit es ethisch und rechtlich vertretbar ist, organprotektive Maßnahmen bei Patienten mit einer schwersten, unumkehrbaren Gehirnschädigung durchzuführen, bei denen das Eintreten des irreversiblen Funktionsausfalls des gesamten Gehirns („Hirntod") vermutet oder erwartet wird. Im TPG ist diese Fallkonstellation nicht geregelt. Für eine Entscheidung zum Verzicht auf lebensverlängernde Behandlungsmaßnahmen entsprechend des Patientenwillens ist die Hirntoddiagnostik in der Regel nicht erforderlich, da sich der erklärte oder mutmaßliche Patientenwille üblicherweise auf den irreversiblen Bewusstseinsverlust bezieht, der bereits vor Eintreten des sog. „Hirntods" hinreichend sicher diagnostiziert werden kann (vgl. hierzu Kap. I.10).

Unterschiedliche Fallkonstellationen sind denkbar (Deutscher Ethikrat 2015; Schöne-Seifert et al. 2011). Im Idealfall hat sich der Betroffene selbst im Vorfeld zu dieser Frage positioniert. Die Broschüre „Patientenverfügung" des Bundesministeriums für Justiz und Verbraucherschutz (BMJV) schlägt z.B. eine Formulierung vor, mit der die Betroffenen festlegen können, ob die patientenzentrierte oder spendezentrierte Behandlung Vorrang haben soll:

**Organspende**

- Ich stimmte einer Entnahme meiner Organe nach meinem Tod zu Transplantationszwecken zu […]. Komme ich nach ärztlicher Beurteilung bei einem sich abzeichnenden Hirntod als Organspender in Betracht und müssen dafür ärztliche Maßnahmen durchgeführt werden, die ich in meiner Patientenverfügung ausgeschlossen habe, dann (Alternativen)
  - geht die von mir erklärte Bereitschaft zur Organspende vor.
  - gehen die Bestimmungen in meiner Patientenverfügung vor.

**oder**

- Ich lehne eine Entnahme meiner Organe nach meinem Tod zu Transplantationszwecken ab.

(BMJV 2019, S. 31)

Das TPG sieht ausdrücklich die Aufklärung über das Verhältnis einer Organspendeerklärung zu einer Patientenverfügung vor (§ 2 Abs. 1 S. 1 Nr. 2), um einen möglichen Widerspruch zwischen einer behandlungsbegrenzenden Patientenverfügung und der Durchführung organprotektiver Maßnahmen zu vermeiden. In vielen Fällen wird man aber nach wie vor nicht auf einen diesbezüglich vorausverfügten Patientenwillen zurückgreifen können. Sofern eine Organspendeerklärung vorliegt und die Hirntoddiagnostik bereits begonnen hat, so die Position des Deutschen Ethikrats, kann von einer mutmaßlicher Einwilligung des Patienten ausgegangen werden, da dieser mit der Erklärung zur Organspende implizit zum Ausdruck gebracht hat, dass er den für eine erfolgreiche Transplantation erforderlichen Behandlungsmaßnahmen einschließlich der Hirntoddiagnostik zustimmt (Deutscher Ethikrat 2015).

Schwieriger ist die Situation zu bewerten, wenn der Eintritt des irreversiblen Hirnfunktionsausfalls vermutet oder demnächst erwartet wird. Sofern eine Patientenverfügung und eine Organspendeerklärung vorliegen, die sich nicht – wie oben geschildert – explizit aufeinander beziehen, bedarf es der Auslegung beider Erklärungen. Nach Möglichkeit sollten nahestehende Personen danach befragt werden, ob sich der Betroffene früher Gedanken zum Verhältnis beider Erklärungen gemacht hat. Eine generelle Annahme einer mutmaßlichen Einwilligung in die Durchführung organprotektiver Maßnahmen im Vorfeld einer Hirntoddiagnostik bei Vorliegen einer Organspendeerklärung erscheint problematisch, solange nicht sichergestellt ist, dass der Betroffene bei der Abgabe der Erklärung ausreichend über den Zusammenhang zwischen Hirntoddiagnostik und Organspende aufgeklärt wurde. In jedem Fall dürfte es hier nur dann einen Ermessenspielraum geben, wenn die spendezentrierte Behandlung bei einer realistischen Spendeperspektive mit wenig belastenden Maßnahmen (keine kardiopulmonale Reanimation) über einen begrenzten Zeitraum hinweg durchgeführt wird. Bei einer spendezentrierten Lebensverlängerung wird mitunter befürchtet, dass der erwartete „Hirntod" nicht eintritt und der Patienten ein Syndrom der reaktionslosen Wachheit (sog. Wachkoma) entwickelt. Wie wahrscheinlich eine solche „Komplikation" ist, lässt sich aufgrund fehlender Daten kaum einschätzen. Im Zweifelsfall sollten die organprotektiven Maßnahmen im Interesse des Patienten eher früher als später beendet werden.

***Praxistipps***

- *Bei der Aufklärung im Rahmen einer Erklärung zur Organspende sollte über die Durchführung organprotektiver, spendezentrierter Maßnahmen im Vorfeld der Organentnahme und mögliche Konflikte mit einer patientenzentrierten Behandlung (Patientenverfügung) gesprochen werden.*
- *Die Angehörigen sollten frühzeitig über die spendezentrierten Gründe einer möglichen Hirntoddiagnostik informiert werden, damit sie sich vorab überlegen können, ob die dafür erforderlichen organprotektiven Maßnahmen durch den Patientenwillen gedeckt sind (Schöne-Seifert et al. 2011).*

## 9.4 Fragen der Organverteilung

Angesichts der erheblichen Diskrepanz zwischen Angebot und Nachfrage stellt sich die Frage, nach welchen Verfahren und Kriterien die knappen Spendeorgane an die oft schwer erkrankten Patienten verteilt werden sollen. Der Hauptkonflikt besteht dabei zwischen den Zielen, einerseits den medizinischen Nutzen der Organe zu optimieren (ethisches Prinzip der *Nutzenmaximierung*) und andererseits die verfügbaren Organe möglichst gerecht unter den Transplantationskandidaten zu verteilen (ethisches Prinzip der *Verteilungsgerechtigkeit*).

Generell sollte sich die Verteilung der knappen Spendeorgane an klar definierten und ethisch gut begründeten Verfahren und Kriterien orientieren. In Deutschland legt das TPG die Rahmenbedingungen der Organverteilung fest. Die Organvermittlung erfolgt durch eine unabhängige Einrichtung, die Stiftung *Eurotransplant*, die für die Organallokation in 8 europäischen Ländern zuständig ist. Alle auf eine Transplantation wartenden Patienten und alle gespendeten Organe müssen bei Eurotransplant gemeldet werden. Die verfügbaren Organe werden dann nach einem von Organ zu Organ jeweils unterschiedlichen Verteilungsmodell an die Empfänger vermittelt. Die dabei anzuwendenden Kriterien legt ebenfalls das TPG fest:

> *„Die vermittlungspflichtigen Organe sind von der Vermittlungsstelle nach Regeln, die dem Stand der Erkenntnisse der medizinischen Wissenschaft entsprechen, insbesondere nach Erfolgsaussicht und Dringlichkeit für geeignete Patienten zu vermitteln."* (§ 12 Abs. 3 TPG)

Zudem soll die Führung einer einheitlichen Warteliste über alle Transplantationszentren hinweg die *Chancengleichheit* der potenziellen Organempfänger sicherstellen. Die Vorgaben im TPG sind aber insofern missverständlich, als sie den falschen Eindruck erwecken können, die Auswahl der Kriterien ergebe sich aus dem medizinisch-wissenschaftlichen Erkenntnisstand. Es handelt sich dabei aber um *normative* Verteilungskriterien, die einer ethischen Begründung und rechtlichen Legitimation bedürfen. Insofern sollte man auch nicht von „medizinischen" Verteilungskriterien sprechen.

Das Transplantationsgesetz beauftragt die Bundesärztekammer (BÄK), den „Stand der Erkenntnisse der medizinischen Wissenschaft in Richtlinien" festzustellen, die u.a. die Feststellung des Todes, die Aufnahme in die Warteliste und die Organvermittlung regeln § 16 Abs. 1 TPG). Bei der Erstellung der Richtlinien sind wichtige Akteure und Sachverständige aus dem Gesundheitswesen sowie Vertreter der Vermittlungsstelle (Eurotransplant) und der zuständigen Behörden der Länder zu beteiligen. Die BÄK hat hierzu eine Ständige Kommission Organtransplantation (StäKO) eingesetzt. Die entstandenen Richtlinien werden nach Genehmigung durch das Bundesministerium für Gesundheit im Deutschen Ärzteblatt veröffentlicht und können über die Internetseiten der BÄK abgerufen werden.

Eine detaillierte Darstellung der verschiedenen organspezifischen Verteilungsmodelle ist hier nicht möglich. Auf einige allgemeinere, ethisch relevante Aspekte sei aber hingewiesen. Ohne Zweifel erfordert die Konkretisierung der vom TPG vorgegebenen Kriterien Dringlichkeit und Erfolgsaussicht medizinischen Sachverstand, da auf Grundlage der verfügbaren empirischen Daten festzulegen ist, anhand welcher Parameter die Dringlichkeit abzuschätzen und die Erfolgsaussicht zu prognostizieren ist. Die Richtlinien-Arbeit der StäKO geht aber über diese rein wissenschaftliche Operationalisierung der Verteilungskriterien hinaus. In vielen Fällen ist z.B. eine Abwägung zwischen den Kriterien der Dringlichkeit und Erfolgsaussicht erforderlich, wie das Beispiel der Leberallokation verdeutlicht. Um zu verhindern, dass viele Patienten im Leberversagen auf der Warteliste versterben, wurde der MELD (Model for End Stage Liver Disease)-Score eingeführt, der auf Basis verschiedener Laborwerte eine Einschätzung der Wahrscheinlichkeit ermöglicht, dass die Patienten im Endstadium ihrer Lebererkrankung innerhalb von 3 Monaten versterben. Die Allokation der Spenderorgane erfolgt damit allein nach der Dringlichkeit der Transplantation. Da aber zu wenige Spenderlebern verfügbar sind, erhalten die Patienten erst mit einem hohen MELD-Score und damit schlechten Gesundheitszustand ein Organ, was die Erfolgsaussichten der Transplantation beeinträchtigt. Die stärkere Gewichtung des Kriteriums der Dringlichkeit muss folglich mit einer schlechteren Erfolgsaussicht erkauft werden. Ob es sich hierbei um die richtige Balance beider Kriterien handelt, ist nicht aufgrund medizinisch-wissenschaftlicher Erkenntnisse zu ermitteln, sondern erfordert ethische Wertentscheidungen. Da die Gewichtung nicht aus einer allgemein akzeptierten ethischen Theorie abgeleitet werden kann, sind *faire, demokratisch legitimierte Entscheidungsverfahren* eine unverzichtbare Voraussetzung einer gerechten Organallokation. Ob diese Voraussetzung im gegenwärtigen System der Organverteilung erfüllt ist, wird kontrovers diskutiert (vgl. z.B. Deutsche Akademie der Naturforscher Leopoldina 2015).

Abschließend sei darauf hingewiesen, dass die gerechte Organverteilung bereits bei der Aufnahme auf die Warteliste beginnt. Auch für die Wartelistenführung gibt es entsprechende Vorgaben in den Richtlinien der BÄK. Dass dabei ebenfalls kontrovers diskutierte ethische Abwägungen erforderlich sind, sei wieder am Beispiel der Lebertransplantation verdeutlicht. Der aktuellen Richtlinie der BÄK zufolge werden Patienten mit alkoholinduzierter Zirrhose erst dann auf die Warteliste aufgenommen, wenn der Patient anamnestisch für mindestens sechs Monate völlige Alkoholabstinenz eingehalten hat (III.2.1). Damit soll sichergestellt werden, dass nur solche Patienten eine Spenderleber erhalten, die aufgrund einer niedrigeren Wahrscheinlichkeit eines Rückfalls in die Alkoholkrankheit eine bessere Erfolgsaussicht für die Organtransplantation haben. An dieser Regelung wird – neben der möglichen Ungleichbehandlung alkoholkranker Patienten – vor allem kritisiert, dass die sechsmonatige Alkoholabstinenz allein keine hinreichend verlässliche Vorhersage der Erfolgsaussicht der Lebertransplantation erlaubt. Die BÄK versucht diesen Bedenken mit einer Ausnahmeregelung zu begegnen. Um Manipulationen bei der Wartelistenführung vorzubeugen, entscheidet eine ständige, interdisziplinäre und organspezifische Transplantationskonferenz über die Aufnahme von Patienten auf die Warteliste („6-Augen-Prinzip").

***Praxistipps***

- *Die gerechte Verteilung begrenzt verfügbarer Spenderorgane erfordert bei der Auswahl und Gewichtung der Allokationskriterien ethische Werturteile, die transparent und gut begründet getroffen werden sollten.*
- *Während die Verteilung der Spenderorgane durch die Vermittlungsstelle Eurotransplant nach den Richtlinien der Bundesärztekammer erfolgt, liegt die angemessene, richtlinienkonforme Aufnahme der Patienten auf die Warteliste in der Verantwortung der Akteure vor Ort in den Transplantationszentren.*
- *Sofern begründete Zweifel an der ethischen und/oder rechtlichen Legitimität der Richtlinien zur Wartelistenführung und Organvermittlung bestehen, rechtfertigt dies noch nicht eine Abweichung von den vorgegebenen Regeln. Vielmehr sollten die Argumente in angemessener Form in den fachlichen und gesellschaftspolitischen Diskurs eingebracht werden.*

## Literatur

Bundesärztekammer (2015) Richtlinie gemäß § 16 Abs. 1 S. 1 Nr. 1 TPG für die Regeln zur Feststellung des Todes nach § 3 Abs. 1 S. 1 Nr. 2 TPG und die Verfahrensregeln zur Feststellung des endgültigen, nichtbehebbaren Ausfalls der Gesamtfunktion des Großhirns, des Kleinhirns und des Hirnstamms nach § 3 Abs. 2 Nr. 2 TPG. Vierte Fortschreibung. Deutsches Ärzteblatt, DOI: 10.3238/arztebl.2015.rl_hirnfunktionsausfall_01

Bundesministerium der Justiz und für Verbraucherschutz (2019) Patientenverfügung. Leiden, Krankheit, Sterben: Wie bestimme ich, was medizinisch unternommen werden soll, wenn ich entscheidungsunfähig bin? URL: https://www.bmjv.de/SharedDocs/Publikationen/DE/Patientenverfuegung.html (abgerufen am 19.07.21)

Deutsche Akademie der Naturforscher Leopoldina e.V. (2015) Transplantationsmedizin und Organallokation in Deutschland: Probleme und Perspektiven. Halle (Saale)

Deutscher Ethikrat (2015) Hirntod und Entscheidung zur Organspende. Stellungnahme. Deutscher Ethikrat Berlin

Hoff J, in der Schmitten J (Hrsg.) (1995) Wann ist der Mensch tot? Organverpflanzung und Hirntodkriterium. Rowohlt Verlag Reinbek bei Hamburg

Nair-Collins M, Green SR, Sutin AR (2015) Abandoning the dead donor rule? A national survey of public views on death and organ donation. J Med Ethics 41, 297–302

Nationaler Ethikrat (2007) Die Zahl der Organspenden erhöhen – zu einem drängenden Problem der Transplantationsmedizin in Deutschland. Stellungnahme. Nationaler Ethikrat Berlin

Neft H (2013) Reform des Transplantationsgesetzes – Weichenstellung für eine bessere Patientenversorgung? MedR 31, 82–89

President's Council on Bioethics (2008) Contoversies in the Determination of Death. A White Paper of the President's Council on Bioethics. Washington, DC: President's Council on Bioethics; December 2008

Schöne-Seifert B, Prien T, Rellensmann G, Roeder N, Schmidt HH-J (2011) Behandlung potenzieller Organspender im Präfinalstadium. Deutsches Ärzteblatt 108, A2080–6

Shewmon AD (2001) The brain and somatic integration: insights into the standard biological rationale for equating "brain death" with death. J Med Philos 26, 457–78

Stoecker R (2014) Zwischen Leben und Tod. Das Hirntod-Problem und wie man es lösen kann. In: Ach JS (Hrsg.) Wissen.Leben.Ethik. Themen und Positionen der Bioethik. 79–90. mentis Münster

Truog RD (1997) Is it time to abandon brain death? Hastings Cent Rep 27, 29–37

# 10 Ethische Herausforderungen bei Patienten mit psychischen Erkrankungen

Jakov Gather und Jochen Vollmann

Menschen mit psychischen Erkrankungen sehen sich häufig mit dem gesellschaftlichen Vorurteil konfrontiert, ihr Leben nicht eigenverantwortlich führen zu können. In gesundheitlichen Angelegenheiten wird ihnen dabei mitunter die Fähigkeit abgesprochen, Entscheidungen selbstbestimmt zu treffen (Rüsch u. Berger 2019). Auf der anderen Seite kommen jedem, der in der Psychiatrie tätig ist, viele Beispiele in den Sinn, in denen Menschen mit psychischen Erkrankungen für die fürsorgliche Hilfe in Krisensituationen dankbar sind – sei es in medizinischen oder in psychosozialen Belangen.

Gerade in diesem Spannungsfeld von Patientenselbstbestimmung auf der einen und ärztlich-therapeutischer Fürsorgeverpflichtung auf der anderen Seite kommt es in der Psychiatrie häufig zu ethisch herausfordernden Konfliktsituationen. Dies hängt einerseits damit zusammen, dass psychische Erkrankungen die Fähigkeit zur Selbstbestimmung einschränken können, und andererseits damit, dass wohlmeinende Ratschläge und Unterstützungsangebote der Mitarbeiter im Gesundheitswesen nicht selten zur Bevormundung von Patienten mit psychischen Erkrankungen führen.

Am markantesten zeigen sich die genannten ethischen Konflikte bei der Frage nach der Zulässigkeit bzw. Notwendigkeit von Maßnahmen gegen den Willen von Patienten (Zwangsmaßnahmen und -behandlung). In Deutschland hat sich in den letzten Jahren ausgehend von mehreren höchstrichterlichen Entscheidungen eine intensive Debatte über die Legitimation von Zwang in der Therapie von Menschen mit psychischen Erkrankungen entwickelt, die bis heute anhält (Zentrale Ethikkommission bei der Bundesärztekammer 2013; Deutsche Gesellschaft für Psychiatrie und Psychotherapie, Psychosomatik und Nervenheilkunde 2014; Deutscher Ethikrat 2018).

Im Folgenden werden zunächst grundlegende Aspekte der Patientenselbstbestimmung erörtert, da Kenntnisse zu ihrer Konzeption und empirischen Überprüfung für nahezu alle ethischen Fragestellungen in der Psychiatrie von hoher Relevanz sind. Daran anschließend sollen mithilfe fiktiver, auf der Erfahrung vieler ähnlich gelagerter Fälle basierender Fallbeispiele paradigmatische Entscheidungssituationen in der Psychiatrie geschildert, ethisch analysiert und mögliche Wege zur Entscheidungsfindung aufgezeigt werden.

## 10.1 Patientenselbstbestimmung in der Psychiatrie

Um die Selbstbestimmung von Patienten mit psychischen Erkrankungen respektieren zu können, muss man zunächst grundsätzlich klären, welche Voraussetzungen erfüllt sein müssen, damit eine Entscheidung einer Person tatsächlich als selbstbestimmt angesehen werden kann. Aus dem Umstand, dass jeder Mensch ein Recht auf Selbstbestimmung hat, darf nämlich nicht darauf geschlossen werden, dass er auch zu jeder Zeit über die notwendigen Fähigkeiten für eine selbstbestimmte Entscheidung verfügt.

Selbstbestimmte Entscheidungen in gesundheitlichen Angelegenheiten kommen in der Einwilligung bzw. Ablehnung nach Aufklärung (sog. informed consent/dissent) (s. Kap. I.8) zum Ausdruck (s. Abb. 1).

*Elemente der Einwilligung bzw. Ablehnung nach Aufklärung sind (Scholten u. Vollmann 2017):*

- **Informationsvermittlung**: Patienten müssen die für die anstehende Entscheidung relevanten Informationen erhalten (z.B. zu erwartende Wirkungen und mögliche Nebenwirkungen eines Psychopharmakons, Gefahr eines potenziell lebensbedrohlichen Krampfanfalls oder Delirs im Alkoholentzug).
- **Freiwilligkeit**: Patienten müssen ihre Entscheidung frei von Zwang treffen, d.h. sie dürfen nicht von anderen Personen (z.B. Angehörigen, Arbeitgebern, Mitarbeitern im Gesundheitswesen) in unzulässiger Weise zu einer Entscheidung gedrängt werden. Hierzu empfiehlt es sich, mit Patienten nicht ausschließlich im Beisein ihrer Begleitpersonen zu sprechen und sie gezielt auf die Einflussnahme von Dritten anzusprechen.
- **Selbstbestimmungsfähigkeit**: Im Hinblick auf die konkret anstehende Entscheidung müssen Patienten die Kriterien der Selbstbestimmungsfähigkeit erfüllen.

*Als Kriterien der Selbstbestimmungsfähigkeit gelten (Appelbaum 2007):*

- **Informationsverständnis**: Patienten müssen die erhaltenen Informationen verstanden haben. Die Prüfung erfolgt am einfachsten, indem man den Patienten bittet, das Gesagte in eigenen Worten zu wiederholen.
  - *Beispiel für Einschränkung:* Auffassungsstörungen im Rahmen einer akuten Intoxikation oder eines Delirs können das Informationsverständnis vorübergehend einschränken.
- **Urteilsvermögen**: Patienten müssen in der Lage sein, aus den erhaltenen Informationen Schlussfolgerungen zu ziehen, die verschiedenen Optionen gegeneinander abzuwägen und die mit ihnen einhergehenden Konsequenzen im Lichte ihrer persönlichen Werthaltungen zu beurteilen.
  - *Beispiel für Einschränkung:* Kognitive Defizite im Rahmen einer Demenz oder Intelligenzminderung können das Urteilsvermögen herabsetzen.

Abb. 1 Das Konzept von Einwilligung bzw. Ablehnung nach Aufklärung (informed consent/dissent) (Vollmann u. Gather 2019)

- **Einsichtsfähigkeit:** Patienten müssen erkennen können, dass ihre Gesundheit eingeschränkt ist und dass Behandlungsmöglichkeiten zur Verfügung stehen.
  - *Beispiel für Einschränkung:* Im Rahmen eines Wahns (z.B. unsterblich zu sein oder vom Arzt vergiftet zu werden) kann die Fähigkeit verloren gehen, die erhaltenen Informationen realistisch auf die eigene Lebenssituation anzuwenden.
- **Treffen und Kommunizieren einer Entscheidung:** Patienten müssen abschließend eine eindeutige Entscheidung treffen und verbal oder nonverbal zum Ausdruck bringen können.
  - *Beispiel für Einschränkung:* Eine ausgeprägte Ambivalenz im Rahmen einer schweren Depression kann eine eindeutige Entscheidung unmöglich machen.

Das Vorliegen von Selbstbestimmungsfähigkeit muss durch den Arzt sorgfältig geprüft werden, und zwar in jeder konkreten Entscheidungssituation neu, da die Selbstbestimmungsfähigkeit in vielen Fällen nur vorübergehend eingeschränkt ist (z.B. bei Intoxikation, Delir, Dehydratation, Nebenwirkungen von Psychopharmaka). Außerdem kann ein Patient für einfache Entscheidungen (z.B. die Einnahme einer Schlaftablette) selbstbestimmungsfähig sein, während er es zum selben Zeitpunkt für komplexere Fragestellungen (z.B. Einwilligung in oder Ablehnung eine(r) Elektrokrampftherapie) nicht ist (Appelbaum 2007; Maeck u. Stoppe 2010).

**Von dem Vorliegen einer medizinischen Diagnose (z.B. Demenz, Schizophrenie) oder psychopathologischer Symptome (z.B. akustische Halluzinationen, Affektlabilität) darf nicht ohne Weiteres auf eine eingeschränkte Selbstbestimmungsfähigkeit geschlossen werden. Auch kann man einem Patienten nicht allein deshalb die Selbstbestimmungsfähigkeit absprechen, weil er eine medizinisch indizierte Therapie ablehnt oder eine sonstige Entscheidung trifft, die aus Sicht des Behandlungsteams oder seiner Angehörigen als unklug er-**

**scheint. Der Respekt vor der Selbstbestimmung setzt in jedem Fall die Überprüfung der einzelnen Kriterien voraus.**

Bei Feststellung von Selbstbestimmungsunfähigkeit sollten Maßnahmen der Entscheidungsassistenz ergriffen werden, um die Selbstbestimmungsfähigkeit zu fördern und, sofern möglich, wiederherzustellen (Zentrale Ethikkommission bei der Bundesärztekammer 2016). Hierfür stehen in der klinischen Praxis verschiedene Interventionen zur Verfügung. Dazu zählen beispielsweise die Unterstützung durch persönliche Entscheidungsassistenten, Ombudsleute oder Genesungsbegleiter, Hilfestellungen bei der Erstellung von Vorausverfügungen (z.B. Patientenverfügungen oder Behandlungsvereinbarungen), Strategien wie das Nutzen der sog. einfachen Sprache oder der Einsatz von sog. talking mats (ebd.; Penzenstadler et al. 2020).

Gelingt es trotz ausreichender Bemühungen nicht, mithilfe von Entscheidungsassistenz die Selbstbestimmungsfähigkeit in einem hinreichenden Maße wiederherzustellen, bedarf es einer stellvertretenden Entscheidungsfindung. Diese erfolgt in der Regel durch Bevollmächtigte oder rechtliche Betreuer. Dabei ist wichtig zu betonen, dass sich diese rechtlichen Vertreter am vorausverfügten bzw. mutmaßlichen Willen des aktuell selbstbestimmungsunfähigen Patienten orientieren müssen und nicht ihre eigenen Wertvorstellungen und Präferenzen zum Maßstab ihrer Entscheidung machen dürfen (Bundesärztekammer/Zentrale Ethikkommission bei der Bundesärztekammer 2018; Gieselmann et al. 2019).

## 10.2 Praxisrelevante Entscheidungssituationen

**Fall 1**

Ein 54-jähriger alkoholabhängiger Patient befindet sich auf der Überwachungsstation eines Allgemeinkrankenhauses. Am Vortag war er mit einer schweren Intoxikation aufgenommen worden und musste chirurgisch versorgt werden, weil er nach einem Streit mit seiner Ehefrau versucht hatte, sich die „Pulsadern" an beiden Handgelenken zu eröffnen. Die Ehefrau des Patienten berichtet, dass ihr Mann seit mehr als 10 Jahren 2 Flaschen Schnaps täglich trinke, seine Arbeitsstelle und den Großteil seiner Freunde verloren habe. Er habe schon oft davon gesprochen, „nicht mehr zu können", und sie mache sich große Sorgen, dass er sich eines Tages das Leben nehme. Die behandelnden Ärzten raten dem am Morgen deutliche psychovegetative Entzugssymptome zeigenden Patienten zu einer Verlegung und Weiterbehandlung in der psychiatrischen Abteilung. Im psychiatrischen Konsil kann sich der Patient tragfähig von Suizidhandlungen distanzieren und lehnt eine stationäre Behandlung in der Psychiatrie mit der Begründung ab, dass er „niemals in ein Irrenhaus" gehen werde und außerdem dringend nach Hause müsse, um sich um seinen Hund zu kümmern.

Die offensichtlich schwere Alkoholabhängigkeit des Patienten hat bereits zu erheblichen negativen Folgen im psychosozialen Bereich (Konflikte mit der Ehefrau, Verlust der Arbeitsstelle und des Freundeskreises) und vermutlich auch zu Schäden an körperlichen Organen (Leber, peripheres Nervensystem etc.) geführt. Das beginnende Alkoholentzugssyndrom kann zu einem potenziell lebensbedrohlichen Delir mit zerebralem Krampfanfall führen und das Suizidrisiko ist bei diesem Patienten aufgrund der Alkoholabhängigkeit und des bereits erfolgten Suizidversuchs als erhöht anzusehen. Das gesundheitliche Wohl des Patienten ist bedroht und es gäbe viele Möglichkeiten, ihn therapeutisch zu unterstützen. Seine pauschale Ablehnung einer psychiatrischen Therapie und die Begründung, sich um sein Haustier kümmern zu wollen, erscheinen hingegen angesichts der Schwere der bereits eingetretenen und noch zu erwartenden Gesundheitsschäden als unklug und wenig nachvollziehbar. Und dennoch: das Recht auf Selbstbestimmung schließt auch irrationale und die Gesundheit oder gar das Leben bedrohende Entscheidungen ein.

Es gehört zu den Aufgaben des konsiliarisch hinzugezogenen Psychiaters, eine selbstbestimmte Entscheidung des Patienten zu unterstützen und sicherzustellen. Eine Aufklärung über die aufgezählten Risiken einer ausbleibenden Behandlung muss zwingend erfolgen und Alternativen (Behandlung des Entzugssyndroms im internistischen Krankenhaus, ambulante psychiatrische Behandlung, Kontaktaufnahme zum ambulanten Suchthilfesystem etc.) müssen erörtert werden. Ein unzulässiger Druck von Dritten muss ausgeschlossen werden (wobei im vorliegenden Fall die Ehefrau eher auf eine stationäre Behandlung zu drängen scheint) und die Kriterien der Selbstbestimmungsfähigkeit müssen sorgfältig geprüft werden. Kommt man abschließend zu dem Schluss, dass es sich bei der Ablehnung der psychiatrischen Behandlung tatsächlich um eine selbstbestimmte Entscheidung handelt, ist diese zu respektieren.

**Fall 2**

Auf der Depressionsstation eines psychiatrischen Krankenhauses wird eine 34-jährige Frau aufgrund einer wahnhaften Depression behandelt. Die Mutter zweier Kinder bittet um Entlassung, da „alles keinen Sinn mehr mache". Sie kann sich nicht von dem Gedanken lösen, nie wieder gesund zu werden und eine unerträgliche Belastung für die Familie darzustellen. Sie äußert das Gefühl der eigenen Wertlosigkeit und ihre Aussichten für die Zukunft bezeichnet sie als hoffnungslos. Im Gespräch mit ihrer Bezugspflegkraft kündigt sie an, es „genauso machen zu wollen" wie ihre Mutter. Diese hatte sich vor 20 Jahren durch Sprung von einer Brücke das Leben genommen.

Dieser Fall beschreibt einen für die Psychiatrie typischen Notfall: eine Situation akuter Suizidalität. Suizidabsichten stellen in der weit überwiegenden Zahl der Fälle potenziell vorübergehende, nicht-selbstbestimmte Absichten im Rahmen schwerer psychischer Erkrankungen dar. Auch in der vorliegenden Falldarstellung sprechen einige Aspekte dafür, dass die Selbstbestimmungsfähigkeit der Patientin nicht hinreichend gegeben ist. Durch ihre wahnhafte Depression, die damit einhergehende formalgedankliche Einengung und die ausgeprägte Hoffnungslosigkeit scheinen das Urteilsvermögen und die Einsichtsfähigkeit derart eingeschränkt zu sein, dass die Patientin nicht in der Lage ist, die verschiedenen Optionen gegeneinander abzuwägen (z.B. Vor- und Nachteile einer Therapie mit einem Antidepressivum) bzw. diese auf ihre eigene Lebenssituation zu übertragen („Antidepressiva helfen manchen Patienten vielleicht, bei mir macht alles keinen Sinn"). Ihre Entscheidung, die Klinik zu verlassen und sich das Leben zu nehmen, ist daher als nicht-selbstbestimmt einzustufen.

Würde man sie in dieser Situation gewähren lassen, wäre dies eine Missachtung der Fürsorgeverpflichtung für das gesundheitliche Wohl und Leben der Patientin. Gleichzeitig wäre es mit dem Respekt der Selbstbestimmung der Patientin nicht vereinbar, wenn man ihre nicht-selbstbestimmte Entscheidung – die sie im Stadium der Selbstbestimmungsfähigkeit (d.h. vor Beginn oder nach Remission der wahnhaften Depression) mit hoher Wahrscheinlichkeit anders getroffen hätte – akzeptieren würde.

In solchen Fällen ist es die Aufgabe des therapeutischen Teams, geeignete Maßnahmen (intensive therapeutische Zuwendung, Gesprächsangebote, Schaffen von Rückzugsmöglichkeiten etc.) zu ergreifen, um die Patientin von der Notwendigkeit einer Behandlung zu überzeugen. Gelingt dies nicht und hält die Patientin an ihrem Entlassungswunsch fest, ist als letztes Mittel eine zwangsweise Unterbringung gegen den nicht-selbstbestimmten Willen der Patientin durchzuführen, um die unmittelbar drohende Gefahr für das Leben (akute Eigengefährdung) abzuwenden.

Zwangsweise Unterbringungen stellen schwere Grundrechtseingriffe dar und bedürfen einer rechtlichen Grundlage. In diesem Fall könnte zum Beispiel eine Unterbringung nach dem Psychisch-Kranken-(Hilfe)-Gesetz des jeweiligen Bundeslandes erfolgen. Zwangsmaßnahmen müssen immer so schonend und kurz wie möglich durchgeführt werden und es müssen stets freiwillige und weniger belastende Alternativen geprüft werden.

In vielen Kliniken werden akut eigengefährdende depressive Patienten immer noch auf geschlossene Akutstationen aufgenommen/verlegt, obwohl das Gefühl des „Eingesperrtseins" für viele eine schwere psychische Belastung darstellt und sich als Bestrafung anfühlt. Alternativ könnte man daher überlegen, wegen akuter Eigengefährdung untergebrachte Patienten auf offenen Stationen zu behandeln und sich ihnen im Rahmen einer 1-zu-1-Betreuung pflegerisch intensiver zuzuwenden (Lang 2013). Auch folgt aus der ethischen und rechtlichen Zulässigkeit einer zwangsweisen Unterbringung nicht automatisch die ethische und rechtliche Zulässigkeit einer Zwangsbehandlung (z.B. mit einem Medikament), da diese einen zusätzlichen und begründungsbedürftigen Eingriff in die körperliche Integrität darstellen würde, zumeist als psychisch äußerst traumatisierend wahrgenommen wird und dem gegenseitigen Vertrauen häufig schadet. Im geschilderten Fall reicht die Unterbringung zunächst aus, um die akute Gefahr für das Leben abzuwenden. Die Behandlung der Patientin sollte sich zunächst an ihren individuellen Präferenzen orientieren und darauf abzielen, ein tragfähiges und vertrauensvolles therapeutisches Bündnis zu schließen, auf dessen Grundlage gemeinsam weitere Therapiemaßnahmen (z.B. eine Psychopharmakotherapie) beschlossen werden können.

**Fall 3**

Eine 84-jährige Patientin mit einer fortgeschrittenen Alzheimer-Demenz, die wegen starker nächtlicher Unruhezustände auf einer gerontopsychiatrischen Station behandelt wird, entwickelt eine Lungenentzündung. In einer 8 Jahre alten und vor Beginn der Demenz verfassten Patientenverfügung hat sie festgehalten, im Falle einer irreversiblen schweren Beeinträchtigung ihrer kognitiven Fähigkeiten keine lebenserhaltenden Maßnahmen (darunter künstliche Flüssigkeitszufuhr und Ernährung, Antibiotikatherapie etc.) erhalten zu wollen. Ihre Angehörigen weisen jedoch darauf hin, dass sie bis kurz vor der stationären Aufnahme sehr lebenslustig gewesen sei und trotz der schweren kognitiven Beeinträchtigungen täglich gerne mit ihren Enkelkindern gespielt habe. Sie fordern die Ärzte auf, eine antibiotische Therapie einzuleiten.

Patientenverfügungen sind für den behandelnden Arzt rechtlich bindend, sofern die gesetzlichen Voraussetzungen erfüllt sind (u.a. schriftliche Form, Selbstbestimmungsfähigkeit zum Zeitpunkt der Abfassung, konkrete Angaben zu Behandlungspräferenzen, Übereinstimmung mit der aktuellen Lebens- und Behandlungssituation) (Vollmann 2012). Im vorliegenden Fall scheinen der in der Patientenverfügung vorausverfügte selbstbestimmte Wille und die aktuellen, nicht-selbstbestimmten Willensäußerungen (offensichtliche Lebensfreude beim Spielen mit den Enkelkindern) miteinander im Widerspruch zu stehen. Die Angehörigen fordern deshalb entgegen dem Wortlaut der Patientenverfügung die Einleitung einer antibiotischen Therapie.

Beim Umgang mit Patientenverfügungen gilt es zunächst zu prüfen, ob die Wirksamkeitsvoraussetzungen in der konkreten Situation erfüllt sind. Im Zusammenhang mit einer Demenz wird häufig darauf hingewiesen, dass sich Betroffene vor Beginn oder in einem frühen Stadium ihrer Erkrankung (wenn zumeist die Patientenverfügung verfasst wird) ihr (Er-)Leben im Zustand der fortgeschrittenen Demenz nicht vorstellen können. Aus diesem Grund kämen aktuelle, das Leben offensichtlich bejahende Verhaltensweisen in Betracht, um die Übereinstimmung der Vorausverfügung mit der aktuellen Lebens- und Behandlungssituation zu verneinen (Deutscher Ethikrat 2012, 48–49). Eine Durchführung der antibiotischen Therapie wäre aus dieser Perspektive ethisch gerechtfertigt. Andererseits wird argumentiert, dass aus nicht-selbstbestimmten, hochgradig deutungsoffenen Willens- und Lebensäußerungen nicht darauf geschlossen werden dürfe, dass ein Patient seine im Stadium der Selbstbestimmungsfähigkeit vorausverfügte Entscheidung widerrufen wissen möchte (Vollmann 2012; Jox et al. 2014). Im vorliegenden Fall dürfte man demnach nicht ohne Weiteres vom momentanen, vermeintlichen Ausdruck von Lebensfreude darauf schließen, dass die Patientin entgegen dem Wortlaut ihrer Patientenverfügung eine lebensverlängernde antibiotische Therapie wünscht. Im Gegenteil bezieht sich die Patientenverfügung eindeutig auf den aktuell vorliegenden Zustand einer fortgeschrittenen Demenz und enthält eine selbstbestimmte und aus diesem Grund zu respektierende Ablehnung der antibiotischen Therapie.

## 10.3 Klinische Ethikberatung in der Psychiatrie

Für die zuvor skizzierten praxisrelevanten Entscheidungssituationen, d.h. für die Frage nach Zwangsmaßnahmen bzw. der Berücksichtigung einer Patientenverfügung, werden von der psychiatrischen Fachgesellschaft sowie von ethischen Gremien Angebote der klinischen Ethikberatung empfohlen, um Professionelle in der klinischen Praxis im Bedarfsfall bei der ethischen Entscheidungsfindung zu unterstützen (Zentrale Ethikkommission bei der Bundesärztekammer 2013; Deutsche Gesellschaft für Psychiatrie und Psychotherapie, Psychosomatik und Nervenheilkunde 2014; Bundesärztekammer 2018; Bundesärztekammer/Zentrale Ethikkommission bei der Bundesärztekammer 2018). Nachdem man noch vor einigen Jahren davon ausgegangen war, dass Ethikberatung in der Psychiatrie nur unzureichend implementiert ist (Reiter-Theil et al. 2014), weisen neuere Daten darauf hin, dass mittlerweile viele psychiatrische Krankenhäuser über Strukturen der klinischen Ethikberatung verfügen (Gather et al. 2019; Wollenburg et al. 2020). Vergleichende Untersuchungen zwischen der somatischen Medizin und der Psychiatrie zeigen, dass sich die ethischen Fragestellungen in diesen beiden Settings häufig voneinander unterscheiden (Reiter-Theil u. Schürmann 2016; Löbbing et al. 2019).

Ausgehend von den zentralen Aufgaben und Zielen klinischer Ethikberatung (ethische Beratung in konkreten Behandlungsfällen, Fort- und Weiterbildung zu ethischen Themen, Entwicklung ethischer Leitlinien) soll daher abschließend überlegt werden, wie die Mitarbeiter eines psychiatrischen Krankenhauses bei der ethischen Entscheidungsfindung professionell unterstützt werden können.

Im Rahmen von retrospektiven ethischen Fallbesprechungen können Behandlungsteams – idealerweise angeleitet durch einen in der Medizinethik weitergebildeten Mitarbeiter – einen unter ethischen Gesichtspunkten als schwierig empfundenen, konkret erlebten Fall diskutieren. Im Unterschied zu den vielerorts praktizierten psychologischen Fall- und Teamsupervisionen stehen dabei nicht interaktionelle Aspekte und teaminterne Konflikte und Belastungen im Vordergrund, sondern genuin ethische Aspekte wie beispielsweise der Konflikt zwischen der Willensäußerung des Patienten und der Fürsorgeverpflichtung der Behandler (Mitzscherlich u. Reiter-Theil 2017). Durch die methodische Anleitung und systematische Reflexion können mithilfe solcher Angebote das ethische Denken und Urteilen im Klinikalltag geschult und für zukünftige, ähnlich oder anders gelagerte Fälle nutzbar gemacht werden. Neben retrospektiven Fallbesprechungen gibt es auch die Möglichkeit, durch Hinzuziehung eines oder mehrerer klinischer Ethikberater (beispielsweise nach Anfrage bei einem interdisziplinär besetzten klinischen Ethikkomitee) ethische Fallberatungen durchzuführen, deren Ziel es ist, das Behandlungsteam im laufenden Prozess einer Behandlung in ethischen Konfliktsituationen zu beraten und bei der Entwicklung einer ethisch begründeten Entscheidung zu unterstützen.

Die Durchführung von Fort- und Weiterbildungen zu ethischen Themen (z.B. durch Vorträge externer Experten oder durch klinikinterne Workshops und Seminare) dient in erster Linie dazu, Mitarbeiter eines psychiatrischen Krankenhauses für ethisch relevante Fragestellungen zu sensibilisieren und kann dabei helfen, einen Reflexionsprozess sowohl auf der Ebene des individuellen Handelns als auch der Krankenhausorganisation in Gang zu setzen. Als Beispiele für mögliche Themen können die Beurteilung der Selbstbestimmungsfähigkeit und Maßnahmen der Entscheidungsassistenz bei Patienten mit psychischen Erkrankungen oder ethische und palliativmedizinische Herausforderungen bei der Versorgung von Menschen mit Demenz am Lebensende genannt werden.

Krankenhausinterne oder trägerweite ethische Leitlinien können dabei helfen, Standards und Empfehlungen zum Umgang mit häufig auftretenden ethischen Konfliktsituationen zu entwickeln, und werden häufig durch klinische Ethikkomitees oder hierfür einberufene Arbeitsgruppen erarbeitet. Inhaltlich können sie sich beispielsweise mit dem Umgang mit Patientenverfügungen oder der Durchführung von Zwangsmaßnahmen und -behandlungen befassen.

Strukturen der klinischen Ethikberatung können einen wertvollen Beitrag zu einer auf Vertrauen und Kooperation gründenden Versorgung von Menschen mit psychischen Erkrankungen leisten. Im Hinblick auf das für die Psychiatrie besonders relevante Spannungsfeld von Patientenselbstbestimmung und ärztlich-therapeutischer Fürsorgeverpflichtung können sie den an der Behandlung Beteiligten dabei helfen, ihre Entscheidungen und Handlungen in Konfliktsituationen ethisch zu begründen.

*Praxistipps*

- *Ethische Herausforderungen in der Psychiatrie ergeben sich häufig im Spannungsfeld zwischen Patientenselbstbestimmung und ärztlich-therapeutischer Fürsorgeverpflichtung.*
- *Bestehen in einer konkreten Entscheidungssituation Zweifel an der Selbstbestimmungsfähigkeit eines Patienten, muss diese sorgfältig und anhand transparenter Kriterien geprüft werden.*
- *Strukturen der klinischen Ethikberatung können psychiatrische Behandlungsteams bei der ethischen Entscheidungsfindung unterstützen und sollten verstärkt in der klinischen Praxis implementiert werden.*

## Literatur


Appelbaum PS (2007) Assessment of Patients' Competence to Consent to Treatment. N Engl J Med 357, 1834–1840

Bundesärztekammer (2018) Hinweise und Empfehlungen der Bundesärztekammer zu Patientenverfügungen und anderen vorsorglichen Willensbekundungen bei Patienten mit einer Demenzerkrankung. Dtsch Ärztebl 115 (19), A952–A956

Bundesärztekammer/Zentrale Ethikkommission bei der Bundesärztekammer (2018) Hinweise und Empfehlungen zum Umgang mit Vorsorgevollmachten und Patientenverfügungen im ärztlichen Alltag. Dtsch Ärztebl 115 (51–52), A2434–A2441

Deutsche Gesellschaft für Psychiatrie und Psychotherapie, Psychosomatik und Nervenheilkunde (DGPPN) (2014) Achtung der Selbstbestimmung und Anwendung von Zwang bei der Behandlung von psychisch erkrankten Menschen. Eine ethische Stellungnahme der DGPPN. Nervenarzt 85, 1419–1431

Deutscher Ethikrat (Hrsg.) (2012) Demenz und Selbstbestimmung. Stellungnahme. URL: https://www.ethikrat.org/fileadmin/Publikationen/Stellungnahmen/deutsch/DER_StnDemenz_Online.pdf (abgerufen am 06.07.2020)

Deutscher Ethikrat (2018) Hilfe durch Zwang? Professionelle Sorgebeziehungen im Spannungsfeld von Wohl und Selbstbestimmung. Stellungnahme. URL: https://www.ethikrat.org/fileadmin/Publikationen/Stellungnahmen/deutsch/stellungnahme-hilfe-durch-zwang.pdf (abgerufen am 06.07.2020)

Gather J, Kaufmann S, Otte I, Juckel G, Schildmann J, Vollmann J (2019) Entwicklungsstand von klinischer Ethikberatung in der Psychiatrie. Ergebnisse einer Umfrage unter psychiatrischen Akutkrankenhäusern und Maßregelvollzugskliniken. Psychiat Prax 46, 90–96

Gieselmann A, Gather J, Vollmann J (2019) Entscheidungsfindung bei nicht einwilligungsfähigen Patienten. Psych. Pflege Heute 25, 253–256

Jox RJ, Ach JS, Schöne-Seifert B (2014) Patientenverfügungen bei Demenz. Der „natürliche Wille" und seine ethische Einordnung. Dtsch Ärztebl 111 (10), A394–396

Lang U (2013) Innovative Psychiatrie mit offenen Türen. Deeskalation und Partizipation in der Akutpsychiatrie. Springer Berlin, Heidelberg

Löbbing T, Carvalho Fernando S, Driessen M, Schulz M, Behrens J, Kobert KKB (2019) Clinical ethics consultations in psychiatric compared to non-psychiatric medical settings: characteristics and outcomes. Heliyon 5, e01192

Maeck L, Stoppe G (2010) Competence Assessment. In: Helmchen H, Sartorius N (Hrsg.) Ethics in Psychiatry. European Contributions. 209–226. Springer Dordrecht

Mitzscherlich B, Reiter-Theil S (2017) Ethikkonsultation oder psychologische Supervision? Kasuistische und methodische Reflexionen zu einem ungeklärten Verhältnis. Ethik Med 29, 289–305

Penzenstadler L, Molodynski A, Khazaal Y (2020) Supported decision making for people with mental health disorders in clinical practice: a systematic review. International Journal of Psychiatry in Clinical Practice 24 (1), 3–9

Reiter-Theil S, Schürmann J (2016) The "Big Five" in 100 Clinical Ethics Consultation Cases Reviewing three years of ethics support in two Basel University Hospitals. Bioethica Forum 9 (2), 60–70

Reiter-Theil S, Schürmann J, Schmeck K (2014) Klinische Ethik in der Psychiatrie: State of the Art. Psychiat Prax 41 (7), 355-363

Rüsch N, Berger M (2019) Das Stigma psychischer Erkrankungen. In: Berger M (Hrsg.) Psychische Erkrankungen. Klinik und Therapie. 823–828. Urban & Fischer München

Scholten M, Vollmann J (2017) Patientenselbstbestimmung und Selbstbestimmungsfähigkeit. In: Vollmann J (Hrsg.) Ethik in der Psychiatrie. Ein Praxisbuch. 26–34. Psychiatrie Verlag Köln

Vollmann J (2012) Patientenverfügungen von Menschen mit psychischen Störungen. Gültigkeit, Reichweite, Wirksamkeitsvoraussetzung und klinische Umsetzung. Nervenarzt 83 (1), 25–30

Vollmann J, Gather J (2019) Ethik in der Psychiatrie. In: Berger M (Hrsg.) Psychische Erkrankungen. Klinik und Therapie. 817-822. Urban & Fischer München

Wollenburg LM, Claus S, Kieser C, Pollmächer T (2020) Zum Stand der Anwendung klinischer Ethikberatung in deutschen Kliniken für Psychiatrie und Psychotherapie. Psychiat Prax 47 (8), 446–451

Zentrale Ethikkommission bei der Bundesärztekammer (2013) Zwangsbehandlung bei psychischen Erkrankungen. Dtsch Ärztebl 110 (26), A1334–1338

Zentrale Ethikkommission bei der Bundesärztekammer (2016) Entscheidungsfähigkeit und Entscheidungsassistenz in der Medizin. Dtsch Ärztebl. URL: https://www.zentrale-ethikkommission.de/fileadmin/user_upload/downloads/pdf-Ordner/Zeko/SNEntscheidung2016.pdf (abgerufen am 18.11.2020)

# 11 Ethische Fragen bei der Krebsfrüherkennung

Georg Marckmann und Jürgen in der Schmitten

Die Grundidee der Krebsfrüherkennung (KFE) erscheint auf den ersten Blick intuitiv überzeugend: Je früher ein bösartiger Tumor erkannt wird, desto besser müssen die Heilungschancen sein. Es ist deshalb wenig überraschend, dass Maßnahmen zur Krebsfrüherkennung (KFEM) bereits 1971 in den Leistungskatalog der gesetzlichen Krankenkassen (GKV) aufgenommen wurden. In § 62 SGB V hatte der Gesetzgeber seit 2007 sogar finanzielle Sanktionen vorgesehen, falls die Versicherten nicht an den verfügbaren Früherkennungsmaßnahmen teilnehmen. Dass KFEM jedoch keineswegs so unproblematisch sind, zeigt sich u.a. in dem 2013 in Kraft getretenen Krebsfrüherkennungs- und -registergesetz (KFRG), das die sog. Malus-Regelung im § 62 SGB V aufhebt und die Selbstverwaltung zu einer umfassenden und verständlichen Information der GKV-Versicherten über die Nutzen- und Schadenspotenziale der jeweiligen KFEM verpflichtet (Helou 2014). Dieser Zurückhaltung liegt – neben einem allgemeinen Unwohlsein angesichts einer gesetzlich verordneten Untersuchungspflicht – vermutlich zugrunde, dass bei vielen KFEM der empirisch nachgewiesene Nutzen nur sehr gering oder sogar ungewiss ist, während die Belastungen und gesundheitlichen Risiken durch die Maßnahmen selbst sowie durch falsch positive Ergebnisse, Überdiagnosen und Übertherapie gewiss und häufig sind.

Aus dieser Konstellation resultiert der ethische Grundkonflikt der KFEM: Eine sehr große Anzahl von symptomfreien Gesunden (!) muss den Belastungen und gesundheitlichen Risiken der KFEM ausgesetzt werden, während nur vergleichsweise wenige Personen tatsächlich von einer frühzeitigen Entdeckung ihrer Erkrankung profitieren. Auf der Systemebene stellt sich damit die Frage, unter welchen Voraussetzungen es ethisch vertretbar ist, eine große Anzahl von Menschen mit Mitteln der GKV einzuladen oder gar aufzufordern, sich den gesundheitlichen Risiken der KFEM auszusetzen, um einer kleinen Anzahl von Menschen zu helfen (vgl. hierzu ausführlicher Marckmann u. in der Schmitten 2014): Ab welchem Verhältnis dieser beiden Gruppen (Number Needed To Screen) darf man davon sprechen, dass die KFEM sich – in verschiedenster Hinsicht – „lohnt"? Angesichts der in der Regel unvermeidbaren Risiken von

KFEM bleibt diese ethische Grundspannung auch dann erhalten, wenn der Nutzen in Form einer reduzierten krebsbedingten Mortalität durch belastbare empirische Daten gut belegt ist: Sie ist den KFEM gewissermaßen immanent.

Aber auch auf der Mikroebene ergeben sich im Kontakt mit den potenziellen KFEM-Teilnehmern ethische Fragen, die sich vor allem auf eine angemessene Aufklärung über Nutzen und Risiken der KFEM als Voraussetzung für eine informierte Entscheidung beziehen. Das vorliegende Kapitel erörtert dafür zunächst die ethischen Herausforderungen bei der Bestimmung des Nutzen- und Schadenspotenzials von KFEM und erläutert anschließend, wie eine informierte Entscheidung zur Teilnahme an einer KFEM in der Praxis realisiert werden kann.

> *„Alle Screening-Früherkennungsprogramme schaden; manche können auch nützen. Der Schaden tritt sofort auf, für den Nutzen braucht es länger, bis er sichtbar wird. Daher ist die erste Wirkung jedes Programms, auch wenn es ein nützliches ist, dass es die Gesundheit der Zielgruppe verschlechtert. [...] Ein Screeningprogramm ohne falsch positive Befunde übersieht zu viele Fälle, um wirksam zu sein. [...] Ein Screeningprogramm ohne falsch negative Befunde verursacht zu großen Schaden an der gesunden Bevölkerung. [...] Obwohl für die Gesamtpopulation bedeutungslos, kann ein einziger falsch positiver Befund für das Individuum verheerende Folgen haben.“ J.A. Muir Gray (zit. nach Mühlhauser u. Steckelberg 2005)*

## 11.1 Nutzenpotenzial von KFEM

KFEM zielen allgemein darauf, gutartige Vorstufen oder noch gut behandelbare Frühstadien von bösartigen Tumorerkrankungen zu erkennen. Dies hat aber nur dann einen Nutzen für die betroffenen Patienten, wenn sich durch die frühere Diagnosestelle die tumorbedingte Mortalität und/oder Morbidität verringern lassen. Anders als vielfach angenommen ist es aber keinesfalls so, dass eine frühe Erkennung stets auch eine verbesserte Prognose mit sich bringt. Die Betroffenen können aber unter Umständen davon profitieren, dass das früher erkannte Stadium der Krebserkrankung weniger eingreifend bzw. belastend behandelt werden kann. Dass Screening-Teilnehmer durch einen unauffälligen Befund beruhigt und damit psychisch entlastet werden, wird von manchen auch als Nutzen einer KFEM angesehen. Dabei ist aber zu berücksichtigen, dass – von wenigen Ausnahmen abgesehen – bei den meisten Personen erst durch den Aufruf zur Teilnahme an einer KFEM die Angst vor der Krebserkrankung erzeugt wird. Die KFEM hat in diesen Fällen keinen wirklichen Zusatznutzen für die betreffenden Personen.

Voraussetzung für eine gute Beratung der potenziellen KFEM-Teilnehmer ist eine kritische Prüfung der verfügbaren Evidenz zum Nutzen der KFEM. Dabei sind vier mittlerweile gut bekannte systematische Fehler (biases) zu berücksichtigen, die die Ergebnisse zugunsten des Screenings verzerren können (Koch 2010):

1. Oft nehmen mehr gesundheitsbewusste, gebildete und damit gesündere Personen an den KFE-Programmen teil, sodass ein Überlebensvorteil auch durch andere Faktoren bedingt sein kann (Selektions-Bias).
2. Es gibt Fälle, in denen durch die Früherkennungsmaßnahmen zwar durch die Vorverlegung der Diagnose der Abstand zwischen Diagnose und Tod (also die

Krankheitsdauer) verlängert wird, nicht aber das Leben der Teilnehmers (Lead-Time-Bias). Beim PSA-Screening zur Früherkennung von Prostata-Karzinomen beträgt die Lead-Time z.B. etwa 5 bis 7 Jahre (Draisma et al. 2009). Das Screening bewirkt in diesen Fällen also lediglich, dass die Betroffenen mehrere Jahre früher erfahren, dass sie „Krebs" haben, ohne dass ihnen diese bedrückende Kenntnis irgendeinen Nutzen bringt, unabhängig von der daraufhin durchgeführten Therapie.

3. Durch KFEM werden eher langsam wachsende Tumoren gefunden, die oft auch eine bessere Prognose besitzen und dadurch mit einer höheren Überlebensrate verbunden sind (Length-Time-Bias). Rasch wachsende, besonders bösartige Tumoren dagegen treten häufig zwischen zwei Screening-Untersuchungen auf (sog. Intervallkarzinome), werden durch das Screening also nicht erfasst, vielleicht sogar (dazu unten mehr) später abgeklärt, als dies ohne Screening der Fall gewesen wäre, weil sich die Betroffenen in einer falschen Sicherheit gewiegt haben.
4. Nicht zuletzt kann es sich um Tumore handeln, die zwar unter dem Mikroskop bösartig aussehen, sich aber so gutartig verhalten (d.h. so langsam wachsen und so selten metastasieren), dass sie zeitlebens nie symptomatisch geworden wären und deshalb nie einer Behandlung bedurft hätten (Überdiagnose-Bias). Dieses Problem ist ebenfalls beim PSA-Screening relevant, da viele Prostata-Tumore erst im höheren Alter auftreten und nicht zu Symptomen führen, sodass sie ohne KFEM nie bemerkt worden wären (Schaefer u. Weissbach 2011). Auch beim Brustkrebsscreening müssen die verhinderten krebsbedingten Todesfälle mit Überdiagnosen erkauft werden (Jørgensen u. Gøtzsche 2009).

Eine verlässliche Abschätzung des Nutzens von KFEM ist allein durch prospektive, randomisierte kontrollierte Studien mit einem ausreichend langen Zeithorizont möglich, um die Auswirkungen auf die tumorspezifische Mortalität und nach Möglichkeit auch auf die Gesamtmortalität abschätzen zu können und die genannten systematischen Fehler zu vermeiden (vgl. z.B. Menon et al. 2021). Insgesamt ist die Evidenzlage bei vielen KFEM durch das Fehlen randomisiert-kontrollierter Studien, durch konfligierende Ergebnisse oder durch eine mangelnde Studienqualität vielfach eingeschränkt (Chou et al. 2011; Mühlhauser 2007). Hinzu kommt, dass Medizin und Industrie ein natürliches Interesse an KFE-Empfehlungen für möglichst breite Bevölkerungsschichten haben, da sie erheblich davon profitieren. Es gibt zahlreiche Belege für die interessen-geleitete Manipulation von Daten bzw. ihrer Veröffentlichung (Gøtzsche 2015).

*Eine kritische Prüfung der verfügbaren Evidenz über das Nutzenpotenzial der KFEM ist notwendige Voraussetzung für eine angemessene Aufklärung der Zielpersonen. Dabei ist insbesondere zu berücksichtigen, dass die Ergebnisse durch verschiedene systematische Fehler (biases) zugunsten der KFEM verzerrt sein können.*

## 11.2 Schadenspotenzial von KFEM

Wie eingangs erwähnt, liegt die besondere ethische Brisanz von KFEM in dem nicht zu eliminierenden Schadenspotenzial für die Teilnehmenden. Dabei können die Schadenspotenziale aus mindestens vier unterschiedlichen Quellen resultieren:

1. **Belastungen und Risiken durch die Untersuchung selbst**: Während der PAP-Test zur Früherkennung von Gebärmutterhalskrebs oder das PSA-Screening keine praktisch relevanten gesundheitlichen Risiken beinhalten, drohen bei der Koloskopie im Rahmen des Darmkrebsscreenings mit Blutungen, Darmperforationen und daraus unter Umständen (selten) resultierenden Todesfällen ernstere Komplikationen mit einer Häufigkeit im niedrigen Promillebereich.
2. **Risiken durch falsch-positive Befunde**: Meist wird bei KFEM eine hohe Sensitivität angestrebt, also ein geringer Anteil falsch-negativer Befunde, um möglichst wenig Krebsfälle zu übersehen. Dadurch verringert sich aber notwendig die Spezifität (der Anteil richtig-positiver Befunde), was einer erhöhten Anzahl fälschlicherweise auffälliger Befunde bei Gesunden entspricht. Diese falsch-positiven Befunde ziehen im Sinne der Stufendiagnostik in der Regel weitere, oft invasive Abklärungen nach sich (z.B. Biopsien), die neben der psychischen Belastung einer vermuteten Krebserkrankung auch mit gesundheitlichen Risiken wie Entzündung, Blutung oder Perforation verbunden sind. Bei jährlich durchgeführtem PAP-Test erhalten Schätzungen zufolge mindestens 50% der Frauen einmal in ihrem Leben einen abklärungsbedürftigen Screeningbefund, wobei die Mehrzahl dieser Frauen niemals ein Zervixkarzinom entwickeln würde (Mühlhauser u. Filz 2008).
3. **Risiken durch Überdiagnosen und Übertherapien**: Da auch die meist zur Diagnosesicherung verwendeten histologischen Untersuchungen nur eine begrenzte Spezifität haben, kommt es infolge falsch-positiver Screeningbefunde im Rahmen der Stufendiagnostik regelmäßig in einem geringen Teil der Fälle zu „gesicherten“ Krebsdiagnosen und einer darauf basierenden onkologischen Therapie, obwohl in Wahrheit gesundes Gewebe vorgelegen hat, was die Betroffenen (Patienten wie Behandler) aber nie erfahren werden. Eine weitere Quelle von Überdiagnosen ist der Nachweis von Krebsfällen, die ohne Screening nie symptomatisch geworden wären oder bei denen die Betroffenen an anderen Ursachen versterben, bevor der Krebs symptomatisch wird: Anders als im erstgenannten Fall ist hier der histologische Befund korrekt, doch entweder handelt es sich um einen langsam wachsenden Krebs, dessen prognostische Differenzierung mikroskopisch nicht gelungen ist oder nicht möglich war, oder interkurrente tödliche Erkrankungen kommen dem Krebs zuvor, was besonders mit steigendem Lebensalter an Bedeutung gewinnt. Überdiagnosen führen zu Übertherapien, die ihrerseits neben der psychischen Belastung mit einer nicht unerheblichen Morbidität und sogar Mortalität verbunden sein können. Für das Vereinigte Königreich wurde zum Beispiel geschätzt, dass im Rahmen des Brustkrebs-Screenings einem verhinderten Todesfall durch Brustkrebs etwa drei überdiagnostizierte und insofern ohne Nutzen für die Betroffenen onkologisch behandelte Brustkrebsfälle gegenüberstehen (Independent U.K. Panel on Breast Cancer Screening 2012). In der Europäischen Screeningstudie für das Prostatakarzinom mussten für einen verhinderten Todesfall durch ein Prostatakarzinom 37 Prostatakarzinomdiagnosen gestellt werden (Schröder et al.

2012). Die resultierende Übertherapie führt u.a. häufig zu erektiler Dysfunktion und Inkontinenz und bietet damit ein schwerwiegendes Schadenspotenzial (Carlsson et al. 2011; Chou et al. 2011).

4. Auch **falsch-negative Ergebnisse** stellen durchaus ein relevantes Problem dar, da sie den Nutzen der KFE begrenzen. Bis zu 50% der Frauen mit einem diagnostizierten Zervixkarzinom hatten zuvor einen unauffälligen PAP-Befund (Mühlhauser u. Filz 2008). Hinzu kommt das Problem der Intervallkarzinome, also der zwischen zwei Screening-Untersuchungen auftretenden Krebsfälle. Nicht selten vermittelt die Teilnahme an einem KFE-Programm ein trügerisches Gefühl, vor der Krebserkrankung „sicher zu sein". Tritt dann ein Intervallkarzinom auf, so gehen die betroffenen Personen möglicherweise später zum Arzt, als dies sonst der Fall gewesen wäre, und haben in der Folge tatsächlich geringere Heilungschancen aufgrund eines bereits fortgeschrittenen Tumorstadiums.

*KFEM sind mit Belastungen und Schadenspotenzialen verbunden durch die Untersuchungsverfahren selbst, durch falsch-positive Befunde (mit invasiver Abklärung und psychischer Belastung) sowie durch Überdiagosen und Übertherapien.*

## 11.3 Nutzen-Schaden-Abwägung bei der KFE

Die Abwägung, ob der Nutzen eines KFE-Programms das Schadenspotenzial überwiegt, ist mit verschiedenen Herausforderungen verbunden. (Dabei soll die am schwierigsten zu bewältigende Problematik, die Frage der Verlässlichkeit der zur Verfügung stehenden Daten angesichts von Interessenkonflikten und methodischen Einschränkungen, hier außen vor gelassen werden.) Zum einen müssen sehr unterschiedliche Nutzen- und Schadenskategorien miteinander verglichen werden (z.B. die krebsbedingte Mortalität mit der Morbidität durch Übertherapie), die sich nicht direkt miteinander „verrechnen" lassen. Zum anderen ergibt sich die Abwägung von Nutzen und Schaden nicht allein aus den empirischen Studiendaten, sondern erfordert darüber hinaus Werturteile. Die Bewertung von Nutzen- und Schadenspotenzialen stellt damit auch eine besondere Herausforderung bei der Erstellung von Empfehlungen zu KFEM dar. Unabhängig davon, wie KFEM auf der Systemebene bewertet werden, müssen die Zielpersonen einer KFEM selbst gemäß ihrer eigenen, ganz individuellen Wertmaßstäbe über die Teilnahme entscheiden können – unterstützt von einer fachlich entsprechend qualifizierten Person. Schließlich müssen sie selbst beurteilen, ob sie bereit sind, die Belastungen und gesundheitlichen Risiken durch die Untersuchung und die sich daran möglicherweise anschließenden weiteren Maßnahmen für ein verringertes (tumorspezifisches) Mortalitätsrisiko auf sich zu nehmen. Es ist deshalb nur folgerichtig, dass die Frage der informierten Entscheidung über die Teilnahme in das Zentrum der Diskussion bei KFEM gerückt ist (Newson 2011). Mit dem zunehmenden Wissen über die genetischen Grundlagen von Krebserkrankungen ergeben sich Möglichkeiten einer risiko-adaptierten Krebsfrüherkennung (Schmutzler et al. 2020). Dabei werden KFEM gezielt denjenigen Personen angeboten, die – oft aufgrund einer genetischen Disposition – ein erhöhtes Risiko für eine Krebserkrankung haben. Damit soll das Nutzen-Schadens-Verhältnis der KFEM durch eine Senkung der falsch-positiven Testergebnisse verbessert werden.

## 11.4 Voraussetzungen einer informierten Entscheidung

Während in der klinischen Medizin auch bei kleinen Eingriffen eine umfangreiche Aufklärung und eine schriftliche Einwilligung des Patienten erforderlich sind, gibt es im Bereich der KFE nach wie vor in erster Linie Kampagnen mit Informationsblättern, die nur eine unvollständige und oft nicht ausgewogene Darstellung der Nutzen- und Schadenspotenziale bieten. Angesichts der teils ungeklärten, teils intransparenten und häufig auch ungünstigen Nutzen-Schadens-Potenziale von KFE ist diese Situation nicht akzeptabel (vgl. z.B. Mühlhauser 2007). Um die Offenheit der Entscheidung zu verdeutlichen, hat es sich eingebürgert, im Gegensatz zum klinischen Bereich nicht von einer informierten Einwilligung (*informed consent*), sondern von einer informierten *Entscheidung* (*informed choice*) zu sprechen, bei der die Nicht-Teilnahme als eine gleichwertige Alternative ausdrücklich akzeptiert ist. Wie bereits erwähnt hat auch der deutsche Gesetzgeber mit dem Krebsfrüherkennungs- und -registergesetz (KFRG) einen „Paradigmenwechsel“ vollzogen und mit den umfassenden Informationspflichten der Selbstverwaltung das bevölkerungsbezogene Ziel einer möglichst hohen Teilnahmerate der wohl informierten Entscheidung des Einzelnen untergeordnet (Helou 2014).

Informierte Entscheidungen über die Teilnahme an KFEM stellen aufgrund der erforderlichen Risikoabschätzungen und -bewertungen eine besondere Herausforderung für die Zielpersonen dar. Empirische Untersuchungen belegen, dass die potenziellen Teilnehmer häufig nicht die erforderlichen Voraussetzungen besitzen, um eine informierte Entscheidung zu treffen (Günster et al. 2019). Dies liegt sicher auch an der intransparenten Information der Öffentlichkeit, bei der der Nutzen von KFEM z.B. oft als relative Risikoreduktion (z.B. 25% verringerte Brustkrebs-Sterblichkeit) und nicht als absolute Risikoreduktion (z.B. 1 verhinderter Brustkrebs-Todesfall pro 1.000 Frauen in 10 Jahren) angegeben wird, wodurch die Betroffenen den Nutzen der Programms leicht überschätzen. In einer repräsentativen Stichprobe glaubten 75% der befragten Deutschen, dass 100 und mehr von je 1.000 Frauen weniger an Brustkrebs sterben, wenn sie regelmäßig an den Früherkennungsmaßnahmen teilnehmen (Gigerenzer u. Wegwarth 2008). Dies unterstreicht, wie wichtig es ist, den Nutzen von KFEM als *absolute Risikoreduktion* vermitteln, beim Mammographie-Screening z.B. in der folgenden Form: „1.000 Frauen müssen 10 Jahre lang am Screening teilnehmen, damit etwa 1 Brustkrebs-Todesfall verhindert wird.“

Um die Voraussetzungen für eine informierte Entscheidung zu verbessern, wurden Vorgaben für eine umfassende, objektive und verständliche Information erarbeitet (vgl. z.B. Mühlhauser u. Steckelberg 2005) und manche Broschüren daraufhin überarbeitet (vgl. z.B. Gummersbach u. Abholz 2011). Der Fachbereich Patienteninformation des Deutschen Netzwerks Evidenzbasierte Medizin erarbeitete einen Katalog von Mindestanforderungen an die Darstellung der Vor- und Nachteile in Informationsmaterialien zur Früherkennung von Krebs (Koch u. Mühlhauser 2008). Eine randomisierte, kontrollierte Studie konnte belegen, dass evidenzbasierte Risikoinformation über Darmkrebs-Screening die informierten Entscheidungen der Teilnehmer und ihr Wissen verbesserte, ohne dabei die Einstellung zur KFE wesentlich zu verändern (Steckelberg et al. 2011). Dies ist insofern bemerkenswert, als informierte Entscheidungen und hohe Teilnahmeraten oft als konfligierende Zielsetzungen angesehen werden. So wichtig evidenzbasierte, ausgewogene und verständlich gestaltete Informationsborschüren auch sein mögen, sie allein bieten wahrscheinlich keine hinreichende Grundlage für eine informierte Entscheidungsfindung. In einer randomisierten, kontrollierten Studie führte die überarbeitete Mammographie-Broschüre – im Vergleich zur Vorgängerversion – nicht zu einer wesentlich informierteren Entscheidung und wird von den Frauen auch nicht als wesentliche Entscheidungshilfe angesehen (Gummersbach et al. 2015). Möglicherweise bedarf es hier, so die Schlussfolgerung der Autoren, vor allem einer qualifizierten Gesprächsbegleitung.

Der Einwilligung in einen ärztlichen Eingriff muss in Deutschland grundsätzlich ein Aufklärungsgespräch mit einem Arzt vorausgehen. Für die KFE scheint diese Regel stillschweigend außer Kraft gesetzt, ohne dass dafür an irgendeiner Stelle eine Begründung zu finden wäre. Dabei spricht vieles dafür, dass gerade potenzielle Teilnehmer an KFE-Programmen aufgrund der unsicheren oder schwierig zu beurteilenden empirischen Evidenz, der oben geschilderten komplizierten Verzerrungen der Nutzen- und Schadenswahrnehmung sowie der erforderlichen schwierigen Abwägungen ganz besonders auf die Unterstützung durch das Gespräch mit einer fachlich entsprechend qualifizierten Person angewiesen sind, das ihnen eine informierte Entscheidung erst ermöglicht (in der Schmitten 2014). Eine qualifizierte Beratung setzt jedoch einen informierten Arzt voraus. Dass Ärzte – wie ihre Patienten – oft nicht in der Lage sind, Nutzen und Schaden von KFEM korrekt einzuschätzen (Gigerenzer u. Wegwarth 2008), ist insofern besonders beunruhigend als die Empfehlung des Arztes eine der wichtigsten Entscheidungsgrundlagen für die Zielpersonen zu sein scheint (Gummersbach et al. 2015). Um potenziellen Screeningteilnehmern eine informierte Entscheidung zu ermöglichen, ist es somit neben der Erstellung nachweislich geeigneter Informationsmaterialien unerlässlich, Ärzte in der Risikokommunikation auszubilden und sie mit transparenter Information über Nutzen- und Schadenspotenziale von KFE-Programmen zu versorgen (für ein Beispiel vgl. Mühlhauser u. Filz 2008). Dabei fördert es das Verständnis medizinischer Fakten, wenn bedingte Wahrscheinlichkeiten zu Prävalenz der Erkrankung sowie Sensitivität und Spezifität der KFEM in natürlichen Häufigkeiten dargestellt werden (Gigerenzer u. Wegwarth 2008).

### *Praxistipps*

*Zielpersonen einer KFEM sind im Rahmen einer ärztlichen Beratung ausgewogen und verständlich zu informieren, um eine ausgewogene Entscheidung zu ermöglichen. Ärzte, die hinsichtlich einer KFEM konsultiert werden, bedürfen einer anspruchsvollen inhaltlichen und methodischen Qualifikation und einer freilassenden Haltung, um die potenziellen Teilnehmer bei ihrer Entscheidung angemessen unterstützen zu können. Dabei sind insbesondere folgende Aspekte zu berücksichtigen:*

- *Die potenziellen Teilnehmenden sind explizit darauf hinzuweisen, dass KFEM das Auftreten von Krebserkrankungen nicht verhindern können, sondern darauf abzielen, eine Krebserkrankung frühzeitig zu entdecken, um sie dann erfolgreich behandeln zu können (Früherkennung ist nicht Vorsorge!).*
- *Die Ergebnisse der KFEM sollten in* **natürlichen Häufigkeiten** *dargestellt werden, um den möglichen Nutzen sowie die unerwünschten Wirkungen und Schadenspotenziale für die Zielpersonen verständlich zu machen.*

- *Der potenzielle Nutzen von KFEM ist im Sinne einer* **absoluten Risikoreduktion** *und der daraus folgenden* **Number Needed To Screen** *für die Zielpersonen verständlich darzustellen. Unterstützend sollten geeignete Informationsmaterialien (Decision Aids) Verwendung finden.*
- *Der potenzielle Schaden von KFEM durch die Untersuchungen selbst, durch invasive Abklärungsuntersuchungen und durch Überdiagnosen und -therapien ist für die Zielpersonen verständlich darzustellen, ebenfalls unterstützt von geeigneten Informationsmaterialien (Decision Aids).*
- *Die Zielpersonen sind auf das durch das Screening nicht beeinflussbare Risiko des Auftretens von Intervallkarzinomen und die bei entsprechenden Anzeichen erforderliche frühzeitige Abklärung hinzuweisen.*
- *Risikoadaptierte KFEM können durch eine Reduktion der falsch-positiven Testergebnisse ein besseres Nutzen-Schadens-Verhältnis aufweisen.*

Der vorliegende Beitrag basiert auf folgender Publikation: Marckmann G, in der Schmitten J (2014) Krebsfrüherkennung aus Sicht der Public Health Ethik. Bundesgesundheitsblatt Gesundheitsforschung Gesundheitsschutz. Mit freundlicher Genehmigung von Springer Science+Business Media.

## Literatur


Carlsson S, Aus G, Bergdahl S, Khatami A, Lodding P, Stranne J, Hugosson J (2011) The excess burden of side-effects from treatment in men allocated to screening for prostate cancer. The Goteborg randomised population-based prostate cancer screening trial. Eur J Cancer 47, 545–53

Chou R, Croswell JM, Dana T, Bougatsos C, Blazina I, Fu R, Gleitsmann K, Koenig HC, Lam C, Maltz A, Rugge JB, Lin K (2011) Screening for prostate cancer: a review of the evidence for the U.S. Preventive Services Task Force. Ann Intern Med 155, 762–71

Draisma G, Etzioni R, Tsodikov A, Mariotto A, Wever E, Gulati R, Feuer E, de Koning H (2009) Lead time and overdiagnosis in prostate-specific antigen screening: importance of methods and context. J Natl Cancer Inst 101, 374–83

Gigerenzer G, Wegwarth O (2008) Risikoabschätzung in der Medizin am Beispiel der Krebsfrüherkennung. Z Evid Fortbild Qual Gesundhwes 102, 513–9; discussion 606–8

Gøtzsche PC (2015) Tödliche Medizin und organisierte Kriminalität. Wie die Pharmaindustrie das Gesundheitswesen korrumpiert. riva Verlag München

Gummersbach E, Abholz H-H (2011) Neues Merkblatt für Mammografie-Screening in Deutschland: Hilfe zur Meinungsbildung der Eingeladenen. Zeitschrift für Allgemeinmedizin 87, 21–25

Gummersbach E, in der Schmitten J, Mortsiefer A, Abholz HH, Wegscheider K, Pentzek M (2015) Willingness to participate in mammography screening: a randomized controlled questionnaire study of responses to two patient information leaflets with different factual content. Dtsch Arztebl Int 112, 61–8

Günster C, Klauber J, Robra B-P, Schmacke N, Schmuker C (Hrsg.) (2019) Versorgungs-Report Früherkennung. Medizinisch Wissenschaftliche Verlagsgesellschaft Berlin

Helou A (2014) Krebsfrüherkennung im Nationalen Krebsplan: Gesundheitspolitischer Rahmen und gesetzliche Neuregelungen. Bundesgesundheitsblatt Gesundheitsforschung Gesundheitsschutz 57, 288–93

in der Schmitten J (2014) Autonomie gewähren genügt nicht – Patienten-Selbstbestimmung bedarf aktiver Förderung durch Ärzte Z Allg Med 90, 246–250

Independent U.K. Panel on Breast Cancer Screening (2012) The benefits and harms of breast cancer screening: an independent review. Lancet 380, 1778–86

Jørgensen KJ, Gøtzsche PC (2009) Overdiagnosis in publicly organised mammography screening programmes: systematic review of incidence trends. BMJ 339, b2587

Koch K (2010) Screening in der gesetzlichen Krankenversicherung: Zervixkarzinom. In: Gerhardus A, Breckenkamp J, Razum O, Schmacke N, Wenzel H (Hrsg.) Evidence-based Public Health. 213–224. Verlag Hans Huber Bern

Koch K, Mühlhauser I, für den Fachbereich Patienteninformation des Deutschen Netzwerks für Evidenzbasierte Medizin (2008) Kriterien zur Erstellung von Patienteninformation zu Krebsfrüherkennungsuntersuchungen. Stellungnahme des Fachbereichs Patienteninformation des Deutschen Netzwerks für Evidenzbasierte Medizin. Deutsches Netzwerk Evidenzbasierte Medizin e.V. Berlin, 30.06.2008

Marckmann G, in der Schmitten J (2014) Krebsfrüherkennung aus Sicht der Public Health Ethik. Bundesgesundheitsblatt Gesundheitsforschung Gesundheitsschutz

Menon U, Gentry-Maharaj A, Burnell M, Singh N, Ryan A, Karpinskyj C et al. (2021) Ovarian cancer population screening and mortality after long-term follow-up in the UK Collaborative Trial of Ovarian Cancer Screening (UKCTOCS): a randomised controlled trial. Lancet 397:2182–2193

Mühlhauser I (2007) Ist Vorbeugen besser als Heilen? Z Arztl Fortbild Qualitatssich 101, 293–9

Mühlhauser I, Filz M (2008) Screening auf Zervixkarzinom. Informationen zur Beratung von Frauen. arzneitelegramm 39, 29–38

Mühlhauser I, Steckelberg A (2005) Aufklärung über Krebsfrüherkennung am Beispiel Mammographie- und Darmkrebs-Screening. Z Allg Med 81, 523–527

Newson AJ (2011) Population screening. In: Dawson A (Hrsg.) Public Health Ethics. Key Concepts and Issues in Policy and Practice, 118–142. Cambridge University Press Cambridge

Schaefer C, Weissbach L (2011) Früherkennung: heilen oder krank machen? Der Arzt im ethischen Zwiespalt. Urologe 50, 1595–9

Schmutzler R, Schmitz-Lun B, Borisch B, Devilee P, Eccles D et al. (2020) Risk-adjusted cancer screening and prevention (RiskAP). Complementing screening for early disease detection by a learning screening bnased on risk factors. Köln. https://www.bundesgesundheitsministerium.de/fileadmin/Dateien/5_Publikationen/Praevention/Berichte/RiskAP_Manuscript_Oktober_2020.pdf (Zugriff 05.07.2021)

Schröder FH, Hugosson J, Roobol MJ, Tammela TL, Ciatto S, Nelen V, Kwiatkowski M, Lujan M, Lilja H, Zappa M, Denis LJ, Recker F, Paez A, Maattanen L, Bangma CH, Aus G, Carlsson S, Villers A, Rebillard X, van der Kwast T, Kujala PM, Blijenberg BG, Stenman UH, Huber A, Taari K, Hakama M, Moss SM, de Koning HJ, Auvinen A, Investigators E (2012) Prostate-cancer mortality at 11 years of follow-up. N Engl J Med 366, 981–90

Steckelberg A, Hulfenhaus C, Haastert B, Muhlhauser I (2011) Effect of evidence based risk information on “informed choice” in colorectal cancer screening: randomised controlled trial. BMJ 342, d3193

# 12 Wunscherfüllende Maßnahmen als Herausforderung für die Identität der Medizin

Giovanni Maio

**Patientengeschichte: Wachstumshormone bei kleinwüchsigen, aber gesunden Kindern?**

Die Eltern eines achtjährigen Jungen bitten den Arzt darum, ihrem Sohn Wachstumshormone zu verschreiben, damit er schneller wachse. Der Arzt weist darauf hin, dass die Gabe von Wachstumshormonen nur dann angezeigt sei, wenn eine Erkrankung mit Wachstumshormonmangel vorliege. Die Eltern ihrerseits weisen darauf hin, dass sie beide kleinwüchsig seien und deshalb in ihrem Leben schon viele gesellschaftliche Nachteile erleiden mussten, die sie ihrem Kind mithilfe der neuen Behandlungsoptionen ersparen wollten.

Die moderne Medizin befindet sich gegenwärtig in einem grundlegenden Transformationsprozess. Galt sie lange Zeit als eine Praxis, die von Patienten angefragt wurde, so entwickelt sich die Medizin in den letzten Jahren zunehmend hin zu einem Dienstleistungssektor, der nicht mehr nur auf Nachfrage hin aktiv wird, sondern der mit medizinischen Angeboten potenzielle „Konsumenten“ umwirbt. Diese Veränderung der Medizin führt dazu, dass immer mehr Bereiche als Dienstleistungsbereiche konzipiert werden, die als Angebot abgefragt werden können. Damit tritt an die Stelle des „klassischen“ moralischen Leitbegriffs der ärztlichen Hilfe in vielen Bereichen der Medizin die wunscherfüllende Dienstleistung, die meist für wertneutral gehalten wird.

Der Begriff ‚wunscherfüllende Medizin‘ ist ein rezenter Begriff, der eine Orientierung der Medizin beschreibt, die qualitativ nicht vollkommen neu ist, aber in der Dimension doch eine neue Qualität erhalten hat. Begrifflich versteht man unter ‚wunscherfüllender Medizin‘ eine Verwendung medizinischer Methoden zur Erfüllung individueller Wünsche, die nicht primär im Zusammenhang mit einem Krankheitsgeschehen stehen. Zentrales Differenzierungskriterium der wunscherfüllenden Medizin ist somit nicht eine spezifische Mittelanwendung, sondern die offen deklarierte Zielsetzung. Die wunscherfüllende

Medizin steht somit in einem gewissen Kontrast zur ‚klassischen' Medizin, was nicht heißen kann, dass sie eine grundlegend neue Kategorie darstellt. Gleichwohl hat die wunscherfüllende Medizin in den letzten Jahrzehnten eine solche Dynamik erfahren, dass man heute berechtigterweise von einem Trend zur wunscherfüllenden Medizin sprechen kann (Kettner 2009).

In ihrem ‚klassischen' Selbstverständnis kommt der Medizin deshalb ein besonderer normativer Status zu, weil sie eine Antwort auf die Not des Patienten gibt. Sie versteht ihre Maßnahmen als Kompensationsbestrebungen, deren besonderer Wert sich vom Ziel der Leidenslinderung oder Not-Linderung ableitet. Für das ärztliche Handeln ergibt sich hieraus ein gewisser Verpflichtungscharakter: Ein Arzt kann es sich in der Konfrontation mit der Not eines Patienten nicht nach Belieben aussuchen, ob er hilft oder nicht hilft. Es gehört zur sozialen Erwartung an einen Arzt, dass er dort, wo er grundsätzlich die Mittel zur Hilfe in der Hand hat, diese Mittel auch einsetzt. Anders bei der wunscherfüllenden Medizin. Sie reagiert auf die Wünsche, die der Patient anmeldet. Hier handelt der Arzt nicht aus einer Hilfspflicht heraus, sondern bietet grundsätzlich verzichtbare Dienstleistungen an.

Aus der veränderten Zielstellung der wunscherfüllenden Medizin folgt nicht nur ein neues Verständnis ärztlicher Leistungen mit weit reichenden normativen Konsequenzen, sondern es ergibt sich auch ein verändertes Bild des Adressaten dieser Leistungen. An die Stelle des Patienten tritt der Konsument, der Kunde, der nicht primär leidet, sondern auf eine Optimierung seiner natürlichen Merkmale ausgerichtet ist, weil er sich von einer solchen Optimierung bestimmte private oder berufliche Vorteile verspricht. Insofern ist ein weiteres Charakteristikum der wunscherfüllenden Medizin ihre Marktorientierung. Innerhalb dieser Sparte der Medizin werden Produkte verkauft; das ganze Feld breitet sich jenseits der gesetzlichen Erstattungsprinzipien aus.

## 12.1 Anwendungsfelder der wunscherfüllenden Medizin

Es gibt mittlerweile eine Vielzahl von Interventionen in der Medizin, die in den Bereich der wunscherfüllenden Medizin fallen. So lassen sich auch alle Maßnahmen des Enhancements als eine Untergruppe der wunscherfüllenden Medizin klassifizieren. Unterschieden nach deren Zielsetzungen kann man folgende Kategorien der wunscherfüllenden Medizin ausmachen:

Als **erste Kategorie** spielt das Ziel der Modifikation der *Erscheinungsform* des Menschen eine wichtige Rolle. Das umfasst alle den Körper modifizierenden Eingriffe ohne Krankheitsbezug, Körpermodifikationen also, die sich allein auf das äußere Erscheinungsbild auswirken. Traditionell gehört hierzu die ästhetische Chirurgie, die in den letzten Jahren immer stärker nachgefragt wird. Aber auch andere Bereiche der Medizin wenden immer mehr ästhetische Eingriffe an, wie die Dermatologie, die Gynäkologie und vor allem die Zahnmedizin. Ein Sonderbereich der Maßnahmen, die auf die Veränderung der äußeren Erscheinungsform abzielen, ist die Wachstumshormonsubstitution bei gesunden kleinwüchsigen Minderjährigen, um deren Körperlänge nach Wunsch zu steigern.

In eine **zweite Kategorie** fallen Maßnahmen, die auf die *Leistungsfähigkeit* abzielen, sowohl die körperliche wie die geistige. Zu nennen wären hier Doping im Sport für die Steigerung der körperlichen und kognitiven Enhancement für die Steigerung der geistigen Leistungen des Menschen. Die häufigsten Verfahren sind hier die medikamentösen Einflussmöglichkeiten, aber in Zukunft werden auch Methoden der Stimulation des Gehirns und der Brain-Machine-Interfaces zur Leistungssteigerung hinzukommen.

Eine **dritte Kategorie** umfasst Maßnahmen, die auf den *emotionalen Bereich* Einfluss nehmen. Hierzu zählen alle stimmungsaufhellenden Methoden. Ob auch die Methoden, die eine Sedierung bei fehlender medizinischer Indikation bezwecken, in diese Kategorie gehören, bleibt strittig, weil man z.B. bezüglich der ‚palliativen Sedierung' immer noch argumentieren könnte, dass es um die Behebung eines Leidenszustandes geht. Dagegen ließe sich jedoch einwenden, dass die Sedierung nicht die indizierte Methode gegen die Todesangst als existenzielle Erfahrung ist.

In eine **vierte Kategorie** fallen all die Maßnahmen, die die *gesamte menschliche Existenz* zum Angriffspunkt nehmen. Hierzu gehören alle Maßnahmen, die die Manipulation der Anfangsbedingungen des Menschen anpeilen, wie z.B. die Methoden der Auswahl der Gameten (bei der Samen- oder Eizellspende) oder der Auswahl der Embryonen. So wird die Präimplantationsdiagnostik ja nicht vorgenommen, weil eine medizinische Indikation bestünde oder weil ein Leidenszustand behandelt werden sollte, sondern allein deshalb, weil ein Wunsch der Eltern nach einem Kind ohne Gendefekt besteht. Bei der Ei- und Samenspende könnte man zwar die Methode selbst als medizinisch indiziertes Verfahren zur Bekämpfung einer nicht anders behandelbaren Sterilität ansehen, aber die Auswahl der Gameten nach selbst zu bestimmenden Kriterien fällt nicht in die medizinische Indikation, sondern ist eindeutig Bestandteil der wunscherfüllenden Medizin. Eine medizinische Indikation lässt sich auch bei den reproduktionsmedizinischen Methoden im Postmenopausenalter nicht festmachen, sodass z.B. auch die Eizellspende bei Frauen nach der Menopause als Methode der wunscherfüllenden Medizin angesehen werden muss. Aber nicht nur der Lebensanfang, sondern auch das Lebensende ist Ansatzpunkt wunscherfüllender Maßnahmen. Man denke hier an die – noch experimentellen – Ansätze zur Verlängerung der Lebensspanne oder an die Ansätze der Anti-Aging-Medizin, sofern sie nicht präventiven Charakter haben.

Eine **fünfte Kategorie** würde all die Maßnahmen umfassen, die auf eine je *partikulare Präferenz des Einzelnen* ausgerichtet sind. Man denke hier an Beispiele wie den Kaiserschnitt auf Wunsch oder alle Methoden der Kontrazeption, die, vom Präventionsaspekt abgesehen, nicht medizinisch indiziert sind.

## 12.2 Wunscherfüllende Medizin und medizinische Indikation

Ein kennzeichnendes und für ihre Einordnung wichtiges Merkmal der wunscherfüllenden Medizin ist ihr veränderter Umgang mit der medizinischen Indikation. Die medizinische Indikation stellt für die ‚klassische' Medizin ein Zentralstück ärztlicher Entscheidungsvorgänge dar; sie ist zu verstehen als ein begründeter Hinweis auf eine bestehende Notwendigkeit zur medizinischen Intervention. Die medizinische Indikation sagt also etwas über die Angezeigtheit ärztlichen Handelns aus. Grundlage dafür, eine Indikation stellen zu können, sind drei Aspekte. Erstens ist mit der Indikation immer eine medizinisch-fachliche Ebene angesprochen. Zu dieser fachlichen Ebene gehört die ärztliche Evaluierung der zu erwartenden Risiken vor dem Hintergrund bestehender Handlungsorientierungen in Form von Leitlinien oder anderen kodifizierten Behandlungsstandards. Zur Vermeidung purer Beliebigkeit oder gar Scharlatanerie ist die Indikation also gebunden an objektive Parameter, an den Sachstand der Wissenschaft, an den innerfachlichen Standard. Diese Rückbindung an Standards wird selbstverständlich auch in der wunscherfüllenden Medizin nicht aufgegeben. Vielmehr ist es auch bei Maßnahmen der wunscherfüllenden Medizin wichtig, dass zum Schutz des Klienten Behandlungsstandards eingehalten werden.

Die zweite Säule der medizinischen Indikation besteht in der Rückbindung der objektiven Befunde und geltenden Standards an allgemein anerkannte Zielsetzungen medizinischen Handelns. Zu den etablierten Zielen der Medizin, die jedoch einem ständigen Wandel unterliegen, zählt z.B. die Behandlung und Vorbeugung von Krankheiten und die Leidens- und Schmerzlinderung. Charakteristikum der wunscherfüllenden Medizin ist es, den Rekurs auf etablierte Ziele der Medizin für verzichtbar zu erklären, es sei denn, man würde argumentieren, dass das Unerfülltbleiben von Wünschen auch einen Leidenszustand generiert.

Weil beim Vorgang der Indikationsstellung drittens die Individualität des Patienten berücksichtigt werden muss, handelt es sich bei ihr unweigerlich um eine singuläre Entscheidungsfindung. Die Indikationsstellung ist also grundsätzlich nicht vollends standardisierbar, sondern sie ist ein kreativer Prozess, bei dem es um das Zusammenführen von standardisiertem Wissen und einzelfallbezogenen Erwägungs- und Ermessensprozessen geht. Zu diesen Erwägungsprozessen gehört die Berücksichtigung der individuellen sozialen und lebensgeschichtlichen Situation des Patienten mit all den daran anknüpfenden Annahmen über die möglichen Wirkungen und Nebenwirkungen einer Maßnahme. Das Besondere an der wunscherfüllenden Medizin liegt nun darin, dass sie zwar die etablierten Ziele unberücksichtigt lässt, aber in diesem dritten Punkt weiterhin medizinischen Entscheidungsgewohnheiten folgt, d.h., dass auch und gerade innerhalb der wunscherfüllenden Medizin das individuelle Risikoprofil entscheidungsleitend bleibt.

Diese Überlegungen zeigen, dass auch bei der wunscherfüllenden Medizin der Prozess der Indikationsstellung nicht wegfällt. Jeder verantwortungsvolle Arzt wird nämlich auch bei der Vornahme wunscherfüllender Maßnahmen immer im Vorfeld abklären, mit welchen konkreten Risiken die Maßnahme für den Patienten bzw. Klienten verbunden ist; und der Arzt wird durchaus mit einkalkulieren, ob mit der Maßnahme das erreicht werden kann, was sich der Patient bzw. Klient erhofft. Dennoch hat die Preisgabe der Orientierung an den ‚klassischen' Zielen der Medizin wichtige normative Konsequenzen. So fällt die Differenzierung zwischen notwendigen und nicht notwendigen Maßnahmen fort, die sich im ‚klassischen' Medizinverständnis aus der medizinischen Indikationsstellung ergibt. Die wunscherfüllende Medizin ist gerade dadurch charakterisiert, dass sie es mit ‚nicht notwendigen' Maßnahmen zu tun hat. Die klassische medizinische Indikation hat zweitens eine soziale Funktion, weil an die Indikation oft die Frage nach der Übernahme der Kosten durch die Solidargemeinschaft geknüpft ist. Entsprechend ist die wunscherfüllende Medizin dadurch gekennzeichnet, dass ihre Maßnahmen gerade nicht von der Solidargemeinschaft übernommen werden. Und drittens hat die Indikation im klassischen Sinn auch eine personale Funktion, weil sie zur Stiftung eines Vertrauensverhältnisses zum Arzt beiträgt. Die Annahme, dass ein Arzt nur nach medizinischer Indikation handelt, entlastet den Patient, weil er darauf vertrauen darf, dass der Arzt ihm nur indizierte, d.h. angemessene Maßnahmen empfiehlt. Durch die Ausrichtung auf die ‚klassischen' Ziele der Medizin gewinnt die Indikation eine Filterfunktion, weil der Arzt gehalten ist, dem Patienten nur die Interventionen anzubieten, die nach medizinischem Standard und nach Berücksichtigung der konkreten Patientengeschichte im Hinblick auf diese Ziele sinnvoll erscheinen. Dieser Filter fällt fort, wenn die Klienten der wunscherfüllenden Medizin Gelegenheit haben, unabhängig von den medizinischen Indikationsregeln persönliche Wünsche zu äußern. Weil es im Bereich des Möglichen liegt, dass ein wunscherfüllender Arzt Maßnahmen empfiehlt, die nicht im klassischen Sinn indiziert sind, ist sein Gegenüber verstärkt zur kritischen Kontrolle ärztlicher Angebote aufgerufen.

Weil es sich bei der wunscherfüllenden Medizin offenbar nicht um ‚eine Medizin ohne Indikation' handelt, sondern vielmehr um eine Medizin mit erweiterter Zielstellung, ist es sinnvoll, sich im nächsten Schritt mit konkurrierenden Vorstellungen zu den Zielen der Medizin zu beschäftigen.

## 12.3 Wunscherfüllende Medizin und die Ziele der Medizin

Wenn wir die wunscherfüllende Medizin als eine Sparte der Medizin betrachten, die für sich das Ziel der Wunscherfüllung als zentrale Legitimation heranzieht, so stellt sich die Frage, ob es vom Verständnis der Medizin her grundsätzlich möglich ist, die Erfüllung von Wünschen als ein neues Ziel der Medizin zu verankern. Offenbar kann diese Frage ohne eine grundsätzliche Reflexion darauf, was Medizin überhaupt ist, nicht geklärt werden. So müsste man grundsätzlich fragen, ob die Medizin ihre Zielsetzungen von innen heraus definieren kann oder ob sie diese von außen erhält. Wenn man z.B. die Medizin – in Anknüpfung an die aristotelische Tätigkeitsform der poiesis – als produzierende Kunst betrachtet, dann wäre die Medizin ein Mittel, und die Ziele, zu denen das Mittel eingesetzt werden dürfte, müssten von außen definiert werden. Nach diesem Konzept wäre es leichter möglich, die Erfüllung von Wünschen als Bestandteil der Medizin zu deklarieren. Wenn man Medizin jedoch als eine Praxis versteht, dann ergäbe sich die Zielsetzung der Medizin aus der Praxis selbst und nicht von außen. Vertreter dieses Konzepts sehen die Medizin eher auf die ‚klassischen' Ziele beschränkt. Die bereits in der Antike angelegte Gegenüberstellung zweier Medizinverständnisse lebt auch heute noch fort. Wenn z.B. Edmund Pellegrino von einer internen Moralität der Medizin spricht, so rekurriert er genau auf die Vorstellung der Medizin als Praxis, während sein Gegenspieler Robert Veatch mit seinem Modell der sozial konstruierten Moralität der Medizin den Poiesis-Charakter der Medizin unterstreicht. Die Hypothese der internen Moralität besagt, dass die Medizin nicht moralisch neutral ist, sondern dass die in der Medizin tätigen Ärzte allein von ihrem Arztsein her sich einer bestimmten Moralität unterwerfen (Pellegrino 1999). Veatch hingegen bestreitet kategorisch eine solche interne Moralität und unterstreicht die Kontingenz solcher Konzepte. Er sieht Medizin lediglich als ein Mittel an, um die zeit- und kulturspezifischen Ziele des Menschen zu erreichen (Veatch 2001).

Daran zeigt sich, dass selbst wenn man die Maßnahmen der wunscherfüllenden Medizin nicht zu den klassischen Aufgaben der Medizin zählt, damit noch nicht erwiesen ist, dass die Durchführung dieser Maßnahmen deswegen per se illegitim wäre. Wie Erik Parens treffend beschrieben hat, könnten statt „doctors" ja „schmocters" die entsprechenden Aufgaben übernehmen (Parens 1998, 11). Diese Überlegungen verdeutlichen, dass es wenig überzeugend ist, die wunscherfüllende Medizin allein deswegen zu kritisieren, weil sie die ‚klassischen' Ziele der Medizin nicht für handlungsleitend hält. Daher ist es wichtig, weitere Gesichtspunkte bei der ethischen Bewertung der wunscherfüllenden Medizin zu verfolgen.

## 12.4 Autonomie und Konformitätsdruck

Wer überzeugt ist, jeder Mensch solle nach seiner Façon leben und niemand dürfe sich in seine Belange einmischen, wird den Methoden der wunscherfüllenden Medizin entschieden zustimmen und ihre Legitimität allein davon abhängig machen, ob solche Entschlüsse wohlinformiert gefällt werden und ob damit alle relevanten Kriterien der autonomen Willensbildung erfüllt sind. Studien belegen allerdings, dass viele Menschen, die beispielsweise ästhetische Eingriffe wünschen, dies nicht allein aus freiem Willen tun, sondern sich damit vielmehr „dem Diktat internalisierter Schönheitsstandards" (Herrmann 2006), sprich einem gesellschaftlichen Normierungsdruck unterwerfen. Viele Menschen ‚wünschen' sich ästhetische Eingriffe nicht aus eigener Vorliebe für ihr ‚neues' Aussehen, sondern weil sie einem gewissen soziokulturellen Normierungsdruck nicht standhalten können. Solche Patienten sind also nicht die starken autonomen Menschen, auf die sich viele Vertreter der ästhetischen Medizin in der Begründung ihres Tuns gern beziehen, sondern oft eher schwache Menschen, die sich in ihrem Wunsch nach ästhetischen Eingriffen dem gesellschaftlichen Konformitätsdruck beugen. Ob in diesem Zusammenhang – zumindest in ethischer Hinsicht – überhaupt noch von Autonomie gesprochen werden kann, ist zumindest diskussionswürdig. Noch weit mehr gilt dies für ästhetische Interventionen, die an Minderjährigen vorgenommen werden, wie dies in zunehmendem Maße geschieht. Hier kann bis zu einem entsprechenden Reifegrad von einer autonomen Entscheidung erst recht nicht gesprochen werden. Eltern, die für ihre Kinder in solche Maßnahmen einwilligen, werden weder dem bestmöglichen Interesse des Kindes noch dessen späterer Autonomie gerecht, weil sie damit nur „den Wettkampf um gewollte Aufmerksamkeit durch körperliche Erscheinung" (Wiesing 2006) unterstützen. Gerade Minderjährige als grundsätzlich vulnerable Personen unterliegen einem Konformitätsdruck unter Gleichaltrigen, der durch ästhetische Interventionen nicht gemindert, sondern eher noch verschärft wird. Es bleiben also kritische Nachfragen bezogen auf das Argument der Autonomie. Und dennoch kann aus den genannten Beispielen einer zu relativierenden Selbstbestimmtheit nicht geschlossen werden, dass Maßnahmen der wunscherfüllenden Medizin grundsätzlich problematisch wären, denn immer wird es Fälle geben, in denen die Entscheidung zu ihrer Inanspruchnahme völlig selbstbestimmt getroffen wurde. In solchen Fällen muss man die wunscherfüllende Medizin als legitim und moralisch vertretbar ansehen.

## 12.5 Fehlender Krankheitsbezug

Medizin als soziale Praxis hat ihre Rolle von Epoche zu Epoche und je nach den gerade an sie gestellten Erwartungen stetig verändert. Daher sind Ansätze, welche die wunscherfüllende Medizin mit Verweis auf das Fehlen eines zugrunde liegenden Krankheitsbezugs ablehnen, wenig überzeugend. Zum einen ist der Krankheitsbegriff alles andere als eindeutig und klar bestimmbar, denn auch dieser wird durch subjektive Erfahrungsmomente, soziale Erwartungen und den jeweils herrschenden Zeitgeist entscheidend bestimmt. Doch selbst wenn das Vorliegen eines Krankheitsbezugs eindeutig ausgeschlossen werden könnte, bliebe die Frage, warum der Medizin eine Ausrichtung an der Wunscherfüllung strikt verwehrt werden sollte. Unzählig sind die Beispiele, dass Medizin schon immer auch den Gesunden im Blick hatte.

Man denke nur an die Renaissance, die ein ganzes Repertoire an ‚medizinischer' Literatur zur Verschönerung oder Verlängerung des Lebens hervorgebracht hat. Oder man denke an die Methoden der Kontrazeption, die zwar von der Medizin empfohlen und durch sie verschrieben werden, sich aber nicht auf eine Krankheit, sondern – vom präventiven Gebrauch abgesehen – auf einen Lebensplan beziehen. Man wird der ethischen Problematik der wunscherfüllenden Medizin mit einer Dichotomisierung von legitimer heilender Medizin und problematischer wunscherfüllender Medizin nicht gerecht, weil viele Fragen, die die wunscherfüllende Medizin mit sich bringt, tiefer gehen.

## 12.6 Die Frage nach dem guten Leben

Die wunscherfüllende Medizin wird in den Dienst dieses Effizienzdenkens gestellt, wenn sie genutzt wird, um Ziele möglichst ohne Anstrengung zu erreichen. In einer Zeit, die von Effizienzdenken geprägt ist, kommt man leicht zu dem Schluss, nicht nur im Beruf, sondern auch im Privatleben sei das schnell und mühelos Erreichte stets besser als das weniger schnell und unter Anstrengung Erreichte. Hier muss man jedoch fragen, ob der Mensch nicht sogar angewiesen ist auf Hürden, auf Umwege, auf Widerstände, um reifen zu können (Boldt u. Maio 2009). Demnach könnten Maßnahmen der wunscherfüllenden Medizin dem guten Leben sogar abträglich sein, weil sie ihren Abnehmern zu müheloser Effizienzsteigerung verhelfen und ihnen so die Möglichkeit rauben mögen, durch Anstrengung etwas hinzuzulernen und sich selbst als Produzent einer Leistung wahrzunehmen.

Die lange Tradition der Beschäftigung mit dem Glücksbegriff innerhalb der Philosophie wird die Leistungssteigerung nicht als hinreichende Bedingung für eine Steigerung des Glücks anerkannt, und auch die Gleichsetzung von Glück und Glücksempfinden bzw. ‚guter Stimmung' erscheint demnach problematisch. Entsprechend verfehlt müssten vor dem Hintergrund der gängigen Glücksdefinitionen etwaige Bestrebungen einer wunscherfüllenden Medizin erscheinen, Glück durch die pharmakologische Herbeiführung eines Glücksgefühls zu verwirklichen.

So berechtigt diese Kritikpunkte sein können, sie haben alle eine schwerwiegende Begrenzung. Medizin muss die Deutungshoheit über das gute Leben dem Patienten überlassen. Sie darf sich nicht einer eigenen Konzeption von gutem Leben verschreiben, weil sie damit Gefahr liefe, den Patienten zu bevormunden. Der Medizin steht es also nicht zu, sich ein Urteil darüber zu erlauben, was für den Patienten, der sich eine Maßnahme wünscht, gut ist oder nicht, sodass jeglicher Paternalismus in diesen Fragen hoch problematisch ist. Was man von der Medizin einzig verlangen kann, ist, dass sie verantwortungsvoll mit ihren Versprechungen umgeht. Die wunscherfüllende Medizin nähme demnach dann problematische Züge an, wenn sie mit ihren Maßnahmen etwas verspräche, was sie nicht halten kann. Ab dem Moment, da die Medizin tatsächlich versprechen würde, mit ihren Maßnahmen Glück zu evozieren, wäre sie zu kritisieren, weil sie dem Patienten etwas vorgaukelte, was sich mit den Maßnahmen als solchen nicht wirklich einlösen lässt. Man denke hier nur an die Reklame, die sich an mancher Zahnarztpraxis findet, die da lautet: ‚Ein glückliches Lächeln – mit Zahnästhetik' – ein Paradebeispiel dafür, wie die Anwendung wunscherfüllender Maßnahmen am Ende zu unseriösem Kommerz verkommen kann.

## 12.7 Wunscherfüllende Medizin und Kommerzialisierung

Die Wunscherfüllung als Zielpunkt bringt es mit sich, dass eine so ausgerichtete Medizin grundsätzlich grenzenlos ist. Während die ‚klassische' Medizin ihre Grenze in der Regel im Krankheitsbegriff fand, so ist die wunscherfüllende Medizin dadurch charakterisiert, dass eine vernünftige Grenze gar nicht mehr gezogen werden kann. Diese Grenzenlosigkeit aber macht sie zugleich anfällig für gleichfalls unbegrenzte Anzahl von Produkten, die sie entsprechend vermarkten kann. Es droht sich eine Dynamik zu entwickeln, in der die Medizin nicht mehr lediglich auf eine gesellschaftliche Nachfrage reagiert, sondern mit offensivem Marketing eine breite Angebotspalette zu entwickeln beginnt. Die Gefahr liegt darin, dass eine zunehmend marktorientierte Medizin, Wünsche nicht mehr lediglich erfüllen sondern aktiv neue Wünsche wecken und damit die Menschen durchaus auch steuern könnte.

Nun lässt sich einwenden, dass Manipulationen durch eine suggestive Werbung ja auch im sonstigen Leben nicht immer für problematisch gehalten werden. Warum sollte man das im Umgang mit der wunscherfüllenden Medizin anders handhaben? Man könnte argumentieren, dass Ärzte dann eben ähnlich wie Apotheker handeln, die ihren Beratungsauftrag in Krankheitsfragen durchaus mit dem Verkauf von mehr oder weniger verzichtbaren Produkten verbinden. Gegen derartige Überlegungen gilt es aber auch zu bedenken, dass es für Patienten durchaus verstörend sein kann, wenn die Person, auf deren Unparteilichkeit sie im Krankheitsfall bauen sollen, sich im gleichen Atemzug als Verkäufer von verzichtbaren Dienstleistungen gegen bares Geld zu erkennen gibt. Diese doppelte Zielsetzung – Hilfsbereitschaft und privatwirtschaftliche Gewinnabsicht – in einer Person vereinigt zu sehen, kann durchaus eine moralische Dissonanz evozieren. Somit könnte die kommerzielle Ausrichtung der wunscherfüllenden Medizin à la longue zu einer Vertrauenserosion des Berufsstandes führen.

## 12.8 Die Frage der Komplizenschaft

Ein weiterer möglicher Kritikpunkt an der wunscherfüllenden Medizin ergibt sich aus der Überlegung, dass ab dem Moment, da ein Arzt Dienstleistungen anbietet und sogar mehr oder weniger direkt Werbung für diese betreibt, er sich mitverantwortlich macht für die Folgen, die aus der Anwendung seiner Techniken resultieren. So ließe sich sagen, dass der moderne Wunscherfüller mit dafür verantwortlich ist, dass nicht nur junge, sondern eben zunehmend auch alte Menschen glauben, ihre Körperform verändern zu müssen, um Anerkennung zu finden. Freilich kann hier nur von ‚mit'-verantwortlich gesprochen werden, da für das Zustandekommen solcher Wünsche soziale Erwartungen eine große Rolle spielen. Die Medizin trägt jedoch Verantwortung dafür, dass die sozialen Erwartungen zu spezifischen Wünschen führen, die nicht von ungefähr an die Medizin herangetragen werden, weil die wunscherfüllende Medizin – meist aus ökonomischen Interessen – medizinische Maßnahmen als vermeintliche Lösung für soziale Probleme anbietet.

Diese Komplizenschaft der modernen Medizin mit den Ideologien der modernen Leistungs- und Konsumgesellschaft ist umso problematischer, als die äußere Erscheinung (Jugendlichkeit) oder die Leistungsfähigkeit für viele moderne Menschen gerade deswegen einen so hohen Stellenwert einnimmt, weil sie fürchten, aus dem Netz der sozial Anerkannten herauszufallen. Statt die Menschen mit dem tiefer liegenden Problem ihrer verdeckten Ängste zu konfrontieren, könnte die wunscherfüllende Medizin Gefahr laufen, die Internalisierung sozialer Erwartungen durch ihre willfährigen Angebote eher noch zu verstärken.

## 12.9 Authentizität und Selbstentfremdung

Die Möglichkeiten der wunscherfüllenden Medizin können als Befreiung von den Zwängen der menschlichen Natur und als Triumph technischen Einfallsreichtums betrachtet werden. Man kann in ihnen aber auch die Vorboten einer Zukunft erkennen, in welcher der Mensch im Gegenteil zum Sklaven seiner eigenen Technik wird, einer Technik, die ihn von sich selbst entfremdet (Boldt u. Maio 2009). Dieser mögliche Entfremdungscharakter lässt sich gut anhand der Anwendung leistungssteigernder Medikamente illustrieren. Der Mensch möchte seine Freiheit so ausüben, dass er sich als Autor seiner Handlungen empfindet. Er möchte selbst den Entwurf seines Lebens schreiben und sich als dessen eigentlicher Verfasser betrachten. Wie aber ist es möglich, sich als Autor einer Handlung zu verstehen, wenn diese als Resultat einer Medikamenteneinnahme verstanden werden muss? Wie kann man Autor sein wollen und sich gleichzeitig durch die Einnahme von Pillen selbst instrumentalisieren, sich zum Objekt eines pharmazeutischen Vorgangs machen? Was stammt letztlich noch von mir, wenn ich etwas leiste, das ein Produkt einer Medikamentenwirkung ist? Diese Fragen zeigen auf, dass eine Gleichsetzung von wunscherfüllender Medizin mit Emanzipation und Selbstverwirklichung nicht zwingend richtig ist, weil ihr der Aspekt der Authentizität entgegensteht.

## 12.10 Rahmenbedingungen einer vertretbaren Anwendung wunscherfüllender Medizin

Im medizinischen Alltag nimmt die Orientierung an den Wünschen der Patienten, die immer mehr als Kunden und Konsumenten betrachtet werden, zu. Ob die Hinwendung zur reinen Wunscherfüllung eine segensreiche oder problematische Entwicklung der Medizin ist, hängt davon ab, wie mit diesen Maßnahmen umgegangen wird. Sie unter Verweis darauf, dass sie sich nicht auf Krankheitssymptome beziehen, kategorisch für problematisch zu erklären, wird wenig überzeugen, weil die Problematik der wunscherfüllenden Medizin nicht primär im Fehlen eines Krankheitswertes zu suchen ist. Vielmehr stellt sich zentral die Frage, inwiefern die Medizin als Praxis, die sich von ihrer Kernidentität her der Hilfe verschreibt, dieser ihrer Identität gerecht wird, wenn sie so bereitwillig dem Trend der Wunscherfüllung folgt und jeden Wunsch erfüllt, ganz gleich, von welchen Motiven und Grundannahmen er geleitet ist. Die wunscherfüllende Medizin wirft die Frage nach der Authentizität von Kundenwünschen auf und muss hinterfragen, inwiefern ihre Methoden tatsächlich das einhalten können, was sich viele ihrer Kunden von ihnen versprechen, nämlich nicht weniger als ein besseres Leben. Aus den Überlegungen lässt sich schlussfolgern, dass jede pauschale Bewertung der wunscherfüllenden Medizin der Komplexität dieser Ausrichtung nicht gerecht werden würde. Je nachdem wie besonnen mit ihr umgegangen wird, kann die wunscherfüllende Medizin allerdings dann, wenn sie sich den Marktkategorien beugt, durchaus eine Erosion des Vertrauens in die Medizin implizieren.

**Was bedeutet dies für die konkrete Praxis?** Das Problemfeld der wunscherfüllenden Medizin lässt sich nicht durch Leitlinien oder Indikationskataloge lösen, denn alle Regeln sind am Ende zu abstrakt und können die Singularität der Situation, in der sich der konkrete Patient befindet, nicht abbilden. Das Wesentliche besteht darin, vor dem Eingriff bzw. vor der Behandlung ein intensives Gespräch zu führen, um sich als Arzt ein Bild von den Erwartungen und Wünschen zu machen. Erst durch dieses Gespräch wird man als Arzt erkennen können, ob man mit dem Zugriff auf wunscherfüllende Maßnahmen tatsächlich helfen kann. Manchmal wird man froh sein, diese Möglichkeiten der Intervention zu haben, manchmal wird man erkennen, dass der Patient sich zu viel erhofft oder dass das Grundproblem, das mit den wunscherfüllenden Angeboten gelöst werden soll im Grunde tiefer liegt. Auch ein Arzt, der wunscherfüllende Maßnahmen vornimmt, bleibt Arzt und wird daher die Intervention nicht automatisiert vornehmen, sondern reflektiert. Was durch die Reflexion rauskommt, kann keine Leitlinie vorhersagen, sondern allein die Qualität des Gesprächs, das vor jeder Intervention stehen muss.

*Praxistipp*

- *Ob die wunscherfüllende Medizin problematisch ist oder nicht, hängt vor allem davon ab, wie viel man vorher in das Gespräch investiert hat.*

## Literatur


Boldt J, Maio G (2009) Neuroenhancement. Vom technizistischen Missverständnis geistiger Leistungsfähigkeit. In: Müller O, Clausen J, Maio G (Hrsg.) Das technisierte Gehirn. Neurotechnologien als Herausforderung für Ethik und Anthropologie. 381–95. mentis Verlag Paderborn

Herrmann B (2006) Schönheitsideal und medizinische Körpermanipulation. In: Ethik in der Medizin 18/1, 71–80

Hyman DA (1990) Aesthetics and ethics: The implications of cosmetic surgery. In: Perspectives in Biology and Medicine 33/2, 190–202

Kettner M (2009) Wunscherfüllende Medizin. Ärztliche Behandlung im Dienst von Selbstverwirklichung und Lebensplanung. Campus Frankfurt am Main

Parens E (1998) Is better always good? The enhancement project. In: Parens E (Hrsg.) Enhancing Human Traits. Ethical and Social Implications. Jeffrey Norton Publ. Washington DC, 1–28

Pellegrino ED (1999) The goals and ends of medicine: How are they to be defined? In: Hanson MJ, Callahan D (Hrsg.) The goals of medicine. The forgotten issue in health care reform. Georgetown University Press Washington DC, 55–68

Veatch RM (2001) Impossibility of a morality internal to medicine. In: Journal of Medicine and Philosophy 26/6, 621–642

Wiesing U (2006) Die ästhetische Chirurgie. Eine Skizze der ethischen Probleme. In: Zeitschrift für medizinische Ethik 52/2, 139–54

# Sachwortverzeichnis

## A



## B



## C



## D



## E

## Der Herausgeber

© Ives Krier

**Prof. Dr. med. Georg Marckmann, MPH**

Studium der Medizin und Philosophie an der Universität Tübingen, Public-Health Studium an der Harvard Universität in Boston/USA. 1992-1995 Stipendiat im DFG-Graduiertenkolleg „Ethik in den Wissenschaften" in Tübingen. 1997 Promotion zum Dr. med. mit einer neurowissenschaftlichen Arbeit. Von 1998-2010 zunächst wissenschaftlicher Assistent, nach der Habilitation für das Fach „Ethik in der Medizin" im Jahr 2003 Oberassistent und stellvertretender Direktor des Instituts für Ethik und Geschichte der Medizin der Universität Tübingen. Seit 2010 W3-Professor für Ethik, Geschichte und Theorie der Medizin an der Ludwig-Maximilians-Universität München und Leiter des gleichnamigen Instituts. Seit 2012 Präsident der Akademie für Ethik in der Medizin.